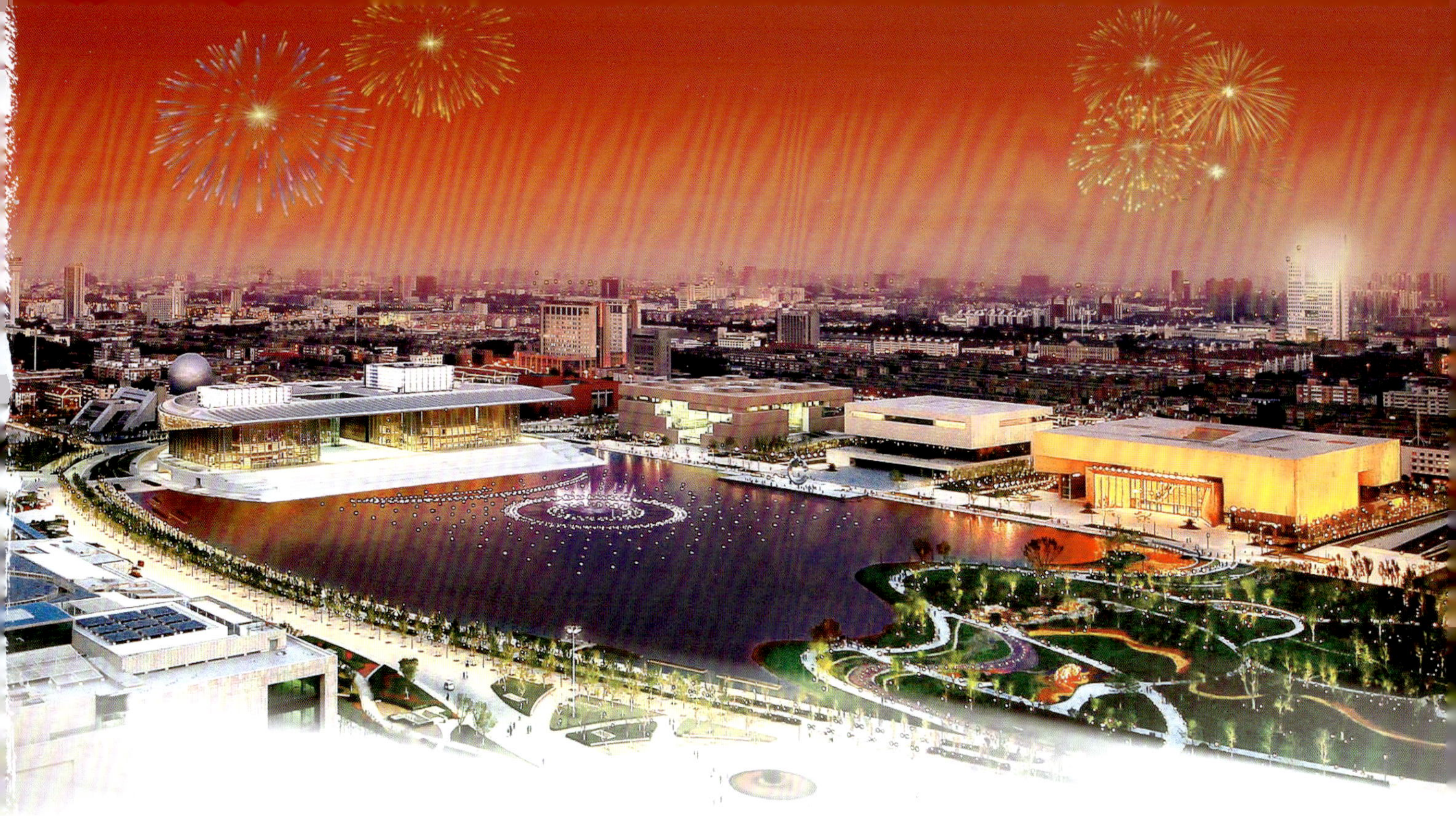

天津统计年鉴

TIANJIN STATISTICAL YEARBOOK

2012

No.28 总第28期

中英文对照 Chinese/English

天津市统计局 国家统计局天津调查总队 编

Compiled by Tianjin Municipal Bureau of Statistics & Survey Office of the National Bureau of Statistics in Tianjin

全市生产总值(亿元)及增速(%)
GDP (100 million yuan) and Increase Rate (%)

产业结构(%)
Industrial Structure (%)

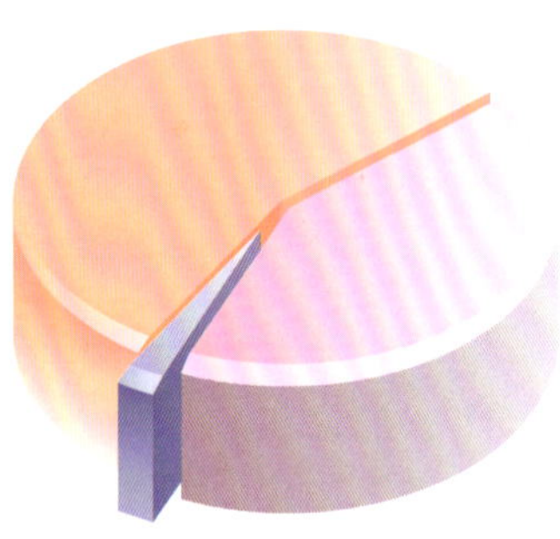

2006年

- 第一产业 2.3 Primary Industry
- 第三产业 42.6 Tertiary Industry
- 第二产业 55.1 Secondary Industry

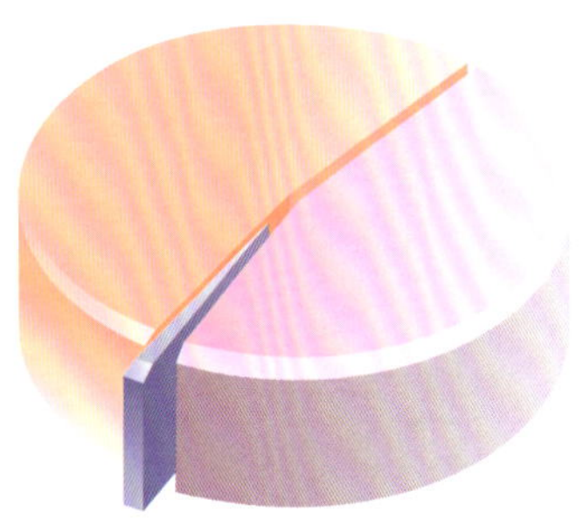

2011年

- 第一产业 1.4 Primary Industry
- 第三产业 46.2 Tertiary Industry
- 第二产业 52.4 Secondary Industry

2011年每天主要社会经济活动情况
Average Daily Social and Economic Activities in 2011

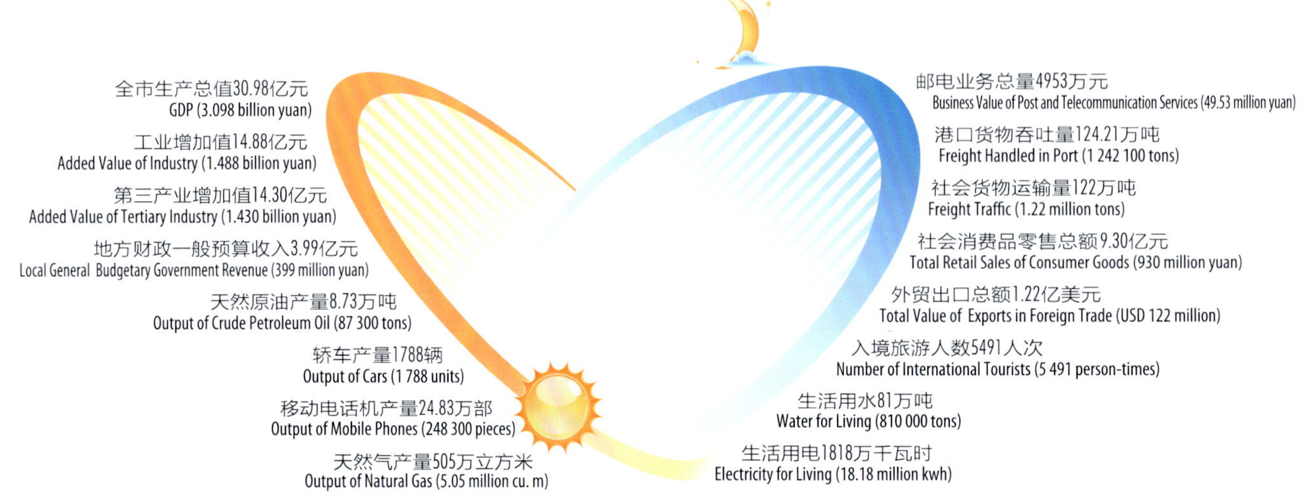

全社会固定资产投资与城市基础设施投资(亿元)
Total Investment in Fixed Assets and Urban Infrastructure Investment (100 million yuan)

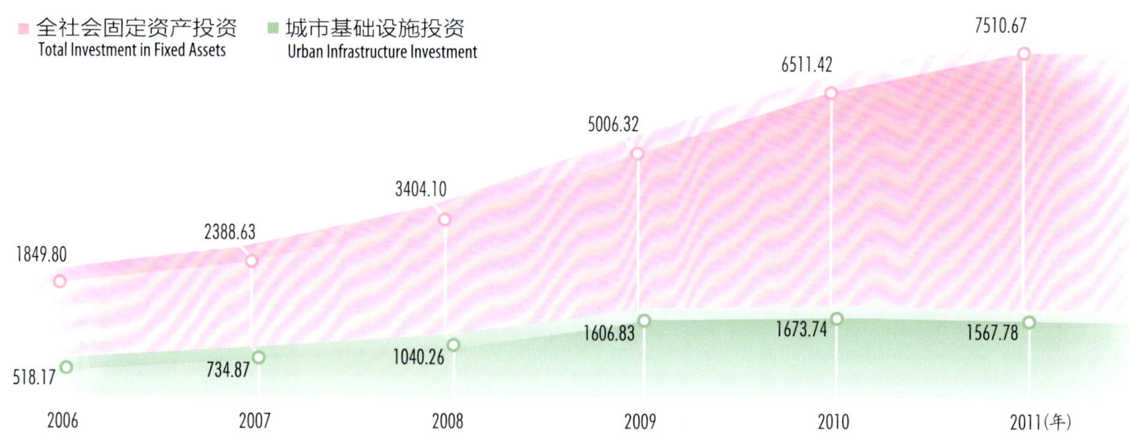

外贸进、出口总额(亿美元)
Total Value of Imports and Exports in Foreign Trade (USD 100 million)

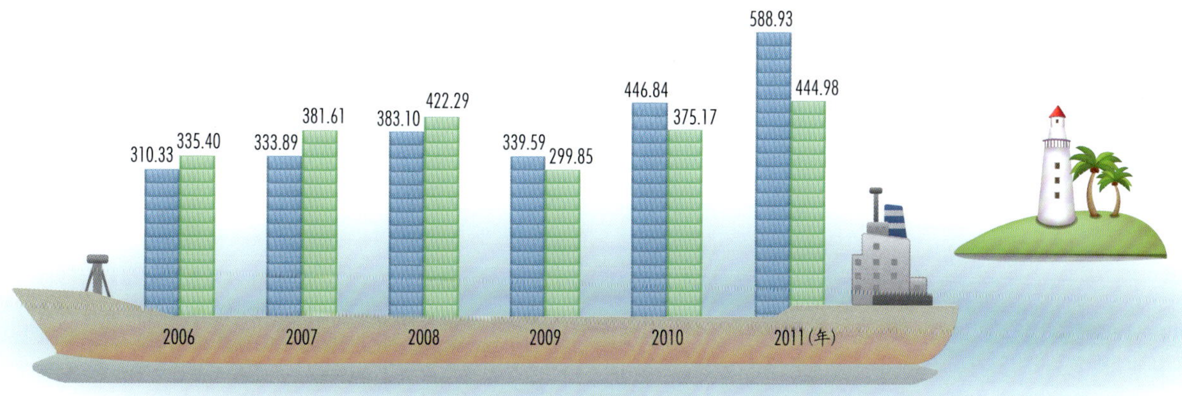

实际直接利用外资额(亿美元)
Actual Direct Utilization of Foreign Capital (USD 100 million)

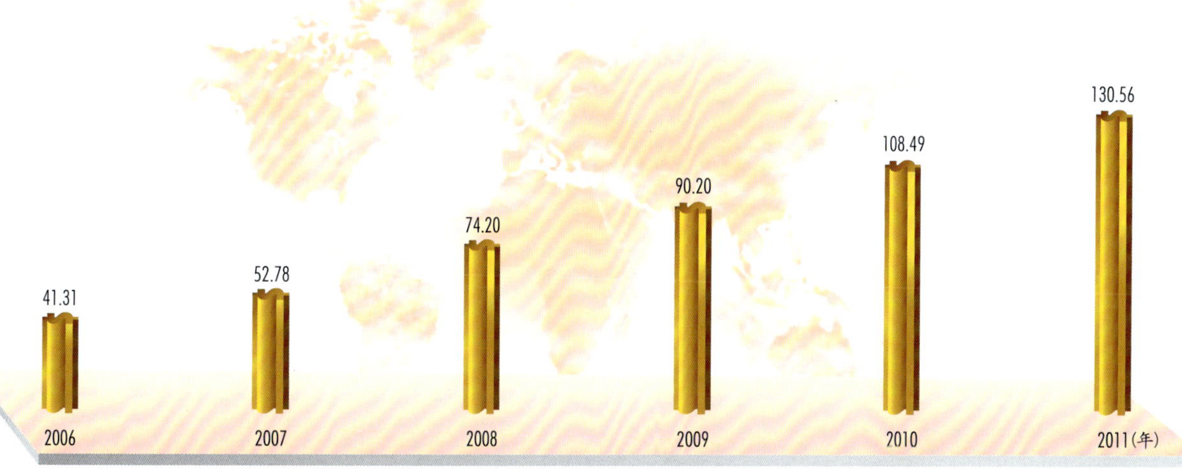

单位生产总值、单位工业增加值能耗(吨标准煤/万元)
Energy Consumption per Unit of Gross Domestic Product and Value Added in Industry (tons of SCE/10 000 yuan)

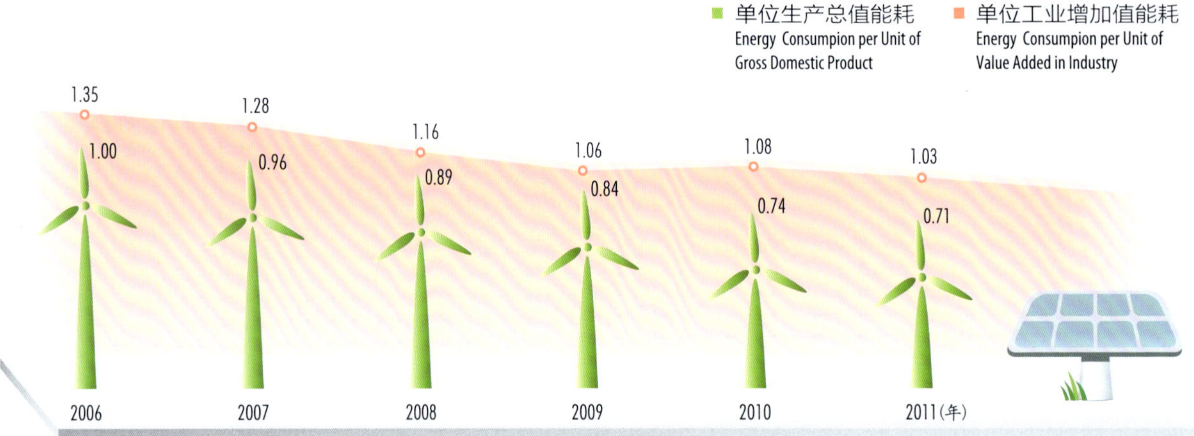

地方财政一般预算收支(亿元)
Local General Budgetary Government Revenue and Expenditure (100 million yuan)

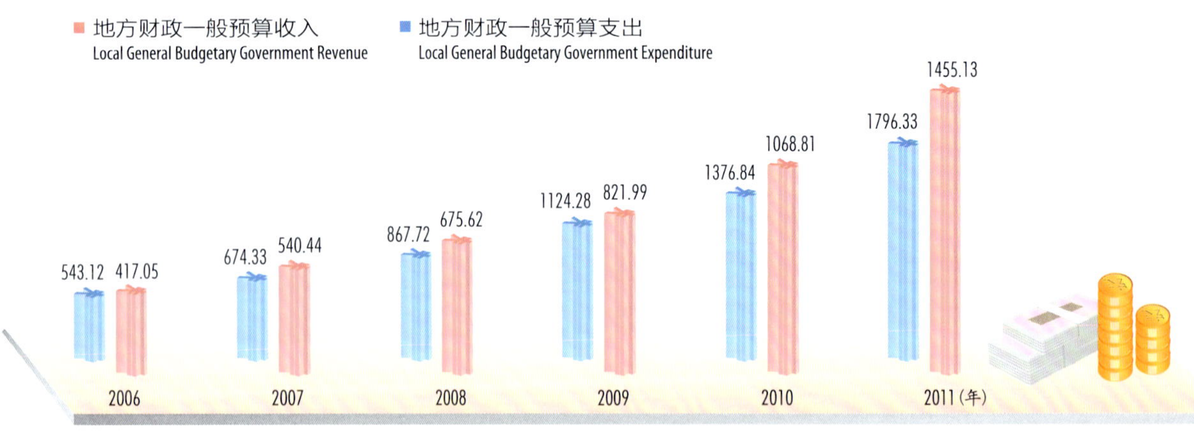

城市物价指数(上年=100)
Urban Price Indices (preceding year=100)

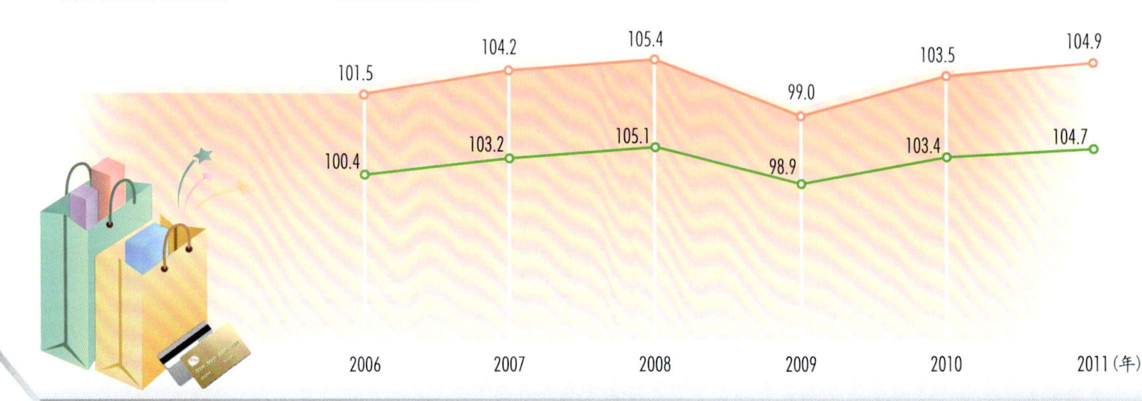

城市居民家庭生活收支(元)
Domestic Income and Expenditure of Urban Households (yuan)

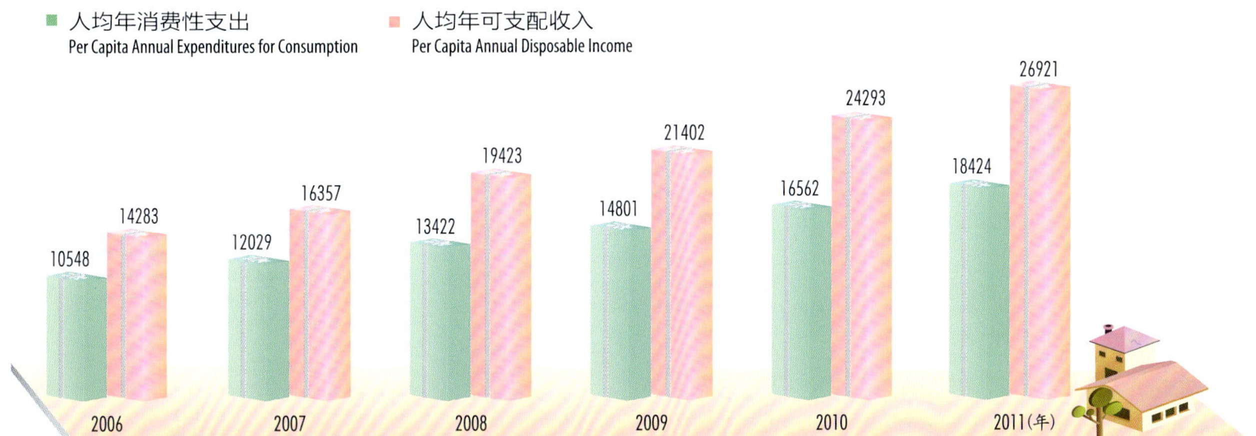

2011年城市居民人均消费性支出构成(%)
Composition of per Capita Annual Expenditures for Consumption of Urban Households in 2011 (%)

城市居民人均住房建筑面积(平方米)
Per Capita Floor Space of Urban Residential Building (m^2)

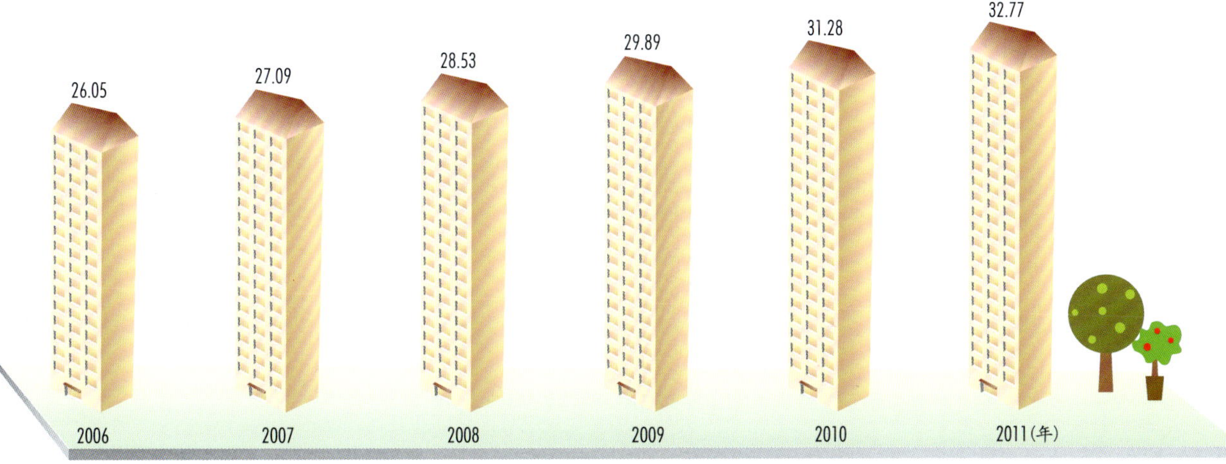

工业总产值(亿元)及增速(%)
Gross Output Value of Industry (100 million yuan) and Increase Rate (%)

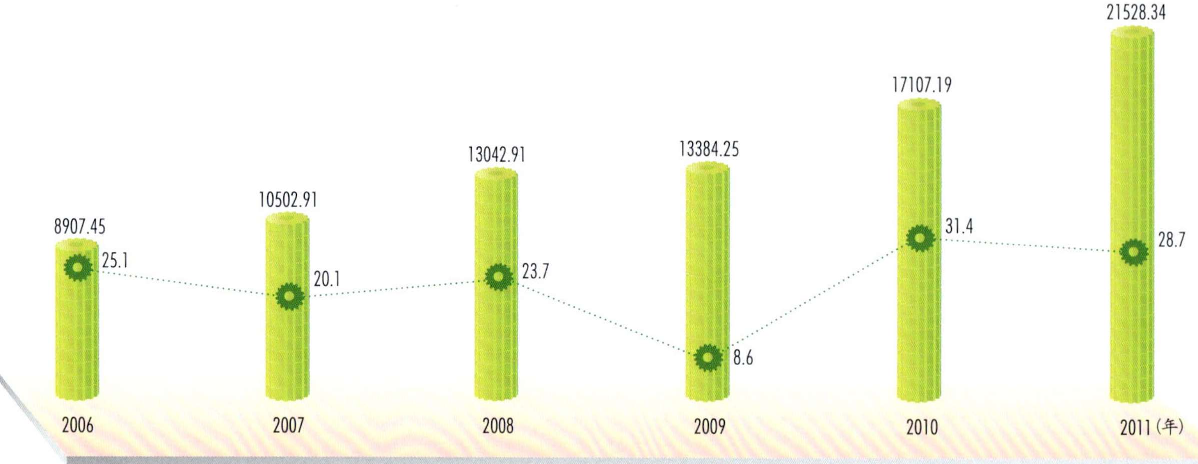

2011年天津市优势产业产值构成(%)
Composition of Output Value of Tianjin Competitive Industries in 2011 (%)

港口货物吞吐量(万吨)
Volume of Freight Handled in Ports (10 000 tons)

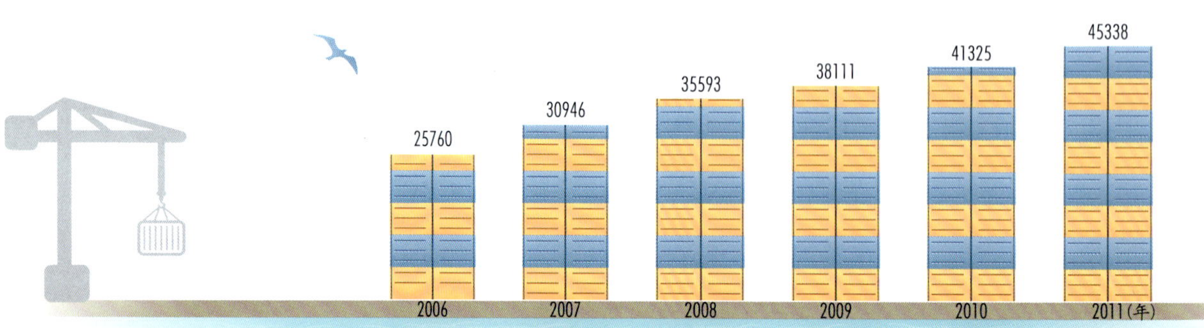

邮电业务总量(亿元)
Business Value of Post and Telecommunication Services (100 million yuan)

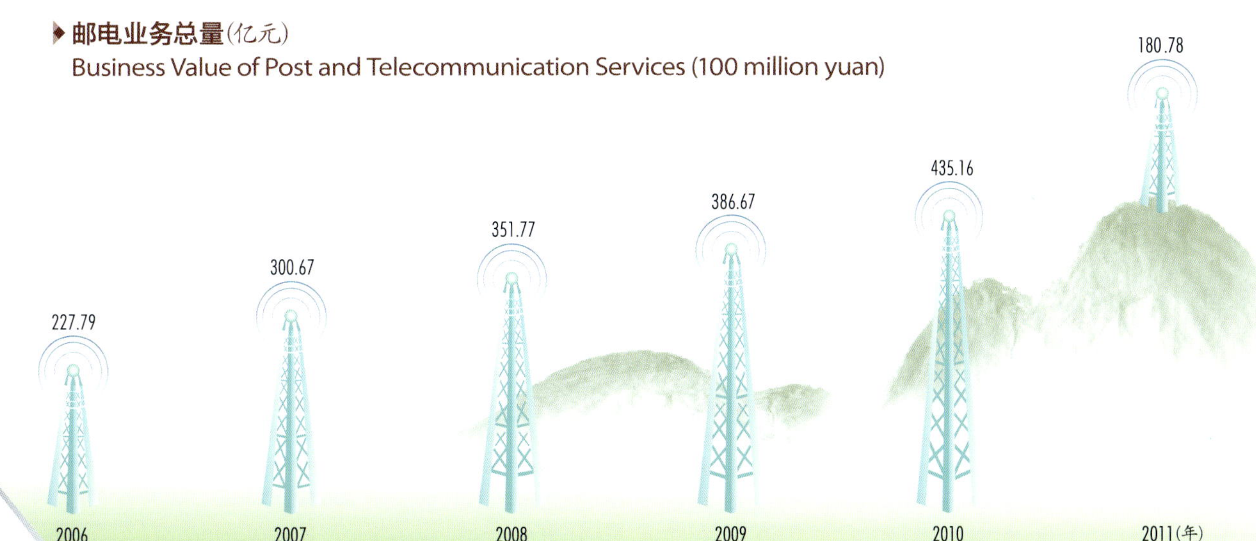

社会消费品零售总额(亿元)及增速(%)
Total Retail Sales of Consumer Goods (100 million yuan) and Increase Rate (%)

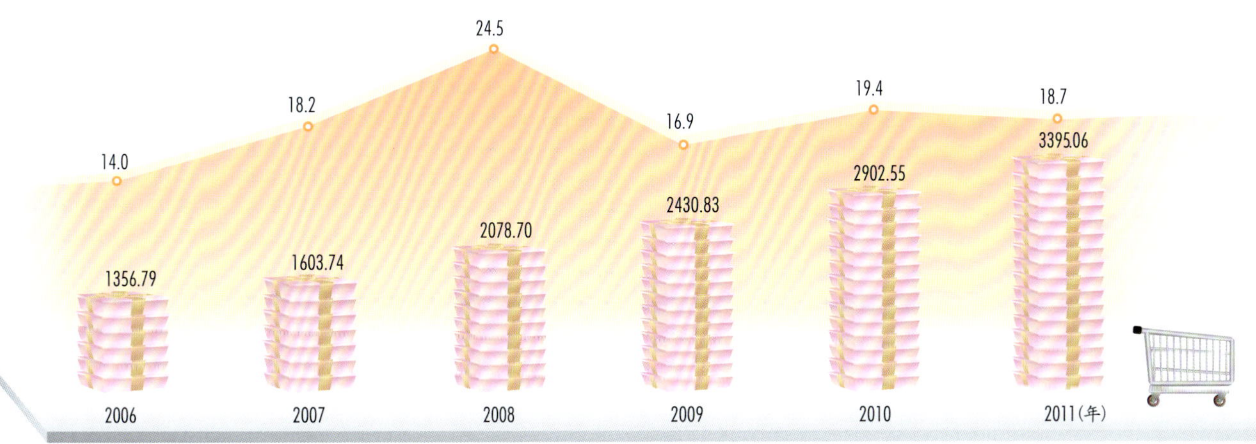

中外资金融机构年末存贷款余额(亿元)
Deposit and Loan Balance of Chinese & Foreign Financial Institutions at Year-end (100 million yuan)

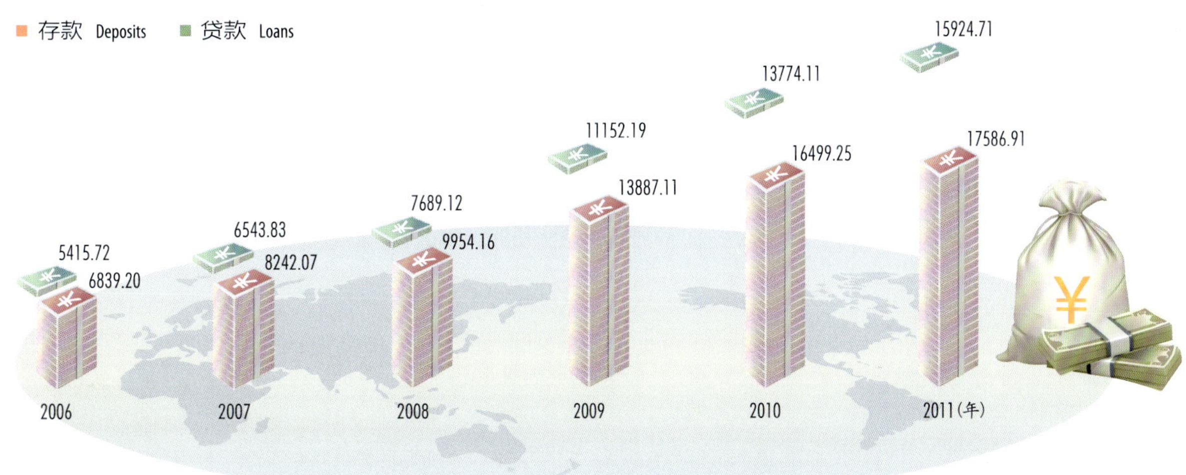

《天津统计年鉴2012》编辑委员会

Tianjin Statistical Yearbook 2012 Editorial Board and Staff

编者说明

一、《天津统计年鉴》是一部全面反映天津市国民经济和社会发展情况的大型资料性年刊，创刊于1984年，逐年出版，形成系列。2012版《天津统计年鉴》系统收录了天津市2011年经济、社会各方面的统计数据，以及其他重要历史年份的全市主要统计数据。全书中英文对照，配有光盘。

二、本年鉴文字资料主要登载有《2011年天津市国民经济和社会发展统计公报》、《2011年天津经济形势分析》、《2011年天津社会发展报告》。为方便读者使用，书的篇目索引标明了全书结构。在书中每篇后附有主要统计指标解释。

三、本年鉴的统计数据主要取自各专业统计年报，少部分取自抽样调查数据和专业部门统计数据；第三篇资料中有部分表取自第六次全国人口普查机器汇总结果。

四、本年鉴所使用的度量衡单位均采用国际统一标准计量单位；行业分类标准均采用国家标准GB/T 4754–2002；计算人均指标时，从2005年开始采用常住人口计算，2005年以前采用户籍人口计算；从2006年开始，城乡划分标准执行国统字[2006]60号文件的新规定。

五、本年鉴中部分数据的合计数和相对数由于四舍五入取舍不同而产生的计算误差，均未做机械调整。

六、本年鉴表中的符号使用说明："空格"表示该项统计指标无数据、数据不足本表最小单位数或数据不详；"#"表示其中的主要项。

七、由于与不同年份有关专业的普查、调查、清查结果相衔接，以及国家统计制度变化和有关主管部门提供的统计数据有调整等原因，年鉴中部分指标的历史年度数据会有变动。读者在使用历史资料时，凡以前年度的年鉴与本年鉴数据有出入的，均以本年鉴为准。

八、《天津统计年鉴》自公开出版以来，得到了国内外广大读者的关心和支持，对本年鉴的内容和编辑工作提出了许多宝贵意见，对此我们深表谢意。限于我们的水平，书中难免有不足之处，敬请广大读者继续给予批评指正，帮助我们进一步改进年鉴编辑工作、提高年鉴编辑水平，更好地为广大读者服务。

Preface

Ⅰ. *Tianjin Statistical Yearbook* is a large-sized statistics publication to reflect various aspects of Tianjin's economic and social development, which was started in 1984 and published year after year, having formed a series of yearbooks. *Tianjin Statistical Yearbook 2012* takes Tianjin economic and social statistics of 2011 systematically, and other statistics of main years. The book is written in Chinese & English, and is equipped with electric CD.

Ⅱ. Written materials in the book include *Statistical Communique on the 2011 National Economic and Social Development of Tianjin, Analysis of Tianjin Economic Situation 2011, Tianjin Social Development Report 2011*. In order to help readers using these statistical materials better, Subject Index is used to describe the framework of the book, and Explanatory Notes on Main Statistical Indicators are attached after each chapter.

Ⅲ. The major data sources of this book are obtained from annual professional statistical report, a few from sample surveys and departments' statistics. Some data in Chapter 3 are obtained from summed results of computer tabulation of National Sixth Population Census.

Ⅳ. The units of measurement used in this book are internationally standard measurement units; sector listed in this table is classified by the standard of GB/T 4754-2002. When calculating per capital indicators, we use permanent population from 2005 and use registered population before 2005. From 2006, the division standard of urban and rural areas adopts the new rules of National Bureau of Statistics Regulation 2006[60].

Ⅴ. Statistical discrepancies due to rounding are not adjusted in this book.

Ⅵ. Notations used in this book: "blank" indicates the data not available or the figure is not large enough to be measured with the smallest unit in the table. "#" indicates the major items of the total.

Ⅶ. As a result of keeping consistent with data of census, surveys and checks, the change of national statistics system and adjustment of figures provided by departments, some data in this yearbook is different from former yearbook. When using historical data, users should take the data of this book as standard.

Ⅷ. Since *Tianjin Statistical Yearbook* had been published openly, we have been concerned and supported by the readers at home and abroad. They advance much valuable suggestion on content and edition of the yearbook, we deeply thanks for this all. Based on our limited level, perhaps there are some mistakes in this book, we welcome all of the readers give us your criticism in order to help us further improving our edition level, and providing services for the readers better.

篇目索引

SUBJECT INDEX

SUBJECTS | PAGE

目 录
CONTENTS

第三篇　人　口
Chapter 3 Population

第四篇 就业和劳动工资
Chapter 4 Employment and Remuneration

第五篇 固定资产投资和房地产
Chapter 5 Investment in Fixed Assets and Real Estate

第六篇 对外经济贸易和旅游
Chapter 6 Foreign Trade, Economic Cooperation and Tourism

第七篇 能源生产和消费
Chapter 7 Energy Production and Consumption

第八篇 财 政
Chapter 8 Government Finance

第九篇 价格指数
Chapter 9 Price Indices

第十篇 人民生活
Chapter 10 People's Living Conditions

第十一篇　城市建设和环境保护
Chapter 11 Urban Construction and Environment Protection

第十二篇　农　业
Chapter 12 Agriculture

第十三篇 工 业
Chapter 13 Industry

第十四篇 建筑业
Chapter 14 Construction

第十五篇　运输和邮电
Chapter 15 Transportation, Post and Telecommunication Services

第十六篇　批发和零售业与住宿和餐饮业
Chapter 16 Wholesale and Retail Trade, Accommodation and Catering Services

第十七篇 金融业
Chapter 17 Financial Intermediation

第十八篇　教育和科技
Chapter 18 Education, Science and Technology

第十九篇 卫生和社会服务
Chapter 19 Public Health and Social Services

第二十篇　文化和体育
Chapter 20 Culture and Sports

第二十一篇 公共管理及其他
Chapter 21 Public Management and Others

第二十二篇 区县基本情况
Chapter 22 Basic Statistics on Districts and Counties

2011年天津市国民经济和社会发展统计公报

天津市统计局
国家统计局天津调查总队
2012 年 3 月 1 日

2011 年是实施“十二五”规划的第一年。全市人民在市委、市政府的正确领导下，深入贯彻落实科学发展观，积极落实中央各项宏观调控政策，牢牢把握主题主线主攻方向，大力实施市委“一二三四五六”的奋斗目标和工作思路，着力构筑“三个高地”，全力打好“五个攻坚战”，统筹三个层面联动协调发展，锐意进取，奋力拼搏，推动经济社会取得新发展、新变化和新突破，实现了“十二五”发展的良好开局。

一、经济发展

经济总量

全市生产总值迈上万亿台阶。据初步核算，并经国家统计局评估审定，全市生产总值（GDP）完成 11190.99 亿元，按可比价格计算，比上年增长 16.4%。分三次产业看，第一产业增加值 159.09 亿元，增长 3.8%；第二产业增加值 5878.02 亿元，增长 18.3%；第三产业增加值 5153.88 亿元，增长 14.6%。三次产业结构为 1.4∶52.5∶46.1。

图1 2007–2011年全市生产总值及增长速度

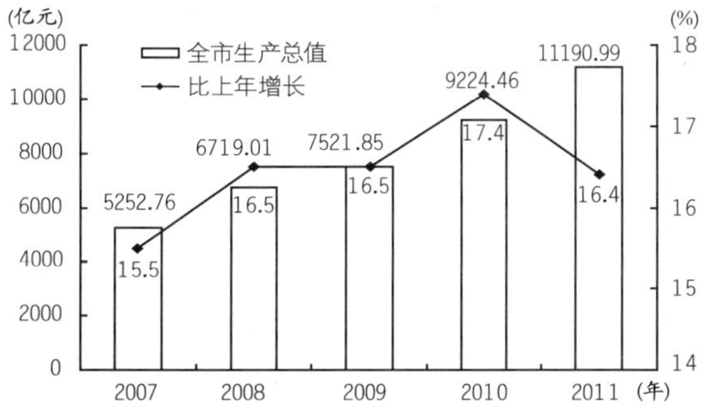

财政收支

财政收入保持快速增长。全年地方一般预算收入 1454.87 亿元，增长 36.1%，增幅比上年提高 6 个百分点。税收拉动财政增收作用明显。全年地方税收收入 1004.25 亿元，增长 29.3%，占地方一般预算收入的 69%。其中，企业所得税增长 45.1%，营业税增长 24.3%，增值税增长 18.6%，个人所得税增长 21.1%。

图2 2007–2011年地方一般预算收入及增长速度

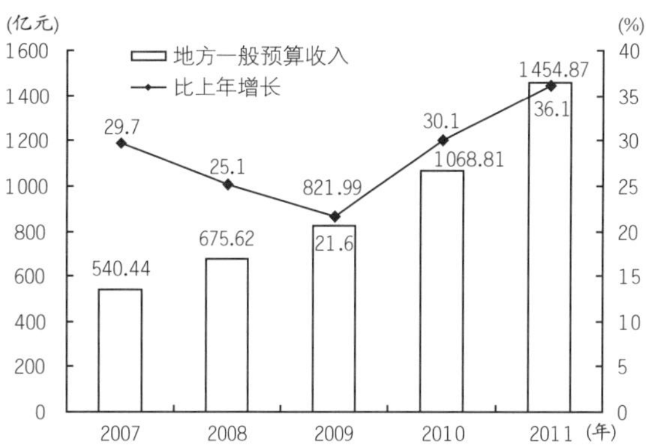

民生领域投入力度加大。全年一般预算支出 1755.86 亿元，增长 28.2%。其中，教育支出增长 35.6%，文化传媒支出增长 28.3%，医疗卫生支出增长 29.7%，社会保障和就业支出增长 28.9%。

人口和劳动就业

人口总量继续增长。年末全市常住人口 1354.58 万人，比上年末增加 55.29 万人；其中，外来人口 344.84 万人，增加 44.40 万人，占常住人口增量的 80.3%。外来人口占常住人口的比重达到 25.5%，同比提高 2.4 个百分点。全市户籍人口 996.44 万人，其中，农业人口 382.50 万人，非农业人口 613.94 万人。保持低生育水平。全市人口出生率为 8.58‰，死亡率为 6.08‰，自然增长率为 2.50‰。

就业规模稳步扩大。实施更加积极的就业政策，统筹推进高校毕业生、失业人员、农村富余劳动力就业，加快创业带动就业实验区建设，启动百万技能人才培训计划。全年新增就业 47.12

万人，增长4.4%，年末城镇登记失业率控制在3.6%，低于全国平均水平0.5个百分点。截至年末，全市就业人口总量达到763.16万人，比上年末增加34.46万人；其中，城镇单位从业人员达到208.6万人，同比增加2.9万人。

价　格

物价水平同比上涨。居民消费价格水平比上年上涨4.9%，涨幅同比提高1.4个百分点，八大类商品和服务价格呈现"六升二降"格局(见表1)。食品类价格上涨11.4%，拉动消费价格总水平上涨3.2个百分点；居住类价格上涨4.7%，拉动消费价格总水平上涨1.0个百分点。生产价格呈现涨幅回落态势，工业生产者出厂价格同比上涨3.8%，工业生产者购进价格同比上涨9.8%，涨幅分别比上年回落1.3个和0.2个百分点。

表1 居民消费价格指数(CPI)

指　标	指数(上年=100)
居民消费价格指数	104.9
#食　品	111.4
烟　酒	104.8
衣　着	102.1
家庭设备用品及维修服务	106.1
医疗保健和个人用品	101.8
交通和通信	99.9
娱乐教育文化用品及服务	99.5
居　住	104.7

固定资产投资

投资实现快速增长。全年全社会固定资产投资7510.67亿元，增长31.1%。其中，城镇投资7057.20亿元，增长31.2%；农村投资453.47亿元，增长29.8%。全年城镇新开工项目3785个，比上年增加1060个；完成投资2603.48亿元，增长36.5%。在城镇投资中，第一产业投资57.64亿元，增长41.8%；第二产业投资3104.13亿元，增长31.7%，其中，工业投资3076.03亿元，增长31.6%；第三产业投资3895.43亿元，增长30.6%。三次产业投资结构为0.8∶44.0∶55.2。

图3 2007-2011年全社会固定资产投资及增长速度

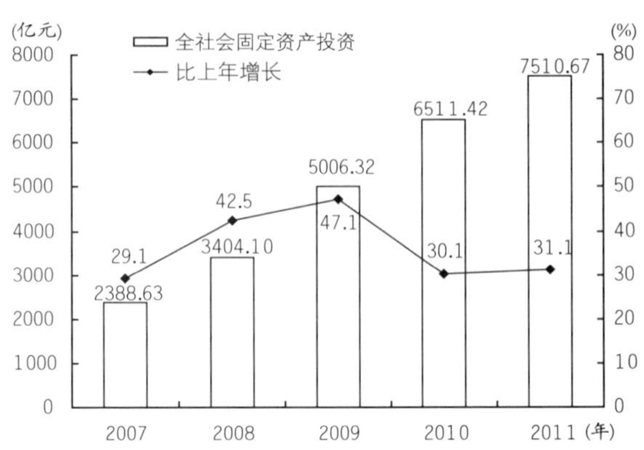

重大项目和民间投资支撑有力。当年新推出340项重大项目，累计达到1280项。全年民间投资完成3308.15亿元，增长47.5%，拉动全社会投资增长18.6个百分点。

农业和新农村建设

农业稳步发展。全年农业总产值完成349.43亿元，比上年增长4.2%。其中，种植业产值179.87亿元，增长5.5%；林业产值2.45亿元，增长4.1%；畜牧业产值98.49亿元，增长1.6%；渔业产值58.59亿元，增长2.9%；农林牧渔服务业产值10.03亿元，增长9.0%。粮食生产再获丰收，总产量达到161.83万吨，比上年增长1.3%，实现连续8年增产。主要农副产品产量保持稳定增长(见表2)。

表2 主要农副产品产量

产品名称	单位	产量	比上年增长(%)
粮　食	万吨	161.83	1.3
棉　花	万吨	7.06	12.6
肉　类	万吨	42.98	0.3
蔬　菜	万吨	444.23	5.9
禽　蛋	万吨	18.65	-0.4
牛　奶	万吨	69.09	0.1
水产品	万吨	35.21	2.1
水　果	万吨	61.58	2.6

农村"三区"统筹联动发展。31个区县示范工业园区加快建设，起步区基础设施建设基本完

成，拓展区建设全面提速，800 个重大项目全部开工，成为保障小城镇农民就业、推动区县经济发展的重要支撑点。高标准设施农业累计达到 60 万亩，建成 20 个现代农业示范园区、155 个养殖示范园区。农民专业合作社达到 2414 个，市级及以上农业产业化重点龙头企业达到 152 个，进入产业化体系的农户比重达到 90%。4 批示范小城镇试点项目扎实推进，新开工农民住房 1000 万平方米，累计竣工 1800 万平方米，40 万农民迁入新居。农村城镇化进程进一步加快。全市城镇化率达到 80.50%，比上年提高 0.95 个百分点。新创建文明生态村 139 个，新建改造一批农村公路、污水和垃圾处理设施，农村基础设施不断完善。

工　业

工业总产值突破两万亿元。全年工业增加值完成 5380.53 亿元，增长 19.3%，拉动全市经济增长 9.2 个百分点，贡献率达到 56.3%；全部工业总产值完成 21523.32 亿元，增长 28.7%。规模以上工业总产值 20857.72 亿元，增长 29.2%；其中，轻工业总产值 3524.47 亿元，增长 40.0%，重工业总产值 17333.25 亿元，增长 27.2%。主要工业产品产量继续增长（见表 3）。

主要行业支撑作用显著。全年航空航天、石油化工、装备制造、电子信息、生物医药、新能源新材料、轻纺和国防八大优势产业完成工业总产值 18881.52 亿元，增长 29.0%，占全市规模以上工业的比重为 90.5%。高新技术产业产值完成 6487.93 亿元，占规模以上工业的 31.1%。高耗能行业增速放缓，黑色冶金、电力热力、化学原料及制品、石油加工、石油和天然气开采、非金属矿物制品等六大高耗能行业增加值分别增长 17.6%、9.3%、17.5%、20.9%、9.4% 和 15.0%，均低于全市平均水平。

企业效益持续增加。全年规模以上独立核算工业企业完成主营业务收入 20711.91 亿元，同比增长 26.5%；实现利税总额 2777.58 亿元，增长 42.0%，其中，利润 1669.26 亿元，增长 39.5%。在 37 个工业行业大类中，有 36 个行业实现盈利，30 个行业利润同比增长。盈利居前的五大行业分别是：石油和天然气开采业（616.31 亿元）、交通运输设备制造业（156.63 亿元）、黑色金属冶炼及压延加工业（130.82 亿元）、煤炭开采和洗选业（96.78 亿元）和通信设备计算机及其他电子设备制造业（94.70 亿元）。

表 3 主要工业产品产量

产品名称	单 位	产量	比上年增长（%）
发电量	亿千瓦时	619.08	11.1
天然气	亿立方米	18.43	7.2
汽　油	万吨	178.18	12.3
乙　烯	万吨	134.26	22.9
水　泥	万吨	765.53	16.5
生　铁	万吨	2096.98	11.7
粗　钢	万吨	2295.75	8.9
成品钢材	万吨	5163.77	15.9
# 无缝钢管	万吨	338.51	3.0
汽　车	万辆	77.44	4.9
两轮脚踏自行车	万辆	2233.26	0.1
移动电话机	万部	9061.68	7.9
锂离子电池	亿只	4.57	29.3
电子元件	亿只	5320.34	14.7
布	万米	27791.96	9.1
服　装	万件	14129.97	2.7

建筑业

建筑业保持平稳发展。全年建筑业增加值完成 497.49 亿元，增长 8.6%；总产值完成 2925.57 亿元，增长 20.7%。房屋建筑施工面积 10007.97 万平方米，增长 32.3%；房屋建筑竣工面积 2527.68 万平方米，增长 4.5%。年末全市有总承包和专业承包资质的建筑企业 1534 家，实现利润 71.42 亿元，增长 7.5%；上缴税金 89.52 亿元，增长 14.6%。

交通邮电

全年交通运输、仓储及邮政业增加值完成698.98亿元，比上年增长10.6%。

客货运输业务量稳定增长。全年客运量完成25330.79万人，增长2.1%。其中，公路22053.33万人，增长1.1%；铁路2801.30万人，增长8.0%。货运量完成44651.25万吨，增长8.6%。其中，公路23426万吨，增长12.3%；铁路7286.02万吨，增长5.1%；水路12710.70万吨，增长5.2%。旅客周转量完成342.14亿人公里，增长7.1%。其中，公路133.92亿人公里，增长1.5%；铁路148.38亿人公里，增长8.4%。货物周转量完成10121.44亿吨公里，增长2.4%。其中，公路266.70亿吨公里，增长15.3%；铁路296.14亿吨公里，下降1.9%；水路9552.63亿吨公里，增长2.2%。

北方国际航运中心和物流中心建设取得积极进展。北方国际航运中心核心功能区建设方案获国务院批复，国际船舶登记、国际航运税收、航运金融和租赁业务等试点启动实施。全年港口货物吞吐量完成4.53亿吨，增长9.7%。其中，进港2.27亿吨，增长6.6%；出港2.26亿吨，增长13.1%。集装箱吞吐量完成1159万标准箱，增长14.9%。全年天津机场共完成运输7.4万架次，增长1.1%。机场旅客吞吐量755.42万人次，增长3.8%；货邮吞吐量18.29万吨，下降9.7%。服务辐射功能不断增强。外省市经由天津口岸进出口总额占比为59.8%。内陆“无水港”发展到21个。

邮政电信规模进一步扩大。全年邮电业务总量完成180.78亿元，增长13.2%。其中，电信业务总量159.10亿元，增长12.7%；邮政业务总量21.68亿元，增长17.0%。全年发送邮政函件17053.43万件，增长14.6%；其中，快递5803.03万件，增长33.9%。年末公网固定电话用户333.81万户，下降9.0%；移动电话用户1234.66万户，增长13.2%。互联网用户819.28万户，增长17.3%；其中，宽带接入用户190.19万户，增长9.3%。全年公网电话本地通话量56.76亿次，下降16.1%；长途电话通话量13.02亿次，增长25.1%，其中，国际及港澳台长途电话0.25亿次，增长31.6%。短信业务总量133.05亿条，增长5.6%。

公共交通服务规模进一步扩大。全年公交客运量13.01亿人次，比上年增长5.1%；新辟公交线路13条，优化调整线路25条，更新车辆791辆；年末全市公交线路523条，运营车辆7686辆。更新出租汽车1020辆，总数保持31940辆。地铁客运量4853.61万人次，增长16.1%。轻轨客运量2585.48万人次，增长15.3%。

民用汽车拥有量增长较快。截至年末，全市民用汽车拥有量达到206.56万辆，增长17.3%；其中，轿车拥有量122.98万辆，增长22.9%。民用私人汽车拥有量达到169.22万辆，增长19.4%；其中，轿车拥有量106.80万辆，增长25.6%。当年新注册民用汽车33.21万辆，增长6.8%；其中，新注册轿车22.54万辆，增长9.5%。

国内商业和旅游

全年批发和零售业增加值完成1377.06亿元，比上年增长18.1%。住宿和餐饮业增加值完成186.22亿元，增长10.0%。

图4 2007-2011年社会消费品零售总额及增长速度

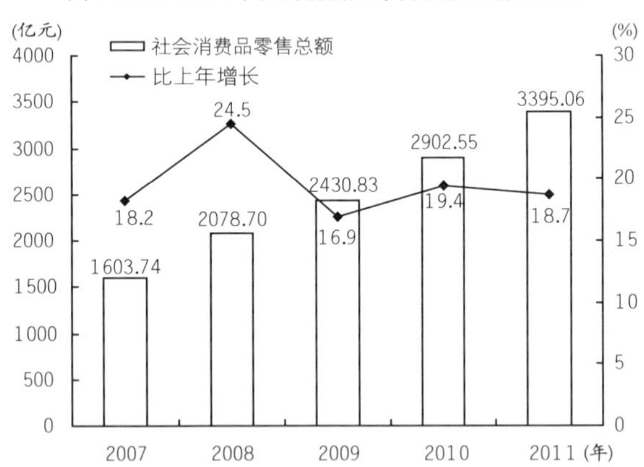

消费市场持续活跃。全年批发和零售业销售额超过两万亿元，达到20831.44亿元，增长33.2%；住宿和餐饮业营业额494.81亿元，增长27.1%。社会消费品零售总额3395.06亿元，增长18.7%。其中，城镇消费品零售总额3227.09亿元，增长19.3%；乡村消费品零售总额167.97亿元，增长8.3%。大悦城、水游城、佛罗伦萨小镇、红星国际广场等大型商业设施建成开业，促进了商品市场繁荣。汽车、石油及制品、金属材料等成为消费热点。全年限额以上批零企业销售额中，汽车类增长 47.9%，石油及制品类增长 31.3%，金属材料类增长 42.9%，三大类别销售额合计比重达到 72.7%。

旅游业快速发展。海河风光游等旅游线路持续升温，成为展示城市形象的重要窗口。邮轮母港接待来津旅游观光的国际豪华邮轮 39 艘，接待出入境游客 7.2 万人次。年末全市有星级宾馆 112 家，旅行社 368 家，其中国际旅行社 20 家。A 级景区 65 个，工农业旅游示范点 14 个。全年接待入境旅游者 200.44 万人次，比上年增长 20.7%；其中，外国人 183.67 万人次，增长 20.0%。旅游外汇收入 17.56 亿美元，增长 23.7%。接待外省市游客人数比上年增长 12.4%，国内旅游收入增长 20.2%。全市 25.80 万人次出国出境旅游，增长 7.1%；旅游支出 40.50 亿元，增长 15.7%。

金融业

全年金融业增加值完成 701.79 亿元，比上年增长 16.3%。

金融改革创新进一步深化。累计注册股权投资基金企业及管理机构 2408 家，启动外资股权投资基金试点。融资租赁法人机构达到 56 家，业务合同余额超过 2200 亿元。73 家小额贷款公司开业运营，累计发放贷款 147 亿元。累计引进 20 家保理公司。

存贷款稳定增长。截至年末，全市金融机构（含外资）本外币各项贷款余额 15924.71 亿元，同比增长 15.7%，比上年末回落 7.8 个百分点。当年新增贷款 2162.97 亿元，同比少增 451.30 亿元。其中，新增短期贷款 979.99 亿元，新增中长期贷款 732.87 亿元，新增融资租赁 428.02 亿元，新增票据融资 68.23 亿元。年末全市各项存款余额 17586.91 亿元，同比增长 6.7%，比上年末回落 12.1 个百分点。当年新增存款 1094.37 亿元，同比少增 1508.21 亿元。其中，新增单位存款 361.15 亿元，新增个人存款 688.34 亿元。

证券市场交易平淡。年末全市在沪深两市上市公司 37 家，其中当年上市 1 家。全年各类证券交易额 12839.36 亿元，比上年下降 16.9%。其中，股票交易额 11161.17 亿元，下降 24.7%；债券交易额 25.52 亿元，增长 36.6%；基金交易额 190.12 亿元，增长 29.5%。年末证券账户开户 275.74 万户，增长 3.9%。全年期货市场成交量 3412.61 万手，同比下降 27.8%；成交额 41574.31 亿元，下降 4.2%。

保险业稳健运行。年末全市共有保险总公司 4 家，分公司 46 家，各类保险支公司、营业部及营销服务部 527 家，专业中介机构 91 家，兼业代理机构 2800 余家。全年保费收入 211.74 亿元，增长 13.6%。其中，财产险收入 75.10 亿元，增长 15.3%；人身险收入 136.64 亿元，增长 12.6%。全年赔款给付 66.17 亿元，增长 27.5%。其中，财产险赔付 35.51 亿元，增长 11.2%；人身险赔付 30.66 亿元，增长 53.6%。

房地产业

住宅用地有所减少。全市土地供应总量 8628.15 公顷，比上年增长 27.9%。其中，工矿仓储用地 3962.47 公顷，增长 50.6%；住宅用地 2206.44 公顷，下降 14.2%。

房地产市场稳中回落。全年房地产业增加值完成 427.28 亿元，比上年增长 5.5%。全年房地产开发投资 1080.04 亿元，增长 24.6%。商品房销售面积 1643.11 万平方米，增长 8.5%；销售额 1473.11 亿元，增长 14.9%，增幅比上年回落 2.2 个百分点。存量房交易面积 581.22 万平方米，交易金额 434.09 亿元，比上年分别下降 24.2% 和 13.3%。

二、改革开放

对外贸易

外贸进出口总额超过千亿美元。全年外贸进出口总额达到 1033.91 亿美元，增长 25.9%。其中，出口 444.98 亿美元，增长 18.7%；进口 588.93 亿美元，增长 32.0%，快于出口增速 13.3 个百分点。对美国、欧盟、韩国、日本四大传统市场出口保持稳定，分别增长1.7%、22.3%、10.9%和20.5%，合计出口占全市的53.8%。对东盟、俄罗斯、澳大利亚等新兴市场出口增势强劲，分别增长44.7%、38.5%和33.3%。贸易结构进一步改善。一般贸易出口177.64亿美元，增长25.9%，领先于加工贸易12.3个百分点，占全市出口的比重为39.9%，同比提高2.3个百分点。机电产品出口307.8亿美元，高新技术产品出口173.5亿美元，分别占全市出口的69.2%和39.0%。

招商引资

利用外资规模持续扩张。全年新批外商投资企业634家，合同外资额168.37亿美元，增长10.1%；实际直接利用外资130.56亿美元，增长20.4%。服务业实际利用外资72.26亿美元，增长25.9%，占全市的55.3%；其中，租赁和商务服务业增长1.2倍，房地产业增长1倍。制造业实际利用外资57.01亿美元，增长14.9%。在津投资的世界500强企业累计达到150家。香港在津投资规模保持领先地位，合同外资额和实际到位额分别占全市的49.2%和48.0%；日本在津投资增势迅猛，合同外资额和实际到位额分别增长1.7倍和88.3%。

利用内资保持较快增长。全年实际利用内资首次突破2000亿元，达到2085.87亿元，增长27.7%；其中，引进服务业到位资金1487.5亿元，占全市的71.3%。新引进国内500强优势企业43家。

经济合作与交流

服务外包迅速发展。全年服务外包合同额9.33亿美元，增长1.2倍；服务外包执行额6.08亿美元，增长78.9%，其中，离岸执行额3.94亿美元，增长91.4%。

对外承包工程和劳务合作业务较快增长。全年对外承包工程合同额19.44亿美元，增长11.9%；营业额29.91亿美元，增长22.0%。截至年末，全市在境外劳务人员1.61万人，增长26.8%。对外投资增势强劲。当年中方境外投资18.36亿美元，增长7.8倍。年末境外投资涉及的国家和地区达到98个。技术引进工作持续稳定开展。当年技术引进合同489项，合同金额15.3亿美元，增长25.2%。全市外资研发中心达到28个。

对口支援深入开展。新一轮援疆工作实现良好开局，全年财政资金投入4.8亿元，启动实施63个援疆项目，完工60个。对口支援西藏昌都、青海黄南州、甘肃和重庆万州工作顺利推进。

滨海新区

滨海新区龙头带动作用突出。滨海新区生产总值完成6206.87亿元，按可比价格计算，比上年增长23.8%。规模以上工业总产值完成12732.22亿元，增长29.4%；全社会固定资产投资3702.12亿元，增长32.0%；社会消费品零售总额882.53亿元，增长24.3%；实际直接利用外资85.02亿美元，增长20.8%。

图5 2007-2011年滨海新区生产总值及增长速度

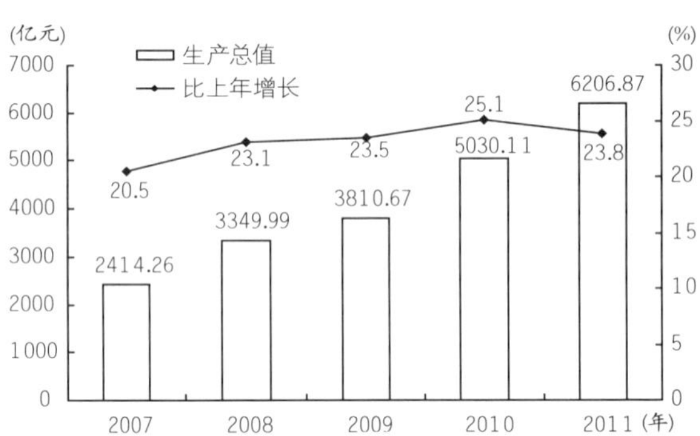

新一轮开发开放步伐加快。滨海新区综合配套改革第二个三年计划启动实施，“十大战役”全面推进，功能区开发与招商引资同步进行。东疆保税港区二期具备封关条件。中新天津生态城起步区基础设施基本建成。中心商务区加快建设，铁狮门和罗斯洛克金融中心等项目启动，五矿大厦投入运营。南港工业区、临港经济区建港造陆23平方公里，北方重装基地、中石油原油储备库、中粮油生物化工等项目建成投产，中船重工造修船基地建设加快推进。中航直升机、长城汽车一期、软件及服务外包产业基地一期建成，新一代运载火箭等项目顺利实施。

国有企业改革

国有企业改制面继续扩大。通过股权转让、增资扩股、合资合作等多种形式实施国有企业改制58户，累计完成市属国有企业改制3642户，改制面达到96.8%。

国有资产保值增值取得新进展。天津产权交易中心公开挂牌转让完成交易的国有产权项目275宗，成交金额137.92亿元，增值率达13.2%。

三、城市建设和管理

城市载体功能

基础设施建设全面提速。全年基础设施投资完成1567.78亿元，增长8.8%。滨海国际机场二期开工建设。西站综合交通枢纽、铁路南站投入运营，京沪高铁天津段建成通车，津保铁路、津秦客运专线、地下直径线加快建设。津宁、国道112等高速公路和团泊快速路竣工，全市高速公路通车里程达到1100公里。地铁9号线试运行，2、3号线装修调试，5、6号线加快建设。南水北调天津境内干线工程全面建成。新增供排水、供气、供热等地下管网1000公里。年末城市铺装道路长度5764.56公里，增长6.0%；铺装道路面积9986.12万平方米，增长9.0%。

公用事业服务水平不断提升。全社会用电量695.15亿千瓦时，增长7.7%。全年新增供热面积2040万平方米。更新改造老住宅供水、供气管道11万户，新建一批菜市场、农村消费品连锁店，建成人行天桥20座，增设交通安全岛45处，新增停车泊位2万个。

市容环境

生态宜居城市建设迈出新步伐。启动第二个生态市建设三年行动计划。高标准实施清水工程，综合治理卫津河、复兴河等38条河道。城镇污水处理率达到87.5%。当年造林27.3万亩。第一热电厂关停，供热转换顺利完成。环境空气质量二级以上良好天数达到320天，占总监测天数的87.7%。饮用水源地水质达标率保持100%。新创建“安静居住小区”23个。西青区建成国家生态区，全市23个镇完成创建生态镇任务。全市共有环境监测站21个，自然保护区8个，自然保护区面积9.11万公顷。

高标准实施市容环境综合整治。整修建筑5239栋，整治道路571条、社区350个，新建和改造公园22个，新建和提升绿地2427万平方米，建成区绿化覆盖率提高到31.6%。海河夜景灯光体系进一步提升，群众生活环境得到明显改善。

安全生产和质量监督

安全生产形势总体稳定。全年各类安全事故共死亡1032人，比上年下降5.5%。其中，道路交通事故死亡908人，火灾死亡17人。亿元生产总值生产安全事故死亡人数为0.096人，比上年下降18.8%。

产品质量整体水平持续提升。培育认定天津名牌111个，全市地理标志产品达到10种。年末全市产品质量检验机构401个，其中国家检测中心23个，全年发放产品认证证书5262张，发放工业产品生产许可证（含QS）3659张；计量检定技术机构48个，全年强制检定计量器具188万台（件）。全年天津口岸截获植物检疫性有害生物235种、共2869批次，检出动物疫情6种、共18批次。

四、科教文卫事业

科　技

科技创新体系进一步发展。全社会研发经费支出占生产总值的比重提高到2.6%。新认定高新技术企业156家，获得国家级新产品认定20项。科技型中小企业累计达到2.1万家。国家数字出版基地云计算中心投入运营。截至年末，全市有国家级重点实验室9个，国家部委级重点实验室43个，国家级工程（技术）研究中心33个，国家高新技术产业化基地16个，国家级企业技术开发中心29家，市级企业技术开发中心370家。

科技项目硕果累累。综合科技水平继续位居

全国第三位。全市16项科技成果获得国家科学技术奖，涉及新能源新材料、生物医药、电气工程、水利水电等多个领域，获奖数量为近三年来最多。全年完成市级科技成果2020项，其中，基础理论成果75项，应用技术成果1917项，软科学成果28项；属于国际领先水平的59项，达到国际先进水平331项。全年签订技术合同11726项，合同额171.59亿元，增长43.2%；交易额113.99亿元，增长16.7%。

知识产权水平达到新高度。当年专利申请36258件，同比增长44.2%；专利授权13982件，增长30%；年末有效专利拥有量突破4万件，达到40016件，增长34.9%。当年提出专利申请的企业3126家，其中1200余家科技型中小企业实现专利申请“零突破”，拥有专利的企业达到4366家。全市每万人口发明专利拥有量达到6.3件，居全国第三位。

人才队伍不断壮大。全年从外省市引进落户人才3714人，是上年的1.4倍；引进海外留学人员1800人，总数达到1.7万人。实施“三年引进千名高层次人才”计划，引进332名拥有自主知识产权、掌握关键技术的高端人才。启动新一轮“131”创新型人才培养工程。新建博士后流动站、工作站12个，总数达到210个，在站博士后860余人。高级以上技术工人达到31.60万人，同比增长6.0%。

教 育

年末全市有各级各类学校1554所，其中，普通高校55所，中等专业学校40所，职业中学27所，技工学校33所，普通中学525所，小学874所，在校学生总数达到154.32万人。全市新增劳动力平均受教育年限为14.81年。

基础教育发展更加优质均衡。大力实施学前教育三年行动计划，新建、扩建和改造提升幼儿园485所，“入园难”问题得到一定缓解，年末全市幼儿园在园幼儿22.61万人，比上年增加0.8万人。全市小学招生10.01万人，毕业8.46万人，年末在校51.85万人，专任教师3.75万人；普通中学招生14.33万人，毕业15.07万人，年末在校44.74万人，专任教师4.10万人。年末全市特殊教育学校20所，在校学生2647人，专任教师535人。

高等教育综合实力不断增强。高等院校博士、硕士学位授权一级学科分别增加19个和91个，大学软件学院投入运行，全国高校科技创新成果转化中心启动建设。全市普通高校共招收本专科学生13.31万人，毕业10.87万人，年末在校44.97万人，专任教师2.89万人。招收研究生1.61万人，毕业1.06万人，年末在校4.61万人，指导教师6507人。成人高校年末在校学生6.66万人。全年发放国家助学贷款8494万元，惠及贫困学生4836人次。

职业教育改革加快推进。成功举办第四届全国职业院校技能大赛。海河教育园区一期工程完成，7所职业院校6.5万名师生迁入新校区。国家职业教育改革创新示范区起步建设，职业教育资源共享平台建设加快，职业技能公共实训中心建成，13所中职学校进入国家中等职业教育改革发展示范校建设行列。年末在校学生中，中等专业学校7.22万人，职业中学2.70万人，技工学校2.84万人，成人中专0.89万人。

卫 生

医疗卫生布局进一步优化。医大总医院、肿瘤医院、人民医院等改扩建项目投入运营，中医一附院、胸科医院等建设进展顺利。年末全市有各类卫生机构4431个，其中，医院、卫生院461个，社区卫生服务中心95个，卫生防疫机构24个，妇幼保健机构23个。卫生机构床位49423张，其中，医院、卫生院44661张，社区卫生服务中心2851张。卫生技术人员7.33万人，其中，执业医师及执业助理医师2.98万人，注册护士2.58万人。

公共卫生服务水平不断提高。基层医疗卫生服务体系进一步完善，完成6个区县医院和中医院、11个社区卫生服务中心和乡镇卫生院、657个村卫生室标准化建设，完成首批全科医生临床规范化培训。公办基层医疗机构实行基本药物零差率销售。18项基本公共卫生服务政府补助标准由人均 20 元提高到 30 元。持续实施妇女儿童健康行动计划，受益人群达到 289.2 万人次。

文　化

公共文化服务体系更加完善。市文化中心主体工程完工，杨柳青木版年画博物馆建成开馆，李叔同故居纪念馆对外开放，平津战役纪念馆提升改造完成。年末全市有艺术表演团体 38 个，文化馆 18 个，博物馆 19 个，公共图书馆 31 个，电影放映单位 55 个。全市广播节目达到 21 套，市级电视节目 36 套。有线电视用户达到 270 万户，其中数字电视用户 230 万户。全年摄制电影故事片 7 部。京剧《无旨钦差》、歌剧《原野》、电视剧《解放》等一批优秀文艺作品荣获大奖。

文化产业快速发展。全年文化产业增加值 392.73 亿元，现价增长 29.6%，占全市生产总值的 3.5%。国家动漫产业综合示范园投入使用，动漫产业公共技术服务平台达到世界领先水平。成功举办 2011 年中国（天津）演艺产业博览会，观众近 5 万人次，现场成交额 2.3 亿元，协议成交额近 5 亿元。文化体制改革继续深化，组建天津广播电视台、天津广播电视传媒集团。

体　育

竞技体育捷报频传。全年在国内外大赛上共获得 69 枚金牌，其中，国际比赛获得 40 枚金牌，全国高水平比赛获得 29 枚金牌。女子排球九年八次取得联赛冠军，男子足球问鼎足协杯。群众体育蓬勃开展。举办第二届全民健身运动会、第七届农民运动会，新建和更新改造 1500 个健身园和 30 个体育公园。承办世界女子水球总决赛等大型赛事，获得 2017 年第十三届全国运动会的举办权。全年体育彩票销量超过 25 亿元，增幅达 63%，再创历史新高。

五、人民生活

收入与消费

居民收入稳步增长。认真落实增加居民收入 20 项措施，最低工资标准由 920 元增加到 1160 元，提高 26%，颁布新的工资指导线，推进工资集体协商，连续第七年调增企业退休人员养老金。全年城镇单位从业人员人均劳动报酬 58635 元，增长 13.9%。城市居民人均可支配收入 26921 元，增长 10.8%。农村居民人均可支配收入增长 15.5%。

居民消费水平不断提高。全年城市居民家庭人均消费性支出 18424 元，增长 11.2%。其中，服务性消费支出 4683 元，增长 8.9%；商品性消费支出 13741 元，增长 12.1%，快于服务性消费支出 3.2 个百分点。城市居民恩格尔系数为 36.2%。年末每百户城市居民家庭拥有家用汽车 20.3 辆，比上年末增加 4.2 辆；电脑 95.6 台，增加 4.4 台；移动电话 217 部，增加 11.8 部。

社会保障

保障能力不断增强。社会保险体系由制度全覆盖向人员全覆盖延伸，在全国率先实施全民医疗保险和意外伤害附加保险制度。截至年末，城镇职工基本医疗保险参保人员 474.52 万人，城乡居民基本医疗保险参保人员 498.30 万人，城镇职工基本养老保险参保人员 458.70 万人，城乡居民基本养老保险参保人员 97.80 万人，失业保险参保职工 258.75 万人，工伤保险参保职工 320.42 万人（见表 4）。职工五项社会保险基金总收入 510.6 亿元，增长 18.1%；其中，养老保险基金收入 335.8 亿元，增长 20.4%。

表 4　各类社会保险参保人数

指　标	参保人数（万人）	比上年增长（%）
城镇职工基本医疗保险	474.52	1.0
城乡居民医疗保险	498.30	2.5
城镇职工基本养老保险	458.70	6.3
城乡居民养老保险	97.80	6.0
失业保险	258.75	5.1
工伤保险	320.42	5.2
生育保险	234.60	10.6

保障性住房建设加快推进。全年保障性住房投资完成 306.77 亿元，占房地产开发投资的 28.4%。全年开工建设保障性住房 1600 万平方米、23.9 万套，发放租房补贴 8.5 万户。年末城市人均住宅建筑面积 32.77 平方米，同比增长 4.8%。

社会福利与救助

社会福利与救助水平进一步提高。城镇低保标准由450元调整为480元，农村低保标准由250元调整为280元，优抚抚恤、特困救助、农村五保供养、老年人生活补贴标准等都有新的提高。政府抚恤、补助各类优抚对象3.02万人；城乡低保对象27.77万人，其中城镇17.93万人。完善价格补助联动机制，受益群众由18.4万人增加到33.7万人。年末全市各类福利院有床位3.28万张，同比增长14.5%；在院收养2.04万人，增长15.5%。当年新安排残疾人就业3070人。全市11个救助站全年救助5046人。接受社会捐赠2790.6万元，销售社会福利彩票16.07亿元，筹集彩票公益金4.86亿元。

注：1. 2011年各项统计数据为快报数。

2..全市生产总值、各产业增加值绝对数按当年价格计算，增长速度按可比价格计算。

3. 从2011年1月起，规模以上工业统计的起点标准从年主营业务收入500万元提高到2000万元，固定资产投资统计的起点标准从计划总投资额50万元提高到500万元。

4. 从2011年1月起，国家统计局实施新的工业生产者价格统计调查制度方法，将“工业品出厂价格指数”和“原材料、燃料、动力购进价格指数”分别改称为“工业生产者出厂价格指数”和“工业生产者购进价格指数”。

5. 城镇职工基本医疗保险和养老保险的参保对象为城镇职工和退休人员，城乡居民基本医疗保险和养老保险的参保对象为城乡非从业人员。

2011年天津经济形势分析

2011 年是实施“十二五”规划第一年，面对复杂多变的国内外经济形势，全市上下积极贯彻落实国家宏观调控政策，统筹做好转方式、调结构、惠民生、促和谐等各项工作，经济保持平稳较快增长，质量效益进一步提升，实现了“十二五”发展的良好开局。

一、2011 年经济运行的主要特点：经济总量跨上万亿台阶，转变发展方式取得积极进展

初步核算并经国家统计局评估审定，2011 年全市生产总值完成 11307.28 亿元，按可比价格计算，比上年增长 16.4%，增幅继续在全国保持前列。分三次产业看，第一产业增加值 159.72 亿元，增长 3.8%；第二产业增加值 5928.32 亿元，增长 18.3%，其中工业增加值 5430.84 亿元，增长 19.3%，拉动全市经济增长 9.2 个百分点，贡献率达到 56.1%；第三产业增加值 5219.24 亿元，增长 14.7%。

图1 全市生产总值和第三产业增加值累计增长速度

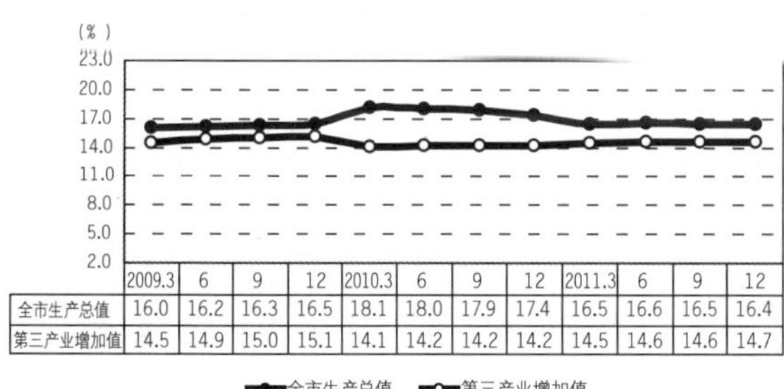

	2009.3	6	9	12	2010.3	6	9	12	2011.3	6	9	12
全市生产总值	16.0	16.2	16.3	16.5	18.1	18.0	17.9	17.4	16.5	16.6	16.5	16.4
第三产业增加值	14.5	14.9	15.0	15.1	14.1	14.2	14.2	14.2	14.5	14.6	14.6	14.7

1. 生产领域：结构调整加快推进，三次产业协同发展

都市农业稳步发展。粮食生产再获丰收，总产量达到 161.83 万吨，比上年增长 1.3%，实现连续 8 年增产。高标准设施农业累计达到 60 万亩，建成 20 个现代农业示范园区、155 个养殖示范园区。主要农副产品产量保持稳定。全年棉花总产量 7.23 万吨，增长 15.3%；肉类总产量 42.92 万吨，增长 0.8%；蔬菜产量 431.30 万吨，增长 2.9%；水产品产量 35.21 万吨，增长 2.1%。

优势产业引领工业较快增长。全年规模以上工业增加值增长 21.3%，完成工业总产值 20862.74 亿元，增长 29.2%。主要特点：一是优势产业支撑作用明显。航空航天、石油化工、装备制造、电子信息、生物医药、新能源新材料、轻纺和国防等八大优势产业完成工业总产值 18808.34 亿元，增长 29.0%，占全市规模以上工业的比重为 90.1%。二是高耗能行业增速放缓。黑色冶金、电力热力、化学原料及制品、石油加工、石油和天然气开采、非金属矿物制品等六大高耗能行业增加值分别增长 17.6%、9.3%、17.5%、20.9%、9.4% 和 15.0%，均低于全市平均水平；除黑色冶金增速同比提高外，其他 5 个行业增速均比上年大幅回落。三是民营企业生产快速增长。全年民营工业企业增加值增长 25.9%，高于全市平均增幅 4.6 个百分点。四是产品升级换代取得积极成效。规模以上工业新产品产值增长 38.2%，高于全市平均增速 9 个百分点；新产品产值率为 30.8%，同比提高 0.7 个百分点。主要产品产量实现较快增长。全年乙烯产量 134.26 万吨，增长 22.9%；成品钢材产量 5163.77 万吨，增长 15.9%；移动电话机产量 9061.68 万部，增长 7.9%；锂离子电池 4.57 亿只，增长 29.3%。五是产销衔接状况良好。规模以上工业企业产销率达到 98.84%。全年完成出口交货值 2424.72 亿元，增长 22.2%，占销售产值比重为 11.8%。

图2 各月规模以上工业增加值和出口交货值增速

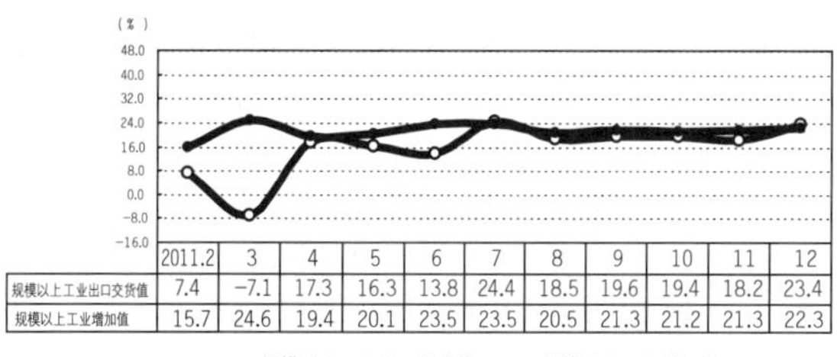

	2011.2	3	4	5	6	7	8	9	10	11	12
规模以上工业出口交货值	7.4	−7.1	17.3	16.3	13.8	24.4	18.5	19.6	19.4	18.2	23.4
规模以上工业增加值	15.7	24.6	19.4	20.1	23.5	23.5	20.5	21.3	21.2	21.3	22.3

表 1 2011 年工业八大优势产业总产值完成情况

单位：亿元、%

项　目	工业总产值	占全市比重
合　计	18808.34	90.1
航空航天产业	227.14	1.1
石油化工产业	3901.85	18.7
装备制造业	8274.38	39.7
电子信息产业	2460.76	11.8
生物医药产业	586.76	2.8
新能源新材料产业	885.30	4.2
轻纺工业	2472.15	11.8

注：八大优势产业中的“国防科技”数据统计在其他产业中。

服务业加快发展多点支撑。一是传统服务业稳定向好。全年港口货物吞吐量 4.53 亿吨，增长 9.7%；集装箱吞吐量 1159 万标准箱，增长 14.9%；邮电业务总量 180.78 亿元，增长 13.2%；批发零售业销售额 20831.44 亿元，增长 33.2%；住宿餐饮业营业额 494.81 亿元，增长 27.1%；接待入境旅游者 200.40 万人次，增长 20.7%，接待来津旅游观光的国际豪华邮轮 39 艘；举办津洽会、融洽会等大型展会 165 个，其中津洽会签约总额 1300 多亿元。二是新兴服务业发展步伐加快。融资租赁企业达到 51 家，业务总量占全国的四分之一，创新型交易市场达到 11 家；国家动漫产业综合示范园投入使用，动漫产业公共技术服务平台达到世界领先水平；服务外包执行金额（离岸）3.94 亿美元，增长 91.4%；全市商务楼宇达到 450 个，税收超亿元楼宇增加到 67 个。

2. 需求领域：内需拉动势头强劲，进出口保持平稳增长

投资实现快速增长。全年全社会固定资产投资 7510.67 亿元，增长 31.1%，比上年加快 1 个百分点。其中，城镇投资 7057.20 亿元，增长 31.2%；农村投资 453.47 亿元，增长 29.8%。在城镇投资中，第一产业投资 57.64 亿元，增长 41.8%；第二产业投资 3104.13 亿元，增长 31.7%，其中工业投资 3076.03 亿元，增长 31.6%；第三产业投资 3895.43 亿元，增长 30.6%。城市基础设施投资 1567.78 亿元，增长 8.8%。主要特点：一是高耗能行业投资得到控制。六大高耗能行业中，除电力热力和非金属矿物制品业投资增长外，黑色冶金、化学原料及制品、石油加工、石油和天然气开采等 4 个行业投资分别下降 12.8%、36.9%、67.7% 和 17.0%。二是房地产市场稳中回落。全年房地产开发投资 1080.04 亿元，增长 24.6%，增速比前三季度回落 2.6 个百分点；商品房销售面积 1643.11 万平方米，销售额 1473.11 亿元，分别增长 8.5% 和 14.9%，增速比前三季度分别回落 7.5 个和 13.8 个百分点。三是民间投资支撑有力。全年民间投资 3308.15 亿元，增长 47.5%，拉动全社会投资增长 18.6 个百分点，占全社会投资的 44%。

图3 全社会固定资产投资和房地产开发投资累计增长速度

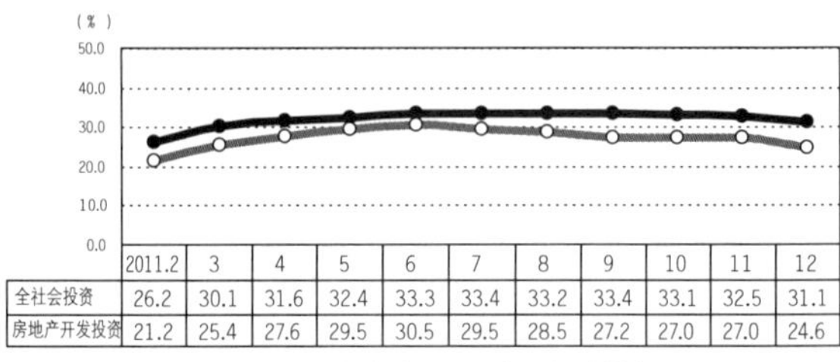

消费市场持续活跃。全年社会消费品零售总额 3395.06 亿元，增长 18.7%。其中，城镇消费品零售额 3227.09 亿元，增长 19.3%；乡村消费品零售额 167.97 亿元，增长 8.3%。主要特点：一是商品性消费增长快于服务性消费。城市居民人均消费性支出 18424 元，增长 11.2%，其中商品性消费支出增长 12.1%，快于服务性消费支出 3.2 个百分点。二是大型商业设施拉动作用明显。大悦城、水游城、佛罗伦萨小镇、红星国际广场等建成开业，促进了商品市场繁荣。三是汽车、石油及制品、金属材料等成为消费热点。全年限额以上批零企业销售额中，汽车类增长 47.9%，石油及制品类增长 31.3%，金属材料类增长 42.9%，三大类别销售额合计比重达 72.7%。

进出口保持平稳增长。全年外贸进出口总额达到 1033.91 亿美元，增长 25.9%。其中，出口 444.98 亿美元，增长 18.7%；进口 588.93 亿美元，增长 32.0%，快于出口增速 13.3 个百分点。主要特点：一是贸易结构进一步改善。一般贸易出口

增长25.9%，领先于加工贸易12.3个百分点，占全市出口的比重为39.9%，同比提高2.3个百分点；机电产品出口307.8亿美元，高新技术产品出口173.5亿美元，分别占全市出口的69.2%和39.0%。二是对美国、欧盟、韩国、日本四大传统市场出口保持稳定，分别增长1.7%、22.3%、10.9%和20.5%，合计出口占全市的53.8%；对东盟、俄罗斯、澳大利亚等新兴市场出口增势强劲，分别增长44.7%、38.5%和33.3%。三是民营企业出口快速增长。全年民营企业出口71.63亿美元，增长32.6%，高于全市平均增速13.9个百分点。

图4 社会消费品零售总额和批发零售业销售总额当月增长速度

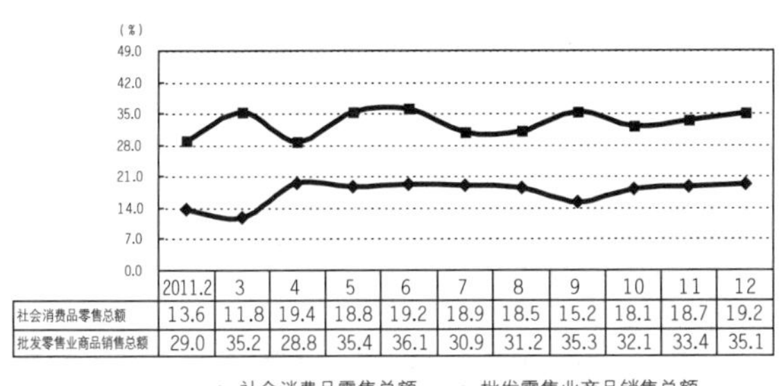

	2011.2	3	4	5	6	7	8	9	10	11	12
社会消费品零售总额	13.6	11.8	19.4	18.8	19.2	18.9	18.5	15.2	18.1	18.7	19.2
批发零售业商品销售总额	29.0	35.2	28.8	35.4	36.1	30.9	31.2	35.3	32.1	33.4	35.1

图5 外贸出口与进口累计增长速度

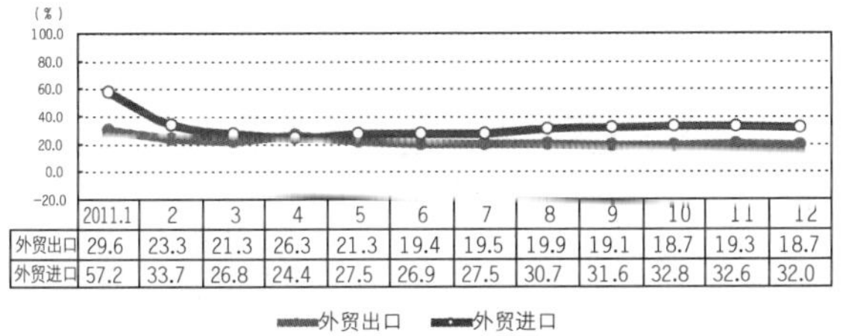

	2011.1	2	3	4	5	6	7	8	9	10	11	12
外贸出口	29.6	23.3	21.3	26.3	21.3	19.4	19.5	19.9	19.1	18.7	19.3	18.7
外贸进口	57.2	33.7	26.8	24.4	27.5	26.9	27.5	30.7	31.6	32.8	32.6	32.0

3. 运行质量：政府、企业、居民收入增长较快，转型发展成效凸显

财政收入快速增长。全年地方财政收入1455.13亿元，增长36.1%，增幅比上年提高6个百分点。税收拉动财政增收作用明显。全市地方税收收入1004.51亿元，增长29.3%，占地方财政收入的69.0%。其中，企业所得税增长45.1%，营业税增长24.3%，增值税增长18.6%，个人所得税增长21.1%。

企业效益持续增加。全年规模以上独立核算工业企业完成主营业务收入21103.50亿元，同比增长26.5%；实现利税总额2970.12亿元，增长42.0%，其中利润1933.72亿元，增长39.5%。在37个工业行业大类中，有36个行业实现盈利，30个行业利润同比增长。盈利居前的五大行业分别是石油和天然气开采业（616.31亿元）、交通运输设备制造业（156.63亿元）、黑色金属冶炼及压延加工业（130.82亿元）、煤炭开采和洗选业（96.78亿元）和通信设备计算机及其他电子设备制造业（94.70亿元）。

居民收入稳步增长。认真落实增加居民收入20项措施，最低工资标准提高26%，颁布新的工资指导线，推进工资集体协商，连续第七年调增企业退休人员养老金。全年城镇单位从业人员劳动报酬总额1205.67亿元，增长14.7%；人均劳动报酬58635元，增长13.9%。全年城市居民人均可支配收入为26921元，比上年增长10.8%。其中，人均工资性收入18794元，比上年增长12.0%，拉动人均可支配收入增长6.9个百分点；人均养老金收入7752元，增长9.1%；存款利息提高和出租房屋收入增加，拉动人均财产性收入大幅增长38.8%。

民生保障更加有力。一是就业规模继续扩大。实施更加积极的就业政策，统筹推进高校毕业生、失业人员、农村富余劳动力就业，加快创业带动就业实验区建设，启动百万技能人才培训计划，全年新增就业47.10万人，同比增长4.3%。截至年末，全市城镇单位从业人员208.6万人，同比增加2.9万人。二是民生投入快速增长。地方财政一般预算用于教育、社会保障和就业、城乡社区事务等方面支出分别增长35.6%、28.9%和31.1%。开工建设保障性住房1600万平方米、23.9万套，发放租房补贴8.5万户。

转变发展方式取得积极进展。坚定不移地加快结构调整，更加注重处理好速度、结构、质量和效益的关系，为创新驱动、转型发展赢得更多空间。新推出重大项目340项，累计达到1280项，通过大项目好项目建设，进一步带动经济增长，优化产业结构，积蓄发展后劲。战略性新兴产业开始起步，产业带动和辐射效应不断扩大。全社会研发经费支出占生产总值的比重提高到2.6%。

全市专利申请3.6万件，授权1.4万件，分别增长43%和30%。新增2个国家高新技术产业化基地，累计达到16个。新增科技型中小企业8500家，累计达到2.1万家。全年万元生产总值能耗下降4.28%以上，主要污染物排放量下降2%。经济实现又好又快发展。

4. 发展环境：资金供应总体稳定，市场物价同比上涨

招商引资效果明显。全年新批外商投资企业634家，合同外资额168.37亿美元，增长10.1%；实际直接利用外资130.56亿美元，增长20.4%。制造业实际利用外资57.01亿美元，增长14.9%。服务业实际利用外资72.26亿美元，增长25.9%，占全市的55.3%；其中，租赁和商务服务业增长1.2倍，房地产业增长1.0倍。引进1000万美元以上大项目170个，累计在津投资世界500强企业150家。全年实际利用内资2085.87亿元，增长27.7%。

存贷款稳定增长。从贷款看，截至年末，全市金融机构（含外资）本外币各项贷款余额15924.71亿元，同比增长15.7%，比上年末回落7.8个百分点；新增贷款2162.97亿元，同比少增451.30亿元。其中，新增短期贷款979.99亿元，同比多增605.50亿元；新增中长期贷款732.87亿元，同比少增1162.26亿元；新增融资租赁428.02亿元，同比多增26.31亿元；新增票据融资68.23亿元，同比多增159.21亿元。从存款看，年末全市各项存款余额17586.91亿元，同比增长6.7%，增幅比上年末回落12.1个百分点。本年新增存款1094.37亿元，同比少增1508.21亿元，为2007年以来最少。其中，新增单位存款361.15亿元，同比少增1428.14亿元；新增个人存款688.34亿元，同比多增24.90亿元。

市场物价同比上涨。从消费价格看，呈现高位趋稳态势。落实国家物价调控政策措施，进入四季度以来当月同比涨幅连续回落，物价上涨势头有所减弱。全年居民消费价格总水平同比上涨4.9%，低于全国平均水平0.5个百分点。八大类商品和服务价格呈"六升二降"格局。主要特点：一是食品价格涨幅最大，同比上涨11.4%，拉动消费价格总水平上涨3.2个百分点，除菜类价格下降外，其他15小类食品价格全面上扬。二是服务项目价格涨幅扩大，同比上涨3.0%，涨幅比上年扩大1.7个百分点，市场自由定价的服务项目价格普遍上涨。三是工业消费品价格呈现不断上涨态势，同比上涨1.8%，涨幅较大的主要集中在对劳动力需求量大、对原材料成本依赖较强的种类上。从生产价格看，呈现涨幅回落态势。全年工业生产者出厂价格同比上涨3.8%，比上年回落1.3个百分点；在37个行业大类中，有29个行业价格上涨，上涨面为78.4%。全年工业生产者购进价格同比上涨9.8%，比上年回落0.2个百分点。

图6 居民消费价格涨幅

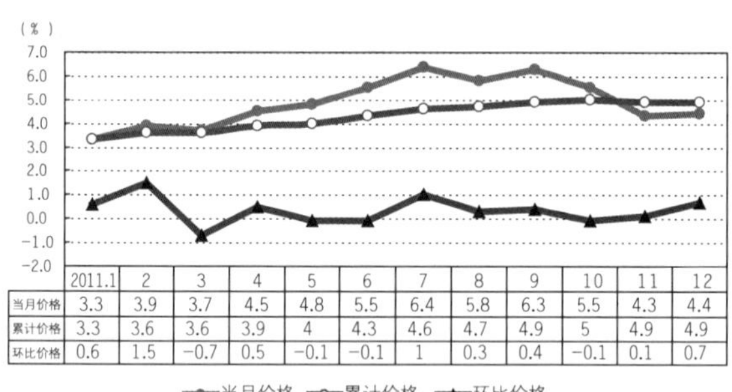

	2011.1	2	3	4	5	6	7	8	9	10	11	12
当月价格	3.3	3.9	3.7	4.5	4.8	5.5	6.4	5.8	6.3	5.5	4.3	4.4
累计价格	3.3	3.6	3.6	3.9	4	4.3	4.6	4.7	4.9	5	4.9	4.9
环比价格	0.6	1.5	−0.7	0.5	−0.1	−0.1	1	0.3	0.4	−0.1	0.1	0.7

表2 2011年居民消费价格指数（CPI）

指　标	指数（上年=100）
居民消费价格指数	104.9
食品类	111.4
烟酒及用品类	104.8
衣着类	102.1
家庭设备用品及维修服务类	106.1
医疗保健和个人用品类	101.8
交通和通信类	99.9
娱乐教育文化用品及服务类	99.5
居住类	104.7

5. 三个层面：滨海新区龙头带动，多点支撑更趋协调

滨海新区、中心城区和其他区县三个层面形成多点联动、竞相发展的良好局面。滨海新区综合配套改革第二个三年计划启动实施，"十大战役"全面推进，功能区开发与招商引资同步进行。东疆保税港区二期具备封关条件。中新天津生态城

起步区基础设施基本建成。中心商务区加快建设，铁狮门和罗斯洛克金融中心等项目启动，五矿大厦投入运营。南港工业区、临港经济区建港造陆23平方公里，北方重装基地、中石油原油储备库、中粮油生物化工等项目建成投产，中船重工造修船基地建设加快推进。空港经济区、开发区西区、滨海高新区、滨海旅游区开发建设取得新进展，中航直升机、长城汽车一期、软件及服务外包产业基地一期建成，新一代运载火箭等项目顺利实施。全年滨海新区规模以上工业总产值增长29.4%，地方财政收入增长47.2%，实际直接利用外资增长20.8%，保持在全市经济增长中的龙头带动作用。

中心城区载体功能增强。大力发展高端服务业、楼宇经济和都市型工业，服务业比重超过80%。文化中心、西站城市副中心建设按时间节点有序推进，梅江会展中心二期工程主体完工，泰安道综合开发项目1、2、3号院投入使用，意式风情区被评为中国特色商业街区。

郊区县示范工业园区、农业产业园区、农村居住社区“三区”统筹联动发展。4批示范小城镇试点项目扎实推进，新开工农民住房1000万平方米，累计竣工1800万平方米，40万农民迁入新居。31个区县示范工业园区加快建设，800个重大项目全部开工，成为保障小城镇农民就业、推动区县经济发展的重要支撑点。

6. 经济景气：PMI出现回落迹象，企业景气指数处于较为景气区间

2011年，除6、7两个月份外，全市制造业采购经理指数PMI均低于去年同期水平，其中10月份和12月份分别回落为48%和47.1%，落入收缩区间，表明制造业总体发展趋势有所回落。从市场需求看，产品订货数平均值为51.5%，同比回落3.5个百分点，出口订货指数只有2月份和4月份指数在扩张区间，其余10个月指数均在临界点下方，显示出国内外市场需求呈下降趋势。从采购活动看，采购量指数已经连续第4个月运行于收缩区，显示出制造业采购活动趋于低迷。

从两大企业景气指数看，均处于较为景气区间。企业家信心指数一季度为129.6点，二季度为129.4点，三季度为122.2点，四季度为121.7点；企业景气指数一季度为126.6点，二季度为128.7点，三季度为121.6点，四季度为123.3点。

二、经济运行中需要关注的问题

2011年，全市经济总体保持平稳较快增长，实现了“十二五”开好局、起好步的战略目标。但同时也要看到，影响经济发展的不稳定、不确定因素依然存在，经济发展中出现的一些问题值得关注。

1. 宏观调控效应进一步显现

货币政策和楼市调控政策同步发力，对全市信贷投放和房地产销售产生一定的制约影响。从货币政策调控效应看，信贷规模有所收缩。2011年国家货币政策从适度宽松转向稳健，逐步收紧货币供应，先后3次提高利率、6次提高存款准备金率，存款准备金率曾一度达到21.5%的历史高位。截至年末，广义货币(M_2)余额同比增长13.6%，狭义货币(M_1)余额同比增长7.9%，分别比上年末低6.1个和13.3个百分点。受调控政策影响，全市信贷投放总量和增速双双回落，在一定程度上制约了企业的资金筹措，城镇投资中本年国内贷款仅增长5.9%，同比回落23.6个百分点。从楼市调控政策效应看，房地产市场进入观望期。2011年国家实施新一轮楼市调控政策“国八条”，并加大保障性住房建设力度，天津市也出台了相应的落实措施，使房价过快上涨势头初步得到平抑。受限购、限贷、加息等调控政策影响，商品房销售低速徘徊，二手房成交量同比下降。全年商品房销售面积仅增长8.5%，二手住宅成交量同比下降34.0%。

2. 化解通胀压力难度较大

2011年，居民消费价格同比上涨4.9%，涨幅比上年扩大1.4个百分点，通胀压力进一步加大；

各月同比价格均呈上涨态势，到12月份已经连续25个月上涨。本轮物价上涨范围由食品向工业消费品及服务项目领域延伸的趋势较为明显。食品价格攀升仍是消费价格高位运行的主因，但影响程度有所减弱。全年食品类价格同比上涨11.4%，拉动价格总水平上涨3.2个百分点，影响程度达66.0%，上年为54.9%。工业消费品、服务项目等非食品价格涨势趋高，对整体物价水平的影响逐步加大。虽然全市落实物价调控措施初见成效，但物价上涨的中长期压力依然存在，国内要素成本上升局面短期内难以改变，输入性通胀压力仍然较大，实现物价稳定的基础并不牢固，物价走势还存在反弹的可能，宏观经济政策对物价上涨仍需要保持足够的警惕。

3. 市场需求后劲仍显不足

国际国内两个市场需求回落，对全市经济平稳较快增长产生一定的不利影响。从外需看，国际经济形势依然复杂严峻，欧债危机继续深化蔓延，主要发达经济体复苏缓慢，新兴经济体经济增长放缓，造成外部需求不足，出口难度加大。全市外贸出口增长18.7%，同比回落6.8个百分点，低于全国平均水平1.6个百分点，已连续6年低于全国出口增速。工业出口交货值增长22.2%，低于工业总产值增幅7个百分点，占销售产值比重为11.8%，同比回落0.5个百分点，比金融危机前低13.2个百分点。作为全市出口主体的外商及港澳台商投资企业受国际市场影响较大，全年工业增加值增长17.3%，低于全市平均增速4.0个百分点。从内需看，国内市场需求有所减弱，房地产市场逐步降温，汽车销售大幅回落，由此导致钢材、化工市场需求不旺价格走低，建材、机电等行业订单减少，一些主要产品产量下降或增长缓慢。全年全市汽车产量仅增长4.9%，同比回落17.6个百分点，天然原油、照相机、空调器等十几种产品产量出现不同程度下降。

4. 节能降耗压力有所加大

受三大因素影响，全市节能降耗压力依然较大。一是煤炭消费增幅较高。全年煤炭消费量达到5300万吨，同比增长10%，增幅比“十一五”平均水平高出5.2个百分点，其中规模以上工业煤炭消费量4664.61万吨，同比增长10.8%，煤炭净增量453万吨。二是大项目拉动工业能耗较快增长。2011年，天津碱厂、天钢联合公司、玖龙纸业、渤化永利和军电热电均有新投产项目，且能耗较高，这五家企业能耗总量达到349万吨标准煤，同比增长1.1倍，拉动全市工业能耗增长4.6个百分点。三是工业重化特征是影响节能降耗成效的重要原因。2011年全市规模以上工业中，重工业产值比重达到83.1%，其中六大重点耗能行业能源消费比重达到88.1%，产业结构调整仍有较大空间。

（黄瑛　郑礼）

2011年天津社会发展报告

2011年是实施“十二五”规划的第一年。全市上下深入贯彻落实科学发展观，统筹经济与社会协调发展，以解决人民群众最关心、最直接、最现实的利益问题为着力点，着力做好保障和改善民生工作。通过连续第五年实施20项民心工程，城乡面貌更加整洁有序，群众生活得到新的改善，社会保障能力不断增强，科教文卫事业全面进步，社会发展呈现出和谐稳定、进步向上的良好局面，实现了“十二五”社会发展的良好开局。

一、人口计生工作创新发展，人口总量实现改善性增长

1. 外来人口带动全市常住人口适度增加

随着全市经济的快速发展，对外来人口的吸纳作用不断增强，带动全市常住人口规模持续扩大。截至2011年末，全市常住人口1354.58万人，比上年末增加55.29万人；其中，外来人口344.84万人，增加44.40万人，占常住人口增量的80.3%。外来人口占常住人口的比重达到25.5%，同比提高2.4个百分点。针对外来人口日渐增多的情况，全市着力加强和创新外来人口服务管理，逐步形成了全员覆盖、全域覆盖、均等化待遇、均等化服务的外来人口服务管理新模式，为保持社会和谐稳定发挥了积极作用。

图1 2007-2011年天津市常住人口和外来人口变化情况

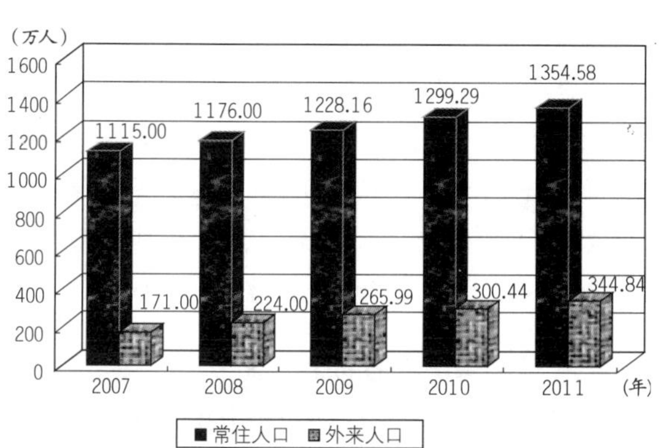

2. 人口年龄结构呈现“橄榄型”合理分布

2011年末全市常住人口中，少年人口（0-14岁）133.02万人，比上年末增加5.69万人；老年人口（65岁及以上）126.65万人，增加15.95万人；劳动年龄人口（15-64岁）1094.91万人，增加33.65万人。人口总负担系数（少年和老年人口数与劳动年龄人口数的比例）为23.7%，表明全市仍处于人口红利期（人口总负担系数小于或等于50%）。劳动年龄人口的大幅增加，使全市劳动力资源进一步壮大。2011年末，全市劳动力资源总量1161.01万人，比上年末增加48.32万人。

3. 人口受教育程度朝着更高水平迈进

人均受教育水平进一步提高。2011年末，全市6岁及以上受教育人口的平均受教育年限为10.47年，比上年末提高0.12年；全市新增劳动力平均受教育年限为14.81年，提高0.13年。高学历人口比重不断上升。2011年末，全市6岁及以上受教育人口中，大学专科及以上学历比重为20.3%，比上年末提高1.5个百分点。

4. 人口计生公共服务职能不断拓展

2011年，全国首家人口和家庭公共服务中心在津启用，标志着全市人口计生工作由单纯控制人口数量向统筹解决人口问题转型取得新进展，正式构建起以人口和家庭公共服务中心为龙头、16个区县分中心为骨干、130余个街乡镇服务站和5400余个村居服务室为基础的四级网络，服务领域延伸至社区和家庭。启动“家佳推进计划”，在全国首创“1-2-6-16-N”多元服务模式，对7类不同类型有相关需求的家庭，围绕提高家庭生活质量、生育质量、生命质量，有针对性地给予面向生命不同阶段的个性化指导和服务。低生育水平保持稳定。2011年，全市人口出生率为8.58‰，死亡率为6.08‰，自然增长率为2.50‰，低于全

国平均水平 2.29 个千分点。

二、积极就业政策成效凸显，就业规模持续扩大质量明显提升

1. 多措并举巩固民生之本

2011 年，全市深入实施积极就业政策，加大促进就业力度，实现就业总量、质量双提升。一是加大政策扶持力度。公共财政支出向中小企业和劳动密集型产业倾斜，对劳动者自主创业以及企业吸纳就业依法落实减免税优惠，鼓励金融机构对劳动者创业提供小额担保贷款服务。二是加大岗位开发力度。依托重大项目建设，以装备制造、电子信息、轻工纺织等劳动密集型产业为重点，做好人力资源开发配置服务。全年新增就业 47.10 万人，增长 4.3%。三是加大创业带动就业力度。全面落实创业带动就业规划纲要及其 50 条实施意见，加快推进创业带动就业实验区建设，创业项目存量突破 1 万个，全年创业培训 2.1 万人，5546 人成功创业，带动 3.2 万人就业。四是加大职业技能培训力度。实施百万技能人才培训计划，以企业需求为导向，开展大规模职业技能培训，建成中国天津职业技能公共实训中心。五是加大对高校毕业生、农村富余劳动力和困难群体就业的统筹帮扶力度。大力实施就业服务进校园、三支一扶、公益岗锻炼等计划，应届高校毕业生就业率达到 90%；以农村"三区联动"为依托，促进失地农民和农村富余劳动力就地就近就业；通过开发公益岗托底安置，保持"零就业"家庭动态为零，其他困难群体安置率达到 86%。年末城镇登记失业率控制在 3.6%，低于全国平均水平 0.5 个百分点。

2. 就业结构进一步优化

第三产业从业人员比重有所上升。截至 2011 年末，全市社会从业人员总量达到 763.16 万人，比上年末增长 4.7%。其中，第一产业从业人员 73.18 万人，下降 0.9%；占全市社会从业人员的比重为 9.6%，下降 0.5 个百分点。第二产业从业人员 315.99 万人，增长 4.5%；占全市比重 41.4%，下降 0.1 个百分点。第三产业从业人员 373.99 万人，增长 6.1%；占全市比重 49.0%，上升 0.6 个百分点。私营单位吸纳就业作用进一步增强。年末私营单位从业人员达到 201.24 万人，占社会从业人员的 26.4%，比上年末提高 2.8 个百分点。

图2 2006年和2011年天津市三次产业就业结构

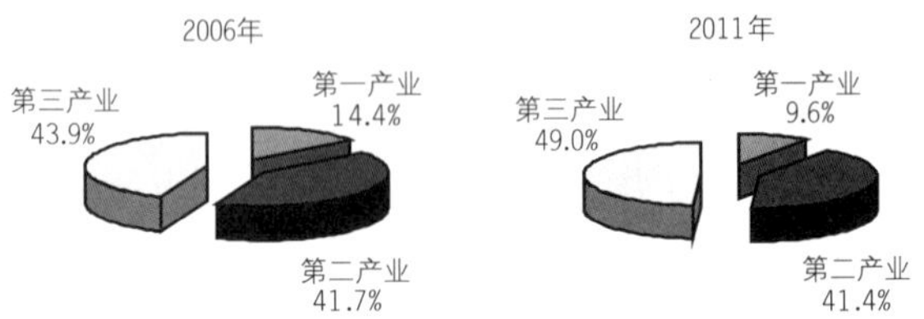

三、增收保障机制更加完善，居民生活质量再上新水平

1. 城乡居民收入稳步增长

2011 年，全市出台一系列政策措施，为促进居民增收提供了有力保障。一是推进工资集体协商制度，已覆盖全市 80% 以上规模以上生产经营正常的企业；二是提高最低工资标准，由每月 920 元上调为 1160 元，26.1% 的增幅创历史新高；三是颁布新的工资指导线，基准线和下线分别提高 1 个百分点；四是连续第七年调增企业退休人员养老金，提高了城乡居民基础养老金和老年人生活补助标准。在这些政策措施的推动下，居民收入实现稳步增长。据国家统计局天津调查总队统计资料显示，2011 年城市居民人均可支配收入 26921 元，增长 10.8%。其中，工资性收入 18794 元，增长 12.0%，拉动可支配收入增长 6.9 个百分点；养老金收入增长 9.1%，经营性收入增长 13.7%，存款利息提高和房租收入增加拉动财产性收入大幅增长 38.8%。农村居民人均可支配收入 11891 元，增长 15.5%。其中，工资性收入 6829 元，增长 20.4%，占可支配收入的 57.4%；家庭经营第一产业收入增长 6.6%，经营第二、三产业收入增长 9.2%，转移性、财产性收入增长 32.8%。

2. 居民消费价格同比上涨

2011 年，全市坚决落实国家物价调控政策措

施，努力保持物价总水平基本稳定。一是扶持设施农业发展，增加农副产品供应量；二是建立稳固的农产品采、供、销渠道，做好农超对接，保障市场供应，降低流通成本；三是加强市场价格监管，打击扰乱市场价格行为；四是进一步完善价格补贴联动机制，享受物价补助的困难群众由18.4万人扩大到33.7万人，是补贴力度最大、受益人数最多的一年。在调控政策作用下，居民消费价格上涨势头有所减弱，进入四季度以后当月同比涨幅连续回落。全年居民消费价格总水平同比上涨4.9%，低于全国平均水平0.5个百分点。

图3 2011年天津市居民消费价格涨幅

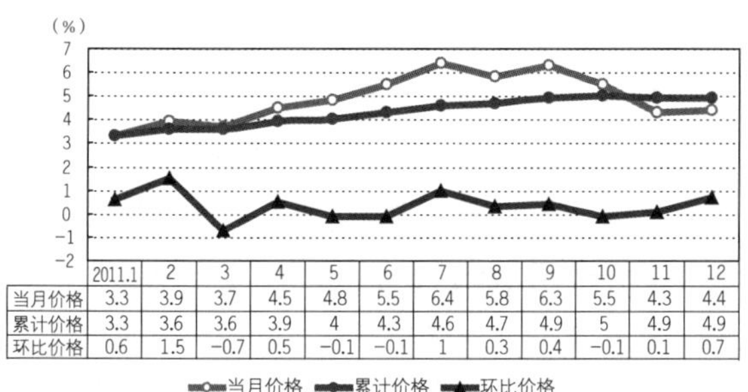

八大类商品和服务价格呈“六升二降”格局（见表1）。主要特点：一是食品价格涨幅最大，同比上涨11.4%，拉动消费价格总水平上涨3.2个百分点，除菜类价格下降外，其他15小类食品价格全面上扬；二是服务项目价格涨幅扩大，同比上涨3.0%，涨幅比上年扩大1.7个百分点，市场自由定价的服务项目价格普遍上涨；三是工业消费品价格呈现不断上涨态势，同比上涨1.8%，涨幅较大的主要集中在对劳动力需求量大、对原材料成本依赖较强的种类上。

表1 2011年天津市居民消费价格指数（CPI）

指　标	指数（上年=100）
居民消费价格指数	104.9
食　品	111.4
烟　酒	104.8
衣　着	102.1
家庭设备用品及维修服务	106.1
医疗保健和个人用品	101.8
交通和通信	99.9
娱乐教育文化用品及服务	99.5
居　住	104.7

3. 居民消费能力进一步增强

2011年，全市大力推进消费市场繁荣，建成水游城、大悦城、佛罗伦萨小镇等一批商贸旅游载体，举办天津购物节等一批节庆会展活动，新建改造提升一批菜市场、社区连锁超市和早餐店，进一步扩大了城乡消费需求。全年城市居民人均消费性支出18424元，增长11.2%。其中，商品性消费增长12.1%，快于服务性消费3.2个百分点，主要来自食品、衣着、通信工具、家用电器等消费的拉动，城市居民恩格尔系数（食品支出占消费性支出比重）为36.2%。年末每百户城市居民家庭拥有家用汽车20.3辆，比上年末增加4.2辆；家用电脑95.6台，增加4.4台；移动电话217部，增加11.8部。农村居民消费结构加快升级。全年农村居民人均生活消费支出6725元，增长17.5%，为新世纪以来最快增速。其中，文教娱乐用品及服务支出增长31.3%，医疗保健支出增长24.3%，家庭设备用品及服务支出增长21.9%。农村居民恩格尔系数为35.3%，比上年下降3.7个百分点。年末每百户农村居民家庭拥有生活用汽车14.7辆，比上年末增加0.7辆；家用电脑37台，增加8台；移动电话188部，增加6部。

四、医疗服务环境切实改善，公共卫生均等化水平提升

1. 公立医院改革初见成效

2011年，全市以“深化公立医院改革，提升便民服务水平”为抓手，大力开展三项重点工作，努力实现服务人性化、就医便捷化和管理规范化。一是开展医院“环境年”建设。通过加大投入力度、强化医院管理，就医诊疗环境明显优化，预约诊疗效果开始显现，已初步形成现场、电话、网络、“医指通”等多层次预约体系，全市门诊预约量占门诊总量的20.5%。二是开设无假日门诊。全市36所三级医院和49所二级医院实行无假日门诊，公休日应诊395.5万人次，占总门诊量的20.6%，初步缓解了优质医疗资源供需矛盾。三是启动三级医院对口帮扶涉农区县二级医院。首批10所三

级医院对口帮扶8个涉农区县二级医院的医务人员全部到岗，开展医院管理及学科建设帮扶工作，有效促进了区县医疗水平的提高。

2. 资源布局调整步伐加快

2011年，全市全面强化卫生资源规划管理，着力优化卫生资源结构与布局，加快形成多元办医格局。一是重点建设项目稳步推进，医大总医院、肿瘤医院、人民医院等改扩建项目投入运营，中医一附院、胸科医院等建设进展顺利；二是基层医疗卫生服务体系进一步完善，完成6个区县医院和中医院、11个社区卫生服务中心和乡镇卫生院、657个村卫生室标准化建设，完成首批全科医生临床规范化培训；三是中医药发展成效显著，成为全国首个社区中医药工作省级先进市，建成116家中医“国医堂”，新增4个国家级临床重点专科；四是积极发展社会办医，引进社会资本办医项目10项，规划投资45.9亿元，设置总床位4450张，天津马光社区连锁医院、和睦家妇产科医院等一批非公立医院建成开业。年末全市有各类卫生机构4431个，其中，医院、卫生院461个，社区卫生服务中心95个；卫生机构床位49423万张，其中，医院、卫生院44661万张，社区卫生服务中心2851万张；卫生技术人员7.33万人，其中，执业（助理）医师2.98万人，注册护士2.58万人。全市每千人口拥有医院床位3.07张、执业（助理）医师2.25人，高于全国2.76张和1.83人的平均水平。

3. 公共卫生体系建设取得新进展

一是疾病防控工作全面加强。全市甲乙类传染病报告发病率连续五年保持下降趋势，2011年降至历史最低的161.47/10万，远低于全国241.44/10万的平均水平。艾滋病、结核病、肝炎发病率位居全国最低行列，流感、手足口病等重点传染病防控工作有效实施，西青区成为国家首批慢病综合防控示范区。二是妇女儿童卫生保健水平不断提高。持续实施妇女儿童健康行动计划，受益人群达到289.2万人次。2011年，婴儿死亡率5.05‰，孕产妇死亡率6.78/10万，连续六年分别控制在6‰和10/10万以下，保持全国领先水平。三是公共卫生项目稳步落实。人均基本公共卫生服务补助标准由20元提高到30元，服务项目不断扩展。高血压、糖尿病管理、农村妇女两癌检查、孕产妇住院分娩补助等重大公共卫生服务项目均按时或提前完成三年医改任务。

五、全民保障体系逐步完善，社会救助力度进一步加大

1. 统筹城乡的社会保障工作加快推进

2011年，全市加快推进社会保险体系由制度全覆盖向人员全覆盖延伸，稳步提高保障水平，使广大居民享有更好的基本社会保险权益。一是政策制度体系更加完善。出台完善职工基本养老保险制度的若干意见，制定解决未参保集体企业退休人员养老保障问题办法，建立被征地农民保障资金预存制度，在全国率先实施基本医疗保险意外伤害附加保险制度，出台公务员参加工伤保险办法，完善了职工与居民社会保险制度之间的衔接转换办法。二是社会保险覆盖范围进一步扩大。以第三产业、中小企业、新建项目为重点领域，以农民工、个体工商户、灵活就业人员、新增就业人员为重点人群，大力推进社会保险扩面工作，特别是将农籍个体工商户和灵活就业人员纳入城镇企业职工养老保险覆盖范围，在实现制度创新的同时，推动全市各类社会保险参保人数不断增加（见表2）。三是社会保障能力不断提高。社会保险基金快速增长，2011年职工五项社会保险基金总收入510.6亿元，增长18.1%；其中，养老保险基金收入335.8亿元，增长20.4%。

表2 2011年天津市各类社会保险参保情况

指　标	人数（万人）	比上年增长(%)
参加城镇职工基本医疗保险人数	474.52	1.0
参加城乡居民医疗保险人数	498.27	2.5
参加城镇职工基本养老保险人数	458.70	6.3
参加城乡居民养老保险人数	98.00	6.2
参加城镇职工失业保险人数	258.75	5.1
参加工伤保险职工人数	320.42	5.2
参加城镇职工生育保险人数	234.60	10.6

2. 多项措施推动保障性住房建设

2011 年，全市将改善中低收入群众住房条件作为 20 项民心工程的首项任务，出台一系列措施加快保障性住房建设。一是加快建设公共租赁住房、经济适用住房和限价商品住房，建立保障性住房审批绿色通道，用地优先保证供应，资金及时落实到位，优化规划设计方案，同步建设配套设施，确保工程质量。全年保障性住房投资完成 306.77 亿元，占房地产开发投资的 28.4%；开工建设保障性住房 1600 万平方米、23.9 万套，发放租房补贴 8.5 万户。二是进一步完善面向最低收入、低收入和中低收入家庭的“三种租房补贴”制度，适时降低准入门槛、提高补贴标准，扩大住房保障群众受益面。三是加快推进危陋房屋和城中村改造，确保安置房及时开工建设，尽早让广大群众受益。四是进一步加强住房保障管理，构建和谐宜居的生活环境，使住房保障政策真正惠及困难群众。

3. 社会救助水平不断提高

一是提高社会救助标准。城镇低保标准由 450 元上调为 480 元，农村低保标准由 250 元上调为 280 元，特困救助范围和标准、农村五保供养标准等也有所调整。社会救济总人数达到 29 万人，其中，城镇低保对象 17.95 万人，农村五保供养 1.33 万人，全年发放救济费 10.14 亿元。二是加快福利设施建设。以养老机构、老年日间照料中心（站）、农村社区综合服务中心为重点，建成一批惠民生、便民利、得民心的公共福利设施。年末全市收养性社会福利事业单位共有床位 3.22 万张，同比增长 24.6%；在院收养 2.04 万人，增长 16.4%。三是加大临时救助力度。为妥善解决城乡贫困居民的突发性、临时性生活困难，出台新的帮扶措施：人均月收入不足城乡低保标准 200% 的低收入困难家庭、各区县民政和财政部门认定的其他特殊困难家庭，因各种特殊原因造成基本生活出现暂时困难的可申请享受临时救助。全年临时救济 7.03 万人次，增长 1.1 倍。四是有效改善残疾人生活。全面实施残疾儿童康复救助项目，各项康复工作进展良好，22.1 万残疾人得到康复服务，其中社区康复服务 7.48 万人；多渠道促进残疾人就业，当年新安排残疾人就业 3070 人；16 个区县全部系统开展无障碍建设，并为 1062 户残疾人家庭进行了无障碍改造。

六、行政服务效能持续提升，社会管理和服务体系建设稳步推进

1. 连续第三年开展“上水平”活动取得实效

2011 年，全市坚持把促发展与保民生、保稳定紧密结合起来，深入开展“调结构、增活力、上水平”活动，着力解决企业和群众生产生活中遇到的困难，及时排查化解矛盾纠纷，促进了社会和谐稳定。全市共组织 4329 名干部、组成 658 个服务工作组，深入 9371 家基层企业和项目单位，帮助解决各类问题 5629 个。全市三级党政机关 24 小时开门服务，共解决各类问题 24.9 万个。行政审批制度改革取得新突破，在全国率先实现区县一级行政审批统一规范，区县政府实施的行政审批事项由平均每个区县 344 项减少到 236 项，平均申请材料件数由 7.7 件减少到 5.6 件，平均承诺办结时限由 8.3 天减少到 6.6 天，审批效率提高 20.5%。

2. 乡镇、区县领导班子换届工作圆满完成

按照中央的部署，2011 年全市乡镇、区县先后换届，新一届党政领导班子较好地实现了老中青年龄梯次配备、知识结构科学合理、专业优势互补的结构要求。从乡镇换届情况看，全市 134 个乡镇党政领导班子成员的平均年龄比换届前下降 1.9 岁，其中 40 岁以下和 35 岁以下干部分别占 35.1% 和 11.2%，比换届前分别提高 6.1 和 7.8 个百分点；女干部占 17.5%，比换届前提高 8.2 个百分点；具有大学以上文化程度的占 81.5%，比换届前提高 8.8 个百分点。从区县换届情况看，15 个区县党政班子成员的平均年龄为 47.3 岁，其中 43 岁以下和 40 岁以下干部分别占 22.1% 和 11.9%，形成合理的梯次年龄结构；女干部占 17.7%；具有大学以上文化程度的占 97.8%，其中全日制大学

本科以上的占49.6%；具有2年以上乡镇、街道、企事业单位等领导工作经历的占44.2%，熟悉党务、意识形态、纪检、政法、经济、社会管理、群众工作和政府工作的干部均占一定比例。

3. 社会组织服务管理向纵深发展

2011年，全市在全国率先组建社会组织服务管理中心，具备政策咨询、理论研究、年检服务、党建指导、信息发布、培训交流、社会组织培育、组织评估、社工及志愿者指导、推介展示等10项功能，成为重要的社会组织孵化基地和全方位服务管理窗口。着力加强社会组织党建工作，推广“四无三提高”主题实践活动，河东区、东丽区率先实现社会组织党建全覆盖，全市覆盖率达80%，位居全国前列。进一步探索枢纽型社会组织发展方式，推出“新港模式”、“泰达模式”等新鲜经验，推动“以社管社”创新转变。引领滨海新区先行先试，大胆改革创新，下放副省级和地市级异地商会审批权限，为社会组织发展提供了良好的外部环境。

4. 构建和谐社会迈出新步伐

2011年，全市大力推进平安天津建设，进一步健全社会风险防范和突发事件应急机制，妥善解决了一批信访突出问题和行政争议案件，保持了社会和谐稳定，连续第七年在全国社会治安综合治理考核评比中被评为优秀。一是严厉打击各类违法犯罪，审结一审刑事案件9759件，同比上升8.9%；共破获各类经济犯罪案件9000余起，挽回经济损失12.8亿元。二是健全完善人民调解、行政调解、司法调解和专业调解多方联动的“大调解”工作机制，分类化解矛盾纠纷，一审民商事案件调解撤诉率达58.8%，刑事自诉案件调解撤诉率达92.9%。三是加大积案化解力度，引导群众依法理性表达诉求，涉诉信访同比下降22.7%，进京越级访同比下降50.7%。四是狠抓生产安全和食品安全，全市亿元生产总值生产安全事故死亡人数为0.096人，比上年下降18.8%，远低于全国0.173人的平均水平；启动放心馒头工程，开展瘦肉精、地沟油和非法添加剂等专项整治行动，全市食物中毒发生率连续五年保持下降趋势。

七、生态城市建设步伐加快，人与自然和谐程度进一步提高

1. 生态城市建设第二轮行动计划成效初显

2011年，全市启动实施《2011−2013年天津生态市建设行动计划》，包括节能降耗、污染减排、水环境治理、绿化、固体废物和噪声治理、农村环境防治、循环经济等七个方面，安排重点工程项目166项，总投资约254亿元；截至年末，已完工58项，62项正在施工建设。第一热电厂关停，供热转换顺利完成；环境空气质量二级以上良好天数达到320天，占总监测天数的87.7%。高标准实施清水工程，综合治理卫津河、复兴河等38条河道，城镇污水处理率达到87.5%，饮用水源地水质达标率保持100%。新创建“安静居住小区”23个，总数达到260个。当年造林27.3万亩，林木覆盖率达到21.8%，比上年末提高0.5个百分点；西青区建成国家生态区，23个镇完成创建生态镇任务，新创建文明生态村139个。

2. 新一轮市容环境综合整治高标准实施

2011年，全市实施新一轮奋战300天市容环境综合整治，对道路、建筑、公园、绿化、社区进行全方位整治梳理，进一步净化、美化、细化市容环境；同时，因连续四年奋战900天实施市容环境综合整治，城市面貌明显改观，荣获“中国城市民生成就最佳范例奖”。全年整修建筑5239栋，整治道路571条、社区350个，新建和改造公园22个，新建和提升绿地2427万平方米，建成区绿化覆盖率提高到31.6%，海河夜景灯光体系进一步提升，展现了生态宜居的城市特色。

八、基础设施建设全面提速，城乡一体化发展进入新阶段

1. 综合交通网络日益完善

2011年，全市认真落实城市空间发展战略，

高水平完成区县土地利用规划修编、中心城区控制性详规修编，全力推进重大交通设施建设，不断提升城市综合承载能力。全年基础设施投资完成1567.78亿元，增长8.8%。滨海国际机场二期开工建设。西站综合交通枢纽、铁路南站投入运营，京沪高铁天津段建成通车，津保铁路、津秦客运专线、地下直径线加快建设。津宁、国道112等高速公路和团泊快速路竣工，全市高速公路通车里程达到1103公里。地铁9号线试运行，2、3号线装修调试，5、6号线加快建设。年末城市铺装道路长度5764.56公里，增长6.0%；铺装道路面积9986.12万平方米，增长9.0%。

2. 公用事业服务水平不断提升

围绕优化人居环境、改善民计民生、促进社会和谐，全市加快推进公用事业发展，努力使公用服务设施功能与人民群众生活需求相适应。2011年，全市新增供排水、供气、供热等地下管网1000公里，更新改造老住宅供水、供气管道11万户，新增供热面积2040万平方米。新建一批菜市场、农村消费品连锁店。建成人行天桥20座，增设交通安全岛45处，新增停车泊位2万个。全社会用电量695.15亿千瓦时，增长7.7%。公共交通服务规模持续扩大。新辟公交线路13条，优化调整线路25条，更新车辆791辆；年末全市公交线路523条，运营车辆7686辆；全年公交客运量13.01亿人次，增长5.1%。更新出租汽车1020辆，总数保持31940辆。地铁客运量4853.61万人次，增长16.1%。轻轨客运量2585.48万人次，增长15.3%。

3. 统筹城乡发展取得积极成效

启动实施“三改一化”试点，即“农改非、村改居、集体经济改股份制经济，促进城乡一体化”，推进体制机制深层次改革，努力使广大农村居民享受改革发展成果，与城市居民享有同等待遇。四批示范小城镇试点项目扎实推进，新开工农民住房1000万平方米，累计竣工1800万平方米，40万农民迁入新居。全市城镇化率达到80.50%，比上年末提高0.95个百分点。新建改造一批农村公路、污水和垃圾处理设施，农村基础设施不断完善。

九、科教兴市战略加快推进，可持续发展动力进一步增强

1. 创新型城市建设取得新突破

2011年，全市坚持科技支撑引领经济社会发展，不断加大财政、金融等支持力度，促进科技创新体系逐步完善，自主创新能力持续提升，全社会研发经费支出占生产总值的比重提高到2.6%，综合科技水平继续位居全国第三位。大力推动科技型中小企业发展，在全社会营造创新创业氛围，新增科技型中小企业8500家，累计达到2.1万家，小巨人企业超过1000家。新认定高新技术企业156家，获得国家级新产品认定20项。国家数字出版基地云计算中心投入运营。截至年末，全市有国家级重点实验室9个，国家部委级重点实验室43个，国家级工程（技术）研究中心33个，国家高新技术产业化基地16个，国家级企业技术开发中心29家，市级企业技术开发中心370家。

科技项目硕果累累。全市16项科技成果获得国家科学技术奖，涉及新能源新材料、生物医药、电气工程、水利水电等多个领域，获奖数量为近三年来最多。全年完成市级科技成果2020项，其中，基础理论成果75项，应用技术成果1917项，软科学成果28项；属于国际领先水平的59项，达到国际先进水平331项。全年技术市场签订合同11726项，合同金额171.59亿元，增长43.2%；其中，技术交易额113.99亿元，增长16.7%。

知识产权水平达到新高度。《天津市专利促进与保护条例》发布实施，成为全市首部知识产权地方立法。当年受理专利申请36258件，同比增长44.2%；专利授权13982件，增长27.1%；年末有效专利拥有量突破4万件，达到40016件，增长34.9%。当年提出专利申请的企业3126家，其中1200余家科技型中小企业实现专利申请“零

突破”，拥有专利的企业达到4366家。全市每万人口发明专利拥有量达到6.3件，居全国第三位。全年新增中国驰名商标20件，累计达到76件；新认定著名商标112件，累计达到815件。

表3 2007-2011年天津市申请、授权和有效专利状况

单位：件

指 标	2007	2008	2009	2010	2011
专利申请数	15744	17425	19187	25142	36258
# 发明专利	5364	6146	6578	7656	10007
专利授权数	5584	6621	7216	10998	13982
# 发明专利	1164	1463	1793	1933	2528
年末有效专利数	10909	17319	20515	29672	40016
# 发明专利	2585	3912	4919	6516	8439

招才引智力度不断加大。全年从外省市引进落户人才3714人，是上年的1.4倍；引进海外留学人员1800人，总数达到1.7万人；引进国外智力项目537项，直接引进高层次外国专家4000余人；实施“三年引进千名高层次人才”计划，引进332名拥有自主知识产权、掌握关键技术的高端人才。截至年末，在津两院院士增加到39人，入选国家“千人计划”62人，国家杰出青年科学基金获得者达到51人。专业技术人才培养步伐加快。启动新一轮“131”创新型人才培养工程；增设博士后流动站、工作站12个，总数达到210个，在站博士后860余人；高级以上技术工人达到31.60万人，增长6.0%。

2. 教育事业全面协调发展

2011年，全市认真落实中长期教育改革和发展规划纲要，进一步加大教育投入，地方一般预算支出中，教育支出增长35.6%，比上年提高10.2个百分点。年末全市有各级各类学校1554所，其中，普通高校55所，中等专业学校40所，职业中学27所，技工学校33所，普通中学525所，小学874所，在校学生总数达到154.32万人。

基础教育发展更加优质均衡。大力实施学前教育三年行动计划，新建、扩建和改造提升幼儿园485所，“入园难”问题得到一定缓解。年末全市幼儿园在园幼儿22.61万人，比上年末增加0.82万人。义务教育学校现代化标准建设继续加快，90%的学校通过验收，校舍加固改造三年任务全面完成；实施普通高中特色建设工程，推出首批实验学校。全市小学招生10.01万人，毕业8.46万人，年末在校51.85万人，专任教师3.75万人；普通中学招生14.33万人，毕业15.07万人，年末在校44.74万人，专任教师4.10万人。年末全市特殊教育学校20所，在校学生2647人，专任教师535人。

高等教育综合实力不断增强。高等院校博士、硕士学位授权一级学科分别增加19个和91个，大学软件学院投入运行，全国高校科技创新成果转化中心启动建设。全市普通高校共招收本专科学生13.31万人，毕业10.87万人，年末在校44.97万人，专任教师2.89万人。全市每万人口拥有普通高校本专科学生339人，高于全国172人的平均水平。招收研究生1.61万人，毕业1.06万人，年末在校4.61万人，指导教师6507人。成人高校年末在校学生6.66万人。全年发放国家助学贷款8494万元，惠及贫困学生4836人次。

职业教育改革加快推进。成功举办第四届全国职业院校技能大赛。海河教育园区一期工程完成，7所职业院校6.5万名师生迁入新校区。国家职业教育改革创新示范区起步建设，职业教育资源共享平台建设加快，职业技能公共实训中心建成，13所中职学校进入国家中等职业教育改革发展示范校建设行列。年末在校学生中，高等职业教育15.62万人，中等职业教育13.65万人。

十、文化体育事业成绩斐然，城市吸引力和软实力空前提升

1. 文化强市建设驶入快车道

2011年，全市认真贯彻落实《中共中央关于深化文化体制改革、推动社会主义文化大发展大繁荣若干重大问题的决定》，提出努力构筑“社会主义核心价值体系、公共文化服务体系、现代文化产业体系、文化创造和传播体系”四大体系，打造“文化旅游、津派表演、群众文化、文艺创作”等知名品牌，搭建“文化旅游合作、文化科技结

合、文化投资融资、文化产品交易、对外文化交流、文化人才聚集”六大平台，加快建设“马克思主义理论研究、动漫产业、3D影视、数字出版、传媒创意、纪录片生产”等国家级重点基地，为全市文化事业发展指明了方向。

城乡公共文化服务体系建设同步推进。市文化中心主体工程完工，杨柳青木板年画博物馆建成开馆，李叔同故居纪念馆对外开放，平津战役纪念馆提升改造完成。村文化室建设基本实现全覆盖，“千村百站”基层文艺骨干培训工程全面完成，全年农村公益数字电影放映超过47000场，农村直播卫星广播电视公共服务工作启动。年末全市有艺术表演团体38个，文化馆18个，博物馆19个，公共图书馆31个，电影放映单位55个；全市广播节目达到21套，市级电视节目36套；有线电视用户达到270万户，其中数字电视用户230万户。

文艺创作演出成果丰硕。举办了纪念建党90周年系列文化活动，创作了电视剧《辛亥革命》等文艺精品，京剧《无旨钦差》、歌剧《原野》、电视剧《解放》等一批优秀作品荣获大奖。全年电视剧立项备案31部，增长34%；审查通过电视剧9部、动画片8部、电影7部，影视作品创作数量高于上年。对外文化交流保持活跃，全年引进涉外文化交流项目98项、1855人次，办理出国及赴港澳台文化交流52项、423人次。

文化产业快速发展。全年文化产业增加值392.73亿元，现价增长29.6%，占全市生产总值的3.5%。国家动漫产业综合示范园投入使用，动漫产业公共技术服务平台达到世界领先水平。成功举办2011年中国（天津）演艺产业博览会，观众近5万人次，现场成交额2.3亿元，协议成交额近5亿元。文化体制改革继续深化，组建天津广播电视台、天津广播电视传媒集团。

2. 体育事业实现多元化发展

竞技体育捷报频传。2011年，全市体育健儿在国内外大赛上共获得69枚金牌，其中，国际比赛获得40枚金牌，全国高水平比赛获得29枚金牌。女子排球九年八次取得联赛冠军，男子足球问鼎足协杯，男、女网球队双双荣获全国锦标赛团体冠军。青少年体育工作不断加强，篮球、女排等19个项目组织训练营培养选拔后备人才，年末全市有120个国家级青少年体育俱乐部。

群众体育蓬勃开展。发布实施《天津市全民健身实施计划（2011–2015年）》，为群众体育规范化开展提供了制度保障。举办第二届全民健身运动会、第七届农民运动会，开展“新年步步高”登天塔、健身大拜年、奥林匹克日长跑等大型群体活动。新建和更新改造1500个健身园和30个体育公园。年末全市有各种群众体育社团107个。

体育产业发展再上新台阶。承办世界女子水球总决赛等大型赛事，获得2017年第十三届全国运动会的举办权。全年体育彩票销量超过25亿元，增幅达63%，再创历史新高。大力发展体育健身休闲服务业，奥体中心体育服务聚集区经营项目开发进展顺利。市健康产业园体育新基地建设稳步推进。

（李萍　郑礼）

附表：

2011年全国和天津主要社会指标

指　标	单　位	全　国	天　津
常住人口	万　人	134735	1354.58
城镇人口所占比重	%	51.3	80.5
65岁以上人口比重	%	9.1	9.3
城镇登记失业率	%	4.1	3.6
专利申请受理数	万　件	163.33	3.63
专利申请授权数	万　件	96.05	1.40
年末有效专利数	万　件	274	4.00
普通高等学校在校学生数	万　人	2308.51	44.97
普通中学在校学生数	万　人	7519.03	44.74
普通小学在校学生数	万　人	9926.37	51.85
每万人口普通高校在校学生数	人	172	339
卫生机构数	万　个	95.44	0.44
卫生机构床位数	万　张	516	4.94
卫生技术人员数	万　人	620.3	7.33
#执业（助理）医师	万　人	246.60	2.98
每千人口医院床位数	张	2.76	3.07
每千人口执业（助理）医师数	人	1.83	2.25
广播综合人口覆盖率	%	97.1	100
电视综合人口覆盖率	%	97.8	100
城镇居民人均可支配收入	元	21810	26921
城镇居民家庭恩格尔系数	%	36.3	36.2
农村居民家庭恩格尔系数	%	40.4	35.3
城镇每百户家用汽车拥有量	辆	18.6	20.3
农村每百户家用电脑拥有量	台	18.0	37.0
参加城镇职工基本养老保险人数	万　人	28391	458.70
参加城镇职工基本医疗保险人数	万　人	25226	474.52
参加失业保险人数	万　人	14317	258.75
参加工伤保险人数	万　人	17696	320.42
参加生育保险人数	万　人	13892	234.60

1 综合 General Survey

1-1 行政建制（2011年底）
Administrative Divisions, End of 2011

单位：个 (unit)

项　目	Item	街道办事处 Subdistrict Offices	居民委员会 Residents' Committees	镇政府 Town Governments	乡政府 Township Governments	村民委员会 Village Committees
全市总计	**Total**	**110**	**1456**	**123**	**11**	**3784**
市辖区	**Districts under City Administration**	**109**	**1364**	**71**	**5**	**2169**
和平区	Heping District	6	62			
河东区	Hedong District	13	158			
河西区	Hexi District	13	179			
南开区	Nankai District	12	170			
河北区	Hebei District	10	101			
红桥区	Hongqiao District	10	171			
东丽区	Dongli District	9	61			109
西青区	Xiqing District	2	56	7		149
津南区	Jinnan District		36	8		165
北辰区	Beichen District	5	99	9		126
武清区	Wuqing District	6	33	19	5	707
宝坻区	Baodi District	3	27	21		765
滨海新区	Binhai New Area	20	211	7		148
市辖县	**Counties under City Administration**	**1**	**92**	**52**	**6**	**1615**
宁河县	Ninghe County		29	11	3	282
静海县	Jinghai County		35	16	2	384
蓟　县	Jixian County	1	28	25	1	949

资料来源：天津市民政局。
Source: Tianjin Municipal Civil Affairs Bureau.

1-2 土地面积（2011年）
Area of Land, 2011

项　目	Item	面　积（平方公里） Area (sq. km)	占全市土地总面积比重(%) Percentage to Total Area (%)
全市土地总面积	**Total Land Area**	**11916.85**	**100.0**
农用地	**Land for Agricultural Production**	**7097.65**	**59.6**
耕　地	Cultivated Land	4407.46	37.0
园　地	Garden Plot	308.77	2.6
林　地	Afforested Land	558.17	4.7
其他农用地	Others	1823.25	15.3
建设用地	**Land for Construction**	**3946.13**	**33.1**
居民点及工矿用地	Land for Residents and Industry	3160.56	26.5
交通用地	Land for Transportation	251.84	2.1
水利设施用地	Land for Water Conservancy	533.73	4.5
未利用地面积	**Unused Area**	**873.07**	**7.3**
未利用土地	Unused Soil	177.14	1.5
其他土地	Other Land	695.93	5.8

资料来源：天津市国土资源和房屋管理局。
Source: Tianjin Municipal Bureau of Land Resources and Housing Administration.

1-3 各月份气象资料（2011年）
Meteorological Data of Each Month, 2011

月 份	Month	平均气温 Average Temperature (℃)	最高气温 Highest Temperature (℃)	最低气温 Lowest Temperature (℃)	平均相对湿度 Average Relative Humidity (%)	日照时数(小时) Hours of Sunshine (hour)	降水量(毫米) Precipi-tation (mm)	一日最大降水量(毫米) Largest Precipitation in One Day (mm)	平均风速(米/秒) Average Wind Speed (m/sec)
全 年	**Year**	**14.2**	**36.1**	**-10.1**	**49**	**2047.3**	**621.5**	**84.8**	**1.1**
一 月	January	-3.2	8.3	-10.1	25	159.8			1.0
二 月	February	0.9	13.7	-7.5	50	76.1	12.5	6.1	0.8
三 月	March	8.8	23.6	-1.0	26	235.4			1.2
四 月	April	15.4	29.9	3.6	38	227.2	40.1	32.1	1.4
五 月	May	21.6	32.6	12.6	40	254.9	50.5	24.4	1.0
六 月	June	26.6	36.1	18.5	54	174.5	53.2	19.4	1.2
七 月	July	27.9	36.0	20.7	67	152.8	269.8	84.8	1.3
八 月	August	27.0	34.7	20.2	68	157.8	96.6	55.0	1.1
九 月	September	21.2	29.9	13.2	56	204.4	57.0	31.6	1.2
十 月	October	15.9	26.0	3.9	56	169.0	22.4	15.1	1.0
十一月	November	8.2	20.3	-1.4	57	107.7	18.9	13.6	1.0
十二月	December	0.1	9.1	-6.7	49	127.7	0.5	0.3	1.2

1-4 各区县气象资料（2011年）
Meteorological Data by District and County, 2011

地 区 Region	全年平均气温 Annual Average Temperature (℃)	平均相对湿度 Average Relative Humidity (%)	日照时数(小时) Hours of Sunshine (hour)	降水量(毫米) Precipitation (mm)	无霜期(天) Non-frosting Period (day)	雾天数(天) Foggy Days (day)
市 区 Urban District	14.2	49	2047.3	621.5	335	4
东丽区 Dongli District	13.6	53	2350.6	643.8	317	9
西青区 Xiqing District	13.0	53	2192.2	485.0	319	15
津南区 Jinnan District	13.0	57	2438.8	687.3	315	9
北辰区 Beichen District	13.0	56	2434.7	498.4	321	10
武清区 Wuqing District	13.1	55	2237.6	523.6	324	15
宝坻区 Baodi District	11.9	57	2527.2	574.9	284	23
滨海新区 Binhai New Area						
#塘 沽 Tanggu	13.5	54	2210.0	669.7	322	9
汉 沽 Han'gu	12.5	63	2649.3	704.9	313	37
大 港 Dagang	13.5	55	2364.5	624.6	332	10
宁河县 Ninghe County	12.5	61	2420.4	796.5	317	20
静海县 Jinghai County	13.2	55	2277.0	575.2	316	17
蓟 县 Jixian County	13.2	51	2330.4	545.7	286	13

资料来源：天津市气象信息中心。
Source: Tianjin Meteorological Information Center.

1-5 法人和产业活动单位数（2011年底）（按登记注册类型分）
Number of Judicial Entities and Establishments, End of 2011 (Grouped by Registered Type)

单位：个 (unit)

项　目	Item	合 计 Total	法人单位 Judicial Entities	# 企业法人 Enterprise Judicial Entities	产业活动单位 Establishments
总　计	Total	**208111**	**190099**	**170599**	**18012**
内资企业	Domestic-funded	**198289**	**182590**	**163294**	**15699**
国　有	State-owned	19001	12959	4368	6042
集　体	Collective-owned	7273	6195	5491	1078
股份合作	Cooperative	1390	1089	1051	301
联营企业	Joint Ownership Enterprises	401	355	319	46
国有联营	State Joint Ownership	82	63	58	19
集体联营	Collective Joint Ownership	141	126	113	15
国有与集体联营	State-owned and Collective Joint Ownership	62	57	52	5
其他联营	Others	116	109	96	7
有限责任公司	Limited Liability Corporations	23129	20703	20472	2426
国有独资公司	Sole State-owned Corporations	602	303	301	299
其他有限责任公司	Other Limited Liability Corporations	22527	20400	20171	2127
股份有限公司	Share Holding Corporations Ltd.	3903	2074	2029	1829
私营企业	Private Enterprises	125145	122615	121045	2530
私营独资	Sole Private Enterprises	20121	19845	19257	276
私营合伙	Private Partnership	5294	5246	5043	48
私营有限责任公司	Private Limited Liability Corporations	96379	94304	93586	2075
私营股份有限公司	Private Share Holding Corporations Ltd.	3351	3220	3159	131
其　他	Others	18047	16600	8519	1447
港、澳、台商投资企业	Enterprises with Investment from Hong Kong, Macao and Taiwan	**2569**	**1911**	**1855**	**658**
与港澳台商合资经营	Hong Kong, Macao and Taiwan Joint Venture	807	695	677	112
与港澳台商合作经营	Hong Kong, Macao and Taiwan Cooperative Operation	178	37	35	141
港澳台商独资	Hong Kong, Macao and Taiwan Funded Solely	1490	1114	1081	376
港澳台商投资股份有限公司	Hong Kong, Macao and Taiwan Share Holding Corporations Ltd.	92	63	60	29
其他港澳台投资	Others	2	2	2	
外商投资企业	Foreign Funded Enterprises	**7253**	**5598**	**5450**	**1655**
中外合资经营	Chinese-foreign Joint Venture	1935	1638	1586	297
中外合作经营	Chinese-foreign Cooperative Operation	153	135	125	18
外资企业	Foreign Investment Enterprise	4842	3729	3647	1113
外商投资股份有限公司	Foreign-funded Share Holding Corporations Ltd.	321	94	90	227
其他外商投资	Others	2	2	2	

1-6 法人活动单位数（2011年底）（按行业类别分）
Number of Judicial Entities, End of 2011 (Grouped by Sector)

单位：个 (unit)

项 目	Item	合 计 Total	法人单位 Judicial Entities	# 企业法人 Enterprise Judicial Entities	产业活动单位 Establishments
总 计	**Total**	**208111**	**190099**	**170599**	**18012**
农、林、牧、渔业	**Farming, Forestry, Animal Husbandry and Fishery**	**2376**	**2274**	**1880**	**102**
农 业	Farming	853	851	690	2
林 业	Forestry	176	175	152	1
畜牧业	Animal Husbandry	640	629	533	11
渔 业	Fishery	324	322	289	2
农、林、牧、渔服务业	FFAF Services	383	297	216	86
采矿业	**Minerals Mining**	**128**	**94**	**94**	**34**
煤炭开采和洗选业	Mining and Washing of Coal	7	7	7	
石油和天然气开采业	Extraction of Petroleum and Natural Gas	58	29	29	29
黑色金属矿采选业	Mining and Processing of Ferrous Metal Ores	17	16	16	1
有色金属矿采选业	Mining and Processing of Non-Ferrous Metal Ores	4	4	4	
非金属矿采选业	Mining and Processing of Nonmetal Ores	36	32	32	4
其他采矿业	Mining of Other Ores	6	6	6	
制造业	**Manufacturing**	**46121**	**45556**	**45556**	**565**
农副食品加工业	Processing of Food from Agricultural Products	1010	994	994	16
食品制造业	Manufacture of Food	1023	985	985	38
饮料制造业	Manufacture of Beverage	286	273	273	13
烟草制品业	Manufacture of Tobacco	2	2	2	
纺织业	Manufacture of Textile	1247	1241	1241	6
纺织服装、鞋、帽	Manufacture of Textile Wearing Apparel, Footwear and Caps	1745	1733	1733	12
皮革、毛皮、羽毛(绒)及其制品业	Manufacture of Leather, Fur, Feather and Related Products	309	306	306	3
木材加工及木、竹、藤、棕、草制品业	Processing of Timber, Manufacture of Wood, Bamboo, Rattan, Palm and Straw Products	616	612	612	4
家具制造业	Manufacture of Furniture	718	713	713	5
造纸及纸制品业	Manufacture of Paper and Paper Products	1472	1456	1456	16
印刷业和记录媒介的复制	Printing, Reproduction of Recording Media	1086	1076	1076	10
文教体育用品制造业	Manufacture of Articles for Culture, Education and Sport Activity	484	481	481	3
石油加工、炼焦及核燃料加工业	Processing of Petroleum, Coking, Processing of Nuclear Fuel	174	172	172	2

1-6 续表 1 Continued

单位：个 (unit)

项 目	Item	合 计 Total	法人单位 Judicial Entities	# 企业法人 Enterprise Judicial Entities	产业活动单位 Establishments
化学原料及化学制品制造业	Manufacture of Raw Chemical Materials and Chemical Products	2822	2784	2784	38
医药制造业	Manufacture of Medicines	441	433	433	8
化学纤维制造业	Manufacture of Chemical Fibers	56	54	54	2
塑料制品业	Manufacture of Plastics	712	709	709	3
橡胶制品业	Manufacture of Rubber	2351	2330	2330	21
非金属矿物制品业	Manufacture of Non-metallic Mineral Products	2089	2052	2052	37
黑色金属冶炼及压延加工业	Smelting and Pressing of Ferrous Metals	1079	1071	1071	8
有色金属冶炼及压延加工业	Smelting and Pressing of Non-ferrous Metals	513	511	511	2
金属制品业	Manufacture of Metal Products	6493	6446	6446	47
通用设备制造业	Manufacture of General Purpose Machinery	5727	5684	5684	43
专用设备制造业	Manufacture of Special Purpose Machinery	3383	3345	3345	38
交通运输设备制造业	Manufacture of Transport Equipment	3318	3273	3273	45
电气机械及器材制造业	Manufacture of Electrical Machinery and Equipment	2414	2378	2378	36
通信设备、计算机及其他电子设备制造业	Manufacture of Communication Equipment, Computers and Other Electronic Equipment	1789	1701	1701	88
仪器仪表及文化、办公用机械制造业	Manufacture of Measuring Instruments and Machinery for Cultural Activity and Office Work	1005	996	996	9
工艺品及其他制造业	Manufacture of Artwork and Other Manufacturing	1443	1436	1436	7
废弃资源和废旧材料回收加工业	Recycling and Disposal of Waste	314	309	309	5
电力、燃气及水的生产和供应业	**Production and Supply of Power, Gas and Water**	**695**	**433**	**425**	**262**
电力、热力的生产和供应业	Production and Supply of Electric and Heat Energy	366	231	227	135
燃气生产和供应业	Production and Supply of Gas	185	76	76	109
水的生产和供应业	Production and Supply of Water	144	126	122	18
建筑业	**Construction**	**9679**	**8907**	**8907**	**772**
房屋和土木工程建筑业	Building and Civil Engineering	3332	2801	2801	531
建筑安装业	Building Installation	2624	2502	2502	122
建筑装饰业	Building Decoration	2497	2429	2429	68
其他建筑业	Others	1226	1175	1175	51

1-6 续表 2 Continued

单位：个 (unit)

项　　目	Item	合　计 Total	法人单位 Judicial Entities	# 企业法人 Enterprise Judicial Entities	产业活动单　位 Establishments
交通运输、仓储和邮政业	**Transportation, Storage and Post Services**	**9336**	**8480**	**8212**	**856**
铁路运输业	Railway Transport	58	37	35	21
道路运输业	Highway Transport	2490	2378	2267	112
城市公共交通业	City Public Traffic	114	93	90	21
水上运输业	Waterway Transport	285	259	247	26
航空运输业	Air Transport	50	29	29	21
管道运输业	Pipeline Transport	8	6	4	2
装卸搬运和其他运输服务业	Load & Unload and Others	4686	4360	4239	326
仓储业	Storage Services	1300	1206	1192	94
邮政业	Post Services	345	112	109	233
信息传输、计算机服务和软件业	**Information Transmitting, Computer Services and Software**	**3377**	**2731**	**2567**	**646**
电信和其他信息传输服务业	Telecommunication and Other Information Transmitting Services	1014	464	422	550
计算机服务业	Computer Services	1378	1323	1218	55
软件业	Software	985	944	927	41
批发和零售业	**Wholesale and Retail Trade**	**63669**	**59286**	**59286**	**4383**
批发业	Wholesale	43324	42148	42148	1176
零售业	Retail	20345	17138	17138	3207
住宿和餐饮业	**Accommodation and Catering Services**	**4070**	**3356**	**2976**	**714**
住宿业	Accommodation	836	751	688	85
餐饮业	Catering Services	3234	2605	2288	629
金融业	**Finance Intermediation**	**3929**	**1486**	**1455**	**2443**
银行业	Banking	2072	363	358	1709
证券业	Securities	209	100	99	109
保险业	Insurance	491	151	142	340
其他金融活动	Others	1157	872	856	285
房地产业	**Real Estate**	**6569**	**5385**	**5264**	**1184**
租赁和商务服务业	**Leasing and Business Services**	**19389**	**18388**	**17218**	**1001**
租赁业	Leasing Services	1221	1187	1152	34
商务服务业	Business Services	18168	17201	16066	967

1-6 续表 3 Continued

单位：个 (unit)

项　　目	Item	合　计 Total	法人单位 Judicial Entities	# 企业法人 Enterprise Judicial Entities	产业活动单位 Establishments
科学研究、技术服务和地质勘察业	**Scientific Research, Technical Services and Geological Prospecting**	**9416**	**9134**	**8262**	**282**
研究与试验发展	R&D	521	509	413	12
专业技术服务业	Special Technical Services	3970	3781	3255	189
科技交流和推广服务业	Science Exchanges and Technology Expansion	4852	4776	4542	76
地质勘察业	Geological Prospecting	73	68	52	5
水利、环境和公共设施管理业	**Management for Water Conservancy, Environment and Public Facilities**	**1449**	**1324**	**743**	**125**
水利管理业	Management for Water Conservancy	315	258	53	57
环境管理业	Management for Environment	333	308	128	25
公共设施管理业	Management for Public Facilities	801	758	562	43
居民服务和其他服务业	**Resident Services and Other Social Services**	**7292**	**6897**	**6092**	**395**
居民服务业	Resident Services	2297	2110	1722	187
其他服务业	Others	4995	4787	4370	208
教　育	**Education**	**4196**	**3339**	**379**	**857**
卫生、社会保障和社会福利业	**Health Care, Social Security and Social Welfare**	**3043**	**1453**	**302**	**1590**
卫　生	Health Care	2382	1044	267	1338
社会保障业	Social Security	413	193	26	220
社会福利业	Social Welfare	248	216	9	32
文化、体育和娱乐业	**Culture, Sports and Recreational Services**	**1713**	**1642**	**981**	**71**
新闻出版业	News Publication	163	155	62	8
广播、电视、电影和音像业	Broadcast, TV, Movies, Record and Video Industry	197	183	112	14
文化艺术业	Culture and Art	619	602	354	17
体　育	Sports	215	212	70	3
娱乐业	Recreational Services	519	490	383	29
公共管理和社会组织	**Public Management and Social Organizations**	**11664**	**9934**		**1730**
中国共产党机关	Chinese Communist Party Agencies	288	262		26
国家机构	Government Agencies	3632	2366		1266
人民政协和民主党派	The People's Political Consultative Conference Committees and Democracy Party Groupings	66	62		4
群众团体、社会团体和宗教组织	Mass Organizations, Social Organizations and Religious Groups	2465	2033		432
基层群众自治组织	Grass-roots Mass Autonomy Organizations	5213	5211		2

1-7 主要年份国民经济主要指标和增长速度
Main Indicators and Increase Rate of National Economy in Main Years

年 份 Year	户籍人口 (万人) Registered Population (10 000 persons)	社会从业人员 (万人) Number of Employment Personnel (10 000 persons)	# 城镇单位从业人员 Employment Personnel in Urban Units	全市生产总值 (亿元) Gross Domestic Product (100 million yuan)	人 均 生产总值 (元) Per Capita GDP (yuan)	社会劳动 生产率 (元/人) Society Labour Productivity (yuan/person)
1952	439.22	159.50	45.18	12.80	298	825
1957	529.65	186.50	86.24	24.11	465	1311
1962	595.63	203.80	106.48	24.25	406	1166
1965	637.80	227.50	120.30	35.96	560	1602
1970	652.70	270.20	135.81	50.99	781	1960
1975	702.86	328.60	181.46	69.73	991	2232
1978	724.27	366.70	217.40	82.65	1133	2300
1980	748.91	394.79	242.69	103.53	1357	2671
1985	804.80	455.98	276.48	175.78	2169	3892
1990	866.25	470.07	284.31	310.95	3487	6617
1995	894.67	515.30	289.59	931.97	9769	18126
2000	912.00	486.89	201.75	1701.88	17353	34208
2005	939.31	542.52	194.12	3905.64	37796	72982
2006	948.89	562.92	195.00	4462.74	42141	80741
2007	959.10	613.93	200.22	5252.76	47970	89268
2008	968.87	647.32	200.61	6719.01	58656	106545
2009	979.84	677.13	201.65	7521.85	62574	113585
2010	984.85	728.70	205.65	9224.46	72994	131232
2011	996.44	763.16	268.24	11307.28	85213	151586
平均每年递增(%) Average Annual Increase Rate (%)						
1953-1957	3.8	3.2	13.8	13.5	9.3	9.7
1958-1962	2.4	1.8	4.3	-1.7	-4.4	-4.1
1963-1965	2.3	3.7	4.2	15.5	12.7	12.6
1966-1970	0.5	3.5	2.5	8.3	7.9	5.1
1971-1975	1.5	4.0	6.0	7.2	5.6	3.4
1976-1980	1.3	3.7	6.0	7.4	5.7	2.9
1981-1985	1.4	2.9	2.6	9.3	8.0	6.0
1986-1990	1.5	0.6	0.6	5.2	3.2	4.4
1991-1995	0.6	1.9	0.4	11.7	10.2	9.7
1996-2000	0.4	-1.1	-7.0	11.3	10.7	12.0
2001-2005	0.6	2.2	-0.8	14.0	12.8	12.3
2006-2010	1.0	6.1	1.2	16.1	11.6	10.0
1953-2011	1.4	2.7	3.1	9.5	7.5	6.7
1979-2011	1.0	2.2	0.6	11.3	9.4	8.9
2011比2010	1.2	4.7	30.4	16.4	10.9	9.7

注：本表全市生产总值、人均生产总值、社会劳动生产率速度按可比价计算。
Note: Increase rate of gross domestic product, per capita GDP and society labour productivity are calculated at constant prices.

1-7 续表 1 Continued

单位：亿元 (100 million yuan)

年 份 Year	农林牧渔业总产值 Gross Output Value of Farming, Forestry, Animal Husbandry and Fishery	工业总产值 Gross Output Value of Industry	轻工业 Light Industry	重工业 Heavy Industry	中资金融机构人民币存款余额 RMB Deposits of Chinese Financial Institutions	#储 蓄存款余额 Saving Deposit Balance
1952	2.73	19.71	16.36	3.35	2.66	0.50
1957	3.23	40.44	29.01	11.43	3.08	1.05
1962	2.78	45.39	29.12	16.27	10.33	0.93
1965	4.82	66.35	39.08	27.27	12.19	1.57
1970	5.20	102.77	54.83	47.94	14.54	1.59
1975	5.39	145.57	74.47	71.10	25.69	2.88
1978	6.72	157.90	81.47	76.43	33.24	4.02
1980	9.25	195.94	106.00	89.94	44.92	7.96
1985	20.44	319.47	164.22	155.25	114.25	29.38
1990	51.72	679.94	354.50	325.44	263.21	126.92
1995	125.44	1879.65	752.03	1127.62	1079.97	549.97
2000	156.30	3080.74	1263.10	1817.64	2281.55	1172.40
2005	238.34	7169.62	1569.06	5600.56	5684.40	2462.41
2006	225.04	8907.45	1664.03	7243.42	6531.94	2811.02
2007	240.74	10502.91	1967.37	8535.54	7856.65	3078.72
2008	268.11	13042.91	2190.54	10852.37	9490.11	3956.86
2009	281.65	13384.25	2290.38	11093.87	13390.21	4860.12
2010	317.33	17107.19	2800.45	14306.74	15912.21	5525.28
2011	349.48	21528.34	3746.71	17781.63	16910.52	6072.66
平均每年递增(%) Average Annual Increase Rate (%)						
1953-1957	3.8	16.6	13.5	29.5	3.0	16.0
1958-1962	-2.6	0.4	-1.3	4.5	27.4	-2.3
1963-1965	18.8	15.5	12.8	20.6	5.7	19.0
1966-1970	1.1	10.3	7.5	14.5	3.6	0.3
1971-1975	1.1	8.5	6.7	10.6	12.1	12.6
1976-1980	3.5	6.0	7.7	4.1	11.8	22.5
1981-1985	9.7	9.7	10.1	9.1	20.5	29.8
1986-1990	8.6	10.6	10.2	11.2	18.2	34.0
1991-1995	7.0	20.7	16.3	24.9	32.6	34.1
1996-2000	6.2	15.2	15.8	14.8	16.1	16.3
2001-2005	6.1	21.5	10.4	27.4	20.0	16.0
2006-2010	3.1	21.5	15.7	22.8	47.5	36.4
1953-2011	5.0	13.0	10.7	15.9	16.0	17.3
1979-2011	7.0	16.4	13.9	17.6	20.8	24.8
2011比2010	4.2	28.7	39.2	26.8	6.3	10.6

注：1. 农林牧渔业总产值增速按可比价计算。2. 工业总产值1995年以后为现价新规定，以前为原规定，增速按可比价计算，以下各表同。3. 中资金融机构人民币存、贷款余额为当年年末数。

Note: a) Increase rate of gross output value of farming, forestry, animal husbandry and fishery are based on constant prices. b) Gross output value of industry are calculated at current prices according to new stipulation after 1995, others are former stipulation. Increase rate is based on constant prices. Same as following next. c) RMB deposits and loans of financial institutions are year-end figures.

1-7 续表 2 Continued

单位：亿元 (100 million yuan)

年 份 Year	中资金融机构人民币贷款余额 RMB Loans of Chinese Financial Institutions	财 政 收 入 Total Government Revenue	财 政 支 出 Total Government Expenditures	全社会固定资产投资额 Total Investment in Fixed Assets	#地 方 Local	全社会新增固定资产 Total Newly Increased in Fixed Assets
1952	0.46	3.88	1.08	1.03	0.32	
1957	10.91	7.99	1.63	2.40	1.13	
1962	24.96	9.77	2.49	1.86	1.33	
1965	25.25	13.33	3.50	2.91	1.84	
1970	39.04	28.02	6.40	6.17	4.34	
1975	68.59	39.17	10.61	16.25	8.88	
1978	80.14	39.25	14.51	20.30	10.03	
1980	102.66	40.94	14.67	23.92	14.53	17.84
1985	191.04	48.21	26.97	65.90	50.80	42.62
1990	415.91	44.88	40.20	87.69	57.47	65.16
1995	1113.95	117.34	90.37	393.18	309.75	300.86
2000	1863.60	244.81	209.57	608.80	463.83	434.28
2005	4417.45	725.81	520.28	1516.84	1288.85	847.79
2006	5106.94	926.33	654.15	1849.80	1523.01	1423.73
2007	6131.63	1204.65	839.35	2388.63	1915.38	1302.95
2008	7277.46	1490.06	1063.25	3404.10	2766.74	1873.10
2009	10513.44	1809.28	1467.11	5006.32	4046.33	2574.48
2010	12864.75	1068.81	1376.84	6511.42	5762.13	3296.45
2011	14897.72	1455.13	1796.33	7510.67	6931.68	3666.76
平均每年递增 (%) Average Annual Increase Rate (%)						
1953-1957	88.3	15.5	8.6	20.8	36.6	
1958-1962	18.0	4.1	8.8	24.4	45.7	
1963-1965	0.4	10.9	12.0	26.4	20.7	
1966-1970	9.1	16.0	12.8	6.7	4.1	
1971-1975	11.9	6.9	10.6	22.0	14.0	
1976-1980	8.4	0.9	6.7	6.5	7.7	
1981-1985	13.2	3.3	12.9	20.8	29.6	23.6
1986-1990	16.8	-1.4	8.3	6.7	2.3	13.4
1991-1995	21.8	21.2	17.6	36.8	43.3	35.1
1996-2000	10.8	15.9	18.3	10.6	9.1	9.1
2001-2005	18.8	24.3	19.9	19.4	22.9	13.4
2006-2010	23.8	29.8	33.1	32.7	32.1	31.8
1953-2011	19.2	12.1	14.2	15.4	17.6	
1979-2011	17.2	14.3	17.1	18.7	21.0	
2011比2010	15.9	36.1	28.2	31.1	36.4	29.6

注：1994-2009年财政收支为全市财政收支口径，其余年份财政收支为地方一般预算内财政收支口径；1994年以后为分税制后的财政收支数；增长速度按可比口径计算。

Note: From 1994 to 2009, government revenue and expenditure adopt the coverage of total city, and other years refer to local government budgetary revenue and expenditure. Figures have adjusted since the reform of tax system was implemented in 1994. Increase rate is calculated on the basis of constant coverage.

1-7 续表 3 Continued

年 份 Year	全社会房屋建筑竣工面积 (万平方米) Total Floor Space of Buildings Completed (10 000 sq. m)	#住 宅 Residential Buildings	社 会 货运量 (万吨) Freight Traffic (10 000 tons)	港口货物 吞吐量 (万吨) Freight Handled in Ports (10 000 tons)	邮电业务总量 (不变价)(万元) Total Business Value of Post and Telecommunications (constant price) (10 000 yuan)	社会消费品 零售总额 (亿元) Total Retail Sales of Consumer Goods (100 million yuan)
1952			1748	74	894	7.19
1957			2984	284	935	10.55
1962			3498	391	1436	12.31
1965			3450	549	1621	12.32
1970			4837	817	1660	14.56
1975			6766	826	2385	21.18
1978			9241	1131	2710	25.20
1980			13949	1192	3163	34.64
1985	1220.89	853.91	18249	1856	5290	64.12
1990	686.39	468.84	15929	2063	32735	139.88
1995	1263.82	690.68	24040	5787	187195	375.64
2000	1459.36	910.30	26400	9582	753669	736.63
2005	2863.36	1662.53	40263	24069	1763477	1190.06
2006	2960.32	1726.71	42863	25760	2277902	1356.79
2007	2600.70	1648.29	51338	30946	3006714	1603.74
2008	2868.12	1773.64	55065	35593	3517682	2078.70
2009	3174.48	1887.01	43554	38111	3866682	2430.83
2010	3380.87	1872.80	41611	41325	4351563	2902.55
2011	3499.55	2110.05	44651	45338	1807796	3395.06
平均每年递增 (%) Average Annual Increase Rate (%)						
1953-1957			11.3	30.9	0.9	5.5
1958-1962			3.2	6.6	9.0	0.8
1963-1965			-0.5	12.0	4.1	4.0
1966-1970			7.0	8.3	0.5	3.7
1971-1975			6.9	0.2	7.5	7.8
1976-1980			15.6	7.6	5.8	8.8
1981-1985			5.5	9.3	10.8	9.3
1986-1990	-10.9	-11.3	-2.7	2.1	24.9	6.5
1991-1995	13.0	8.1	8.6	22.9	41.7	9.2
1996-2000	2.9	5.7	2.0	10.6	32.1	14.8
2001-2005	14.4	12.8	8.8	20.2	26.0	14.4
2006-2010	3.4	2.4		11.4	19.8	16.0
1953-2011				11.5	14.9	8.3
1979-2011				11.8	24.0	11.4
2011比2010	9.8	13.8	7.3	9.7	13.2	13.4

注：1. 2003年起社会消费品零售总额为新口径。增长速度均为可比口径，并已扣除物价因素。2. 2011年邮电业务总量为2010年不变价，下同，增速按可比价格计算。

Note: a) Since 2003, retail sales of consumer goods has been calculated on new statistical coverage. The increase rate of retail sales of consumer goods is calculated at constant price and has deducted price sectors. b) Total business value of post and telecommunications in 2011 is calculated at 2010 constant price, and same as following next. Increase rate of total business value of post and telecommunications is calculated on the basis of constant coverage.

1-7 续表 4 Continued

年 份 Year	实际利用外资额 (万美元) Foreign Capital Actually Used (USD 10 000)	# 客商直投 Foreign Direct Investment	天津口岸进出口总额 (亿美元) Total Value of Imports & Exports in Tianjin Port (USD 100 million)	# 出 口 Exports	外贸进出口总额 (亿美元) Total Value of Imports & Exports in Foreign Trade (USD 100 million)	# 出 口 Exports
1952						1.90
1957					2.50	2.48
1962					2.40	2.34
1965					3.54	3.41
1970					3.58	3.19
1975					8.86	7.72
1978					9.88	8.65
1980	271	271			18.27	15.42
1985	7558	4409	96.18	20.07	14.86	11.53
1990	33467	8315	85.95	42.53	22.10	17.86
1995	211010	152064	217.46	127.81	65.46	29.98
2000	282467	256000	298.03	165.29	171.57	86.29
2005	364573	332885	819.29	446.83	533.87	274.15
2006	436896	413077	1018.85	571.24	645.73	335.40
2007	546033	527776	1290.00	752.87	715.50	381.61
2008	759679	741978	1631.02	940.98	805.39	422.29
2009	908918	901985	1242.24	612.04	639.44	299.85
2010	1105855	1084872	1641.10	794.41	822.01	375.17
2011	1323980	1305602	1972.49	959.19	1033.91	444.98
平均每年递增 (%) Average Annual Increase Rate (%)						
1953-1957						5.5
1958-1962					-0.8	-1.2
1963-1965					13.8	13.5
1966-1970					0.2	-1.4
1971-1975					19.9	19.4
1976-1980					15.6	14.8
1981-1985	94.6	74.7			-4.1	-5.7
1986-1990	34.7	13.5	-2.2	16.2	8.3	9.1
1991-1995	44.5	78.8	20.4	24.6	24.3	10.9
1996-2000	6.0	11.0	6.5	5.3	21.3	23.5
2001-2005	27.2	32.0	22.4	22.0	25.5	26.0
2006-2010	24.8	26.7	14.9	12.2	9.0	6.5
1953-2011						9.7
1979-2011					15.1	12.7
2011比2010	19.7	20.4	20.2	20.7	25.9	18.7

注：2003年开始实际直接利用外资额采用商务部口径，速度按可比口径计算，以下相关表同。
Note: Since 2003, foreign direct investment adopts new coverage of Ministry of Commerce, and increase rate is calculated on the basis of constant coverage. Same as following next.

1-7 续表 5 Continued

年 份 Year	城镇单位从业人员工资总额(亿元) Total Remuneration of Employment Personnel in Urban Units (100 million yuan)	# 国有单位 State-owned Units	城镇单位从业人员平均工资(元) Average Remuneration of Employment Personnel in Urban Units (yuan)	# 国有单位 State-owned Units	城市居民人均可支配收入(元) Per Capita Annual Disposable Income of Urban Households (yuan)	城市居民人均消费性支出(元) Per Capita Annual Expenditure for Consumption of Urban Households (yuan)
1952	2.56	2.56		573	200	176
1957	5.05	5.05		749	240	216
1962	7.11	7.11		685	252	238
1965	8.48	7.29	714	745	261	234
1970	8.58	7.17	652	673	281	255
1975	10.66	8.61	618	663	324	295
1978	14.00	11.51	640	690	388	345
1980	19.32	15.77	820	865	527	475
1985	34.14	24.69	1250	1223	876	771
1990	69.38	55.50	2438	2611	1639	1440
1995	184.80	135.22	6501	6963	4930	4064
2000	253.53	161.86	12414	12690	8141	6121
2005	458.26	247.30	24122	24832	12639	9653
2006	530.29	283.31	27628	29135	14283	10548
2007	653.05	337.13	33312	34894	16357	12029
2008	795.85	375.36	39990	42962	19423	13422
2009	886.51	389.47	43937	47895	21402	14801
2010	1051.19	456.02	51489	56635	24293	16562
2011	1462.12	530.32	54867	61701	26921	18424
平均每年递增(%) Average Annual Increase Rate (%)						
1953-1957	12.1	12.1		3.3	1.5	2.0
1958-1962	4.7	4.7		-3.9	-1.3	-0.3
1963-1965	10.0	4.6		6.7	5.0	3.2
1966-1970	0.6	0.1	-1.4	-1.5	1.9	2.1
1971-1975	4.4	3.7	-1.1	-0.3	2.9	3.0
1976-1980	11.2	11.5	4.5	4.1	8.8	8.6
1981-1985	8.4	5.8	5.3	3.7	7.2	6.6
1986-1990	5.2	7.4	4.4	6.3	3.5	3.5
1991-1995	5.2	3.4	5.3	5.3	7.8	6.4
1996-2000	4.4	1.6	11.6	10.5	8.4	6.4
2001-2005	11.3	7.6	12.9	13.1	9.5	8.3
2006-2010	15.0	10.1	13.3	14.8	11.0	8.5
1953-2011	8.0	6.1		4.9	5.5	5.0
1979-2011	9.2	6.6	8.6	8.7	8.1	7.1
2011比2010					5.6	6.0

注：1. 1998-2010年城镇单位从业人员工资总额和平均工资为劳动报酬总额和平均劳动报酬，计算增长速度时已扣除物价因素。2. 计算城市居民人均收支增长速度按可比口径，并已扣除物价因素。

Note: a) From 1998 to 2010, total remuneration and per capita remuneration of employment personnel in urban units refer to wages and per capita wages. Increase rates of these indicators have deducted price sectors. b) The increase rates of income and expenditure of urban households are calculated at constant coverage and have deducted price sectors.

1-7 续表 6 Continued

年 份 Year	农村居民人均可支配收入(元) Per Capita Annual Disposable Income of Rural Households (yuan)	农村居民人均生活消费支出(元) Per Capita Annual Expenditure for Consumption of Rural Households (yuan)	各类学校在校学生数(万人) Students Enrollment by Level of School (10 000 persons)	研究与试验发展经费支出(亿元) R&D Expenditures (100 million yuan)	医院卫生院床位数(张) Hospital Beds (unit)	执业(助理)医师数(人) Licensed (Assistant) Doctors (person)
1952	70		57.14		3457	3326
1957	92		83.92		6156	5522
1962	65		106.37		10521	8627
1965	92		148.10		11266	10585
1970	145		148.17		11361	9046
1975	147		169.71		15961	12326
1978	153	132	162.30		17288	15776
1980	278	208	139.06		18753	20474
1985	564	426	121.09		25191	25555
1990	1069	733	134.97		33382	32034
1995	2531	1717	155.28		37280	33693
2000	4370	2393	162.22		38842	30031
2005	7202	3590	162.05	72.92	39491	25088
2006	7942	3829	158.84	95.24	38893	25358
2007	8752	4118	159.93	114.70	39708	26228
2008	9670	4593	158.52	155.72	41212	25865
2009	10675	4926	154.45	178.47	41921	27261
2010	11801	5606	152.94	229.56	44080	28478
2011	11891	6725	154.32	297.76	44661	29833
平均每年递增(%) Average Annual Increase Rate (%)						
1953-1957	5.6		8.0		12.2	10.7
1958-1962	-6.7		4.9		11.3	9.3
1963-1965	12.3		11.7		2.3	7.1
1966-1970	9.5				0.2	-3.1
1971-1975	0.3		2.8		7.0	6.4
1976-1980	13.6		-3.9		3.3	10.7
1981-1985	15.2	15.4	-2.7		6.1	4.5
1986-1990	13.6	11.5	2.2		5.8	4.6
1991-1995	18.8	18.6	2.8		2.2	1.2
1996-2000	11.5	6.7	0.9		0.8	-2.3
2001-2005	10.5	8.5			0.3	-3.5
2006-2010	10.4	9.3	-1.2	25.8	2.2	2.6
1953-2011			1.7		4.4	3.8
1979-2011		12.6	-0.2		2.9	1.9
2011比2010	15.5	20.0	0.9	29.7	1.3	4.8

注：2011年前农村居民人均可支配收入为农村居民人均纯收入。
Note: Before 2011, per capita annual disposable income of rural households refers to per capita annual net income of rural households.

1-8 国民经济和社会发展结构指标(2007—2011年)
Structural Indicators of National Economy and Social Development, 2007-2011

单位: % (%)

指　标	Item	2007	2008	2009	2010	2011
人　口	**Population**					
农非结构	Grouped by Non-agricultural and Agricultural					
非农业	Non-agricultural	60.5	60.7	61.1	61.4	61.6
农　业	Agricultural	39.5	39.3	38.9	38.6	38.4
性别结构	Grouped by Sex					
男	Male	50.4	50.4	50.3	50.3	50.3
女	Female	49.6	49.6	49.7	49.7	49.7
就　业	**Employment**					
社会从业人员产业结构	Grouped by Industry					
第一产业	Primary Industry	12.5	11.8	11.2	10.1	9.6
第二产业	Secondary Industry	42.6	42.0	41.5	41.5	41.4
第三产业	Tertiary Industry	44.9	46.2	47.3	48.4	49.0
国民经济核算	**National Accounting**					
全市生产总值产业结构	Grouped by Industry					
第一产业	Primary Industry	2.1	1.8	1.7	1.6	1.4
第二产业	Secondary Industry	55.1	55.2	53.0	52.4	52.4
第三产业	Tertiary Industry	42.8	43.0	45.3	46.0	46.2
投　资	**Investment**					
产业结构	Grouped by Industry					
第一产业	Primary Industry	0.7	1.0	1.5	1.5	2.0
第二产业	Secondary Industry	44.0	44.3	44.3	45.2	43.0
第三产业	Tertiary Industry	55.3	54.7	54.2	53.3	55.0
资金使用结构	Grouped by Use of Funds					
建设工程	Construction	53.2	52.4	52.1	55.3	57.6
安装工程	Installation	6.1	5.8	5.8	4.3	4.6
设备、工具、器械购置	Purchase of Equipment and Instruments	20.5	21.1	20.2	18.6	17.7
其他费用	Others	20.2	20.7	21.8	21.7	20.0
财　政	**Government Finance**					
地方财政收入结构	Structure of Local Government Revenue					
# 增值税(25%)	Value-added Tax (25%)	13.3	12.2	8.2	6.0	5.9

1-8 续表 1 Continued

单位：% (%)

指　　标	Item	2007	2008	2009	2010	2011
营业税	Business Tax	20.5	19.9	18.4	14.3	14.7
企业所得税	Income Tax of Enterprises	10.7	11.5	7.9	6.4	7.6
个人所得税	Individual Income Tax	4.1	3.6	2.9	2.2	2.2
利用外资	**Utilization of Foreign Capital**					
实际利用外资结构	Structure of Foreign Capital Actually Used					
对外借款	Foreign Loans	3.3	2.3	0.8	1.9	1.4
直接利用外资	Foreign Direct Investment	96.7	97.7	99.2	98.1	98.6
能　源	**Energy**					
能源使用结构	Structure of Energy Consumption					
第一产业	Primary Industry	1.7	1.5	1.4	1.4	1.4
第二产业	Secondary Industry	70.3	69.9	69.1	71.5	72.5
第三产业	Tertiary Industry	16.7	16.9	16.9	16.1	15.6
生活消费	Living Consumption	11.3	11.7	12.5	11.0	10.5
农　业	**Agriculture**					
农林牧渔业产值结构	Structure of Gross Output Value of FFAF					
农　业	Farming	48.8	47.6	49.6	53.0	51.5
林　业	Forestry	0.9	0.8	0.8	0.7	0.7
牧　业	Animal Husbandry	32.0	32.1	29.7	27.6	28.2
渔　业	Fishery	15.0	16.3	16.9	15.8	16.8
农林牧渔服务业	FFAF Services	3.3	3.1	3.0	2.9	2.8
工　业	**Industry**					
全部工业总产值结构	Structure of Gross Output Value of Industry					
轻工业	Light Industry	18.7	16.8	17.1	16.4	17.4
重工业	Heavy Industry	81.3	83.2	82.9	83.6	82.6
建筑业	**Construction**					
建筑业总产值结构	Structure of Gross Output Value of Construction					
房屋和土木工程建筑业	Building and Civil Engineering	83.4	84.1	78.2	81.9	83.8
建筑安装业	Equipment Installation	11.8	10.1	11.7	10.7	10.2
其他建筑业	Others	2.3	3.3	4.4	5.3	6.1
交通运输业	**Transportation**					
货运量结构	Structure of Freight Traffic					
铁　路(天津地区)	Railway (Tianjin Area)	22.0	22.1	25.9	18.3	16.3

1-8 续表 2 Continued

单位：% (%)

指　标	Item	2007	2008	2009	2010	2011
公　路	Highway	45.8	49.0	45.5	50.1	52.5
水运、民航	Waterway and Civil Aviation	30.5	27.4	26.8	28.6	28.5
管道运输	Pipelines	1.7	1.5	1.8	3.0	2.7
国内商业	**Domestic Trade**					
社会消费品零售总额构成	Composition of Retail Sales of Consumer Goods					
批发和零售业	Wholesale and Retail Trade	84.2	84.5	84.3	88.3	87.3
住宿和餐饮业	Accommodation and Catering Services	15.5	15.3	15.5	11.7	12.7
其他行业	Others	0.3	0.2	0.2		
对外经济贸易	**Foreign Trade and Economic Cooperation**					
进出口贸易总额结构	Structure of Imports and Exports					
出口总额	Exports	53.3	52.4	46.9	45.6	43.0
进口总额	Imports	46.7	47.6	53.1	54.4	57.0
国际旅游	**International Tourism**					
来津旅游人员结构	Structure of Tourists in Tianjin					
外国人、华侨	Foreigners and Overseas Chinese	88.2	89.0	88.9	88.0	87.0
港澳台同胞	Compatriots from Hong Kong, Macao and Taiwan	11.8	11.0	11.1	12.0	13.0
金融业	**Financial Intermediation**					
中资金融机构人民币存款结构	Structure of RMB Deposits of Chinese Financial Institutions					
# 单位存款	Corporate Deposits	42.6	38.1	43.9	42.1	58.7
储蓄存款	Saving Deposits	39.2	41.7	36.3	34.7	35.9
中资金融机构人民币贷款结构	Structure of RMB Loans of Chinese Financial Institutions					
# 短期贷款	Short-term Loans	39.9	33.8	24.6	21.6	25.1
中长期贷款	Medium-term & Long-term Loans	56.7	58.2	66.1	68.8	63.5
教　育	**Education**					
在校学生结构	Structure of Student Enrollment					
大学生	University and College Students	23.2	24.4	26.3	28.1	29.1
中学生	Secondary School Students	44.6	42.7	40.9	38.8	37.3
小学生	Primary School Students	32.2	32.9	32.8	33.1	33.6

1-8 续表 3 Continued

单位：% (%)

指 标	Item	2007	2008	2009	2010	2011
专任教师结构	Full-time Teachers by Type					
大 学	University and College	21.7	22.3	23.2	24.3	24.9
中 学	Secondary Schools	44.8	44.9	44.2	43.4	42.9
小 学	Primary Schools	33.4	32.8	32.6	32.3	32.2
科 技	**Science and Technology**					
研究与试验发展经费内部支出结构	Composition of R&D Internal Expenditures					
基础研究	Basic Research			4.1	4.1	4.4
应用研究	Applied Research			15.8	16.5	12.5
试验发展	Experimental Development			80.1	79.4	83.1
卫 生	**Health Care**					
卫生机构结构	Structure of Health Care Institutions					
#医院、卫生院	Hospitals and Health Care Centers	17.5	15.4	16.7	16.3	10.4
卫生技术人员结构	Structure of Medical Professionals					
#执业(助理)医师	Licensed (Assistant) Doctors	41.0	39.7	40.4	40.7	40.7
注册护士	Registered Nurses	33.4	33.7	34.2	34.5	35.2
生 活	**People's Life**					
城市居民消费结构	Consumption Structure of Urban Residents					
食品类	Food	35.3	37.3	36.5	35.9	36.2
衣着类	Clothing	8.5	8.6	9.2	9.4	9.5
用品及其他	Articles for Daily Use and Others	44.4	42.7	44.1	45.0	44.7
居 住	Residence	11.8	11.4	10.2	9.8	9.6
农村居民消费结构	Consumption Structure of Rural Residents					
食品类	Food	38.9	39.9	39.5	39.0	37.9
衣着类	Clothing	9.5	9.0	9.3	9.0	8.7
用品及其他	Articles for Daily Use and Others	24.1	26.9	27.2	26.5	34.2
居 住	Residence	27.5	24.2	24.0	25.5	19.2
环 境	**Environment**					
空气质量结构	Structure of Air Quality					
二级和好于二级的天数	Days of Grade II and Better than Grade II	87.7	88.2	84.1	84.4	87.7

1-9 国民经济和社会发展比例和效益指标（2008—2011年）
Main Indicators of Proportion and Benefit in National Economy and Social Development, 2008-2011

单位：% (%)

指　标	Item	2008	2009	2010	2011
人　口	**Population**				
出生率(‰)	Birth Rate (‰)	8.1	8.3	8.2	8.6
死亡率(‰)	Death Rate (‰)	5.9	5.7	5.6	6.1
自然增长率(‰)	Natural Growth Rate (‰)	2.2	2.6	2.6	2.5
就　业	**Employment**				
城镇登记失业率	Unemployment Rate Registered in Urban Areas	3.6	3.6	3.6	3.6
国民经济核算	**National Accounting**				
经济增长贡献率	Contribution to Gross Domestic Product				
第一产业	Primary Industry	0.4	0.4	0.3	0.4
第二产业	Secondary Industry	61.1	61.5	66.3	58.6
#工　业	Industry	58.5	58.0	63.3	56.1
第三产业	Tertiary Industry	38.5	38.1	33.4	41.0
固定资产投资	**Investment in Fixed Assets**				
全社会固定资产投资相当于全市生产总值比例	Proportion of Total Investment in Fixed Assets to GDP	50.7	66.6	70.6	66.4
新增固定资产交付使用率	Rate of Newly Increased Fixed Assets Transferred and in Use	55.0	51.4	50.6	48.8
财　政	**Government Finance**				
地方一般预算收入相当于全市生产总值比例	Proportion of Local General Budgetary Government Revenue to GDP	10.1	10.9	11.6	12.9
地方一般预算支出相当于全市生产总值比例	Proportion of Local General Budgetary Government Expenditures to GDP	12.9	14.9	14.9	15.9
利用外资	**Utilization of Foreign Capital**				
直接利用外资额相当于签约额比例	Proportion of Foreign Direct Investment to Foreign Investment Contracted	56.0	65.2	70.9	77.5
能　源	**Energy**				
能源消费弹性系数	Elasticity Ratio of Energy Consumption	0.51	0.58	0.93	0.70
单位生产总值能耗(吨标准煤/万元)	Energy Consumption per Unit of GDP (ton of SCE 10 000 yuan)	0.89	0.84	0.74	0.71

1-9 续表 1 Continued

指　标	Item	2008	2009	2010	2011
农　业	Agriculture				
每公顷耕地农业机械总动力(千瓦)	Total Power of Agricultural Machinery per Hectare of Cultivated Land (kw)	14.75	14.78	14.74	14.73
每公顷播种面积农产品产量(吨)	Output of Crops per Hectare of Sown Area (ton)				
粮　食	Grain	5.07	5.10	5.12	5.21
棉　花	Cotton	1.20	1.28	1.21	1.21
油　料	Oil-bearing Crops	2.67	2.70	2.91	3.00
工　业	Industry				
总资产贡献率(%)	Ratio of Total Assets to Industrial Output Value (%)	12.1	12.1	17.3	18.0
成本费用利润率(%)	Ratio of Pre-tax Profits to Industrial Cost (%)	6.3	6.8	9.8	10.2
资金利税率(%)	Ratio of Profits and Taxes to Total Assets (%)	12.5	12.8	18.3	18.9
建筑业	Construction				
技术装备率(万元/人)	Value of Machinery per Labour (10 000 yuan/person)	3.04	4.13	4.14	5.75
产值利税率(%)	Ratio of Profits and Taxes to Gross Output Value (%)	6.5	6.0	6.0	5.8
全员劳动生产率(万元/人)	Overall Labour Productivity (10 000 yuan/person)	29.30	32.23	37.03	45.68
邮电通信业	Post and Telecommunication Services				
电话普及率(含移动电话)(部/百人)	Access to Telephones (include mobile phone) (set/100 persons)	112.3	112.2	112.1	115.8
移动电话普及率(部/百人)	Access to Mobile Phones (set/100 persons)	69.5	80.8	83.9	91.1
每一邮电局所服务面积(平方公里)	Average Service Area per Post and Telecommunications Office (sq. km)	10.8	14.3	14.1	13.5
对外经济贸易	Foreign Trade and Economic Cooperation				
进出口总额相当于全市生产总值比例(%)	Proportion of Total Value of Imports & Exports in Foreign Trade to GDP (%)	83.2	58.1	60.3	59.1
出口总额相当于全市生产总值比例(%)	Proportion of Total Value of Exports to GDP (%)	43.6	27.2	27.5	25.4
国际旅游	International Tourism				
每一来津游客花费(美元)	Expenditure per Tourist in Tianjin (USD)	821	839	855	876

1-9 续表 2 *Continued*

单位：% (%)

指　　标	Item	2008	2009	2010	2011
金融业	**Financial Intermediation**				
金融机构存款相当于全市生产总值比例	Deposits of Financial Institutions as Percentage of GDP	148.1	184.6	178.9	155.5
金融机构贷款相当于全市生产总值比例	Loans of Financial Institutions as Percentage of GDP	114.4	148.3	149.3	140.8
教　育	**Education**				
新增劳动力平均受教育年限（年）	Average Year of Education of Newly Increased Labour (year)	14.69	14.62	14.68	14.81
学龄儿童毛入学率	Percentage of School-aged Children Enrolled	108.52	107.24	122.95	122.88
初中毕业升学率	Percentage of Entering Senior Secondary Schools	100.0	105.0	110.3	105.6
每一教师负担学生数(人)	Student-teacher Ratio (person)	14	13	13	13
科　技	**Science**				
研究与实验发展经费支出相当于全市生产总值比例	R&D Expenditures as Percentage of GDP	2.5	2.4	2.5	2.6
卫　生	**Health Care**				
平均每个医院负担人口(人)	Average Burden Population of Each Hospital (person)	27477	28104	28847	28784
病床周转次数(次)	Turnover of Beds (time)	21	23	23	25
病床使用率	Utilization Rate of Beds (%)	72	76	78	82
文　化	**Culture**				
每百万人有艺术表演团体(个)	Number of Troupes per Million Persons (unit)	1.3	1.2	1.3	1.2
每百万人有公共图书馆(个)	Number of Public Libraries per Million Persons (unit)	2.8	2.6	2.5	2.3
每百万人有博物馆(个)	Number of Museums per Million Persons (unit)	1.5	1.5	1.4	1.4
婚　姻	**Marriages and Divorces**				
粗离婚率(‰)	Divorces Rate (‰)	2.1	2.3	2.2	2.3
生　活	**People's Life**				
城市与农村居民收入增长率比例(以农村居民收入指数为100)	Proportion of Growth Rate of Annual Income of Urban Residents to the Growth Rate of Annual Income of Rural Residents (rural=100)	107.4	99.8	102.7	
环境保护	**Environmental Protection**				
污水处理率	Percentage of Sewage Treatment	72.4	80.1	85.3	86.8
工业固体废物综合利用率	Rate of Comprehensive Utilization of Industrial Waste Residue	98.2	98.3	98.6	99.1

1-10 平均每天社会经济活动（2008—2011年）
Average Daily Social and Economic Activities, 2008-2011

指　　标	Item	单　位	Unit	2008	2009	2010	2011
全市每天创造的财富	**Daily Production**						
全市生产总值	Gross Domestic Product	万　元	10 000 yuan	184082	206078	252725	309788
第一产业	Primary Industry	万　元	10 000 yuan	3358	3530	3988	4376
第二产业	Secondary Industry	万　元	10 000 yuan	101638	109256	132609	162420
工　业	Industry	万　元	10 000 yuan	93668	99236	120845	148790
建筑业	Construction	万　元	10 000 yuan	7970	10020	11764	13630
第三产业	Tertiary Industry	万　元	10 000 yuan	79086	93292	116127	142993
地方一般预算收入	Local General Budgetary Government Revenue	万　元	10 000 yuan	18510	22520	29283	39867
主要工业产品产量	Output of Major Industrial Products						
粗　钢	Crude Steel	吨	ton	45316	58197	59236	62897
钢　材	Steel Products	吨	ton	82377	111794	122841	141473
水　泥	Cement	吨	ton	14655	18928	22184	20973
天然原油	Crude Petroleum Oil	吨	ton	54626	62930	91308	87336
原　盐	Salt	吨	ton	6418	6184	5688	5042
发电量	Electricity	万千瓦时	10 000 kwh	10714	11391	16139	16961
汽　车	Motor Vehicle	辆	unit	1483	1650	2022	2122
彩色电视机	Color Television	台	set	5578	3849	5827	5113
摩托车	Motorcycle	辆	unit	612	1112	937	826
自行车	Bicycle	辆	unit	50773	52224	61395	61185
微波炉	Microwave Oven	台	set	38678	24928	22848	25084
移动电话机	Mobile Phone	部	unit	246707	234484	249532	248265
布	Cloth	万　米	10 000 m	68	71	72	76
纱	Yarn	吨	ton	162	118	104	84
农用化肥	Chemical Fertilizer	吨	ton	468	416	41	174
化学农药	Chemical Pesticide	吨	ton	30	18	22	
硫　酸	Sulfuric Acid	吨	ton	540	799	886	811
烧　碱	Caustic Soda	吨	ton	3811	2995	886	3552
合成洗涤剂	Synthetic Detergents	吨	ton	17	18	16	17
饮料酒	Alcoholic Beverage	吨	ton	852	1124	1194	1146
主要农产品产量	Output of Major Farm Products						
粮　食	Grain	吨	ton	4080	4282	4376	4434
棉　花	Cotton	吨	ton	227	194	172	198
油　料	Oil-bearing Crops	吨	ton	13	15	18	18
肉　类	Meat	吨	ton	1017	1082	1167	1176
蛋　类	Eggs	吨	ton	539	537	546	528
奶　类	Milk	吨	ton	1921	1882	1899	1901
蔬　菜	Vegetables	吨	ton	8607	10242	11488	11816
水产品	Aquatic Products	吨	ton	922	936	945	965

1-10 续表 Continued

指　标	Item	单　位	Unit	2008	2009	2010	2011
全市每天消费量	**Daily Consumption**						
最终消费支出	Final Consumption Expenditure	亿　元	100 million yuan	6.94	7.89	9.69	11.74
居民消费支出	Households Consumption	亿　元	100 million yuan	4.44	5.01	6.18	7.50
城镇居民	Urban	亿　元	100 million yuan	3.96	0.54	0.59	0.70
农村居民	Rural	亿　元	100 million yuan	0.48	4.47	5.59	6.80
政府消费支出	Government Consumption	亿　元	100 million yuan	2.50	2.88	3.51	4.25
社会消费品零售总额	Total Retail Sales of Consumer Goods	亿　元	100 million yuan	5.70	6.66	7.95	9.30
生活用煤、气、水、电	Coal, Gas, Water & Electricity for Living						
煤	Coal	万　吨	10 000 tons	0.16	0.18	0.18	0.17
液化石油气	Liquid Petroleum Gas	吨	ton	182	201	200	202
天然气和煤气	Natural Gas and Coal Gas	万立方米	10 000 cu. m	103	106	113	120
水	Water	万　吨	10 000 tons	53.4	57.3	57.0	81.0
电	Electricity	万千瓦时	10 000 kwh	1466	1770	1847	1818
每天其他经济活动	**Other Daily Economic Activities**						
社会货物运输量	Freight Traffic	万　吨	10 000 tons	151	119	114	122
客运量	Passenger Traffic	万人次	10 000 person-times	24.0	69.3	68.1	69.4
港口货物吞吐量	Freight Handled at Ports	万　吨	10 000 tons	97.52	104.41	113.22	124.21
邮电业务总量（不变价）	Total Business Value of Post and Telecommunication Services (constant price)	万　元	10 000 yuan	9637	10594	11922	4953
出版图书	Books Published	万　册	10 000 copies	11	12	10	11
出版报纸	Newspapers Issued	万　份	10 000 copies	259	263	258	253
出版杂志	Magazines Issued	万　册	10 000 copies	10	9	10	10
邮寄函件	Letters Delivered	万　件	10 000 copies	26	31	29	47
外贸出口总额	Total Value of Exports in Foreign Trade	万美元	USD 10 000	11570	8215	10279	12191
实际利用外资额	Foreign Capital Actually Used	万美元	USD 10 000	2081	2490	3030	3627
全社会竣工房屋建筑面积	Total Floor Space of Buildings Completed	万平方米	10 000 sq. m	7.86	8.70	9.26	9.59
接待来津国际旅游人数（过夜）	Accommodated International Tourists (Stay for Night)	人　次	person-time	1351	1479	1641	2002
每天人口和婚姻动态	**Daily Population Changes And Marriages**						
出生人口	Births	人	person	255	273	283	312
死亡人口	Deaths	人	person	186	188	193	221
结婚对数	Marriages	对	couple	245	285	238	285
离婚对数	Divorces	对	couple	66	75	77	84

1-11 国民经济主要指标人均水平（2008—2011年）
Per Capita Annual Level of Main Indicators of National Economy, 2008-2011

指 标	Item	单 位	Unit	2008	2009	2010	2011
1. 全市生产总值	Gross Domestic Product	元	yuan	58656	62574	72994	85213
2. 地方一般预算收入	Local General Budgetary Government Revenue	元	yuan	5898	6838	8458	10966
3. 地方一般预算支出	Local General Budgetary Government Expenditures	元	yuan	7575	9353	10895	13537
4. 全社会固定资产投资	Total Investment in Fixed Assets	元	yuan	29717	41647	51525	56601
5. 工业总产值	Gross Output Value of Industry	元	yuan	113862	111342	135371	162240
6. 主要工业产品产量	Output of Major Industrial Products						
天然原油	Crude Petroleum Oil	吨	ton	1.74	1.91	2.64	2.40
天然气	Natural Gas	立方米	cu. m	122	119	136	139
发电量	Electricity	千瓦时	kwh	3414	3459	4661	4665
粗 钢	Crude Steel	吨	ton	1.44	1.77	1.71	1.73
钢 材	Steel Products	吨	ton	2.62	3.39	3.55	3.89
水 泥	Cement	吨	ton	0.47	0.57	0.64	0.58
布	Cloth	米	m	22	21	21	21
纱	Yarn	公 斤	kg	5.2	3.6	3.0	2.3
7. 农林牧渔业总产值	Gross Output Value of FFAF	元	yuan	2341	2343	2511	2634
8. 主要农产品产量	Output of Major Farm Products						
粮 食	Grain	公 斤	kg	130	130	126	122
棉 花	Cotton	公 斤	kg	7.2	5.9	5.0	5.4
油 料	Oil-bearing Crops	公 斤	kg	0.4	0.4	0.5	0.5
蔬 菜	Vegetables	公 斤	kg	274	311	332	325
肉 类	Meat	公 斤	kg	32	33	34	32
蛋 类	Eggs	公 斤	kg	17	16	16	15
奶 类	Milk	公 斤	kg	61	57	55	52
水产品	Aquatic Products	公 斤	kg	29.4	28.4	27.0	26.5
鲜 果	Fresh Fruits	公 斤	kg	25.7	26.5	24.7	24.0
9. 社会消费品零售总额	Total Retail Sales of Consumer Goods	元	yuan	18147	20222	22968	25586
10. 城市居民主要商品购买量	Purchase Volume of Major Products of Urban Households						
粮 食	Grain	公 斤	kg	45.2	48.4	44.7	45.0
食用植物油	Edible Vegetable-oil	公 斤	kg	9.2	9.2	7.6	7.3
猪牛羊肉	Pork, Beef and Mutton	公 斤	kg	21.1	24.2	23.5	23.3
蛋 类	Eggs	公 斤	kg	17.9	17.9	18.7	19.4
鲜 菜	Fresh Vegetables	公 斤	kg	133.7	132.2	125.7	131.9
鱼	Fish	公 斤	kg	9.7	9.9	9.3	9.4
鲜 奶	Milk	公 斤	kg	23.8	21.9	20.4	19.8
鲜瓜果	Fresh Fruits	公 斤	kg	74.2	73.1	75.6	71.9
服 装	Garments	件	piece	6.3	7.5	6.7	6.7
鞋 类	Shoes	双	pair	2.1	2.7	2.4	2.4
11. 外贸出口总额	Total Value of Exports in Foreign Trade	美 元	USD	3687	2494	2969	3353
12. 社会货物运输量	Freight Traffic	吨	ton	48.1	36.2	32.9	33.6

1-12 天津在全国的地位 Position of Tianjin in the Whole Nation

指　标	Item	2006 天 津 Tianjin	2006 占全国比重(%) As Percentage to Nation (%)	2011 天 津 Tianjin	2011 占全国比重(%) As Percentage to Nation (%)
年末常住人口(万人)	**Permanent Population (year-end) (10 000 persons)**	**1075.00**	**0.8**	**1354.98**	**1.0**
社会从业人员(万人)	**Total Employment Personnel (10 000 persons)**	**562.92**	**0.7**	**763.16**	**1.0**
全市生产总值(亿元)	**Gross Domestic Product (100 million yuan)**	**4359.15**	**2.1**	**11307.28**	**2.4**
第一产业	Primary Industry	118.23	0.5	159.72	0.3
第二产业	Secondary Industry	2488.29	2.4	5928.32	2.7
#工　业	Industry	2292.73	2.5	5430.84	2.9
第三产业	Tertiary Industry	1752.63	2.1	5219.24	2.6
人均生产总值(元)	**Per Capita GDP (yuan)**	**42141**	**高25641**	**85213**	**高50130**
城市居民人均可支配收入(元)	**Per Capita Annual Disposable Income of Urban Households (yuan)**	**14283**	**高2524**	**26921**	**高5111**
财政、金融(亿元)	**Government Finance and Financial Intermediation (100 million yuan)**				
地方一般预算收入	Local General Budgetary Government Revenue	417.05	2.3	1455.13	2.8
地方一般预算支出	Local General Budgetary Government Expenditures	543.12	1.8	1796.33	1.9
金融机构本外币存款余额	Balance of Home and Foreign Currency Deposits	6839.20	2.0	17586.91	2.1
金融机构本外币贷款余额	Balance of Home and Foreign Currency Loans	5415.72	2.3	15924.71	2.7
保费收入	Premium	105.18	1.9	211.74	1.5
主要工业产品产量	**Output of Major Industrial Products**				
天然原油(万吨)	Crude Petroleum Oil (10 000 tons)	1943.09	10.6	3187.78	15.7
发电量(亿千瓦小时)	Electricity (100 million kwh)	359.24	1.3	619.08	1.3
天然气(亿立方米)	Natural Gas (100 million cu. m)	10.50	1.8	18.43	1.8
原　盐(万吨)	Salt (10 000 tons)	236.10	4.4	184.02	2.9
化学纤维(万吨)	Chemical Fibers (10 000 tons)	18.68	0.9	12.77	0.4
纱(万吨)	Yarn (10 000 tons)	7.62	0.4	3.08	0.1
布(亿米)	Cloth (100 million m)	2.83	0.5	2.78	0.3
乙　烯(万吨)	Ethylene (10 000 tons)	23.17	2.5	134.26	8.8
水　泥(万吨)	Cement (10 000 tons)	607.33	0.5	765.53	0.4
生　铁(万吨)	Pig Iron (10 000 tons)	1131.51	2.8	2096.98	3.3
粗　钢(万吨)	Crude Steel (10 000 tons)	1285.34	3.0	2295.75	3.4
汽　车(万辆)	Motor Vehicles (10 000 units)	41.44	5.7	77.44	4.2
自行车(万辆)	Bicycles (10 000 units)	1707.77	25.4	2233.26	37.2
房间空气调节器(万台)	Air Conditioners (10 000 sets)	482.13	7.0	322.25	2.3

1-12 续表 Continued

指 标	Item	2006		2011	
		天 津 Tianjin	占全国比重(%) As Percentage to Nation (%)	天 津 Tianjin	占全国比重(%) As Percentage to Nation (%)
移动电话机(万台)	Mobile Phones (10 000 units)	10129.72	21.1	9061.68	8.0
集成电路(亿块)	Integrated Circuits (100 million units)	5.76	1.7	8.86	1.2
主要农产品产量(万吨)	**Output of Major Farm Products (10 000 tons)**				
粮 食	Grain	143.52	0.3	161.83	0.3
肉 类	Meat	59.53	0.7	42.92	0.5
禽 蛋	Eggs	23.08	0.8	19.26	0.7
水产品	Aquatic Products	35.49	0.7	35.21	0.6
全社会固定资产投资额(亿元)	**Total Investment in Fixed Assets (100 million yuan)**	**1849.80**	**1.7**	**7510.67**	**2.4**
#房地产开发投资额	Real Estate Development	402.32	2.1	1080.04	1.7
运输、邮政、电信	**Transportation, Post & Telecommunication Services**				
沿海主要港口货物吞吐量(万吨)	Freight Handled in Major Coastal Harbors (10 000 tons)	25760	7.5	45338	7.4
社会货物运输量(万吨)	Freight Traffic (10 000 tons)	42863	2.1	44651	1.2
邮电业务总量(亿元)	Business Value of Post & Telecommunication Services (100 million yuan)	227.79	1.5	180.78	1.4
商业、外贸、外经	**Commerce, Foreign Trade & Economic Cooperation**				
社会消费品零售总额(亿元)	Total Retail Sales of Consumer Goods (100 million yuan)	1356.79	1.8	3395.06	1.8
外贸出口总额(亿美元)	Total Value of Exports in Foreign Trade (USD 100 million)	335.40	3.5	444.98	2.3
实际直接利用外资额(亿美元)	Actual Direct Utilization of Foreign Capital (USD 100 million)	43.69	5.9	130.56	11.3
教育、科技、卫生、文化	**Education, Science & Technology, Health Care, Culture**				
高等学校在校学生数(万人)	Number of Students Enrollment in the Institutions of Higher Education (10 000 persons)	35.74	2.1	44.97	1.9
研究与试验发展经费支出(亿元)	R&D Expenditures (100 million yuan)	95.24	3.2	297.76	3.5
技术市场成交额(亿元)	Transaction Value in Technical Market (100 million yuan)	58.86	3.2	113.99	2.4
专利申请授权量(项)	Patent Applications Granted (item)	4159	1.9	13982	1.5
医 院(个)	Number of Hospitals (unit)	401	0.7	296	1.3
医院床位(万张)	Number of Hospital Beds (10 000 units)	3.89	1.2	4.08	1.1
图书出版数(万册)	Number of Books Published (10 000 copies)	5106	0.8	3942	0.5
杂志出版数(万册)	Number of Magazines Issued (10 000 copies)	4060	1.4	3768	1.2
报纸出版数(亿份)	Number of Newspapers Issued (100 million copies)	9.48	2.3	9.25	2.0

注：2006年医院个数及床位数含卫生院。
Note: Number of hospitals and hospital beds in 2006 include health care centers.

主要统计指标解释

国民经济行业分类

自2003年定期报表开始使用的《国民经济行业分类》(GB/T 4754-2002)。该分类是由国家统计局组织修订,经国家质量监督检验检疫总局批准,于2002年5月10日发布实施。这次修订是在1994年分类标准的基础上,参照联合国《全部经济活动的国际标准产业分类》(ISIC/Rev.3)进行的。修订后的《国民经济行业分类》(GB/T 4754-2002)共有门类20个,大类95个,中类396个,小类913个。新增门类4个,大类增加3个,中类增加28个,小类增加67个。

三次产业划分

《三次产业划分规定》是国家统计局在2002年修订的《国民经济行业分类》(GB/T 4754-2002)的基础上制定的。

第一产业包括农、林、牧、渔业;第二产业包括工业(采矿业,制造业,电力、燃气及水的生产和供应业)和建筑业;第三产业包括除第一、二产业以外的其他行业,具体包括:交通运输、仓储和邮政业,信息传输、计算机服务和软件业,批发和零售业,住宿和餐饮业,金融业,房地产业,租赁和商务服务业,科学研究、技术服务和地质勘察业,水利、环境和公共设施管理业,居民服务和其他服务业,教育,卫生、社会保障和社会福利业,文化、体育和娱乐业,公共管理和社会组织,国际组织等。

企业(单位)登记注册类型

是以在工商行政管理机关登记注册的各类企业为划分对象,以工商行政管理部门对企业登记注册的类型为依据,将企业登记注册类型分为内资企业、港澳台商投资企业和外商投资企业三大类。内资企业包括国有、集体、股份合作、联营公司、有限责任公司、股份有限公司、私营公司和其他;港、澳、台商投资企业和外商投资企业分别包括合资经营企业、合作经营企业、独资经营企业、股份有限公司和其他企业。对不在工商行政管理部门进行登记注册的行政机关、事业单位和社会团体,主要按其经费来源和管理方式进行划分。

国有企业 指企业全部资产归国家所有,并按《中华人民共和国企业法人登记管理条例》规定登记注册的非公司制的经济组织。不包括有限责任公司中的国有独资公司。

集体企业 指企业资产归集体所有,并按《中华人民共和国企业法人登记管理条例》规定登记注册的经济组织。

股份合作企业 指以合作制为基础,由企业职工共同出资入股,吸收一定比例的社会资产投资组建,实行自主经营,自负盈亏,共同劳动,民主管理,按劳分配与按股分红相结合的一种集体经济组织。

私营企业 指由自然人投资设立或由自然人控股,以雇佣劳动为基础的营利性经济组织。包括按照《公司法》、《合伙企业法》、《私营企业暂行条例》以及《个人独资企业法》规定登记注册的私营独资企业、私营有限责任公司、私营股份有限公司、私营合伙企业和个人独资企业。

股份有限公司 指根据《中华人民共和国公司登记管理条例》规定登记注册,其全部注册资本由等额股份构成并通过发行股票筹集资本,股东以其认购的股份对公司承担有限责任,公司以其全部资产对其债务承担责任的经济组织。

有限责任公司 指根据《中华人民共和国公司登记管理条例》规定登记注册,由两个以上,五十个以下的股东共同出资,每个股东以其所认缴的出资额对公司承担有限责任,公司以其全部资产对其债务承担责任的经济组织。有限责任公司包括国有独资公司以及其他有限责任公司。

国有独资公司 指国家授权的投资机构或者国家授权的部门单独投资设立的有限责任公司。

其他有限责任公司 指国有独资公司以外的其他有限责任公司。

联营企业 指两个及两个以上相同或不同所有制性质的企业法人或事业单位法人,按自愿、平等、互利的原则共同投资组成的经济组织。联营企业包括国有联营企业、集体联营企业、国有与集体联营企业和其他联营企业。

其他内资企业 指上述内资企业之外的其他内资经济组织。

港澳台商独资经营企业 指依照《中华人民共和国外资企业法》及有关法律的规定,在内地由港澳台地区投资者全额投资设立的企业。

港澳台商投资股份有限公司 指根据国家有关规定,经商务部(原外经贸部)依法批准设立,其中港、

主要统计指标解释

澳、台商的股本占公司注册资本的比例达 25%以上的股份有限公司。凡其中港、澳、台商的股本占公司注册资本的比例小于 25%的，属于内资企业中的股份有限公司。

外商独资企业 指依照《中华人民共和国外资企业法》及有关法律的规定，在中国内地由外国投资者全额投资设立的企业。

外商投资股份有限公司 指根据国家有关规定，经商务部（原外经贸部）依法批准设立，其中外资的股本占公司注册资本的比例达 25% 以上的股份有限公司。凡其中外资股本占公司注册资本的比例小于25%的，属于内资企业中的股份有限公司。

行政机关、事业单位和社会团体

填写登记注册类型参照企业登记注册类型，主要按其经费来源和管理方式划分。具体规定如下：

1. 行政机关：包括国家机关和政党机关，原则上均列为“国有”。但有特殊规定的，如供销社等，则列为“集体”。

2. 事业单位：包括经国家机构编制部门和有关业务主管部门批准成立的各类事业单位，不包括实行企业化管理的事业单位。事业单位的划分办法如下：

(1) 由国家财政预算拨款或列入财政预算外资金管理以及经费主要来源于国有主管部门或国有上级单位的事业单位，列为“国有”。

(2) 经费主要来源于集体单位的事业单位，列为“集体”。

(3) 公民个人（或个人合伙）开办的事业单位，列为“私营”。

(4) 上述以外的其他事业单位，如果其经费来源不明确，按管理方式进行归类。

3. 社会团体：包括经民政部门批准成立以及未纳入社会团体管理条例范围的工会、妇联等各类社会团体。社会团体的划分办法如下：

(1) 未纳入民政部社会团体管理条例范围的工会、妇联、共青团、青联、工商联、科协、侨联等社会团体，国家拨款设立的基金会或基金管理组织以及经费主要来源于国有业务主管部门或国有上级单位的社会团体，列为“国有”。

(2) 经费主要来源于集体单位的社会团体，列为“集体”。

(3) 公民个人（或个人合伙）开办的社会团体，划为“私营”。

(4) 上述以外的其他社会团体，如果其经费来源不明确，改按管理方式进行归类。

经济类型

本年鉴中的经济类型分组，从 1998 年开始是在企业登记注册类型分组基础上的再加工，其中国有经济包括国有企业、国有独资和国有与国有联营企业；集体经济包括集体企业、股份合作企业和集体与集体联营企业。私有经济包括私营企业和个体经营。

城乡划分标准

根据国务院国函 [2008]60 号文件中《统计上划分城乡的规定》，新的城乡划分标准为：城镇包括城区和镇区。城区是指在市辖区和不设区的市，区、市政府驻地的实际建设连接到的居民委员会和其他区域。镇区是指在城区以外的县人民政府驻地和其他镇，政府驻地的实际建设连接到居民委员会和其他区域。乡村是指该规定划定的城镇以外的区域。

现行价格（或称当年价格）

指报告期的实际价格，如工业品的出厂价格，农副产品的收购价格，商业的零售价格等。它反映当年的实际情况，使国民经济各项指标互相衔接，便于对生产、流通、分配、消费之间进行综合平衡。

可比价格

指计算各种总量指标所采用的扣除了价格变动因素的价格，可进行不同时期总量指标的对比。按可比价格计算总量指标有两种方法：一种是直接用产品产量乘某一年的不变价格计算；另一种是用价格指数进行缩减。

平均增长速度

平均增长速度表明社会经济现象在一个较长的时期内逐期平均增长变化的程度，它不能根据各个环比增长速度直接求得，但与平均发展速度之间存在着一定的数量关系：

平均增长速度=平均发展速度－1

平均发展速度是一种根据环比发展速度计算的序

主要统计指标解释

时平均数，由于各时期对比的基础不同，所以计算平均发展速度不能采用一般的序时平均数的计算方法，计算方法分为水平法和累计法。水平法，又称几何平均法，即将环比发展速度按连乘法用几何平均数公式计算。累计法，也称方程法，根据一段时期内各年发展水平总和与基期水平的关系，列出方程式计算平均发展速度。水平法着重考虑最后一年所达到的发展水平；累计法着重考虑整个时期累计发展水平的总量。

本《年鉴》内所列的平均增长速度，除固定资产投资用“累计法”计算外，其余均用“水平法”计算。从某年到某年平均增长速度的年份，均不包括基期年在内。如建国四十三年以来的平均增长速度是以 1949 年为基期计算的，则写为 1950—1992 年平均增长速度，其余类推。

Explanatory Notes on Main Statistical Indicators

Industrial Classification of National Economy

The new *Industrial Classification of National Economy* (GB/T 4754-2002) is introduced starting from the compilation of 2003 annual statistics. The revision, based on the 1994 classification, was organized by the National Bureau of Statistics taking into consideration of the *International Standards of the Industrial Classification of All Economic Activities* (ISIC/Rev.3) of the United Nations. The new Classification was promulgated by the National Administration of Quality Supervision, Inspection and Quarantine on May 10, 2002. The revised version of the *Industrial Classification of the National Economy* (GB/T 4754-2002) is composed of 20 major divisions, 95 divisions, 396 major groups and 913 groups, of which 4 major divisions, 3 divisions, 28 major groups and 67 groups are new respectively.

Category of Three Industries

Three industries are categorized according to the standard of the *Industrial Classification of the National Economy* (GB/T 4754-2002).

Primary Industry includes agriculture, forestry, animal husbandry and fishery.

Secondary Industry includes industry (minerals mining, manufacturing, production and supply of electricity, gas and water) and construction.

Tertiary Industry includes all other industries not included in primary or secondary industry, including transportation, storage, post services; information transmitting, computer services and software; wholesale and retail trade; accommodation and catering services; finance; real estate; leasing and business services; scientific research, technical services and geological prospecting; management for water conservancy, environment and public facilities; resident services and other social services; education; health care, social security and social welfare; culture, sports and recreational services; public management and social organizations , international organizations and so on.

Registration Status of Enterprises

Enterprises are classified into 3 categories, namely domestic-funded enterprises, enterprises with investment from Hong Kong, Macau and Taiwan, and enterprises with foreign investment, according to the registration status of an enterprise in industrial and commercial administration agencies. Domestic-funded enterprises include State-owned enterprises, collective-owned enterprises, cooperative enterprises, joint ownership enterprises, limited liability corporations, share-holding corporations Ltd., private enterprises and other enterprises. Included in the enterprises with investment from Hong Kong, Macau and Taiwan and enterprises with foreign investment are joint-venture enterprises, cooperative enterprises, sole investment enterprises, share-holding corporations Ltd. and other enterprises. For government agencies, institutions and social organizations which are not registered in industrial and commercial administration agencies, they are classified mainly by their sources of funding and manner of management.

State-owned Enterprises refer to non-corporation economic units where the entire assets are owned by the state and which have registered in accordance with the *Regulation of the People's Republic of China on the Management of Registration of Corporate Enterprises.* Excluded from this category are sole state-funded corporations in the limited liability corporations. Excluded from this category are enterprises with exclusive investment from state-owned, state-owned cooperative enterprises in the join ownership enterprises.

Collective-owned Enterprises refer to economic units where the assets are owned collectively and which have registered in accordance with the *Regulation of the People's Republic of China on the Management of Registration of Corporate Enterprises.* Excluded from this category are collective-owned and collective-owned cooperative enterprises in joint ownership enterprises, excluded cooperative enterprises.

Cooperative Enterprises refer to a form of collective economic units (enterprises) where capitals come mainly from employees as their shares, with certain proportion of capital from the outside, where production is organized on the basis of independent operation, independent accounting for profits and losses, joint work, democratic management, and a distribution system that integrates remuneration according to work with divided according to capital share.

Private Enterprises refer to profit-making economic units invested and established by natural persons, or controlled by natural persons using employed labour. Included in this category are private limited liability corporations, private share-holding corporations Ltd., private partnership enterprises, private-funded enterprises and sole private enterprises registered in accordance with the *Corporation Law, Partnership Enterprises Law and Interim Regulations on Private Enterprises.*

Share-holding Corporations Ltd. refer to economic units registered in accordance with the *Regulation of the People's Republic of China on the Management of Registration of Corporate Enterprises*, with total registered capitals divided into equal shares and raised through issuing stocks. Each investor bears limited liability to the corporation depending on the holding of shares, and the corporation bears liability to its debt to the maximum of its total assets.

Limited Liability Corporations refer to economic units established with investment from 2-50 investors and registered in accordance with the *Regulation of the People's Republic of China on the Management of Registration of Corporate Enterprises*, each investor bearing limited liability to the corporation depending on its share of investment, and the corporation bearing liability to its debt to the maximum of its total assets. Limited liability corporations include exclusive state-funded limited liability corporations and other limited liability corporations.

Sole State-funded Corporations refer to limited liability corporations established with exclusive investment from investment institutions or departments authorized by the state.

Other Limited Liability Corporations refer to the limited liability corporations other than sole state-funded corporations.

Joint Ownership Enterprises refer to economic units established by two or more corporate enterprises or corporate institutions of the same or different ownership, through joint investment on the basis of equality, voluntary participation and mutual benefits. They include state joint ownership enterprises, collective joint ownership enterprises, joint state-collective enterprises, and other joint ownership enterprises.

Other Domestic-funded Enterprises refer to domestic-funded economic units other than those mentioned above.

Enterprises with Sole Investment from Hong Kong, Macao and Taiwan refer to enterprises established in the mainland of China with exclusive investment from investors from Hong Kong, Macao and Taiwan in accordance with the *Law of the People's Republic of China on Foreign-Funded Enterprises* and other relevant laws.

Share-holding Corporations Ltd. with Investment from Hong Kong, Macao and Taiwan refer to share-holding corporations Ltd. established with the approval from Ministry of Commerce (former is Ministry of Foreign Trade and Economic Cooperation) in line with relevant state regulations, where the share of investment from Hong Kong, Macao or Taiwan business men exceeds 25% of the total registered capital of the corporation. In case, the share of investment from Hong Kong, Macao or Taiwan is less than 25% of the total registered capital, the enterprise is to be classified as domestic-funded share-holding corporation Ltd.

Enterprises with Sole Foreign Investment refer to enterprises established in the mainland of China with exclusive investment from foreign investors in accordance with the *Law of the People's Republic of China on Wholly Foreign-owned Enterprises* and other relevant laws.

Share-holding Corporations Ltd. with Foreign Investment refer to share-holding corporations Ltd. established with the approval from Ministry of Commerce (the former Ministry of Foreign Trade and Economic Relations) in line with relevant State regulations, where the share of investment from foreign investors exceeds 25% of the total registered capital of the corporation. In case the share of foreign investment is less than 25% of the total registered capital, the enterprise is to be classified as domestic-funded share-holding corporation Ltd.

Government Agencies, Institutions and Social Organizations

are classified into following categories by source of funds and way of management taking reference of the registration status of enterprises.

1. Government agencies include state and party agencies, classified in principle as "state-owned". There are exceptions, such as supply and marketing cooperatives which are classified as "collective-owned".

2. Institutions include institutions of various types established with the approval by organization and staffing department of the government, but exclude institutions where enterprise management system is introduced. Institutions are further classified as follows:

(1) Institutions whose main budget is listed in the government budget appropriations or extra-budget funds, or allocated from the budget of their competent government agencies. Such institutions are classified as "state-owned".

(2) Institutions whose budget mainly comes from collective units. Such institutions are classified as "collective-owned".

(3) Institutions established by individual (individual partnership), which are classified as "private".

(4) Institutions other than those mentioned above whose source of budget are not clear. Such institutions are classified by way of management.

3. Social organizations include social organizations established with the approval from the Ministry of Civil Affairs, and organizations that are not covered by social organizations management regulations such as trade unions, women's federations etc. Social organizations are further classified as follows:

(1) Social organizations that are not covered by social organizations management regulations of the Ministry of Civil Affairs, such as trade unions, women's federations, communist youth leagues, youth associations, industrial and commerce

associations, scientists associations, overseas Chinese associations, etc., foundations and fund management organization established with funds from state, and social organizations whose funds mainly come from the budget of their competent government agencies. Such institutions are classified as "state-owned".

(2) Social organizations whose budget mainly comes from collective units. Such institutions are classified as "collective-owned".

(3) Social organizations established by individual (individual partnership), which are classified as "private".

(4) Social organizations other than those mentioned above whose source of budget is not clear. Such institutions are classified by way of management.

Type of Ownership

refers to enterprises classified as various type of ownership in accordance with registered categories of enterprises after 1998.In which, state-owned economy refer to state-owned enterprises, sole state-funded enterprises, state joint ownership enterprises, collective-owned economy refer to collective-owned enterprises, cooperative enterprises, collective joint ownership enterprises; private economy refer to private enterprises and individual.

The Division Standard of Urban and Rural Areas

According to *The Regulation on The Division of Urban and Rural Areas in Statistics* of State Department No.60 [2008], The new division standard of Urban and Rural Areas is as follows: Urban Area including city and township. City refers to the residents' committee and other areas connected with the actual construction of district and municipal government in the districts of city and the city without districts. Township refers to the residents' committee and other areas connected with the actual construction of district and municipal government outside city zones and other areas. Rural areas refer to the areas besides urban areas defined by the regulation.

Actual Price (current price)

includes all other industries not included in primary or secondary industry, including transport, storage, post services; information transmitting, computer services and software; wholesale and retail trade; accommodation and catering services; finance; real estate; leasing and business services; scientific research, technical services and geological prospecting; management for water conservancy, environment and public facilities; resident services and other social services; education; health care, social security and social welfare; culture, sports and recreational services; public management and social organizations and so on.

Constant Price

refer to prices that are used to remove the factors of price change in calculating economic aggregates, so as to facilitate comparison of aggregates over time. Two methods are used for calculating economic aggregates at constant prices, a) Multiplying the output of products by their constant prices of certain year; b) Deflation of data at current prices by relevant price index.

Average Annual Increase Rate

shows the average growth rate of social and economic development during a longer period. It can not be directly calculated by chain based growth rate. The relation is:

Average Annual Growth Rate = Average Speed of Development – 1

Average speed of development is the time series average of speed which calculated by chain based. Because the reference bases during the different periods are not same, average speed of development can not be calculated by the general method. Level approach and accumulative approach for calculating average speed of development rate are applied. The "level approach", or the method of calculating the geometric average, is derived by the formula of geometric average of the chain-based speeds of development, or comparing the level of the last year of the interval with that of the beginning year; the other is called the "accumulative approach" or the "algebraic average", "equation" method, which is derived by the summation of the actual figure of each year in the interval divided by the figure in the base year. The level approach focuses on the level of the last year, while the accumulative approach emphasizes the aggregate development in the duration.

The average annual growth rates listed in the Yearbook are calculated by the level approach except for the growth rate of investment in fixed assets. The base year is not listed in the duration for which average annual growth rates are computed. For instance, the average annual growth rate of the 43 years since 1949 is shown as the average annual growth rate of 1950-1992 without showing the base year 1949.

国民经济核算 National Accounts 2

2-1 全市生产总值(1978—2011年)
Gross Domestic Product, 1978-2011

单位：亿元 (100 million yuan)

年 份 Year	全市生产总值 Gross Domestic Product	第一产业 Primary Industry	第二产业 Secondary Industry	工 业 Industry	建筑业 Construction	第三产业 Tertiary Industry	人 均 生产总值(元) GDP Per Capita (yuan)	社会劳动 生产率(元/人) Society Labour Productivity (yuan/person)
1978	82.65	5.03	57.53	54.39	3.14	20.09	1133	2300
1979	93.01	6.54	64.82	61.01	3.81	21.65	1241	2489
1980	103.53	6.53	72.56	67.48	5.08	24.44	1357	2671
1981	107.96	5.18	76.97	71.06	5.91	25.81	1458	2672
1982	114.11	7.00	79.86	72.30	7.56	27.24	1469	2737
1983	123.42	7.60	84.47	76.69	7.78	31.35	1555	2883
1984	147.53	11.13	96.47	87.97	8.50	39.93	1853	3342
1985	175.78	12.95	114.92	104.80	10.12	47.91	2169	3892
1986	194.74	16.51	123.33	111.90	11.43	54.90	2352	4220
1987	220.12	19.63	138.02	125.05	12.97	62.47	2621	4694
1988	259.71	26.21	160.96	146.73	14.23	72.54	3035	5549
1989	283.49	26.85	177.54	160.73	16.81	79.10	3261	6064
1990	310.95	27.32	181.38	165.59	15.79	102.25	3487	6617
1991	342.65	29.26	196.60	179.75	16.85	116.79	3777	7216
1992	411.04	30.26	233.41	212.80	20.61	147.37	4481	8516
1993	538.94	35.40	308.40	280.73	27.67	195.14	5800	10901
1994	732.89	46.55	414.95	371.43	43.52	271.39	7751	14426
1995	931.97	60.80	518.55	467.93	50.62	352.62	9769	18126
1996	1121.93	67.67	609.10	549.81	59.29	445.16	11734	21842
1997	1264.63	69.52	676.01	609.65	66.36	519.10	13142	24668
1998	1374.60	74.14	697.99	622.15	75.84	602.47	14243	26915
1999	1500.95	71.14	758.51	682.52	75.99	671.30	15405	29539
2000	1701.88	73.69	863.83	785.96	77.87	764.36	17353	34208
2001	1919.09	78.73	959.06	869.15	89.91	881.30	19141	39357
2002	2150.76	84.21	1069.08	968.44	100.64	997.47	21387	43851
2003	2578.03	89.91	1337.31	1217.88	119.43	1150.82	25544	51380
2004	3110.97	105.28	1685.93	1549.70	136.26	1319.76	30575	59902
2005	3905.64	112.38	2135.07	1957.95	177.12	1658.19	37796	72982
2006	4462.74	103.35	2457.08	2261.52	195.56	1902.31	42141	80741
2007	5252.76	110.19	2892.53	2661.87	230.66	2250.04	47970	89268
2008	6719.01	122.58	3709.78	3418.87	290.91	2886.65	58656	106545
2009	7521.85	128.85	3987.84	3622.11	365.73	3405.16	62574	113585
2010	9224.46	145.58	4840.23	4410.85	429.38	4238.65	72994	131232
2011	11307.28	159.72	5928.32	5430.84	497.48	5219.24	85213	151586

注：2005年及以后数据为第二次经济普查初步核算后修订数据，表2-2至2-8同。
Note: Data from 2005 are preliminary calculated and adjusted figures of Second Economic Census. Same as table 2-2 to 2-8.

2-2 全市生产总值构成(1978—2011年)
Composition of Gross Domestic Product, 1978-2011

单位: % (%)

年 份 Year	全市生产总值 Gross Domestic Product	第一产业 Primary Industry	第二产业 Secondary Industry	工 业 Industry	建筑业 Construction	第三产业 Tertiary Industry
1978	100	6.1	69.6	65.8	3.8	24.3
1979	100	7.0	69.7	65.6	4.1	23.3
1980	100	6.3	70.1	65.2	4.9	23.6
1981	100	4.8	71.3	65.8	5.5	23.9
1982	100	6.1	70.0	63.4	6.6	23.9
1983	100	6.2	68.4	62.1	6.3	25.4
1984	100	7.5	65.4	59.6	5.8	27.1
1985	100	7.4	65.4	59.6	5.8	27.2
1986	100	8.5	63.3	57.4	5.9	28.2
1987	100	8.9	62.7	56.8	5.9	28.4
1988	100	10.1	62.0	56.5	5.5	27.9
1989	100	9.5	62.6	56.7	5.9	27.9
1990	100	8.8	58.3	53.2	5.1	32.9
1991	100	8.5	57.4	52.5	4.9	34.1
1992	100	7.4	56.8	51.8	5.0	35.8
1993	100	6.6	57.2	52.1	5.1	36.2
1994	100	6.4	56.6	50.7	5.9	37.0
1995	100	6.5	55.7	50.2	5.5	37.8
1996	100	6.0	54.3	49.0	5.3	39.7
1997	100	5.5	53.5	48.2	5.3	41.0
1998	100	5.4	50.8	45.3	5.5	43.8
1999	100	4.7	50.6	45.5	5.1	44.7
2000	100	4.3	50.8	46.2	4.6	44.9
2001	100	4.1	50.0	45.3	4.7	45.9
2002	100	3.9	49.7	45.0	4.7	46.4
2003	100	3.5	51.9	47.3	4.6	44.6
2004	100	3.4	54.2	49.8	4.4	42.4
2005	100	2.9	54.6	50.1	4.5	42.5
2006	100	2.3	55.1	50.7	4.4	42.6
2007	100	2.1	55.1	50.7	4.4	42.8
2008	100	1.8	55.2	50.9	4.3	43.0
2009	100	1.7	53.0	48.2	4.9	45.3
2010	100	1.6	52.4	47.8	4.6	46.0
2011	100	1.4	52.4	48.0	4.4	46.2

2-3 全市生产总值指数(1978—2011年)
Indices of Gross Domestic Product, 1978-2011

上年=100 (preceding year = 100)

年份 Year	全市生产总值 Gross Domestic Product	第一产业 Primary Industry	第二产业 Secondary Industry	工业 Industry	建筑业 Construction	第三产业 Tertiary Industry	人均生产总值 GDP Per Capita	社会劳动生产率 Society Labour Productivity
1978	120.9	115.6	123.3	121.1	167.9	116.0	119.6	117.1
1979	110.0	117.4	110.4	110.4	110.7	107.0	107.1	105.9
1980	110.0	99.8	111.4	110.6	122.0	108.7	108.0	106.0
1981	104.8	79.1	107.0	106.6	112.2	104.8	108.0	100.5
1982	104.3	112.9	103.5	102.4	117.5	105.3	99.4	101.1
1983	108.3	109.2	106.0	106.0	106.3	114.8	106.0	105.5
1984	119.3	122.8	116.6	117.5	106.2	125.9	118.9	115.6
1985	110.6	121.1	110.5	110.0	116.5	108.8	108.7	108.1
1986	105.8	108.0	105.5	105.0	111.8	106.0	103.6	103.6
1987	107.6	106.0	108.3	108.2	108.9	106.3	106.1	105.9
1988	105.8	107.7	107.7	108.3	101.2	100.4	103.8	106.0
1989	101.6	111.4	98.1	97.8	101.2	109.3	100.0	101.8
1990	105.4	104.6	101.1	102.0	91.6	116.4	102.7	104.8
1991	106.0	103.4	105.5	105.8	102.1	107.5	104.2	104.9
1992	111.7	100.7	111.5	112.4	101.2	114.6	110.4	109.8
1993	112.1	107.4	112.9	113.6	103.6	111.7	110.6	109.4
1994	114.3	105.3	114.7	114.1	122.7	115.6	112.3	111.2
1995	114.9	106.3	114.1	114.5	109.9	117.9	113.9	113.5
1996	114.3	108.2	114.3	114.6	110.1	115.4	114.0	114.4
1997	112.1	107.7	111.7	111.8	110.1	113.4	111.4	112.3
1998	109.3	106.7	107.4	107.0	112.7	113.0	109.0	109.9
1999	110.0	100.1	111.7	112.6	99.2	108.9	109.0	110.5
2000	110.8	103.7	111.5	112.2	100.9	110.5	110.0	113.1
2001	112.0	106.3	112.8	112.7	114.3	111.7	109.6	114.3
2002	112.7	106.1	114.3	114.6	112.2	111.4	112.3	111.9
2003	114.8	106.1	118.0	118.6	112.4	111.9	114.4	112.2
2004	115.8	105.1	119.8	121.5	101.7	111.9	114.9	111.8
2005	114.9	104.3	117.6	117.9	113.5	112.1	113.1	111.5
2006	114.7	103.4	116.2	116.2	117.0	113.6	112.0	111.1
2007	115.5	101.2	116.6	117.1	110.4	115.0	111.7	108.5
2008	116.5	103.2	118.0	118.7	109.8	115.2	111.4	108.7
2009	116.5	103.4	118.0	118.3	113.9	115.2	111.1	111.0
2010	117.4	103.3	120.2	120.8	112.7	114.2	111.7	110.6
2011	116.4	103.8	118.3	119.3	108.6	114.7	110.9	109.7

注：本表数据按可比价格计算，表2-4、2-6和2-12同。
Note: Data in this table are calculated at constant prices. Same as table 2-4, 2-6 and 2-12.

2-4 全市生产总值指数（1979—2011年）Indices of Gross Domestic Product, 1979-2011

1978年=100 (year of 1978 = 100)

年份 Year	全市生产总值 Gross Domestic Product	第一产业 Primary Industry	第二产业 Secondary Industry	工业 Industry	建筑业 Construction	第三产业 Tertiary Industry
1979	110.0	117.4	110.4	110.4	110.7	107.0
1980	121.0	117.2	123.0	122.1	135.1	116.3
1981	126.8	92.7	131.6	130.2	151.5	121.9
1982	132.3	104.6	136.2	133.3	178.0	128.4
1983	143.2	114.3	144.4	141.3	189.3	147.3
1984	170.9	140.3	168.3	166.0	201.0	185.5
1985	189.0	169.9	186.0	182.6	234.2	201.8
1986	200.0	183.5	196.2	191.7	261.8	213.9
1987	215.2	194.5	212.5	207.5	285.1	227.4
1988	227.6	209.5	228.9	224.7	288.5	228.3
1989	231.3	233.4	224.5	219.7	292.0	249.6
1990	243.8	244.1	227.0	224.1	267.5	290.5
1991	258.4	252.4	239.5	237.1	273.1	312.3
1992	288.6	254.2	267.0	266.5	276.3	357.9
1993	323.5	273.0	301.5	302.8	286.3	399.8
1994	369.8	287.5	345.8	345.5	351.3	462.1
1995	424.9	305.6	394.6	395.6	386.1	544.8
1996	485.7	330.6	451.0	453.3	425.1	628.7
1997	544.4	356.1	503.8	506.8	468.0	713.0
1998	595.1	379.9	541.0	542.3	527.4	805.7
1999	654.6	380.3	604.4	610.6	523.2	877.4
2000	725.3	394.4	673.9	685.1	527.9	969.5
2001	812.3	419.2	760.1	772.1	603.4	1082.9
2002	915.5	444.8	868.8	884.9	677.0	1206.4
2003	1051.0	472.0	1025.2	1049.4	761.0	1350.0
2004	1217.0	496.0	1228.2	1275.1	773.9	1510.6
2005	1398.4	517.3	1444.3	1503.3	878.4	1693.4
2006	1603.9	534.9	1678.3	1746.8	1027.7	1923.7
2007	1852.5	541.4	1956.9	2045.6	1134.6	2212.2
2008	2158.2	558.7	2309.1	2428.1	1245.8	2548.5
2009	2514.3	577.7	2724.8	2872.4	1418.9	2935.9
2010	2951.8	596.7	3275.2	3469.9	1599.1	3352.8
2011	3435.9	619.4	3874.6	4139.5	1736.6	3845.7

2-5 按产业分全市生产总值(2009—2011年)
Gross Domestic Product by Industry, 2009-2011

单位：亿元 (100 million yuan)

项　目	Item	2009	2010	2011
全市生产总值	**Gross Domestic Product**	**7521.85**	**9224.46**	**11307.28**
第一产业	**Primary Industry**	**128.85**	**145.58**	**159.72**
第二产业	**Secondary Industry**	**3987.84**	**4840.23**	**5928.32**
工　业	Industry	3622.11	4410.85	5430.84
建筑业	Construction	365.73	429.38	497.48
第三产业	**Tertiary Industry**	**3405.16**	**4238.65**	**5219.24**
交通运输、仓储和邮政业	Transportation, Storage and Post Services	471.01	585.37	632.10
信息传输、计算机服务和软件业	Information Transmitting, Computer Services and Software	135.45	154.14	172.10
批发和零售业	Wholesale and Retail Trade	836.84	1090.68	1463.89
住宿和餐饮业	Accommodation and Catering Services	131.84	157.66	194.52
金融业	Finance Intermediation	461.20	572.99	756.50
房地产业	Real Estate	308.73	377.59	411.46
租赁和商务服务业	Leasing and Business Services	152.88	211.83	277.57
科学研究、技术服务和地质勘察业	Scientific Research, Technical Services and Geological Prospecting	236.39	274.59	332.70
水利、环境和公共设施管理业	Management for Water Conservancy, Environment and Public Facilities	39.96	59.22	72.65
居民服务和其他服务业	Resident Services and Other Social Services	172.62	202.25	237.05
教　育	Education	174.96	209.21	248.65
卫生、社会保障和社会福利业	Health Care, Social Security and Social Welfare	84.06	100.29	119.61
文化、体育和娱乐业	Culture, Sports and Recreational Services	37.74	45.81	57.20
公共管理和社会组织	Public Management and Social Organizations	161.48	197.02	243.24

2-6 按产业分全市生产总值指数（2009—2011年）
Indices of Gross Domestic Product by Industry, 2009-2011

上年=100 (preceding year = 100)

项 目	Item	2009	2010	2011
全市生产总值	**Gross Domestic Product**	**116.5**	**117.4**	**116.4**
第一产业	**Primary Industry**	**103.4**	**103.3**	**103.8**
第二产业	**Secondary Industry**	**118.0**	**120.2**	**118.3**
工 业	Industry	118.3	120.8	119.3
建筑业	Construction	113.9	112.7	108.6
第三产业	**Tertiary Industry**	**115.2**	**114.2**	**114.7**
交通运输、仓储和邮政业	Transportation, Storage and Post Services	108.2	112.2	109.3
信息传输、计算机服务和软件业	Information Transmitting, Computer Services and Software	116.4	108.3	106.7
批发和零售业	Wholesale and Retail Trade	118.3	120.6	118.9
住宿和餐饮业	Accommodation and Catering Services	112.5	106.0	112.0
金融业	Finance Intermediation	116.8	118.1	116.8
房地产业	Real Estate	120.9	106.0	104.4
租赁和商务服务业	Leasing and Business Services	126.9	114.1	127.2
科学研究、技术服务和地质勘察业	Scientific Research, Technical Services and Geological Prospecting	112.6	112.3	113.7
水利、环境和公共设施管理业	Management for Water Conservancy, Environment and Public Facilities	113.4	106.5	119.2
居民服务和其他服务业	Resident Services and Other Social Services	106.9	116.5	117.2
教 育	Education	111.3	105.0	115.4
卫生、社会保障和社会福利业	Health Care, Social Security and Social Welfare	113.1	105.3	108.5
文化、体育和娱乐业	Culture, Sports and Recreational Services	122.9	108.7	116.3
公共管理和社会组织	Public Management and Social Organizations	118.8	116.8	115.4

2-7 三次产业贡献率（1995—2011年）
Share of the Contributions of the Three Strata of Industry to the Increase of GDP, 1995-2011

单位：% (%)

年 份 Year	全市生产总值 Gross Domestic Product	第一产业 Primary Industry	第二产业 Secondary Industry	#工 业 Industry	第三产业 Tertiary Industry
1995	100	2.9	55.5	52.6	41.6
1996	100	3.6	58.1	55.1	38.3
1997	100	3.8	56.4	53.0	39.8
1998	100	4.1	45.7	40.3	50.2
1999	100	0.1	66.5	66.9	33.4
2000	100	1.8	61.9	61.6	36.3
2001	100	2.3	54.2	48.8	43.5
2002	100	2.0	57.8	53.4	40.2
2003	100	1.5	63.1	59.2	35.4
2004	100	1.2	66.6	66.1	32.2
2005	100	0.9	65.2	61.6	33.9
2006	100	0.7	60.1	54.9	39.2
2007	100	0.2	59.2	56.1	40.6
2008	100	0.4	61.1	58.5	38.5
2009	100	0.4	61.5	58.0	38.1
2010	100	0.3	66.3	63.3	33.4
2011	100	0.4	58.6	56.1	41.0

注：1. 产业贡献率指各产业增加值增量与GDP增量之比。2. 本表数据按可比价格计算。
Note: a) Share of the contributions of the three strata of industry refers to the proportion of the increment of value added of each industry to the increment of GDP. b) Data in this table are calculated at constant prices.

2-8 三次产业对全市生产总值增长的拉动（1995—2011年）
Contribution of the Three Strata of Industry to GDP Growth, 1995-2011

单位：百分点 (percentage point)

年 份 Year	全市生产总值 Gross Domestic Product	第一产业 Primary Industry	第二产业 Secondary Industry	#工 业 Industry	第三产业 Tertiary Industry
1995	14.9	0.4	8.3	7.8	6.2
1996	14.3	0.5	8.3	7.9	5.5
1997	12.1	0.5	6.8	6.4	4.8
1998	9.3	0.4	4.2	3.7	4.7
1999	10.0		6.7	6.7	3.3
2000	10.8	0.2	6.7	6.7	3.9
2001	12.0	0.3	6.5	5.9	5.2
2002	12.7	0.2	7.4	6.8	5.1
2003	14.8	0.2	9.3	8.8	5.3
2004	15.8	0.2	10.5	10.4	5.1
2005	14.9	0.1	9.7	9.2	5.1
2006	14.7	0.1	8.8	8.1	5.8
2007	15.5		9.2	8.7	6.3
2008	16.5	0.1	10.1	9.6	6.3
2009	16.5	0.1	10.1	9.6	6.3
2010	17.4	0.1	11.5	11.0	5.8
2011	16.4	0.1	9.6	9.2	6.7

注：1. 产业拉动指GDP增长速度与各产业贡献率之乘积。2. 本表数据按可比价格计算。
Note: a) Contribution of the three strata of industry to GDP growth refers to the growth rate of GDP multiplying the shares of each industry. b) Data in this table are calculated at constant prices.

2-9 全市生产总值项目结构(1978—2011年)
Components of Gross Domestic Product, 1978-2011

单位：亿元 (100 million yuan)

年 份 Year	全市生产总值 Gross Domestic Product	劳动者报酬 Compensation of Employees	固定资产折旧 Depreciation of Fixed Assets	生产税净额 Net Taxes on Production	营业盈余 Operating Surplus
1978	82.65	26.80	6.10	15.68	34.07
1979	93.01	31.64	6.80	16.28	38.29
1980	103.53	31.35	8.75	19.99	43.44
1981	107.96	31.40	10.40	17.92	48.24
1982	114.11	34.42	11.97	17.68	50.04
1983	123.42	36.21	13.83	20.95	52.43
1984	147.53	51.85	14.58	23.44	57.66
1985	175.78	51.45	17.97	30.39	75.97
1986	194.74	63.11	23.09	32.29	76.25
1987	220.12	76.71	23.41	34.24	85.76
1988	259.71	90.11	27.10	41.82	100.68
1989	283.49	103.47	44.91	43.63	91.48
1990	310.95	135.54	48.41	43.64	83.36
1991	342.65	144.25	55.15	51.14	92.11
1992	411.04	166.13	68.74	61.39	114.78
1993	538.94	223.72	72.44	83.56	159.22
1994	732.89	319.98	99.10	117.22	196.59
1995	931.97	417.02	139.84	150.51	224.60
1996	1121.93	534.48	178.28	160.57	248.60
1997	1264.63	634.76	189.31	186.38	254.18
1998	1374.6	699.85	210.58	223.85	240.32
1999	1500.95	748.05	217.46	274.62	260.82
2000	1701.88	715.11	264.63	328.92	393.22
2001	1919.09	774.46	308.13	387.17	449.33
2002	2150.76	835.23	358.80	416.97	539.76
2003	2578.03	892.22	446.50	534.87	704.44
2004	3110.97	1050.14	483.73	571.81	1005.29
2005	3905.64	1228.05	534.90	748.40	1394.29
2006	4462.74	1422.44	601.04	798.75	1640.51
2007	5252.76	1660.89	764.89	926.88	1900.10
2008	6719.01	2506.58	735.61	1013.49	2463.33
2009	7521.85	2836.97	967.32	1159.32	2558.24
2010	9224.46	3556.17	1155.18	1402.91	3110.20
2011	11307.28	4378.14	1416.06	1771.81	3741.27

2-10 支出法全市生产总值(1978—2011年)
Gross Domestic Product by Expenditure Approach, 1978-2011

年份 Year	全市生产总值(亿元) Gross Domestic Product (100 million yuan)	最终消费支出 Final Consumption Expenditures	资本形成总额 Gross Capital Formation	货物和服务净出口 Net Exports of Goods and Services	最终消费率(消费率)(%) Final Consumption Rate (%)	资本形成率(投资率)(%) Capital Formation Rate (%)
1978	82.65	30.79	26.19	25.67	37.3	31.7
1979	93.01	34.68	33.00	25.33	37.3	35.5
1980	103.53	40.43	35.36	27.74	39.1	34.2
1981	107.96	44.48	25.06	38.42	41.2	23.2
1982	114.11	47.61	34.73	31.77	41.7	30.4
1983	123.42	53.50	41.82	28.10	43.3	33.9
1984	147.53	60.58	48.31	38.64	41.1	32.7
1985	175.78	72.45	87.92	15.41	41.2	50.0
1986	194.74	83.37	100.20	11.17	42.8	51.5
1987	220.12	98.70	92.29	29.13	44.8	41.9
1988	259.71	128.62	140.56	-9.47	49.5	54.1
1989	283.49	145.79	135.58	2.12	51.4	47.8
1990	310.95	147.62	132.93	30.40	47.5	42.7
1991	342.65	170.29	162.86	9.50	49.7	47.5
1992	411.04	196.37	225.42	-10.75	47.8	54.8
1993	538.94	253.74	312.64	-27.44	47.1	58.0
1994	732.89	338.13	427.16	-32.40	46.1	58.3
1995	931.97	423.04	509.92	-0.99	45.4	54.7
1996	1121.93	537.07	594.24	-9.38	47.9	53.0
1997	1264.63	604.46	662.27	-2.10	47.8	52.4
1998	1374.60	652.88	725.40	-3.68	47.5	52.8
1999	1500.95	750.83	718.26	31.86	50.0	47.9
2000	1701.88	843.89	811.06	46.93	49.6	47.7
2001	1919.09	948.42	927.90	42.77	49.4	48.4
2002	2150.76	1040.49	1048.50	61.77	48.4	48.8
2003	2578.03	1193.05	1313.06	71.92	46.3	50.9
2004	3110.97	1343.65	1661.24	106.08	43.2	53.4
2005	3905.64	1509.06	1954.80	441.78	38.6	50.1
2006	4462.74	1767.99	2331.38	363.37	39.6	52.2
2007	5252.76	2072.87	2859.32	320.57	39.5	54.4
2008	6719.01	2534.01	4005.90	179.10	37.7	59.6
2009	7521.85	2879.25	5459.89	-817.30	38.3	72.6
2010	9224.46	3538.18	6926.39	-1240.11	38.4	75.1
2011	11307.28	4286.34	8594.36	-1573.42	37.9	76.0

2-11 最终消费支出及构成(1978—2011年)
Final Consumption Expenditures and Composition, 1978-2011

年 份 Year	最终消费支出(亿元) Final Consumption Expenditures (100 million yuan)	居民消费支出 Households Consumption Expenditures	农村居民 Rural Households	城镇居民 Urban Households	政府消费支出 Government Consumption Expenditures	构 成(%)(最终消费=100) Composition (%) (Final Consumption Expenditures = 100) 居民消费支出 Households Consumption Expenditures	政府消费支出 Government Consumption Expenditures
1978	30.79	27.13	5.55	21.58	3.66	88.1	11.9
1979	34.68	30.57	6.40	24.17	4.11	88.1	11.9
1980	40.43	36.29	7.60	28.69	4.14	89.8	10.2
1981	44.48	38.07	8.22	29.85	6.41	85.6	14.4
1982	47.61	41.11	10.03	31.08	6.50	86.3	13.7
1983	53.50	45.78	10.80	34.98	7.72	85.6	14.4
1984	60.58	50.84	13.02	37.82	9.74	83.9	16.1
1985	72.45	61.19	14.86	46.33	11.26	84.5	15.5
1986	83.37	69.92	15.59	54.33	13.45	83.9	16.1
1987	98.70	77.78	17.20	60.58	20.92	78.8	21.2
1988	128.62	99.36	21.32	78.04	29.26	77.3	22.7
1989	145.79	111.74	23.55	88.19	34.05	76.6	23.4
1990	147.62	119.32	23.03	96.29	28.30	80.8	19.2
1991	170.29	135.19	25.08	110.11	35.10	79.4	20.6
1992	196.37	154.19	27.69	126.50	42.18	78.5	21.5
1993	253.74	195.20	33.53	161.67	58.54	76.9	23.1
1994	338.13	255.93	39.38	216.55	82.20	75.7	24.3
1995	423.04	337.71	50.49	287.22	85.33	79.8	20.2
1996	537.07	413.10	63.76	349.34	123.97	76.9	23.1
1997	604.46	472.58	71.04	401.54	131.88	78.2	21.8
1998	652.88	500.24	76.19	424.05	152.64	76.6	23.4
1999	750.83	537.85	80.02	457.83	212.98	71.6	28.4
2000	843.89	596.52	87.26	509.26	247.37	70.7	29.3
2001	948.42	667.57	94.35	573.22	280.85	70.4	29.6
2002	1040.49	706.66	99.33	607.33	333.83	67.9	32.1
2003	1193.05	781.22	106.75	674.47	411.83	65.5	34.5
2004	1343.65	877.16	114.36	762.80	466.49	65.3	34.7
2005	1509.06	982.20	122.90	859.30	526.86	65.1	34.9
2006	1767.99	1123.61	130.39	993.22	644.38	63.6	36.4
2007	2072.90	1317.70	146.80	1170.90	755.20	63.6	36.4
2008	2534.01	1620.92	173.92	1447.00	913.09	64.0	36.0
2009	2879.25	1827.19	195.74	1631.45	1052.06	63.5	36.5
2010	3538.18	2256.00	216.36	2039.64	1282.18	63.8	36.2
2011	4286.34	2736.72	255.87	2480.85	1549.62	63.8	36.2

2-12 最终消费支出指数（1979—2011年） Final Consumption Indices, 1979-2011

1978年=100 (year of 1978 = 100)

年 份 Year	最终消费支出 Final Consumption Expenditures	居民消费支出 Households Consumption Expenditures	农村居民 Rural Households	城镇居民 Urban Households	政府消费支出 Government Consumption Expenditures
1979	112.6	111.7	115.5	110.4	111.0
1980	124.4	122.4	130.5	119.7	106.0
1981	135.2	128.3	141.1	124.0	161.7
1982	145.4	138.4	164.9	129.3	163.1
1983	162.3	152.6	182.1	142.4	192.8
1984	182.5	169.3	220.0	151.9	239.1
1985	197.7	184.6	240.0	165.4	242.7
1986	210.5	194.7	248.4	176.4	270.3
1987	235.2	204.9	254.6	188.2	393.0
1988	260.8	222.9	279.0	204.2	467.3
1989	257.9	219.1	275.1	200.5	472.5
1990	257.9	224.4	262.7	211.7	471.5
1991	272.1	231.8	270.4	218.9	540.8
1992	283.6	237.8	276.3	224.8	594.4
1993	307.9	254.4	283.8	244.2	677.0
1994	337.8	272.0	297.1	262.5	810.4
1995	358.4	292.7	322.1	281.9	821.7
1996	409.7	330.1	368.8	316.6	978.7
1997	452.3	369.4	404.2	356.5	1033.5
1998	495.7	397.8	440.5	382.8	1201.9
1999	567.6	423.3	469.2	407.3	1695.9
2000	628.3	458.9	511.4	440.7	1977.4
2001	689.9	499.2	545.6	482.6	2218.7
2002	760.2	524.7	580.0	505.8	2686.8
2003	861.3	570.3	617.7	553.3	3280.6
2004	967.3	650.8	644.9	640.2	3575.9
2005	1075.6	723.0	682.9	716.4	3976.4
2006	1241.3	814.9	714.4	815.2	4791.6
2007	1405.1	925.7	771.5	932.6	5390.5
2008	1631.4	1083.1	860.2	1096.8	6177.5
2009	1877.7	1239.1	982.3	1255.8	7190.6
2010	2236.4	1484.4	1053.1	1523.3	8470.5
2011	2580.8	1714.5	1147.9	1768.6	9758.1

2-13 最终消费支出(2009—2011年)
Final Consumption Expenditures, 2009-2011

单位：亿元 (100 million yuan)

项　目　Item	2009	2010	2011
最终消费支出 Final Consumption Expenditures	**2879.25**	**3538.18**	**4286.34**
居民消费支出 Households Consumption Expenditures	**1827.19**	**2256.00**	**2736.72**
农村居民 Rural Households	**195.74**	**216.36**	**255.87**
食品类支出 Food	52.28	58.51	62.94
衣着类支出 Clothing	12.29	13.45	16.21
居住类支出 Residence	27.01	27.28	17.22
家庭设备、用品及服务类支出 Household Facilities, Articles and Services	4.28	5.20	9.89
医疗保健类支出 Medicine and Medical Services	14.23	15.25	25.60
交通和通信类支出 Transportation and Communication Services	10.65	11.94	21.11
文教娱乐用品及服务类支出 Recreation, Education and Cultural Services	7.26	8.57	14.36
金融中介服务虚拟支出 Invented Expenditure for Finance Agent Service	41.95	45.35	49.89
自有住房服务虚拟支出 Invented Expenditure for Self-owned Housing Service	20.47	24.65	34.84
其他商品和服务类支出 Other Goods and Services	5.32	6.16	3.81
城镇居民 Urban Households	**1631.45**	**2039.64**	**2480.85**
食品类支出 Food	504.33	591.57	727.65
衣着类支出 Clothing	127.15	156.11	189.38
居住类支出 Residence	140.51	156.92	183.63
家庭设备、用品及服务类支出 Household Facilities, Articles and Services	85.83	113.04	126.85
医疗保健类支出 Medicine and Medical Services	130.75	234.33	288.74
交通和通信类支出 Transportation and Communication Services	183.68	244.42	318.69
文教娱乐用品及服务类支出 Recreation, Education and Cultural Services	162.45	189.16	227.72
金融中介服务虚拟支出 Invented Expenditure for Finance Agent Service	145.57	168.62	200.02
自有住房服务虚拟支出 Invented Expenditure for Self-owned Housing Service	72.94	91.90	97.94
实物消费支出 Practicality	19.07	24.98	31.36
其他商品和服务类支出 Other Goods and Services	59.17	68.59	88.87
政府消费支出 Government Consumption Expenditures	**1052.06**	**1282.18**	**1549.62**

2-14 资本形成总额和指数(1978—2011年) Gross Capital Formation and Indices, 1978-2011

年份 Year	资本形成总额(亿元) Gross Capital Formation (100 million yuan)	固定资本形成总额 Gross Fixed Capital Formation	存货增加 Change in Inventory	总指数 (1990年=100) Index of Gross Capital Formation (year of 1990 = 100)	固定资本形成总额 Gross Fixed Capital Formation	存货增加 Change in Inventory
1978	26.19	18.55	7.64			
1979	33.00	23.91	9.09			
1980	35.36	25.56	9.80			
1981	25.06	25.00	0.06			
1982	34.73	32.36	2.37			
1983	41.82	38.27	3.55			
1984	48.31	48.67	-0.36			
1985	87.92	67.60	20.32			
1986	100.20	75.89	24.31			
1987	92.29	81.63	10.66			
1988	140.56	96.85	43.71			
1989	135.58	95.43	40.15			
1990	132.93	98.03	34.90	100.0	100.0	100.0
1991	162.86	144.19	18.67	115.6	137.2	57.1
1992	225.42	185.12	40.30	140.8	155.0	102.4
1993	312.64	246.16	66.48	156.3	167.7	125.5
1994	427.16	345.46	81.70	186.9	202.0	145.8
1995	509.92	417.95	91.97	215.5	236.3	157.0
1996	594.24	491.90	102.34	243.5	269.2	170.7
1997	662.27	556.43	105.84	274.5	308.4	176.7
1998	725.40	640.15	85.25	305.2	358.7	148.4
1999	718.26	631.92	86.34	305.8	356.9	156.1
2000	811.06	695.10	115.96	342.5	389.8	204.2
2001	927.90	805.34	122.56	392.5	451.0	221.0
2002	1048.50	926.65	121.85	447.5	521.3	229.6
2003	1313.06	1180.54	132.52	545.9	647.5	246.1
2004	1661.24	1446.49	214.75	615.8	683.1	422.6
2005	1954.80	1739.40	215.40	736.5	840.9	410.3
2006	2331.38	2087.24	244.14	861.7	995.6	436.6
2007	2859.32	2615.09	244.23	1019.4	1199.7	429.2
2008	4005.90	3594.00	411.90	1350.7	1557.2	700.4
2009	5459.89	5077.89	382.00	1890.6	2241.7	736.1
2010	6926.39	6468.54	457.85	2323.5	2773.0	832.5
2011	8594.36	8069.94	524.42	2732.4	3274.9	916.6

2-15 最终消费支出和资本形成总额对全市生产总值增长的贡献率和拉动（1978—2011年）
Share and Contribution of Final Consumption Expenditures and Gross Capital Formation to GDP Growth, 1978-2011

年份 Year	最终消费支出 Final Consumption Expenditures		资本形成总额 Gross Capital Formation	
	贡献率(%) Share (%)	拉动(百分点) Contribution (percentage point)	贡献率(%) Share (%)	拉动(百分点) Contribution (percentage point)
1978	15.1	3.2		
1979	40.2	4.0		
1980	27.3	2.7		
1981	78.8	3.8		
1982	57.7	2.5		
1983	56.5	4.7		
1984	26.8	5.2		
1985	29.3	3.1		
1986	44.7	2.6		
1987	61.3	4.7		
1988	76.8	4.5		
1989	-28.3	-0.5		
1990	18.1	1.0		
1991	43.7	2.6	116.0	7.0
1992	16.8	2.0	87.1	10.2
1993	32.6	3.9	46.3	5.6
1994	29.7	4.2	69.0	9.9
1995	16.7	2.5	53.6	8.0
1996	37.9	5.4	47.8	6.8
1997	32.9	4.0	54.4	6.6
1998	39.0	3.6	60.7	5.6
1999	57.3	5.7	1.2	0.1
2000	40.1	4.3	54.8	5.9
2001	41.3	5.0	58.0	7.0
2002	37.8	4.8	54.0	6.9
2003	42.6	6.3	73.6	10.9
2004	36.3	5.7	41.8	6.6
2005	30.0	4.5	63.3	9.4
2006	40.4	5.9	57.9	8.5
2007	33.2	5.2	60.3	9.4
2008	37.2	6.1	103.2	17.0
2009	34.8	5.7	143.8	23.8
2010	41.0	7.1	93.7	16.4
2011	35.8	5.9	80.2	13.2

注：本表数据按可比价格计算。
Note: Data in this table are calculated at constant prices.

2-16 居民消费水平（1978—2011年）
Households Consumption, 1978-2011

年份 Year	全市居民 (元/人) All Households (yuan/person)	农村居民 Rural Households	城镇居民 Urban Households	城乡消费水平对比 (农村居民=1) Urban/Rural Consumption Ratio (Rural Households = 1)	全市居民消费指数 (1978年=100) All Households Consumption Index (year of 1978 = 100)	农村居民 Rural Households	城镇居民 Urban Households
1978	372	178	533	2.99	100.0	100.0	100.0
1979	408	206	562	2.73	108.7	115.0	104.6
1980	475	248	639	2.58	117.1	131.0	109.2
1981	514	271	682	2.52	121.2	142.0	110.2
1982	529	328	653	1.99	128.6	163.4	112.4
1983	577	352	714	2.03	139.0	179.0	120.8
1984	639	425	751	1.77	152.5	215.5	126.3
1985	755	493	898	1.82	164.2	237.9	132.8
1986	845	518	1011	1.95	171.3	245.5	138.9
1987	926	564	1114	1.98	177.6	246.5	146.8
1988	1161	696	1398	2.01	190.4	267.4	156.1
1989	1285	774	1531	1.98	184.9	263.9	149.5
1990	1338	749	1635	2.18	186.1	248.1	155.2
1991	1490	813	1832	2.25	189.7	253.1	158.2
1992	1681	903	2067	2.29	193.3	258.4	160.4
1993	2101	1094	2603	2.38	205.3	264.3	172.6
1994	2707	1287	3435	2.67	218.0	275.9	183.8
1995	3540	1658	4495	2.71	233.5	298.9	195.9
1996	4321	2109	5389	2.56	256.6	335.9	212.8
1997	4911	2369	6117	2.58	286.9	368.8	239.0
1998	5181	2561	6374	2.49	307.8	403.1	254.5
1999	5520	2715	6758	2.49	325.7	430.9	267.2
2000	6083	2994	7398	2.47	351.7	472.3	286.2
2001	6763	3267	8231	2.52	382.0	505.8	311.4
2002	7120	3466	8604	2.48	399.9	538.7	323.8
2003	7789	3758	9377	2.50	431.9	575.4	349.4
2004	8621	4079	10348	2.54	484.2	620.2	394.5
2005	9504	4380	11415	2.61	529.7	656.8	432.4
2006	10609	4816	12600	2.62	582.2	712.0	470.0
2007	12034	5409	14218	2.63	639.8	767.5	514.6
2008	14150	6540	16452	2.52	715.3	873.4	566.6
2009	15200	7279	17483	2.40	779.7	986.9	611.4
2010	17852	8076	20482	2.54	888.8	1061.9	695.1
2011	20624	9658	23360	2.42	977.7	1170.3	757.0

注：1. 本表绝对数按当年价格计算，指数按可比价格计算。2. 城乡消费水平对比未剔除城乡价格不可比的因素。
Note: a) Absolute figures in this table are calculated at current prices, while indices are calculated at constant prices. b) The effect of price differentials between urban and rural areas has not been removed in the calculation of the urban/rural consumption ratio.

主要统计指标解释

生产总值

指按市场价格计算的一个国家(或地区)所有常驻单位在一定时期内生产活动的最终成果。

从价值形态看，它是所有常驻单位在一定时期内所生产的全部货物和服务价值超过同期投入的全部非固定资产货物和服务价值的差额，即所有常驻单位的增加值之和；从收入形态看，它是所有常驻单位在一定时期内所创造并分配给常驻单位和非常驻单位的初次分配收入之和；从产品形态看，它是最终使用的货物和服务减去进口货物和服务。在实际核算中，其三种表现形态体现为三种计算方法，即生产法、收入法和支出法。三种方法分别从不同的方面反映生产总值及其构成。根据国务院和国家统计局有关我国 GDP 核算和数据发布制度的规定，天津市国内生产总值自 2004 年起更名为“天津市生产总值”简称“天津市 GDP”。

劳动者报酬

指劳动者因从事生产活动所获得的全部报酬。包括劳动者获得的各种形式的工资、奖金和津贴，既包括货币形式的，也包括实物形式的，还包括劳动者所享受的公费医疗和医药卫生费、上下班交通补贴和单位支付的社会保险费、住房公积金等。

固定资产折旧

指一定时期内为弥补固定资产损耗按照核定的固定资产折旧率提取的固定资产折旧，或按国民经济核算统一规定的折旧率虚拟计算的固定资产折旧。它反映了固定资产在当期生产中的转移价值。各类企业和企业化管理的事业单位的固定资产折旧是指实际计提的折旧费；不计提折旧的政府机关、非企业化管理的事业单位和居民住房的固定资产折旧是按照统一规定的折旧率和固定资产原值计算的虚拟折旧。原则上，固定资产折旧应按固定资产的重置价值计算，但是目前我国尚不具备对全社会固定资产进行重估价的基础，所以暂时只能采用这种办法。

生产税净额

指生产税减生产补贴后的余额。生产税指政府对生产单位生产、销售和从事经营活动以及因从事生产活动使用某些生产要素(如固定资产、土地、劳动力)所征收的各种税、附加费和规费。生产补贴与生产税相反，指政府对生产单位的单方面转移支付，因此视为负生产税，包括政策亏损补贴、价格补贴等。

营业盈余

指常驻单位创造的增加值扣除劳动者报酬、生产税净额和固定资产折旧后的余额。它相当于企业的营业利润加上生产补贴，但要扣除从利润中开支的工资和福利等。

最终消费支出

指常驻单位在一定时期内对于货物和服务的全部最终消费支出，也就是常驻单位为满足物质、文化和精神生活的需要，从本国经济领土和国外购买的货物和服务的支出。不包括非常驻单位在本国经济领土内的消费支出。最终消费分为居民消费和政府消费。

居民消费支出

指常住住户对货物和服务的全部最终消费支出。它除了常住住户直接以货币形式购买货物和服务的消费之外，还包括以其他方式获得的货物和服务的消费，即单位以实物报酬及实物转移的形式提供给劳动者的货物和服务;住户生产并由住户自己消费的货物和服务，其中的服务仅指住户的自有住房服务和支付报酬的家庭服务；金融机构提供的金融媒介服务；保险公司提供的保险服务。

政府消费支出

指政府部门为全社会提供公共服务的消费支出和免费或以较低价格向住户提供的货物和服务的净支出。前者等于政府服务的产出价值减去政府单位所获得的经营收入后的价值，政府服务的产出价值等于它的经常性业务支出加上固定资产折旧；后者等于政府部门免费或以较低价格向住户提供的货物和服务的市场价值减去向住户收取的价值。

资本形成总额

指常驻单位在一定时期内获得的减去处置的固定资产加存货的净变动额，包括固定资本形成总额和存货增加。

主要统计指标解释

固定资本形成总额

指生产者在一定时期内获得的固定资产减处置的固定资产的价值总额，固定资产是通过生产活动生产出来的，其使用年限在一年以上，单位价值在规定标准以上的资产，不包括自然资产。固定资本形成总额可分为有形固定资本形成总额和无形固定资本形成总额。有形固定资本形成总额包括一定时期内完成的建筑工程、安装工程、设备工器具购置（减处置）价值以及土地改良、新增役、种、奶、毛、娱乐用牲畜和新增经济林木价值。无形固定资本形成总额包括矿藏的勘探、计算机软件等获得减处置。

存货增加

指常驻单位在一定时期内存货实物量变动的市场价值，即期末价值减期初价值的差额，再扣除当期由于价格变动而产生的持有收益。存货增加可以是正值，也可以是负值；正值表示存货增加，负值表示存货减少。它包括生产单位购进的原材料、燃料和储备物资等存货，以及生产单位生产的产成品、在制品存货等。

货物和服务净出口

指货物和服务出口减货物和服务进口的差额。出口包括常驻单位向非常驻单位出售和无偿转让的各种货物和服务的价值；进口包括常驻单位从非常驻单位购买或无偿得到的各种货物和服务的价值。由于服务活动的提供与使用同时发生，因此服务的进出口业务并不发生出入境现象，一般把常驻单位从国外得到的服务作为进口，常驻单位向国外提供的服务作为出口。货物的出口和进口都按离岸价格计算。在计算地区货物和服务净出口时，还包括地区间货物和服务的流入流出。用公式表示：

货物和服务净出口（净流出）= 货物和服务出口（流出）－ 进口（流入）

Explanatory Notes on Main Statistical Indicators

Gross Domestic Product

refers to the final products at market prices produced by all resident units in a country (or a region) during a certain period of time.

From the aspect of value added form, GDP refers to the total value of all products and services produced by all resident units during a certain period of time minus total value of inputs of non-fixed-assets products and services or the summation of the value added of all resident units; the form of products refers to all final goods and services minus imports of goods and services. In the practice of national accounting, it is calculated by three approaches, i.e. product approach, income approach and expenditure approach, respectively, to reflect Gross Product and its composition of different aspects. According to the national regulations of GDP, Tianjin Gross Product Value is called Tianjin GDP for short.

Compensation of Employees

refers to the whole payment of various forms earned by the labourers from the productive activities they are engaged in. It includes wages, bonuses and allowances the labourers earned in monetary form and in kind. It also includes the free medical services provided to the labourers and the medicine expenses, traffic subsidies, social insurance fee and housing provident fund paid by the labourer's working units for them.

Depreciation of Fixed Assets

refers to the depreciation of fixed assets of a given period, drawn in accordance with the stipulated depreciation rate for the purpose of compensating the wear loss of the fixed assets or the depreciation of fixed assets calculated in a fictitious way in accordance with the stipulated unified depreciation rate in the national economic accounting system. It reflects the value of transfer of the fixed assets in the production of the current period. The depreciation of fixed assets in various enterprises and institutions managed as enterprises refers to the depreciation expenses actually drawn. In government agencies and institutions not managed as enterprises which do not draw the depreciation expenses, as well as for the houses of residents, the depreciation of fixed assets is the imputed depreciation, which is calculated in accordance with the stipulated unified depreciation rate. In principle, the depreciation of fixed assets should be calculated on the basis of the re-purchased value of the fixed assets. However, there is no actual condition to re-evaluate all the fixed assets in China. Therefore, this method is temporarily adopted at present.

Net Taxes on Production

refer to the residual of the taxes on production minus the subsidies on production. The taxes on production refers to the various taxes, extra charges and fees levied on the production units on their production, sale and business activities as well as on some sectors of production, such as fixed assets, land and labour force, used in the production activities they are engaged in. In contrast to the taxes on production, the subsidies on production refer to the unilateral transfer of part of the government's revenue to the production units and are therefore regarded as negative taxes on production. They include subsidies on the loss due to implementation of government policies, price subsidies, etc.

Operating Surplus

refers to the balance of the value added created by the resident units deducting the labourer's remuneration, net taxes on production and the depreciation of fixed assets. It is equivalent to the business profit of the enterprises plus subsidies on production, but the wages and welfare expenses paid from the profits should be deducted.

Final Consumption Expenditures

refer to the total expenditure of resident units on final consumption of goods and services in a certain period, namely the expenditure of the resident units for purchases of goods and services from domestic economic territory and abroad to meet the requirements of material, cultural and spiritual life. It excludes the consumption expenditure of non-resident units on consumption in the economic territory of the country. The final consumption is classified into households' consumption and government consumption.

Households Consumption Expenditures

refers to the total expenditure of resident households on the final consumption of goods and services. In addition to the consumption of goods and services bought by the households directly with money, the households consumption also includes expenditure on goods and services obtained by the households on other ways, i.e. the goods and services provided to the households by the units in the form of payment in kind and transfer in kind; the goods and services produced and consumed by the households themselves, in which the services refer only to the owner-occupied housing and domestic services provided by the paid household workers; financial intermediate services provided by financial institutions;

insurance services provided by insurance companies.

Government Consumption Expenditures

refers to the expenditure on the consumption of the public services provided by the government to the whole society and the net expenditure on the goods and services provided by the government to the households at free charge or lower prices. The former equals to the output value of the government services minus the value of operating income obtained by the government departments, the output value of the government services equals to its current operating expenditure plus depreciation of fixed assets. The latter equals to the market value of the goods and services provided by the government free of charge or at low prices to the households minus the value received by the government from the households.

Gross Capital Formation

refers to the fixed assets acquired minus those disposed and the net value of inventory, including the total fixed assets formation and the increase in inventory.

Gross Fixed Capital Formation

refers to the value of fixed assets acquired minus those disposed of during a given period. Fixed assets are the assets produced through production activities with specified unit value which could be used for over one year, excluding natural assets. Total fixed capital formation can be categorized into total tangible assets formation and total intangible assets formation. The total tangible assets formation include the value of the construction projects, installation projects completed and the equipment, apparatus and instruments purchased as well as the value of land improved, the value of draught animals, breeding stock, animal for milk, wool and for recreational animals purpose and the newly increased forest with economic value during a given period. The total intangible assets formation includes the prospecting of minerals, the acquisition of computer software minus the disposal of them.

Change in Inventory

refers to the market value of the change in inventory of resident units during a given period, i.e. the difference of value between the beginning and the end of the period minus the current gains due to the change in prices. The increase in inventory can be positive or negative. A positive value indicates the increase in inventory while a negative value indicates the decrease in stock. The inventory includes the raw materials, fuel and reserve materials purchased by the production units as well as the inventory of finished products, semi-finished products, etc.

Net Exports of Goods and Services

refers to the balance of the exports of goods and services minus the imports of goods and services. The imports include the value of various goods and services sold or gratuitously transferred by the resident units to the non-resident units. The imports include the value of various goods and services purchased or gratuitously acquired by the resident units from the non-resident units. Because the provision of services and the use of them happen simultaneously, the import and export of services do not appear to have the phenomena of crossing the border of the country. The acquisition of services by the resident units from abroad is usually treated as import while the acquisition of services by non-resident units in this country is usually treated as export. The export and import of goods are calculated at FOB. The formula for calculating is as followed:

Net Export of Goods and Services = Value of Export of Goods and Service - Value of Import of Goods and Services

3

人口 Population

3-1 人口主要指标(1996—2011年)
Main Statistics on Population, 1996-2011

年 份 Year	常住人口 (万人) Permanent Population (10 000 persons)	户籍人口 (万人) Registered Population (10 000 persons)	户籍户数 (万户) Registered Households (10 000 households)	人口密度 (人/平方公里) Population Density (person/sq. km)	人 口 出生率(‰) Birth Rate (‰)	人 口 死亡率(‰) Death Rate (‰)	人口自然 增长率(‰) Natural Growth Rate (‰)
1996	948.19	898.45	279.62	752	10.09	6.53	3.56
1997	952.59	899.80	284.08	753	9.98	6.95	3.03
1998	956.64	905.09	288.20	757	9.89	6.49	3.40
1999	959.48	910.17	291.32	762	9.68	6.73	2.95
2000	1001.14	912.00	293.04	763	7.72	6.17	1.55
2001	1004.06	913.98	295.63	765	7.58	5.94	1.64
2002	1007.18	919.05	299.67	769	7.49	6.04	1.45
2003	1011.30	926.00	303.27	775	7.14	6.04	1.10
2004	1023.67	932.55	316.62	780	7.31	5.97	1.34
2005	1043.00	939.31	322.95	797	7.44	6.01	1.43
2006	1075.00	948.89	328.66	805	7.67	6.07	1.60
2007	1115.00	959.10	333.42	813	7.91	5.86	2.05
2008	1176.00	968.87	337.49	822	8.13	5.94	2.19
2009	1228.16	979.84	341.90	831	8.30	5.70	2.60
2010	1299.29	984.85	345.83	837	8.18	5.58	2.60
2011	1354.58	996.44	350.27	847	8.58	6.08	2.50

注：1. 人口密度2005年以后按市民政局行政区划面积计算，2005年以前按市规划局土地面积计算。2. 人口自然变动“三率”为历年人口抽样调查数据。
Note: a) After 2005, the population density is calculated with administrative areas measured by Tianjin Municipal Civil Affairs Bureau, and those before 2005 are calculated with areas measured by Tianjin Planning Bureau. b) The three rates of population changing are obtained from population sample surveys.

3-2 户籍人口构成及户规模(1996—2011年)
Composition of Registered Population and Household Size, 1996-2011

单位：% (%)

年 份 Year	按户口性质分 By Registered Character		按性别分 By Sex		性别比(女=100) Sex Ratio (Female = 100)	家庭平均户规模 (人/户) Average Family Household Size (person/household)
	非农业 Non-agricultural	农 业 Agricultural	男 性 Male	女 性 Female		
1996	57.12	42.88	50.62	49.38	102.50	3.21
1997	57.27	42.73	50.58	49.42	102.33	3.17
1998	57.60	42.40	50.53	49.47	102.14	3.14
1999	58.09	41.91	50.51	49.49	102.06	3.12
2000	58.39	41.61	50.51	49.49	102.05	3.11
2001	58.56	41.44	50.48	49.52	101.92	3.09
2002	58.88	41.12	50.45	49.55	101.84	3.07
2003	59.37	40.63	50.47	49.53	101.89	3.05
2004	59.64	40.36	50.46	49.54	101.86	2.95
2005	59.87	40.13	50.44	49.56	101.77	2.91
2006	60.18	39.82	50.41	49.59	101.65	2.89
2007	60.51	39.49	50.38	49.62	101.52	2.88
2008	60.72	39.28	50.35	49.65	101.42	2.87
2009	61.08	38.92	50.32	49.68	101.30	2.87
2010	61.37	38.63	50.29	49.71	101.15	2.85
2011	61.61	38.39	50.27	49.73	101.11	2.84

3-3 按地区分的户数、人口数及人口密度
Households, Population and Population Density by Region

地　　区	Region	年末户数 (万户) Year-end Households (10 000 households)		年末人口数 (万人) Year-end Population (10 000 persons)		年平均人口 (万人) Average Annual Population (10 000 persons)	人口密度 (人/平方公里) Population Density (person/sq. km)
		2010	2011	2010	2011	2011	2011
全市总计	**Total**	**345.83**	**350.27**	**984.85**	**996.44**	**990.65**	**847**
市辖区	**Districts under City Administration**	**287.37**	**290.86**	**807.02**	**816.30**	**811.66**	**1103**
#市内六区	Six Urban Districts	142.64	144.17	392.87	396.00	394.44	22364
和平区	Heping District	13.41	13.51	39.93	40.22	40.08	40221
河东区	Hedong District	26.97	27.30	71.18	71.80	71.49	18117
河西区	Hexi District	27.73	28.10	79.05	80.30	79.68	21127
南开区	Nankai District	29.85	30.36	85.34	86.66	86.00	22480
河北区	Hebei District	23.84	24.00	63.13	63.18	63.16	21331
红桥区	Hongqiao District	20.84	20.90	54.24	53.84	54.04	25325
东丽区	Dongli District	13.42	13.57	35.10	35.73	35.42	747
西青区	Xiqing District	12.82	13.06	36.00	36.60	36.30	646
津南区	Jinnan District	14.66	14.82	41.29	42.06	41.67	1084
北辰区	Beichen District	13.83	14.08	36.50	37.37	36.93	790
武清区	Wuqing District	27.06	27.21	84.70	85.55	85.13	543
宝坻区	Baodi District	21.63	21.74	67.18	67.59	67.39	448
滨海新区	Binhai New Area	40.24	41.14	110.79	112.81	111.80	505
天津铁厂	Tianjin Iron Works	1.07	1.07	2.59	2.59	2.59	
市辖县	**Counties under City Administration**	**58.46**	**59.41**	**177.83**	**180.14**	**178.99**	**413**
宁河县	Ninghe County	12.80	13.14	38.32	38.74	38.53	299
静海县	Jinghai County	19.66	19.99	56.16	57.13	56.64	387
蓟　县	Jixian County	26.00	26.28	83.35	84.27	83.81	530

3-4 按户口性质分的户籍户数
Registered Households by Registered Character

单位：万户 (10 000 households)

地　　区	Region	非农业 Non-agricultural		农　业 Agricultural	
		2010	2011	2010	2011
全市总计	**Total**	**221.59**	**224.89**	**124.24**	**125.38**
市辖区	**Districts under City Administration**	**205.98**	**208.97**	**81.39**	**81.89**
#市内六区	Six Urban Districts	141.84	143.37	0.80	0.80
和平区	Heping District	13.41	13.51		
河东区	Hedong District	26.93	27.27	0.04	0.03
河西区	Hexi District	27.61	27.97	0.12	0.13
南开区	Nankai District	29.35	29.86	0.50	0.50
河北区	Hebei District	23.83	23.99	0.01	0.01
红桥区	Hongqiao District	20.71	20.77	0.13	0.13
东丽区	Dongli District	5.45	5.60	7.97	7.97
西青区	Xiqing District	3.77	3.93	9.05	9.13
津南区	Jinnan District	4.33	4.39	10.33	10.43
北辰区	Beichen District	6.26	6.44	7.57	7.64
武清区	Wuqing District	5.65	5.67	21.41	21.54
宝坻区	Baodi District	5.19	5.20	16.44	16.54
滨海新区	Binhai New Area	32.42	33.30	7.82	7.84
天津铁厂	Tianjin Iron Works	1.07	1.07		
市辖县	**Counties under City Administration**	**15.61**	**15.92**	**42.85**	**43.49**
宁河县	Ninghe County	4.37	4.50	8.43	8.64
静海县	Jinghai County	4.95	5.09	14.71	14.90
蓟　县	Jixian County	6.29	6.33	19.71	19.95

3-5 按户口性质分的户籍人口数
Registered Population by Registered Character

单位：万人 (10 000 persons)

地 区	Region	非农业 Non-agricultural		农 业 Agricultural	
		2010	2011	2010	2011
全 市 总 计	**Total**	**604.42**	**613.94**	**380.43**	**382.50**
市辖区	**Districts under City Administration**	**568.57**	**577.06**	**238.45**	**239.24**
#市内六区	Six Urban Districts	391.13	394.26	1.74	1.74
和平区	Heping District	39.93	40.22		
河东区	Hedong District	71.12	71.74	0.06	0.06
河西区	Hexi District	78.78	80.03	0.27	0.27
南开区	Nankai District	84.21	85.52	1.14	1.14
河北区	Hebei District	63.11	63.16	0.02	0.02
红桥区	Hongqiao District	53.99	53.59	0.25	0.25
东丽区	Dongli District	14.85	15.47	20.25	20.26
西青区	Xiqing District	12.27	12.68	23.73	23.92
津南区	Jinnan District	12.39	12.92	28.90	29.14
北辰区	Beichen District	16.78	17.51	19.72	19.86
武清区	Wuqing District	15.73	16.28	68.97	69.27
宝坻区	Baodi District	13.04	13.50	54.14	54.09
滨海新区	Binhai New Area	89.78	91.85	21.01	20.96
天津铁厂	Tianjin Iron Works	2.59	2.59		
市辖县	**Counties under City Administration**	**35.85**	**36.88**	**141.98**	**143.26**
宁河县	Ninghe County	10.15	10.37	28.17	28.37
静海县	Jinghai County	11.07	11.46	45.09	45.67
蓟 县	Jixian County	14.63	15.05	68.72	69.22

3-6 按性别分的户籍人口数
Registered Population by Sex

单位：万人 (10 000 persons)

地　　区	Region	男　性 Male		女　性 Female		性别比(女=100) Sex Ratio (Female = 100)	
		2010	2011	2010	2011	2010	2011
全 市 总 计	**Total**	**495.25**	**500.96**	**489.60**	**495.48**	**101.15**	**101.11**
市辖区	**Districts under City Administration**	**404.71**	**409.27**	**402.31**	**407.03**	**100.60**	**100.55**
# 市内六区	Six Urban Districts	196.32	197.77	196.55	198.23	99.88	99.77
和平区	Heping District	19.22	19.35	20.71	20.87	92.81	92.72
河东区	Hedong District	35.93	36.25	35.25	35.55	101.93	101.97
河西区	Hexi District	38.98	39.56	40.07	40.74	97.28	97.10
南开区	Nankai District	43.00	43.63	42.34	43.03	101.56	101.39
河北区	Hebei District	31.82	31.85	31.31	31.33	101.63	101.66
红桥区	Hongqiao District	27.37	27.13	26.87	26.71	101.86	101.57
东丽区	Dongli District	17.70	18.05	17.40	17.68	101.72	102.09
西青区	Xiqing District	17.54	17.84	18.46	18.76	95.02	95.10
津南区	Jinnan District	20.54	20.95	20.75	21.11	98.99	99.24
北辰区	Beichen District	18.22	18.62	18.28	18.75	99.67	99.31
武清区	Wuqing District	42.25	42.63	42.45	42.92	99.53	99.32
宝坻区	Baodi District	33.85	34.05	33.33	33.54	101.56	101.52
滨海新区	Binhai New Area	56.96	58.03	53.83	54.78	105.81	105.93
天津铁厂	Tianjin Iron Works	1.33	1.33	1.26	1.26	105.56	105.56
市辖县	**Counties under City Administration**	**90.54**	**91.69**	**87.29**	**88.45**	**103.72**	**103.66**
宁河县	Ninghe County	19.47	19.67	18.85	19.07	103.29	103.15
静海县	Jinghai County	28.60	29.09	27.56	28.04	103.77	103.74
蓟　县	Jixian County	42.47	42.93	40.88	41.34	103.89	103.85

3-7 各种特征年龄组的户籍人口（2011年）
Registered Population by Age Groups, 2011

单位：万人 (10 000 persons)

年龄组	Age Groups	合 计 Total	# 市内六区 Six Urban Districts	男 性 Male	# 市内六区 Six Urban Districts	女 性 Female	# 市内六区 Six Urban Districts
按学龄人口分组	**Grouped by School Age**						
0–2岁	Age 0–2	25.22	7.67	13.27	3.99	11.95	3.68
3–5岁	Age 3–5	25.15	6.61	13.27	3.43	11.88	3.18
6–14岁	Age 6–14	63.94	15.19	33.74	7.82	30.20	7.37
15–17岁	Age 15–17	25.98	6.42	13.64	3.27	12.34	3.15
18–21岁	Age 18–21	52.16	16.28	26.63	8.23	25.53	8.05
按婚育人口分组	**Grouped by Marriage Age and Child-bearing Age**						
进入法定婚龄人口	Reaching Legal Marriage Age	15.80	5.50	9.52	3.51	6.28	1.99
育龄妇女人口 (15–49岁)	Women at Child-bearing Age (between 15–49)	258.42	95.12			258.42	95.12
按劳龄人口分组	**Grouped by Labour Age**						
进入劳龄人口	Reaching Labour Age						
国内标准	Domestic Standard	8.73	2.13	4.61	1.08	4.12	1.05
国际标准	International Standard	7.84	1.92	4.11	0.97	3.73	0.95
劳动年龄内人口	Within Labour Age						
国内标准	Domestic Standard	641.93	254.75	346.04	139.63	295.89	115.12
国际标准	International Standard	754.62	304.46	379.85	153.61	374.77	150.85
退出劳龄人口	Over Labour Age						
国内标准	Domestic Standard	16.24	7.65	6.97	3.05	9.27	4.60
国际标准	International Standard	9.66	4.14	4.78	2.07	4.88	2.07
按老年人口分组	**Grouped by Aged Population**						
60岁及以上人口	Age 60 and over	187.43	90.78	90.52	43.27	96.91	47.51
占总人口比重(%)	Proportion in Total (%)	18.81	22.77	18.07	21.73	19.56	23.82
65岁及以上人口	Age 65 and over	127.50	64.66	60.82	30.26	66.68	34.40
占总人口比重(%)	Proportion in Total (%)	12.80	16.22	12.14	15.20	13.46	17.24
80岁及以上人口	Age 80 and over	29.52	17.76	13.54	8.21	15.98	9.55
占总人口比重(%)	Proportion in Total (%)	2.96	4.45	2.70	4.13	3.22	4.78

3-8 常住人口主要数据
Main Statistics on Permanent Population

指　标	Item	2000	2010	2011
常住人口(万人)	**Permanent Population (10 000 persons)**	**1001.14**	**1299.29**	**1354.58**
按性别分	By Sex			
男性人口	Male	510.35	693.56	725.92
女性人口	Female	490.79	605.73	628.66
性别比(女=100)	Sex Ratio (Female = 100)	103.99	114.52	115.47
按户别分组	By Household Type			
家庭户	Family	938.30	1030.51	1070.12
集体户	Collective	62.84	268.78	284.46
按城乡分组	By Residence			
城　镇	Urban Population	724.83	1033.59	1090.44
占总人口比重(%)	Proportion in Total (%)	72.40	79.55	80.50
乡　村	Rural Population	276.31	265.70	264.14
按年龄分组	By Age			
0-14岁	Age 0-14	167.49	127.33	133.02
15-64岁	Age 15-64	749.78	1061.26	1094.91
65岁及以上	Age 65 and over	83.87	110.70	126.65
人口负担系数(%)	Population Dependency Ratio (%)			
人口总负担系数	Total Dependency Ratio	33.52	22.43	23.72
负担少儿系数	Children Dependency Ratio	22.34	12.00	12.15
负担老年系数	The Aged Dependency Ratio	11.18	10.43	11.57
老少比	Ratio of Aged to Children	50.07	86.94	95.21
常住人口户数(万户)	**Number of Households (10 000 households)**	**313.93**	**398.35**	**420.95**
家庭户	Family Households	303.66	368.04	387.72
集体户	Collective Households	10.27	30.31	33.23
家庭平均户规模(人/户)	**Average Family Size (person/household)**	**3.09**	**2.80**	**2.76**
人口变动情况(万人)	**Change of Population (10 000 persons)**			
出生人口	Birth	7.58	10.34	11.39
死亡人口	Death	6.05	7.05	8.07
净迁入人口	Net Immigration	87.30	300.44	344.84
人口密度(人/平方公里)	**Population Density (person/sq. km)**	**840**	**1105**	**1152**

注：此表根据人口普查及人口变动调查数据推算。下表同。
Note: Data in this table are predicted according to population census and population change survey. Same as following next.

3-9 按地区分的常住人口（2011年）
Permanent Population by Region, 2011

地 区	Region	年末人口数(万人) Year-end Population (10 000 persons)	构 成(%) Composition in Percentage (%)
全市总计	**Total**	**1354.58**	**100.00**
市辖区	**Districts under City Administration**	**1158.52**	**85.53**
#市内六区	Six Urban Districts	450.15	33.23
和平区	Heping District	30.31	2.24
河东区	Hedong District	88.98	6.57
河西区	Hexi District	90.10	6.65
南开区	Nankai District	105.54	7.79
河北区	Hebei District	80.53	5.95
红桥区	Hongqiao District	54.69	4.04
东丽区	Dongli District	63.54	4.69
西青区	Xiqing District	74.13	5.47
津南区	Jinnan District	62.98	4.65
北辰区	Beichen District	70.43	5.20
武清区	Wuqing District	100.51	7.42
宝坻区	Baodi District	83.12	6.14
滨海新区	Binhai New Area	253.66	18.73
市辖县	**Counties under City Administration**	**196.06**	**14.47**
宁河县	Ninghe County	43.10	3.18
静海县	Jinghai County	67.43	4.98
蓟 县	Jixian County	85.53	6.31

3-10 按年龄分的6岁及以上各种受教育程度人口(2011年)
Education Status of Population Aged 6 and over by Age, 2011

单位：人 (person)

年龄 Age	6岁及以上人口 Aged 6 and over	#小学 Primary School	#初中 Junior Middle School	#高中 Senior Middle School	#大学专科 Junior College	#大学本科 Undergraduate College	#研究生 Postgraduate
全市总计							
Total	**31089**	**5507**	**11632**	**6920**	**2879**	**3065**	**149**
4-9	850	757	6	1			
10-14	1131	613	479	18	1	1	
15-19	1664	65	603	655	94	237	
20-24	3384	139	1068	606	533	1018	8
25-29	3154	102	899	684	652	754	50
30-34	2367	135	824	635	404	325	40
35-39	2093	160	998	475	248	181	20
40-44	2466	282	1192	583	219	163	10
45-49	3054	313	1415	958	209	133	11
50-54	2761	377	1127	1058	110	54	1
55-59	2950	638	1514	535	153	45	6
60-64	1811	609	731	278	107	21	1
65+	3404	1317	776	434	149	133	2
#女性							
Female	**15732**	**2893**	**5503**	**3357**	**1398**	**1853**	**55**
4-9	407	364	4	1			
10-14	534	282	238	4	1	1	
15-19	915	23	288	341	46	211	
20-24	1827	35	475	252	282	773	3
25-29	1548	44	414	297	347	417	24
30-34	1142	74	401	295	203	151	17
35-39	1041	88	485	247	125	84	7
40-44	1242	155	605	301	97	72	1
45-49	1541	192	663	515	101	57	1
50-54	1363	222	526	536	41	17	
55-59	1460	356	731	251	58	17	2
60-64	931	346	353	128	49	10	
65+	1781	712	320	189	48	43	

注：此表为2011年人口抽样调查数据，表3-11至3-13相同。
Note: Data in this table are obtained from population sample survey in 2011. Same as table 3-11 to 3-13.

3-11 按年龄分的15岁及以上各种婚姻状况人口（2011年）
Marriage Status of Population Aged 15 and over by Age, 2011

单位：人 (person)

年 龄 Age	15岁及以上人口合计 Aged 15 and over	未 婚 Unmarried	初婚有配偶 First Marriages	再婚有配偶 Remarriages	离 婚 Divorces	丧 偶 Widowed
全市总计						
Total	**29108**	**6283**	**20450**	**449**	**474**	**1452**
15-19	1664	1635	27		2	
20-24	3384	2800	570	2	11	1
25-29	3154	1309	1783	23	36	3
30-34	2367	269	2015	43	36	4
35-39	2093	77	1904	52	51	9
40-44	2466	40	2268	73	67	18
45-49	3054	47	2800	73	94	40
50-54	2761	27	2556	54	65	59
55-59	2950	30	2694	53	60	113
60-64	1811	13	1598	25	25	150
65+	3404	36	2235	51	27	1055
#女 性						
Female	**14791**	**3185**	**10127**	**232**	**237**	**1010**
15-19	915	900	14		1	
20-24	1827	1497	323	2	4	1
25-29	1548	610	905	10	22	1
30-34	1142	100	995	28	16	3
35-39	1041	29	946	30	30	6
40-44	1242	13	1142	38	39	10
45-49	1541	19	1407	37	47	31
50-54	1363	7	1261	26	26	43
55-59	1460	4	1317	27	28	84
60-64	931	2	803	13	13	100
65+	1781	4	1014	21	11	731

3-12 按地区分的家庭户规模(2011年)
Family Households by Size and Region, 2011

单位：户 (household)

地 区	Region	合 计 Total	一人户 One-person	二人户 Two-person	三人户 Three-person	四人户 Four-person	五人户 Five-person	六人及以上户 Six-person and over
全市总计	**Total**	**10952**	**1367**	**3199**	**4224**	**1263**	**675**	**224**
市辖区	**Districts under City Administration**	**9488**	**1234**	**2801**	**3803**	**969**	**535**	**146**
和平区	Heping District	253	47	73	103	19	9	2
河东区	Hedong District	589	76	165	258	58	30	2
河西区	Hexi District	1270	217	407	512	100	29	5
南开区	Nankai District	919	146	268	400	60	43	2
河北区	Hebei District	596	85	193	258	42	16	2
红桥区	Hongqiao District	533	94	171	223	33	11	1
东丽区	Dongli District	569	63	169	213	69	47	8
西青区	Xiqing District	549	94	179	174	73	23	6
津南区	Jinnan District	478	40	130	195	67	34	12
北辰区	Beichen District	678	65	167	309	76	53	8
武清区	Wuqing District	931	76	226	296	168	107	58
宝坻区	Baodi District	622	48	184	237	77	58	18
滨海新区	Binhai New Area	1501	183	469	625	127	75	22
市辖县	**Counties under City Administration**	**1464**	**133**	**398**	**421**	**294**	**140**	**78**
宁河县	Ninghe County	198	21	56	61	49	11	0
静海县	Jinghai County	586	62	189	178	109	34	14
蓟 县	Jixian County	680	50	153	182	136	95	64

3-13 按地区分有65岁及以上老年人口的家庭户（2011年）
Households with Population Aged 65 and over by Region, 2011

单位：户 (household)

地 区	Region	合 计 Total	#单身老人户 Single	#一对老夫妇户 One Couple	#一个老人与亲属户 One Aged Population and Relatives	#二个老人与亲属户 Two Aged Population and Relatives
全市总计	**Total**	**2453**	**519**	**584**	**4**	**11**
市辖区	**Districts under City Administration**	**2147**	**461**	**519**	**4**	**11**
和平区	Heping District	81	19	9		
河东区	Hedong District	159	28	23		2
河西区	Hexi District	367	78	89	2	3
南开区	Nankai District	236	56	56	1	1
河北区	Hebei District	137	24	33		
红桥区	Hongqiao District	155	40	43		1
东丽区	Dongli District	65	16	20		
西青区	Xiqinq District	90	23	35		
津南区	Jinnan District	67	12	17		
北辰区	Beichen District	137	35	29		1
武清区	Wuqing District	232	36	49		1
宝坻区	Baodi District	123	22	29	1	
滨海新区	Binhai New Area	298	72	87		2
市辖县	**Counties under City Administration**	**306**	**58**	**65**		
宁河县	Ninghe County	34	5	8		
静海县	Jinghai County	130	31	39		
蓟 县	Jixian County	142	22	18		

3-14 计划生育情况（2008—2011年）
Family Planning, 2008-2011

单位：万人(10 000 persons)

指标	Item	2008	2009	2010	2011
出生人口	Birth	8.23	8.31	8.10	8.58
已婚育龄妇女人数	Married Women at Child-bearing Age	184.38	180.73	172.93	173.19
领取独生子女证人数	Married Couples with One-child Certificate	61.79	61.78	58.18	59.15
政策生育率(%)	Family Planning Rate (%)	99.05	98.36	98.33	98.25
一孩率(%)	One-child Rate (%)	81.33	81.14	82.25	81.68
二孩率(%)	Two-child Rate (%)	18.66	18.85	17.74	18.30
多孩率(%)	Multi-child Rate (%)	0.01	0.01	0.01	0.02

资料来源：本表由市人口和计划生育委员会提供。
Source: Data in this table are provided by Tianjin Municipal Committee of Population and Family Planning.

3-15 人口婚姻情况（2008—2011年）
Marriage Registration, 2008-2011

指标	Item	2008	2009	2010	2011
登记结婚对数(对)	**Marriages (couple)**	**89316**	**104028**	**86799**	**104147**
#恢复结婚对数	Remarriage with Former Spouse	2476	3893	4051	5418
涉外婚姻登记	Chinese-Foreigner Marriages	478	408	403	444
#女性(人)	Female (person)	396	342	351	337
按婚前状况分	Grouped by Pre-marriage Condition				
初婚人数(万人)	First Marriages (10 000 persons)	15.19	17.36	13.81	17.30
再婚人数(万人)	Remarriages (10 000 persons)	2.68	3.45	3.55	3.50
离婚对数(对)	**Divorces (couple)**	**23973**	**27556**	**28132**	**30560**
法院判决离婚	Mediated by the Court	5349	5895	4067	4445
民政协议离婚	Approved by Civil Administration Agencies	18624	21661	24065	26115

第六次人口普查机器汇总资料说明
Directions for the data of the 6th Population Census

根据全国统一部署，天津市进行了第六次人口普查。普查登记标准时间为2010年11月1日零时，经过全面复查和事后质量抽查，普查质量全面达到了国家规定的标准。为了获取多方面丰富的人口信息，本次普查采用长、短表的调查方式，即按照随机等距的方法，抽取10%的户调查长表项目，其余的户调查短表项目。以下表3-16至表3-24为这次普查表的全部调查对象共同调查项目的机器汇总结果，表3-25至表3-27为长表数据。

According to the national regulation, we carried out the 6th Population Census of Tianjin. The standard registration time was 0 o'clock on November 1st, 2010. After careful reexamination and spot check, we came to the conclusion that this survey met national standard. To obtain rich population information, the survey took the method of long table and short table survey. After getting the data of all people for short table survey item, we sampled 10% people as the further sample of long table survey items by way of random equal distance sampling. The data in table 3-16 to 3-24 are the summed data of all people on general survey items. The data in table 3-25 to 3-27 are the summed data of long table survey items.

3-16 按地区分的总户数和平均户规模
Total Households and Average Household Size by Region

地　区	Region	总户数(户) Total (Household)	家庭户 Family Households	集体户 Collective Households	家庭户规模(人/户) Family Household Size (person/household)	集体户规模(人/户) Collective Household Size (person/household)
全市总计	**Total**	**3963604**	**3661992**	**301612**	**2.80**	**8.87**
市辖区	**Districts under City Administration**	**3399616**	**3108605**	**291011**	**2.73**	**8.95**
和平区	Heping District	99773	90152	9621	2.50	4.98
河东区	Hedong District	319110	310544	8566	2.62	5.69
河西区	Hexi District	317519	293578	23941	2.57	4.90
南开区	Nankai District	340813	312388	28425	2.60	7.27
河北区	Hebei District	264411	250192	14219	2.64	8.99
红桥区	Hongqiao District	183488	173507	9981	2.60	8.12
东丽区	Dongli District	196365	179976	16389	2.67	5.51
西青区	Xiqing District	220296	185781	34515	2.65	5.59
津南区	Jinnan District	162561	150048	12513	2.95	11.96
北辰区	Beichen District	223047	199916	23131	2.75	5.18
武清区	Wuqing District	262756	252812	9944	3.31	11.33
宝坻区	Baodi District	226718	212266	14452	3.10	9.71
滨海新区	Binhai New Area	582759	497445	85314	2.64	13.70
市辖县	**Counties under City Administration**	**563988**	**553387**	**10601**	**3.21**	**6.80**
宁河县	Ninghe County	119620	115808	3812	3.26	10.15
静海县	Jinghai County	208814	203142	5672	3.06	4.62
蓟　县	Jixian County	235554	234437	1117	3.32	6.39

3-17 按地区分的常住人口 Permanent Population by Region

单位:人(person)

地　　区	Region	常住人口 Permanent Population	男　性 Male	女　性 Female	家庭户人口 Family Households Population	集体户人口 Collective Households Population
全市总计	**Total**	**12938693**	**6907091**	**6031602**	**10262186**	**2676507**
市辖区	**Districts under City Administration**	**11090783**	**5948246**	**5142537**	**8486345**	**2604438**
和平区	Heping District	273477	138195	135282	225565	47912
河东区	Hedong District	860852	433031	427821	812131	48721
河西区	Hexi District	870632	428075	442557	753300	117332
南开区	Nankai District	1018196	517193	501003	811622	206574
河北区	Hebei District	788451	420238	368213	660653	127798
红桥区	Hongqiao District	531526	274061	257465	450431	81095
东丽区	Dongli District	570050	313393	256657	479749	90301
西青区	Xiqing District	684690	355243	329447	491711	192979
津南区	Jinnan District	593063	336006	257057	443346	149717
北辰区	Beichen District	669121	348526	320595	549259	119862
武清区	Wuqing District	949503	503414	446089	836869	112634
宝坻区	Baodi District	799157	427643	371514	658867	140290
滨海新区	Binhai New Area	2482065	1453228	1028837	1312842	1169223
市辖县	**Counties under City Administration**	**1847910**	**958845**	**889065**	**1775841**	**72069**
宁河县	Ninghe County	416143	222153	193990	377437	38706
静海县	Jinghai County	646978	336287	310691	620748	26230
蓟　县	Jixian County	784789	400405	384384	777656	7133

3-18 按性别分的年龄组人口数
Population of Age Group by Region

单位:人(person)

年龄组	Age Group	合 计 Total	男 性 Male	女 性 Female
全 市 总 计	**Total**	**12938693**	**6907091**	**6031602**
0-4岁	Age 0-4	460893	244868	216025
5-9岁	Age 5-9	397798	212250	185548
10-14岁	Age 10-14	408877	216813	192064
15-19岁	Age 15-19	801760	424619	377141
20-24岁	Age 20-24	1679442	922933	756509
25-29岁	Age 25-29	1341714	751611	590103
30-34岁	Age 30-34	1035675	581531	454144
35-39岁	Age 35-39	1045560	580926	464634
40-44岁	Age 40-44	1067997	586050	481947
45-49岁	Age 45-49	1097110	583532	513578
50-54岁	Age 50-54	998655	518506	480149
55-59岁	Age 55-59	918527	466531	451996
60-64岁	Age 60-64	582297	292086	290211
65-69岁	Age 65-69	370879	180747	190132
70-74岁	Age 70-74	295616	140939	154677
75-79岁	Age 75-79	231770	110826	120944
80-84岁	Age 80-84	134304	62115	72189
85-89岁	Age 85-89	52792	23072	29720
90-94岁	Age 90-94	13569	5712	7857
95-99岁	Age 95-99	3242	1344	1898
100岁及以上	Age 100 and over	216	80	136

3-19 按地区分的人口年龄构成
Population Composition of Age by Region

单位:人、%(person, %)

地　区	Region	合　计 Total	人　数 Population			构　成 Composition		
			0-14岁 Age 0-14	15-64岁 Age 15-64	65岁及以上 Age 65 and over	0-14岁 Age 0-14	15-64岁 Age 15-64	65岁及以上 Age 65 and over
全市总计	**Total**	**12938693**	**1267568**	**10568737**	**1102388**	**9.80**	**81.68**	**8.52**
市辖区	**Districts under City Administration**	**11090783**	**962868**	**9179861**	**948054**	**8.68**	**82.77**	**8.55**
和平区	Heping District	273477	21902	215026	36549	8.01	78.63	13.36
河东区	Hedong District	860852	65953	691617	103282	7.66	80.34	12.00
河西区	Hexi District	870632	61127	699931	109574	7.02	80.39	12.59
南开区	Nankai District	1018196	67280	831493	119423	6.61	81.66	11.73
河北区	Hebei District	788451	47988	647494	92969	6.09	82.12	11.79
红桥区	Hongqiao District	531526	33417	434930	63179	6.29	81.83	11.88
东丽区	Dongli District	570050	63490	469353	37207	11.14	82.34	6.52
西青区	Xiqing District	684690	67482	576452	40756	9.86	84.19	5.95
津南区	Jinnan District	593063	67659	490251	35153	11.41	82.66	5.93
北辰区	Beichen District	669121	63324	554228	51569	9.46	82.83	7.71
武清区	Wuqing District	949503	130396	741606	77501	13.73	78.10	8.17
宝坻区	Baodi District	799157	91579	643880	63698	11.46	80.57	7.97
滨海新区	Binhai New Area	2482065	181271	2183600	117194	7.30	87.98	4.72
市辖县	**Counties under City Administration**	**1847910**	**304700**	**1388876**	**154334**	**16.49**	**75.16**	**8.35**
宁河县	Ninghe County	416143	61217	323581	31345	14.71	77.76	7.53
静海县	Jinghai County	646978	118208	482253	46517	18.27	74.54	7.19
蓟　县	Jixian County	784789	125275	583042	76472	15.96	74.29	9.75

3-20 按地区分的6岁及以上人口受教育程度
Education Status of Population Aged 6 and over by Region

单位:人(person)

地　区	Region	6岁及以上人口 Population Aged 6 and over	#小　学 Primary School	#初　中 Junior Middle School	#高　中 Senior Middle School	#大专及以上 College and Higher
全市总计	**Total**	**12388491**	**2205954**	**4936137**	**2672387**	**2261701**
市辖区	**Districts under City Administration**	**10674688**	**1694111**	**4134944**	**2457540**	**2155952**
和平区	Heping District	265284	24949	77985	73438	84981
河东区	Hedong District	830337	76897	235579	266032	236634
河西区	Hexi District	844758	76197	219239	242671	294181
南开区	Nankai District	988760	85229	271748	261632	355511
河北区	Hebei District	767154	75219	265562	247020	164873
红桥区	Hongqiao District	516072	49530	165366	165345	125428
东丽区	Dongli District	540954	108976	258298	87328	68821
西青区	Xiqing District	654770	125939	273282	100736	138962
津南区	Jinnan District	562142	121931	289644	67671	60705
北辰区	Beichen District	641343	112538	258250	129425	125432
武清区	Wuqing District	899738	243162	464258	115615	54736
宝坻区	Baodi District	759982	187832	400542	94613	53107
滨海新区	Binhai New Area	2403394	405712	955191	606014	392581
市辖县	**Counties under City Administration**	**1713803**	**511843**	**801193**	**214847**	**105749**
宁河县	Ninghe County	389151	120054	181938	49645	21249
静海县	Jinghai County	595466	193702	271081	67080	37087
蓟　县	Jixian County	729186	198087	348174	98122	47413

3-21 按年龄分的6岁及以上人口受教育程度
Education Status of Population Aged 6 and over by Age

单位：人 (person)

年龄 Age	6岁及以上人口 Population Aged 6 and over	未上过学 Without Education	小学 Primary School	初中 Junior Middle School	高中 Senior Middle School	大学专科 Junior College	大学本科 Undergraduate College	研究生 Postgraduate
总计								
Total	**12388491**	**312312**	**2205954**	**4936137**	**2672387**	**1089221**	**1069485**	**102995**
6-9	308489	13976	291750	2761	2			
10-14	408877	2381	215434	185002	6038	15	7	
15-19	801760	2422	43206	316972	295143	54785	89082	150
20-24	1679442	3876	96373	595003	350012	278633	331690	23855
25-29	1341714	3489	75836	503649	302961	200792	220567	34420
30-34	1035675	3816	81352	461130	243187	115559	112901	17730
35-39	1045560	6017	109660	523347	221685	92547	82389	9915
40-44	1067997	8557	152723	550313	210673	72623	66773	6335
45-49	1097110	9241	124344	485570	350890	72086	49442	5537
50-54	998655	16136	158242	413973	329035	54007	25060	2202
55-59	918527	25815	225740	452872	132177	58495	21916	1512
60-64	582297	22379	206063	204960	94536	38116	15696	547
65+	1102388	194207	425231	240585	136048	51563	53962	792
#女性								
Female	**5773751**	**232746**	**1106597**	**2113621**	**1247504**	**513587**	**510323**	**49373**
6-9	143722	6224	136228	1270				
10-14	192064	1014	99582	88477	2979	7	5	
15-19	377141	1028	17640	141323	141649	27557	47855	89
20-24	756509	1618	36247	247462	150083	139244	168395	13460
25-29	590103	1508	28245	201474	128822	99369	112579	18106
30-34	454144	1854	34695	188854	109072	56550	54661	8458
35-39	464634	3339	51496	221458	101836	44871	37449	4185
40-44	481947	4822	74175	235171	100994	34961	29552	2272
45-49	513578	5850	65768	209114	180864	31819	18585	1578
50-54	480149	11690	92142	181991	162540	22168	9100	518
55-59	451996	19611	127868	207454	63384	24697	8590	392
60-64	290211	17289	114616	91606	45789	14938	5858	115
65+	577553	156899	227895	97967	59492	17406	17694	200

3-22 按地区分的汉族和少数民族人口
Population of Han Nationality and Minorities by Region

单位:人、%(person, %)

地　区	Region	合　计 Total	汉　族 Han Nationality		少数民族 Minorities	
			人　数 Population	比　重 As Percentage of Total	人　数 Population	比　重 As Percentage of Total
全市总计	**Total**	**12938693**	**12607276**	**97.44**	**331417**	**2.56**
市辖区	**Districts under City Administration**	**11090783**	**10803047**	**97.41**	**287736**	**2.59**
和平区	Heping District	273477	264510	96.72	8967	3.28
河东区	Hedong District	860852	841918	97.80	18934	2.20
河西区	Hexi District	870632	846890	97.27	23742	2.73
南开区	Nankai District	1018196	986072	96.85	32124	3.15
河北区	Hebei District	788451	769095	97.55	19356	2.45
红桥区	Hongqiao District	531526	493446	92.84	38080	7.16
东丽区	Dongli District	570050	555471	97.44	14579	2.56
西青区	Xiqing District	684690	672349	98.20	12341	1.80
津南区	Jinnan District	593063	579839	97.77	13224	2.23
北辰区	Beichen District	669121	636116	95.07	33005	4.93
武清区	Wuqing District	949503	932416	98.20	17087	1.80
宝坻区	Baodi District	799157	791056	98.99	8101	1.01
滨海新区	Binhai New Area	2482065	2433869	98.06	48196	1.94
市辖县	**Counties under City Administration**	**1847910**	**1804229**	**97.64**	**43681**	**2.36**
宁河县	Ninghe County	416143	412164	99.04	3979	0.96
静海县	Jinghai County	646978	640250	98.96	6728	1.04
蓟　县	Jixian County	784789	751815	95.80	32974	4.20

3-23 按地区分的万人以上少数民族人口数
Population of Minorities over 10 Thousand By Region

单位:人(person)

地区	Region	回族 Hui Nationality	满族 Man Nationality	蒙古族 Mongolian Nationality	朝鲜族 Korean Nationality
全市总计	**Total**	**177734**	**83624**	**20328**	**18247**
市辖区	**Districts under City Administration**	**171851**	**53062**	**18016**	**17881**
和平区	Heping District	5444	1858	576	279
河东区	Hedong District	11212	4314	1190	1097
河西区	Hexi District	11922	5653	1782	2030
南开区	Nankai District	18024	6281	2150	2678
河北区	Hebei District	13636	3147	908	329
红桥区	Hongqiao District	34049	2366	625	171
东丽区	Dongli District	7319	2382	958	2359
西青区	Xiqing District	3251	3099	1551	1793
津南区	Jinnan District	6709	1864	850	1952
北辰区	Beichen District	26317	2811	1314	755
武清区	Wuqing District	10279	3078	1051	566
宝坻区	Baodi District	2817	2637	707	227
滨海新区	Binhai New Area	20872	13572	4354	3645
市辖县	**Counties under City Administration**	**5883**	**30562**	**2312**	**366**
宁河县	Ninghe County	1385	798	295	44
静海县	Jinghai County	2749	1540	513	244
蓟县	Jixian County	1749	28224	1504	78

3-24 按地区分户口登记地在外省的常住人口 Permanent Population with Non-Tianjin Registration by Region

单位:人(person)

地 区	Region	合 计 Total	#河 北 Hebei	#山 东 Shandong	#河 南 He'nan	#黑龙江 Heilongjiang	#安 徽 Anhui
全市总计	**Total**	**2991501**	**754466**	**505129**	**331307**	**194113**	**138998**
市辖区	**Districts under City Administration**	**2856590**	**724797**	**492378**	**319158**	**153141**	**135128**
和平区	Heping District	53226	10551	5343	8001	1845	4072
河东区	Hedong District	72069	20337	6848	7512	3446	3924
河西区	Hexi District	103019	22921	11515	10206	5115	7033
南开区	Nankai District	175744	39578	20079	20032	8486	9071
河北区	Hebei District	146435	31294	15816	17347	4362	6073
红桥区	Hongqiao District	72212	19050	7196	8102	2386	4980
东丽区	Dongli District	187797	31784	32866	29430	14438	13152
西青区	Xiqing District	204912	51118	34044	26761	16777	14328
津南区	Jinnan District	183123	39593	32027	28388	11906	10791
北辰区	Beichen District	137108	32455	25482	14865	6752	11628
武清区	Wuqing District	133513	32814	15681	19703	6763	4775
宝坻区	Baodi District	104648	24178	8394	12810	1685	2844
滨海新区	Binhai New Area	1282784	369124	277087	116001	69180	42457
市辖县	**Counties under City Administration**	**134911**	**29669**	**12751**	**12149**	**40972**	**3870**
宁河县	Ninghe County	27972	8891	2537	4188	1583	1101
静海县	Jinghai County	93455	15368	9597	6979	38334	2584
蓟 县	Jixian County	13484	5410	617	982	1055	185

3-25 按年龄分的15岁及以上人口婚姻状况(长表数据)
Marriage Status of Population Aged 15 and over by Age (Long Table Data)

单位：人 (person)

年 龄 Age	15岁及以上人口 Population Aged 15 and over	未 婚 Unmarried	有配偶 Marriages	离 婚 Divorces	丧 偶 Widowed
全 市 总 计					
Total	**1002376**	**230422**	**709067**	**15442**	**47445**
15-19	70746	70045	698	2	1
20-24	129454	105791	23442	206	15
25-29	102405	36052	65351	951	51
30-34	81859	7980	72235	1527	117
35-39	86427	3442	80436	2249	300
40-44	91069	1979	85883	2523	684
45-49	98033	1525	92206	2968	1334
50-54	92824	1102	87066	2332	2324
55-59	87326	917	81245	1410	3754
60-64	56154	559	50408	560	4627
65+	106079	1030	70097	714	34238
#女 性					
Female	**487516**	**101831**	**343761**	**8280**	**33644**
15-19	33629	33155	472	1	1
20-24	60827	47695	13017	101	14
25-29	48659	14908	33253	458	40
30-34	38701	3081	34782	753	85
35-39	40949	1195	38248	1266	240
40-44	43276	509	40797	1448	522
45-49	47586	355	44609	1602	1020
50-54	45847	310	42548	1278	1711
55-59	43838	280	40080	750	2728
60-64	28345	132	24557	280	3376
65+	55859	211	31398	343	23907

注：长表是按户抽样并进行登记，因此人口总数以及各类人口结构数据的抽样比会存在差异，使用本资料推算总体时，对采用的方法予以注意。表3-26、3-27同。
Note: Long table data is collected and registered by household sample survey, so the sampling fraction of total population and the composition are different from the census data. When using data in this table to calculate total, please be careful of the method. Same as table 3-26, 3-27.

3-26 按住房建成时间分的家庭户住房状况（长表数据）
Housing Condition of Households by House Completion Time (Long Table Data)

年代 Year	户数 (户) Households (household)	# 市内六区 Six Urban Districts	间数 (间) Rooms (room)	# 市内六区 Six Urban Districts	面积 (平方米) Area (sq. m)	# 市内六区 Six Urban Districts
合计 Total	**355868**	**134026**	**820671**	**236550**	**26750476**	**8640978**
—1949	2773	2364	4296	3302	96152	69058
1949-1959	3628	3014	5640	4168	128435	92074
1960-1969	5302	2307	10469	3405	245511	75199
1970-1979	29961	10090	70379	17448	1741531	434316
1980-1989	102956	39199	243144	66813	6536060	1896439
1990-1999	111150	45100	254434	76930	8467221	3000017
2000—	100098	31952	232309	64484	9535566	3073875

3-27 按户主职业分的家庭户住房状况(长表数据)
Housing Condition of Households by Occupation of Household' s Head (Long Table Data)

职业	Occupation	户主是常住人口且15岁以上 With a Household's Head of Permanent Population and Aged 15 and over				
		户数 (户) Households (household)	人数 (人) Population (person)	平均每户住房间数 (间/户) Average Rooms per Household (room/household)	人均住房建筑面积 (平方米/人) Per Capita Floor Space of Residential Buildings (sq. m/person)	人均住房间数 (间/人) Per Capita Living Rooms (room/person)
总计	Total	**220619**	**654416**	**2.46**	**26.72**	**0.83**
国家机关、党群组织、企业、事业单位负责人	Director of Government Agency, Communist Party and Mass Organizations, Enterprises, Public Institutions	12375	36586	2.48	34.22	0.84
专业技术人员	Special Technical Personnel	30234	81790	2.16	31.85	0.80
办事人员和有关人员	Clerical Staff and Concerned	19122	52934	2.10	30.10	0.76
商业、服务业人员	Commerce, Service Personnel	47489	133876	2.11	24.87	0.75
农、林、牧、渔、水利业生产人员	Farming, Forestry, Animal Husbandry, Fishery and Water Conservancy Production Personnel	49917	166410	3.32	25.89	1.00
生产、运输设备操作人员及有关人员	Production, Transportation Machinery Operation Personnel and Concerned	60751	180775	2.28	24.06	0.77
不便分类的其他从业人员	Other Personnel Inconvenient Classified	731	2045	1.99	22.81	0.71

主要统计指标解释

常住人口

指实际经常居住在某地区半年以上的人口。按人口普查和抽样调查规定，主要包括：(1) 除离开本地半年以上（不包括在国外工作或学习的人）的全部常住本地的户籍人口；(2) 户口在外地，但在本地居住半年以上者，或离开户口地半年以上而调查时在本地居住的人口；(3) 调查时居住在本地，但在任何地方都没有登记常住户口，如手持户口迁移证、出生证、退伍证、劳改劳教释放证等尚未办理常住户口的人，即所谓“口袋户口”的人。

人口密度

指单位土地面积上的人口数。通常使用常住人口计算人口密度，用于说明人口的拥挤程度。以每平方公里的居民人数来表示。计算公式：

$$人口密度=\frac{常住人口}{总土地面积}$$

人口出生率（又称粗出生率）

指在一定时期内（通常为一年）一定地区的出生人数与同期内平均人数（或期中人数）之比，用千分率表示。本资料中的出生率指年出生率，其计算公式为：

$$人口出生率=\frac{年出生人数}{年平均人数}\times 1000‰$$

式中：出生人数指活产婴儿，即胎儿脱离母体时（不管怀孕月数），有过呼吸或其他生命现象。年平均人数指年初、年底人口数的平均数，也可用年中人口数代替。

人口死亡率（又称粗死亡率）

指在一定时期内（通常为一年）一定地区的死亡人数与同期内平均人数（或期中人数）之比，用千分率表示。本资料中的死亡率指年死亡率，其计算公式为：

$$人口死亡率=\frac{年死亡人数}{年平均人数}\times 1000‰$$

人口自然增长率

指在一定时期内（通常为一年）人口自然增加数（出生人数减死亡人数）与该时期内平均人数（或期中人数）之比，用千分率表示。计算公式为：

$$人口自然增长率=\frac{本年出生人数-本年死亡人数}{年平均人数}\times 1000‰$$

$$=人口出生率-人口死亡率$$

总负担系数

指 14 岁及以下少年儿童人口数和 65 岁及以上老年人口数与 15-64 岁劳动力年龄人口数的比例。表明的是每百名劳动年龄人口负担多少非劳动年龄人口。计算公式：

$$总负担系数=\frac{14岁及以下人数+65岁及以上人数}{15-64岁人数}\times 100\%$$

法定婚龄、劳龄人口

我国进入婚龄法定人口标准为男 22 岁、女 20 岁；进入劳龄人口、劳动年龄内人口、退出劳龄人口的国内标准分别是男 16 岁、16-59 岁、60 岁和女 16 岁、16-54 岁、55 岁；国际标准男女均为 15 岁、15-64 岁、65 岁。

Explanatory Notes on Main Statistical Indicators

Permanent Population

refers to the total number of people alive at a given area over half year. According to the regulation of population census and sample survey, permanent resident population include (1) registered population in this area except those who have left this area over half a year (exclude those going abroad to work or study). (2) population with residence registered in other area, but having actually resided in this area over half a year or having left place of residence registration over half a year and resided in this area during the period of population survey. (3) population with residence registration in this enumeration area not yet settled, i.e. residence card on hand, migration certificate, birth certificate, demobilized soldier card, release certificate, etc.

Population Density

refers to the total number of people within unit land area. Usually, population density is calculated with permanent resident population and indicates crowd degree of population. It is often expressed in the number of people per square kilometer. The following formula is used:

$$\text{Population Density} = \frac{\text{Permanent Resident Population}}{\text{Total Area of Land}}$$

Birth Rate (or Crude Birth Rate)

refers to the ratio of the number of births to the average population (or mid-period population) during a certain period of time (usually a year), expressed in ‰. Birth rate in the chapter refers to annual birth rate. The following formula is used:

$$\text{Birth Rate} = \frac{\text{Number of Births}}{\text{Annual Average Population}} \times 1000‰$$

Number of births in the formula refers to live births, i.e. when a baby has breathed or showed any vital phenomena regardless of the length of pregnancy. Annual average population is the average of the number of population at the beginning of the year and that at the end of the year. Sometimes it is substituted by the mid-year population.

Death Rate (or Crude Death Rate)

refers to the ratio of the number of deaths to the average population (or mid-period population) during a certain period of time (usually a year), expressed in ‰. Death rate in the chapter refers to annual death rate. The following formula is used:

$$\text{Death Rate} = \frac{\text{Number of Deaths}}{\text{Annual Average Population}} \times 1000‰$$

Natural Growth Rate of Population

refers to the ratio of natural increase in population (number of births minus number of deaths) in a certain period of time (usually a year) to the average population (or mid-period population) of the same period, expressed in ‰. The following formula is applied:

$$\text{Natural Growth Rate of Population} = \frac{\text{Number of Births} - \text{Number of Deaths}}{\text{Annual Average Population}} \times 1000‰$$

$$\text{Natural Growth Rate of Population} = \text{Birth Rate} - \text{Death Rate}$$

Total Dependency Ratio

refers to the ratio of children aged 0-14 and elderly population aged 65 and over to the working-age population aged 15-64. It describes in general the number of non-working-age population that every 100 people at working ages will take care of. The following formula is used:

$$\text{Gross Dependency Ratio} = \frac{(\text{Population Aged 0-14}) + (\text{Population Aged 65 and over})}{\text{Population Aged 15-64}} \times 100\%$$

Legal Marriage Age, Labour Age Population

The standard of legal marriage age is 22 for male and 20 for female. The domestic standard of "reaching labour age", "within labour age" and "over labour age" are 16, 16 to 59, 60 for male respectively and 16, 16 to 54, 55 for female respectively; the international standard of these items are 15, 15-64 and 65 respectively for both male and female.

4 就业和劳动工资
Employment and Remuneration

4-1 社会从业人员(1996—2011年)
Total Employment Personnel, 1996-2011

单位：万人 (10 000 persons)

年 份 Year	劳动力资源总数 Number of Labour Force	社会从业人员合计 Number of Employment Personnel	按城乡分 Grouped by Urban and Rural Areas					
			城 镇 Urban Areas	国有单位 State-owned Units	集体单位 Collective-owned Units	其 他 Others	个体、私营单位 Private and Individual Units	乡 村 Rural Areas
1996	708.80	512.00	317.10	199.10	62.80	31.00	24.20	194.90
1997	716.26	513.33	318.60	196.16	58.19	35.80	28.45	194.73
1998	728.68	508.10	312.65	183.49	53.00	41.58	34.58	195.45
1999	740.76	508.14	313.89	176.54	47.54	49.80	40.01	194.25
2000	753.27	486.89	296.61	163.84	40.58	55.37	36.82	190.28
2001	761.11	488.34	295.37	153.25	32.13	60.94	49.05	192.97
2002	771.69	492.61	295.71	137.81	26.60	82.54	48.76	196.90
2003	793.86	510.90	299.95	128.52	22.80	93.72	54.91	210.95
2004	798.43	527.78	302.47	126.36	20.21	103.59	52.31	225.31
2005	858.88	542.52	312.76	99.18	11.31	148.01	54.26	229.76
2006	888.51	562.92	402.12	97.34	30.00	158.21	116.57	160.80
2007	933.57	613.93	447.97	95.58	29.73	185.00	137.66	165.96
2008	987.97	647.32	477.69	96.97	26.75	202.06	151.91	169.63
2009	1036.53	677.13	505.84	90.22	23.77	212.79	179.06	171.29
2010	1096.78	728.70	545.70	90.24	22.68	227.71	205.07	183.00
2011	1161.01	763.16	580.24	90.94	27.18	230.41	231.71	182.92

年 份 Year	按三次产业分 Grouped by Three Industries					
	绝对数 Number			构 成(%) Composition in Percentage (%)		
	第一产业 Primary Industry	第二产业 Secondary Industry	第三产业 Tertiary Industry	第一产业 Primary Industry	第二产业 Secondary Industry	第三产业 Tertiary Industry
1996	82.10	241.40	188.50	16.0	47.2	36.8
1997	81.26	235.69	196.38	15.8	45.9	38.3
1998	80.88	233.21	194.01	15.9	45.9	38.2
1999	79.57	230.33	198.24	15.7	45.3	39.0
2000	81.29	222.15	183.45	16.7	45.6	37.7
2001	82.70	212.65	192.99	16.9	43.6	39.5
2002	82.25	205.38	204.98	16.7	41.7	41.6
2003	83.19	219.44	208.27	16.3	42.9	40.8
2004	82.83	223.89	221.06	15.7	42.4	41.9
2005	81.79	227.38	233.35	15.1	41.9	43.0
2006	81.11	234.85	246.96	14.4	41.7	43.9
2007	76.98	261.35	275.60	12.5	42.6	44.9
2008	76.30	271.90	299.12	11.8	42.0	46.2
2009	75.70	281.01	320.42	11.2	41.5	47.3
2010	73.85	302.33	352.52	10.1	41.5	48.4
2011	73.18	315.99	373.99	9.6	41.4	49.0

注：1. 1998—2004年城镇从业人员中包括由于各种原因已经离开本人的生产或工作岗位，但仍与本单位保留劳动关系的职工。2. 从2006年起社会从业人员城乡划分执行国统字[2006]60号划分标准。

Note: a) From 1998 to 2004, the number of employment personnel in urban units includes those staff and workers who still keep their relationship with their units, but have left their working post at there. b) Since 2006, the division of employment personnel has adopted the standard of Regulation No. 60 [2006], National Bureau of Statistics.

4-2 城镇单位从业人员（1996—2011年）
Employment Personnel in Urban Units, 1996-2011

单位：万人 (10 000 persons)

年份 Year	合计 Total	按三次产业分 Grouped by Three Industries			按登记注册类型分 Grouped by Registration Status		
		第一产业 Primary Industry	第二产业 Secondary Industry	第三产业 Tertiary Industry	国有单位 State-owned Units	集体单位 Collective-owned Units	其他单位 Others
总计 Total							
1996	283.98	1.73	163.07	119.18	194.32	59.62	30.04
1997	281.34	1.71	158.68	120.95	191.64	55.28	34.42
1998	218.56	1.43	113.47	103.66	144.18	36.26	38.12
1999	211.76	1.10	110.27	100.39	135.08	30.46	46.22
2000	201.75	1.11	105.63	95.01	125.00	25.82	50.93
2001	192.30	1.09	99.82	91.39	116.24	20.05	56.00
2002	185.50	1.09	92.68	91.73	107.79	16.47	61.24
2003	191.01	0.97	97.60	92.44	101.57	13.95	75.49
2004	193.91	0.87	96.82	96.22	102.09	12.46	79.36
2005	194.12	0.81	97.52	95.79	99.18	11.33	83.61
2006	195.00	0.73	98.37	95.90	97.34	9.61	88.05
2007	200.22	0.74	99.31	100.17	96.69	8.75	94.78
2008	200.61	0.71	94.13	105.77	87.45	7.90	105.26
2009	201.65	0.74	96.18	104.73	81.21	4.76	115.68
2010	205.65	0.71	97.74	107.20	80.79	4.30	120.56
2011	268.24	0.60	157.84	109.80	85.88	8.83	173.53
#女性 Female							
1996	120.23	0.57	69.84	49.82	77.39	28.59	14.25
1997	118.75	0.55	67.48	50.72	76.61	26.15	15.99
1998	89.89	0.46	46.11	43.32	56.17	15.93	17.79
1999	82.95	0.31	41.33	41.31	51.80	13.22	17.93
2000	77.28	0.33	38.85	38.10	47.26	10.76	19.26
2001	77.40	0.36	40.09	36.95	43.26	8.11	26.03
2002	73.59	0.33	36.00	37.26	39.60	6.52	27.47
2003	76.27	0.28	38.49	37.50	37.73	5.33	33.21
2004	73.66	0.26	35.30	38.10	37.56	4.39	31.71
2005	68.66	0.23	33.01	35.42	33.94	4.09	30.63
2006	70.28	0.22	33.95	36.11	33.13	3.41	33.74
2007	71.27	0.21	33.21	37.85	33.30	3.04	34.93
2008	77.02	0.22	32.07	44.73	33.69	2.87	40.46
2009	67.84	0.22	30.62	37.00	27.43	1.87	38.54
2010	75.10	0.21	32.80	42.09	30.03	1.67	43.40
2011	90.91	0.19	49.27	41.45	29.39	2.48	59.04

注：1. 1998年以前为职工人数。2. 2011年起城镇单位从业人员中含劳务派遣人员，统计在在岗职工中；下同。
Note: a) The data before 1998 of this table refer to staff and workers. b) Data of employment personnel in urban units include labour dispatch from 2011, which are calculated in on-post workers and staff. Same as following next.

4-3 按国民经济行业分各类从业人员(2011年) Employment Personnel Grouped by Sector, 2011

单位：万人 (10 000 persons)

项　目 Item	社会从业人员 Employment Personnel	城镇单位从业人员 Employment Personnel in Urban Units	在岗职工人数 On-post Staff and Workers	其他从业人员 Other Employment Personnel
总　计 Total	**763.16**	**268.24**	**252.09**	**16.15**
按三次产业分 Grouped by Three Industries				
第一产业 Primary Industry	73.18	0.60	0.55	0.05
第二产业 Secondary Industry	315.99	157.84	150.35	7.49
第三产业 Tertiary Industry	373.99	109.80	101.19	8.61
按国民经济行业分 Grouped by Sector				
农、林、牧、渔业 Farming, Forestry, Animal Husbandry and Fishery	73.18	0.60	0.55	0.05
采矿业 Minerals Mining	11.12	10.41	9.46	0.95
制造业 Manufacturing	228.21	112.66	109.99	2.67
电力、燃气及水的生产和供应业 Production and Supply of Electricity, Gas and Water	6.16	4.21	4.05	0.16
建筑业 Construction	70.50	30.56	26.85	3.71
交通运输、仓储及邮政业 Transportation, Storage and Post Services	27.83	11.43	10.51	0.92
信息传输、计算机服务和软件业 Information Transmitting, Computer Services and Software	5.42	2.08	2.06	0.02
批发和零售业 Wholesale and Retail Trade	109.10	14.74	13.91	0.83
住宿和餐饮业 Accommodation and Catering Services	34.89	6.73	6.36	0.37
金融业 Finance Intermediation	12.54	7.72	5.36	2.36
房地产业 Real Estate	15.47	4.15	3.92	0.23
租赁和商务服务业 Leasing and Business Services	26.49	6.41	6.26	0.15
科学研究、技术服务和地质勘察业 Scientific Research, Technical Services and Geological Prospecting	21.50	5.34	4.87	0.47
水利、环境和公共设施管理业 Management for Water Conservancy, Environment and Public Facilities	6.76	3.36	2.87	0.49
居民服务和其他服务业 Resident Services and Other Social Services	41.81	6.82	6.62	0.20
教　育 Education	30.50	16.46	15.66	0.80
卫生、社会保障和社会福利业 Health Care, Social Security and Social Welfare	15.14	8.88	8.39	0.49
文化、体育和娱乐业 Culture, Sports and Recreational Services	4.65	1.60	1.49	0.11
公共管理和社会组织 Public Management and Social Organizations	21.89	14.08	12.91	1.17

4-4 社会从业人员及构成
Number and Composition of Employment Personnel

项　目	Item	绝对数(万人) Number (10 000 persons)		构　成(%) Composition in Percentage (%)	
		2010	2011	2010	2011
总　计	**Total**	**728.70**	**763.16**	**100.0**	**100.0**
按登记注册类型分	**Grouped by Registration Status**				
内资单位	Domestic Investment Units	642.28	675.83	88.1	88.6
国有单位	State-owned Units	96.98	95.39	13.3	12.5
集体单位	Collective-owned Units	101.54	97.68	13.9	12.8
联营单位	Joint-owned Units	4.34	3.82	0.6	0.5
股份有限公司	Share Holding Corporations Ltd.	23.41	25.95	3.2	3.4
有限责任公司	Limited Liability Corporations	92.05	99.21	12.6	13.0
股份合作单位	Cooperative Units	4.19	5.34	0.6	0.7
私营单位	Private	171.96	201.24	23.6	26.4
个　体	Individual	123.67	128.50	17.0	16.8
其他单位	Others	24.14	18.70	3.3	2.5
港澳台商投资单位	Units with Funds from Hong Kong, Macao and Taiwan	26.34	27.47	3.6	3.6
外商投资单位	Foreign Funded Units	60.08	59.86	8.3	7.8
按国民经济行业分	**Grouped by Sector**				
农、林、牧、渔业	Farming, Forestry, Animal Husbandry and Fishery	73.85	73.18	10.1	9.6
采矿业	Minerals Mining	10.64	11.12	1.5	1.5
制造业	Manufacturing	218.34	228.21	30.0	29.9
电力、燃气及水的生产和供应业	Production and Supply of Electricity, Gas and Water	5.89	6.16	0.8	0.8
建筑业	Construction	67.46	70.50	9.3	9.2
交通运输、仓储及邮政业	Transportation, Storage and Post Services	26.23	27.83	3.6	3.6
信息传输、计算机服务和软件业	Information Transmitting, Computer Services and Software	5.11	5.42	0.7	0.7
批发和零售业	Wholesale and Retail Trade	102.84	109.10	14.1	14.3
住宿和餐饮业	Accommodation and Catering Services	32.89	34.89	4.5	4.6
金融业	Finance Intermediation	11.82	12.54	1.6	1.6
房地产业	Real Estate	14.58	15.47	2.0	2.0
租赁和商务服务业	Leasing and Business Services	24.97	26.49	3.4	3.5
科学研究、技术服务和地质勘察业	Scientific Research, Technical Services and Geological Prospecting	20.27	21.50	2.8	2.8
水利、环境和公共设施管理业	Management for Water Conservancy, Environment and Public Facilities	6.37	6.76	0.9	0.9
居民服务和其他服务业	Resident Services and Other Social Services	39.41	41.81	5.4	5.5
教　育	Education	28.75	30.50	3.9	4.0
卫生、社会保障和社会福利业	Health Care, Social Security and Social Welfare	14.27	15.14	2.0	2.0
文化、体育和娱乐业	Culture, Sports and Recreational Services	4.38	4.65	0.6	0.6
公共管理和社会组织	Public Management and Social Organizations	20.63	21.89	2.8	2.9

4-5 城镇单位从业人员及构成
Number and Composition of Employment Personnel in Urban Units

项　　目	Item	绝对数(万人) Number (10 000 persons)		构　成(%) Composition in Percentage (%)	
		2010	2011	2010	2011
总　　计	**Total**	**205.65**	**268.24**	**100.0**	**100.0**
按登记注册类型分	**Grouped by Registration Status**				
国有单位	State-owned Units	80.79	85.88	39.3	32.0
集体单位	Collective-owned Units	4.30	8.83	2.1	3.3
其他单位	Others	120.56	173.53	58.6	64.7
#外商及港澳台商投资单位	Units with Funds from Foreign Countries, Hong Kong, Macao & Taiwan	59.50	81.77	28.9	30.5
股份有限公司	Share Holding Corporations Ltd.	12.56	19.77	6.1	7.4
按国民经济行业分	**Grouped by Sector**				
农、林、牧、渔业	Farming, Forestry, Animal Husbandry and Fishery	0.71	0.60	0.3	0.2
采矿业	Minerals Mining	8.96	10.41	4.4	3.9
制造业	Manufacturing	75.29	112.66	36.6	42.0
电力、燃气及水的生产和供应业	Production and Supply of Electricity, Gas and Water	3.28	4.21	1.6	1.6
建筑业	Construction	10.21	30.56	5.0	11.4
交通运输、仓储及邮政业	Transportation, Storage and Post Services	12.50	11.43	6.1	4.3
信息传输、计算机服务和软件业	Information Transmitting, Computer Services and Software	2.24	2.08	1.1	0.8
批发和零售业	Wholesale and Retail Trade	12.39	14.74	6.0	5.5
住宿和餐饮业	Accommodation and Catering Services	4.83	6.73	2.3	2.5
金融业	Finance Intermediation	6.95	7.72	3.4	2.9
房地产业	Real Estate	3.61	4.15	1.8	1.5
租赁和商务服务业	Leasing and Business Services	6.95	6.41	3.4	2.4
科学研究、技术服务和地质勘察业	Scientific Research, Technical Services and Geological Prospecting	6.47	5.34	3.1	2.0
水利、环境和公共设施管理业	Management for Water Conservancy, Environment and Public Facilities	3.55	3.36	1.7	1.3
居民服务和其他服务业	Resident Services and Other Social Services	6.86	6.82	3.3	2.5
教　育	Education	16.43	16.46	8.0	6.1
卫生、社会保障和社会福利业	Health Care, Social Security and Social Welfare	8.98	8.88	4.4	3.3
文化、体育和娱乐业	Culture, Sports and Recreational Services	1.75	1.60	0.8	0.6
公共管理和社会组织	Public Management and Social Organizations	13.69	14.08	6.7	5.2
按企业、事业、机关分	**Grouped by Enterprise, Institution and Government Agency**				
企　业	Enterprises	158.09	220.25	76.9	82.1
中　央	Central	26.87	30.19	13.1	11.2
地　方	Local	131.22	190.06	63.8	70.9
#国　有	State-owned	22.75	24.41	11.1	9.1
事　业	Institutions	34.77	34.97	16.9	13.0
中　央	Central	1.80	1.88	0.9	0.7
地　方	Local	32.97	33.09	16.0	12.3
机　关	Government Agencies	12.79	13.02	6.2	4.9
中　央	Central	1.06	1.20	0.5	0.5
地　方	Local	11.73	11.82	5.7	4.4

4-6 城镇单位在岗职工及构成
Number and Composition of On-post Staff and Workers in Urban Units

项　目	Item	绝对数(万人) Number (10 000 persons)		构　成(%) Composition in Percentage (%)	
		2010	2011	2010	2011
总　计	**Total**	**185.00**	**252.09**	**100.0**	**100.0**
按登记注册类型分	**Grouped by Registration Status**				
国有单位	State-owned Units	74.77	81.22	40.4	32.2
集体单位	Collective-owned Units	3.63	7.90	2.0	3.1
其他单位	Others	106.60	162.97	57.6	64.7
#外商及港澳台商投资单位	Units with Funds from Foreign Countries, Hong Kong, Macao & Taiwan	54.08	80.28	32.2	31.8
股份有限公司	Share Holding Corporations Ltd.	9.91	16.48	6.8	6.5
按国民经济行业分	**Grouped by Sector**				
农、林、牧、渔业	Farming, Forestry, Animal Husbandry and Fishery	0.65	0.55	0.4	0.2
采矿业	Minerals Mining	7.96	9.46	4.3	3.8
制造业	Manufacturing	69.71	109.99	37.7	43.6
电力、燃气及水的生产和供应业	Production and Supply of Electricity, Gas and Water	3.13	4.05	1.7	1.6
建筑业	Construction	9.46	26.85	5.1	10.7
交通运输、仓储及邮政业	Transportation, Storage, Post Services	11.01	10.51	6.0	4.2
信息传输、计算机服务和软件业	Information Transmitting, Computer Services and Software	2.18	2.06	1.2	0.8
批发和零售业	Wholesale and Retail Trade	11.01	13.91	6.0	5.5
住宿和餐饮业	Accommodation and Catering Services	3.35	6.36	1.8	2.5
金融业	Finance Intermediation	4.32	5.36	2.3	2.1
房地产业	Real Estate	3.42	3.92	1.8	1.6
租赁和商务服务业	Leasing and Business Services	6.49	6.26	3.5	2.5
科学研究、技术服务和地质勘察业	Scientific Research, Technical Services and Geological Prospecting	5.48	4.87	3.0	1.9
水利、环境和公共设施管理业	Management for Water Conservancy, Environment and Public Facilities	3.06	2.87	1.6	1.2
居民服务和其他服务业	Resident Services and Other Social Services	6.33	6.62	3.4	2.6
教　育	Education	15.51	15.66	8.4	6.2
卫生、社会保障和社会福利业	Health Care, Social Security and Social Welfare	8.06	8.39	4.3	3.3
文化、体育和娱乐业	Culture, Sports and Recreational Services	1.59	1.49	0.9	0.6
公共管理和社会组织	Public Management and Social Organizations	12.28	12.91	6.6	5.1

4-7 城镇单位其他从业人员及构成
Number and Composition of Other Employment Personnel in Urban Units

项　目	Item	绝对数(万人) Number (10 000 persons) 2010	2011	构　成(%) Composition in Percentage (%) 2010	2011
总　计	**Total**	**20.65**	**16.15**	**100.0**	**100.0**
按登记注册类型分	**Grouped by Registration Status**				
国有单位	State-owned Units	6.02	4.66	29.2	28.8
集体单位	Collective-owned Units	0.67	0.93	3.2	5.8
其他单位	Others	13.96	10.56	67.6	65.4
#外商及港澳台商投资单位	Units with Funds from Foreign Countries, Hong Kong, Macao & Taiwan	5.42	1.49	26.2	20.4
股份有限公司	Share Holding Corporations Ltd.	2.65	3.29	12.8	9.2
按国民经济行业分	**Grouped by Sector**				
农、林、牧、渔业	Farming, Forestry, Animal Husbandry and Fishery	0.06	0.05	0.3	0.3
采矿业	Minerals Mining	1.00	0.95	4.8	5.9
制造业	Manufacturing	5.58	2.67	27.0	16.5
电力、燃气及水的生产和供应业	Production and Supply of Electricity, Gas and Water	0.15	0.16	0.7	1.0
建筑业	Construction	0.75	3.71	3.6	23.0
交通运输、仓储及邮政业	Transportation, Storage and Post Services	1.49	0.92	7.2	5.7
信息传输、计算机服务和软件业	Information Transmitting, Computer Services and Software	0.06	0.02	0.3	0.1
批发和零售业	Wholesale and Retail Trade	1.38	0.83	6.7	5.2
住宿和餐饮业	Accommodation and Catering Services	1.48	0.37	7.2	2.3
金融业	Finance Intermediation	2.63	2.36	12.7	14.6
房地产业	Real Estate	0.19	0.23	0.9	1.4
租赁和商务服务业	Leasing and Business Services	0.46	0.15	2.2	0.9
科学研究、技术服务和地质勘察业	Scientific Research, Technical Services and Geological Prospecting	0.99	0.47	4.8	2.9
水利、环境和公共设施管理业	Management for Water Conservancy, Environment and Public Facilities	0.49	0.49	2.4	3.0
居民服务和其他服务业	Resident Services and Other Social Services	0.53	0.20	2.6	1.2
教　育	Education	0.92	0.80	4.5	5.0
卫生、社会保障和社会福利业	Health Care, Social Security and Social Welfare	0.92	0.49	4.5	3.0
文化、体育和娱乐业	Culture, Sports and Recreational Services	0.16	0.11	0.8	0.7
公共管理和社会组织	Public Management and Social Organizations	1.41	1.17	6.8	7.3

4-8 城镇登记失业人员情况（2007—2011年）
Basic Statistics on Registered Unemployed Personnel in Urban Area, 2007-2011

单位：万人 (10 000 persons)

指　标　Item	2007	2008	2009	2010	2011
新登记失业人数					
Number of Newly Registered Unemployed Personnel	**8.56**	**8.08**	**9.20**	**11.98**	**12.80**
#女　性					
Female	4.47	4.23	4.78	5.98	6.91
#由就业转失业人数					
Unemployment Turned from Employment	5.80	6.02	5.72	9.07	4.33
本期失业人员就业人数					
Newly Employed Personnel Turning from Unemployment	**5.24**	**10.09**	**7.19**	**10.88**	**8.79**
期末实有登记失业人数					
Registered Unemployed Personnel at Year-end	**14.99**	**12.99**	**15.00**	**16.10**	**20.11**
#女　性					
Female	7.80	6.75	7.80	8.53	10.51
#长期失业者					
Long-term Unemployed Personnel	6.00	4.19	6.00	6.44	9.52
登记失业率(%)					
Registered Unemployed Rate (%)	**3.60**	**3.60**	**3.60**	**3.60**	**3.60**

资料来源：天津市人力资源和社会保障局。
Source: Tianjin Municipal Human Resources & Social Security Bureau.

4-9 新增就业情况（2007—2011年）
Statistics on Newly Increased Employment, 2007-2011

单位：万人 (10 000 persons)

项　目　Item	2007	2008	2009	2010	2011
新增就业岗位人数					
Persons Employed on New Job Posts	**33.37**	**38.02**	**40.23**	**45.15**	**47.10**
下岗失业人员					
Laid-off and Unemployed	10.45	10.20	10.75	10.76	11.02
下岗人员					
Laid-off	2.02	0.49			
失业人员					
Unemployed	8.43	9.71	10.75	10.76	11.02
其他人员					
Others	22.92	27.82	29.48	34.39	36.08

4-10 职业技能培训与就业服务情况(2007—2011年) Statistics on Vocational Skill Training and Employment Service, 2007-2011

项　目 Item	2007	2008	2009	2010	2011
参加职业技能鉴定人次(人次)					
Persons Attending Vocational Technical Appraisal (person-time)	**251415**	**258335**	**292996**	**350476**	**265795**
初级工					
Junior Worker	153587	144838	165236	231432	143666
中级工					
Middle Worker	70413	80976	85845	71090	65207
高级工					
Senior Worker	21748	26126	33546	36384	36012
技　师					
Technician	4862	5021	6696	7497	12093
高级技师					
Senior Technician	805	1374	1673	4073	8817
取得职业资格证书人数(人)					
Persons Gaining Vocational Certificate (person)	**238946**	**244596**	**280380**	**327297**	**248637**
初级工					
Junior Worker	145986	136350	157710	213502	133426
中级工					
Middle Worker	66557	77123	82117	67441	61322
高级工					
Senior Worker	20998	25154	32385	35365	34448
技　师					
Technician	4638	4665	6527	7086	11441
高级技师					
Senior Technician	767	1304	1641	3903	8000
劳务市场情况(万人次)					
Statistics on Labour Force Market (10 000 person-times)					
进场择业洽谈人次					
Number of Person-times Entering for Interview	291.00	291.20	291.76	292.10	198.00
达成初步意向人次					
Number of Person-times Reached Initial Intent	77.60	68.14	68.28	69.30	52.00

4-11 城镇单位从业人员工资总额（1996—2011年）
Total Remuneration of Employment Personnel in Urban Units, 1996-2011

单位：亿元 (100 million yuan)

年份 Year	合计 Total	按三次产业分 Grouped by Three Industries 第一产业 Primary Industry	第二产业 Secondary Industry	第三产业 Tertiary Industry	按登记注册类型分 Grouped by Registration Status 国有单位 State-owned Units	集体单位 Collective-owned Units	其他单位 Others
1996	212.05	0.96	116.32	94.77	154.34	27.14	30.57
1997	223.25	1.04	118.71	103.50	160.47	26.46	36.32
1998	225.39	1.07	118.56	105.75	151.80	23.94	49.64
1999	234.42	0.97	121.53	111.92	151.93	21.25	61.23
2000	253.53	1.07	131.15	121.32	161.86	19.86	71.82
2001	277.56	1.16	137.48	138.92	176.26	16.86	84.44
2002	304.23	1.38	145.74	157.11	182.27	15.47	106.49
2003	350.60	1.32	172.76	176.53	194.80	15.49	140.32
2004	407.99	1.38	199.12	207.49	222.60	16.21	169.18
2005	458.26	1.32	219.72	237.23	247.30	16.69	194.27
2006	530.29	1.35	256.63	272.31	283.31	17.99	229.16
2007	653.05	1.66	310.10	341.29	337.13	19.71	296.21
2008	795.85	2.04	355.56	438.25	375.36	20.86	399.63
2009	886.51	2.36	393.49	490.66	389.47	14.81	482.23
2010	1051.19	2.90	456.50	591.79	456.02	17.98	577.19
2011	1462.12	2.85	796.63	662.64	530.32	32.24	899.56

注：1. 1998-2010年为劳动报酬总额。2. 2008年以前国有单位从业人员工资总额包括登记注册类型为国有独资公司的单位。下同。
Note: a) Data from 1998 to 2010 of this table refer to total wages of staff and workers. b) Total remuneration of employment personnel in state-owned units before 2008 includes figures of sole state-owned corporations. Same as following next.

4-12 城镇单位从业人员平均工资（1996—2011年）
Average Remuneration of Employment Personnel in Urban Units, 1996-2011

单位：元 (yuan)

年份 Year	合计 Total	按三次产业分 Grouped by Three Industries 第一产业 Primary Industry	第二产业 Secondary Industry	第三产业 Tertiary Industry	按登记注册类型分 Grouped by Registration Status 国有单位 State-owned Units	集体单位 Collective-owned Units	其他单位 Others
1996	7643	5710	7131	7787	8072	4745	10522
1997	8238	6476	7691	8372	8689	5083	10599
1998	9895	7541	9778	10062	10169	6020	12818
1999	11046	8476	11000	11127	11169	6821	13601
2000	12414	9414	12259	12622	12690	7485	14317
2001	14242	10333	13503	15107	14823	8159	15263
2002	16223	12492	15432	17081	16632	9152	17449
2003	18511	13257	17772	19357	18929	10865	19424
2004	21146	15450	20398	21972	22031	12545	21421
2005	24122	15954	23370	24936	24832	14693	24583
2006	27628	17975	26711	28631	29135	17752	27081
2007	33312	23040	32051	34624	34894	21539	32814
2008	39990	28373	37685	42163	42962	25113	38673
2009	43937	31834	40588	47143	47895	29018	41806
2010	51489	40221	46615	56090	56635	37686	48557
2011	54867	46948	50477	61322	61701	35213	52489

注：1. 1998-2010年为人均劳动报酬。
Note: Data from 1998 to 2010 refers to average wages.

4-13 城镇单位从业人员工资总额(2009—2011年)
Total Remuneration of Employment Personnel in Urban Units, 2009-2011

单位：亿元 (100 million yuan)

项 目	Item	2009	2010	2011
总 计	**Total**	**886.51**	**1051.19**	**1462.12**
按登记注册类型分	**Grouped by Registration Status**			
国有单位	State-owned Units	389.47	456.02	530.32
集体单位	Collective-owned Units	14.81	17.98	32.24
其他单位	Others	482.23	577.19	899.56
#外商及港澳台商投资单位	Foreign Countries, Hong Kong, Macao & Taiwan Funded Units	218.69	268.84	402.02
股份有限公司	Share Holding Corporations Ltd.	73.60	87.44	140.27
按国民经济行业分	**Grouped by Sector**			
农、林、牧、渔业	Farming, Forestry, Animal Husbandry and Fishery	2.36	2.90	2.85
采矿业	Minerals Mining	53.61	53.51	75.97
制造业	Manufacturing	268.29	319.22	549.62
电力、燃气及水的生产和供应业	Production and Supply of Electricity, Gas and Water	23.59	26.82	36.18
建筑业	Construction	48.00	56.95	134.86
交通运输、仓储及邮政业	Transportation, Storage and Post Services	59.99	69.80	73.84
信息传输、计算机服务和软件业	Information Transmitting, Computer Services and Software	14.37	15.92	15.40
批发和零售业	Wholesale and Retail Trade	38.81	54.55	69.65
住宿和餐饮业	Accommodation and Catering Services	7.78	10.26	15.72
金融业	Finance Intermediation	48.67	59.94	73.46
房地产业	Real Estate	12.52	16.34	26.59
租赁和商务服务业	Leasing and Business Services	19.28	19.96	22.37
科学研究、技术服务和地质勘察业	Scientific Research, Technical Services and Geological Prospecting	39.81	50.69	47.90
水利、环境和公共设施管理业	Management for Water Conservancy, Environment and Public Facilities	13.24	15.64	16.39
居民服务和其他服务业	Resident Services and Other Social Services	14.82	15.81	17.54
教 育	Education	93.76	109.09	115.04
卫生、社会保障和社会福利业	Health Care, Social Security and Social Welfare	41.49	52.02	59.01
文化、体育和娱乐业	Culture, Sports and Recreational Services	8.72	9.55	9.38
公共管理和社会组织	Public Management and Social Organizations	77.40	92.22	100.35
按企业、事业、机关分	**Grouped by Enterprise, Institution and Government Agency**			
企 业	Enterprises	635.21	751.14	1136.34
中 央	Central	167.20	184.15	231.14
地 方	Local	468.01	566.99	905.20
#国 有	State-owned	68.00	78.38	100.41
事 业	Institutions	179.38	213.47	232.45
中 央	Central	10.19	11.21	13.31
地 方	Local	169.19	202.26	219.14
机 关	Government Agencies	71.92	86.58	93.33
中 央	Central	5.57	6.05	7.04
地 方	Local	66.35	80.53	86.29

4-14 城镇单位从业人员平均工资（2009—2011年） Average Remuneration of Employment Personnel in Urban Units, 2009-2011

单位：元 (yuan)

项　目	Item	2009	2010	2011
总　计	**Total**	**43937**	**51489**	**54867**
按登记注册类型分	**Grouped by Registration Status**			
国有单位	State-owned Units	47895	56635	61701
集体单位	Collective-owned Units	29018	37686	35213
其他单位	Others	41806	48557	52489
#外商及港澳台商投资单位	Foreign Countries, Hong Kong, Macao & Taiwan Funded Units	39663	45898	49882
股份有限公司	Share Holding Corporations Ltd.	61089	70733	70059
按国民经济行业分	**Grouped by Sector**			
农、林、牧、渔业	Farming, Forestry, Animal Husbandry and Fishery	31834	40221	46948
采矿业	Minerals Mining	57508	59897	74009
制造业	Manufacturing	36495	42482	49023
电力、燃气及水的生产和供应业	Production and Supply of Electricity, Gas and Water	71632	82607	86265
建筑业	Construction	44374	53686	43161
交通运输、仓储及邮政业	Transportation, Storage and Post Services	48453	55912	64805
信息传输、计算机服务和软件业	Information Transmitting, Computer Services and Software	59022	73276	74804
批发和零售业	Wholesale and Retail Trade	32671	44710	48772
住宿和餐饮业	Accommodation and Catering Services	21067	22742	25290
金融业	Finance Intermediation	74068	89166	97006
房地产业	Real Estate	40945	47385	67149
租赁和商务服务业	Leasing and Business Services	26377	28880	34266
科学研究、技术服务和地质勘察业	Scientific Research, Technical Services and Geological Prospecting	67825	80485	91848
水利、环境和公共设施管理业	Management for Water Conservancy, Environment and Public Facilities	36742	44067	48688
居民服务和其他服务业	Resident Services and Other Social Services	20992	23529	26054
教　育	Education	56700	66285	70240
卫生、社会保障和社会福利业	Health Care, Social Security and Social Welfare	49175	60149	67192
文化、体育和娱乐业	Culture, Sports and Recreational Services	49221	54182	59627
公共管理和社会组织	Public Management and Social Organizations	57443	67714	71673
按企业、事业、机关分	**Grouped by Enterprise, Institution and Government Agency**			
企　业	Enterprises	41023	47845	51944
中　央	Central	60545	69320	76909
地　方	Local	36785	43471	47968
#国　有	State-owned	28508	34131	40732
事　业	Institutions	51931	61946	66828
中　央	Central	57064	63106	71491
地　方	Local	51651	61883	66565
机　关	Government Agencies	58074	68146	72122
中　央	Central	55808	58430	59133
地　方	Local	58273	69008	73438

4-15 在岗职工工资总额（2009—2011年）Total Remuneration of On-post Staff and Workers, 2009-2011

单位：亿元 (100 million yuan)

项 目	Item	2009	2010	2011
总 计	**Total**	**823.48**	**973.84**	**1394.03**
按登记注册类型分	**Grouped by Registration Status**			
国有单位	State-owned Units	378.74	442.96	518.89
集体单位	Collective-owned Units	13.06	15.57	29.29
其他单位	Others	431.68	515.31	845.85
#外商及港澳台商投资单位	Foreign Countries, Hong Kong, Macao & Taiwan Funded Units	192.14	235.05	379.63
股份有限公司	Share Holding Corporations Ltd.	64.18	77.38	126.01
按国民经济行业分	**Grouped by Sector**			
农、林、牧、渔业	Farming, Forestry, Animal Husbandry and Fishery	2.25	2.75	2.75
采矿业	Minerals Mining	50.40	50.73	71.52
制造业	Manufacturing	243.12	287.80	526.35
电力、燃气及水的生产和供应业	Production and Supply of Electricity, Gas and Water	23.20	26.31	35.78
建筑业	Construction	45.63	53.78	125.12
交通运输、仓储及邮政业	Transportation, Storage and Post Services	54.82	64.66	70.37
信息传输、计算机服务和软件业	Information Transmitting, Computer Services and Software	13.94	15.61	15.34
批发和零售业	Wholesale and Retail Trade	35.67	47.85	64.75
住宿和餐饮业	Accommodation and Catering Services	6.53	8.36	14.61
金融业	Finance Intermediation	38.37	49.14	63.29
房地产业	Real Estate	11.74	15.65	25.84
租赁和商务服务业	Leasing and Business Services	18.25	18.76	21.96
科学研究、技术服务和地质勘察业	Scientific Research, Technical Services and Geological Prospecting	36.60	45.84	45.74
水利、环境和公共设施管理业	Management for Water Conservancy, Environment and Public Facilities	12.57	14.83	15.47
居民服务和其他服务业	Resident Services and Other Social Services	14.06	15.00	17.19
教 育	Education	92.07	107.17	113.19
卫生、社会保障和社会福利业	Health Care, Social Security and Social Welfare	40.17	50.41	57.53
文化、体育和娱乐业	Culture, Sports and Recreational Services	8.29	9.13	9.04
公共管理和社会组织	Public Management and Social Organizations	75.80	90.06	98.19

4-16 在岗职工平均工资（2009—2011年）
Average Remuneration of On-post Staff and Workers, 2009-2011

单位：元 (yuan)

项　目	Item	2009	2010	2011
总　计	**Total**	**44992**	**52963**	**55636**
按登记注册类型分	**Grouped by Registration Status**			
国有单位	State-owned Units	49946	59442	63772
集体单位	Collective-owned Units	31027	40874	36050
其他单位	Others	41915	48825	52514
# 外商及港澳台商投资单位	Foreign Countries, Hong Kong, Macao & Taiwan Funded Units	37347	43846	47946
股份有限公司	Share Holding Corporations Ltd.	68153	78283	74813
按国民经济行业分	**Grouped by Sector**			
农、林、牧、渔业	Farming, Forestry, Animal Husbandry and Fishery	32719	41709	49359
采矿业	Minerals Mining	61139	63668	75164
制造业	Manufacturing	35125	41250	48114
电力、燃气及水的生产和供应业	Production and Supply of Electricity, Gas and Water	73575	84128	88004
建筑业	Construction	46302	56047	45603
交通运输、仓储及邮政业	Transportation, Storage and Post Services	51708	59129	67454
信息传输、计算机服务和软件业	Information Transmitting, Computer Services and Software	59943	73462	75224
批发和零售业	Wholesale and Retail Trade	33063	45215	47973
住宿和餐饮业	Accommodation and Catering Services	26019	26888	25027
金融业	Finance Intermediation	101526	115555	120476
房地产业	Real Estate	41435	48032	69182
租赁和商务服务业	Leasing and Business Services	26378	29149	34384
科学研究、技术服务和地质勘察业	Scientific Research, Technical Services and Geological Prospecting	71634	85713	95762
水利、环境和公共设施管理业	Management for Water Conservancy Environment and Public Facilities	40007	48242	53610
居民服务和其他服务业	Resident Services and Other Social Services	21432	24104	26240
教　育	Education	58764	68830	72495
卫生、社会保障和社会福利业	Health Care, Social Security and Social Welfare	51051	62896	69370
文化、体育和娱乐业	Culture, Sports and Recreational Services	51470	57024	61861
公共管理和社会组织	Public Management and Social Organizations	62344	73700	76530

4-17 其他从业人员工资总额（2009—2011年）
Total Remuneration of Other Employment Personnel, 2009-2011

单位：亿元 (100 million yuan)

项　目	Item	2009	2010	2011
总　计	**Total**	**63.03**	**77.35**	**68.09**
按登记注册类型分	**Grouped by Registration Status**			
国有单位	State-owned Units	10.73	13.06	11.43
集体单位	Collective-owned Units	1.75	2.41	2.95
其他单位	Others	50.55	61.88	53.71
#外商及港澳台商投资单位	Foreign Countries, Hong Kong, Macao & Taiwan Funded Units	26.55	33.79	22.39
股份有限公司	Share Holding Corporations Ltd.	9.41	10.06	14.26
按国民经济行业分	**Grouped by Sector**			
农、林、牧、渔业	Farming, Forestry, Animal Husbandry and Fishery	0.11	0.15	0.10
采矿业	Minerals Mining	3.21	2.78	4.45
制造业	Manufacturing	25.17	31.42	23.27
电力、燃气及水的生产和供应业	Production and Supply of Electricity, Gas and Water	0.39	0.51	0.40
建筑业	Construction	2.37	3.17	9.74
交通运输、仓储及邮政业	Transportation, Storage and Post Services	5.17	5.14	3.47
信息传输、计算机服务和软件业	Information Transmitting, Computer Services and Software	0.43	0.31	0.06
批发和零售业	Wholesale and Retail Trade	3.14	6.70	4.90
住宿和餐饮业	Accommodation and Catering Services	1.25	1.90	1.11
金融业	Finance Intermediation	10.30	10.80	10.17
房地产业	Real Estate	0.78	0.69	0.75
租赁和商务服务业	Leasing and Business Services	1.03	1.20	0.41
科学研究、技术服务和地质勘察业	Scientific Research, Technical Services and Geological Prospecting	3.21	4.85	2.16
水利、环境和公共设施管理业	Management for Water Conservancy, Environment and Public Facilities	0.67	0.81	0.92
居民服务和其他服务业	Resident Services and Other Social Services	0.76	0.81	0.35
教　育	Education	1.69	1.92	1.85
卫生、社会保障和社会福利业	Health Care, Social Security and Social Welfare	1.32	1.61	1.48
文化、体育和娱乐业	Culture, Sports and Recreational Services	0.43	0.42	0.34
公共管理和社会组织	Public Management and Social Organizations	1.60	2.16	2.16

4-18 其他从业人员平均工资（2009—2011年）
Average Remuneration of Other Employment Personnel, 2009-2011

单位：元 (yuan)

项　目	Item	2009	2010	2011
总　计	**Total**	**33631**	**38128**	**42767**
按登记注册类型分	**Grouped by Registration Status**			
国有单位	State-owned Units	19553	21767	24935
集体单位	Collective-owned Units	19531	25056	28618
其他单位	Others	40897	46435	52111
#外商及港澳台商投资单位	Foreign Countries, Hong Kong, Macao & Taiwan Funded Units	71972	68041	158158
股份有限公司	Share Holding Corporations Ltd.	35791	40614	44864
按国民经济行业分	**Grouped by Sector**			
农、林、牧、渔业	Farming, Forestry, Animal Husbandry and Fishery	20769	24268	20217
采矿业	Minerals Mining	29770	28768	59432
制造业	Manufacturing	58547	58485	85570
电力、燃气及水的生产和供应业	Production and Supply of Electricity, Gas and Water	27480	42953	31435
建筑业	Construction	24599	31333	25567
交通运输、仓储及邮政业	Transportation, Storage and Post Services	29056	33192	36064
信息传输、计算机服务和软件业	Information Transmitting, Computer Services and Software	39503	65110	31864
批发和零售业	Wholesale and Retail Trade	28791	41406	62536
住宿和餐饮业	Accommodation and Catering Services	10553	13551	29357
金融业	Finance Intermediation	36885	43725	43851
房地产业	Real Estate	34778	36306	33257
租赁和商务服务业	Leasing and Business Services	26352	25246	28917
科学研究、技术服务和地质勘察业	Scientific Research, Technical Services and Geological Prospecting	42216	51063	49289
水利、环境和公共设施管理业	Management for Water Conservancy, Environment and Public Facilities	14578	17010	19130
居民服务和其他服务业	Resident Services and Other Social Services	15235	16330	19341
教　育	Education	19490	21641	24175
卫生、社会保障和社会福利业	Health Care, Social Security and Social Welfare	23236	25410	30215
文化、体育和娱乐业	Culture, Sports and Recreational Services	26627	26091	30278
公共管理和社会组织	Public Management and Social Organizations	12161	15412	18456

主要统计指标解释

劳动力资源

指在劳动年龄内，具有劳动能力，在正常情况下，可能或实际参加社会劳动的总人口数。具体的范围是：劳动年龄内（16 周岁及以上），有劳动能力、实际参加社会劳动和未参加社会劳动的人员。

社会从业人员

指在劳动年龄内，有劳动能力，参加社会劳动取得劳动报酬或经营收入的人员。具体指城镇单位从业人员，乡镇企业从业人员，乡村农林牧渔劳动者，私营、个体雇员，私营、个体雇主以及其他从业人员。从空间范围上讲社会从业人员既包括城镇中的从业人员，又包括乡村中的从业人员。

城镇单位从业人员

指期末最后一日 24 时在本单位中工作，并取得工资或其他形式劳动报酬的人员数。该指标为时点指标，不包括最后一日当天及以前已经与单位解除劳动合同关系的人员，是在岗职工、劳务派遣人员及其他从业人员之和。

城镇私营和个体从业人员

指在工商管理部门注册登记，其经营地址设在县城关镇（含城关镇）以上的私营企业从业人员；包括私营企业投资者和雇工。

城镇个体从业人员指在工商管理部门注册登记，并持有城镇户口或在城镇长期居住，经批准从事个体工商经营的从业人员；包括个体经营者和在个体工商户劳动的家庭帮工和雇工。

在岗职工

指在本单位工作且与本单位签订劳动合同，并由单位支付各项工资和社会保险、住房公积金的人员，以及上述人员中由于学习、病伤、产假等原因暂未工作仍由单位支付工资的人员。在岗职工还包括：应订立劳动合同而未订立劳动合同人员；处于试用期人员；编制外招用的人员；派往外单位工作，但工资仍由本单位发放的人员。

其他从业人员

指本单位中不能归到在岗职工、劳务派遣人员中的人员。此类人员是实际参加本单位生产或工作并从本单位取得劳动报酬的人员。具体包括：非全日制人员、聘用的正式离退休人员、兼职人员和第二职业者等，以及在本单位中工作的外籍和港澳台方人员。

城镇登记失业人员

指有非农业户口，在一定的劳动年龄（16 岁至退休年龄）内，有劳动能力，无业且要求就业，并在当地劳动保障机构进行求职登记的人员。

城镇登记失业率

指报告期末城镇登记失业人数占期末从业人员总数与期末实有城镇登记失业人数之和的比重。计算公式：

$$\text{城镇登记失业率}=\frac{\text{期末实有城镇登记失业人数}}{\text{期末从业人员总数}+\text{期末实有城镇登记失业人数}}\times 100\%$$

城镇单位从业人员工资总额

指根据《关于工资总额组成的规定》(1990 年 1 月 1 日国家统计局发布的一号令）进行修订，本单位在报告期内（季度或年度）直接支付给本单位全部从业人员的劳动报酬总额。包括计时工资、计件工资、奖金、津贴和补贴、加班加点工资、特殊情况下支付的工资，是在岗职工工资总额、劳务派遣人员工资总额和其他从业人员工资总额之和。

在岗职工工资总额

指本单位在一定时期内直接支付给本单位全部在岗职工的全部劳动报酬总额。在岗职工工资总额由基本工资、绩效工资、工资性津贴和补贴、其他工资四部分组成。工资总额不包括病假、事假等情况的扣款。

其他从业人员工资总额

指本单位在报告期内直接支付给本单位其他从业人员的全部劳动报酬。

Explanatory Notes on Main Statistical Indicators

Labour Force

refer to the number of population at working ages (aged 16 and over) who have capacity for physical labour, have engaged in social labour or not.

Employment Personnel

refer to the persons aged 16 and over who are engaged in social labour and receive remuneration payment or earn business income, including employment personnel worked in units in urban areas, employment personnel worked in township enterprises, rural labour engaged in farming, forestry, animal husbandry and fishery, employees in private enterprises and individual economy, employers of private enterprises and individual economy and other employment personnel. Social employment personnel not only include those in urban areas, also include those in rural areas.

Employment Personnel in Urban Units

refer to all the persons working in the units at 24 o'clock in the last day of the term and received wages or other remunerations. This indicator is a time-point indicator, excluding the persons with dissolution of their labor contracts before or in the last day of the term. It is the sum of on-post staff and workers, labor dispatch and other employment personnel.

Employment Personnel in Private Enterprises and Individual Economy in Urban Areas

refer to the employment personnel in the private enterprises which have been registered at the departments of industrial and commercial administration and are situated at a town (i.e. at the town where the county government is located) for business operation or at urban areas with the level higher than a county town, including investor of the enterprises and persons employed.

The individual economy in urban areas refer to persons who hold the certificates of residence in urban areas or have resided in the urban areas for a long time and have been registered at the departments of industrial and commercial administration and approved to be engaged in individual industrial or commercial business, including self-employed persons as well as helpers and hired labourers who work in the individual households engaged in industrial or commercial business.

On-post Staff and Workers

refer to staff and workers working in the units, signed working contracts and received wages, social insurance and housing fund, including those receive wages from units but are temporarily absent from work for reasons of study, work or on sick, injury or maternal leave. It also include staff and workers should but not be contracted, on probation, recruited out of positions, sent to other units but still received wages.

Other Employment Personnel

refer to the personnel in the units out of on-post staff and workers and labour dispatch, which are working in the units and receiving wages or other forms of payment, including part-time staff, re-employed retirees, employees holding the second job, and foreigners and Chinese compatriots from Hong Kong, Macao, and Taiwan working in the units.

Registered Unemployed Personnel in Urban Area

refer to the persons who are registered as permanent residents in the urban areas engaged in non-agricultural activities, aged within the range of working age (16-retired age), capable to labour, unemployed but desirous to be employed and have been registered at the local employment service agencies to apply for a job.

Registered Unemployed Rate in Urban Area

refers to the ratio of the number of the registered unemployed persons to the sum of the number of employed persons and the registered unemployed persons. The formula is as follows:

$$\text{Registered Urban Unemployment Rate} = \frac{\text{Number of Urban Registered Unemployed Persons}}{\text{Urban Employed Persons} + \text{Number of Registered Urban Unemployed Persons}} \times 100\%$$

Total Remuneration of Employment Personnel in Urban Units

refer to total reward payment of employment personnel worked in units during a certain period according to the *Provisions on the Composition of Total Wages* (National Statistic Bureau No. 1, January 1st, 1990). It includes time wage, piece wage, cash awards, exceed wage, subsidy, working overtime wage and other special wage. It is the total wages of working staff and workers, labour dispatch and reward of other employment personnel.

Total Remuneration of On-post Staff and Workers

refer to the total reward payment to working staff and workers in their units during a certain period of time. It consisted of basic salary, performance pay, wage-equivalent subsidy and other wages. It excludes the deduction of sick leave, personal leave and others.

Total Remuneration of Other Employment Personnel

refers to the total reward payment to other persons employed in their units during a certain period of time.

5

固定资产投资和房地产

Investment in Fixed Assets and Real Estate

5-1 主要年份全社会固定资产投资
Total Investment in Fixed Assets in Main Years

单位：亿元 (100 million yuan)

指　标	Item	2000	2005	2010	2011
投资总额	**Total Investment**	**608.80**	**1516.84**	**6511.42**	**7510.67**
按登记注册类型分	**Grouped by Registered Status**				
内资企业	Domestic-funded Enterprises	499.65	1276.27	6020.36	6955.40
国　有	State-owned Enterprises	245.07	422.99	2582.90	2733.30
集　体	Collective-owned Enterprises	71.40	120.85	360.33	431.01
股份合作	Cooperative Enterprises	3.00	13.08	25.33	44.70
私营企业	Private Enterprises	28.73	140.34	532.07	784.85
股份有限公司	Share Holding Corporations Ltd.	68.60	166.68	479.69	566.99
有限责任公司	Limited Liability Corporations	58.61	380.28	1948.34	2248.52
# 国有独资公司	Sole State-funded Corporations	5.69	194.04	401.01	298.16
联营企业	Joint Ownership Enterprises	6.72	12.22	20.45	22.72
# 国有联营	State Joint Ownership Enterprises	4.12	9.96	7.32	8.41
其　他	Others	16.88	19.83	71.25	123.31
港、澳、台商投资企业	Enterprises with Investment from Hong Kong, Macao and Taiwan	15.02	49.65	168.53	196.94
外商投资企业	Foreign Funded Enterprises	81.04	161.63	296.17	308.46
个体经济	Individuals	13.10	29.29	26.36	49.87
按隶属关系分	**Grouped by Administrative Relationship**				
中　央	Central Government	144.97	227.99	749.29	578.99
地　方	Local Government	463.83	1288.85	5762.13	6931.68
按城乡分	**Grouped by Urban and Rural**				
城镇投资	Urban Investment	539.23	1385.70	6114.34	7057.20
# 房地产开发	Real Estate Development	133.93	327.54	866.64	1080.04
农村投资	Rural Investment	69.57	131.14	397.08	453.47
按构成分	**Grouped by Composition of Use**				
建筑工程	Construction	331.06	852.60	3602.65	4329.85
安装工程	Installation	32.00	75.59	281.52	343.71
设备工器具购置	Purchases of Equipment and Instruments	159.09	316.10	1213.53	1333.06
其他费用	Others	86.65	272.55	1413.72	1504.05
按三次产业分	**Grouped by Industry**				
第一产业	Primary Industry	5.28	13.71	95.37	150.33
第二产业	Secondary Industry	296.54	614.63	2945.99	3229.73
第三产业	Tertiary Industry	306.98	888.50	3470.06	4130.61

注：2011年起固定资产投资统计起点由原来50万元调整为500万元，下表同。
Note: The coverage of investment in fixed assets change from 0.5 million yuan to 5 million yuan from 2011. Same as following next.

5-2 按城乡分全社会固定资产投资和新增固定资产（1996—2011年）
Total Investment in Fixed Assets and Newly Increased Fixed Assets by Rural and Urban Area, 1996-2011

单位：亿元 (100 million yuan)

年 份 Year	总 计 Total	城 镇 Urban Area	# 房地产开发 Real Estate Development	农 村 Rural Area	非农户 Non-agricultural	农 户 Agricultural
固定资产投资 Investment in Fixed Assets						
1996	435.81	363.18	71.51	72.63	57.35	15.28
1997	498.66	435.64	80.80	63.02	52.39	10.63
1998	575.86	506.71	106.70	69.15	56.70	12.45
1999	567.36	506.86	116.96	60.50	49.00	11.50
2000	608.80	539.23	133.93	69.57	56.47	13.10
2001	705.10	627.20	161.27	77.90	61.50	16.40
2002	811.26	717.25	175.84	94.01	74.00	20.01
2003	1046.72	934.13	211.39	112.59	89.73	22.86
2004	1258.98	1132.72	263.92	126.26	99.06	27.20
2005	1516.84	1385.70	327.54	131.14	101.85	29.29
2006	1849.80	1709.66	402.32	140.14	110.14	30.00
2007	2388.63	2227.66	505.30	160.97	128.26	32.71
2008	3404.10	3189.45	653.72	214.65	181.50	33.15
2009	5006.32	4700.28	735.18	306.04	277.04	29.00
2010	6511.42	6114.34	866.64	397.08	370.72	26.36
2011	7510.67	7057.20	1080.04	453.47	426.49	26.98
新增固定资产 Newly Increased Fixed Assets						
1996	313.12	256.23	57.78	56.89	41.61	15.28
1997	320.46	268.07	53.65	52.39	41.76	10.63
1998	439.58	384.59	79.15	54.99	42.54	12.45
1999	459.54	400.26	64.78	59.28	47.78	11.50
2000	434.28	380.99	102.11	53.29	46.15	7.14
2001	476.92	399.52	99.62	77.40	61.00	16.40
2002	537.98	446.83	112.09	91.15	71.14	20.01
2003	656.99	547.10	155.38	109.89	87.03	22.86
2004	696.56	576.72	94.79	119.84	92.64	27.20
2005	847.79	725.01	265.97	122.78	95.97	26.81
2006	1423.73	1283.59	396.10	140.14	110.14	30.00
2007	1302.95	1168.34	506.91	134.61	103.83	30.78
2008	1873.10	1681.99	504.29	191.11	160.21	30.90
2009	2574.48	2350.53	609.89	223.95	195.86	28.09
2010	3296.45	2994.13	736.06	302.32	276.14	26.18
2011	3666.76	3283.93	1226.25	382.83	357.28	25.55

5-3 按行业分全社会固定资产投资 Total Investment in Fixed Assets by Sector

单位：亿元 (100 million yuan)

行 业 Sector	2010	2011	2011 比2010年 增长(%) Increase Rate in 2011 over 2010 (%)
总 计 Total	**6511.42**	**7510.67**	**31.1**
农、林、牧、渔业 Farming, Forestry, Animal Husbandry and Fishery	101.18	150.33	77.7
采矿业 Minerals Mining	309.29	228.26	-14.6
制造业 Manufacturing	2334.40	2720.53	35.4
电力、燃气及水的生产和供应业 Production and Supply of Electricity, Gas and Water	248.35	239.76	12.1
建筑业 Construction	30.22	41.18	68.0
交通运输、仓储和邮政业 Transportation, Storage and Post Services	638.38	549.71	2.3
信息传输、计算机服务和软件业 Information Transmitting, Computer Services and Software	48.34	72.29	73.1
批发和零售业 Wholesale and Retail Trade	96.41	127.79	55.0
住宿和餐饮业 Accommodation and Catering Services	67.57	58.09	3.6
金融业 Finance Intermediation	3.24	39.62	1320.3
房地产业 Real Estate	1144.32	1569.83	41.6
租赁和商务服务业 Leasing and Business Services	296.97	446.95	73.6
科学研究、技术服务和地质勘察业 Scientific Research, Technical Services and Geological Prospecting	21.53	23.53	27.2
水利、环境和公共设施管理业 Management for Water Conservancy, Environment and Public Facilities	845.53	850.44	14.2
居民服务和其他服务业 Resident Services and Other Social Services	98.03	100.48	18.8
教 育 Education	61.93	70.65	32.5
卫生、社会保障和社会福利业 Health Care, Social Security and Social Welfare	21.08	21.09	16.8
文化、体育和娱乐业 Culture, Sports and Recreational Services	62.36	105.06	93.3
公共管理和社会组织 Public Management and Social Organizations	82.29	95.08	33.0

注：2011年增速是投资起点改为500万元以上的同口径，表5-4至5-11、5-13至5-17同。
Note: Increase rate in 2011 adopts the coverage of investment of 5 million yuan and over from 2011. Same as table 5-4 to 5-11, 5-13 to 5-17.

5-4 按行业分全社会新增固定资产
Total Investment in Newly Increased Fixed Assets by Sector

单位：亿元 (100 million yuan)

行　业　Sector	2010	2011	2011比2010年增长(%) Increase Rate in 2011 over 2010 (%)
总　计 Total	**3296.45**	**3666.76**	**29.6**
农、林、牧、渔业 Farming, Forestry, Animal Husbandry and Fishery	65.39	112.94	117.7
采矿业 Minerals Mining	87.77	54.21	-28.4
制造业 Manufacturing	1344.80	1045.01	-5.7
电力、燃气及水的生产和供应业 Production and Supply of Electricity, Gas and Water	137.93	76.21	-21.6
建筑业 Construction	28.52	18.52	-19.3
交通运输、仓储和邮政业 Transportation, Storage and Post Services	138.70	75.52	-16.8
信息传输、计算机服务和软件业 Information Transmitting, Computer Services and Software	34.68	20.27	-30.5
批发和零售业 Wholesale and Retail Trade	76.21	100.13	54.1
住宿和餐饮业 Accommodation and Catering Services	27.20	34.20	64.3
金融业 Finance Intermediation	3.07	13.20	400.0
房地产业 Real Estate	755.25	1353.65	79.8
租赁和商务服务业 Leasing and Business Services	124.26	138.96	29.3
科学研究、技术服务和地质勘察业 Scientific Research, Technical Services and Geological Prospecting	10.46	5.33	-40.6
水利、环境和公共设施管理业 Management for Water Conservancy, Environment and Public Facilities	230.56	356.36	82.7
居民服务和其他服务业 Resident Services and Other Social Services	12.21	50.68	390.6
教　育 Education	30.46	90.29	245.7
卫生、社会保障和社会福利业 Health Care, Social Security and Social Welfare	17.10	20.41	39.4
文化、体育和娱乐业 Culture, Sports and Recreational Services	102.97	39.70	-55.2
公共管理和社会组织 Public Management and Social Organizations	68.91	61.17	2.5

5-5 城镇固定资产投资及新增固定资产
Investment in Fixed Assets and Newly Increased Fixed Assets in Urban Area

单位：万元 (10 000 yuan)

项　目	Item	2010	2011	2011 比2010年 增长(%) Increase Rate in 2011 over 2010 (%)
固定资产投资	**Total Investment in Fixed Assets**	**61143467**	**70572036**	**31.2**
按三次产业分	**Grouped by Industry**			
第一产业	Primary Industry	457380	576441	49.1
第二产业	Secondary Industry	27040385	31041279	33.7
#工　业	Industry	26796083	30760326	33.6
第三产业	Tertiary Industry	33645702	38954316	29.0
按隶属关系分	**Grouped by Administrative Relationship**			
中　央	Central Government	7492913	5789950	-10.6
地　方	Local Government	53650554	64782086	36.9
按建设性质分	**Grouped by Type of Construction**			
#新　建	New Construction	33983582	43517056	46.1
改、扩建及其他	Expansion, Reconstruction and Others	18493461	16254544	5.8
按构成分	**Grouped by Composition of Use**			
建筑工程	Construction	33480562	40274135	35.2
安装工程	Installation	2711960	3229574	35.2
设备工器具购置	Purchases of Equipment and Instruments	11438708	12557073	28.2
其他费用	Others	13512237	14511254	22.7
按登记注册类型分	**Grouped by Registered Status**			
内资企业	Domestic-funded Enterprises	56549388	65547339	32.0
国　有	State-owned Enterprises	25235509	26914083	21.8
集　体	Collective-owned Enterprises	2147116	3146449	71.2
股份合作	Cooperative Enterprises	244778	421789	99.7
私营企业	Private Enterprises	4809252	6926720	65.3
股份有限公司	Share Holding Corporations Ltd.	4709421	5597792	34.7
有限责任公司	Limited Liability Corporations	18640595	21675270	31.2
#国有独资公司	Sole State-funded Corporations	3918568	2957753	-13.5
联营企业	Joint Ownership Enterprises	185125	183779	12.7
#国有联营	State Joint Ownership Enterprises	73168	73294	9.4
其　他	Others	577592	681457	35.9
港、澳、台商投资企业	Enterprises with Investment from Hong Kong, Macao and Taiwan	1647917	1962514	35.0
外商投资企业	Foreign Funded Enterprises	2946162	3062183	17.8
新增固定资产	**Newly Increased Fixed Assets**	**29941264**	**32839292**	**27.6**
第一产业	Primary Industry	244404	397737	96.4
第二产业	Secondary Industry	14190165	10953692	-4.9
#工　业	Industry	13957034	10846248	-4.2
第三产业	Tertiary Industry	15506695	21487863	53.3
固定资产交付使用率(%)	**Rate of Fixed Assets Put into Use (%)**	**49.0**	**46.5**	

注：表中按建设性质分组数据不含房地产开发投资。
Note: Investment grouped by type of construction of this table excludes real estate development.

5-6 按行业分城镇固定资产投资
Investment in Fixed Assets in Urban Area by Sector

单位：万元 (10 000 yuan)

行业 Sector	2010	2011	2011比2010年增长(%) Increase Rate in 2011 over 2010 (%)
总计 Total	**61143467**	**70572036**	**31.2**
农、林、牧、渔业 Farming, Forestry, Animal Husbandry and Fishery	457380	576441	49.1
采矿业 Minerals Mining	3091308	2279573	-14.7
制造业 Manufacturing	21239532	26089233	43.2
电力、燃气及水的生产和供应业 Production and Supply of Electricity, Gas and Water	2465243	2391520	12.6
建筑业 Construction	244302	280953	38.6
交通运输、仓储和邮政业 Transportation, Storage and Post Services	6167749	5353227	3.2
信息传输、计算机服务和软件业 Information Transmitting, Computer Services and Software	483431	722907	73.1
批发和零售业 Wholesale and Retail Trade	917325	1091715	39.5
住宿和餐饮业 Accommodation and Catering Services	636722	423030	-21.3
金融业 Finance Intermediation	32410	396250	1318.5
房地产业 Real Estate	11306555	14835337	35.5
租赁和商务服务业 Leasing and Business Services	2833126	4383428	79.1
科学研究、技术服务和地质勘察业 Scientific Research, Technical Services and Geological Prospecting	215249	220067	18.9
水利、环境和公共设施管理业 Management for Water Conservancy, Environment and Public Facilities	8323467	8198367	12.1
居民服务和其他服务业 Resident Services and Other Social Services	945696	944249	16.0
教育 Education	608887	619272	18.1
卫生、社会保障和社会福利业 Health Care, Social Security and Social Welfare	207662	205979	15.9
文化、体育和娱乐业 Culture, Sports and Recreational Services	514578	1016224	129.1
公共管理和社会组织 Public Management and Social Organizations	452845	544264	41.1

5-7 按制造业主要行业分城镇固定资产投资
Investment in Fixed Assets in Urban Area of Main Manufacturing

单位：万元 (10 000 yuan)

行业	Sector	2010	2011	2011比2010年增长(%) Increase Rate in 2011 over 2010 (%)
总计	**Total**	**21239532**	**26089233**	**43.2**
#农副食品加工业	Processing of Food from Agricultural Products	247023	535772	156.9
食品制造业	Manufacture of Food	576521	473846	-3.4
饮料制造业	Manufacture of Beverage	147627	129401	2.0
纺织业	Manufacture of Textile	316905	402953	48.3
纺织服装、鞋、帽制造业	Manufacture of Textile Wearing Apparel, Footwear and Caps	167369	199003	54.7
皮革、皮毛、羽毛及其制品业	Manufacture of Leather, Fur, Feather and Related Products	9077	16100	110.2
木材加工及木、竹、藤、棕、草制品业	Processing of Timber, Manufacture of Wood, Bamboo, Rattan, Palm and Straw Products	16369	65134	435.5
家具制造业	Manufacture of Furniture	95703	195865	139.6
造纸及纸制品业	Manufacture of Paper and Paper Products	547988	482587	3.2
印刷和记录媒介的复制	Printing, Reproduction of Recording Media	103554	117176	36.1
文教体育用品制造业	Manufacture of Articles for Culture, Education and Sport Activity	38627	61468	99.0
石油加工、炼焦及核燃料加工业	Processing of Petroleum, Coking, Processing of Nuclear Fuel	516193	143986	-67.7
化学原料及化学制品制造业	Manufacture of Raw Chemical Materials and Chemical Products	2637179	1436366	-36.9
医药制造业	Manufacture of Medicines	463838	507464	28.2
化学纤维制造业	Manufacture of Chemical Fibers	1995	11469	1227.4
橡胶制品业	Manufacture of Rubber	760696	960447	46.3
塑料制品业	Manufacture of Plastics	462138	979464	148.9
非金属矿物制品业	Manufacture of Non-metallic Mineral Products	940565	1451752	81.9
黑色金属冶炼及压延加工业	Smelting and Pressing of Ferrous Metals	1847272	1386825	-12.8
有色金属冶炼及压延加工业	Smelting and Pressing of Non-Ferrous Metals	291856	238177	-4.9
金属制品业	Manufacture of Metal Products	1193986	1564828	52.8
通用设备制造业	Manufacture of General Purpose Machinery	818236	1331105	89.9
专用设备制造业	Manufacture of Special Purpose Machinery	2886034	4051996	62.8
交通运输设备制造业	Manufacture of Transport Equipment	3049408	3515325	33.8
电气机械及器材制造业	Manufacture of Electrical Machinery and Equipment	607797	1401475	168.0
通信设备、计算机及其他电子设备制造业	Manufacture of Communication Equipment, Computers and Other Electronic Equipment	1194628	2443095	139.0
仪器仪表及文化、办公用机械制造业	Manufacture of Measuring Instruments and Machinery for Cultural Activity and Office Work	64531	199368	262.8

5-8 按行业分城镇新增固定资产
Newly Increased Fixed Assets in Urban Area by Sector

单位：万元 (10 000 yuan)

行　业 Sector	2010	2011	2011比2010年增长(%) Increase Rate in 2011 over 2010 (%)
总　计 Total	**29941264**	**32839292**	**78.7**
农、林、牧、渔业 Farming, Forestry, Animal Husbandry and Fishery	244404	397737	96.4
采矿业 Minerals Mining	876297	539084	-28.7
制造业 Manufacturing	11713987	9550210	-0.6
电力、燃气及水的生产和供应业 Production and Supply of Electricity, Gas and Water	1366750	756954	-21.3
建筑业 Construction	233131	107444	-44.3
交通运输、仓储和邮政业 Transportation, Storage and Post Services	1255096	622534	-23.2
信息传输、计算机服务和软件业 Information Transmitting, Computer Services and Software	346778	202677	-30.5
批发和零售业 Wholesale and Retail Trade	728099	822075	32.8
住宿和餐饮业 Accommodation and Catering Services	240684	201415	4.9
金融业 Finance Intermediation	30690	131975	399.0
房地产业 Real Estate	7547273	12772605	69.8
租赁和商务服务业 Leasing and Business Services	1201991	1336901	28.8
科学研究、技术服务和地质勘察业 Scientific Research, Technical Services and Geological Prospecting	104627	41637	-53.6
水利、环境和公共设施管理业 Management for Water Conservancy, Environment and Public Facilities	2205659	3231075	74.4
居民服务和其他服务业 Resident Services and Other Social Services	87803	469356	550.9
教　育 Education	294166	823574	226.3
卫生、社会保障和社会福利业 Health Care, Social Security and Social Welfare	167839	201622	40.4
文化、体育和娱乐业 Culture, Sports and Recreational Services	934547	383229	-52.0
公共管理和社会组织 Public Management and Social Organizations	361443	247188	-19.5

5-9 按制造业主要行业分城镇新增固定资产
Newly Increased Fixed Assets in Urban Area of Main Manufacturing

单位：万元 (10 000 yuan)

行业	Sector	2010	2011	2011比2010年增长(%) Increase Rate in 2011 over 2010 (%)
总计	**Total**	**11713987**	**9550210**	**-0.6**
#农副食品加工业	Processing of Food from Agricultural Products	163708	134679	-1.4
食品制造业	Manufacture of Food	727486	355921	-36.9
饮料制造业	Manufacture of Beverage	121610	72001	-31.0
纺织业	Manufacture of Textile	108454	50914	-43.8
纺织服装、鞋、帽制造业	Manufacture of Textile Wearing Apparel, Footwear and Caps	136182	89965	-11.5
皮革、皮毛、羽毛及其制品业	Manufacture of Leather, Fur, Feather and Related Products	5027	12312	193.0
木材加工及木、竹、藤、棕、草制品业	Processing of Timber, Manufacture of Wood, Bamboo, Rattan, Palm and Straw Products	12000	58315	595.4
家具制造业	Manufacture of Furniture	50570	92971	117.7
造纸及纸制品业	Manufacture of Paper and Paper Products	341394	243112	-16.0
印刷和记录媒介的复制	Printing, Reproduction of Recording Media	74269	76940	29.7
文教体育用品制造业	Manufacture of Articles for Culture, Education and Sport Activity	21955	41998	155.0
石油加工、炼焦及核燃料加工业	Processing of Petroleum, Coking, Processing of Nuclear Fuel	311378	22165	-52.3
化学原料及化学制品制造业	Manufacture of Raw Chemical Materials and Chemical Products	536762	388439	-4.8
医药制造业	Manufacture of Medicines	176831	244477	79.6
化学纤维制造业	Manufacture of Chemical Fibers	995	2469	
橡胶制品业	Manufacture of Rubber	315487	292344	7.7
塑料制品业	Manufacture of Plastics	304083	267276	9.6
非金属矿物制品业	Manufacture of Non-metallic Mineral Products	731288	750372	19.6
黑色金属冶炼及压延加工业	Smelting and Pressing of Ferrous Metals	1399034	476598	-60.0
有色金属冶炼及压延加工业	Smelting and Pressing of Non-Ferrous Metals	208390	114348	-35.9
金属制品业	Manufacture of Metal Products	895565	950305	24.0
通用设备制造业	Manufacture of General Purpose Machinery	453256	1005334	169.9
专用设备制造业	Manufacture of Special Purpose Machinery	1024763	1178833	35.7
交通运输设备制造业	Manufacture of Transport Equipment	1902418	857771	-47.5
电气机械及器材制造业	Manufacture of Electrical Machinery and Equipment	399779	576723	65.2
通信设备、计算机及其他电子设备制造业	Manufacture of Communication Equipment, Computers and Other Electronic Equipment	734656	581293	-5.8
仪器仪表及文化、办公用机械制造业	Manufacture of Measuring Instruments and Machinery for Cultural Activity and Office Work	51903	54740	24.3

5-10 城镇能源工业固定资产投资
Investment in Fixed Assets in Urban Area of Energy Industry

单位：万元 (10 000 yuan)

行　业	Sector	2010	2011	2011比2010年增长(%) Increase Rate in 2011 over 2010 (%)
总　计	**Total**	**6046062**	**4735093**	**-9.3**
石油和天然气开采业	Petroleum and Natural Gas Extraction	3064626	2199587	-17.0
电力、热力的生产和供应业	Production and Supply of Electric Power and Heat Power	1757394	1761846	16.2
燃气生产和供应业	Production and Supply of Gas	160107	181789	32.1
水的生产和供应业	Production and Supply of Water	547742	447885	-4.9
石油加工、炼焦及核燃料加工业	Processing of Petroleum, Coking and Processing of Nuclear Fuel	516193	143986	-67.7
能源投资占城镇固定资产投资比重(%)	**As Percentage of Total Investment in Fixed Assets in Urban Area (%)**	**9.9**	**6.7**	

5-11 城市基础设施固定资产投资
Urban Infrastructure Investment in Fixed Assets

单位：万元 (10 000 yuan)

行　业	Sector	2010	2011	2011比2010年增长(%) Increase Rate in 2011 over 2010 (%)
总　计	**Total**	**16737427**	**15677832**	**8.8**
交通运输、仓储和邮政业	Transportation, Storage and Post Services	6167749	5353227	3.2
电信和其他信息传输服务业	Telecommunication and Other Information Transmitting Services	425848	556835	51.3
电力、热力的生产和供应业	Production and Supply of Electric Power and Heat Power	1757394	1761846	16.2
燃气生产和供应业	Production and Supply of Gas	160107	181789	32.1
水的生产和供应业	Production and Supply of Water	547742	447885	-4.9
公共设施管理	Management for Public Facilities	7678587	7376250	9.6
城市基础设施占城镇固定资产投资比重(%)	**As Percentage of Total Investment in Fixed Assets in Urban Area (%)**	**27.4**	**22.2**	

5-12 按行业分城镇固定资产投资资金来源(2011年)
Source of Funds for Investment in Fixed Assets in Urban Area by Sector, 2011

行业 Sector	资金来源合计 Total Funds	上年末结余资金 Balance of Funds Brought Forward from Previous Year	本年资金来源小计 Subtotal of the Sources of Funds in Current Year
总计 Total	**90571006**	**11609820**	**78961186**
农、林、牧、渔业 Farming, Forestry, Animal Husbandry and Fishery	676691	46870	629821
采矿业 Minerals Mining	1284916	600	1284316
制造业 Manufacturing	27026903	548184	26478719
电力、燃气及水的生产和供应业 Production and Supply of Electricity, Gas and Water	2869422	238939	2630483
建筑业 Construction	256084		256084
交通运输、仓储和邮政业 Transportation, Storage and Post Services	5425442	656782	4768660
信息传输、计算机服务和软件业 Information Transmitting, Computer Services and Software	615311	400	614911
批发和零售业 Wholesale and Retail Trade	1132718	15903	1116815
住宿和餐饮业 Accommodation and Catering Services	425985		425985
金融业 Finance Intermediation	412512	500	412012
房地产业 Real Estate	33491048	8176897	25314151
租赁和商务服务业 Leasing and Business Services	3855045	7771	3847274
科学研究、技术服务和地质勘察业 Scientific Research, Technical Services and Geological Prospecting	260646	1970	258676
水利、环境和公共设施管理业 Management for Water Conservancy, Environment and Public Facilities	9191817	1483094	7708723
居民服务和其他服务业 Resident Services and Other Social Services	977732	48724	929008
教育 Education	654535	94794	559741
卫生、社会保障和社会福利业 Health Care, Social Security and Social Welfare	259543	90131	169412
文化、体育和娱乐业 Culture, Sports and Recreational Services	1122151	120337	1001814
公共管理和社会组织 Public Management and Social Organizations	632505	77924	554581

单位：万元 (10 000 yuan)

国家预算内资金 State Budgetary Appropriation	国内贷款 Domestic Loans	债　券 Bonds	利用外资 Foreign Investment	#外　商直接投资 Foreign Direct Investment	自筹资金 Fundraising	#企事业单位自有资金 Owned by Enterprises and Institutions	其他资金 Others
596718	**16842559**	**57748**	**929158**	**499994**	**49445301**	**14738545**	**11089702**
25956	45430		2700	2700	480236	52016	75499
			153860	153860	1130456	551899	
25246	3595642		550027	226089	21870072	4509614	437732
22186	929098		21160		1093151	437734	564888
	4521				249063	32949	2500
63482	2847020	50000	13552	1691	1576134	650497	218472
			13000		601479	411529	432
4000	10628				1060641	276169	41546
	30753		16840	16840	375149	86913	3243
	277975				134037	61482	
	6093073		136890	78485	10218801	5658101	8865387
	463409				2925542	950850	458323
12710	54000		800		190415	27797	751
188740	2405058	7748	8600	8600	4708581	441634	389996
	29683		11729	11729	885396	172460	2200
69935	7520				474509	239611	7777
26552	20291				119689	24949	2880
112497	28458				859283	112381	1576
45414					492667	39960	16500

5-13 全社会房屋施工和竣工面积
Floor Space of Buildings under Construction and Completed

单位：万平方米 (10 000 sq. m)

项　目	Item	2010	2011	2011 比2010年 增长(%) Increase Rate in 2011 over 2010 (%)
房屋施工面积	**Floor Space of Building under Construction**	**13606.48**	**17640.80**	**38.1**
#住　宅	Residential Buildings	5823.50	7686.57	33.6
城　镇	Urban Area	12704.00	16244.32	35.8
#住　宅	Residential Buildings	5526.84	7113.04	30.0
农　村	Rural Area	902.48	1396.48	70.7
#住　宅	Residential Buildings	296.66	573.53	102.0
房屋竣工面积	**Floor Space of Building Completed**	**3380.87**	**3499.55**	**9.8**
#住　宅	Residential Buildings	1872.80	2110.05	13.8
城　镇	Urban Area	3005.32	3031.67	6.2
#住　宅	Residential Buildings	1703.41	1729.53	2.4
农　村	Rural Area	375.55	467.88	41.6
#住　宅	Residential Buildings	169.98	380.52	131.6

5-14 城镇固定资产投资资金来源
Source of Funds for Investment in Fixed Assets in Urban Area

单位：万元 (10 000 yuan)

项　目	Item	2010	2011	2011 比2010年 增长(%) Increase Rate in 2011 over 2010 (%)
资金来源合计	**Total Funds**	**75825090**	**90571006**	**32.7**
上年末结余资金	Balance of Funds Brought Forward from Previous Year	8795029	11609820	40.0
本年资金来源小计	Subtotal of the Sources of Funds in Current Year	67030061	78961186	31.7
国家预算内资金	State Budgetary Appropriation	559814	596718	23.9
国内贷款	Domestic Loans	16872480	16842559	10.0
债　券	Bonds	50186	57748	33.1
利用外资	Foreign Investment	1297912	929158	-17.4
#外商直接投资	Foreign Direct Investment	742995	499994	-22.2
自筹资金	Fundraising	37564314	49445301	50.2
#企、事业单位自有资金	Owned by Enterprises and Institutions	13163198	14738545	25.9
其他资金	Others	10685355	11089702	9.7

5-15 按行业分城镇固定资产投资施工项目个数
Number of Investment Projects under Construction in Fixed Assets in Urban Area by Sector

单位：个 (unit)

行 业 Sector	2010	2011	2011比2010年增长(%) Increase Rate in 2011 over 2010 (%)
总 计 Total	**4628**	**5175**	**29.3**
农、林、牧、渔业 Farming, Forestry, Animal Husbandry and Fishery	123	140	62.8
采矿业 Minerals Mining	17	19	26.7
制造业 Manufacturing	2245	2497	26.9
电力、燃气及水的生产和供应业 Production and Supply of Electricity, Gas and Water	229	203	4.1
建筑业 Construction	66	55	41.0
交通运输、仓储和邮政业 Transportation, Storage and Post Services	226	166	-13.1
信息传输、计算机服务和软件业 Information Transmitting, Computer Services and Software	56	124	125.5
批发和零售业 Wholesale and Retail Trade	200	238	49.7
住宿和餐饮业 Accommodation and Catering Services	102	65	8.3
金融业 Finance Intermediation	6	6	20.0
房地产业 Real Estate	90	121	37.5
租赁和商务服务业 Leasing and Business Services	178	225	31.6
科学研究、技术服务和地质勘察业 Scientific Research, Technical Services and Geological Prospecting	36	32	3.2
水利、环境和公共设施管理业 Management for Water Conservancy, Environment and Public Facilities	667	803	31.6
居民服务和其他服务业 Resident Services and Other Social Services	58	83	88.6
教 育 Education	112	132	26.9
卫生、社会保障和社会福利业 Health Care, Social Security and Social Welfare	45	44	10.0
文化、体育和娱乐业 Culture, Sports and Recreational Services	53	79	64.6
公共管理和社会组织 Public Management and Social Organizations	119	143	55.4

注：本表不含房地产开发企业。
Note: The data of this table exclude real estate enterprises.

5-16 按行业分城镇固定资产投资建成投产项目个数
Number of Investment Projects in Fixed Assets Completed and Put into Use in Urban Area by Sector

单位：个 (unit)

行 业 Sector	2010	2011	2011比2010年增长(%) Increase Rate in 2011 over 2010 (%)
总 计 **Total**	**2948**	**2763**	**21.8**
农、林、牧、渔业 Farming, Forestry, Animal Husbandry and Fishery	84	91	75.0
采矿业 Minerals Mining	9	9	12.5
制造业 Manufacturing	1514	1333	9.4
电力、燃气及水的生产和供应业 Production and Supply of Electricity, Gas and Water	137	90	-10.9
建筑业 Construction	53	25	-7.4
交通运输、仓储和邮政业 Transportation, Storage and Post Services	129	66	-29.8
信息传输、计算机服务和软件业 Information Transmitting, Computer Services and Software	37	110	214.3
批发和零售业 Wholesale and Retail Trade	141	159	63.9
住宿和餐饮业 Accommodation and Catering Services	80	45	21.6
金融业 Finance Intermediation	4	3	
房地产业 Real Estate	20	48	200.0
租赁和商务服务业 Leasing and Business Services	117	140	29.6
科学研究、技术服务和地质勘察业 Scientific Research, Technical Services and Geological Prospecting	18	12	-14.3
水利、环境和公共设施管理业 Management for Water Conservancy, Environment and Public Facilities	381	352	15.8
居民服务和其他服务业 Resident Services and Other Social Services	34	58	222.2
教 育 Education	65	87	52.6
卫生、社会保障和社会福利业 Health Care, Social Security and Social Welfare	26	19	-5.0
文化、体育和娱乐业 Culture, Sports and Recreational Services	24	32	77.8
公共管理和社会组织 Public Management and Social Organizations	75	84	104.9

注：本表不含房地产开发企业。
Note: The data of this table exclude real estate enterprises.

5-17 城镇地方固定资产投资
Local Investment in Fixed Assets in Urban Area

单位：万元 (10 000 yuan)

项　目	Item	2010	2011	2011 比2010年 增长(%) Increase Rate in 2011 over 2010 (%)
总　计	**Total**	**53650554**	**64782086**	**36.9**
按构成分	**Grouped by Composition of Use**			
建筑工程	Construction	30266353	37625923	39.4
安装工程	Installation	2210169	2824895	44.5
设备工器具	Equipment and Instruments	8571697	10623515	45.2
其他费用	Others	12602335	13707753	23.8
按建设性质分	**Grouped by Type of Construction**			
新　建	New Construction	30701000	40773911	51.4
扩　建	Expansion	4106002	4526574	31.6
改　建	Reconstruction	5652191	4182775	-5.8
其　他	Others	4524937	4498390	16.9
按行业分	**Grouped by Sector**			
农、林、牧、渔业	Farming, Forestry, Animal Husbandry & Fishery	457380	576441	49.1
采矿业	Minerals Mining	47240	357270	805.4
制造业	Manufacturing	20234685	25287792	45.7
电力、煤气及水的生产和供应业	Production and Supply of Electricity, Gas and Water	1311660	1235235	9.6
建筑业	Construction	146870	157136	32.7
交通运输、仓储和邮政业	Transportation, Storage and Post Services	4645243	4320519	11.6
信息传输、计算机服务和软件业	Information Transmitting, Computer Services and Software	97914	330051	290.7
批发和零售业	Wholesale and Retail Trade	917325	1091715	39.5
住宿和餐饮业	Accommodation and Catering Services	636722	423030	-21.3
金融业	Finance Intermediation	32410	396250	1318.5
房地产业	Real Estate	11283755	14720177	34.7
租赁和商务服务业	Leasing and Business Services	2833126	4383428	79.1
科学研究、技术服务和地质勘察业	Scientific Research, Technical Services and Geological Prospecting	172629	186330	25.2
水利、环境和公共设施管理业	Management for Water Conservancy, Environment and Public Facilities	8233976	8168938	12.9
居民服务和其他服务业	Resident Services and Other Social Services	863565	850786	14.5
教　育	Education	579438	572917	14.8
卫生、社会保障和社会福利业	Health Care, Social Security and Social Welfare	207662	205979	15.9
文化、体育和娱乐业	Culture, Sports and Recreational Services	514578	1016224	129.1
公共管理和社会组织	Public Management and Social Organizations	434376	501868	35.7

注：表中按建设性质分组数据不包括房地产开发投资。
Note: Investment grouped by type of construction excludes real estate development.

5-18 城镇房地产开发投资、建设情况（1996—2011年）
Investment and Construction of Real Estate Development in Urban Area, 1996-2011

单位：万元 (10 000 yuan)

年 份 Year	本年完成投资额 Investment Completed in Current Year	住 宅 Residential Buildings	办公楼 Office Buildings	商业营业用 Buildings for Business Use	其 他 Others
1996	715103	428672	66798	124930	94703
1997	808041	396370	86881	140582	184208
1998	1067035	630053	65161	111459	260362
1999	1169569	868972	36045	46569	217983
2000	1339294	900198	31251	71834	336011
2001	1612662	963985	45157	156497	447023
2002	1758446	1031788	75122	147244	504292
2003	2113876	1509252	77808	242564	284252
2004	2639165	1752377	157504	282388	446896
2005	3275403	2349240	119477	417449	389237
2006	4023184	3113391	237419	356585	315789
2007	5052956	3428187	345476	637558	641735
2008	6537248	4593327	309731	798714	835476
2009	7351836	4948563	328288	973219	1101766
2010	8666424	5653883	771783	1273543	967215
2011	10800436	6890818	1098389	1767896	1043333

单位：万平方米 (10 000 sq. m)

年 份 Year	施工面积 Floor Space of Building under Construction	#住 宅 Residential Buildings	竣工面积 Floor Space of Building Completed	#住 宅 Residential Buildings
1996	988.66	712.76	366.51	318.50
1997	1116.23	773.92	299.63	254.39
1998	1379.77	1093.69	428.74	357.17
1999	1596.67	1274.32	454.81	431.12
2000	1783.00	1582.15	583.51	532.63
2001	1863.48	1590.62	690.48	626.63
2002	2135.56	1746.13	746.44	673.00
2003	2314.43	1953.50	911.27	750.67
2004	2865.55	2352.98	1108.13	1014.46
2005	3470.57	2827.87	1479.22	1270.96
2006	4142.60	3396.45	1520.24	1308.95
2007	4836.49	3744.87	1704.36	1398.61
2008	5704.27	4306.33	1799.37	1492.54
2009	6052.16	4517.83	1902.06	1580.82
2010	7160.75	5117.60	2098.55	1603.65
2011	9233.98	6623.95	2102.79	1645.10

5-19 城镇房地产开发投资情况
Investment in Real Estate Development in Urban Area

单位：万元 (10 000 yuan)

项　　目	Item	2010	2011	2011比2010年增长(%) Increase Rate in 2011 over 2010 (%)
本年完成投资额	**Investment Completed in Current Year**	**8666424**	**10800436**	**24.6**
按隶属关系分	**Grouped by Administrative Relationship**			
中　央	Central Government			
地　方	Local Government	8666424	10800436	24.6
按登记注册类型分	**Grouped by Registered Status**			
内资企业	Domestic-funded Enterprises	7863312	9508477	20.9
国　有	State-owned Enterprises	2254229	2996311	32.9
集　体	Collective-owned Enterprises	43592	149032	241.9
股份合作	Cooperative Enterprises	1500	14019	834.6
私营企业	Private Enterprises	1700488	2029647	19.4
股份有限公司	Share Holding Corporations Ltd.	660862	480077	-27.4
有限责任公司	Limited Liability Corporations	3126089	3737262	19.6
#国有独资公司	Sole State-funded Corporations	235142	231964	-1.4
联营企业	Joint Ownership Enterprises	27820	43995	58.1
#国有联营	State Joint Ownership Enterprises	27820	43995	58.1
其　他	Others	48732	58134	19.3
港、澳、台商投资企业	Enterprises with Investment from Hong Kong, Macao and Taiwan	233788	459810	96.7
外商投资企业	Foreign Funded Enterprises	569324	832205	46.2
按构成分	**Grouped by Composition of Use**			
建筑工程	Construction	5193986	7361427	41.7
安装工程	Installation	586254	710446	21.2
设备工器具	Equipment and Instruments	34761	100843	190.1
其他费用	Others	2851423	2627720	-7.8
按工程用途分	**Grouped by Use of Projects**			
住　宅	Residential Buildings	5653883	6890818	21.9
#别墅、高档公寓	Villa, Top Grade Apartment	688989	596685	-13.4
办公楼	Office Buildings	771783	1098389	42.3
商业营业用房	Commerce Buildings	1273543	1767896	38.8
其　他	Others	967215	1043333	7.9
本年新增固定资产	**Newly Increased Fixed Assets in Current Year**	**7360631**	**12262494**	**66.6**

5-20 城镇房地产开发建设情况
Construction of Real Estate Development in Urban Area

项　目	Item	2010	2011	2011比2010年增长(%) Increase Rate in 2011 over 2010 (%)
施工房屋面积(万平方米)	**Floor Space of Buildings under Construction (10 000 sq. m)**	**7160.75**	**9233.98**	**29.0**
住　宅	Residential Buildings	5117.60	6623.95	29.4
办公楼	Office Buildings	396.61	722.86	82.3
商业营业用房	Houses for Business Use	1004.47	1072.77	6.8
其　他	Others	642.07	814.40	26.8
竣工房屋面积(万平方米)	**Floor Space of Buildings Completed (10 000 sq. m)**	**2098.55**	**2102.79**	**0.2**
住　宅	Residential Buildings	1603.65	1645.10	2.6
办公楼	Office Buildings	102.42	143.49	40.1
商业营业用房	Houses for Business Use	235.29	148.35	-37.0
其　他	Others	157.19	165.85	5.5
竣工房屋价值(万元)	**Value of Buildings Completed (10 000 yuan)**	**6706725**	**6630733**	**-1.1**
住　宅	Residential Buildings	4866537	5137797	5.6
办公楼	Office Buildings	468329	463332	-1.1
商业营业用房	Houses for Business Use	993444	460157	-53.7
其　他	Others	378415	569447	50.5
资金来源合计(万元)	**Total Funds (10 000 yuan)**	**21765785**	**29652438**	**36.2**
上年末结余资金	Balance of Funds Brought Forward from Previous Year	5110357	8051444	57.6
本年资金来源合计	Subtotal of the Sources of Funds in Current Year	16655428	21600994	29.7
国内贷款	Domestic Loans	5395902	5847429	8.4
利用外资	Foreign Investment	83370	101425	21.7
#外商直接投资	Foreign Direct Investment	57922	78485	35.5
自筹资金	Fundraising	4577400	7197753	57.2
#企、事业单位自有资金	Owned by Enterprises and Institutions	2555795	3901655	52.7
其他资金	Others	6598756	8454387	28.1

5-21 房地产销售、中介服务和物业管理情况
Basic Statistics on Real Estate Sales, Agency Services and Property Management

指　　标	Item	2010	2011
商品房销售情况	**Statistics on Commercial Houses Sales**		
商品房销售面积(万平方米)	Floor Space of Commercial Houses Sold (10 000 sq. m)	1564.52	1594.57
住　宅	Residential Buildings	1352.61	1365.71
办公楼	Office Buildings	35.29	67.14
商业营业用房	Houses for Business Use	103.64	126.29
其　他	Others	72.98	35.43
商品房销售额(万元)	Total Sales of Commercial Houses (10 000 yuan)	12824307	13944146
住　宅	Residential Buildings	10702706	11673576
办公楼	Office Buildings	488963	598009
商业营业用房	Houses for Business Use	1093065	1417210
其　他	Others	539573	255351
房地产中介服务情况	**Statistics on Real Estate Agency Services**		
房屋代理成交面积(万平方米)	Transaction Floor Space by Agency (10 000 sq. m)	173	
房屋代理成交合同金额(万元)	Transaction Value by Agency (10 000 yuan)	1597062	
房地产物业管理情况	**Statistics on Real Estate Property Management**		
企业总数(个)	Number of Enterprises (unit)	956	1097
物业管理项目个数(个)	Number of Projects Managed (unit)	3614	3648
房屋建筑面积(万平方米)	Floor Space of Buildings (10 000 sq. m)	22045.12	26149.96
住　宅	Residential Buildings	19478.35	22332.08
办公用房	Office Buildings	901.13	1468.27
商业营业用房	Houses for Business Use	601.50	899.76
工业仓储用房	Houses for Industry and Storage	463.53	628.27
其　他	Others	600.61	821.58
从业人员(人)	Employment Personnel (person)	89332	94882
# 管理人员	Administrative Personnel	11532	13247
年经营收入(万元)	Annual Income (10 000 yuan)	436309.16	465241.88
从业人员报酬(万元)	Remuneration of Employment Personnel (10 000 yuan)	192794.77	197270.72

5-22 农村非农户固定资产投资
Total Investment in Fixed Assets of Non-agricultural Households in Rural Area

项　目	Item	2010	2011
投资额(万元)	**Total Investment (10 000 yuan)**	**3707179**	**4264881**
按主要行业分	**Grouped by Sector**		
#农、林、牧、渔业	Farming, Forestry, Animal Husbandry, Fishery	496351	843745
工　业	Industry	2104784	1125108
建筑业	Construction	51088	130879
交通运输、仓储和邮政业	Transportation, Storage and Post Services	166800	104703
批发和零售业	Wholesale and Retail Trade	46819	186174
房地产业	Real Estate	6658	716056
水利、环境和公共设施管理业	Management for Water Conservancy, Environment and Public Facilities	131830	306054
新增固定资产(万元)	**Newly Increased Fixed Assets (10 000 yuan)**	**2761377**	**3572794**
房屋面积(万平方米)	**Floor Space of Buildings (10 000 sq. m)**		
施工面积	Under Construction	767.89	1277.52
#住　宅	Residential Buildings	166.79	457.44
竣工面积	Completed	270.98	354.74
#住　宅	Residential Buildings	71.24	270.25
竣工住宅价值(万元)	**Value of Residential Buildings Completed (10 000 yuan)**	**185913**	**673645**
竣工住宅造价(元/平方米)	**Cost of Residential Buildings Completed (yuan/sq. m)**	**2610**	**2492**

5-23 农村农户固定资产投资
Total Investment in Fixed Assets of Agricultural Households in Rural Area

项　目	Item	2010	2011
投资额(万元)	**Total Investment (10 000 yuan)**	**263613**	**269819**
按主要行业分	**Grouped by Sector**		
#农、林、牧、渔业	Farming, Forestry, Animal Husbandry, Fishery	58061	83141
工　业	Industry	19565	
建筑业	Construction	6795	
交通运输、仓储和邮政业	Transportation, Storage and Post Services	49209	39144
批发和零售业	Wholesale and Retail Trade		
房地产业	Real Estate	129983	146921
房屋面积(万平方米)	**Floor Space of Buildings (10 000 sq. m)**		
施工面积	Under Construction	134.59	118.96
#住　宅	Residential Buildings	129.87	116.09
竣工面积	Completed	104.57	113.13
#住　宅	Residential Buildings	98.74	110.27
竣工住宅价值(万元)	**Value of Residential Buildings Completed (10 000 yuan)**	**118826**	**128825**
竣工住宅造价(元/平方米)	**Cost of Residential Buildings Completed (yuan/sq. m)**	**1203**	**1168**

5-24 重点建设项目一览表（2011年）
Basic Statistics on Key Projects, 2011

单位：万元 (10 000 yuan)

项目名称 Name of Project	开工时间 Starting Time	计划总投资 Total Planned Investment	累计完成投资 Investment Accumulated	本年完成投资 Investment in Current Year
总　计(70项)		**74000528**	**29232791**	**14975947**
一、工业项目(27项)		**10048503**	**3502599**	**2021032**
（一）石油化工		**1685911**	**578249**	**389561**
1. 金伟晖120万吨/年高等级溶剂油项目	2008.03	253911	160968	25700
2. 渤化精细化工基地	2008.05	352000	191321	177901
3. 国家原油战略储备库及中石化原油商业储备库项目	2011.08	600000	72524	52524
4. 中石化原油中转油库扩建项目	2011.02	130000	43434	43434
5. 丙烷脱氢制丙烯项目	2011.02	350000	110002	90002
（二）冶　金		**1557087**	**424668**	**424668**
6. 渤海钢铁集团结构调整	2011.01	1357087	414968	414968
7. 年产20万吨高精铝板带箔项目	2011.02	200000	9700	9700
（三）航空航天		**900000**	**478247**	**208285**
8. 新型运载火箭产业基地二期项目	2008.06	300000	306485	113921
9. 航天五院航天器产业基地项目		320000	32000	32000
10. 航天十一院环境工程和特种飞行器项目	2008.12	120000	15932	10034
11. 中国航空工业集团直升机生产基地	2009.11	160000	123830	52330
（四）电子信息		**418400**	**258027**	**210099**
12. 大唐电信天津基地	2009.05	180000	29376	7916
13. 高银北方管理总部和笔记本生产基地	2011.02	50000	44584	44584
14. 富通二期光纤预制棒	2009.07	188400	58929	32461
15. 富士康天津生产基地一期		200000	125138	125138
（五）医　药		**321000**	**194466**	**51509**
16. 诺和诺德胰岛素灌装项目	2009.01	260000	164854	38571
17. 新冠制药项目	2009.02	61000	29612	12938
（六）新材料和新能源		**579880**	**219792**	**57330**
18. 绿色能源电池项目	2007.12	579880	219792	57330
（七）装备制造业及汽车业		**4186225**	**1254149**	**604580**
19. 天津临港造修船基地	2008.12	350000	303192	70951

5-24 续表 1 Continued

单位：万元 (10 000 yuan)

项目名称 Name of Project	开工时间 Starting Time	计划总投资 Total Planned Investment	累计完成投资 Investment Accumulated	本年完成投资 Investment in Current Year
20. 中国一重天津滨海制造基地项目	2008.10	150000	140968	47671
21. 太重临港重型装备制造基地项目	2010.03	250000	51474	30293
22. 新建天津和谐型大功率机车综合维修基地工程	2010.03	378225	351786	81786
23. 中国北车天津工业园项目	2011.03	370000	121000	121000
24. 南车产业园	2010.07	300000	67283	50389
25. 天津赛瑞机器芯棒和优质高合金锻件项目	2010.04	188000	20946	4990
26. 中海油服海上石油装备及核心产业基地		2200000	197500	197500
（八）轻工业		**400000**	**95001**	**75000**
27. 玖龙（天津）纸业有限公司高档包装纸生产二. 三期项目	2007.04	400000	95001	75000
二、能源交通项目（15项）		**16722808**	**7513662**	**2362744**
（一）能　源		**930871**	**367199**	**105327**
28. 天津南疆热电厂一期工程	2009.05	300000	37205	8884
29. 天津北塘热电厂一期工程	2010.04	300000	19105	7192
30. 华能天津IGCC电站示范工程	2009.06	330871	310889	89251
（二）高速公路		**6763572**	**3029365**	**1060649**
31. 高速公路建设工程	2007.07	6763572	3029365	1060649
（三）铁　路		**6284573**	**3076835**	**606098**
32. 津秦铁路客运专线天津段	2009.02	989444	1071691	165739
33. 京沪高速铁路(天津段)	2009.01	1014060	1016021	63028
34. 津保铁路(天津段)	2010.09	931300	328622	41830
35. 天津西站至天津站地下直径线工程	2008.03	111075	90000	25000
36. 京津城际延伸线工程	2009.07	751833	400000	140000
37. 铁路站房建设工程	2011.02	1263660	134000	134000
38. 天津新港北铁路集装箱中心站和进港三线	2011.02	245201	36501	36501
39. 西南环线扩能改造		616000		
40. 南港铁路		362000		
（四）机　场		**539600**	**81107**	**60634**
41. 天津机场二期扩建	2011.06	539600	81107	60634
（五）港　口		**2204192**	**959156**	**530036**
42. 天津港扩建工程	2009.01	2204192	959156	530036

5-24 续表 2 Continued

单位：万元 (10 000 yuan)

项 目 名 称 Name of Project	开工时间 Starting Time	计划总投资 Total Planned Investment	累计完成投资 Investment Accumulated	本年完成投资 Investment in Current Year
三、基础设施和环保项目(16项)		**18383765**	**9498289**	**3678184**
43. 城市轨道交通建设工程	2006.12	7459391	3885654	952832
44. 天津站交通枢纽工程	2007.01	459265	541260	85542
45. 天津西站交通枢纽配套工程	2009.03	1225550	829431	394059
46. 于家堡站交通枢纽配套市政公用工程(地下工程)	2010.01	487844	221211	81053
47. 津秦客运专线滨海站周边配套	2011.02	400000	50000	50000
48. 津汉高速公路东金路—汉蔡路段	2010.07	371292	80810	30441
49. 西中环及延长线快速路	2007.11	438421	133420	33196
50. 滨海新区中央大道	2007.04	337800	318099	43829
51. 城市道路建设与改造	2007.11	315441	391471	102400
52. 津山铁路立交工程	2010.04	190000	82157	40000
53. 京沪联络线地道	2011.01	60000	40000	40000
54. 城市供热管网改造工程	2005.10	1132153	528733	148126
55. 城市电网建设与改造工程	2011.01	2261340	931535	931535
56. 天津中心渔港	2007.07	1292313	953267	233930
57. 综合开发区域基础设施配套	2011.01	1654100	311451	311451
58. 公用设施工程	2011.01	298855	199790	199790
四、农林水利和小城镇建设项目(3项)		**12016719**	**6060162**	**4144129**
59. 滨海新区供水工程一期	2010.06	227276	140139	124106
60. 独流减河治理工程	2010.10	129443	20023	20023
61. 示范镇建设项目		11660000	5900000	4000000
五、社会事业项目(5项)		**5122417**	**756895**	**678713**
62. 高等教育布局调整项目	2010.07	114357	185335	111861
63. 卫生资源调整项目	2008.12	692521	157793	148085
64. 天津市文化中心	2011.02	1769129	350145	350145
65. 东亚运动会体育场馆建设	2011.02	214826	49622	54622
66. 文化大发展大繁荣项目	2011.01	2331584	14000	14000
六、商贸旅游及其他项目(4项)		**11706316**	**1901184**	**2091145**
67. 综合商贸物流项目	2011.01	1544000	250335	305296
68. 海河开发节点工程		998116	224320	224320
69. 文化旅游项目		5495800	993176	1043176
70. 总部基地和创意产业项目		3668400	433353	518353

5-25 建设项目主要新增生产能力(2011年)
Main Newly Increased Production Capacity of Construction Projects, 2011

生产能力名称	Item	建设规模 Construction Size	累计新增生产能力 Accumulated Production Capacity Newly Increased
天然原油(万吨/年)	Natural Petroleum (10 000 tons/year)	845	70
热轧钢材(万吨/年)	Steel-Hot Rolling (10 000 tons/year)	312.8	11.8
冷轧钢材(万吨/年)	Steel-Cold Rolling (10 000 tons/year)	230.28	115.40
火力发电(万千瓦)	Thermal Power (10 000 kw)	470	
其他发电(万千瓦)	Other Power (10 000 kw)	2.39	
水　泥(万吨/年)	Cement (10 000 tons/year)	211	146
塑料树脂及共聚物(吨/年)	Plastic Colophony and Polymer (ton/year)	125500	5000
轿车制造(辆/年)	Cars (unit/year)	450000	7000
其他汽车制造 (辆/年)	Other Motor Vehicles (unit/year)	50000	
其他酒(万吨/年)	Other Wine (10 000 tons/year)	0.5	0.5
新建公路(公里)	Length of New Roads (km)	735	213
# 高速公路	Expressway	443	
改建公路(公里)	Length of Rebuilt Roads (km)	438	393
# 一级公路	Second Class	133.1	133.1
新(扩)建公路客、货运站(平方米)	New (Expanded) Road Passenger & Freight Station (sq. m)	254500	
新(扩)建公路客、货运站(个)	New (Expanded) Road Passenger & Freight Station (unit)	3	
新(扩)建港口码头	Newly Built and Expanded Ports		
吞吐量(万吨/年)	Handling Capacity (10 000 tons/year)	4200	
标准集装箱(万吨)	Handled Standard Container (10 000 tons)	60	
泊　位(个)	Berths (unit)	25	
城市自来水供水能力(万吨/日)	Urban Tap Water Supply (10 000 tons/day)	18	18
城市公共交通车辆购置(辆)	Public Transportation Vehicles Purchase in City (unit)	363	363
城市污水处理能力(万吨/日)	Disposal Capacity of Sewage in City (10 000 tons/day)	225	5

主要统计指标解释

全社会固定资产投资

是以货币形式表现的在一定时期内全社会建造和购置固定资产的工作量以及与此有关的费用的总称。该指标是反映固定资产投资规模、结构和发展速度的综合性指标，又是观察工程进度和考核投资效果的重要依据。

城镇固定资产投资

指城镇各种登记注册类型的企业、事业、行政单位及个体户进行的计划总投资(或实际需要总投资)500万元及500万元以上的建设项目投资和房地产开发投资。县城及以上区域内发生的投资，县及县以上各级政府及主管部门直接领导、管理的建设项目和企业事业单位的投资均为城镇固定资产投资。

农村固定资产投资

指在农村区域范围内进行固定资产投资活动的企业、事业、行政单位及农户投资。

房地产开发投资

指房地产开发企业(单位)进行土地开发工程、房屋建设工程所完成的投资额。是以货币表现的房地产开发工作量。

固定资产投资的资金来源

指固定资产投资单位在报告期收到的(以到账为准)，用于固定资产建造和购置的各种货币资金。包括国家预算资金、国内贷款、债券、利用外资、自筹资金和其他资金。

国家预算资金 包括中央预算资金和地方预算资金。国家预算包括一般预算、政府性基金预算、国有资本经营预算和社保基金预算。各类预算中用于固定资产投资的资金全部作为国家预算资金填报，其中一般预算中用于固定资产投资的部分包括基建投资、车购税、灾后恢复重建基金和其他财政投资。各级政府债券也纳入国家预算资金。

国内贷款 指报告期固定资产投资单位向银行及非银行金融机构借入的用于固定资产投资的各种国内借款，包括银行贷款、非银行金融机构贷款等。

债券 指企业(公司)或金融机构为筹集用于固定资产投资的资金向投资者出具的承诺按一定发行条件还本付息的债券凭证，包括金融债券和企业债券(由国家发展改革委员会和中国证券监督管理委员会批准发行)。

利用外资 指报告期收到的用于固定资产建造和购置的国外资金(包括设备、材料、技术在内)。包括对外借款(外国政府、国际金融组织贷款、出口信贷、外国银行商业贷款、对外发行债券和股票)、外商直接投资及外商其他投资(包括利用外商投资收益在国内进行固定资产再投资活动的资金)。不包括我国自有外汇资金(包括国家外汇、地方外汇、留成外汇、调剂外汇和中国银行自有资金发行的外汇贷款等)。计算利用外资时，需要折算成人民币，折算中所使用的外汇汇率按现汇计算，即按使用外汇时的汇率计算。

自筹资金 指固定资产投资单位报告期收到的，由各企、事业单位筹集用于固定资产投资的预算外资金，包括各类企、事业单位的自有资金和从其他单位筹集的用于固定资产投资的资金，但不包括各类财政性资金、从各类金融机构借入资金和国外资金。

其他资金 指在报告期收到的除以上各种资金之外的用于固定资产投资的资金。包括社会集资、个人资金、无偿捐赠的资金及其他单位拨入的资金等。

固定资产投资按构成分

建筑工程 指各种房屋、建筑物的建造工程，又称建筑工程量。这部分投资额必须兴工动料，通过施工活动才能实现。建筑工程包括各种房屋的建造；设备基础及各种窑炉的砌筑工程和金属结构工程；为施工而进行的建筑场地布置、工程地质勘探、平整场地、施工临时用水、电、气、路和清理绿化等;矿井的开凿，铁路、公路、桥梁、水利及防空、地下建筑等特殊工程。

安装工程 指各种设备、装置的安装工程，又称安装工作量。在安装工程投资额中，不包括被安装设备本身的价值。安装工程包括生产、动力、起重、运输、传动和医疗试验等各种需安装设备的装配和安装，与设备相连的工作台、梯子、栏杆以及管线敷设、保温、油漆、防腐和单机试运系统联动无负荷试运工作(不包括投料试运)。

设备、工具、器具购置 指建设单位或企、事业单位购置或自制的，达到固定资产标准的设备、工具、器具的价值。但新建单位、扩建单位的新建车间，按

主要统计指标解释

照设计和计划要求购置或自制的全部设备、工具、器具，不论是否达到固定资产标准均计入“设备、工具、器具购置”中。

其他费用 指在固定资产建造和购置过程中发生的，除建筑安装工程和设备、工器具购置投资完成额以外的费用。包括土地购置费（建设用地费）、旧建筑物购置费（房屋建筑物购置费）等。

固定资产投资按建设性质分

新建 一般是指从无到有“平地起家”开始建设的项目。有的项目原有基础很小，经扩大建设后，其新增加的固定资产价值（原值）超过原有固定资产价值三倍以上的也应算为新建。

扩建 指为扩大原有产品生产能力或增加新的产品能力，在厂内或其他地点增建主要生产车间（或主要工程），独立的生产线等。事业单位和行政单位在原单位增建业务用房，也作为扩建。

改建和技术改造 指现有企、事业单位对原有设施进行技术改造或更新（包括相应配套的辅助性生产、生活设施建设）的建设项目。有的还充分发挥现有的生产能力，进行填平补齐而增建不直接增加本单位主要产品生产能力的车间等，也属于改建。

新增固定资产

指报告期内已经完成建造和购置过程，并交付生产或使用单位的固定资产价值，包括建成投入生产或交付使用的工程投资和达到固定资产标准的设备、工具、器具的投资以及有关的摊入费用。属于增加固定资产价值的其他建设费用应随同交付使用的工程一并计入新增的固定资产。

固定资产交付使用率

指报告期内新增固定资产与同期完成投资额的比率。它是反映各个时期固定资产动用速度，衡量建设过程中投资效果的一个综合性指标。

商品房销售面积

指报告期内出售商品房屋的合同总面积（即双方签署的正式买卖合同中所确定的建筑面积）。由现房销售建筑面积和期房销售建筑面积两部分组成。

商品房销售额

指报告期内出售商品房屋的合同总价款（即双方签署的正式买卖合同中所确定的合同总价）。该指标与商品房销售面积同口径，由现房销售额和期房销售额两部分组成。

Explanatory Notes on Main Statistical Indicators

Total Investment in Fixed Assets

refers to the volume of activities in construction and purchases of fixed assets of the whole country and related fees, expressed in monetary terms during the reference period. It is a comprehensive indicator which shows the size, structure and growth of the investment in fixed assets, providing a basis for observing the progress of construction projects and evaluating results of investment.

Investment in Fixed Assets in Urban Area

refers to construction projects involving a total planned (or required) investment of 5 million yuan and over by enterprises of various types of ownership, institutions, administrative units and individuals in urban areas, investment in real estate development. In other words, all investments that take place in county towns and urban areas, investment in construction projects under the direct leadership and management of government agencies at and above county levels and investments by enterprises and institutions at and above county levels are covered in urban investment in fixed assets.

Investment in Fixed Assets in Rural Area

refers to investment in fixed assets by enterprises, institutions, administrative units and households in rural areas.

Investment in Real Estate Development

refers to the investment by the real estate development companies (unit) in Land development and construction of house buildings. It is finished work in monetary terms.

Source of Funds for Investment in Fixed Assets

refer to the funds used to establish or buy fixed assets by the investment units in report period, included the state budget, domestic loans, bonds, foreign investment, self-raised funds, and others.

State Budgetary Appropriation consists of central budgetary appropriation and local budgetary appropriation. National budget includes the general budget, government fund budget, state-owned capital management budget and social security funds. In various types of budget, funds used for investment in fixed assets are all calculated as state budgetary appropriation. And general budget used for investment in fixed assets includes infrastructure investment, vehicle purchase tax, post-earthquake recovery and reconstruction funds and other financial investments. Government bonds of all levels are also included in the state budgetary appropriation.

Domestic Loans refer to loans of various forms borrowed by investing units from banks and non-bank financial institutions during the reference period for the purpose of investment in fixed assets, including bank loans, non-bank financial institutions loans, etc.

Bonds refer to the voucher issued enterprise (company) or financial institutions in order to raise funds with commit of payback with interests according to certain conditions, including the financial bonds and enterprise bonds (approved by the National Development and Reform Commission and the China Securities Regulatory Commission).

Foreign Investment refers to foreign funds received during the reference period for the construction and purchase of investment in fixed assets (covering equipment, materials and technology), including foreign borrowings (loans from foreign governments and international financial institutions, export credit, commercial loans from foreign banks, issue of bonds and stocks overseas), foreign direct investment and other foreign investments (including using revenue of foreign investment to invest in the domestic fixed assets). Excluded from this category is capital in foreign exchanges owned by China (foreign exchanges owned by the central and local governments, foreign exchanges retained by enterprises, foreign exchanges by enterprises through the regulating mechanism, loans in foreign exchanges issued by the Bank of China with its own fund, etc.). In calculating the utilization of foreign capital, foreign currencies are converted into Chinese RMB applying the current exchange rate when the foreign capitals are actually used.

Fundraising refer to extra-budgetary funds for investment in fixed assets raised by enterprises and institutions and received by investing units during the reference period, including self-raised funds of enterprises and institutions; funds raised from other units for investment in fixed assets, excluding government financial capital, funds borrowed from various financial institutions and foreign funds.

Others refer to funds for investment in fixed assets received from sources other than those listed above, including funds raised from individuals and through social donations, and funds transferred from other units.

Investment in Fixed Assets by Composition of Use

Construction refers to the construction of various houses and buildings, it also is called the work volume of construction, including construction of various houses, equipment foundations and industrial kilns and stoves, preparation works for project construction, and clearing up works post project

Explanatory Notes on Main Statistical Indicators

construction, geological examination, land-leveling, water, electricity, gas road-cleaning, planting trees, drilling of mines, pavement of railways and roads, highway, bridge, construction of projects of water conservancy, construction of underground air-raid shelters and construction of other special projects.

Installation refers to the installation of various kinds of equipment and instruments (work volume of installation). The value of equipment installed is excluded in the value of installation projects. Including various kinds of equipment, i.e. production, power-driven, lifting, transport, transmission, medical experiment etc. and working table, stepladder railing, putting up of pipes, keep warm, paint, rot-proofing, try operation (excluding put in material try operation).

Purchases of Equipment and Instruments refer to the total value of equipment, tools, and vessels purchased or self-produced by construction units, enterprises or institutions, which come up to standards for fixed assets. Equipment, tools and vessels purchased or self- produced for new workshops by newly established or expanded units are categorized as "purchase of equipment and instruments" no matter whether they come up to the standards for fixed assets or not.

Others refer to investment in assets construction and purchases excluded in above items, including land acquisition costs (costs of land for construction use), old building purchase costs (building purchase costs), etc.

Investment in Fixed Assets by Type of Construction

New Construction refers to newly constructed units. In the case, in which the value of the original fixed assets is quite small, and the value of newly added fixed assets exceeds the original ones by three times, the expansion construction is considered as new construction.

Expansion Construction refers to construction of new major production workshop or independent production line within a factory or in other locations, or construction of a branch factory so as to increase the production capacity of the original products. Newly constructed business houses in institutions and administrative organizations are also classified as expansion.

Reconstruction and Technical Innovation refers to construction of technical innovation and transformation of the existing equipment and technical conditions undertaken by enterprises and institutions, (including accessory facilities for production and living purposes). The construction of new workshops for improving existing production capacity rather than increasing production capacity is also considered as reconstruction.

Newly Increased Fixed Assets

refer to the newly increased value of fixed assets finished construction and purchase in the reference period and delivered to the production or use units, including the value of projects completed and put into production, the value of equipment, tools, and vessels considered as fixed assets, as well as the relevant expenses as investment in fixed assets. Other construction expenses to increase the volume in fixed assets should be calculated into newly increased fixed assets with the project put in use.

Rate of Fixed Assets Put into Use

refers to the ratio of the newly increased fixed assets to the total investment made in the same period. This is a comprehensive indicator, reflecting the speed of the employment of fixed assets and the investment efficiency.

Floor Space of Commercial Houses Sold

refers to total contracted area of commercialized housing (the area of floor space as designated in the formal contracts signed by both sides) during the reference time. It is constituted by floor space of completed housing and floor space of future housing.

Sales of Commercial Houses

refers to the total contracted value (the value of sales/purchase for selling/purchase of commercialized housing as designated in the contract signed by both sides) during the reference time. This indicator has the same coverage as the area of commercialized housing sold, which is constituted by floor space of completed housing and floor space of housing yet to be completed.

对外经济贸易和旅游

Foreign Trade, Economic Cooperation and Tourism

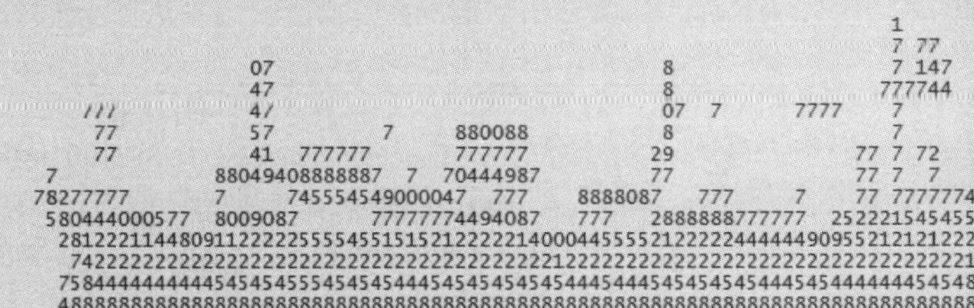

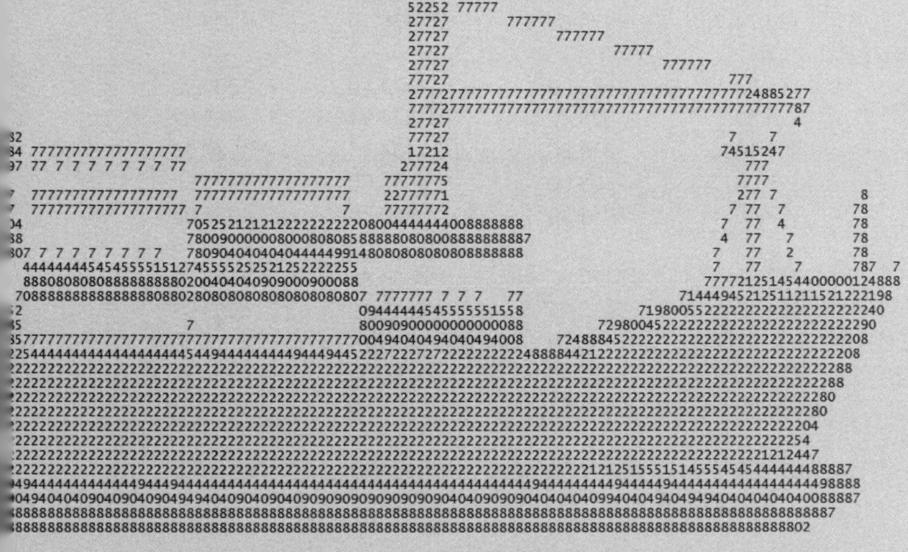

6-1 对外贸易进出口总额(1996—2011年)
Total Value of Imports and Exports in Foreign Trade, 1996-2011

年 份 Year	绝对数(亿美元) Absolute Value (USD 100 million)			增长速度(%) (比上年) Increase Rate (%) (Over Preceding Year)		
	进出口总额 Imports & Exports	出口总额 Exports	进口总额 Imports	进出口总额 Imports & Exports	出口总额 Exports	进口总额 Imports
1996	82.97	40.49	42.48	26.8	35.0	19.8
1997	100.23	50.18	50.05	20.8	23.9	17.8
1998	106.16	54.99	51.17	5.9	9.6	2.3
1999	126.05	63.32	62.73	18.7	15.2	22.6
2000	171.57	86.29	85.28	36.1	36.3	36.0
2001	181.86	95.02	86.85	6.0	10.1	1.8
2002	228.27	115.95	112.32	25.5	22.0	29.3
2003	293.71	143.74	149.97	28.7	24.0	33.5
2004	420.19	208.65	211.54	43.2	45.4	41.4
2005	533.87	274.15	259.72	27.1	31.4	22.8
2006	645.73	335.40	310.33	21.0	22.3	19.5
2007	715.50	381.61	333.89	10.8	13.8	7.6
2008	805.39	422.29	383.10	12.6	10.7	14.7
2009	639.44	299.85	339.59	-20.6	-29.0	-11.4
2010	822.01	375.17	446.84	28.8	25.5	31.7
2011	1033.91	444.98	588.93	25.9	18.7	32.0

注：自1998年始，用海关数据。
Note: From 1998, data of this table are provided by Tianjin Customs.

6-2 天津口岸进出口总额(1996—2011年)
Total Value of Imports and Exports in Tianjin Port, 1996-2011

年 份 Year	按美元计算(亿美元) Calculated by USD (USD 100 million)			按人民币计算(亿元) Calculated by RMB (100 million yuan)		
	进出口总额 Imports & Exports	出口总额 Exports	进口总额 Imports	进出口总额 Imports & Exports	出口总额 Exports	进口总额 Imports
1996	216.85	122.89	93.96	1804.19	1022.44	781.75
1997	215.62	131.24	84.38	1787.55	1088.02	699.53
1998	223.19	134.84	88.35	1852.48	1119.17	733.31
1999	248.29	139.18	109.11	2055.34	1152.13	903.21
2000	298.03	165.29	132.74	2479.60	1375.20	1104.40
2001	323.71	178.13	145.58	2679.30	1474.40	1204.90
2002	365.35	190.55	174.80	3025.46	1577.94	1447.52
2003	461.67	259.57	202.10	3831.86	2154.43	1677.43
2004	677.66	384.80	292.86	5608.66	3184.80	2423.86
2005	819.29	446.83	372.46	6711.38	3660.30	3051.08
2006	1018.85	571.24	447.61	8122.07	4553.81	3568.26
2007	1290.00	752.87	537.13	9616.05	5612.12	4003.93
2008	1631.02	940.98	690.04	11137.09	6425.29	4711.80
2009	1242.24	612.04	630.20	8484.50	4180.23	4304.27
2010	1641.10	794.41	846.69	10935.57	5293.60	5641.97
2011	1972.49	959.19	1013.29	12497.50	6077.33	6420.10

6-3 利用外资情况(1996—2011年)
Utilization of Foreign Capital, 1996-2011

年 份 Year	绝对数(万美元) Absolute Value (USD 10 000)		增长速度(%) (比上年) Increase Rate (%) (Over Preceding Year)	
	直接利用外资 Foreign Direct Investment	借用国外资金 Foreign Loans	直接利用外资 Foreign Direct Investment	借用国外资金 Foreign Loans
合 同 额 Foreign Investment Contracted				
1996	392431	120400	1.9	238.2
1997	385066	202100	-1.9	67.9
1998	363729	132989	-5.5	-34.2
1999	362034	102545	-0.5	-22.9
2000	460000		27.1	
2001	463000		0.7	
2002	581220		25.5	
2003	351297		74.3	
2004	558855		59.1	
2005	732281		31.0	
2006	811156		10.8	
2007	1151856		42.0	
2008	1325629		15.1	
2009	1383817		4.4	
2010	1529569		10.5	
2011	1683700		10.1	
实际利用外资 Foreign Capital Actually Used				
1996	200587	97771	31.9	65.9
1997	251135	91166	25.2	-6.8
1998	251803	53984	0.3	-40.8
1999	253203	21332	0.6	-60.5
2000	256000	26467	1.1	24.1
2001	322000	7688	25.8	-71.0
2002	380591	6310	18.2	-17.9
2003	163325	7225	62.9	14.5
2004	247243	22993	51.4	218.2
2005	332885	31688	34.6	37.8
2006	413077	23819	24.1	-24.8
2007	527776	18257	27.8	-23.4
2008	741978	17701	40.6	-22.9
2009	901985	6933	21.6	-60.8
2010	1084872	20983	20.3	202.7
2011	1305602	18378	20.4	-12.4

注：自2003年开始，直接利用外资额采用商务部新口径，速度为可比口径，表6-9、6-10、6-12同。
Note: Foreign direct investment has adopted new coverage of Ministry of Commerce since 2003, and its increase rate is calculated on the basis of constant coverage. Same as table 6-9, 6-10 and 6-12.

6-4 人民币汇率(年平均价)(1981—2011年) Reference Exchange Rate of RMB (Period Average), 1981-2011

单位：人民币元 (RMB yuan)

年 份 Year	100美元 100 US Dollars	100日元 100 Japanese Yen	100港元 100 Hong Kong Dollars	100欧元 100 Euros
1981	170.50	0.7735	30.41	
1982	189.25	0.7607	31.15	
1983	197.57	0.8318	27.36	
1984	232.70	0.9780	29.71	
1985	293.66	1.2457	37.57	
1986	345.28	2.0694	44.22	
1987	372.21	2.5799	47.74	
1988	372.21	2.9082	47.70	
1989	376.51	2.7360	48.28	
1990	478.32	3.3233	61.39	
1991	532.33	3.9602	68.45	
1992	551.46	4.3608	71.24	
1993	576.20	5.2020	74.41	
1994	861.87	8.4370	111.53	
1995	835.10	8.9225	107.96	
1996	831.42	7.6352	107.51	
1997	828.98	6.8600	107.09	
1998	827.91	6.3488	106.88	
1999	827.83	7.2932	106.66	
2000	827.84	7.6864	106.18	
2001	827.70	6.8075	106.08	
2002	827.70	6.6237	106.07	800.58
2003	827.70	7.1466	106.24	936.13
2004	827.68	7.6552	106.23	1029.00
2005	819.17	7.4484	105.30	1019.53
2006	797.18	6.8570	102.62	1001.90
2007	760.40	6.4632	97.46	1041.75
2008	694.51	6.7427	89.19	1022.27
2009	683.10	7.2986	88.12	952.70
2010	676.95	7.7279	87.13	897.25
2011	645.88	8.1050	82.97	900.11

注：欧元自2002年开始进入市场流通。
Note: Euro entered the circulating market in 2002.

6-5 对外贸易进出口总额(2011年)
Total Value of Imports and Exports in Foreign Trade, 2011

单位：万美元 (USD 10 000)

项　　目	Item	进出口总额 Imports & Exports	出口总额 Exports	进口总额 Imports
合　　计	**Total**	**10339107**	**4449792**	**5889315**
按口岸分	**By Port**			
本口岸	Local Port	7930636	3457658	4472978
外口岸	Outside Port	2408471	992134	1416337
按经营单位分	**By Managing Unit**			
#国有企业	State-owned Enterprises	1592679	646578	946101
中外合资企业	Joint Venture Enterprises	3211982	1410040	1801942
中外合作企业	Cooperative Operation Enterprises	49104	24909	24195
外商独资企业	Foreign-funded Sole Enterprises	3853853	1651880	2201973
按贸易性质分	**By Way of Trade**			
#一般贸易	General Trade	5046937	1776396	3270541
进料加工	Processing Using Import Material	3571499	2249788	1321711
外商投资企业进口设备	Equipment Import of Foreign-funded Enterprises	51469		51469
来料加工	Processing Using Provided Material	193188	110361	82828
易货贸易	Dicker Trade			
其他境外物资捐赠	Donation			
保税区仓储进出境货物	Goods Passed in and out of Free Trade Zone	184913	68924	115989
保税区仓储转口货物	Goods Transited in Free Trade Zone	1211614	177856	1033758
按商品类别分	**By Category of Commodities**			
#食品及活动物	Food and Living Animals	359346	64620	294727
饮料及烟类	Beverage and Tobacco	8112	1645	6467
非食用原料(燃料油除外)	Non-edible Raw Materials (exclude Fuel Oil)	783114	75778	707338
矿物燃料、润滑油及有关原料	Mineral Fuels, Lubricants and Related Materials	369896	138245	231651
动植物油、脂及蜡	Animal and Vegetable Oils, Fats and Wax	208906	215	208691
化学成品及有关产品	Chemicals and Related Products	597470	237079	360390
按原料分类的制成品	Related Products By Raw Materials	866035	412181	453855
机械及运输设备	Machinery and Transport Equipment	5754001	2663483	3090517
杂项制品	Miscellaneous Products	112735	99691	13044

6-6 对外贸易分国别（地区）进出口总额（2011年）
Total Value of Imports and Exports in Foreign Trade by Country (Region), 2011

单位：万美元 (USD 10 000)

国别（地区） Country (Region)		进出口总额 Imports & Exports	出口总额 Exports	进口总额 Imports
合　计	**Total**	**10339107**	**4449792**	**5889315**
亚　洲	**Asia**	**5518108**	**2110933**	**3407174**
# 中国香港	Hong Kong, China	352444	259413	93030
印　度	India	264693	134311	130382
印度尼西亚	Indonesia	178895	53099	125797
日　本	Japan	1390738	400833	989905
马来西亚	Malaysia	257700	87633	170067
菲律宾	Philippines	95033	29659	65375
新加坡	Singapore	199672	97518	102154
韩　国	Republic of Korea	1705246	473782	1231464
泰　国	Thailand	126519	72777	53742
阿拉伯联合酋长国	United Arab Emirates	93161	78140	15021
越　南	Vietnam	102609	84281	18328
中国台湾	Taiwan, China	283736	84633	199103
非　洲	**Africa**	**236394**	**155649**	**80745**
# 埃　及	Egypt	13921	13247	674
加　纳	Ghana	14012	12516	1496
尼日利亚	Nigeria	24025	23431	594
南　非	South Africa	62464	23395	39069
苏　丹	Sudan	12695	11224	1471
刚　果	Congo	10788	2510	8277
欧　洲	**Europe**	**1931229**	**862229**	**1069000**
# 比利时	Belgium	50819	19759	31061
丹　麦	Denmark	65641	16221	49420
英　国	United Kingdom	165073	91433	73640

6-6 续表 Continued

单位：万美元 (USD 10 000)

国别（地区） Country (Region)		进出口总额 Imports & Exports	出口总额 Exports	进口总额 Imports
德　国	Germany	524098	149333	374766
法　国	France	243365	114878	128487
意大利	Italy	111053	56621	54432
荷　兰	Netherlands	88075	64143	23933
葡萄牙	Portugal	38445	6917	31527
西班牙	Spain	61628	40390	21238
奥地利	Austria	37095	23436	13659
芬　兰	Finland	25738	16184	9554
匈牙利	Hungary	29854	27941	1913
波　兰	Poland	21855	18969	2886
罗马尼亚	Romania	17126	12831	4296
瑞　典	Sweden	34944	21675	13269
瑞　士	Switzerland	27968	10397	17571
俄罗斯	Russia	133235	87359	45876
斯洛伐克共和国	Slovak Republic	169169	29857	139312
拉丁美洲	**Latin America**	**690271**	**376958**	**313313**
#巴　西	Brazil	282400	84730	197670
墨西哥	Mexico	126443	99305	27138
北美洲	**North America**	**1536597**	**847738**	**688859**
#加拿大	Canada	138818	71644	67175
美　国	United States	1397773	776090	621684
大洋洲	**Oceania**	**425878**	**96059**	**329819**
#澳大利亚	Australia	371879	82129	289751
新西兰	New Zealand	49681	9900	39781

6-7 天津口岸进出口商品检验情况（2007—2011年）
Inspection of Imports and Exports Commodities in Tianjin Port, 2007-2011

单位：批、万美元 (batch, USD 10 000)

项　目	Item	2007	2008	2009	2010	2011
进口商品检验	**Imports Inspection**					
批　数	Batches	163985	186096	192697	201086	269559
#不合格	Disqualification	3360	4457	3965	8013	11393
金　额	Value	2714642	3978810	3141994	4701577	5607160
#不合格	Disqualification	312457	706996	453137	592932	736088
出口商品检验	**Exports Inspection**					
批　数	Batches	249554	267214	253876	308264	315612
#不合格	Disqualification	485	197	117	276	247
金　额	Value	2393201	2208068	1688907	2371009	2391750
#不合格	Disqualification	8308	4425	931	5339	1387

6-8 本市在境外设立企业和机构情况
Municipal Overseas Enterprises and Agencies

项　目	Item	2010	2011	至2011年底累计 Accumulated at the end of 2011
企业和机构总计(个)	Total (unit)	86	76	1060
企　业	Enterprises	68	67	824
机　构	Agencies	18	9	236
投资总额(万美元)	Total Investment (USD 10 000)	26005	188179	377711
#中方投资额	Chinese Investment	20791	183639	332432
中方投资占比重(%)	Proportion of Chinese Investment (%)	79.9	97.6	88.0
投资国家和地区(个)	Number of Countries and Regions Invested (unit)	35	28	98

6-9 直接利用外资签约情况（2009—2011年）
Utilization of Foreign Direct Investment, 2009-2011

单位：个、万美元 (item, USD 10 000)

项　目	Item	2009	2010	2011	2011 比2010年 增长(%) Increased Rate in 2011 over 2010 (%)
合 同 数	**Number of Contracts**	**596**	**592**	**634**	**7.1**
合资企业	Joint Venture Enterprises	154	162	197	20.1
合作企业	Cooperative Operation Enterprises	6	8	2	-75.0
独资企业	Sole Foreign-funded Enterprises	436	422	435	1.6
合同投资总额	**Total Investment Contracted**	**1742803**			
合资企业	Joint Venture Enterprises	497469			
合作企业	Cooperative Operation Enterprises	22570			
独资企业	Sole Foreign-funded Enterprises	1222764			
合同外资金额	**Foreign Investment Contracted**	**1383817**	**1529569**	**1683700**	**10.1**
合资企业	Joint Venture Enterprises	207366	336780	257083	-24.3
合作企业	Cooperative Operation Enterprises	17036	25159	14257	-43.3
独资企业	Sole Foreign-funded Enterprises	1159415	1167630	1412360	20.8

6-10 实际利用外资情况（2009—2011年）
Foreign Capital Actually Used, 2009-2011

单位：万美元 (USD 10 000)

项　目	Item	2009	2010	2011	2011 比2010年 增长(%) Increased Rate in 2011 over 2010 (%)
总　　计	**Total**	**908918**	**1105855**	**1323980**	**19.7**
借用国外资金	**Foreign Loans**	**6933**	**20983**	**18378**	**-12.4**
外国政府贷款	Foreign Government Loans		2537	3820	50.6
外国银行商业贷款	Commercial Loans from Foreign Banks	6933	18446	14558	-21.1
直接利用外资	**Foreign Direct Investment**	**901985**	**1084872**	**1305602**	**20.4**
合资企业	Joint Venture Enterprises	220837	386970	335758	-14.9
合作企业	Cooperative Operation Enterprises	15541	18255	34690	90.0
独资企业	Sole Foreign-funded Enterprises	665606	679647	935155	37.5

6-11 借用国外资金情况 Borrowing Foreign Capital

单位：万美元 (USD 10 000)

项　目 Item	上年结转资金 Capital Carried from Last Year		当年新增借款 New Increased Loans		偿还本金 Repaid Principals	
	2010	2011	2010	2011	2010	2011
国外贷款合计 Total Loans	**35076**	**37962**	**20983**	**18378**	**18596**	**15761**
按债务期限分 By Period of Debt						
中长期 Long-term & Medium-term	30300	28518	2537	3820	4707	3160
短　期 Short-term	4776	9444	18446	14558	13889	12601
按借款方式分 By Mode of Borrowing						
外国政府贷款 Government Loans	25211	26231	2537	3820	1866	2081
国际金融组织贷款 Loans from International Financial Organization						
出口信贷 Export Credit	5089	2287			2841	1079
外国银行商业贷款 Commercial Loans of Foreign Banks	4776	9444	18446	14558	13889	12601

项　目 Item	外汇汇率差额 Margin of Foreign Exchange Rate		期末借款余额 Loaned Balance of Year-end		偿还利息 Repaid Interests	
	2010	2011	2010	2011	2010	2011
国外贷款合计 Total Loans	**-120**	**-187**	**37344**	**40392**	**601**	**448**
按债务期限分 By Period of Debt						
中长期 Long-term & Medium-term	-154	-188	27976	28990	600	448
短　期 Short-term	33	1	9367	11402	1	
按借款方式分 By Mode of Borrowing						
外国政府贷款 Government Loans	53	-157	25936	27813	360	373
国际金融组织贷款 Loans from International Financial Organization						
出口信贷 Export Credit	-207	-31	2040	1177	240	75
外国银行商业贷款 Commercial Loans of Foreign Banks	33	1	9367	11402	1	

6-12 外商及港澳台商投资企业投资情况(2011年) Investment of Foreign-funded and Hong Kong, Macao and Taiwan Funded Enterprises, 2011

项　目 Item	签订合同项目(个) Number of Contracts Signed (item)		合同外资额(万美元) Foreign Investment Contracted (USD 10 000)		实际直接利用外资(万美元) Actual Direct Utilization of Foreign Capital Used (USD 10 000)	
	2011	至2011年底累计 Accumulated by the End of 2011	2011	至2011年底累计 Accumulated by the End of 2011	2011	至2011年底累计 Accumulated by the End of 2011
总　计						
Total	**634**	**22878**	**1683700**	**13711510**	**1305602**	**8009422**
按投资方式分						
By Mode of Investment						
合资企业						
Joint Venture Enterprises	197	7892	257083	3232666	335758	2660593
合作企业						
Cooperative Operation Enterprises	2	668	14257	653552	34690	343197
独资企业						
Foreign-funded Sole Enterprises	435	14318	1412360	9825292	935155	5005632
按行业分						
By Sector						
#农、林、牧、渔业						
Farming, Forestry, Animal Husbandry and Fishery	3	159	3915	48834	2571	17997
制造业						
Manufacturing	140	12033	538297	5770546	570072	4172254
建筑业						
Construction	4	408	24932	235626	10326	132318
交通运输、仓储业和邮政业						
Transportation, Storage and Post Services	55	367	166632	921965	84077	549404
批发零售贸易及餐饮业						
Wholesale, Retail Trade and Catering	126	6179	99133	1589827	64611	843466
房地产业						
Real Estate	12	932	122830	2016330	185285	989078
社会服务业						
Social Services	294	2755	702018	3001793	362329	1164175
金融业						
Finance Intermediation		6	25943	102216	26333	127451

6-12 续表 Continued

项 目 Item	签订合同项目(个) Number of Contracts Signed (item)		合同外资额(万美元) Foreign Investment Contracted (USD 10 000)		实际直接利用外资(万美元) Actual Direct Utilization of Foreign Capital (USD 10 000)	
	2011	至2011年底累计 Accumulated by the End of 2011	2011	至2011年底累计 Accumulated by the End of 2011	2011	至2011年底累计 Accumulated by the End of 2011
按国别(地区)分						
By Country (Region)						
# 中国香港						
Hong Kong, China	247	7067	829176	5567106	626866	3074816
中国台湾						
Taiwan, China	27	1940	14877	292997	3809	124104
日 本						
Japan	67	2070	119225	777784	100827	696319
韩 国						
Republic of Korea	56	3100	110412	924085	88626	603736
新加坡						
Singapore	26	751	71961	492273	71250	435333
德 国						
Germany	8	326	16638	198262	31257	158105
英 国						
United Kingdom	5	258	8566	146795	5273	121176
法 国						
France	6	195	4391	92807	3783	56685
意大利						
Italy	5	134	2314	77416	4432	34675
美 国						
United States	59	3302	65875	1479282	55211	620217
英属维尔京群岛						
British Virgin Island	29	675	178718	1527260	104234	794291

6-13 外商及港澳台商投资企业生产经营情况（2011年）
Production and Operation of Foreign-funded and Hong Kong, Macao and Taiwan Funded Enterprises, 2011

单位：万元 (10 000 yuan)

项目 Item	企业个数(个) Number of Enterprises (unit)	全部从业人员数(人) Number of Employment Personnel (person)	全部从业人员劳动报酬 Total Remuneration of Employment Personnel	营业收入 Business Revenue	利润总额 Total Pre-tax Profits
合　计 Total	**5956**	**668930**	**3421051**	**88131176**	**5135823**
按投资方式分 By Mode of Investment					
#港澳台合资 Hong Kong, Macao and Taiwan Joint Venture	555	46729	212334	6652051	197290
港澳台合作 Hong Kong, Macao and Taiwan Cooperative Operation	47	3543	22490	611284	110816
港澳台独资 Hong Kong, Macao and Taiwan Sole Funded	909	101676	438934	8083265	484439
中外合资 Joint Venture	1310	186442	1082615	39566359	2694289
中外合作 Cooperative Operation	108	6646	41517	958942	18773
外商独资 Foreign-funded Sole	2990	317792	1591173	31782040	1556159
按国民经济行业分 By Sector					
农、林、牧、渔业 Farming, Forestry, Animal Husbandry and Fishery	15	187	488	5211	209
采矿业 Minerals Mining	8	1131	4988	1988645	3725
制造业 Manufacturing	3543	552702	2786776	70013713	3934643
#食品制造业 Manufacture of Food	103	15656	62963	1283574	107643
饮料制造业 Manufacture of Beverage	43	11222	61043	1186733	39668
纺织业 Manufacture of Textile	70	3775	12404	143220	-4518
纺织服装、鞋、帽制造业 Manufacture of Textile, Wearing Apparel, Footwear and Caps	178	66838	234127	1444920	124028
化学原料及化学制品制造业 Manufacture of Chemical Raw Materials and Chemical Products	216	14344	93188	3022803	170392
医药制造业 Manufacture of Medicines	72	13260	129930	1444031	86445
塑料制品业 Manufacture of Plastic	153	18288	72317	946239	25464
非金属矿物制品业 Manufacture of Non-metallic Mineral Products	119	11581	56735	1534428	38080

6-13 续表 1 Continued

单位：万元 (10 000 yuan)

项　　目 Item	企业个数(个) Number of Enterprises (unit)	全部从业人员数(人) Number of Employment Personnel (person)	全部从业人员劳动报酬 Total Remuneration of Employment Personnel	营业收入 Business Revenue	利润总额 Total Pre-tax Profits
黑色金属冶炼及压延加工业 Smelting and Pressing of Ferrous Metals	25	3244	17512	1396491	13892
通用设备制造业 Manufacture of General Purpose Machinery	220	42102	291719	5626526	764903
专用设备制造业 Manufacture of Special Machinery	274	18546	118328	1707899	75187
交通运输设备制造业 Manufacture of Transport Equipment	278	70980	370075	14387541	1071557
电气机械及器材制造业 Manufacture of Electric Machinery and Equipment	188	28484	155300	4482230	233567
通信设备、计算机及其他电子设备制造业 Manufacture of Communications Equipment, Computers and Other Electronic Equipment	619	139392	694797	18597549	674310
电力、燃气及水的生产和供应业 Production and Supply of Electricity, Gas and Water	24	3856	28617	696798	13123
建筑业 Construction	97	1649	7475	105193	2280
交通运输、仓储及邮政业 Transportation, Storage and Post Services	249	12814	99357	1616584	122643
信息传输、计算机服务和软件业 Information Transmitting, Computer Services and Software	118	4790	60545	391605	177913
批发和零售业 Wholesale and Retail Trade	1014	19885	135749	10700067	540859
住宿和餐饮业 Accommodation and Catering Services	92	33350	56940	455469	28049
金融业 Finance Intermediation	40	2367	36433	489148	148894
房地产业 Real Estate	231	7191	37059	787904	15369
租赁和商务服务业 Leasing and Business Services	280	2643	24474	140630	32279
科学研究、技术服务和地质勘察业 Scientific Research, Technical Services and Geological Prospecting	164	6729	90388	524589	89898
水利、环境和公共设施管理业 Management for Water Conservancy, Environment and Public Facilities	8	716	6440	94261	30863
居民服务和社会服务业 Resident Services and Other Social Services	49	17988	39660	108136	3530
教　育 Education	5	287	1834	5414	-554
卫生、社会保障和社会福利、文化、体育和娱乐业 Health Care, Social Security and Social Welfare, Culture, Sports and Recreational Services	19	645	3830	7811	-7900

6-13 续表 2 Continued

单位：万元 (10 000 yuan)

项　目	Item	企业个数(个) Number of Enterprises (unit)	全部从业人员数(人) Number of Employment Personnel (person)	全部从业人员劳动报酬 Total Remuneration of Employment Personnel	营业收入 Business Revenue	利润总额 Total Pre-tax Profits
按坐落地点分	**By Site of Location**					
和平区	Heping District	308	14210	91847	2708957	300870
河东区	Hedong District	134	7321	29867	1423420	65668
河西区	Hexi District	377	20959	138259	2602310	257807
南开区	Nankai District	402	39690	112912	1818713	173451
河北区	Hebei District	72	4186	18813	230737	26467
红桥区	Hongqiao District	18	728	2564	39879	1434
东丽区	Dongli District	434	39821	238696	5095207	143810
西青区	Xiqing District	710	76405	382478	11477823	818961
津南区	Jinnan District	309	26275	110757	2191502	35758
北辰区	Beichen District	457	36829	210160	4949732	209450
武清区	Wuqing District	205	92597	366465	4199800	342698
宝坻区	Baodi District	82	13400	42654	463301	29562
滨海新区	Binhai New Area	2224	272916	1568924	48942422	2617310
宁河县	Ninghe County	41	5082	15128	242676	9754
静海县	Jinghai County	156	14747	72680	1139759	9470
蓟　县	Jixian County	27	3764	18845	604940	93357
按国别(地区)分	**By Country (Region)**					
亚　洲	**Asia**	**3988**	**453307**	**2172521**	**60332078**	**3378933**
# 中国香港	Hong Kong, China	1440	187309	857893	20421709	976795
日　本	Japan	787	102579	570724	17931725	1432642
韩　国	Republic of Korea	1016	105923	498762	15181059	586902
沙特阿拉伯	Saudi Arabia	3	1094	9291	2963226	201609
中国台湾	Taiwan, China	373	25585	102647	1793886	114837
新加坡	Singapore	216	21289	89151	1303418	48263
马来西亚	Malaysia	33	2622	10797	192115	576
泰　国	Thailand	12	1722	7736	143871	10242
印　度	India	6	426	5226	76699	-505

6-13 续表 3 Continued

单位：万元 (10 000 yuan)

项　目	Item	企业个数(个) Number of Enterprises (unit)	全部从业人员数(人) Number of Employment Personnel (person)	全部从业人员劳动报酬 Total Remuneration of Employment Personnel	营业收入 Business Revenue	利润总额 Total Pre-tax Profits
非　洲	**Africa**	**57**	**2392**	**17858**	**690562**	**9018**
欧　洲	**Europe**	**601**	**66419**	**512557**	**14238703**	**931709**
#德　国	Germany	123	10721	94079	4998963	393121
英　国	United Kingdom	143	19428	113471	2670534	200334
法　国	France	73	9523	98456	2311230	178791
丹　麦	Denmark	25	10251	95366	1579570	70865
荷　兰	Netherlands	43	3517	31145	916999	35001
瑞　士	Switzerland	31	3314	20946	435898	5526
意大利	Italy	44	3170	16550	409780	-2304
西班牙	Spain	27	2329	13780	294161	-1253
瑞　典	Sweden	21	1280	11077	278203	21179
比利时	Belgium	12	1065	6623	177904	320
芬　兰	Finland	8	528	3862	64224	11075
俄罗斯	Russia	10	315	2771	51142	16484
卢森堡	Luxembourg	7	215	1140	16284	1137
奥地利	Austria	2	250	608	16103	1944
希　腊	Greece	3	7	30	8165	-72
拉丁美洲	**Latin America**	**254**	**43301**	**181004**	**4463239**	**130226**
#英属维尔京群岛	British Virgin Island	180	34690	133985	3818317	113192
开曼群岛	Cayamn Island	28	5767	37392	482493	14988
巴　西	Brazil	19	2227	7771	115837	718
巴巴多斯	Barbados	10	16	28	28771	3160
北美洲	**North America**	**938**	**93576**	**494254**	**7007012**	**635112**
#美　国	United States	773	89350	478848	6718207	630660
加拿大	Canada	159	4049	14883	281374	5048
大洋洲	**Oceania**	**118**	**9935**	**42856**	**1399582**	**50825**
#澳大利亚	Australia	68	4304	16995	317431	11432

6-14 接待入境旅游人数和居住天数(2008—2011年)
Number of International Tourists and Dwelling Days, 2008-2011

单位：人次、天 (person-time, day)

项　　目	Item	2008	2009	2010	2011
接待人数总计(含不过夜)	**Total Tourists (include not stay for night)**	**1220392**	**1410244**	**1660682**	**2004374**
接待人数(过夜)	Accommodated Tourists (stay for night)	492992	539800	598941	730615
外国人	Foreigners	438922	480090	526830	635795
#日　本	Japan	135042	145254	149860	188190
韩　国	Republic of Korea	93134	95014	107309	140474
菲律宾	Philippines	2839	4407	3631	3109
新加坡	Singapore	15209	16295	16012	19252
泰　国	Thailand	1626	1644	2737	2074
印度尼西亚	Indonesia	1766	1749	5380	2146
美　国	United States	43051	46996	51712	61170
加拿大	Canada	6725	8367	8459	8595
英　国	United Kingdom	15491	14424	14460	21566
法　国	France	10480	9097	9213	10083
德　国	Germany	17158	15501	19827	21428
意大利	Italy	6102	5059	4037	4895
俄罗斯	Russia	2099	1494	1924	1631
澳大利亚	Australia	9833	10625	10477	14003
港澳台同胞	Hong Kong, Macao and Taiwan Compatriots	54070	59710	72111	94820
星级宾馆平均每人居住天数	**Per Capita Staying Days in Star Level Hotels**	**3.0**	**3.4**	**2.6**	**2.3**

6-15 接待入境旅游外汇收入(2008—2011年)
Foreign Exchange Earning from International Tourists, 2008-2011

单位：万美元 (USD 10 000)

项　　目	Item	2008	2009	2010	2011
总　计	**Total**	**100139**	**118264**	**141951**	**175560**
长途交通	Long-distance Transportation	35647	45599	57827	61661
飞　机	Civil Aviation	31182	37123	46572	53726
火　车	Railway	1931	1405	2733	3459
汽　车	Motor Vehicles	2154	4685	2399	3746
海　运	Sea Transportation	380	2386	6123	730
游　览	Tour	4776	5459	5909	8538
住　宿	Accommodation	15198	16407	18148	26292
餐　饮	Catering Service	8877	8741	11063	15675
娱　乐	Entertainment	5394	7925	6633	9645
购　物	Shopping	18083	21909	26198	32049
邮电通讯	Posts and Telecommunications	2403	3449	3115	4220
市内交通	Local Transportation	3006	3724	3865	5426
其　他	Others	6755	5051	9193	12056

6-16 天津与国外结成友好城市一览表
List of Foreign Sister Cities with Tianjin

友好城市 Sister City	国别 Country of Origin	缔结时间 Time of Conclusion	友好城市 Sister City	国别 Country of Origin	缔结时间 Time of Conclusion
神户市	日　本	1973年6月24日	乌兰巴托市	蒙　古	1992年9月27日
Kobe	Japan	June 24, 1973	Ulan Bator	Mongolia	Sept. 27, 1992
费　城	美　国	1980年2月10日	哈尔科夫市	乌克兰	1993年6月14日
Philadelphia	United States	Feb. 10, 1980	Kharkov	Ukraine	June 14, 1993
墨尔本市	澳大利亚	1980年5月5日	延雪坪市	瑞　典	1993年9月23日
Melbourne	Australia	May 5, 1980	Jon Koping	Sweden	Sept. 23, 1993
四日市市	日　本	1980年10月28日	仁川市	韩　国	1993年12月7日
Yokkaichi	Japan	Oct. 28, 1980	Inchon	Republic of Korea	Dec. 7, 1993
萨拉热窝市	波　黑	1981年5月28日	萨尔州	德　国	1994年9月28日
Sarajevo	Bosnia Herzegovina	May 28, 1981	State of Saarland	Germany	Sept. 28, 1994
北加莱海峡大区	法　国	1984年10月10日	罗兹市	波　兰	1994年10月11日
Region Nord Pas de Calais	France	Oct. 10, 1984	Lodz	Poland	Oct. 11, 1994
伦巴第大区	意大利	1985年5月9日	里约热内卢州	巴　西	1995年4月18日
Lombardia Region	Italy	May 9, 1985	Rio de Janeiro	Brazil	Apr. 18, 1995
格罗宁根市	荷　兰	1985年9月12日	橘　郡	美　国	1997年8月1日
Groningen	Netherlands	Sept. 12, 1985	Orange County	United States	Aug. 1, 1997
千叶市	日　本	1986年5月7日	亚马逊州	巴　西	1997年10月20日
Chiba	Japan	May 7, 1986	State of Amazon	Brazil	Oct. 20, 1997
普罗夫迪夫大区	保加利亚	1989年10月15日	海防市	越　南	1999年1月8日
Plovdiv	Bulgaria	Oct. 15, 1989	Haiphong City	Vietnam	Jan. 8, 1999
伊兹密尔市	土耳其	1991年9月23日	惠灵顿市	新西兰	2011年7月22日
Izmir	Turkey	Sept. 23, 1991	Wellington	New Zealand	July 22, 2011
阿比让市	科特迪瓦	1992年9月26日			
La Ville D'abidjan	Cote d'ivoire	Sept. 26, 1992			

6-17 对外经济合作
Economic Cooperation with Foreign Countries or Regions

项　目	Item	2010	2011
对外承包工程	**Contracted Foreign Projects**		
签订合同份数(个)	Number of Contracts (unit)	74	92
签订合同金额(万美元)	Contracted Value (USD 10 000)	173753	194390
完成营业额(万美元)	Fulfilling Value (USD 10 000)	245205	299081
年末在外劳动人数(人)	Number of Outside Labours at Year-end (person)	5911	8860
对外劳务合作	**Labour Cooperation**		
合同工资(万美元)	Wages Contracted (USD 10 000)		6811
实际收入(万美元)	Actual Income (USD 10 000)		4620
年末在外劳动人数(人)	Number of Outside Labours at Year-end (person)	6772	7224

6-18 按国别（地区）分对外承包工程、劳务合作（2011年）
Contracted Foreign Projects and Labour Cooperation by Country (Region), 2011

国别（地区）	Country (Region)	对外承包工程 Contracted Foreign Projects		劳务合作 Labour Cooperation
		合同个数（个）Number of Projects (unit)	合同金额（万美元）Contracted Value (USD 10 000)	新签劳务人员合同工资总额（万美元）Total Wages Contracted of New Labour (USD 10 000)
合　计	**Total**	**92**	**194390**	**6811**
亚　洲	**Asia**	**55**	**139741**	**6521**
# 沙特阿拉伯	Saudi Arabia	2	17190	
科威特	Kuwait		12177	
印度尼西亚	Indonesia	14	12872	
土耳其	Turkey	3	62789	
日　本	Japan			2127
韩　国	Republic of Korea			425
非　洲	**Africa**	**28**	**24416**	**29**
# 尼日利亚	Nigeria	7	9633	
苏　丹	Sudan	14	13236	
马达加斯加	Madagascar	3	583	
拉丁美洲	**Latin America**	**8**	**21779**	**22**
# 委内瑞拉	Venezuela	6	16613	
北美洲	**North America**			**239**
美　国	United States			239
大洋洲	**Oceania**	**1**	**8454**	
澳大利亚	Australia		8014	
巴布亚新几内亚	Papua New Guinea	1	440	

6-19 服务外包情况（2011年）
Statistics on Service Outsourcing, 2011

单位：亿美元（USD 100 million）

项　目	Item	2011	2011比2010年增长(%) Increased Rate in 2011 over 2010 (%)
接包合同额	**Contracted Value of Service Outsourcing**	**9.3**	**116.6**
# 离岸接包合同额	Contracted Value of Offshore Service Outsourcing Contracted	6.1	139.3
接包执行额	**Actual Value of Service Outsourcing**	**6.1**	**78.9**
# 离岸接包执行额	Actual Value of Offshore Service Outsourcing	3.9	91.4

主要统计指标解释

外贸进出口总额

指海关统计中按经营单位即进出口企业在海关注册地的行政区域口径统计的数据，它反映的是天津行政辖区内各类具有进出口经营权企业（外贸企业）的进出口。它不包含外省市外贸企业途经天津口岸由天津海关结关放行及统计的进出口商品，但包含天津外贸企业经由非天津口岸进出口结关放行及统计的商品。

口岸进出口总额

指由海关统计的天津口岸实际进出的货物总金额。包括天津经营单位和其他省市经营单位经天津口岸实现的进出口货物总额。我国规定出口货物按离岸价格统计，进口货物按到岸价格统计。

利用外资

包括三部分，一是借用国外资金；二是直接利用投资；三是其他利用投资。外资包括现金、实物、工业产权或专有技术等。凡是本年内实际投资（不论是执行本年签订的协议或是执行过去几年签订的协议）均应计算在内。

借用国外资金　指由我国政府、部门、企业或其他经济组织从境外借入的资金或在境外发行的外币债券。按借款类别不同划分为：外国政府贷款、国际金融组织贷款、外国银行商业贷款、出口信贷和其他：包括对外发行债券、股票等。本年鉴公布的我市的对外借款统计数据中，不含外国及港、澳、台在津投资企业的对外借款。

直接利用投资　指国外及港澳台地区的法人和自然人按照我国有关政策、法规在中国大陆地区以现金、实物、无形资产等各种方式投资于非上市公司中的全部投资及在单个外国投资者所占股权比例不低于10%的上市公司中的投资。

直接利用外资合同外资额

是根据外商投资企业合同（章程）规定，外方投资者应缴付的注册资本。包括外方从企业获得的利润对企业的再投资以及批准的企业投资总额内的外方股东贷款（2002年以前还包括以企业名义从境内外借入的其他外资）。

实际利用外资

包括借用国外资金、直接利用投资和其他利用投资三部分实际到位的外资。借用国外资金按实际提取或拨交的使用数、直接利用投资按外方实际到位资金统计（以会计师事务所出具的验资报告为准）、其他利用投资按到位数计算。

对外承包工程

包括对外承包公司以招标议标承包方式承揽的下列业务：(1) 承包国外工程建设项目。(2) 承包我国对外经济援助项目。(3) 承包我国驻外机构的工程建设项目。(4) 承包我国境内利用外资进行建设的工程项目。(5) 与外国承包公司合营或联合承包工程项目时我国公司分包部分。(6) 以服务成果向业主收费的技术服务项目（包括承担地形地貌测绘；地质资源勘探与普查；建设区域规划；提供设计文件、图纸、生产工艺技术资料和工程技术经济咨询；工程项目的可行性考察、研究和评估；进行技术指导和培训人员等）。(7) 对外承包兼营的房屋开发业务。对外承包工程的营业额是以货币表现的本期内完成的对外承包工程的工作量，包括以前年度签订的合同和本年度新签订的合同在报告期完成的工作量。

对外劳务合作

指以收取工资的形式向业主或承包商提供技术和劳动服务的活动。天津对外承包公司在境外开办的合营企业，天津公司同时又提供劳务的，其劳务部分也纳入劳务合作统计。劳务合作营业额按报告期内向雇主提交的结算数（包括工资、加班费和奖金等）统计。

Explanatory Notes on Main Statistical Indicators

Total Value of Imports and Exports in Foreign Trade

is offered by Customs authorities, covering the operations units, or the enterprises involved in import and export, that have registered in the administrative regions where the Customs operate. It reflects the import and export of all the enterprises with import and export rights (foreign trade enterprises) under the administration of Tianjin Municipality. It excludes those commodities of foreign trade enterprises from out of town that underwent customs clearance at Tianjin ports but includes commodities of foreign trade enterprises of Tianjin that underwent customs clearance in non-Tianjin ports.

Total Value of Imports and Exports in Port

is offered by customs authorities, refer to the value of commodities imported into and exported from Tianjin Port. It includes the value of commodities imported into and exported from Tianjin Port of Tianjin business units and business units of other provinces (municipalities). In accordance with the stipulation of the Chinese government, imports are calculated at CIF, while exports are calculated at FOB.

Utilization of Foreign Investment

includes foreign borrowing, foreign direct investment, and other foreign investment. Foreign capital includes cash, foods, industrial property right, special technique, etc. It includes actual investment in current year or signed in previous years.

Foreign Loans refer to funds borrowed from abroad by the Chinese government, departments, enterprises and other economic units, foreign currency bond issued abroad. Grouped by the category of borrowing, it includes (a) loans of foreign governments, (b) loans of international financial institutions, (c) commercial loans of foreign banks, (d) export credit of foreign banks, (e) bonds, shares issued abroad, etc. The data in this yearbook excludes foreign borrowing of foreign funded and Hong Kong, Macao and Taiwan funded enterprises.

Foreign Direct Investment refers to the investment inside China by foreign funded and Hong Kong, Macao and Taiwan funded enterprises, economic organizations or individuals, following the relevant policies and laws of China and using cash, practicalities technology, for the investment of corporations that are not listed in stock market, share ownership of single foreign investor is not lower than 10%.

Foreign Direct Investment Contracted

refer to the total registered capital that according to the contract, foreign investor should provide. It includes reinvestment of foreign investor using the profits obtained from enterprise, loans of foreign shareholder among the total investment (also includes other investment of enterprise borrowed from China and abroad before 2002).

Foreign Capital Actually Used

refers to the actual investment of foreign borrowing, foreign direct investment and other investment by foreign enterprises. It includes actual withdraw of foreign borrowing, actual capital of foreign direct investment (in accordance with the capital report of Accountant Services), actual capital of other investment by foreign enterprises.

Contracted Foreign Projects

refer to projects undertaken by Chinese contractors (project contracting companies) through bidding process. They include: (1) overseas civil engineering construction projects financed by foreign investors. (2) overseas projects financed by the Chinese government through its foreign-aid programs. (3) construction projects of Chinese diplomatic missions, trade offices and other institutions stationed abroad. (4) construction projects in China financed by foreign investment. (5) subconstruction to be taken by Chinese-contractors through a joint umbrella project with foreign contractor. (6) technical assistance projects in the form of service results and chargeable to the owners (such as topographic surveying, geological prospecting, development zone programming, provision of documents, blueprint, materials on production process, technical consultation, project feasibility studies and evaluation, personnel training, etc.). (7) housing developing projects. The business turnover from international contracting is the work of contracted projects completed during the reporting period, expressed in monetary terms, including completed work on project contracts signed in previous years.

Overseas Labour Cooperation

refers to activities of providing technology and labour services to employers or contractors by collecting salaries and wages. Labour services provided by Tianjin's international contrasting corporations to their overseas joint ventures shall be included into the statistics of overseas serviced. The business turn over of overseas labour services is the settlement price (including salaries, overtime pay and bonuses) submitted to the employers during the reporting period.

能源生产和消费 7
Energy Production and Consumption

7-1 能源生产总量及构成(1996—2011年)
Total Production of Energy and Its Composition, 1996-2011

年 份 Year	能源生产总量 (万吨标准煤) Total Energy Production (10 000 tons of SCE)	占能源生产总量的比重(%) As Percentage of Total Energy Production (%)		
		原 油 Crude Oil	天然气 Natural Gas	其 他 Others
1996	1036.17	89.15	10.85	
1997	1014.77	90.93	9.07	
1998	1079.73	91.46	8.54	
1999	1084.63	90.45	9.55	
2000	1201.94	90.81	9.19	
2001	1494.84	92.73	7.27	
2002	1844.92	94.16	5.84	
2003	1983.56	94.80	5.20	
2004	2171.95	95.12	4.88	
2005	2663.93	95.61	4.39	
2006	2915.55	95.21	4.79	
2007	2926.45	93.94	6.06	
2008	3034.76	93.86	6.14	
2009	3471.63	94.52	5.48	
2010	5007.65	95.08	4.56	0.36
2011	4833.59	94.39	5.10	0.51

7-2 能源终端消费量(1996—2011年)
Final Consumption of Energy, 1996-2011

单位：万吨标准煤 (10 000 tons of SCE)

年 份 Year	能源终端消费量 Final Consumption of Energy	第一产业 Primary Industry	第二产业 Secondary Industry	第三产业 Tertiary Industry	生活消费 Living Consumption
1996	2374.07	70.72	1735.50	311.33	256.52
1997	2312.79	44.76	1605.60	420.96	241.47
1998	2353.71	44.00	1588.62	437.27	283.82
1999	2352.21	53.61	1435.11	535.14	328.35
2000	2553.60	58.17	1570.08	635.23	290.12
2001	2724.32	68.83	1694.78	608.05	352.66
2002	2966.56	76.64	1935.92	575.96	378.04
2003	3084.49	58.86	1975.56	650.27	399.80
2004	3522.15	62.00	2296.39	737.35	426.41
2005	3870.67	73.28	2623.16	700.28	473.95
2006	4269.94	76.41	2955.97	743.81	493.76
2007	4713.41	78.55	3312.87	788.00	533.98
2008	5162.07	77.60	3606.53	874.79	603.15
2009	5652.62	81.75	3904.75	957.40	708.72
2010	6574.87	89.53	4702.63	1058.00	724.71
2011	7346.13	100.16	5367.60	1122.15	756.22

7-3 综合能源平衡表(标准量) Overall Energy Balance Sheet (Standard Equivalent)

单位:万吨标准煤 (10 000 tons of SCE)

项目	Item	2010	2011
可供本地区消费的能源量	**Volume of Energy Available for Consumption**	**6673.58**	**7390.65**
年初库存量	Stock at the Beginning of the Year	645.88	751.87
一次能源生产量	Primary Energy Output	5007.65	4833.59
外省(区、市)调入量	Inflow from Other Provinces (Regions, Cities)	10146.54	10803.28
进口量	Import	1809.72	2018.85
我轮、机在外国加油量	Our Steamship and Plane Oiled Abroad	74.33	99.53
本市调出量(-)	Outflow to Other Provinces (Regions, Cities) (-)	-10076.30	-10164.91
出口量(-)	Export (-)	-68.97	-37.72
外轮、机在本市加油量(-)	Foreign Steamship and Plane Oiled in Tianjin (-)	-154.77	-180.08
年末库存量(-)	Stock at Year-end (-)	-710.49	-733.76
加工转换投入(-)产出(+)量	**Input (-) or Output (+) of Processing and Transformation**	**-110.86**	**-89.88**
火力发电	Thermal Power		
供　热	Heating	-116.53	-119.89
煤炭洗选	Separation Coal		
炼　焦	Coke Making	-18.71	-11.51
炼油及煤制油	Oil Refining	33.68	333.56
#油品再投入量(-)	Input of Oil (-)	-153.82	-499.12
制　气	Gas Making		
#焦炭再投入量(-)	Input of Coke (-)		
天然气液化	Liquefaction of Natural Gas		-0.59
煤制品加工	Processing of Coal Products		
回收能	Recovery of Energy	144.51	207.66
损失量	**Loss Volume**	**132.35**	**162.43**
终端消费量	**Final Consumption**	**6574.87**	**7346.13**
第一产业	Primary Industry	89.53	100.16
第二产业	Secondary Industry	4702.63	5367.60
工　业	Industry	4519.17	5165.90
建筑业	Construction	183.46	201.70
第三产业	Tertiary Industry	1058.00	1122.15
交通运输、仓储及邮政业	Transportation, Storage and Post Services	477.67	511.48
批发和零售业、住宿和餐饮业	Wholesale & Retail Trade, Accommodation & Catering Services	257.34	267.19
其　他	Others	322.98	343.48
生活消费	Living Consumption	724.71	756.22
平衡差额	**Balance**	**0.01**	**-0.14**
消费量合计	**Total Consumption**	**6818.08**	**7598.45**

7-4 能源消耗基本情况(1996—2011年)
Basic Statistics on Energy Consumption, 1996-2011

年 份 Year	能源消耗 (万吨标准煤) Energy Consumption (10 000 tons of SCE)	#工 业 Industry	电力消耗(亿千瓦小时) Electricity Power Consumption (100 million kwh)	#工 业 Industry
1996	2500.22	1816.55	187.51	111.35
1997	2452.34	1698.19	194.09	142.45
1998	2502.24	1698.82	200.38	147.43
1999	2553.07	1608.66	211.19	151.09
2000	2793.71	1776.94	236.55	171.83
2001	2918.04	1855.60	250.47	181.89
2002	3022.15	1969.20	281.00	205.33
2003	3214.97	2087.57	313.00	230.16
2004	3696.68	2434.14	350.97	259.61
2005	4084.57	2747.42	396.33	292.49
2006	4500.15	3079.42	445.73	330.51
2007	4942.82	3417.01	510.68	380.90
2008	5363.59	3668.03	535.26	392.14
2009	5874.09	3962.03	576.92	413.30
2010	6818.08	4762.38	675.37	492.27
2011	7598.45	5418.22	726.50	532.79

年 份 Year	单位生产总值能耗 (吨标准煤/万元) Energy Consumption per Unit of GDP (ton of SCE/10 000 yuan)	单位生产总值电耗 (千瓦小时/万元) Electricity Power Consumption per Unit of GDP (kwh/10 000 yuan)	单位工业增加值能耗 (吨标准煤/万元) Energy Consumption per Unit of Value Added of Industry (ton of SCE/10 000 yuan)	单位工业增加值电耗 (千瓦小时/万元) Electricity Power Consumption per Unit of Value Added of Industry (kwh/10 000 yuan)
1996	2.19	1646.08	3.49	2141.55
1997	1.92	1520.31	2.92	2450.07
1998	1.79	1434.95	2.73	2369.84
1999	1.66	1374.94	2.30	2156.90
2000	1.64	1389.94	2.26	2186.25
2001	1.53	1313.51	2.09	2053.52
2002	1.41	1308.20	1.94	2023.65
2003	1.30	1268.95	1.74	1912.95
2004	1.29	1228.33	1.67	1776.40
2005	1.05	1014.78	1.40	1493.87
2006	1.00	994.61	1.35	1453.31
2007	0.96	987.01	1.28	1430.59
2008	0.89	887.70	1.16	1239.75
2009	0.84	820.97	1.06	1104.48
2010	0.74	732.15	1.08	1116.04
2011	0.71	676.41	1.03	1012.55

注：1. 能源消耗指标采用等价值计量。2. 单位生产总值、工业增加值的能耗和电耗2010年及以后为2010年可比价，2005年（含2005年）到2010年为2005年可比价，2005年以前年份为2000年可比价。

Note: a) Indicators of energy consumption are converted into same value. b) From 2005, energy or electricity power consumption of GDP, energy or electricity power consumption of value added in industry are calculated at 2005 constant prices; data before 2005 are calculated at 2000 constant prices.

7-5 电力平衡表（2008—2011年）
Electricity Balance Sheet, 2008-2011

单位：亿千瓦小时 (100 million kwh)

项　目　Item	2008	2009	2010	2011
可供量				
Total Energy Available for Consumption	**535.26**	**576.92**	**675.37**	**726.50**
生产量				
Output	402.70	420.24	566.45	625.39
火力发电				
Thermal Power	402.70	420.24	566.20	623.82
其他发电				
Others			0.25	1.57
外省(区、市)调入量				
Inflow from Other Provinces (Regions, Cities)	133.19	157.67	109.78	101.99
本市调出量				
Outflow to Other Provinces (Regions, Cities)	0.63	0.99	0.86	0.88
消费量				
Total Energy Consumption	**535.26**	**576.92**	**675.37**	**726.50**
在消费量中				
Consumption by Sector				
农、林、牧、渔、水利业				
Farming, Forestry, Animal Husbandry, Fishery and Water Conservancy	10.82	10.86	11.81	12.90
工　业				
Industry	392.14	413.30	492.27	532.79
建筑业				
Construction	7.12	9.15	12.33	13.94
交通运输、仓储和邮政业				
Transportation, Storage and Post Services	11.07	12.58	15.81	17.86
批发和零售业、住宿和餐饮业				
Wholesale & Retail Trade, Accommodation & Catering Services	25.16	26.79	28.97	30.77
其　他				
Others	35.44	39.63	46.77	51.87
生活消费				
Living Consumption	53.51	64.61	67.41	66.37
在消费量中				
Consumption by Usage				
终端消费				
Final Consumption	506.85	545.98	639.96	683.66
#工　业				
Industry	363.73	382.36	456.86	489.95
输配电损失量				
Losses in Transmission	28.41	30.94	35.41	42.84
平衡差额				
Balance				

7-6 能源消费弹性系数(1996—2011年) Elasticity of Energy Consumption, 1996-2011

年份 Year	能源消费比上年增长(%) Increase Rate of Energy Consumption over Preceding Year (%)	电力消费比上年增长(%) Increase Rate of Electricity Power Consumption over Preceding Year (%)	生产总值比上年增长(%) Increase Rate of GDP over Preceding Year (%)	能源消费弹性系数 Elasticity Ratio of Energy Consumption	电力消费弹性系数 Elasticity Ratio of Electricity Consumption
1996	-2.7	4.8	14.3		0.33
1997	-1.9	3.5	12.1		0.29
1998	2.0	3.2	9.3	0.22	0.34
1999	2.0	5.4	10.0	0.20	0.54
2000	9.4	12.0	10.8	0.87	1.11
2001	4.5	5.9	12.0	0.37	0.49
2002	3.6	12.2	12.7	0.28	0.96
2003	6.4	11.4	14.8	0.43	0.77
2004	15.0	12.1	15.8	0.95	0.77
2005	11.3	12.9	14.7	0.77	0.88
2006	10.0	12.5	14.5	0.69	0.87
2007	9.3	14.6	15.2	0.61	0.96
2008	8.5	4.8	16.5	0.51	0.29
2009	9.5	7.8	16.5	0.58	0.47
2010	16.1	17.1	17.4	0.93	0.98
2011	11.4	7.6	16.4	0.70	0.46

7-7 能源消费量(2007—2011年) Energy Consumption, 2007-2011

品种 Item	单位 Unit	2007	2008	2009	2010	2011
合计 Total	**万吨标准煤 10 000 tons of SCE**	**4942.82**	**5363.59**	**5874.09**	**6818.08**	**7598.45**
煤炭 Coal	万吨 10 000 tons	3926.70	3972.77	4119.65	4806.79	5261.50
焦炭 Coke	万吨 10 000 tons	667.75	719.23	868.65	663.91	709.48
原油 Crude Oil	万吨 10 000 tons	950.14	790.33	844.64	1566.79	1754.02
燃料油 Fuel Oil	万吨 10 000 tons	131.19	124.80	118.58	143.69	149.96
汽油 Gasoline	万吨 10 000 tons	139.55	148.76	181.03	205.12	222.57
煤油 Kerosene	万吨 10 000 tons	19.38	18.13	20.73	21.40	24.53
柴油 Diesel Oil	万吨 10 000 tons	255.83	289.76	303.57	333.54	360.66
天然气 Natural Gas	亿立方米 100 million cu. m	14.27	16.84	18.12	22.93	25.52
电力 Electricity	亿千瓦小时 100 million kwh	510.68	535.26	576.92	675.37	726.50

7-8 生活能源消费量（2008—2011年）
Energy Consumption for Non-production Purpose, 2008-2011

品　种 Item	单　位 Unit	2008	2009	2010	2011
合　　计	万吨标准煤				
Total	10 000 tons of SCE	**603.15**	**708.72**	**724.71**	**756.22**
煤　炭	万　吨				
Coal	10 000 tons	57.43	66.97	67.16	63.84
液化石油气	万　吨				
LPG	10 000 tons	6.65	7.34	7.30	7.37
天然气和煤气	亿立方米				
Natural Gas and Coal Gas	100 million cu. m	3.77	3.86	4.13	4.38
热　力	万百万千焦				
Heat	10 000 million kJ	5681.27	6124.95	6614.94	6911.83
电　力	亿千瓦小时				
Electricity	100 million kwh	53.51	64.61	67.41	66.37

7-9 人均生活能源消费量（1996—2011年）
Annual per Capita Energy Consumption for Non-production Purpose, 1996-2011

年　份 Year	平均每人生活消费能源 (千克标准煤) Annual Per Capita Consumption for Non-production Purpose (kg of SCE)	煤　炭 (千克) Coal (kg)	电　力 (千瓦小时) Electricity (kwh)	液化石油气 (千克) LPG (kg)	天然气和煤气 (立方米) Natural Gas and Coal Gas (cu. m)
1996	286	214	189	6	21
1997	269	188	211	5	22
1998	315	141	227	5	22
1999	362	131	265	19	22
2000	318	109	271	13	47
2001	386	97	286	12	43
2002	413	87	320	11	42
2003	433	99	344	12	33
2004	459	91	360	10	31
2005	459	86	367	7	37
2006	466	72	406	7	35
2007	488	69	434	7	32
2008	527	50	467	6	33
2009	590	56	537	6	32
2010	573	53	533	6	33
2011	570	48	500	6	33

7-10 工业行业主要能源终端消费量(2011年)
The Final Consumption of Main Energy by Industrial Sector, 2011

行业	Sector	煤炭 (万吨) Coal (10 000 tons)	焦炭 (万吨) Coke (10 000 tons)	原油 (万吨) Crude Oil (10 000 tons)	汽油 (万吨) Gasoline (10 000 tons)
总计	**Total**	**939.63**	**708.23**	**19.31**	**11.63**
煤炭开采和洗选业	Mining and Washing of Coal				0.06
石油和天然气开采业	Extraction of Petroleum and Natural Gas	1.29		18.88	1.48
黑色金属矿采选业	Mining and Processing of Ferrous Metal Ores	2.82	16.65		0.03
非金属矿采选业	Mining and Processing of Nonmetal Ores	3.75			0.06
农副食品加工业	Processing of Food from Agricultural Products	9.11			0.14
食品制造业	Manufacture of Food	20.60			0.14
饮料制造业	Manufacture of Beverage	8.14			0.08
烟草制品业	Manufacture of Tobacco	1.06			
纺织业	Manufacture of Textile	7.38			0.10
纺织服装鞋帽制造业	Manufacture of Textile Wearing Apparel, Footwear and Caps	4.66			0.37
皮革毛皮羽毛(绒)及其制品业	Manufacture of Leather, Fur, Feather and Related Products	1.23			0.05
木材加工及木、竹、藤、棕、草制品业	Processing of Timber, Manufacture of Wood, Bamboo, Rattan, Palm and Straw Products	0.37			0.03
家具制造业	Manufacture of Furniture	1.13			0.11
造纸及纸制品业	Manufacture of Paper and Paper Products	16.51			0.22
印刷业和记录媒介的复制	Printing, Reproduction of Recording Media	0.64			0.14
文教体育用品制造业	Manufacture of Articles for Culture, Education and Sport Activity	1.38		0.02	0.08
石油加工炼焦及核燃料加工业	Processing of Petroleum, Coking, Processing of Nuclear Fuel	8.29			0.11
化学原料及化学制品制造业	Manufacture of Raw Chemical Materials and Chemical Products	129.38	0.70		0.56
医药制造业	Manufacture of Medicines	10.75			0.11
化学纤维制造业	Manufacture of Chemical Fibers	0.58			
橡胶制品业	Manufacture of Rubber	15.45			0.18
塑料制品业	Manufacture of Plastics	3.35			0.30
非金属矿物制品业	Manufacture of Non-Metallic Mineral Products	67.40	0.04		0.35
黑色金属冶炼及压延加工业	Smelting and Pressing of Ferrous Metals	532.68	685.15	0.18	0.46
有色金属冶炼及压延加工业	Smelting and Pressing of Non-Ferrous Metals	10.59	0.28	0.19	0.06
金属制品业	Manufacture of Metal Products	22.41	0.30		0.74
通用设备制造业	Manufacture of General Purpose Machinery	9.01	4.89		0.83
专用设备制造业	Manufacture of Special Purpose Machinery	5.48	0.02		0.80
交通运输设备制造业	Manufacture of Transport Equipment	14.65		0.03	1.68
电气机械及器材制造业	Manufacture of Electrical Machinery and Equipment	6.19			0.59
通信设备计算机及其他电子设备制造业	Manufacture of Communication Equipment, Computers and Other Electronic Equipment	0.86		0.01	0.64
仪器仪表及文化办公用机械制造业	Manufacture of Measuring Instruments and Machinery for Cultural Activity and Office Work				0.24
工艺品及其他制造业	Manufacture of Artwork and Other Manufacturing	3.43			0.11
废弃资源和废旧材料回收加工业	Recycling and Disposal of Waste	0.01	0.20		0.03
电力热力的生产和供应业	Production and Supply of Electric Power and Heat Power	18.88			0.53
燃气生产和供应业	Production and Supply of Gas				0.11
水的生产和供应业	Production and Supply of Water	0.17			0.11

7-10 续表 1 Continued

行业	Sector	柴油（万吨）Diesel Oil (10 000 tons)	燃料油（万吨）Fuel Oil (10 000 tons)	天然气（亿立方米）Natural Gas (100 million cu. m)
总计	**Total**	**48.70**	**9.79**	**14.56**
煤炭开采和洗选业	Mining and Washing of Coal			
石油和天然气开采业	Extraction of Petroleum and Natural Gas	34.13		1.34
黑色金属矿采选业	Mining and Processing of Ferrous Metal Ores			
非金属矿采选业	Mining and Processing of Nonmetal Ores	0.12		
农副食品加工业	Processing of Food from Agricultural Products	0.18		0.05
食品制造业	Manufacture of Food	0.10		0.43
饮料制造业	Manufacture of Beverage	0.16		0.02
烟草制品业	Manufacture of Tobacco			0.05
纺织业	Manufacture of Textile	0.02	0.05	0.10
纺织服装鞋帽制造业	Manufacture of Textile Wearing Apparel, Footwear and Caps	0.07		0.01
皮革毛皮羽毛(绒)及其制品业	Manufacture of Leather, Fur, Feather and Related Products			
木材加工及木、竹、藤、棕、草制品业	Processing of Timber, Manufacture of Wood, Bamboo, Rattan, Palm and Straw Products	0.02		0.02
家具制造业	Manufacture of Furniture	0.06		0.02
造纸及纸制品业	Manufacture of Paper and Paper Products	0.18	0.09	0.04
印刷业和记录媒介的复制	Printing, Reproduction of Recording Media	0.03		0.02
文教体育用品制造业	Manufacture of Articles for Culture, Education and Sport Activity	0.01		
石油加工炼焦及核燃料加工业	Processing of Petroleum, Coking, Processing of Nuclear Fuel	0.32	5.98	2.49
化学原料及化学制品制造业	Manufacture of Raw Chemical Materials and Chemical Products	1.11	0.01	1.91
医药制造业	Manufacture of Medicines	0.07	0.05	0.13
化学纤维制造业	Manufacture of Chemical Fibers			
橡胶制品业	Manufacture of Rubber	0.07		0.37
塑料制品业	Manufacture of Plastics	0.12		0.10
非金属矿物制品业	Manufacture of Non-Metallic Mineral Products	3.20	3.13	1.24
黑色金属冶炼及压延加工业	Smelting and Pressing of Ferrous Metals	1.81		3.27
有色金属冶炼及压延加工业	Smelting and Pressing of Non-Ferrous Metals	0.23	0.09	0.36
金属制品业	Manufacture of Metal Products	0.50		0.83
通用设备制造业	Manufacture of General Purpose Machinery	0.58		0.38
专用设备制造业	Manufacture of Special Purpose Machinery	3.01	0.04	0.10
交通运输设备制造业	Manufacture of Transport Equipment	1.52	0.33	0.62
电气机械及器材制造业	Manufacture of Electrical Machinery and Equipment	0.36		0.14
通信设备计算机及其他电子设备制造业	Manufacture of Communication Equipment, Computers and Other Electronic Equipment	0.16		0.44
仪器仪表及文化办公用机械制造业	Manufacture of Measuring Instruments and Machinery for Cultural Activity and Office Work	0.02		0.03
工艺品及其他制造业	Manufacture of Artwork and Other Manufacturing	0.19		0.01
废弃资源和废旧材料回收加工业	Recycling and Disposal of Waste	0.10	0.02	
电力热力的生产和供应业	Production and Supply of Electric Power and Heat Power	0.21		
燃气生产和供应业	Production and Supply of Gas	0.01		0.04
水的生产和供应业	Production and Supply of Water	0.03		

7-10 续表 2 Continued

行　业	Sector	热　力(万百万千焦) Heat (10 000 million kJ)	电　力(亿千瓦时) Electricity (100 million kwh)	其他石油制品(万吨) Other Petroleum Products (10 000 tons)
总　计	**Total**	**8579.47**	**489.95**	**238.82**
煤炭开采和洗选业	Mining and Washing of Coal		1.28	
石油和天然气开采业	Extraction of Petroleum and Natural Gas	196.47	15.71	
黑色金属矿采选业	Mining and Processing of Ferrous Metal Ores		2.12	
非金属矿采选业	Mining and Processing of Nonmetal Ores	294.55	1.49	
农副食品加工业	Processing of Food from Agricultural Products	281.03	3.79	
食品制造业	Manufacture of Food	470.19	5.95	
饮料制造业	Manufacture of Beverage	77.28	3.01	
烟草制品业	Manufacture of Tobacco		0.25	
纺织业	Manufacture of Textile	69.00	5.96	
纺织服装鞋帽制造业	Manufacture of Textile Wearing Apparel, Footwear and Caps	5.17	1.18	
皮革毛皮羽毛(绒)及其制品业	Manufacture of Leather, Fur, Feather and Related Products		0.37	
木材加工及木、竹、藤、棕、草制品业	Processing of Timber, Manufacture of Wood, Bamboo, Rattan, Palm and Straw Products		0.46	
家具制造业	Manufacture of Furniture		1.44	
造纸及纸制品业	Manufacture of Paper and Paper Products	19.74	9.64	
印刷业和记录媒介的复制	Printing, Reproduction of Recording Media	13.31	0.86	
文教体育用品制造业	Manufacture of Articles for Culture, Education and Sport Activity	4.44	0.83	
石油加工炼焦及核燃料加工业	Processing of Petroleum, Coking, Processing of Nuclear Fuel	1258.73	22.22	7.98
化学原料及化学制品制造业	Manufacture of Raw Chemical Materials and Chemical Products	4923.35	76.52	230.11
医药制造业	Manufacture of Medicines	185.83	4.76	
化学纤维制造业	Manufacture of Chemical Fibers	0.80	0.21	
橡胶制品业	Manufacture of Rubber	59.26	4.96	
塑料制品业	Manufacture of Plastics	12.12	10.92	
非金属矿物制品业	Manufacture of Non-Metallic Mineral Products	0.73	11.38	
黑色金属冶炼及压延加工业	Smelting and Pressing of Ferrous Metals	63.99	137.70	0.03
有色金属冶炼及压延加工业	Smelting and Pressing of Non-Ferrous Metals	15.71	4.90	
金属制品业	Manufacture of Metal Products	24.56	21.12	0.10
通用设备制造业	Manufacture of General Purpose Machinery	35.59	22.41	0.28
专用设备制造业	Manufacture of Special Purpose Machinery	33.86	8.69	
交通运输设备制造业	Manufacture of Transport Equipment	189.47	24.31	0.18
电气机械及器材制造业	Manufacture of Electrical Machinery and Equipment	36.63	8.96	0.13
通信设备计算机及其他电子设备制造业	Manufacture of Communication Equipment, Computers and Other Electronic Equipment	44.27	24.50	
仪器仪表及文化办公用机械制造业	Manufacture of Measuring Instruments and Machinery for Cultural Activity and Office Work	11.16	0.96	
工艺品及其他制造业	Manufacture of Artwork and Other Manufacturing	3.57	1.15	
废弃资源和废旧材料回收加工业	Recycling and Disposal of Waste		0.43	
电力热力的生产和供应业	Production and Supply of Electric Power and Heat Power	248.18	44.80	0.01
燃气生产和供应业	Production and Supply of Gas		0.33	
水的生产和供应业	Production and Supply of Water	0.48	4.38	

主要统计指标解释

能源生产总量

指一定时期内全市一次能源生产量的总和。该指标是观察全市能源生产水平、规模、构成和发展速度的总量指标。一次能源生产量包括原煤、原油、天然气、水电、核能及其他动力能（如风能、地热能等）发电量，不包括低热值燃料生产量、生物质能、太阳能等的利用和由一次能源加工转换而成的二次能源产量。

能源消费总量

指一定时期内全市各行业和居民生活消费的各种能源的总和。该指标是观察能源消费水平、构成和增长速度的总量指标。能源消费总量包括原煤和原油及其制品、天然气、电力，不包括低热值燃料、生物质能和太阳能等的利用。能源消费总量分为终端能源消费量、能源加工转换损失量和能源损失量三部分。

终端能源消费量

指一定时期内全市各行业和居民生活消费的各种能源在扣除了用于加工转换二次能源消费量和损失量以后的数量。

能源加工转换损失量

指一定时期内全市投入加工转换的各种能源数量之和与产出各种能源产品之和的差额。该指标是观察能源在加工转换过程中损失量变化的指标。

能源损失量

指一定时期内能源在输送、分配、储存过程中发生的损失和由客观原因造成的各种损失量，不包括各种气体能源放空、放散量。

能源生产弹性系数

是研究能源生产量的增长速度与国民经济增长速度之间关系的指标。计算公式为：

$$\text{能源生产弹性系数}=\frac{\text{能源生产总量年平均增长速度}}{\text{国民经济年平均增长速度}}$$

国民经济年平均增长速度，可根据不同的目的或需要，用生产总值等指标来计算，本年鉴是采用生产总值指标计算的。

电力生产弹性系数

是研究电力生产量的增长速度与国民经济增长速度之间关系的指标。计算公式为：

$$\text{电力生产弹性系数}=\frac{\text{电力生产量年平均增长速度}}{\text{国民经济年平均增长速度}}$$

能源消费弹性系数

反映能源消费增长速度与国民经济增长速度之间比例关系的指标。计算公式为：

$$\text{能源消费弹性系数}=\frac{\text{能源消费量年平均增长速度}}{\text{国民经济年平均增长速度}}$$

电力消费弹性系数

反映电力消费增长速度与国民经济增长速度之间比例关系的指标。计算公式为：

$$\text{电力消费弹性系数}=\frac{\text{电力消费量年平均增长速度}}{\text{国民经济年平均增长速度}}$$

Explanatory Notes on Main Statistical Indicators

Total Energy Production

refers to the total production of primary energy by all energy producing enterprises in the city in a given period of time. It is a comprehensive indicator to show the capacity, scale, composition and development of energy production of the country. The production of primary energy includes that of coal, crude oil, natural gas, hydropower and electricity generated by nuclear energy and other means such as wind power and geothermal power. However, it excludes the production of fuels of low calorific value, bio-energy, solar energy and the secondary energy converted from the primary energy.

Total Energy Consumption

refers to the total consumption of energy of various kinds by various industries and households in the city in a given period of time. It is a comprehensive indicator to show the scale, composition and development of energy consumption. The total energy consumption includes that of coal, crude oil and their products, natural gas and electricity; however, it excludes the consumption of fuel of low calorific value, bio-energy and solar energy. Total domestic energy consumption can be divided into three parts: final energy consumption, loss during the process of energy conversion, and energy loss.

Final Consumption of Energy

refers to the total energy consumption by various industries and households in the city in a given period of time, but excludes the consumption in conversion of the primary energy into the secondary energy and the loss in the process of energy conversion.

Loss during the Process of Energy Conversion

refers to the total input of various kinds of energy for conversion, minus the total output of various kinds of energy in the city in a given period of time. It is an indicator to show the loss that occurs during the process of energy conversion.

Energy Loss

refers to the total of the loss of energy during the course of energy transport, distribution and storage and the loss caused by any objective reason in a given period of time. The loss of various kinds of gas due to gas discharges and stock-taking is excluded.

Elasticity Ratio of Energy Production

is an indicator to show the relationship between the growth rate of energy production and the growth rate of the national economy. The formula is:

$$\text{Elasticity Ratio of Energy Production} = \frac{\text{Average Annual Growth Rate of Energy Production}}{\text{Average Annual Growth Rate of National Economy}}$$

The average annual growth rate of the national economy can be measured by indicators such as the Gross National Product and the Gross Domestic Product, depending on the purposes or needs. The Gross Domestic Product has been used in the calculation of the ratio in this Yearbook.

Elasticity Ratio of Electricity Production

is an indicator to show the relationship between the growth rate of electricity production and the growth rate of the national economy. Generally speaking, the growth rate of the electricity production should be higher than that of the national economy. Its formula is:

$$\text{Elasticity Ratio of Electricity Production} = \frac{\text{Average Annual Growth Rate of Electricity Production}}{\text{Average Annual Growth Rate of National Economy}}$$

Elasticity Ratio of Energy Consumption

is an indicator to show the relationship between the growth rate of energy consumption and the growth rate of the national economy. The formula is:

$$\text{Elasticity Ratio of Energy Consumption} = \frac{\text{Average Annual Growth Rate of Energy Consumption}}{\text{Average Annual Growth Rate of National Economy}}$$

Elasticity Ratio of Electricity Consumption

is an indicator to show the relationship between the growth rate of electricity consumption and the growth rate of the national economy. The formula is:

$$\text{Elasticity Ratio of Electricity Consumption} = \frac{\text{Average Annual Growth Rate of Electricity}}{\text{Average Annual Growth Rate of National Economy}}$$

8 财政 Government Finance

8-1 地方财政一般预算收入(1996—2011年) Local General Budgetary Government Revenue, 1996-2011

年份 Year	地方一般预算收入 Local General Budgetary Government Revenue	# 增值税(25%) Value-added Tax (25%)	# 营业税 Business Tax	# 企业所得税 Income Tax of Enterprises	# 个人所得税 Individual Income Tax
绝对数(亿元) Value (100 million yuan)					
1996	76.02	17.25	24.67	19.06	5.30
1997	89.91	17.30	27.60	21.48	6.49
1998	101.40	18.99	30.71	20.34	7.91
1999	112.81	20.83	33.88	24.02	8.86
2000	133.61	26.12	38.16	29.25	11.34
2001	163.64	34.87	42.99	39.38	16.58
2002	171.83	38.73	51.65	26.24	13.20
2003	204.53	45.19	64.32	23.80	12.53
2004	246.18	35.17	78.39	32.12	15.98
2005	331.85	64.24	96.45	41.11	18.82
2006	417.05	80.67	115.92	53.20	21.21
2007	540.44	94.81	146.38	76.41	29.36
2008	675.62	109.68	179.85	103.70	32.17
2009	821.99	99.08	223.62	95.56	35.66
2010	1068.81	119.20	283.87	125.89	42.96
2011	1455.13	141.32	352.86	182.95	52.01
比上年增长(%) Increase Rate over Preceding Year (%)					
1996	29.0	3.6	24.2	50.4	40.4
1997	18.3	0.3	11.9	12.7	22.5
1998	12.8	9.8	11.3	-5.3	21.9
1999	11.3	9.7	10.3	18.1	12.1
2000	18.4	25.4	12.6	21.8	27.9
2001	22.5	33.5	12.7	34.6	46.2
2002	16.9	11.1	20.1	9.6	23.1
2003	24.8	16.7	24.5	13.6	18.7
2004	28.9	16.7	21.9	34.8	27.5
2005	28.2	21.8	23.0	27.8	17.5
2006	25.7	25.6	20.2	29.8	12.7
2007	29.7	17.5	26.3	44.4	38.4
2008	25.1	15.7	22.9	36.2	9.6
2009	21.6	-9.7	24.3	-8.4	10.8
2010	30.1	20.3	26.9	32.6	20.5
2011	36.1	18.6	24.3	45.3	21.1

资料来源：天津市财政局。
Source: Tianjin Municipal Finance Bureau.
注：1. 本表中增长速度均按可比口径计算，表8-2至8-3同。2. 2002年开始中央与地方实施所得税收入分享改革，所得税中央与地方分享比例2002年为5∶5，2003年以来为6∶4，下表同。
Note: a) Increase rate is calculated on the basis of constant coverage. Same as following table 8-2 to 8-3. b) The distribution of income tax reformed in 2002, central government and local government share the income tax at equal share of 50% each in 2002, central government shares 60% and local government shares 40% since 2003. Same as following next.

8-2 财政收入 Government Revenue

单位：万元 (10 000 yuan)

项 目	Item	2010	2011	2011比2010年增长(%) Increase Rate in 2011 over 2010 (%)
一、地方一般预算收入	**Local General Budgetary Government Revenue**	**10688093**	**14551299**	**36.1**
按科目分	**By Subject**			
税收收入	Revenue from Taxes	7766475	10045096	29.3
# 增值税(25%)	Value-added Tax (25%)	1191975	1413222	18.6
营业税	Business Tax	2838717	3528567	24.3
企业所得税	Income Tax of Enterprises	1258896	1829475	45.3
个人所得税	Individual Income Tax	429620	520106	21.1
非税收入	Non-tax Income	2921618	4506203	54.2
专项收入	Special Project Income	207301	344804	66.3
行政事业性收费收入	Income from Administrative Fees	1412891	1838848	30.1
罚没收入	Penalty and Confiscatory Income	87995	135806	54.3
国有资本经营收入	State-owned Capital Operation Income	70829	250476	253.6
国有资源(资产)有偿使用收入	Paid Use of State-owned Resources (assets) Income	833662	1507907	80.9
其他非税收入	Others	308940	428362	38.7
按级次分	**By Level**			
市级一般预算收入	General Budgetary Government Revenue at City Level	4214888	5650265	34.0
区县级一般预算收入	General Budgetary Government Revenue at District & County Level	6473205	8901034	37.5
二、政府性基金收入	**Governmental Fund Revenue**	**9096433**	**9391015**	**3.2**
市级政府性基金收入	Governmental Fund Revenue at City Level	3285941	2609959	-20.6
区县级政府性基金收入	Governmental Fund Revenue at District & County Level	5810492	6781056	16.7
三、地方上划中央收入	**Revenue Transferred to Central Government**	**6959479**	**8667106**	**24.5**

8-3 财政支出
Government Expenditure

单位：万元 (10 000 yuan)

项 目	Item	2010	2011	2011比2010年增长(%) Increase Rate in 2011 over 2010 (%)
一、地方一般预算支出	**Local General Budgetary Government Expenditure**	**13768395**	**17963333**	**28.2**
按科目分	**By Subject**			
#一般公共服务	General Public Service	980718	1178136	23.5
国 防	National Defense	8826	10052	13.9
公共安全	Public Safety	849197	1004095	17.8
教 育	Education	2295648	3023241	35.6
科学技术	Science and Technology	432530	601721	40.8
文化体育与传媒	Culture, Sports and Media	242788	297588	28.3
社会保障和就业	Social Security and Employment	1377424	1683441	28.9
医疗卫生	Health Care	700719	905250	29.7
节能环保	Energy Conservation and Environmental Protection	270990	322355	27.6
城乡社区事务	Urban & Rural Community Affairs	3552871	4854237	31.1
农林水事务	Agriculture, Forestry and Water Conservancy Affairs	671405	917794	33.0
交通运输	Transportation	469525	973690	105.7
按级次分	**By Level**			
市级一般预算支出	General Budgetary Government Expenditure at City Level	6314336	8129563	25.1
区县级一般预算支出	General Budgetary Government Expenditure at District & County Level	7454059	9833770	31.9
二、政府性基金支出	**Governmental Fund Expenditure**	**7925827**	**8849089**	**11.6**
市级政府性基金支出	Governmental Fund Expenditure at City Level	3225808	2703530	-16.3
区县级政府性基金支出	Governmental Fund Expenditure at District & County Level	4700019	6145559	30.8

8-4 区县级财政一般预算收入(2011年)
General Budgetary Government Revenue at District & County Level, 2011

单位：万元 (10 000 yuan)

地 区	Region	一般预算收入 General Budgetary Government Revenue	税收收入 Revenue from Taxes	增值税 Value-added Tax	营业税 Business Tax	企业所得税 Income Tax of Enterprises
总 计	**Total**	**8901034**	**6529712**	**871429**	**1836245**	**1148272**
区级合计	**Total at District Level**	**8379727**	**6189321**	**820856**	**1758491**	**1110369**
和平区	Heping District	380953	332713	19167	135208	48181
河东区	Hedong District	262618	216494	15147	73535	25743
河西区	Hexi District	373387	332468	16219	148558	31031
南开区	Nankai District	320012	298832	19071	92883	37143
河北区	Hebei District	241399	157335	9099	51077	18345
红桥区	Hongqiao District	120475	87125	5803	31285	8751
东丽区	Dongli District	520784	369320	50795	89483	58092
西青区	Xiqing District	545087	458692	66271	105133	84498
津南区	Jinnan District	480805	333265	36922	96434	57403
北辰区	Beichen District	349519	310308	63630	56312	51369
武清区	Wuqing District	452545	393819	62821	78445	86507
宝坻区	Baodi District	254444	193853	29947	42730	17664
滨海新区	Binhai New Area	4077699	2705097	425964	757408	585642
县级合计	**Total at County Level**	**521307**	**340391**	**50573**	**77754**	**37903**
宁河县	Ninghe County	126996	58159	8100	18049	7635
静海县	Jinghai County	239759	181488	32060	34358	18491
蓟 县	Jixian County	154552	100744	10413	25347	11777

8-4 续表 1 Continued

单位：万元 (10 000 yuan)

地 区	Region	个人所得税 Individual Income Tax	城市维护建设税 Tax on Urban Maintenance and Construction	契 税 Deed Tax	其他各项税收收入 Other Kinds of Taxes	非税收入 Non-tax Income
总 计	**Total**	**268852**	**565400**	**800518**	**1038996**	**2371322**
区级合计	**Total at District Level**	**261496**	**543268**	**727078**	**967763**	**2190406**
和平区	Heping District	11787	26252	30826	61292	48240
河东区	Hedong District	8343	16778	38550	38398	46124
河西区	Hexi District	14115	27917	43084	51544	40919
南开区	Nankai District	10149	19885	53346	66355	21180
河北区	Hebei District	4418	10343	33071	30982	84064
红桥区	Hongqiao District	2808	7323	8666	22489	33350
东丽区	Dongli District	8478	40509	61645	60318	151464
西青区	Xiqing District	9104	38952	73085	81649	86395
津南区	Jinnan District	5569	27413	60833	48691	147540
北辰区	Beichen District	8397	32719	34159	63722	39211
武清区	Wuqing District	9823	34672	43850	77701	58726
宝坻区	Baodi District	3469	25734	23638	50671	60591
滨海新区	Binhai New Area	165036	234771	222325	313951	1372602
县级合计	**Total at County Level**	**7356**	**22132**	**73440**	**71233**	**180916**
宁河县	Ninghe County	1322	4370	7296	11387	68837
静海县	Jinghai County	3511	12027	39367	41674	58271
蓟 县	Jixian County	2523	5735	26777	18172	53808

8-4 续表 2 *Continued*

单位：万元 (10 000 yuan)

地　　区	Region	专项收入 Special Project Income	行政事业性收费收入 Income from Administrative Fees	罚没收入 Penalty and Confiscatory Income	国有资源(资产)有偿使用收入 Paid Use of State-owned Resources (assets) Income	其他各项非税收入 Other Kinds of Non-tax Income
总　　计	**Total**	**264346**	**1024153**	**86529**	**378829**	**617465**
区级合计	**Total at District Level**	**248413**	**913212**	**67262**	**344568**	**616951**
和平区	Heping District	11342	2795	813	506	32784
河东区	Hedong District	8082	18262	1021	9296	9463
河西区	Hexi District	12342	7418	815	4265	16079
南开区	Nankai District	8618	8997	919	92	2554
河北区	Hebei District	4532	10998	792	23762	43980
红桥区	Hongqiao District	3180	7729	964	18093	3384
东丽区	Dongli District	18375	124102	1713	319	6955
西青区	Xiqing District	19662	21014	1694	841	43184
津南区	Jinnan District	12170	90233	984	4130	40023
北辰区	Beichen District	14556	18529	4328	665	1133
武清区	Wuqing District	15577	27923	15124	102	
宝坻区	Baodi District	12010	31196	15168	2217	
滨海新区	Binhai New Area	107967	544016	22927	280280	417412
县级合计	**Total at County Level**	**15933**	**110941**	**19267**	**34261**	**514**
宁河县	Ninghe County	3103	34260	3561	27913	
静海县	Jinghai County	7580	41368	7280	1529	514
蓟　县	Jixian County	5250	35313	8426	4819	

8-5 区县级财政一般预算支出（2011年）
General Budgetary Government Expenditure at District & County Level, 2011

单位：万元 (10 000 yuan)

地　　区	Region	一般预算支出 General Budgetary Government Expenditure	一般公共服务 General Public Service	公共安全 Public Safety	教　育 Education	科学技术 Science and Technology
总　　计	**Total**	**9833770**	**768812**	**527535**	**1942034**	**280676**
区级合计	**Total at District Level**	**8936191**	**675370**	**470665**	**1703915**	**269349**
和平区	Heping District	388391	32026	41174	126016	5074
河东区	Hedong District	301014	28792	27703	87535	4000
河西区	Hexi District	316490	38561	26718	103291	4314
南开区	Nankai District	323077	31873	37706	100629	8097
河北区	Hebei District	306642	26910	22073	82148	5913
红桥区	Hongqiao District	207435	22196	21299	73592	3029
东丽区	Dongli District	497690	31913	28682	92416	7067
西青区	Xiqing District	515633	36387	30261	92628	11271
津南区	Jinnan District	420494	38609	23623	86277	12250
北辰区	Beichen District	347336	34479	25193	83930	8801
武清区	Wuqing District	594779	37873	21756	180494	9115
宝坻区	Baodi District	417262	58733	20529	133260	3496
滨海新区	Binhai New Area	4299948	257018	143948	461699	186922
县级合计	**Total at County Level**	**897579**	**93442**	**56870**	**238119**	**11327**
宁河县	Ninghe County	231668	23402	12677	57849	2427
静海县	Jinghai County	377976	38627	18787	77871	3601
蓟　县	Jixian County	287935	31413	25406	102399	5299

8-5 续表 1 Continued

单位：万元 (10 000 yuan)

地　区	Region	文化体育与传媒 Culture, Sports and Media	社会保障和就业 Social Security and Employment	医疗卫生 Health Care	节能环保 Energy Conservation and Environmental Protection
总　计	**Total**	**123778**	**510261**	**522957**	**53182**
区级合计	**Total at District Level**	**114473**	**422098**	**447329**	**49495**
和平区	Heping District	4735	24674	23615	736
河东区	Hedong District	2379	42604	25367	890
河西区	Hexi District	2934	27587	24601	743
南开区	Nankai District	2756	33604	29684	606
河北区	Hebei District	3323	35420	30953	554
红桥区	Hongqiao District	2391	23272	19309	437
东丽区	Dongli District	27447	35583	34011	2329
西青区	Xiqing District	6482	30749	33517	9661
津南区	Jinnan District	4790	15223	23455	3498
北辰区	Beichen District	4714	20330	27755	1842
武清区	Wuqing District	3295	34375	32394	956
宝坻区	Baodi District	3516	28198	22545	2042
滨海新区	Binhai New Area	45711	70479	120123	25201
县级合计	**Total at County Level**	**9305**	**88163**	**75628**	**3687**
宁河县	Ninghe County	2168	15770	18784	2149
静海县	Jinghai County	4906	38828	26498	1025
蓟　县	Jixian County	2231	33565	30346	513

8-5 续表 2 Continued

单位：万元 (10 000 yuan)

地　区	Region	城乡社区事　务 Urban & Rural Community Affairs	农林水、国土资源气象和粮油物资管理等事务 Agriculture, Forestry and Water Conservancy, Land Resources and Meteorology, Management of Cereals, Oils and Material Reserves	资源勘探电力信息、商业服务业、金融监管等事务 Resource Exploration and Power Information, Business Services, Financial Supervision	其他支出 Others
总　计	**Total**	**3412686**	**301978**	**742996**	**646875**
区级合计	**Total at District Level**	**3231863**	**226572**	**730860**	**594202**
和平区	Heping District	58888	778	23228	47447
河东区	Hedong District	44395	953	15439	20957
河西区	Hexi District	27139	2037	2251	56314
南开区	Nankai District	45426	1801	10517	20378
河北区	Hebei District	57703	1193	12196	28256
红桥区	Hongqiao District	27445	911	12205	1349
东丽区	Dongli District	64667	12871	72013	88691
西青区	Xiqing District	225565	21490	16435	1187
津南区	Jinnan District	149118	17626	38843	7182
北辰区	Beichen District	42857	24224	65189	8022
武清区	Wuqing District	209589	41615	3480	19837
宝坻区	Baodi District	47877	50081	13962	33023
滨海新区	Binhai New Area	2231194	50992	445102	261559
县级合计	**Total at County Level**	**180823**	**75406**	**12136**	**52673**
宁河县	Ninghe County	45255	16543	2243	32401
静海县	Jinghai County	129814	28949	6098	2972
蓟　县	Jixian County	5754	29914	3795	17300

8-6 天津市国家税务局各项税收情况（2008—2011年）
Tax Revenue of Tianjin National Tax Bureau, 2008-2011

单位：万元 (10 000 yuan)

项　目	Item	2008	2009	2010	2011
总　计	**Total**	**14402815**	**14203479**	**20104114**	**24868485**
税收合计	**Total Tax**	**16227934**	**15763553**	**21587616**	**26697068**
#增值税	Value-added Tax	10604260	10413844	13671644	15949166
消费税	Consumption Tax	1467808	2184359	3345653	4078704
营业税	Business Tax	68444	87503	99375	87748
企业所得税	Income Tax of Enterprises	3733337	2738768	4046928	6059337
#国有企业	State-owned Enterprises	320411	121562	93713	98132
集体企业	Collective-owned Enterprises	6172	3539	2718	1476
股份合作企业	Cooperative Enterprises	14697	13764	9479	38665
联营企业	Joint Ownership Enterprises	12295	4952	6204	6765
股份公司	Share-holding Corporations Ltd.	707067	565702	864773	1335216
私营企业	Private Enterprises	142776	171555	213478	323337
外商投资企业和外国企业	Foreign and Foreign-founded Enterprises	2527374	1854322	2853412	1702935
个人所得税	Individual Income Tax	151775	125994	101476	103088
城市维护建设税	Tax on Urban Maintenance and Construction	7098	6343	13123	17272
房产税	Real Estate Property Tax	1102	1131	1160	1243
印花税	Stamp Tax	7447	10039	10441	12247
城镇土地使用税	Tax on the Use of Urban Land	103	357	449	449
车船税	Vehicle and Vessel Tax	1	1	1	1
出口退税合计	**Total Export Rebates**	**-1902900**	**-1660689**	**-1800325**	**-2232000**
其他收入合计	**Total of Others**	**77781**	**100615**	**316823**	**403417**
#教育费附加收入	Revenue from Extra-charges for Education	3042	2717	5624	24734

主要统计指标解释

财政收入

指国家可直接支配的财力，主要包括税收收入和其他收入两大类。1994 年我国统一实行分税制财政体制，按税种分为上划中央收入和地方财政收入。上划中央收入包括：增值税的 75%和消费税的 100%等；地方财政收入包括：增值税的 25%、营业税（不含银行总行、铁道、保险总公司的营业税）、地方企业交纳的企业所得税、外商投资企业和外国企业所得税、个人所得税、土地使用税、固定资产投资方向调节税、城市维护建设税（不含银行总行、铁道、保险总公司集中交纳的部分）、资源税（不包括海洋石油资源税）、房产税、车船使用税、印花税、屠宰税、农牧业税、耕地占用税、契税、遗产和赠与税、土地增值税、国有土地有偿使用收入以及基金收入等。地方财政收入加上划中央收入为全市财政收入。需要指出的是 1994 年以后地方财政收入与以前实行的总额分成财政体制下的地方财政收入在内容和范围上有一定差别，历年数据不完全可比。

一般预算收入

是通过一定的形式和程序，由各级财政部门组织并纳入预算管理的各项收入，也就是会计制度改革以前所称的“预算收入”。

政府性基金收入

是按规定收取，转入或通过当年财政安排，由财政管理并具有指定用途的政府性基金预算收入等。

一般预算支出

是各级财政部门对集中的一般预算收入有计划地分配和使用而安排的支出。

政府性基金支出

是各级财政部门用基金预算收入安排的支出。

Explanatory Notes on Main Statistical Indicators

Government Revenue

refers to the revenue of the government directly disposable finance, including various tax revenue and other revenue. In accordance with the classification of the structure of the government finance in 1994 on the basis of the classification of channels for collection of tax revenue, the revenue of the central government and the revenue of the local governments have different coverage. Revenue of the central government includes 75% of the value added tax and 100% of the value consumption tax, etc. The revenue of the local governments includes 25% of the value added tax, business tax (excluding business taxes of head offices of bank, profits of railways, head office of insurance company), income tax of the local enterprises subordinated to the local government, income tax of foreign, Hong Kong, Macao and Taiwan funded enterprises, personal income tax, tax on the use of urban land, tax on the adjustment of the investment in fixed assets, tax on town maintenance and construction, tax on resources (excluding tax on ocean petroleum resources), tax on real estates, tax on the use of vehicles and ships, stamp tax, slaughter tax, tax on agriculture and animal husbandry, tax on the occupancy of cultivated land, contract tax, inheritance tax, gift tax, land value added tax, income of non-gratuitous use on the state-owned land and income of funds. Total of government revenue included the revenue of the central government and the revenue of the local governments. Now the content and coverage of the local financial revenue is different from that before 1994, please pay attention to distinguish when you use.

General Budgetary Government Revenue

refers to financial revenue with budgetary management through certain form and procedure by financial departments at each level, also called "budgetary revenue" before reformation of accounting system.

Governmental Fund Revenue

refers to government fund budgetary revenue with financial management and assigned uses gathered by rules or through financial arrangement.

General Budgetary Government Expenditure

refers to expenditure distributed and used from general budgetary financial revenue by financial departments at each level.

Governmental Fund Expenditure

refers to expenditure arranged from fund budgetary revenue by financial departments at each level.

价格指数 Price Indices 9

9-1 城市物价总指数(1978—2011年)
Urban General Price Indices, 1978-2011

年 份 Year	上年=100 Preceding Year = 100		1978年=100 Year of 1978 = 100		1990年=100 Year of 1990 = 100	
	商品零售价格指数 Retail Price Index	居民消费价格指数 Consumer Price Index	商品零售价格指数 Retail Price Index	居民消费价格指数 Consumer Price Index	商品零售价格指数 Retail Price Index	居民消费价格指数 Consumer Price Index
1978	100.0	100.0	100.0	100.0		
1979	101.1	101.0	101.1	101.0		
1980	105.5	105.1	106.7	106.2		
1981	101.5	101.3	108.3	107.5		
1982	100.5	100.5	108.8	108.1		
1983	100.5	100.5	109.3	108.6		
1984	101.8	101.8	111.3	110.6		
1985	113.9	113.1	126.8	125.0		
1986	107.2	106.8	135.9	133.6		
1987	106.9	106.8	145.3	142.6		
1988	117.7	116.9	171.0	166.7		
1989	115.1	114.7	196.8	191.2		
1990	102.7	103.0	202.1	197.0	100.0	100.0
1991	108.0	110.2	218.3	217.1	108.0	110.2
1992	109.4	111.4	238.8	241.8	118.2	122.8
1993	114.3	117.6	273.0	284.4	135.0	144.4
1994	115.6	124.0	315.6	352.6	156.1	179.0
1995	110.6	115.3	349.0	406.6	172.7	206.4
1996	105.1	109.0	366.8	443.2	181.5	225.0
1997	100.7	103.1	369.4	456.9	182.7	232.0
1998	96.6	99.5	356.8	454.6	176.5	230.8
1999	97.5	98.9	347.9	449.6	172.1	228.3
2000	98.6	99.6	343.1	447.8	169.7	227.3
2001	98.6	101.2	338.2	453.2	167.3	230.1
2002	97.4	99.6	329.5	451.4	163.0	229.2
2003	97.4	101.0	320.9	455.9	158.7	231.4
2004	100.8	102.3	323.5	466.4	160.0	236.8
2005	99.9	101.5	323.1	473.4	159.8	240.3
2006	100.4	101.5	324.4	480.5	160.5	243.9
2007	103.2	104.2	334.8	500.7	165.6	254.2
2008	105.1	105.4	351.9	527.7	174.1	267.9
2009	98.9	99.0	348.0	522.4	172.2	265.2
2010	103.4	103.5	359.8	540.7	178.1	274.5
2011	104.7	104.9	376.7	567.2	186.5	288.0

9-2 城市居民消费价格分类指数（2008—2011年）
Urban Consumer Price Indices by Category, 2008-2011

上年=100 (Preceding Year = 100)

项目 Item	2008	2009	2010	2011
居民消费价格总指数 **General Consumer Price Index**	**105.4**	**99.0**	**103.5**	**104.9**
# 服务项目价格指数 Services	100.6	95.2	101.3	103.0
1. 食　品 **Food**	**112.1**	**101.2**	**108.0**	**105.8**
粮　食 Grain	105.5	107.5	117.5	111.4
淀　粉 Starches	98.1	104.2	108.6	108.5
干豆类及豆制品 Bean and Related Products	139.9	102.2	113.6	123.3
油　脂 Oil or Fat	128.9	84.7	105.2	100.1
肉禽及其制品 Meat, Poultry and Related Products	118.9	93.3	103.9	115.3
蛋 Eggs	103.8	101.9	108.0	122.6
水产品 Aquatic Products	102.9	96.8	110.9	114.4
菜 Vegetables	107.2	114.5	114.7	120.7
调味品 Flavoring	108.5	108.7	105.2	96.7
糖 Sugar	105.9	105.3	105.9	106.4
茶及饮料 Tea and Drink	106.1	101.9	100.7	109.1
干鲜瓜果 Dried and Fresh Melons and Fruits	115.1	101.1	111.5	104.7
糕点饼干面包 Pasty, Biscuit and Bread	114.4	101.6	102.4	108.8
液体乳及乳制品 Liquid Dairy and Related Products	131.6	100.7	104.8	113.3
在外用膳食品 Catering Trade	109.4	103.3	106.6	104.6
其他食品 Other Food	107.4	101.4	102.9	109.6
2. 烟酒及用品 **Tobacco, Liquor and Related Goods**	**108.0**	**104.7**	**104.3**	**114.0**
烟　草 Tobacco	102.3	105.0	103.9	104.8
酒 Liquor	120.3	106.8	106.1	100.6
吸烟饮酒用品 Related Goods	99.0	99.2	101.9	109.5
3. 衣　着 **Clothing**	**99.9**	**97.3**	**102.8**	**102.1**
服　装 Garments	100.3	98.0	102.9	101.7

9-2 续表 *Continued*

上年=100 (Preceding Year = 100)

项　目 Item	2008	2009	2010	2011
衣着材料 Clothing Materials	100.6	102.5	101.4	119.3
鞋袜帽 Shoes, Socks and Hats	98.6	94.9	102.4	101.9
衣着加工服务 Processing Services	106.6	100.0	117.6	116.8
4. 家庭设备用品及维修服务 Household Appliances, Articles and Repair Services	**106.8**	**99.7**	**99.5**	**106.1**
耐用消费品 Durable Consumer Goods	107.1	99.0	95.4	102.9
室内装饰品 Indoors Decorations	103.6	97.8	100.5	100.2
床上用品 Bed Articles	104.6	94.3	110.2	127.0
家庭日用杂品 Daily Use Household Articles	105.4	101.4	100.0	103.0
家庭服务及加工维修服务 Household Services and Repair Services	114.6	106.9	115.5	126.0
5. 医疗保健和个人用品 Medical, Health Care and Individual Goods	**102.3**	**102.6**	**103.7**	**101.8**
医疗保健 Medicine and Medical Services	102.4	104.2	104.1	100.7
个人用品及服务 Individual Goods and Services	102.2	98.0	102.8	104.0
6. 交通和通信 Transportation and Communications	**97.8**	**96.3**	**98.1**	**99.9**
交　通 Transportations	101.2	97.3	101.9	104.8
通　信 Communications	94.4	95.1	92.6	92.9
7. 娱乐教育文化用品及服务 Recreational, Educational & Cultural Articles and Services	**97.6**	**96.1**	**98.8**	**99.5**
文娱用耐用消费品及服务 Durable Consumer Goods & Services for Recreational Use	83.1	83.2	88.0	86.7
教　育 Education	100.8	101.2	101.8	100.2
文化娱乐 Recreation and Culture	99.3	102.0	100.5	100.6
旅　游 Tourism	102.6	88.2	101.3	106.8
8. 居　住 Residence	**105.3**	**94.9**	**102.3**	**104.7**
建房及装修材料 Building and Decoration Materials	113.3	106.5	101.7	109.0
租　房 Rent	100.3	100.0	103.6	101.2
自有住房 Individual Housing	101.8	85.2	102.4	104.9
水、电、燃料 Water, Electricity and Fuel	107.6	104.0	101.4	102.2

9-3 城市商品零售价格分类指数(2008—2011年)
Urban Retail Price Indices by Category, 2008-2011

上年=100 (Preceding Year = 100)

项　目 Item	2008	2009	2010	2011
商品零售价格总指数				
General Retail Price Index	**105.1**	**98.9**	**103.4**	**104.7**
1.食　品				
Food	**112.2**	**101.3**	**108.3**	**111.6**
粮　食				
Grain	105.5	107.6	117.5	108.5
淀　粉				
Starches	98.1	104.2	108.6	123.3
干豆类及豆制品				
Bean and Related Products	139.9	102.2	113.6	100.1
油　脂				
Oil or Fat	129.0	84.9	105.2	115.3
肉禽及其制品				
Meat, Poultry and Related Products	118.9	93.1	103.9	122.6
蛋				
Eggs	103.6	102.0	108.0	114.4
水产品				
Aquatic Products	102.6	97.1	110.9	120.7
菜				
Vegetables	107.1	114.5	114.7	96.7
调味品				
Flavoring	108.5	108.7	105.2	106.4
糖				
Sugar	105.9	105.3	105.9	109.1
干鲜瓜果				
Dried and Fresh Melons and Fruits	115.2	101.2	111.5	108.8
糕点饼干面包				
Pasty, Biscuit and Bread	114.5	101.5	102.4	113.3
液体乳及乳制品				
Milk and Related Products	132.8	100.8	104.8	104.6
在外用膳食品				
Catering Trade	109.3	103.3	106.6	109.6
其他食品				
Other Food	107.4	101.4	102.9	114.0
2.饮料烟酒				
Beverage, Tobacco and Liquor	**108.5**	**104.7**	**103.8**	**104.7**
茶及饮料				
Tea and Beverage	105.9	101.8	100.7	104.7
烟　草				
Tobacco	102.3	105.0	103.9	100.6
酒				
Liquor	119.8	106.8	106.1	109.5

9-3 续表 1 Continued

上年=100 (Preceding Year = 100)

项　目 Item	2008	2009	2010	2011
3. 服装鞋帽				
Garments, Shoes and Hats	**99.8**	**97.2**	**102.7**	**101.8**
服　装				
Garments	100.3	98.0	102.9	101.7
鞋袜帽				
Shoes, Socks and Hats	98.6	94.9	102.4	101.9
其　他				
Others	98.1	101.3	99.9	107.0
4. 纺织品				
Textiles	**103.3**	**96.5**	**108.6**	**112.4**
衣着材料				
Clothing Materials	100.6	102.5	101.4	119.3
床上用品				
Bed Articles	104.6	94.3	110.2	110.9
5. 家用电器及音像器材				
Household Appliances and Stereo Sets & Camera Facilities	**93.6**	**90.7**	**93.8**	**95.4**
家庭设备				
Household Facilities	102.3	98.2	96.8	102.3
文娱用耐用消费品				
Durable Consumer Goods for Recreational Use	80.5	78.8	88.4	84.8
音像器材				
Stereo Sets & Camera Facilities	99.9	99.8	99.5	100.4
6. 文化办公用品				
Culture and Office Articles	**90.2**	**91.5**	**90.8**	**90.5**
7. 日用品				
Articles for Daily Use	**103.8**	**100.9**	**100.5**	**103.8**
日用百货				
General Merchandise for Daily Use	101.3	104.3	101.1	106.2
日用杂品				
Sundry Articles	100.3	99.4	100.2	95.2
洗涤用品				
Washing Articles	112.4	102.0	97.9	102.9
其他日用品				
Other Articles for Daily Use	104.5	96.5	101.2	103.5
8. 体育娱乐用品				
Sport and Recreation Articles	**98.0**	**96.0**	**94.9**	**100.1**
体育用品				
Sport Articles	108.5	104.9	101.3	105.6
娱乐用品				
Recreation Articles	94.6	92.8	92.3	97.8
9. 交通、通信用品				
Transportation and Communication Articles	**89.2**	**89.0**	**96.1**	**100.1**

9-3 续表 2 Continued

上年=100 (Preceding Year = 100)

项 目 Item	2008	2009	2010	2011
交通运输机械 Transportation Machinery	100.0	96.3	100.1	102.9
通信器材 Communication Facilities	65.9	67.0	68.6	65.0
10. 家 具 Furniture	**112.5**	**99.5**	**93.4**	**103.7**
11. 化妆品 Cosmetics	**99.1**	**100.6**	**102.5**	**99.6**
12. 金银珠宝 Gold, Silver and Jewelry	**120.2**	**86.2**	**125.4**	**113.3**
13. 中西药品及医疗保健用品 Traditional Chinese & Western Medicine and Medical, Health Care Goods	**103.7**	**106.5**	**106.4**	**101.1**
医疗器具及用品 Medical Facilities and Goods	95.1	100.6	101.9	111.1
中药材及中成药 Traditional Chinese Raw Medicine and Medicine	109.3	114.7	113.3	102.7
西 药 Western Medicine	101.5	102.6	102.3	100.5
保健器具及用品 Health Care Facilities and Goods	97.3	100.1	103.6	99.0
14. 书报杂志及电子出版物 Books, Newspapers and Magazines, Electronic Publications	**100.9**	**108.0**	**100.0**	**100.3**
教材及参考书 Teaching Materials and Reference Books	102.4	100.8	100.0	100.5
书报杂志 Books, Newspapers and Magazines	100.2	122.5	100.0	100.0
电子音像制品 Electronics Stereo Goods	98.2	99.3	100.0	100.0
15. 燃 料 Fuel	**109.8**	**96.1**	**106.8**	**108.2**
煤炭及制品 Coal and Related Products	145.8	102.3	109.9	109.2
石油及制品 Petroleum and Related Products	106.7	95.0	106.9	108.2
16. 建筑材料及五金电料 Construction Materials and Hardware Materials	**112.2**	**105.5**	**101.4**	**107.7**
建筑装潢材料 Construction and Decoration Materials	114.6	106.4	101.6	107.6
五金电料类 Hardware Materials	101.3	100.9	100.5	108.8

9-4 工业生产者出厂价格指数（2008—2011年）
Producer Price Indices of Industrial Ex-factory Products, 2008-2011

上年=100 (Preceding Year = 100)

项　目 Item	2008	2009	2010	2011
工业生产者出厂价格总指数				
General Producer Price Indices of Industrial Ex-factory Products	**104.1**	**92.5**	**105.1**	**103.8**
按轻重工业分				
Grouped by Light or Heavy Industries				
轻工业				
Light Industry	102.0	97.7	99.7	103.9
以农产品为原料				
Using Farm Products as Raw Materials	106.8	98.3	103.2	107.6
以非农产品为原料				
Using Non-farm Products as Raw Materials	100.5	97.5	98.5	100.2
重工业				
Heavy Industry	105.2	90.0	107.4	103.8
采掘业				
Mining and Quarrying Industry	119.5	69.1	146.8	115.5
原料工业				
Raw Materials Industry	116.4	90.4	111.0	109.4
加工工业				
Processing Industry	97.3	93.1	99.2	99.7
按生产生活资料分				
Grouped by Means of Production or Subsistence				
生产资料				
Production Goods	105.0	90.6	106.6	104.1
采掘业				
Mining and Quarrying Industry	121.0	70.2	142.8	115.5
原料工业				
Raw Materials Industry	114.1	92.2	112.1	109.7
加工工业				
Processing Industry	100.2	92.7	99.8	99.9
生活资料				
Consumer Goods	100.8	99.6	99.3	102.4
食　品				
Food	108.7	98.3	101.7	107.9
衣　着				
Clothing	99.9	102.8	101.6	108.1
一般日用品				
Daily Use Articles	104.9	99.0	100.9	102.1
耐用消费品				
Durable Consumer Goods	95.8	100.0	97.3	98.6

9-5 按行业分工业生产者出厂价格指数（2008—2011年）
Producer Price Indices of Industrial Ex-factory Products by Sector, 2008-2011

上年=100 (Preceding Year = 100)

行业 Sector	2008	2009	2010	2011
煤炭开采和洗选业 Mining and Washing of Coal	144.6	84.6	106.2	96.0
石油和天然气开采业 Extraction of Petroleum and Natural Gas	119.3	68.6	147.6	115.6
黑色金属矿采选业 Mining and Processing of Ferrous Metal Ores				106.8
非金属矿采选业 Mining and Processing of Nonmetal Ores	127.0	94.3	107.3	106.4
农副食品加工业 Processing of Food from Agricultural Products	117.5	92.4	106.5	117.6
食品制造业 Manufacture of Food	115.9	101.9	97.5	101.4
饮料制造业 Manufacture of Beverage	102.1	98.2	100.7	98.1
烟草制品业 Manufacture of Tobacco	100.0	101.2	100.9	100.0
纺织业 Manufacture of Textile	100.6	97.2	111.9	114.0
纺织服装、鞋、帽制造业 Manufacture of Textile Wearing Apparel, Footwear and Caps	97.8	103.4	100.9	107.0
皮革、毛皮、羽毛(绒)及其制品业 Manufacture of Leather, Fur, Feather and Related Products	102.0	101.8	103.4	102.7
木材加工及木、竹、藤、棕、草制品业 Processing of Timber, Manufacture of Wood, Bamboo, Rattan, Palm and Straw Products	106.3	100.9	105.5	101.9
家具制造业 Manufacture of Furniture	96.9	101.9	102.2	99.5
造纸及纸制品业 Manufacture of Paper and Paper Products	109.3	94.2	101.7	101.2
印刷业和记录媒介的复制 Printing and Record Medium Reproduction	100.8	101.4	99.6	100.4
文教体育用品制造业 Cultural, Educational and Sports Goods	99.5	103.2	100.3	99.1
石油加工、炼焦及核燃料加工业 Processing of Petroleum, Coking, Processing of Nuclear Fuel	121.1	97.4	115.0	117.1
化学原料及化学制品制造业 Manufacture of Raw Chemical Materials and Chemical Products	106.2	91.7	109.0	111.8

9-5 续表 Continued

上年=100 (Preceding Year = 100)

行　业 Sector	2008	2009	2010	2011
医药制造业 Manufacture of Medicines	103.7	101.2	100.8	102.0
化学纤维制造业 Manufacture of Chemical Fibers	95.8	92.9	107.2	127.9
橡胶制品业 Manufacture of Rubber	100.1	98.3	101.4	112.7
塑料制品业 Manufacture of Plastics	102.2	96.0	101.5	103.7
非金属矿物制品业 Manufacture of Non-metallic Mineral Products	109.1	97.8	100.6	103.5
黑色金属冶炼及压延加工业 Smelting and Pressing of Ferrous Metals	125.4	80.4	113.5	109.1
有色金属冶炼及压延加工业 Smelting and Pressing of Non-ferrous Metals	94.5	88.0	137.4	111.6
金属制品业 Manufacture of Metal Products	116.6	92.0	101.7	107.2
通用设备制造业 Manufacture of General Purpose Machinery	103.7	100.1	99.6	102.9
专用设备制造业 Manufacture of Special Purpose Machinery	100.9	100.5	98.4	100.1
交通运输设备制造业 Manufacture of Transport Equipment	98.0	101.4	98.5	97.9
电气机械及器材制造业 Manufacture of Electrical Machinery and Equipment	100.3	95.3	106.5	102.0
通信设备、计算机及其他电子设备制造业 Manufacture of Communication Equipment, Computers and Other Electronic Equipment	85.4	93.2	85.1	84.2
仪器仪表及文化、办公用机械制造业 Manufacture of Measuring Instruments and Machinery for Cultural Activity and Office Work	83.9	96.6	96.7	103.1
工艺品及其他制造业 Manufacture of Artwork and Other Manufacturing	104.6	99.1	99.4	98.3
废弃资源和废旧材料回收加工业 Recycling and Disposal of Waste	98.2	97.9	105.6	115.0
电力、热力的生产和供应业 Production and Supply of Electric Power and Heat Power	102.0	105.6	102.1	100.3
煤气生产和供应业 Production and Supply of Gas	108.7	103.3	105.3	105.1
水的生产和供应业 Production and Supply of Water	104.5	105.4	111.1	111.0

9-6 工业生产者购进价格指数（2008—2011年）
Producer Price Indices of Industrial Purchase, 2008-2011

上年=100 (Preceding Year = 100)

项　目 Item	2008	2009	2010	2011
工业生产者购进价格总指数				
General Producer Price Indices of Industrial Purchase	**112.9**	**90.2**	**110.0**	**109.7**
燃料、动力类				
Fuel and Power	128.0	93.1	111.5	113.3
黑色金属材料类				
Ferrous Metals	132.6	82.2	110.2	110.6
有色金属材料及电线类				
Non-ferrous Metals and Wires	92.7	80.9	134.3	110.2
化工原料类				
Chemical Raw Materials	109.9	83.5	112.6	112.6
木材及纸浆类				
Wood and Paper Pulps	109.1	96.3	107.5	106.4
建筑材料及非金属矿类				
Construction Materials and Non-mental Ores	115.6	98.8	103.8	104.4
其他工业原材料及半成品类				
Other Industrial Raw Materials and Semi-products	105.9	92.3	103.9	104.4
农副产品类				
Farm and Sideline Products	108.5	94.7	120.2	125.1
纺织原料类				
Textile Raw Materials	100.0	99.6	109.1	110.7

9-7 固定资产投资价格指数（2008—2011年）
Price Indices of Investment in Fixed Assets, 2008-2011

上年=100 (Preceding Year = 100)

项　目 Item	2008	2009	2010	2011
固定资产投资价格总指数				
General Price Index of Investment in Fixed Assets	**109.2**	**97.6**	**102.6**	**105.7**
建筑安装、装饰工程				
Building Installation	114.0	96.4	104.2	109.0
# 人工费				
Labour Cost	109.6	106.7	105.8	109.7
材料费				
Materials Expense	116.3	93.5	104.2	109.5
机械费				
Machinery Charge	106.3	102.1	101.9	103.7
设备工器具购置				
Purchase of Equipment, Tools and Instruments	99.6	98.5	100.2	99.8
其他费用				
Others	104.2	100.2	100.5	102.1

9-8 住宅销售价格指数（2011 年）
Selling Price Indices of Houses, 2011

上年同期=100 (Corresponding Period of Preceding Year = 100)

月份	Month	新建住宅 Selling Price Indices of New Houses	新建商品住宅 New Economic Houses	90平方米以下 Less than 90 square meters	90-144平方米 90-144 square meters	144平方米以上 More than 144 square meters	二手住宅 Selling Price Indices of Second-hand Houses
一　月	January	106.7	107.6	107.9	108.1	106.6	103.3
二　月	February	106.7	107.6	108.7	107.3	107.2	103.4
三　月	March	106.6	107.5	108.6	107.5	106.2	102.8
四　月	April	104.9	105.6	107.0	105.6	104.1	101.2
五　月	May	103.4	103.8	104.8	104.1	102.4	101.9
六　月	June	103.9	104.4	105.4	104.5	103.2	101.8
七　月	July	104.2	104.7	105.6	104.9	103.4	101.3
八　月	August	103.4	103.8	104.8	104.0	102.5	101.3
九　月	September	103.1	103.5	104.5	103.7	102.2	100.8
十　月	October	102.9	103.2	104.4	103.1	102.1	100.2
十一月	November	102.0	102.2	103.5	102.1	101.1	98.4
十二月	December	101.2	101.3	102.6	101.2	100.3	97.6

9-9 居民货币购买力指数（1991—2011年）
Indices of Monetary Purchasing Power of Residents, 1991-2011

年份 Year	上年=100 Preceding Year = 100	年份 Year	1990年=100 Year of 1990 = 100
1991	90.7	1991	90.7
1992	89.8	1992	81.4
1993	85.0	1993	69.3
1994	80.6	1994	55.9
1995	86.7	1995	48.4
1996	91.7	1996	44.4
1997	97.0	1997	43.1
1998	100.5	1998	43.3
1999	101.1	1999	43.8
2000	100.4	2000	44.0
2001	98.8	2001	43.5
2002	100.4	2002	43.6
2003	99.0	2003	43.2
2004	97.8	2004	42.2
2005	98.5	2005	41.6
2006	98.5	2006	41.0
2007	96.0	2007	39.3
2008	94.9	2008	37.3
2009	101.0	2009	37.7
2010	96.6	2010	36.4
2011	95.3	2011	34.7

主要统计指标解释

商品零售价格指数

是反映一定时期内城乡商品零售价格变动趋势和程度的相对数。商品零售价格的变动直接影响到城乡居民的生活支出和国家的财政收入，影响居民购买力和市场供需的平衡，影响到消费与积累的比例关系。因此，该指数可以从一个侧面对上述经济活动进行观察和分析。

城市居民消费价格指数

是反映一定时期内城市居民家庭所购买的生活消费品价格和服务项目价格变动趋势和程度的相对数。该指数可以观察和分析消费品的零售价格和服务项目价格变动对城镇职工货币工资的影响，作为研究职工生活和确定工资政策的依据。

固定资产投资价格指数

反映一定时期内固定资产投资额价格变动趋势和程度的相对数。固定资产投资额是由建筑安装工程投资完成额、设备、工器具购置投资完成额和其他费用投资完成额三部分组成的。编制固定资产投资价格指数首先分别编制上述三部分投资的价格指数，然后采用加权算术平均法求出固定资产投资价格总指数。该指数可以准确地反映固定资产投资中涉及的各类商品和取费项目价格变动趋势和变动幅度，消除按现价计算的固定资产投资指标中的价格变动因素，真实地反映固定资产投资的规模、速度、结构和效益，为国家科学地制定、检查固定资产投资计划并提高宏观调控水平，为完善国民经济核算体系提供科学的、可靠的依据。

工业生产者出厂价格指数

反映一定时期内全部工业产品出厂价格总水平的变动趋势和程度的相对数，包括工业企业售给本企业以外所有单位的各种产品和直接售给居民用于生活消费的产品。通过工业生产者出厂价格指数能观察出厂价格变动对工业总产值的影响。

工业生产者购进价格指数

反映一定时期内全部工业企业作为生产投入，从物资交易市场和能源、原材料生产企业购买原材料、燃料和动力产品时，所支付的价格水平变动趋势和程度的相对数，是扣除工业企业物质消耗成本中的价格变动影响的重要依据。

Explanatory Notes on Main Statistical Indicators

Retail Price Index

reflect the trend and degree of change in retail prices of commodities during a given period. The change in retail prices of commodities directly affect the living expenses of urban and rural residents, government revenue, purchasing power of residents and the equilibrium of market supply and demand, and the ratio of consumption to accumulation. Therefore, the retail price indices are useful from an oblique perspective for observing and analyzing the changes of the above economic activities.

Urban Consumer Price Index

reflect the trend and degree of changes in prices of consumer goods and services purchased by urban households during a given period. It can be used to observe and analyze the impact of price changes in consumer goods and services on wages (in monetary terms) of urban staff and workers, and provide a basis for research on the livelihood of staff and workers and policy-making concerning wages.

Price Index of Investment in Fixed Assets

reflects the trend and degree of changes in prices of investment in fixed assets during a given period. The investment in fixed assets consists of three components, namely the investment in construction and installation, the investment in purchases of equipment and instrument, and the investment in other items. Price index of investment in fixed assets is calculated as the weighted arithmetic mean of the price indices of the three components of investment in fixed assets. Removing the factor of price change in the aggregates of investment at current prices, this indicator shows the changes in the prices of commodities and fees involved in the investment of fixed assets, and can be used to observe the actual size, growth, structure, and efficiency of investment in fixed assets and provides reliable and scientific data for government planning, management, decision making, and further improving the current national accounting system.

Producer Price Index of Industrial Ex-factory Products

reflects the trend and degree of changes in general ex-factory prices of all industrial products during a given period, including sales of industrial products by an industrial enterprise to all units outside the enterprise, as well as sales of consumer goods to residents. It can be used to analyze the impact of ex-factory prices on gross industrial output value.

Producer Price Index of Industrial Purchase

reflects the trend and degree of changes in purchasing price of raw material, fuel and power paid by industrial enterprises when they purchase production as input from the market or other energy and raw material producers during a given period, and provide basis for measuring the material consumption of industrial enterprises after removing influence of price from cost.

10 人民生活
People's Living Conditions

10-1 城乡居民物质文化生活水平提高情况(2008—2011年)
Improvement in Urban and Rural Households' Material and Cultural Life, 2008-2011

项　目	Item	2008	2009	2010	2011
居民收入支出(元)	**Income and Expenditure of Urban and Rural Households (yuan)**				
城镇单位从业人员平均工资	Per Capita Annual Remuneration of Employment Personnel in Urban Units	39990	43937	51489	54867
城市居民人均可支配收入	Per Capita Annual Disposable Income of Urban Households	19423	21402	24293	26921
城市居民人均消费性支出	Per Capita Annual Expenditures for Consumption of Urban Households	13422	14801	16562	18424
农村居民人均可支配收入	Per Capita Annual Disposable Income of Rural Households	9670	10675	11801	11891
农村居民人均生活消费支出	Per Capita Annual Living Expenditures of Rural Households	4593	4926	5606	6725
储　蓄(万元)	**Savings (10 000 yuan)**				
人均年末储蓄存款余额	Year-end per Capita Saving Deposit Balance	3.45	4.05	4.34	4.57
住　房(平方米)	**Floor Space of Residential Buildings (sq. m)**				
城市人均住宅建筑面积	Per Capita Floor Space of Urban Residential Buildings	28.53	29.89	31.28	32.77
农村人均住房面积	Per Capita Living Floor Space of Rural Residents	27.29	28.48	28.75	30.22
交通和通信	**Transportation and Communication Services**				
城市每万人拥有公共交通车辆(标台)	Number of Public Transportation Vehicles per 10 000 Persons in City (standard vehicles)	14.3	14.6	14.9	14.2
城市每万人拥有铺装道路长度(公里)	Length of Paved Roads per 10 000 Persons in City (km)	9.41	9.03	8.84	9.74
每人每年函件交寄(件)	Per Capita Annual Letters Delivered (piece)	8.41	9.36	8.35	12.60
全市每百人拥有电话机(含移动)(部)	Telephones Owned per 100 Persons (Include Mobile) (set)	112.3	112.2	112.1	115.8
电、水、燃气、供热	**Electricity, Water, Gas and Heating**				
全市人均生活用电量(千瓦小时)	Per Capita Electric Consumption for Living of All Residents (kwh)	467	537	533	500
城市人均生活用水量(吨)	Per Capita Water Consumption for Living of Urban Households (ton)	47.2	48.6	48.2	47.1
城市用气普及率(%)	Percentage with Access to Gas of Urban Households (%)	100	100	100	100
城市住宅集中供热面积(万平方米)	Heating Area of Urban Residential Buildings (10 000 sq. m)	14445	15651	18186	20626

注：农村居民人均可支配收入2011年以前为人均纯收入，表10-10、10-13同。
Note: Before 2011, per Capita annual disposable income of rural households refers to per Capita annual net income. Same as table 10-10,10-13.

10-1 续表 Continued

项　目	Item	2008	2009	2010	2011
文　化	**Culture**				
平均每百户城市居民家庭拥有(台)	Per 100 Urban Households Possession (set)				
彩色电视机	Color TV Sets	131.0	127.3	130.8	125.9
家用电脑	Personal Computers	72.4	80.3	91.2	95.6
平均每百户农村居民家庭拥有(台)	Per 100 Rural Households Possession (set)				
彩色电视机	Color TV Sets	125	129	131	122
家用电脑	Personal Computers	19	23	29	37
平均每人每年有图书(册)	Annual Per Capita Owned Books (copy)	3.4	3.5	3.0	3.0
平均每百人每天有报纸(份)	Newspapers Owned per 100 Persons per Day (copy)	22.6	21.8	20.4	19.1
教　育	**Education**				
每万人口中有各级学校在校学生(人)	Number of Students Enrollment per 10 000 Population (person)	1384	1285	1210	1162
# 大学生	University Students	337	338	340	339
卫　生	**Public Health**				
每万人拥有医院、卫生院床位(张)	Number of Hospital, Health Care Center Beds per 10 000 Persons (bed)	33.4	32.1	32.0	30.7
每万人拥有医生(人)	Number of Doctors per 10 000 Persons (person)	22.6	22.7	22.5	22.5
赡养人口(人)	**Persons Supported by Others (person)**				
城镇每一就业者赡养人口	Number of Persons Supported by Each Urban Employee	1.93	1.92	1.88	1.88
农村每一劳动力负担人口	Number of Persons Supported by Each Rural Labour	1.40	1.42	1.41	1.45
城市绿化	**City Afforestation**				
建成区绿化覆盖率(%)	Coverage Rate of Afforestation in Developed Area (%)		30.3	32.1	34.5
环境卫生与保护	**Environment Sanitation and Protection**				
年末拥有公共厕所(座)	Year-end Public Lavatories (unit)	1426	1411	1237	1231
环境空气质量优良率(%)	Ambient Air Quality Fine Rate (%)	88.2	84.1	84.4	87.7

注：城镇每一就业者赡养人口数据来自城镇居民住户调查。
Note: Number of persons supported by each urban employee are citizen sample survey data.

10-2 城市居民家庭人均收支及增幅(1996—2011年)
Per Capita Income & Expenditures and Increase Rate of Urban Households, 1996-2011

年份 Year	人均可支配收入(元) Per Capita Annual Disposable Income (yuan)	人均消费性支出(元) Per Capita Annual Expenditures for Consumption (yuan)	人均可支配收入增幅(%) Increase Rate of per Capita Annual Disposable Income (%)		人均消费性支出增幅(%) Increase Rate of per Capita Annual Expenditures for Consumption (%)	
			扣除物价 Deducting Price Factor	未扣除物价 Including Price Factor	扣除物价 Deducting Price Factor	未扣除物价 Including Price Factor
1996	5967.71	4679.61	11.1	21.1	5.6	15.1
1997	6608.56	5204.29	7.4	10.7	7.9	11.2
1998	7110.54	5471.01	8.1	7.6	5.6	5.1
1999	7649.83	5851.53	8.8	7.6	8.1	7.0
2000	8140.55	6121.07	6.8	6.4	5.0	4.6
2001	8958.70	6987.22	8.7	10.1	12.8	14.2
2002	9337.54	7191.97	12.1	11.6	5.8	5.4
2003	10312.91	7867.53	9.4	10.4	8.3	9.4
2004	11467.16	8802.44	8.7	11.2	9.4	11.9
2005	12638.55	9653.26	8.6	10.2	8.0	9.7
2006	14283.09	10548.05	11.3	13.0	7.7	9.3
2007	16357.35	12028.88	9.9	14.5	9.4	14.0
2008	19422.53	13422.47	12.6	18.7	5.9	11.6
2009	21402.01	14801.35	11.3	10.2	11.4	10.3
2010	24292.60	16561.77	9.7	13.5	8.1	11.9
2011	26920.86	18424.09	5.6	10.8	6.0	11.2

注：本表数据为城市居民抽样调查数据，表10-3至10-9同。
Note: The data of this table are collected from sample survey of urban households. Same as table 10-3 to 10-9.

10-3 城市居民家庭生活基本情况(1996—2011年)
Basic Statistics on Urban Households, 1996-2011

年份 Year	调查户数(户) Number of Households Surveyed (household)	平均每户家庭人口(人) Average Persons per Household (person)	平均每户就业人口(人) Average Employees per Household (person)	平均每户就业面(%) Percentage of Employment per Household (%)	平均每一就业者负担人数(人) Persons Supported by Each Employee (person)
1996	500	3.11	1.73	55.6	1.80
1997	500	3.10	1.70	54.8	1.82
1998	500	3.06	1.72	56.2	1.78
1999	500	3.09	1.68	54.4	1.84
2000	500	3.08	1.63	52.9	1.89
2001	500	3.09	1.59	51.5	1.94
2002	1500	3.02	1.44	47.7	2.11
2003	1500	2.99	1.41	47.2	2.12
2004	1500	2.96	1.47	49.7	2.01
2005	1500	2.92	1.45	49.7	2.01
2006	1500	2.88	1.42	49.3	2.03
2007	1500	2.89	1.46	50.5	1.98
2008	1500	2.89	1.50	51.9	1.93
2009	1500	2.88	1.50	52.1	1.92
2010	1500	2.86	1.52	53.1	1.88
2011	1500	2.84	1.51	53.2	1.88

10-4 城市不同收入水平居民家庭基本情况（2011年）（按平均每人每年可支配收入分组）
Basic Statistics on Urban Households of Different Income Level, 2011 (Grouped by Annual per Capita Disposable Income)

单位：人 (person)

项目	Item	调查户数(户) Number of Households Surveyed (household)	平均每户人口 Average Persons per Household	平均每户就业人口 Average Employees per Household	平均每一就业者负担人口 Persons Supported by Each Employee
全市	**Total**	**1500**	**2.84**	**1.51**	**1.88**
1. 最低收入户 (13041.16元以下)	Lowest Income Households (Below 13 041.16 yuan)	150	3.08	1.38	2.23
#更低收入户 (10690.53元以下)	Even More Lowest Income Households (Below 10 690.53 yuan)	75	3.05	1.28	2.38
2. 低收入户 (13064.60—16395.00元)	Low Income Households (13 064.60-16 395.00 yuan)	150	3.14	1.60	1.96
3. 中等偏下收入户 (16450.80—21302.41元)	Lower Middle Income Households (16 450.80-21 302.41 yuan)	300	2.94	1.49	1.97
4. 中等收入户 (21328.91—27305.47元)	Middle Income Households (21 328.91-27 305.47 yuan)	300	2.80	1.52	1.84
5. 中等偏上收入户 (27317.26—36065.23元)	Upper Middle Income Households (27 317.26-36 065.23 yuan)	300	2.78	1.53	1.82
6. 高收入户 (36107.37—45075.09元)	High Income Households (36 107.37-45 075.09 yuan)	150	2.56	1.45	1.77
7. 最高收入户 (45089.60元以上)	Highest Income Households (Over 45 089.60 yuan)	150	2.58	1.55	1.66

单位：元 (yuan)

项目	Item	人均总收入 Per Capita Annual Income	#人均可支配收入 Per Capita Annual Disposable Income	人均消费性支出 Per Capita Annual Expenditures for Consumption	#人均服务性消费支出 Per Capita Annual Expenditures for Services
全市	**Total**	**29916.04**	**26920.86**	**18424.09**	**4683.32**
1. 最低收入户 (13041.16元以下)	Lowest Income Households (Below 13 041.16 yuan)	11568.72	10258.23	9574.48	2450.97
#更低收入户 (10690.53元以下)	Even More Lowest Income Households (Below 10 690.53 yuan)	9503.31	8492.42	8700.80	2155.91
2. 低收入户 (13064.60—16395.00元)	Low Income Households (13 064.60-16 395.00 yuan)	16578.24	14788.80	11576.03	2897.22
3. 中等偏下收入户 (16450.80—21302.41元)	Lower Middle Income Households (16 450.80-21 302.41 yuan)	20757.22	18683.95	14501.74	3630.51
4. 中等收入户 (21328.91—27305.47元)	Middle Income Households (21 328.91-27 305.47 yuan)	26696.28	23982.01	16841.74	4250.65
5. 中等偏上收入户 (27317.26—36065.23元)	Upper Middle Income Households (27 317.26-36 065.23 yuan)	34810.49	31331.07	22191.30	5852.65
6. 高收入户 (36107.37—45075.09元)	High Income Households (36 107.37-45 075.09 yuan)	44741.67	40000.05	24914.56	6073.59
7. 最高收入户 (45089.60元以上)	Highest Income Households (Over 45 089.60 yuan)	68401.52	62208.69	34098.24	8700.58

10-5 城市居民家庭人均收入和支出及构成(2008—2011年) Per Capita Income & Expenditures of Urban Households and Composition, 2008-2011

项　目	Item	2008	2009	2010	2011
家庭人均总收入(元)	**Per Capita Annual Income (yuan)**	**21174.04**	**23565.67**	**26942.00**	**29916.04**
#可支配收入	Per Capita Disposable Income	19422.53	21402.01	24292.60	26920.86
工资性收入	Wages and Salaries	12849.73	14389.10	16780.41	18794.08
#工资及补贴收入	Wage and Subsidies	12740.31	14281.10	16686.50	18689.26
经营净收入	Net Business Income	863.52	847.23	931.81	1059.29
财产性收入	Property Income	256.87	305.31	333.17	462.28
转移性收入	Transferred Income	7203.93	8024.04	8896.61	9600.40
#养老金或离退休金	Pensions and Retirement Pay	5470.26	6226.50	7104.10	7752.48
家庭人均总收入构成(%)	**Composition of Per Capita Annual Income (%)**	**100.0**	**100.0**	**100.0**	**100.0**
工资性收入	Wages and Salaries	60.7	61.1	62.3	62.8
#工资及补贴收入	Wage and Subsidies	60.2	60.6	61.9	62.5
经营净收入	Net Business Income	4.1	3.6	3.5	3.5
财产性收入	Property Income	1.2	1.3	1.2	1.6
转移性收入	Transferred Income	34.0	34.0	33.0	32.1
#养老金或离退休金	Pensions and Retirement Pay	25.8	26.4	26.4	25.9
家庭人均总支出(元)	**Per Capita Annual Expenditures (yuan)**	**18855.20**	**22136.64**	**24345.19**	**26344.51**
消费性支出	Consumption Expenditures	13422.47	14801.35	16561.77	18424.09
#服务性消费支出	Service Consumption Expenditures	3646.05	3886.11	4300.11	4683.32
购房与建房支出	Buying and Building House Expenditures	1813.06	2990.20	2331.05	2015.07
转移性支出	Transferred Expenditures	1925.24	2223.51	2863.00	2920.75
财产性支出	Property Expenditures	122.60	195.72	237.69	287.05
社会保障支出	Social Security Expenditures	1571.84	1925.87	2351.68	2697.55
家庭人均总支出构成(%)	**Composition of Per Capita Annual Expenditures (%)**	**100.0**	**100.0**	**100.0**	**100.0**
消费性支出	Consumption Expenditures	71.2	66.9	68.0	69.9
#服务性消费支出	Service Consumption Expenditures	19.3	17.6	17.7	17.8
购房与建房支出	Buying and Building House Expenditures	9.6	13.5	9.6	7.7
转移性支出	Transferred Expenditures	10.2	10.0	11.8	11.1
财产性支出	Property Expenditures	0.7	0.9	1.0	1.1
社会保障支出	Social Security Expenditures	8.3	8.7	9.6	10.2

10-6 城市居民家庭人均消费性支出及构成（2008—2011年）
Per Capita Consumption Expenditures of Urban Households and Composition, 2008-2011

项　目	Item	2008	2009	2010	2011
人均消费性支出（元）	**Per Capita Annual Consumption Expenditures (yuan)**	**13422.47**	**14801.35**	**16561.77**	**18424.09**
#服务性消费支出	Service Consumption Expenditures	3646.05	3886.11	4300.11	4683.32
食　品	Food	5005.09	5404.53	5940.44	6663.31
衣　着	Clothing	1153.66	1362.56	1567.58	1754.98
居　住	Residence	1528.28	1505.70	1615.57	1763.44
家庭设备、用品及服务	Household Facilities, Articles and Services	817.18	911.92	1119.93	1174.62
医疗保健	Medicine and Medical Services	1220.92	1273.38	1275.64	1415.39
交通和通信	Transportation and Communication Services	1567.87	1968.37	2454.38	2699.53
娱乐、教育、文化服务	Recreation, Education and Cultural Services	1608.97	1740.85	1899.50	2116.01
杂项商品和服务	Miscellaneous Commodities and Services	520.49	634.05	688.73	836.82
人均消费性支出构成（%）	**Composition of Per Capita Annual Consumption Expenditures (%)**	**100.0**	**100.0**	**100.0**	**100.0**
#服务性消费支出	Service Consumption Expenditures	27.2	26.3	26.0	25.4
食　品	Food	37.3	36.5	35.9	36.2
衣　着	Clothing	8.6	9.2	9.4	9.5
居　住	Residence	11.4	10.2	9.8	9.6
家庭设备、用品及服务	Household Facilities, Articles and Services	6.0	6.1	6.8	6.4
医疗保健	Medicine and Medical Services	9.1	8.6	7.7	7.7
交通和通信	Transportation and Communication Services	11.7	13.3	14.8	14.6
娱乐、教育、文化服务	Recreation, Education and Cultural Services	12.0	11.8	11.5	11.5
杂项商品和服务	Miscellaneous Commodities and Services	3.9	4.3	4.1	4.5

10-7 城市居民家庭人均消费性支出分类(2011年)
Classification of per Capita Annual Consumption Expenditures of Urban Households, 2011

单位：元 (yuan)

项目	Item	总平均 Average	最低收入 10% Lowest Income 10 percent	低收入 10% Low Income 10 percent	中等偏下收入 20% Lower Middle Income 20 percent
人均消费性支出	**Per Capita Consumption Expenditures**	**18424.09**	**9574.48**	**11576.03**	**14501.74**
一、食　品	Food	6663.31	4443.79	5067.56	5939.70
(一) 粮油类	Grain and Oil	707.50	548.31	611.00	680.13
1. 粮　食	Grain	426.79	343.35	374.90	409.72
2. 淀粉及薯类	Starches and Yams	64.67	47.28	54.15	62.76
3. 干豆类及豆制品	Bean and Bean Products	62.38	44.54	52.52	60.70
4. 油脂类	Oil and Fats	153.66	113.14	129.43	146.95
(二) 肉禽蛋水产品类	Meat, Poultry, Egg and Aquatic Products	1726.67	1282.12	1381.87	1608.41
1. 肉　类	Meat	856.70	635.58	696.34	807.45
2. 禽　类	Poultry	181.26	162.05	144.39	165.92
3. 蛋　类	Eggs	195.87	160.64	158.29	180.94
4. 水产品类	Aquatic Products	492.85	323.84	382.85	454.09
(三) 蔬菜类	Vegetables	555.79	432.18	454.31	534.65
(四) 调味品	Flavouring	103.06	77.90	85.15	94.45
(五) 糖烟酒饮料类	Sugar, Tobacco, Liquor and Beverage	691.31	442.45	507.68	584.63
1. 糖　类	Sugar	52.21	34.26	40.31	44.53
2. 烟草类	Tobacco	242.35	166.17	203.91	221.86
3. 酒　类	Liquor	257.77	151.14	167.10	198.86
4. 饮　料	Beverage	138.98	90.88	96.37	119.38
(六) 干鲜瓜果类	Dry and Fresh Melons and Fruits	615.62	421.91	481.65	565.49
(七) 糕点、奶及奶制品	Cake, Milk and Related Products	454.73	301.21	387.02	406.79
(八) 其他食品	Other Food	118.75	82.98	88.62	107.73
(九) 饮食服务	Dining	1689.89	854.74	1070.26	1357.43
# 在外饮食	Dining Out	1689.69	854.60	1069.96	1357.34
二、衣　着	Clothing	1754.98	728.10	1154.26	1363.87
# 服　装	Garments	1274.91	498.75	805.92	969.20
衣着材料	Clothing Materials	13.80	6.24	12.38	10.28
鞋　类	Shoes	378.87	182.59	278.69	313.31
衣着加工服务费	Tailoring and Laundering Service Fees	12.13	3.66	6.56	6.56
三、居　住	Residence	1763.44	1126.22	996.60	1552.24
# 燃　料	Fuel	115.56	99.81	94.05	111.21
四、家庭设备、用品及服务	Household Facilities, Articles and Services	1174.62	367.63	440.11	680.24
# 耐用消费品	Durable Consumer Goods	616.71	106.63	147.95	262.45
室内装饰品	Room Decorations	46.98	6.26	6.51	23.86
家庭服务	Household Services	60.34	12.77	18.96	48.21
五、医疗保健	Medicine and Medical Services	1415.39	715.60	772.63	1270.20
六、交通与通信	Transportation and Communication Services	2699.53	911.45	1480.13	1809.96
七、娱乐、教育、文化服务	Recreation, Education and Cultural Services	2116.01	1015.93	1255.93	1439.01
# 文化娱乐用品	Cultural and Recreational Articles	650.96	214.43	303.87	408.57
八、杂项商品与服务	Miscellaneous Commodities and Services	836.82	265.76	408.80	446.52

10-7 续表 Continued

单位：元 (yuan)

项　目	Item	中等收入 20% Middle Income 20 percent	中等偏上收入 20% Upper Middle Income 20 percent	高收入 10% High Income 10 percent	最高收入 10% Highest Income 10 percent
人均消费性支出	Per Capita Consumption Expenditures	**16841.74**	**22191.30**	**24914.56**	**34098.24**
一、食　品	Food	6732.74	7473.38	8051.87	9395.95
(一) 粮油类	Grain and Oil	726.61	743.78	802.57	848.35
1. 粮　食	Grain	437.95	448.17	474.74	502.64
2. 淀粉及薯类	Starches and Yams	62.71	70.65	79.33	77.72
3. 干豆类及豆制品	Bean and Bean Products	64.22	64.33	76.88	75.24
4. 油脂类	Oil and Fats	161.73	160.62	171.63	192.75
(二) 肉禽蛋水产品类	Meat, Poultry, Egg and Aquatic Products	1800.35	1890.32	2023.68	2093.80
1. 肉　类	Meat	901.78	929.78	986.94	1022.02
2. 禽　类	Poultry	182.62	193.73	215.08	217.20
3. 蛋　类	Eggs	203.01	211.35	228.06	232.58
4. 水产品类	Aquatic Products	512.94	555.47	593.60	622.00
(三) 蔬菜类	Vegetables	580.75	586.68	649.05	649.22
(四) 调味品	Flavouring	106.46	110.02	121.03	131.58
(五) 糖烟酒饮料类	Sugar, Tobacco, Liquor and Beverage	660.74	800.83	876.35	1073.24
1. 糖　类	Sugar	48.26	57.80	61.04	91.37
2. 烟草类	Tobacco	246.56	287.62	267.49	288.52
3. 酒　类	Liquor	233.32	295.75	359.54	485.92
4. 饮　料	Beverage	132.59	159.65	188.28	207.44
(六) 干鲜瓜果类	Dry and Fresh Melons and Fruits	634.11	672.70	749.75	808.14
(七) 糕点、奶及奶制品	Cake, Milk and Related Products	442.60	514.78	539.09	628.02
(八) 其他食品	Other Food	121.93	126.52	167.69	146.73
(九) 饮食服务	Dining	1659.18	2027.75	2122.67	3016.86
# 在外饮食	Dining Out	1658.99	2027.29	2122.66	3016.85
二、衣　着	Clothing	1554.18	2041.67	2561.84	3505.67
# 服　装	Garments	1119.53	1496.61	1903.38	2616.72
衣着材料	Clothing Materials	10.68	19.73	21.65	18.07
鞋　类	Shoes	347.67	421.11	512.67	707.63
衣着加工服务费	Tailoring and Laundering Service Fees	13.50	17.68	18.02	19.96
三、居　住	Residence	1568.03	2127.01	2046.86	3221.33
# 燃　料	Fuel	120.18	125.62	123.86	128.76
四、家庭设备、用品及服务	Household Facilities, Articles and Services	887.99	1611.66	1723.03	3189.10
# 耐用消费品	Durable Consumer Goods	425.91	954.40	849.66	1992.20
室内装饰品	Room Decorations	34.77	53.90	96.53	154.03
家庭服务	Household Services	26.57	64.18	160.30	153.99
五、医疗保健	Medicine and Medical Services	1319.66	1792.39	2021.86	2081.31
六、交通与通信	Transportation and Communication Services	2244.35	3406.66	4641.64	5659.95
七、娱乐、教育、文化服务	Recreation, Education and Cultural Services	1820.69	2658.37	2812.29	4661.96
# 文化娱乐用品	Cultural and Recreational Articles	550.02	812.13	1010.07	1606.83
八、杂项商品与服务	Miscellaneous Commodities and Services	714.10	1080.16	1055.15	2382.97

10-8 城市居民家庭平均每百户耐用消费品年末拥有量（2007—2011年）
Per 100 Urban Households Year-end Possessions of Major Durable Consumer Goods, 2007-2011

商品名称	Item	2007	2008	2009	2010	2011
摩托车(辆)	Motorcycle (unit)	3.8	2.3	2.3	1.7	0.5
助力车(辆)	Mini-motorcycle (unit)	16.5	25.1	27.3	28.5	26.2
家用汽车(辆)	Automobile (unit)	5.6	7.7	11.7	16.1	20.3
洗衣机(台)	Washing Machine (unit)	97.8	99.4	100.3	100.2	100.1
电冰箱、柜(台)	Refrigerator (unit)	106.0	108.7	107.3	107.5	107.7
彩色电视机(台)	Color TV Set (unit)	134.8	130.5	127.3	130.8	125.9
家用电脑(台)	Personal-computer (unit)	66.6	72.4	80.3	91.2	95.6
组合音响(台)	Hi-Fi Stereo Component System (unit)	29.5	29.5	25.9	26.0	20.9
摄像机(台)	Vidicon (unit)	9.5	11.3	11.7	14.1	13.7
照相机(架)	Camera (unit)	62.8	59.5	58.9	63.2	59.3
钢　琴(架)	Piano (unit)	1.2	1.5	1.5	1.7	1.4
其他中高档乐器(件)	Other Medium and High Grade Instrument (unit)	1.7	1.7	2.1	2.8	2.9
微波炉(台)	Microwave Oven (unit)	82.2	85.3	86.3	88.5	87.9
空调器(台)	Air-conditioner (unit)	123.0	125.7	129.7	143.0	144.1
淋浴热水器(台)	Shower (unit)	88.6	90.5	93.9	96.4	95.1
消毒碗柜(台)	Dish-sterilization Boxes (unit)	1.4	1.7	1.1	1.5	1.9
洗碗机(台)	Dish-Washer (unit)	0.3	0.1	0.1	0.3	0.2
健身器材(套)	Gymnastic Equipment (set)	3.0	2.7	2.2	2.3	2.4
固定电话(部)	Fixed Telephone (unit)	87.4	84.9	82.9	80.5	73.9
移动电话(部)	Mobile Telephone (unit)	162.3	179.1	190.4	205.2	217.0

10-9 城市居民家庭住房基本情况构成（2008—2011年）
Composition of Basic Living Condition of Urban Households, 2008-2011

单位：%（%）

指　标	Item	2008	2009	2010	2011
建筑式样	**Style of Building**	**100.0**	**100.0**	**100.0**	**100.0**
单栋住宅	Single Building	0.1	0.1	0.1	
四居室	Four-room	0.9	0.4	0.5	0.5
三居室	Three-room	10.5	10.9	10.7	10.8
二居室	Two-room	62.5	64.0	65.6	62.4
一居室	One-room	22.1	22.1	19.5	20.6
普通楼房	Common Building	3.3	2.1	2.4	3.9
平房及其他	Cottage and Others	0.6	0.4	1.2	1.8
用水情况	**Water Supply**	**100.0**	**100.0**	**100.0**	**100.0**
独用自来水	Private Tap Water	98.9	99.5	99.2	98.7
公用自来水	Public Tap Water	1.1	0.5	0.8	1.3
卫生设备	**Sanitary Facilities**	**100.0**	**100.0**	**100.0**	**100.0**
无卫生设备	Without Sanitary Facilities				1.3
有厕所浴室	Restroom & Bathroom	91.1	92.1	95.5	94.3
有厕所无浴室	Restroom without Bathroom	5.8	6.5	2.2	1.6
公　用	Public Facilities	3.1	1.4	2.3	2.8
取暖设备	**Heating Facilities**	**100.0**	**100.0**	**100.0**	**100.0**
空调设备	Air-conditioner	0.5	0.6	0.7	1.3
暖　气	Central Heating	93.3	93.9	95.9	94.6
其　他	Others	6.2	5.5	3.4	4.1
炊用燃料使用情况	**Fuel Used for Cooking**	**100.0**	**100.0**	**100.0**	**100.0**
管道煤气	Pipeline Gas	94.1	95.0	96.6	97.0
液化石油气	Liquefied Petroleum Gas	5.7	4.7	3.3	2.7
煤	Coal	0.1	0.1	0.1	0.1
其　他	Others	0.1	0.2		0.2

10-10 农村居民家庭基本情况（2008—2011年）
Basic Statistics on Rural Households, 2008-2011

项　目	Item	单　位	Unit	2008	2009	2010	2011
户均常住人口	Average Permanent Residents per Household	人	person	3.44	3.42	3.35	3.27
#劳动力	Labour Force	人	person	2.45	2.41	2.38	2.26
整劳动力	Full Labour Force	人	person	1.56	1.52	1.45	1.42
半劳动力	Semi Labour Force	人	person	0.89	0.89	0.93	0.84
平均每个劳动力负担人口	Dependents per Labour	人	person	1.40	1.42	1.41	1.45
年末户均生产性固定资产原值	Year-end Original Value of Productive Fixed Assets per Household	元	yuan	12988	14697	15091	14785
户均经营耕地面积	Cultivated Land Areas per Household	公　顷	hectare	0.30	0.34	0.33	0.31
年内人均新（购）建住房面积	New Built (Purchase) Living Space per Capita in Current Year	平方米	sq. m	0.28	0.10	0.54	0.62
年内新建（购）住房价值	Value of Houses Newly Built (Bought) in Current Year	元/平方米	yuan/sq. m	804	933	944	889
年末人均住房面积	Year-end Living Space per Capita	平方米	sq. m	27.29	28.48	28.75	30.22
人均可支配收入	Annual Disposable Income per Capita	元	yuan	9670	10675	11801	11891
人均生活消费支出	Annual per Capita Living Expenditures	元	yuan	4593	4926	5606	6725

注：1.本表数据为农村住户抽样调查数，表10-11至10-19同。2.2011年数据为国家调查点汇总数据，部分指标不可比。3.2011年之前年份，人均可支配收入为人均纯收入，表10-13同。

Note: a) The data of this table are collected from sample survey on rural households. Same as table 10-11 to 10-19. b) Data of 2011 are collected from national sample survey points, so part of the statistics are not comparable. c) Before 2011, annual disposable income per Capita refers to annual net income per Capita. Same as table 10-13.

10-11 农村居民家庭劳动力文化程度（2008—2011年）
Education Level of Labours in Rural Households, 2008-2011

单位：人 (person)

项　目	Item	2008	2009	2010	2011
每百个劳动力中：	In per 100 Labours				
不识字或识字很少	Illiterate or Semi-illiterate	1.60	1.60	1.60	2.86
小　学	Primary School	18.18	17.08	17.08	16.89
初　中	Junior Secondary School	59.43	60.44	60.62	63.29
高　中	Senior Secondary School	13.17	12.99	13.03	10.61
中　专	Specialized Secondary School	5.31	5.12	4.41	3.07
大专及以上	Junior College and Above	2.31	2.77	3.26	3.28

10-12 农村居民人均可支配收入及构成（2011年）
Per Capita Annual Disposable Income of Rural Households and Composition, 2011

指　标	Item	绝对数（元）Absolute Value (yuan)	构 成(%) Composition in Percentage
人均可支配收入	**Per Capita Annual Disposable Income**	**11891**	**100.0**
工资性收入	Rewards of Labours	6829	57.4
在非企业组织中劳动得到	From Non-enterprise Organizations	442	3.7
在本乡地域内劳动得到	From Labor In Local	5504	46.3
常住人口外出从业得到	From Outgoing Employment by Permanent Resident	883	7.4
在乡外县内从业得到	From Other Countries in the County	464	3.9
在县外省内从业得到	From Other Counties in the Province	242	2.0
在省外国内从业得到	From Other Provinces in the Nation	152	1.3
在国外从业得到	From Abroad	25	0.2
家庭经营收入	Income from Family Business	3908	32.9
# 非农产业收入	Non-agricultural Industry	1730	14.6
第一产业	Primary Industry	2178	18.3
第二产业	Secondary Industry	496	4.2
第三产业	Tertiary Industry	1234	10.4
财产性收入	Property Income	730	6.1
转移性收入	Transferred Income	424	3.6

10-13 农村居民人均收入和增长速度（2009—2011年）
Per Capita Disposable Income and Increase Rate of Rural Households, 2009-2011

指　标	Item	2009	2010	2011
人均可支配收入（元）	**Per Capita Annual Disposable Income (yuan)**	**10675**	**11801**	**11891**
工资性收入	Rewards of Labors	5768	6401	6829
家庭经营收入	Income from Family Business	4039	4277	3908
转移性收入及财产性收入	Transferred and Property Income	868	1123	1154
比上年增长(%)	**Increase Rate over Preceding Year(%)**	**10.4**	**10.5**	**15.5**
工资性收入	Rewards of Labors	10.7	11.0	20.4
家庭经营收入	Income from Family Business	7.1	5.9	8.0
转移性收入及财产性收入	Transferred and Property Income	25.8	29.4	32.8

10-14 农村居民人均生活消费支出(2008—2011年)
Per Capita Annual Living Expenditures of Rural Households, 2008-2011

单位：元 (yuan)

项　目	Item	2008	2009	2010	2011
人均生活消费支出	**Per Capita Annual Living Expenditures**	**4593**	**4926**	**5606**	**6725**
食　品	Food	1833	1944	2184	2545
衣　着	Clothing	414	457	502	588
居　住	Residence	1111	1184	1432	1294
家庭设备、用品及服务	Household Facilities, Articles and Services	131	151	181	339
医疗保健	Medicine and Medical Services	330	342	351	549
交通通讯	Transportation and Communications	335	380	406	751
文教娱乐用品及服务	Culture, Education and Recreation Articles and Services	264	270	320	521
其他商品和服务	Other Commodities and Services	175	198	230	138

10-15 农村居民人均生活消费支出构成(2008—2011年)
Composition of per Capita Living Expenditures of Rural Households, 2008-2011

单位：% (%)

项　目	Item	2008	2009	2010	2011
人均生活消费支出	**Per Capita Annual Living Expenditures**	**100**	**100**	**100**	**100**
食　品	Food	39.9	39.5	39.0	37.9
衣　着	Clothing	9.0	9.3	9.0	8.7
居　住	Residence	24.2	24.0	25.5	19.2
家庭设备、用品及服务	Household Facilities, Articles and Services	2.9	3.1	3.2	5.0
医疗保健	Medicine and Medical Services	7.2	6.9	6.3	8.2
交通通讯	Transportation and Communications	7.3	7.7	7.2	11.2
文教娱乐用品及服务	Culture, Education and Recreation Articles and Services	5.7	5.5	5.7	7.7
其他商品和服务	Other Commodities and Services	3.8	4.0	4.1	2.1

10-16 农村居民家庭每百户耐用消费品年末拥有量（2007—2011年）
Per 100 Rural Households Year-end Possessions of Durable Consumer Goods, 2007-2011

商品名称	Item	2007	2008	2009	2010	2011
自行车(辆)	Bicycle (unit)	184	188	191	185	162
电动自行车(辆)	Electric Bicycle (unit)	27	30	33	38	67
摩托车(辆)	Motorcycle (unit)	51	51	51	52	26
生活用汽车(辆)	Car (unit)	8	9	11	14	15
空调器(台)	Air-Conditioner (set)	57	61	69	77	70
洗衣机(台)	Washing Machine (set)	98	99	100	101	99
电冰箱(台)	Refrigerator (set)	92	96	99	103	96
微波炉(台)	Microwave Oven (set)	25	30	32	37	33
吸尘器(台)	Dust Catcher (set)	7	7	7	7	8
热水器(台)	Shower (set)	44	47	50	58	87
抽油烟机(台)	Smoke Absorber (set)	22	23	24	28	45
普通电话(部)	Telephone (unit)	86	80	76	71	52
移动电话(部)	Mobile Telephone (unit)	130	146	162	182	188
家用电脑(台)	Personal-computer (set)	16	19	23	29	37
彩色电视机(台)	Color TV Set (set)	124	125	129	131	122
照相机(架)	Camera (set)	20	20	22	25	19
影碟机(台)	Video Disc Player (set)	39	40	37	33	32
摄像机(台)	Vidicon (set)	1	1	2	2	1

10-17 农村居民人均食品消费量（2007—2011年）
Per Capita Annual Consumption on Food of Rural Households, 2007-2011

单位：千克 (kg)

商品名称	Item	2007	2008	2009	2010	2011
粮　食	Grain	160.9	157.8	152.1	147.5	145.8
蔬菜及其制品	Vegetables and Related Products	134.9	139.2	146.6	140.3	83.5
食用植物油	Edible Vegetable Oil	9.8	10.6	11.3	10.7	10.1
食用动物油	Edible Animal Oil	0.2	0.2	0.2	0.1	0.1
猪　肉	Pork	8.3	8.6	10.3	10.8	12.5
牛　肉	Beef	1.0	0.7	0.8	0.8	1.0
羊　肉	Mutton	1.5	1.1	1.6	1.6	1.5
家　禽	Poultry	1.1	1.3	1.2	1.3	1.9
肉禽制品	Related Products of Meat and Poultry	1.1	1.2	1.5	1.8	3.3
蛋类及其制品	Eggs and Related Products	17.6	18.2	21.3	21.7	11.0
奶及其制品	Milk and Related Products	6.2	6.5	7.7	8.6	7.3
水产品	Aquatic Products	16.4	17.1	19.1	19.9	9.8
水果及其制品	Fruits and Related Products	32.1	33.3	36.5	36.1	38.4
食　糖	Sugar	0.7	0.7	0.7	0.8	0.9
白　酒	Liquor	3.1	3.5	3.8	3.6	3.2
啤　酒	Beer	7.7	6.4	9.9	9.2	8.9

10-18 农村居民家庭户均生产性固定资产原值（2008—2011年）
Original Value of Productive Fixed Assets per Rural Household, 2008-2011

单位：元 (yuan)

项　目	Item	2008	2009	2010	2011
年末户均生产性固定资产原值	**Year-end Original Value of Productive Fixed Assets per Household**	**12987**	**14697**	**15091**	**14785**
农、林、牧、渔业	Farming, Forestry, Animal Husbandry and Fishery	5990	6324	6380	5906
# 役畜、产品畜	Draught Animals and Commodity Animals	530	536	359	863
大中型铁木农具	Large and Medium-sized Wood & Iron Farm Tools	242	256	250	103
农林牧渔业机械	Machinery for Farming, Forestry, Animal Husbandry and Fishery	2605	2754	2936	2236
制造业	Manufacturing	1583	2012	2091	3415
批发和零售业	Wholesale and Retail Trade	1073	1366	1384	1653
住宿和餐饮业	Accommodation and Catering Services	79	16	25	363
其　他	Others	4262	4979	5211	3448

10-19 农村居民家庭每百户生产性固定资产拥有量（2008—2011年）
Possessions of Productive Fixed Assets per 100 Rural Households, 2008-2011

项　目	Item	2008	2009	2010	2011
汽　车(辆)	Motor Vehicles (unit)	7.00	7.33	9.50	9.29
大中型拖拉机(台)	Large and Medium-sized Tractors (set)	1.67	2.17	2.03	1.14
小型和手扶拖拉机(台)	Mini-tractors (set)	18.50	18.67	17.00	7.29
机动脱粒机(台)	Motorized Threshing Machines (set)	1.33	1.33	1.50	0.14
胶轮大车(辆)	Carts with Rubber Tires (unit)	4.00	2.33	2.17	0.14
水　泵(台)	Pumps (set)	20.83	21.67	21.83	11.00
役　畜(头)	Draught Animals (head)	6.33	6.33	6.83	1.71
产品畜(头)	Commodity Animals (head)	27.00	29.33	24.50	26.14

主要统计指标解释

城市居民家庭就业人口

指从事社会劳动并取得报酬或经营收入的人口，不论在全民、集体和其他所有制单位工作或从事个体劳动，不论有固定性职业或临时性职业都是就业人口。

城市居民家庭总收入

指调查户中生活在一起的所有家庭成员在调查期得到的工资性收入、经营性收入、财产性收入、转移性收入的总和，不包括出售财物和借贷收入。收入的统计标准以实际发生的数额为准，无论收入是补发还是预发，只要是调查期得到的都应如实计算，原则上不作分摊。考虑到对样本量小的市县影响较大，大笔收入可以分摊记入，但要尽量减少分摊次数，并要在本年度内分摊完毕。

城市居民家庭可支配收入

指调查户可用于最终消费支出和其他非义务性支出以及储蓄的总和，即居民家庭可以用来自由支配的收入。它是家庭总收入扣除交纳的个人所得税、个人交纳的社会保障费以及调查户的记账补贴后的收入。计算公式为：

可支配收入＝家庭总收入 － 交纳个人所得税 － 个人交纳的社会保障支出 － 记账补贴

城市居民工资性收入 指就业人员通过各种途径得到的全部劳动报酬，包括所从事的主要职业的工资以及从事第二职业、其他兼职和零星劳动得到的其他劳动收入。

城市居民经营净收入 指家庭成员从事生产经营活动所获得的净收入。是全部生产经营收入中扣除生产成本和税金(但不扣除个人所得税)后所得的收入。

城市居民财产性收入 指家庭所拥有的动产（如银行存款、有价证券）、不动产（如房屋、土地等）所获得的收入。包括出让财产使用权所获得的利息、租金、专利收入；财产运营所获得的红利收入、财产增值收益等。

城市居民转移性收入 指国家、单位、社会团体对居民家庭的各种转移支付和居民家庭间的收入转移。包括政府对个人收入转移的离退休金、失业救济金、赔偿等;单位对个人收入转移的辞退金、保险索赔、住房公积金、家庭间的赠送和赡养等。

城市家庭消费性支出

指家庭用于日常生活的支出，包括食品、衣着、居住、家庭设备用品及服务、医疗保健、交通和通信、教育文化娱乐服务、其他商品和服务八大类支出。

城市居民家庭服务性消费支出

指调查户用于本家庭支付社会提供的各种文化和生活方面的非商品性服务费用。包括为别人付款的服务。服务消费与商品消费不同，其特点在于其劳动过程和消费过程在时间与空间上的统一。

服务性消费支出＝食品加工服务费用＋在外饮食×50%＋衣着加工服务费＋家庭服务＋医疗费＋交通工具服务支出＋交通费＋通信服务＋文化娱乐服务费＋教育费用＋房租＋住房装潢支出×40%＋居住服务费＋其他服务费

农村居民常住人口

指全年经常在家或在家居住六个月以上，而且经济和生活与本户连成一体的人口。外出从业人员在外居住时间虽然在六个月以上，但收入主要带回家中，经济与本户连成一体，仍视为家庭常住人口；在家居住、生活和本户连成一体的国家职工、退休人员也视为家庭常住人口。但是现役军人、中专及以上（走读生除外）的在校学生以及常年在外（不包括探亲、看病等）且已有稳定的职业与居住场所的外出从业人员，不应当作为家庭常住人口。

农村居民家庭整、半劳动力

整劳动力指男子 18 周岁到 50 周岁，女子 18 周岁到 45 周岁；半劳动力指男子 16 周岁到 17 周岁，51 周岁到 60 周岁；女子 16 周岁到 17 周岁，46 周岁到 55 周岁，同时具有劳动能力的人。虽然在劳动年龄之内，但已丧失劳动能力的人，不应算为劳动力；超过劳动年龄，但能经常参加劳动，计入半劳动力数内。常住人口中的职工，若这些职工为劳动力，就包括在本户的整半劳动力中。

主要统计指标解释

农村居民可支配收入

指农村住户获得的经过初次分配与再分配后的收入。可支配收入可用于住户的最终消费、非义务性支出以及储蓄。

农村居民可支配收入＝农村住户总收入－家庭经营费用支出－税费支出－生产性固定资产折旧－财产性支出－转移性支出

农村居民工资性收入 指农村住户成员受雇于单位或个人，靠出卖劳动而获得的收入。包括：

1. 在非企业组织中劳动得到的收入：指农村住户成员在不具备企业性质的行政事业单位和各种组织中劳动得到的收入。包括村干部和民办教师的工资(奖金、补贴)，乡及以上行政、事业单位工作人员的工资（奖金、补贴）等。

2. 在本地劳动得到的收入：指农村住户成员在所属乡（镇）地域范围内受雇于单位或个人，靠出卖劳动而获得的收入。

3. 常住人口外出从业得到的收入：指农村住户成员到住户所属乡镇地域范围以外从业得到的收入。

农村居民家庭经营收入 指农村住户以家庭为生产经营单位进行生产筹划和管理而获得的收入。家庭经营活动按行业划分为农业、林业、畜牧业、渔业、工业、建筑业、交通运输和邮电业、批发和零售贸易餐饮业、社会服务业、文教卫生业和其他家庭经营。

农村居民财产性收入 指金融资产或有形非生产性资产的所有者，向其他机构单位提供资金或将有形非生产性资产供其支配，作为回报而从中获得的收入。包括利息收入、股息收入、租金收入等。

农村居民转移性收入 指农村住户和住户成员无须付出任何对应物而获得的货物、服务、资金或资产所有权等，不包括无偿提供的用于固定资本形成的资金。一般情况下，指农村住户在二次分配中的所有收入。

农村居民生活消费支出

指农村住户用于物质生活和精神生活方面的支出。包括食品，衣着，居住，家庭设备、用品及服务，医疗保健，交通和通讯，文化教育娱乐用品及服务，其他商品和服务等消费支出。

恩格尔系数

指食物支出金额在生活消费支出金额中所占的比例。计算公式为：

$$\text{恩格尔系数}=\frac{\text{食品支出金额}}{\text{生活消费支出金额}}\times 100\%$$

Explanatory Notes on Main Statistical Indicators

Employment Personnel of Urban Households

refer to the persons who are engaged in social labour and receive payment or earn business income, including the staff and workers in the state-owned, the staff and workers in collective-owned, other employed, employed persons individual business, etc. No matter he is permanent or temporary.

Total Income of Urban Households

refers to the total income of all the members of the sample households, including wage, income from business, income from property, transfer income, excluding proceeds from sales of belongings and credit income. It is calculated on real income, no matter the income is supplied again or beforehand. Accounting for the greater impact on small-sample-sized cities and counties, large revenue-sharing can be credited, but the number of assessments should be minimized and shared before the end of year.

Disposable Income of Urban Households

refers to the disposable income of the sample households, including those which can be used for final expenditure and other non-obligation expenditure and savings. It refers to the difference of total income minus income tax, expenditure for social security and subsidies of account. The following formula is used :

Disposable Income of Urban Households = Total Income - Income Tax - Expenditure for Social Security - Survey Subsidies

Wages and Salaries of Urban Households refer to all labour compensation from working units, including the wage of major career and the subsidies from the second career and other job.

Net Business Income of Urban Households refer to net income earned by household members from production and management activities, which equals total income from production and management activities minus cost and taxes (not minus individual income tax).

Property Income of Urban Households refer to income from movables (savings, securities) and non-movables (houses, land, etc.), including interest income dividends and bonuses, income from leasing houses and intellectual property income, etc.

Transferred Income of Urban Households refer to income transferred from state, unit, social organization to households or between different households, including income, parental support, boarding fees paid by relatives and friends and housing accumulation funds, etc.

Consumption Expenditures of Urban Households

refer to total expenditures of the households in daily life. It is classified into 8 categories: food, clothing, household facilities and articles service, medicine and medical service, transportation and communication, recreation, education and culture service, residence, miscellaneous commodities services, including commodities and service as gift.

Service Consumption Expenditures of Urban Households

refers to total non-commodity expenditures of the sample households for consumption in culture and life, including service expenditure paid for other persons. Service expenditure is different from commodity expenditure, with the character of uniform of labour process and consumes process in time and space.

Service Expenditure for Consumption of Urban Households = Food Processing Service Fees + Dining Out Fees × 50% + Tailoring and Laundering Service Fees + Household Services Expenditures + Medical Services Expenditures + Transportation Tools Service Fees + Transportation Expenditures + Communications Service Expenditures + Cultural and Recreation Service Expenditures + Education Expenditures + Rent + Room Decorations Expenditures × 40% + Residence Service Expenditures + Other Service Expenditures

Rural Permanent Population

refers to population staying at home permanently or for over 6 months during a year and sharing life economically with the household. Members of the household staying away from the household for over 6 months but keeping a close economic life with the household by sending the majority of income to the household are regarded as resident population of the household. Government staff and workers or retirees living as close members of the household are also considered as resident population. However, servicemen, students of secondary technical schools or schools of higher education and persons with stable jobs and residence outside the household (excluding those visiting relatives or seeking medical service) are not included as resident population of the household.

Full/Semi Labour Force of Rural Households

Full labour force refers to persons capable of work, aged 18-50 for males and 18-45 for females. Semi labour force refers to persons capable of work, aged 16-17 and 51-60 for males and 16-17 and 46-55 for females. Persons at their working ages but not capable of work are not to be included as labour force. Persons not at working ages but participating regularly in work are included in semi labour force. For staff and workers who are usual residents, are included as full or semi labour force of the household if they are in the labour force.

Disposable Income of Rural Households

refers to the income of rural households gained after the initial distribution and redistribution, which can be used for final expenditure, non-obligation expenditure and savings.

Disposable Income of Rural Households = Total Income - Expenses for Productive Operation - Taxes - Depreciation of Fixed Assets for Production – Property Expenditure – Transferred Expenditure

Rewards of Labours of Rural Households refers to income from labour earned by members of rural households employed by other units or individuals. It includes:

1. Income by members of rural households employed by administration business units and social organizations, including wages (cash awards and subsidy) of village staff and teachers in schools run by the local people, wages (cash awards and subsidy) of staff employed by administration business units at township and higher level.

2. Income earned at local region: income from labour earned by members of rural households employed by other units or individuals at local township.

3. Income of permanent residence outside the region: income from labour earned by members of rural households employed by other units or individuals outside of local township.

Income from Family Business of Rural Households refers to income obtained from family productive operation. Family productive operation cover farming, forestry, animal husbandry, fishery, industry, construction, transport, post, telecommunication, wholesale and retail trade, catering, social services, culture, education, health care and other household operation.

Property Income of Rural Households refers to the income received as returns by owners of financial assets or tangible non-productive assets by providing capital or tangible non-productive assets to other institutional units. It includes interest income, bonus stock income, rent income, etc.

Transferred Income of Rural Households refers to the receipt by rural households and their members of goods, services, capitals or rights of assets without giving or repaying accordingly, excluding capitals provided to them for the formation of fixed assets. In general, it refers to all income received by rural household through redistribution.

Living Expenditures of Rural Households

is use on material life and cultural life by rural households, including food expenditure, clothing expenditure, residence, household facilities, articles and services, medicines and medical services, transportation and communications, cultural, education and recreation articles and services, other commodity and services.

Engel's Coefficient

refers to the percentage of expenditure on food in the total living consumption expenditure, using the following formula:

$$\text{Engel's Coefficient} = \frac{\text{expenditure on food}}{\text{living consumption expenditure}} \times 100\%$$

11 城市建设和环境保护

Urban Construction and Environment Protection

11-1 城市建设用地(2009—2011年) City Construction Land, 2009-2011

单位：平方公里 (sq. km)

指标	Item	2009	2010	2011
总计	**Total**	**662.25**	**686.71**	**710.60**
按行政区域分	**By Administrative Area**			
中心城区	Central Districts	280.72	280.83	281.52
西青区	Xiqing District	15.49	15.49	15.89
津南区	Jinnan District	22.02	23.39	27.16
武清区	Wuqing District	42.93	44.74	63.89
宝坻区	Baodi District	17.34	17.82	19.07
滨海新区	Binhai New Area	283.75	304.44	303.07
按建设用途分	**By Use of Construction**			
居住用地	Dwelling	185.07	186.53	190.71
公共设施用地	Public Facilities	78.47	81.54	86.50
工业用地	Industry	149.14	155.66	159.54
仓储用地	Warehouse	45.26	23.46	49.53
对外交通用地	Traffic	27.89	61.98	29.43
道路广场用地	Road and Square	69.81	70.00	78.62
市政公用设施用地	Public Facilities of Municipal Administration	20.70	19.88	19.44
绿地	Green Land	75.25	77.01	86.17
特殊用地	Special Land	10.66	10.65	10.66

资料来源：天津市城乡建设和交通委员会，表11-3、11-4、11-6、11-8、11-9同。
Source: Tianjin Urban and Rural Construction and Transportation Administration Committee. Same as table 11-3, 11-4, 11-6, 11-8, 11-9.

11-2 城市房屋建筑面积(2009—2011年) Floor Space of Buildings in City, 2009-2011

单位：万平方米 (10 000 sq. m)

项目	Item	2009	2010	2011
年末实有房屋建筑面积	**Total Floor Space of Buildings (year-end)**	**29494.81**	**31315.75**	**33400.87**
#房管部门直管产	Under House Management Department	3343.69	3230.88	3282.66
私产	Private Property	15552.03	17225.63	18478.14
年末实有住宅建筑面积	**Floor Space of Residential Buildings (year-end)**	**17888.64**	**18907.45**	**20118.92**
#房管部门直管产	Under House Management Department	1718.84	1608.45	1523.46
私产	Private Property	13558.40	14845.14	16460.04
人均住宅建筑面积(平方米/人)	**Per Capita Floor Space of Residential Buildings (sq. m/person)**	**29.89**	**31.28**	**32.77**

资料来源：天津市国土资源和房屋管理局。
Source: Tianjin Municipal Bureau of Land Resources and Housing Administration.

11-3 城市市政设施情况（2009—2011年）
Municipal Facilities in City, 2009-2011

指　　标	Item	单　位	Unit	2009	2010	2011
年末实有道路	**Road (year-end)**					
铺装道路长度	Length of Paved Roads	公　里	km	5482	5439	5991
铺装道路面积	Area of Paved Roads	万平方米	10 000 sq. m	8357	9159	10492
#人行道面积	Area of Footway	万平方米	10 000 sq. m	1907	2095	2356
人均拥有道路面积	Per Capita Area of Paved Roads	平方米	sq. m	13.76	14.89	17.05
年末实有桥梁	**Bridges (year-end)**					
桥梁座数	Number of Bridges	座	unit	460	530	584
#立交桥	Flyovers	座	unit	64	77	81
年末实有路灯盏数	**Number of Road Lamps (year-end)**	**万　盏**	**10 000 units**	**18.6**	**26.7**	**24.6**
排泄污水能力	**Capacity of Sewage Drainage**					
污水年排放量	Annual Volume of Sewage Drainage	万　吨	10 000 tons	68325	65235	67180
排水管道长度	Length of Drainpipe	公　里	km	14531	15140	16551
污水处理厂	Sewage Treatment Works	座	set	23	30	33
污水处理厂能力	Disposal Capacity of Sewage Treatment Works	万吨/日	10 000 tons/day	197.7	204.8	229.6
建成区排水管道密度	Density of Drainpipe in Developed Area	公里/平方公里	km/sq. km	21.94	22.10	23.29
污水处理率	**Percentage of Disposed Sewage Treatment**	**%**	**%**	**80.1**	**85.3**	**86.8**

注：本表建成区排水管道密度2010年前为全市口径。
Note: Density of drainpipe adopted the coverage of whole city before 2010.

11-4 城市自来水（2009—2011年）
Urban Tap Water, 2009-2011

指　　标	Item	单　位	Unit	2009	2010	2011
综合生产能力	Production Capacity	万吨／日	10 000 tons/day	393.86	405.18	429.44
供水管道	Length of Water Supply Pipelines	公　里	km	8847	10744	11906
供水总量	Total Annual Volume of Water Supply	万　吨	10 000 tons	70138	68970	74483
售水总量	Total Annual Volume of Water Sold	万　吨	10 000 tons	59930	59559	64674
#生活用水	For Residential Use	万　吨	10 000 tons	20897	20797	29525
生产用水	For Productive Use	万　吨	10 000 tons	25066	25662	31497
用水人口	Number of Residents with Access to Tap Water	万　人	10 000 persons	607.26	615.29	628.04
人均日生活用水量	Per Capita Daily Living Consumption of Tap Water	公　斤	kg	133.15	132.04	128.80

11-5 城市燃气基本情况（2009—2011年）Basic Statistics on Gas in City, 2009-2011

项　目	Item	2009	2010	2011
液化石油气	**Liquefied Petroleum Gas**			
储气能力(吨)	Storage Capacity (ton)	11070	6618	6789
销售量(吨)	Volume of Gas Sold (ton)	58963	53368	58608
工业用	For Industrial Use	26367	19521	32403
民　用	For Residential Use	32596	33847	26206
用气户数(户)	Gas Users (household)	93483	82649	68373
工业用	For Industrial Use	4505	10097	6183
民　用	For Residential Use	88978	72552	62190
天 然 气	**Natural Gas**			
储气能力(万立方米)	Storage Capacity (10 000 cu. m)	111.4	126.0	114.2
管道长度(公里)	Length of Pipelines (km)	10233	10791	11731
销售量(万立方米)	Volume of Gas Sold (10 000 cu. m)	128080	158000	162811
工业用	For Industrial Use	77874	108200	100791
福利用	For Welfare Use	29067	26800	37292
民　用	For Residential Use	21140	23000	24727
用气户数(户)	Gas Users (household)	2333544	2525308	2671407
工业用	For Industrial Use	952	969	1089
福利用	For Welfare Use	10314	10545	12299
民　用	For Residential Use	2322278	2513794	2658019
用气普及率(%)	**Percentage of Population with Access to Gas (%)**	**100**	**100**	**100**

注：工业用液化石油气数据含福利、商业和其他用。
Note: Volume of liquefied petroleum gas sold for industrial use include those for welfare, commerce and other use.

11-6 城市集中供热（2009—2011年）Heating in City, 2009-2011

项　目	Item	单　位	Unit	2009	2010	2011
供热能力	Heating Capacity					
蒸　汽	Steam	吨/小时	ton/hour	3579	3167	3025
热　水	Hot Water	兆瓦/小时	mega Watts/hour	16158	18054	19325
供热总量	Volume Supplied					
蒸　汽	Steam	万吉焦/年	10 000 gigajoules/year	1721	1568	1757
热　水	Hot Water	万吉焦/年	10 000 gigajoules/year	9151	9991	9919
管道长度	Length of Pipelines	公　里	km	12490	14071	15278
供热面积	Heating Area	万平方米	10 000 sq. m	20614	24034	27163
#住　宅	Residential Buildings	万平方米	10 000 sq. m	15651	18186	20626

11-7 城市公共交通（2009—2011年）
Public Traffic in City, 2009-2011

指　标	Item	单　位	Unit	2009	2010	2011
公共汽车	**Public Transportation Vehicles**					
运营车辆	Operation Vehicles	辆	unit	7897	7928	7686
线路条数	Number of Routes	条	route	499	523	523
线路长度	Length of Routes	公　里	km	11832	12322	12606
客运总量	Volume of Passengers	万人次	10 000 person-times	116425	108810	130100
日均乘客人数	Average Daily Passengers	万人次	10 000 person-times	323	302	356
每万人拥有公共交通车辆	Number of Public Transportation Vehicles per 10 000 Persons	标　台	unit	14.6	14.9	14.2
营运出租汽车	**Operating Taxis**	**辆**	**unit**	**31940**	**31940**	**31940**
轨道交通	**Subway**					
地　铁	Metro					
运营车辆	Operation Vehicles	节	car	116	116	150
运营线路长度	Length of Operation lines	公　里	km	26.7	26.7	26.6
客运总量	Volume of Passengers	万人次	10 000 person-times	3555	4181	4854
津滨轻轨	Binhai Mass Trains					
运营车辆	Operation Vehicles	节	car	112	152	152
运营线路长度	Length of Operation lines	公　里	km	44.5	45.6	51.7
客运总量	Volume of Passengers	万人次	10 000 person-times	1716	2251	2585

11-8 城市环境卫生事业发展情况（2009—2011年）
Development of Urban Environmental Sanitation, 2009-2011

指　标	Item	单　位	Unit	2009	2010	2011
清运垃圾粪便工作量	**Volume of Garbage, Excrement and Urine Disposal**					
道路清扫保洁面积	Area of Road Cleaned	万平方米	10 000 sq. m	6915	7322	8831
清运生活垃圾	Volume of Living Garbage Disposal	万　吨	10 000 tons	188	184	190
清运粪便	Volume of Excrement and Urine Disposal	万　吨	10 000 tons	30	25	25
垃圾无害化处理量	Volume of Garbage Innocuous Disposal	万　吨	10 000 tons	178	184	190
生活垃圾无害化处理率	**Innocuous Disposal Rate of Living Garbage**	**%**	**%**	**94**	**100**	**100**
环境卫生设施	**Environmental Sanitation Facilities**					
公共厕所	Lavatories	座	unit	1411	1237	1231
垃圾无害化处理厂	Garbage Innocuous Disposal Plant	座	unit	7	7	9
无害化处理厂能力	Capacity of Innocuous Disposal Plant	吨/日	ton/day	7600	8000	9500
环卫职工人数	**Number of Environment Sanitation Staff & Workers**	**人**	**person**	**18119**	**22169**	**22584**

11-9 城市园林绿化情况（2009—2011年）
Parks, Gardens and Green Area in City, 2009-2011

指　标	Item	2009	2010	2011
公　园(个)	Parks (unit)	68	76	77
花　圃(个)	Gardens (unit)	13	13	9
建成区园林绿地面积(公顷)	Total Area of Parks, Gardens and Green Area in Developed Area (hectare)	17369	19221	21728
公园绿地	Park Green Area	5219	5266	6341
生产绿地	Production Green Area	1123	1008	979
防护绿地	Protection Green Area	1053	1632	1027
附属绿地	Accessorial Green Area	6788	8700	10251
其他绿地	Other Green Area	3187	2615	3130
年末实有树木(万株)	Trees (year-end) (10 000 trees)	2593	3946	4491
# 行道树	Roadside Trees	95.05	86.58	103.66
建成区绿化覆盖率(%)	Coverage Rate of Afforestation in Developed Area (%)	30.3	32.1	34.5
建成区绿地率(%)	Coverage Rate of Green Area in Developed Area (%)	26.2	28.0	30.6
人均公园面积(平方米)	Per Capita Area of Parks (sq. m)	8.6	8.6	10.3

11-10 公园分布（2011年）
Distribution of Parks, 2011

地　区	Region	公园个数(个) Number of Parks (unit)	地　区	Region	公园面积(公顷) Area of Parks (hectare)
合　计	Total	77	合　计	Total	1680
河东区	Hedong District	4	河东区	Hedong District	54
河西区	Hexi District	10	河西区	Hexi District	56
南开区	Nankai District	7	南开区	Nankai District	297
河北区	Hebei District	5	河北区	Hebei District	65
红桥区	Hongqiao District	8	红桥区	Hongqiao District	56
东丽区	Dongli District	4	东丽区	Dongli District	28
津南区	Jinnan District	2	津南区	Jinnan District	76
北辰区	Beichen District	3	北辰区	Beichen District	11
武清区	Wuqing District	7	武清区	Wuqing District	83
宝坻区	Baodi District	3	宝坻区	Baodi District	50
滨海新区	Binhai New Area	24	滨海新区	Binhai New Area	904

11-11 水资源情况（2002—2011年）
Water Resources, 2002-2011

年份 Year	水资源总量 (亿立方米) Total Amount of Water Resources (100 million cu. m)	地表水 Surface Water	地下水 Underground Water	地表水与地下水资源重复量 Duplicated Measurement of Surface and Underground	人均水资源量 (立方米/人) Per Capita Water Resources (cu. m/person)
2002	3.67	1.85	2.09	0.27	36.49
2003	10.60	6.15	4.82	0.37	105.03
2004	14.31	9.79	5.16	0.64	140.64
2005	10.63	7.13	4.44	0.94	102.87
2006	10.11	6.62	4.46	0.97	95.47
2007	11.31	7.50	4.76	0.95	103.29
2008	18.30	13.61	5.91	1.22	159.76
2009	15.24	10.59	5.60	0.95	126.80
2010	9.20	5.58	4.45	0.83	
2011	15.38	10.89	5.22	0.73	

11-12 供水用水情况（2002—2011年）
Water Supply and Water Use, 2002-2011

单位：万立方米 (10 000 cu. m)

年份 地区	Year Region	供用水总量 Water Supply & Use	地表水 Surface Water	地下水 Underground Water	# 农业用水 Agricultural Use
2002		199610	117421	82189	106244
2003		205118	133713	71405	114072
2004		219623	148932	70691	121529
2005		225193	160224	64969	135267
2006		224996	161001	63995	133965
2007		230060	164917	65143	138408
2008		214274	154793	59481	120603
2009		229204	172135	57069	128400
2010		217258	161585	55673	109653
2011		224569	169420	55149	115500
东丽区	Dongli District	1398		1398	346
西青区	Xiqing District	10913	9176	1737	9869
津南区	Jinnan District	2424	860	1564	841
北辰区	Beichen District	3310	1650	1660	2097
武清区	Wuqing District	15425	6329	9096	12658
宝坻区	Baodi District	46818	36700	10118	44353
滨海新区	Binhai New Area	7680	943	6737	1111
塘 沽	Tanggu	1939	843	1096	103
汉 沽	Han'gu	2102	100	2002	792
大 港	Dagang	3639		3639	216
宁河县	Ninghe County	16287	11633	4654	10506
静海县	Jinghai County	4238		4238	2782
蓟 县	Jixian County	14230	530	13700	10638

资料来源：天津市水务局。
Source: Tianjin Municipal Water Conservancy Bureau.

11-13 水、大气、声、生态环境情况（2009—2011年）
Water, Atmospheric, Acoustic and Ecological Environment, 2009-2011

指　标	Item	2009	2010	2011
水 环 境	**Water Environment Conditions**			
废水排放总量(万吨)	Volume of Waste Water Discharged (10 000 tons)	59647	68195	67147
工业源	Industrial Source	19441	19679	19795
城镇生活源	Urban Residential Source	40206	48516	47322
集中式治理设施	Centralized Treatment Facilities			30
化学需氧量排放量(吨)	COD of Waste Water Discharged (10 000 tons)	133000	131969	235832
工业源	Industrial Source	23469	22218	24294
城镇生活源	Urban Residential Source	109531	109751	96422
农业源	Agricultural Source			114674
集中式治理设施	Centralized Treatment Facilities			442
氨氮排放量(吨)	Emission of Ammonia and Nitrogen (ton)	11980	12824	26378
工业源	Industrial Source	2915	3197	3253
城镇生活源	Urban Residential Source	9065	9627	17128
农业源	Agricultural Source			5961
集中式治理设施	Centralized Treatment Facilities			36
城市饮用水源地水质达标率(%)	Urban Drinking Water Sources Quality Rate (%)	100	100	100
近海海域功能区水质达标率(%)	Inshore Area Water Quality Rate (%)	61.1	38.9	19.4
大气环境	**Atmospheric Environment Conditions**			
空气质量状况	Ambient Air Quality			
可吸入颗粒物(毫克/立方米)	(PM_{10}) Particulate Matters (milligram/cu. m)	0.100	0.096	0.093
二氧化硫(毫克/立方米)	(SO_2) Sulphur Dioxide (milligram/cu. m)	0.055	0.054	0.042
二氧化氮(毫克/立方米)	(NO_2) Nitrogen Dioxide (milligram/cu. m)	0.040	0.045	0.038
空气质量达到及好于二级的天数(天)	Days of Air Quality Equal to or Above Grade II (day)	307	308	320
环境空气质量优良率(%)	Ambient Air Quality Fine Rate (%)	84.1	84.4	87.7
废气主要污染物排放情况	Major Pollutant Emission			
二氧化硫排放量(吨)	Sulphur Dioxide in Waste Gas (10 000 tons)	236700	235150	230900
工业源	Industrial Source	172980	217620	221897
城镇生活源	Urban Residential Source	63720	17530	8959
集中式治理设施	Centralized Treatment Facilities			44
氮氧化物排放量(吨)	Emission of Nitrogen Oxides (ton)	208670	239736	358900
工业源	Industrial Source	201406	236040	300404
城镇生活源	Urban Residential Source	7264	3696	4447
机动车	Automobiles			54004
集中式治理设施	Centralized Treatment Facilities			45
烟（粉）尘排放量(吨)	Volume of Fumes (Dust) Emission (ton)		71915	75923
工业源	Industrial Source		61521	65333
城镇生活源	Urban Residential Source		4071	4071
机动车	Automobiles		6312	6494
集中式治理设施	Centralized Treatment Facilities		11	25
工业废气排放总量(亿标立方米)	Volume of Industrial Waste Gas Emission (100 million standard cu. m)	5983	7686	8919
声 环 境 (分贝)	**Acoustic Environment Conditions (decibel)**			
道路交通噪声平均声级	Equivalent Sound Level of City Traffic Noise	67.7	67.7	67.5
中心城区区域环境噪声平均声级	Central Urban Area Average Environmental Noise Level	54.7	54.6	54.4
生态环境	**Ecological Environment Conditions**			
自然保护区(个)	Nature Reserves (unit)	8	8	8
# 国家级自然保护区	State-level Nature Reserves	3	3	3
自然保护区面积(万公顷)	Nature Reserves Area (10 000 hectares)	9.11	9.11	9.11

注：2011年主要污染物排放指标执行环保部新的统计口径，与上年不可比。
Note: The indicators of major pollutants discharged adopt new statistic coverage of Ministry of Environmental Protection from 2011, which is not comparable with the previous year.

11-14 工业固体废物利用与处置情况（2009—2011年）
Utilization and Disposal of Industrial Waste Residue, 2009-2011

单位：万吨 (10 000 tons)

指　　标　　Item	2009	2010	2011
工业固体废物产生量			
Amount of Industrial Waste Residue Produced	1516	1862	1762
# 危险废物			
Dangerous Waste	7.84	10.21	10.27
工业固体废物综合利用量			
Volume of Comprehensive Utilization of Industrial Waste Residue	1498	1845	1752
# 危险废物			
Dangerous Waste	2.61	1.64	3.09
工业固体废物综合利用率(%)			
Rate of Comprehensive Utilization of Industrial Waste Residue (%)	98.31	98.57	99.12
工业固体废物处置量			
Volume of Industrial Solid Waste Disposed	25.67	27.02	16.33
# 危险废物			
Dangerous Waste	5.23	8.66	7.18
工业固体废物处置率(%)			
Disposal Rate of Industrial Waste Residue (%)	1.69	1.45	0.93

11-15 环境保护系统人员构成（2009—2011年）
Composition of Environment Protection Personnel, 2009-2011

单位：人(Person)

指　　标	Item	2009	2010	2011
年末实有人数	Persons (year-end)	1949	1918	1821
# 行政干部	Administrative Personnel	449	476	439
# 环科院	Academy of Environmental Sciences	171	161	157
监测站	Monitoring Station	797	825	733
监察机构	Monitoring Organization	247	239	254

11-16 建设项目环境管理情况（2009—2011年）
Implementation of Environmental Management on Construction Project, 2009-2011

指　　标	Item	2009	2010	2011
办理建设项目环境影响评价审批(项)	Approval of Assessment of Environment Effect of Construction Projects (unit)	2212	3919	3004
编制环境影响报告书(项)	Statements of Environment Effect (unit)	294	523	599
办理环保竣工验收项目(个)	Projects with Completed Environmental Protection Check and Acceptance (unit)	1073	1087	1220
应执行"三同时"项目数(个)	Number of Projects Executing "Three Meantime" (unit)	1073	1087	1220
实际执行"三同时"项目(个)	Number of Actual Executed Projects (unit)	1073	1087	1220
当年完成项目实际投资额(亿元)	Actual Investment of Projects (100 million yuan)	570.30	842.90	1008.71
# 环保工程实际投资额	Actual Investment of Protecting Environment Projects	29.63	27.43	54.36
"三同时"执行率(%)	Rate of Executing "Three Meantime" (%)	100	100	100
"三同时"合格率(%)	Qualified Rate of Executing "Three Meantime" (%)	100	100	100

注："三同时"指同时设计、同时施工、同时使用。
Note: "Three Meantime" refers to design, construction, and use at the same time.

11-17 工业污染治理情况（2009—2011年）
Industrial Pollution Treatment Condition, 2009-2011

单位：万元 (10 000 yuan)

指　　标	Item	2009	2010	2011
工业污染治理情况	Industrial Pollution Treatment Condition			
本年完成投资	Investment Completed in Current Year	180054	164684	156090
治理废水	Treating Waste Water	40867	47139	33796
治理废气	Treating Waste Gas	75921	34856	47563
治理固体废物	Treating Waste Residue	545	1226	33245
治理噪声	Treating Noise Pollution	399	155	14
其　他	Others	62322	81308	41472
本年安排治理项目	Number of Treating Projects in Current Year	190	124	126
本年竣工项目	Number of Projects Completed in Current Year	174	99	108
治理废水	Treating Waste Water	41	34	35
治理废气	Treating Waste Gas	101	40	44
治理固体废物	Treating Waste Residue	7	9	3
治理噪声	Treating Noise Pollution	5	1	1
其　他	Others	20	15	25

主要统计指标解释

建成区

指城市行政区内实际已成片开发建设、市政公用设施和公共设施基本具备的区域。对核心城市，它包括集中连片的部分以及分散的若干个已经成片建设起来的市政公用设施和公共设施基本具备的地区；对一城多镇来说，它包括由几个连片开发建设起来的市政公用设施和公共设施基本具备的地区组成。因此建成区范围，一般是指建成区外轮廓线所能包括的地区，也就是这个城市实际建设用地所达到的范围。

水资源总量

指评价区内降水形成的地表和地下产水总量，即地表产流量与降水入渗补给地下水量之和，不包括过境水量。

化学需氧量 (COD)

指用化学氧化剂氧化水中有机污染物时所需的氧量。COD 值越高，表示水中有机污染物污染越重。

工业固体废物产生量

指报告期内企业在生产过程中产生的固体状、半固体状和高浓度液体状废弃物的总量，包括危险废物、冶炼废渣、粉煤灰、炉渣、煤矸石、尾矿、放射性废物和其他废物等；不包括矿山开采的剥离废石和掘进废石（煤矸石和呈酸性或碱性的废石除外）。酸性或碱性废石指采掘的废石其流经水、雨淋水的 pH 值小于 4 或 pH 值大于 10.5 者。

工业固体废物综合利用量

指报告期内企业通过回收、加工、循环、交换等方式，从固体废物中提取或者使其转化为可以利用的资源、能源和其他原材料的固体废物量（包括当年利用往年的工业固体废物贮存量），如用作农业肥料、生产建筑材料、筑路等。

工业固体废物综合利用率

指工业固体废物综合利用量占工业固体废物产生量（包括综合利用往年贮存量）的百分率。计算公式为:

$$\text{工业固体废物综合利用率} = \frac{\text{工业固体废物综合利用量}}{\text{工业固体废物产生量} + \text{综合利用往年贮存量}} \times 100\%$$

噪声等效声级（LEQ）

指在规定的时间内，某一连续稳态声的 A〔计权〕声压，具有与时变的噪声相同的均方 A〔计权〕声压，则这一连续稳态声的声级，就是此时变噪声的等效声级。噪声等效声级（分贝）数值越小越好。

自然保护区

指对有代表性的自然生态系统、珍稀濒危野生动植物物种的天然分布区、水源涵养区、有特殊意义的自然历史遗迹等保护对象所在的陆地、陆地水体或海域，依法划出一定面积进行特殊保护和管理的区域。以县及县以上各级人民政府正式批准建立的自然保护区为准（包括“六五”以前由部门或“革委会”批准且现仍存在的自然保护区）。风景名胜区、文物保护区不计在内。

Explanatory Notes on Main Statistical Indicators

Developed Area

refer to the land in administrative areas having been developed concentratedly with municipal public facilities. For core city, developed areas include concentrated areas and decentralized areas having basic perfect municipal public facilities; for the city with several towns, developed areas are composed of several concentrated areas with municipal public facilities. Therefore, the scope of developed areas refers to actual construction land of a city.

Water Resources

refers to the gross volume of surface and underground water formed by precipitation in the evaluated region, which equals to the sum of surface runoff and the infiltration supplement of underground water from precipitation, excluding crossing water.

Chemical Oxygen Demand (COD)

refers to the amount of oxygen required when chemical oxidants are used to oxidize organic pollutants in water. A higher value of COD corresponds to more serious pollution by organic pollutants.

Industrial Waste Residue Produced

refers to total volume of solid, semi-solid and high concentration liquid residues produced by industrial enterprises from production process in a given period of time, including hazardous wastes, slag, coal ash, gangue, tailings, radioactive residues and other wastes, but excluding stones stripped or dug out in mining (gangue and acid or alkaline stones not included). A stone is acid or alkaline depending on the pH value of the water below 4 or above 10.5 when the stone is in, or soaked by, the water.

Comprehensive Utilization of Industrial Waste Residue

refers to volume of solid wastes from which useful materials can be extracted or which can be converted into usable resources, energy or other materials by means of reclamation, processing, recycling and exchange (including utilizing in the year the stocks of industrial solid wastes of the previous year). Examples of such utilizations include fertilizers, building materials and road materials.

Ratio of Comprehensive Utilization of Industrial Waste Residue

refers to the percentage of industrial solid wastes utilized over industrial solid wastes produced (including stocks of the previous years). It is calculated as:

$$\text{Ratio of Comprehensive Utilization of Industrial Waste Residue} = \frac{\text{Volume of Industrial Solid Wastes Utilized}}{\text{Industrial Solid Wastes Produced} + \text{Stock of Previous Years}} \times 100\%$$

Level of Equivalent Noise (LEQ)

refer to the A sound pressure of a continuous steady state sound, in the specified time interval with the same mean square A sound pressure as the time variant noise. This sound level of a continuous steady state sound is the equivalent sound level of the time variant noise. The smaller of the value of noise equivalent sound level (dB), the better.

Natural Reserves

refer to certain areas of land, waters or sea that are representative in natural ecological systems, or are natural habitats for rare or endangered wild animals or plants, or water conservation zones, or the location of important natural or historic relics, which are marked by law and put under special protection and management. Natural reserves are designated by the formal approval of governments at and above county level (including those approved by relevant departments or "revolutionary committees" before 1980). Scenic spots and cultural preservation zones are not included.

12 农业 Agriculture

12-1 农村经济主要指标 Major Indicators of Rural Economy

项　目	Item	2010	2011	2011 比2010年 增长(%) Increase Rate in 2011 over 2010 (%)
农林牧渔业总产值(亿元)	**Gross Output Value of Farming, Forestry, Animal Husbandry and Fishery (100 million yuan)**	**317.33**	**349.48**	**4.2**
农　业	Farming	168.25	179.87	5.5
林　业	Forestry	2.36	2.46	4.0
牧　业	Animal Husbandry	87.49	98.52	2.0
渔　业	Fishery	50.26	58.61	2.9
农林牧渔服务业	FFAF Services	8.97	10.03	9.0
农林牧渔业增加值(亿元)	**Value Added of Farming, Forestry, Animal Husbandry and Fishery (100 million yuan)**	**145.58**	**159.73**	**3.9**
农业机械及灌溉	**Agricultural Machinery and Irrigation**			
农机总动力(万千瓦)	Total Power of Agricultural Machinery (10 000 kw)	587.79	583.87	-0.7
大中型拖拉机(台)	Large and Medium-sized Tractors (set)	13000	14300	10.0
小型拖拉机(万台)	Mini-tractors (10 000 sets)	3.12	2.78	-10.9
年末实有机电井(眼)	Motor-pumped Well (year-end) (unit)	26753	24572	-8.2
有效灌溉面积(万公顷)	Effective Irrigated Areas (10 000 hectares)	34.46	33.80	-1.9
节水灌溉面积(万公顷)	Water-saving Irrigated Areas (10 000 hectares)	26.26	27.53	4.8
农作物总播种面积(万公顷)	**Total Sown Areas of Farm Crops (10 000 hectares)**	**45.93**	**46.80**	**1.9**
#粮　食	Grain	31.18	31.08	-0.3
蔬　菜	Vegetables	8.49	8.71	2.6
总产量(万吨)	**Yield of Farm Crops (10 000 tons)**			
#粮　食	Grain	159.74	161.83	1.3
蔬　菜	Vegetables	419.31	431.30	2.9
水果产量(万吨)	**Yield of Fruits (10 000 tons)**	**60.04**	**61.57**	**2.5**
#果用瓜	Melon-Fruits	28.77	29.69	3.2
当年造林面积(万公顷)	**Afforested Area in Current Year (10 000 hectares)**	**1.81**	**0.86**	**-52.5**

注：农林牧渔业增长速度按可比价格计算，下表同。
Note: Increase rate of gross output value of farming, forestry, animal husbandry and fishery is calculated based on constant prices. Same as following next.

12-1 续表 Continued

项　目	Item	2010	2011	2011比2010年增长(%) Increase Rate in 2011 over 2010 (%)
畜牧业生产	**Production of Animal Husbandry**			
生猪年末存栏(万头)	Pigs in Hand (year-end) (10 000 heads)	186.94	191.26	2.3
生猪当年出栏(万头)	Number of Slaughtered Pigs (10 000 heads)	358.23	352.70	1.5
牛年末存栏(万头)	Cattle in Hand (year-end) (10 000 heads)	28.80	29.36	1.9
#乳　牛	Cows	15.67	15.79	0.8
牛当年出栏(万头)	Number of Slaughtered Cattle (10 000 heads)	18.12	18.00	-0.7
羊年末存栏(万只)	Sheep & Goats in Hand (year-end) (10 000 heads)	37.38	36.06	-3.5
羊当年出栏(万只)	Number of Slaughtered Sheep and Goats (10 000 heads)	66.84	65.97	-1.3
家禽年末存栏(万只)	Poultry in Hand (year-end) (10 000 heads)	2105.32	2315.50	1.0
#产蛋鸡	Hens	1188.87	1307.56	1.0
家禽当年出栏(万只)	Number of Slaughtered Poultry (10 000 heads)	6951.10	7215.72	3.8
畜禽产品产量(万吨)	**Output of Animal and Poultry (10 000 tons)**			
肉类总产量	Output of Meat	42.60	42.92	0.8
#猪　肉	Pork	27.98	27.63	-1.3
牛羊肉	Beef and Mutton	4.63	4.57	-1.3
禽　肉	Poultry	9.62	10.11	5.1
禽蛋产量	Output of Poultry Eggs	19.92	19.26	-3.3
奶类产量	Output of Milk	69.30	69.39	0.1
渔业生产	**Production of Fishery**			
水产养殖面积(万公顷)	Culture Areas of Aquatic Products (10 000 hectares)	4.16	4.04	-2.9
#淡　水	Fresh Water	3.76	3.63	-3.5
水产品产量(万吨)	Output of Aquatic Products (10 000 tons)	34.49	35.21	2.1
#淡　水	Fresh Water	30.59	31.38	2.6

12-2 农业生产条件情况（1996—2011年）
Conditions of Agricultural Production, 1996-2011

年 份 Year	年末实有常用耕地面积（万公顷）Cultivated Area (year-end) (10 000 hectares)	年末实有林地面积（万公顷）Forest Area (year-end) (10 000 hectares)	# 当年造林面积 Afforested Area in Current Year	水产养殖面积（万公顷）Culture Area of Aquatic Products (10 000 hectares)	有效灌溉面积（万公顷）Effective Irrigated Area (10 000 hectares)
1996	42.58	9.26	0.62	3.41	33.26
1997	42.52	9.85	0.90	3.81	33.28
1998	42.49	11.14	0.91	3.71	33.29
1999	42.46	12.74	0.94	3.76	34.39
2000	42.43	13.69	0.93	3.64	35.32
2001	42.39	14.19	0.50	3.67	35.43
2002	42.28	17.53	0.85	3.82	35.44
2003	41.85	18.21	0.69	3.83	35.41
2004	41.53	18.75	0.53	4.04	35.34
2005	41.45	19.05	0.36	4.17	35.52
2006		19.35	0.30	4.34	34.96
2007	40.60	18.73	0.51	4.19	34.93
2008	40.44	19.64	1.50	4.08	34.80
2009	40.26	21.26	1.62	4.31	34.76
2010	39.88		1.81	4.16	34.46
2011	39.65		0.86	4.04	33.80

年 份 Year	农用机械总动力（万千瓦）Total Power of Agricultural Machinery (10 000 kw)	机耕面积（万公顷）Cultivated Area Using Machinery (10 000 hectares)	机播面积（万公顷）Sown Area Using Machinery (10 000 hectares)	化肥施用量（折纯）（万吨）Consumption of Chemical Fertilizers (Pureness) (10 000 tons)	农村用电量（万千瓦小时）Rural Electricity Consumption (10 000 kwh)
1996	384.22	39.85	22.28	48.82	358184
1997	417.37	39.66	25.00	49.15	330249
1998	440.57	40.13	24.99	51.48	337565
1999	481.54	39.62	24.93	47.24	343667
2000	593.40	39.62	25.73	16.64	354946
2001	603.32	37.26	24.11	17.31	377823
2002	612.72	38.17	23.95	17.59	402785
2003	601.66	37.05	23.57	17.80	423157
2004	608.13	37.35	27.66	22.85	484221
2005	611.94	37.62	28.94	23.29	522492
2006	603.39	37.74	29.91		
2007	604.90	37.71	34.32	25.82	525220
2008	596.60	36.04	36.31	25.88	457875
2009	595.00	36.14	36.69	25.96	513898
2010	587.79	37.65	40.23	25.54	509920
2011	583.87	37.53	41.78	24.39	512968

注：化肥施用量2000年以前为实物量。
Note: Consumption of chemical fertilizers referred to full-scale quantity before 2000.

12-3 农林牧渔业总产值和增长速度（1996—2011年）
Gross Output Value and Increase Rate of Farming, Forestry, Animal Husbandry and Fishery, 1996-2011

年份 Year	合计 Total	农业 Farming	林业 Forestry	牧业 Animal Husbandry	渔业 Fishery	农林牧渔服务业 FFAF Services
总产值(亿元) Gross Output Value (100 million yuan)						
1996	133.53	90.17	0.96	30.27	12.13	
1997	140.47	89.77	1.00	33.99	15.71	
1998	156.16	98.83	1.19	38.09	18.05	
1999	150.11	91.58	1.42	38.95	18.16	
2000	156.30	83.42	1.37	51.75	19.76	
2001	169.51	86.73	1.46	60.76	20.56	
2002	181.07	86.06	1.52	69.21	24.28	
2003	193.44	88.20	1.61	77.22	26.41	
2004	221.35	95.29	1.66	92.55	31.85	
2005	238.34	97.49	1.89	102.71	36.25	
2006	225.04	110.05	2.01	70.52	35.32	7.14
2007	240.74	117.60	2.08	76.93	36.13	8.00
2008	268.11	127.67	2.22	86.03	43.81	8.38
2009	281.65	139.70	2.22	83.57	47.53	8.64
2010	317.33	168.25	2.36	87.49	50.26	8.97
2011	349.48	179.87	2.46	98.52	58.61	10.03
比上年增长(%) Increase Rate over Preceding Year (%)						
1996	7.5	8.5	10.3	3.5	10.6	
1997	7.6	5.1	2.6	10.5	15.7	
1998	11.8	8.2	39.7	15.4	21.2	
1999	0.4	-6.3	15.1	13.7	3.1	
2000	4.2	-4.4	-5.7	19.6	6.1	
2001	8.0	4.1	7.2	15.9	3.0	
2002	6.0	-8.9	13.7	14.9	36.2	
2003	6.6		3.8	13.6	6.7	
2004	5.2	3.1	2.6	5.8	10.5	
2005	4.8	0.2	13.6	7.5	10.6	
2006	3.6	4.0	4.6	2.9	4.8	1.4
2007	1.5	2.1	4.6	-1.1	4.0	3.7
2008	3.3	3.1	6.2	3.5	3.4	2.0
2009	3.7	4.8	1.3	3.0	2.2	2.1
2010	3.5	4.6	3.1	2.4	2.2	2.8
2011	4.2	5.5	4.0	2.0	2.9	9.0

12-4 农林牧渔业总产值结构（1996—2011年）
Structure of Gross Output Value of Farming, Forestry, Animal Husbandry and Fishery, 1996-2011

单位：% (%)

年 份 Year	合 计 Total	农 业 Farming	林 业 Forestry	牧 业 Animal Husbandry	渔 业 Fishery	农林牧渔服务业 FFAF Services
1996	100	67.5	0.7	22.7	9.1	
1997	100	63.9	0.7	24.2	11.2	
1998	100	63.3	0.8	24.4	11.5	
1999	100	61.0	0.9	25.9	12.2	
2000	100	53.4	0.9	33.1	12.6	
2001	100	51.2	0.9	35.8	12.1	
2002	100	47.5	0.8	38.3	13.4	
2003	100	45.6	0.8	39.9	13.7	
2004	100	43.1	0.7	41.8	14.4	
2005	100	40.9	0.8	43.1	15.2	
2006	100	48.9	0.9	31.3	15.7	3.2
2007	100	48.8	0.9	32.0	15.0	3.3
2008	100	47.6	0.8	32.1	16.3	3.2
2009	100	49.6	0.8	29.7	16.9	3.0
2010	100	53.0	0.7	27.6	15.8	2.9
2011	100	51.5	0.7	28.2	16.8	2.8

12-5 农作物播种面积（1996—2011年）
Sown Areas of Farm Crops, 1996-2011

单位：万公顷 (10 000 hectares)

年 份 Year	合 计 Total	粮 食 Grain	棉 花 Cotton	油 料 Oil-bearing Crops	蔬 菜 Vegetables	其他农作物 Others
1996	56.44	45.57	0.38	1.37	8.08	1.04
1997	55.73	43.99	0.28	1.61	8.82	1.03
1998	56.32	44.45	0.35	1.69	8.64	1.19
1999	56.29	43.10	0.60	1.62	9.86	1.11
2000	53.31	34.59	1.51	2.63	12.83	1.75
2001	54.45	32.85	4.50	2.05	12.95	2.10
2002	52.28	31.13	4.48	1.89	12.84	1.94
2003	50.15	25.81	7.06	1.58	13.46	2.24
2004	50.43	26.35	8.69	0.61	13.19	1.59
2005	49.94	28.77	6.12	0.51	12.97	1.57
2006	42.98	28.43	6.89	0.20	6.38	1.08
2007	43.40	29.20	6.75	0.18	6.34	0.93
2008	44.63	29.35	6.92	0.18	7.22	0.96
2009	45.52	30.66	5.56	0.20	8.08	1.02
2010	45.93	31.18	5.18	0.22	8.49	0.86
2011	46.80	31.08	6.00	0.22	8.71	0.79

12-6 主要农产品产量情况（1996—2011年）
Yield of Major Farm Crops, 1996-2011

单位：万吨 (10 000 tons)

年 份 Year	粮 食 Grain	#小 麦 Wheat	#玉 米 Corn	棉 花 Cotton	油 料 Oil-bearing Crops	蔬 菜 Vegetables
1996	207.00	67.35	75.41	0.51	3.13	452.71
1997	206.16	77.41	65.45	0.39	3.01	486.23
1998	210.12	76.06	75.51	0.63	3.76	505.35
1999	174.85	71.60	56.30	0.57	2.34	486.07
2000	124.05	59.91	40.95	1.75	3.31	530.60
2001	143.33	45.09	75.19	6.36	3.90	564.50
2002	137.82	44.11	71.05	6.24	3.40	584.31
2003	119.29	35.91	64.81	9.47	3.08	602.78
2004	125.27	37.81	70.71	12.03	1.55	585.43
2005	137.50	47.42	73.16	8.36	1.29	542.74
2006	141.90	49.90	79.70	9.50	0.50	275.50
2007	147.15	50.59	85.08	9.31	0.46	274.37
2008	148.93	52.47	84.29	8.29	0.48	314.16
2009	156.29	54.03	88.74	7.09	0.54	373.85
2010	159.74	53.20	92.74	6.27	0.64	419.31
2011	161.83	54.20	94.38	7.23	0.66	431.30

年 份 Year	肉 类 Meat	#猪 肉 Pork	#牛羊肉 Beef and Mutton	禽 蛋 Poultry Eggs	奶 类 Milk	水产品 Aquatic Products
1996	16.94	10.50	3.30	16.65	10.69	16.99
1997	18.70	11.77	3.44	17.71	12.13	18.98
1998	21.74	13.88	3.74	22.68	11.69	21.38
1999	23.53	14.59	4.24	23.56	12.94	23.03
2000	29.49	17.96	4.76	25.60	16.52	24.22
2001	36.40	21.92	5.97	26.00	24.06	26.46
2002	44.88	26.09	7.39	24.47	33.59	28.56
2003	52.41	30.56	8.53	24.25	43.23	29.83
2004	53.73	33.05	8.73	24.38	54.24	31.00
2005	57.78	35.63	9.28	23.47	63.41	33.81
2006	34.95	21.80	5.20	19.04	65.77	31.40
2007	33.76	20.45	5.25	19.43	67.21	32.50
2008	37.13	23.48	5.12	19.69	70.12	33.67
2009	39.50	25.66	5.03	19.60	68.70	34.17
2010	42.60	27.98	4.63	19.92	69.30	34.49
2011	42.92	27.63	4.57	19.26	69.39	35.21

12-7 各区县农林牧渔业总产值和增加值(2011年)
Gross Output Value and Value-added of Farming, Forestry, Animal Husbandry and Fishery by District and County, 2011

单位：万元 (10 000 yuan)

地 区	Region	合 计 Total	农 业 Farming	林 业 Forestry	牧 业 Animal Husbandry	渔 业 Fishery
总 产 值	**Gross Output Value**					
东丽区	Dongli District	83852	40229	1904	14623	27096
西青区	Xiqing District	215496	116902	772	48990	48832
津南区	Jinnan District	112154	27790	309	33895	50160
北辰区	Beichen District	191732	69889	797	105581	15465
武清区	Wuqing District	691408	413558	11865	200529	65456
宝坻区	Baodi District	570005	291574	2120	222818	53493
滨海新区	Binhai New Area	225082	60298	334	61574	102876
塘 沽	Tanggu	41424	9566		9912	21946
汉 沽	Han'gu	124691	35102	108	22814	66667
大 港	Dagang	58967	15630	226	28848	14263
宁河县	Ninghe County	481694	202290	7726	216027	55651
静海县	Jinghai County	368998	173927	14103	157471	23497
蓟 县	Jixian County	496879	230860	4128	231654	30237
增 加 值	**Value-added**					
东丽区	Dongli District	38040	18746	837	5586	12871
西青区	Xiqing District	100248	61944	448	19055	18801
津南区	Jinnan District	46845	11586	119	14889	20251
北辰区	Beichen District	93141	40358	396	46033	6354
武清区	Wuqing District	314093	198953	7121	81861	26158
宝坻区	Baodi District	240361	113726	926	108176	17533
滨海新区	Binhai New Area	88190	25263	140	23120	39667
塘 沽	Tanggu	14830	3539		3509	7782
汉 沽	Han'gu	51557	18444	72	7394	25647
大 港	Dagang	21803	3280	68	12217	6238
宁河县	Ninghe County	235549	100134	3631	104236	27548
静海县	Jinghai County	168817	88097	7354	65370	7996
蓟 县	Jixian County	237249	122941	2650	98302	13356

12-8 各区县主要农作物播种面积(2011年)
Sown Areas of Major Farm Crops by District and County, 2011

单位：公顷 (hectare)

地　区	Region	粮食作物 Grain Crops	#小　麦 Wheat	#稻　谷 Rice	#玉　米 Corn
东丽区	Dongli District	3114		44	2595
西青区	Xiqing District	5117	841	270	3918
津南区	Jinnan District	2942	16	89	2305
北辰区	Beichen District	8745	768	22	6844
武清区	Wuqing District	94412	36945		56799
宝坻区	Baodi District	92021	36413	8855	44959
滨海新区	Binhai New Area	15544	2696	108	10464
塘　沽	Tanggu	945			763
汉　沽	Han'gu	975	15	108	756
大　港	Dagang	13624	2681		8945
宁河县	Ninghe County	16293	281	3258	11248
静海县	Jinghai County	46805	5002		36337
蓟　县	Jixian County	77100	30124	1086	30124

地　区	Region	油料作物 Oil-bearing Crops	#花　生 Peanuts	棉　花 Cotton	蔬　菜 Vegetables
东丽区	Dongli District			2533	2505
西青区	Xiqing District	167	67	2771	11356
津南区	Jinnan District			3775	1608
北辰区	Beichen District	88	67	3266	5698
武清区	Wuqing District	484	314	4854	23382
宝坻区	Baodi District	295	105	6944	10668
滨海新区	Binhai New Area	52	50	3010	1806
塘　沽	Tanggu			1360	835
汉　沽	Han'gu			599	531
大　港	Dagang	52	50	1051	440
宁河县	Ninghe County			16042	8406
静海县	Jinghai County	506	210	18698	6674
蓟　县	Jixian County	645	645	126	6731

12-9 各区县主要农作物产量（2011年）
Yield of Major Farm Crops by District and County, 2011

地　区	Region	粮食作物 Grain Crops	#小　麦 Wheat	#稻　谷 Rice	#玉　米 Corn
产　量(吨)	Total Yield (ton)				
东丽区	Dongli District	17747		330	15568
西青区	Xiqing District	34211	4446	1830	27694
津南区	Jinnan District	16483	70	610	14112
北辰区	Beichen District	51542	4613	194	43988
武清区	Wuqing District	661286	226283		432959
宝坻区	Baodi District	639374	215332	72304	341633
滨海新区	Binhai New Area	78733	6005	795	64230
塘　沽	Tanggu	4034			3383
汉　沽	Han'gu	5685	90	795	4565
大　港	Dagang	69014	5915		56282
宁河县	Ninghe County	140252	1506	31908	100329
静海县	Jinghai County	292750	22011		254137
蓟　县	Jixian County	506460	170809	8819	322997
单　产(公斤/公顷)	Unit Yield (kg/hectare)				
东丽区	Dongli District	5699		7500	5999
西青区	Xiqing District	6686	5287	6778	7068
津南区	Jinnan District	5603	4375	6854	6122
北辰区	Beichen District	5894	6007	8818	6427
武清区	Wuqing District	7004	6125		7623
宝坻区	Baodi District	6948	5914	8165	7599
滨海新区	Binhai New Area	5065	2227	7361	6138
塘　沽	Tanggu	4269			4434
汉　沽	Han'gu	5831	6000	7361	6038
大　港	Dagang	5066	2206		6292
宁河县	Ninghe County	8608	5359	9794	8920
静海县	Jinghai County	6255	4400		6994
蓟　县	Jixian County	6569	5670	8121	10722

12-9 续表 Continued

地 区	Region	油料作物 Oil-bearing Crops	#花 生 Peanuts	棉 花 Cotton	蔬 菜 Vegetables
产 量(吨)	**Total Yield (ton)**				
东丽区	Dongli District			2913	124892
西青区	Xiqing District	430	220	3154	567960
津南区	Jinnan District			3799	77443
北辰区	Beichen District	193	160	3211	256767
武清区	Wuqing District	1392	1033	5903	1445500
宝坻区	Baodi District	561	332	11763	551562
滨海新区	Binhai New Area	46	44	2553	84280
塘 沽	Tanggu			1091	31783
汉 沽	Han'gu			627	28400
大 港	Dagang	46	44	835	24097
宁河县	Ninghe County			18640	424826
静海县	Jinghai County	1139	536	20114	347253
蓟 县	Jixian County	2870	2870	225	432472
单 产(公斤/公顷)	**Unit Yield (kg/hectare)**				
东丽区	Dongli District			1150	49857
西青区	Xiqing District	2575	3284	1138	50014
津南区	Jinnan District			1006	48161
北辰区	Beichen District	2193	2388	983	45063
武清区	Wuqing District	2876	3290	1216	61821
宝坻区	Baodi District	1902	3162	1694	51702
滨海新区	Binhai New Area	885	880	848	46667
塘 沽	Tanggu			802	38063
汉 沽	Han gu			1047	53484
大 港	Dagang	885	880	794	54766
宁河县	Ninghe County			1162	50538
静海县	Jinghai County	2251	2552	1076	52031
蓟 县	Jixian County	4450	4450	1786	64251

12-10 各区县畜牧业生产情况(2011年)
Production of Animal Husbandry by District and County, 2011

地区	Region	猪出栏(万头) Slaughtered Pigs (10 000 heads)	牛出栏(万头) Slaughtered Cattle (10 000 heads)	羊出栏(万只) Slaughtered Sheep and Goats (10 000 heads)	家禽出栏(万只) Slaughtered Poultry (10 000 heads)	#鸡 Cocks and Hens	产蛋鸡存栏(万只) Hens in Hand (10 000 heads)	乳牛存栏(头) Cows in Hand (head)
东丽区	Dongli District	6.10	0.09	0.37	54.93	54.57	13.49	924
西青区	Xiqing District	16.40	0.02	0.92	708.93	695.29	40.08	3582
津南区	Jinnan District	11.70	0.05	0.41	778.08	776.08	9.87	295
北辰区	Beichen District	20.85	1.30	7.41	458.59	458.55	76.07	30761
武清区	Wuqing District	35.33	1.95	9.75	1334.72	1311.95	193.90	48706
宝坻区	Baodi District	74.38	4.29	11.21	883.97	785.10	251.19	5137
滨海新区	Binhai New Area	22.72	0.23	3.23	317.34	315.82	33.37	3695
塘沽	Tanggu	4.67	0.10	0.35	30.01	28.49	2.50	72
汉沽	Han'gu	8.87	0.03	0.31	67.55	67.55	5.88	1382
大港	Dagang	9.18	0.10	2.57	219.78	219.78	24.99	2241
宁河县	Ninghe County	84.11	0.61	3.33	1837.77	1837.75	112.69	16666
静海县	Jinghai County	37.59	0.42	12.79	1919.84	1918.62	77.74	26919
蓟县	Jixian County	68.00	9.95	16.24	661.29	478.38	380.07	4241

地区	Region	肉类总产量(吨) Output of Meat (ton)	#猪肉 Pork	#牛羊肉 Beef & Mutton	#禽肉 Poultry	禽蛋产量(吨) Output of Poultry Eggs (ton)	#鸡蛋 Eggs	牛奶产量(吨) Output of Milk (ton)
东丽区	Dongli District	6265	4882	283	1100	1603	1486	2673
西青区	Xiqing District	23053	12653	203	10198	7145	5076	8421
津南区	Jinnan District	20556	8690	195	11671	1150	1150	1031
北辰区	Beichen District	25587	14594	4163	6819	13336	12820	125271
武清区	Wuqing District	53359	26498	6412	20229	30251	23997	218608
宝坻区	Baodi District	81421	56833	9977	14580	49620	46993	11644
滨海新区	Binhai New Area	23250	16960	1332	4837	3933	3842	12226
塘沽	Tanggu	4261	3379	398	484	333	266	125
汉沽	Han'gu	8235	6657	124	1333	861	837	2601
大港	Dagang	10754	6924	810	3020	2739	2739	9500
宁河县	Ninghe County	96714	64918	1979	29808	18111	17659	61027
静海县	Jinghai County	65727	28874	3987	32762	12770	12518	111800
蓟县	Jixian County	82628	51484	19895	11069	50043	47752	18941

12-11 林业生产、果园面积及产量（2009—2011年）
Forestry Production, Orchard Areas and Output, 2009-2011

项 目	Item	2009	2010	2011
年末实有林地面积(万公顷)	**Forestry Areas (year-end) (10 000 hectares)**	**21.26**		
# 当年造林面积	Afforested Areas in Current Year	1.62	1.81	0.86
封山育林面积(万公顷)	**Afforested Areas on Sealed Mountain (10 000 hectares)**	**2.61**	**2.60**	**2.60**
# 育苗面积	Areas Used for Cultivating Sapling	0.49	0.55	0.83
年末实有果园面积(万公顷)	**Areas of Orchards (year-end) (10 000 hectares)**	**3.30**	**3.44**	**3.25**
干果产量(吨)	**Output of Dry Fruits (ton)**	**1269**	**1507**	**1662**
# 核 桃	Walnuts	654	814	905
栗 子	Chestnuts	615	693	757
园林水果产量(吨)	**Output of Fruits in Orchards (ton)**	**317991**	**312713**	**318816**
# 苹 果	Apples	63405	55512	55234
梨	Pears	33131	35701	39276
桃	Peaches	61544	60025	57102
鲜 枣	Fresh Jujubes	31134	33037	33837
葡 萄	Grapes	104560	103322	113241
柿 子	Persimmons	13843	8392	7712

12-12 各区县渔业生产情况（2011年）
Fishery Production by District and County, 2011

地 区	Region	水产品总产量(吨) Total Output of Aquatic Products (ton)	海水产品 Seawater Aquatic Products	淡水产品 Freshwater Aquatic Products	水产养殖面积(公顷) Culture Areas of Aquatic Products (hectare)	海水养殖 Seawater Cultured	淡水养殖 Freshwater Cultured
东丽区	Dongli District	10795		10795	1486		1486
西青区	Xiqing District	48751		48751	4115		4115
津南区	Jinnan District	20482		20482	3236		3236
北辰区	Beichen District	10639		10639	1862		1862
武清区	Wuqing District	54619		54619	6176		6176
宝坻区	Baodi District	40637		40637	3565		3565
滨海新区	Binhai New Area	51733	29464	22269	8363	3877	4486
塘 沽	Tanggu	15615	11784	3831	1962	902	1060
汉 沽	Han'gu	26650	15356	11294	1130	691	439
大 港	Dagang	9468	2324	7144	5271	2284	2987
宁河县	Ninghe County	47487	892	46595	7288	233	7055
静海县	Jinghai County	23469		23469	2106		2106
蓟 县	Jixian County	28160		28160	1561		1561

12-13 农垦集团总公司主要指标（2009—2011年）
Major Indicators of State Farms Agribusiness Group Company, 2009-2011

项　目	Item	2009	2010	2011
直属企事业单位(个)	Number of Directly Subordinate Enterprises and Institutions (unit)	45	44	43
#农场个数	Farms	15	15	15
工业企业个数	Industrial Enterprises	15	15	14
商业企业个数	Commercial Enterprises	2	2	2
土地面积(公顷)	Land Areas (hectare)	8212	7835	7472
#耕地面积	Cultivated Areas	3138	3191	2949
工农业总产值（万元）	Gross Output Value of Agriculture and Industry (10 000 yuan)	270871	285971	276742
#农业总产值	Gross Output Value of Agriculture	47512	60841	59122
增加值（万元）	Value-added (10 000 yuan)	112408	126817	131680
第一产业	Primary Industry	11631	13107	15405
第二产业	Secondary Industry	44959	54810	44223
第三产业	Tertiary Industry	55818	58900	72052
种植业生产情况	Production of Planting			
农作物播种面积(公顷)	Sown Areas of Farm Crops (hectare)	2979	3330	3207
#粮　食	Grain	2146	2567	2416
商品蔬菜	Vegetables for Sale	31	17	15
农作物总产量(吨)	Total Yield of Farm Crops (ton)			
#粮　食	Grain	14803	16864	16859
商品蔬菜	Vegetables for Sale	1828	922	566
水果生产情况	Production of Fruits			
果园面积(公顷)	Areas of Orchards (hectare)	152	145	257
水果总产量(吨)	Total Yield of Fruits (ton)	1656	1781	1340
畜牧水产生产情况	Production of Animal Husbandry and Fishery			
奶牛年末存栏(头)	Cows in Hand (year-end) (head)	19426	18114	19393
#成母牛	Female Cows	9816	9965	11199
牛奶总产量(吨)	Output of Milk (ton)	94752	90706	100020

12-13 续表 Continued

项　　目	Item	2009	2010	2011
鸡年末存栏(万只)	Cocks and Hens in Hand (year-end) (10 000 heads)	3.30	5.03	4.50
# 产蛋鸡	Hens	3.30	5.03	4.50
鸡蛋总产量(吨)	Total Output of Eggs (ton)	45	620	650
肉类总产量(吨)	Total Output of Meat (ton)	1161	2027	952
养殖水面(公顷)	Culture Water Areas (hectare)	793	706	668
水产品产量(吨)	Total Aquatic Products (ton)	7875	7439	7390
农业机械总动力(万千瓦)	Total Power of Agricultural Machinery (10 000 kw)	0.96	1.05	1.76
# 大中型拖拉机(台)	Large and Medium-sized Tractors (set)	19	19	68
汽　车(辆)	Number of Motor Vehicles (set)	386	351	326
# 载重汽车(辆)	Trucks (set)	59	64	47
用电量(万千瓦小时)	Electricity Consumption (10 000 kwh)	9528	10409	10984
农用化肥施用量(折纯)(吨)	Consumption of Chemical Fertilizers (pureness) (ton)	826	928	908
主要工业产品产量(吨)	Output of Major Industrial Products (ton)			
葡萄酒	Wine	40558	55363	38565
奶　粉	Milk Powder	433	456	249
消毒牛奶	Sterilized Milk	84236	52023	63416
饲料添加剂	Added Preparation for Feed	157	76	55
固定资产投资总额(万元)	Total Investment in Fixed Assets (10 000 yuan)	81511	60071	34969
新增固定资产(万元)	Newly Increased Fixed Assets (10 000 yuan)	19473	30423	3950
外贸出口总额(万元)	Total Value of Exports (10 000 yuan)	3728	4438	4966
利润总额(万元)	Total Pre-tax Profits (10 000 yuan)	53165	63818	50113
年末职工人数(人)	Number of Staff and Workers (year-end) (person)	5895	5686	5582
工资总额(万元)	Total Wages (10 000 yuan)	20860	21498	33282
职工年平均工资(元)	Annual Average Wage (yuan)	35398	37809	59623
年末固定资产原值(万元)	Original Value of Fixed Assets (year-end) (10 000 yuan)	254994	280317	272247
年末固定资产净值(万元)	Net Value of Fixed Assets (year-end) (10 000 yuan)	175012	193336	180763

12-14 大型水库基本情况（2011年） Large Reservoirs of Tianjin, 2011

项　目	Item	于桥水库 Yuqiao Reservoir	北大港水库 Beidagang Reservoir	团泊洼水库 Tuanbowa Reservoir
坐落地点	Site	蓟　县 Jixian County	大　港 Dagang	静海县 Jinghai County
所属河系	Located River	蓟运河 Ji Canal	大清河 Daqing River	独流减河 Duliujian River
总库容(万立方米)	Total Capacity of Reservoir (10 000 cu. m.)	155900	50000	18000
设计灌溉面积(万公顷)	Designed Irrigated Areas (10 000 hectares)	6.70	1.39	3.00
有效灌溉面积(万公顷)	Effective Irrigated Areas (10 000 hectares)	3.00	0.67	2.60

12-15 中型水库基本情况（2011年） Medium Reservoirs of Tianjin, 2011

水库名称 Name of Reservoir	坐落地点 Site	所属河系 Located River	总库容(万立方米) Total Capacity of Reservoir (10 000 cu. m.)	灌溉面积(万公顷) Irrigated Areas (10 000 hectares)	
				设　计 Designed Areas	有　效 Effective Areas
七里海水库 Qilihai Reservoir	宁河县 Ninghe County	潮白新河 Chaobaixin River	2400	1.00	0.35
新地河水库 Xindihe Reservoir	东丽区 Dongli District	金钟河 Jinzhong River	1680		
鸭淀水库 Yadian Reservoir	西青区 Xiqing District	津港运河 Jin'gang Canal	3360		
黄港一库 Huanggang Ⅰ Reservoir	塘　沽 Tanggu	黑猪河 Heizhu River	1792	0.09	0.05
黄港二库 Huanggang Ⅱ Reservoir	塘　沽 Tanggu	黑猪河 Heizhu River	6904	0.21	0.21
北塘水库 Beitang Reservoir	塘　沽 Tanggu	永定新河 Yongdingxin River	3977	0.09	0.09
营城水库 Yingcheng Reservoir	汉　沽 Han'gu	蓟运河 Ji Canal	3043		
上马台水库 Shangmatai Reservoir	武清区 Wuqing District	北运河 North Canal	2730	0.87	0.87
津南水库 Jinnan Reservoir	津南区 Jinnan District	海　河 Haihe River	2019	0.13	0.07
尔王庄水库 Erwangzhuang Reservoir	宝坻区 Baodi District	潮白新河 Chaobaixin River	4530		
杨庄水库 Yangzhuang Reservoir	蓟　县 Jixian County	泃　河 Juhe River	2700		

主要统计指标解释

农林牧渔业总产值

指以货币表现的农、林、牧、渔业全部产品和对农林牧渔业生产活动进行的各种支持性服务活动的价值总量，它反映一定时期内农林牧渔业生产总规模和总成果。从 2003 年起，执行新的国民经济行业分类标准，农林牧渔业总产值中包括了农林牧渔服务业产值。

农林牧渔业总产值的计算方法通常是按农、林、牧、渔业产品及其副产品的产量分别乘以各自单位产品价格求得；少数生产周期较长，当年没有产品或产品产量不易统计的，则采用间接方法匡算其产值；然后将四业产品产值相加即为农林牧渔业总产值。

农林牧渔业增加值

指各种经济类型的农业生产单位和农户从事农业生产经营活动所提供的社会最终产品的货币表现。其计算方法有两种，一是生产法：农林牧渔业增加值=农林牧渔业总产值－农林牧渔业中间消耗；二是分配法：农林牧渔业增加值=固定资产折旧＋劳动者报酬＋生产税净额（生产税－生产补贴）＋营业盈余。

农用化肥施用量

指本年内实际用于农业生产的化肥数量，包括氮肥、磷肥、钾肥和复合肥。化肥施用量要求按折纯量计算数量。折纯量是指把氮肥、磷肥、钾肥分别按含氮、含五氧化二磷、含氧化钾的百分之百成份进行折算后的数量。复合肥按其所含主要成分折算。公式为：

折纯量=实物量 × 某种化肥有效成份含量的百分比

农业机械总动力

指主要用于农、林、牧、渔业的各种动力机械的动力总和。包括耕作机械、排灌机械、收获机械、农用运输机械、植物保护机械、牧业机械、林业机械、渔业机械和其他农业机械。不包括专门用于乡、镇、村、组办工业、基本建设、非农业运输、科学试验和教学等非农业生产方面用的动力机械与作业机械。

有效灌溉面积

指灌溉工程或设备已基本配套，有一定水源，土地比较平整，在一般年景可以进行正常灌溉的耕地面积。在一般情况下，有效灌溉面积应等于灌溉工程或设备已经配套，能够进行灌溉的水田和水浇地面积之和。

当年出栏头数

指农林牧渔企业生产单位饲养的，供屠宰并已出栏的全部牲畜头数。包括交售给国家，集市上出售的部分。

肉类总产量

指当年出栏并已屠宰的猪、牛、羊、马、骡、驴、家禽、兔等肉产量。即屠宰后除去头、蹄、下水后带骨肉的重量，也叫胴体重。

水产品产量

指本年度内捕捞的水产品（包括人工养殖并捕捞的水产品和捕捞天然生长的水产品）产量。不论自食或出售的，都应计算在内。用作继续扩大再生产的水产品（如鱼苗、鱼种、鱼饵及转塘鱼、存塘鱼等）不作水产品产量统计。在淡水生长的各种水生植物，如莲藕、菱角等，因属农作物范畴，均不包括在水产品产量之内。

园林水果产量

指本年度内从果树上收获的全部水果产量，不论自食的或出售的，都应计算在内。不包括果用瓜（如西瓜、甜瓜、白兰瓜、哈密瓜、脆瓜等）和主要作蔬菜食用的藕、西红柿等。也不包括采集的野生水果。水果的产量按鲜果计算，干枣、葡萄干、柿饼、桔饼等应统一折成鲜果计算。

Explanatory Notes on Main Statistical Indicators

Gross Output Value of Farming, Forestry, Animal Husbandry and Fishery

refers to the total value of products of farming, forestry, animal husbandry and fishery, and total value of services rendered to support farming, forestry, animal husbandry and fishery activities. It reflects the total scale and results of agricultural production during a given period. A new industrial classification of economic activities was introduced in 2003. Under the new classification, value of services to farming, forestry, animal husbandry and fishery is included in the gross output value of agriculture.

Gross output value of agriculture is obtained by first multiplying the output of each product or by product by its price, resulting in the output value of each single item. For a small number of products, annual output of which is not available or difficult to get due to the long production (growing) process involved, the output value is estimated through an indirect approach. The sum of output value of all products of farming, forestry, animal husbandry and fishery is then equal to the gross output value of agriculture.

Value-added of Farming, Forestry, Animal Husbandry and Fishery

refers to the final results of various agricultural production and trade units in money terms. It is calculated with two approaches. First, production approach,

value-added of farming, forestry, animal husbandry and fishery = gross output value of farming, forestry, animal husbandry and fishery - intermediate input of farming, forestry, animal husbandry and fishery.

Second, distribution approach,

value-added of farming, forestry, animal husbandry and fishery = depreciation of fixed assets + Labourers remuneration + net taxes on production (taxes on production - subsidies of production) + operating - surplus.

Consumption of Chemical Fertilizers in Agriculture

refers to the quantity of chemical fertilizers applied in agriculture in the year, including nitrogenous fertilizer, phosphate fertilizer, potash fertilizer, and compound fertilizer. The consumption of chemical fertilizers is required in calculation to convert the gross weight into weight containing 100% effective component (e.g. 100% nitrogen content in nitrogenous fertilizer, 100% phosphorous pent oxide contents in phosphate fertilizer, 100% potassium oxide contents in potash fertilizer). Compound fertilizer is converted with its major component. The formula is:

Volume of effective component = physical quantity x effective component of certain chemical fertilizer (%)

Total Power of Agricultural Machinery

refers to total mechanical power of machinery used in farming, forestry, animal husbandry, and fishery, including ploughing, irrigation and drainage, harvesting, transport, plant protection, stock breeding, forestry and fishery and other agricultural machineries. Machinery employed for non-agricultural purposes, such as the machines used in township run and village-run industry, construction, non-agricultural transport, scientific experiments and teaching, are excluded.

Effective Irrigated Area

refers to areas that are effectively irrigated, i.e. level land which has water source and complete sets of irrigation facilities to lift and move adequate water for irrigation purpose under normal conditions. In general, irrigated area equal to the sum area of paddy fields and irrigated land for irrigated engineering or complete sets.

Number of Livestock Slaughtered

refers to the total number of animals for butchering by farming, forestry, animal husbandry and fishery, including parts of selling to country and markets.

Output of Meat

refers to output of butchered pork, beef, mutton, horse, mule, donkey, fowls, and rabbit in the current year, which is the heaviness minus head, hoof, offal, named nes weight also.

Output of Aquatic Products

refers to amount of fishing (including artificially cultured, naturally grown), in respective consumption by peasants themselves or sold. It excludes aquatic (i.e. fish fry, fish grows, fish bait and transferred fish from piscine, leave fish) for continuing expanded reproduction aquatic. Various fresh water plants (i.e. lotus roots, water chestnut) are not included.

Yield of Fruits in Orchards

refer to total output of fruits harvested from fruit trees in current year, not only for eating but also for sale, but not include melon-fruits (for example, watermelon, melon, honey dew melon, crisp melon, etc.) , vegetables such as lotus root, tomatoes and so on, and collection of wild fruits. Output of fruits is calculated as fresh fruits. Dried dates, raisins, persimmon, orange cake, etc. should be unified into fresh fruits in the calculation.

工业
Industry
13

13-1 工业总产值及增长速度(1996—2011年)
Gross Output Value and Increase Rate of Industry, 1996-2011

年 份 Year	全部工业 Gross Industry			规模以上工业 Industry above Designated Size		
	合 计 Total	轻工业 Light Industry	重工业 Heavy Industry	合 计 Total	轻工业 Light Industry	重工业 Heavy Industry
绝对数(亿元) Gross Output Value (100 million yuan)						
1996	2177.42	1014.46	1162.96	1666.26	678.68	987.58
1997	2450.21	1130.04	1320.17	1782.35	675.23	1107.21
1998	2562.62	1157.09	1405.53	2068.51	767.01	1301.50
1999	2751.37	1128.47	1622.90	2264.55	838.30	1426.25
2000	3080.74	1263.10	1817.64	2606.38	895.24	1711.14
2001	3366.53	1153.73	2212.80	2940.40	942.37	1998.03
2002	3717.72	1207.88	2509.84	3323.12	1012.41	2310.71
2003	4370.76	1254.68	3116.08	4049.61	1095.39	2954.22
2004	6186.04	1398.65	4787.39	5853.72	1265.73	4587.98
2005	7169.62	1569.06	5600.56	6774.10	1372.88	5401.23
2006	8907.45	1664.03	7243.42	8527.70	1475.67	7052.03
2007	10502.91	1967.37	8535.54	10075.07	1755.16	8319.91
2008	13042.91	2190.54	10852.37	12503.25	2099.90	10403.34
2009	13384.25	2290.38	11093.87	13083.63	2238.93	10844.70
2010	17107.19	2800.45	14306.74	16751.82	2731.22	14020.60
2011	21528.34	3746.71	17781.63	20862.74	3630.87	17231.87
比上年增长(%) Increase Rate over Preceding Year (%)						
1996	24.7	31.8	19.5	19.3	20.0	18.8
1997	12.9	13.6	12.2	13.2	8.8	16.5
1998	8.5	9.9	7.2	8.3	5.0	10.6
1999	13.0	5.9	19.4	16.3	21.8	12.7
2000	17.5	19.7	16.0	17.7	15.3	19.3
2001	14.0	-6.6	28.4	17.7	7.6	23.1
2002	19.6	13.3	23.7	22.8	17.1	26.0
2003	24.1	18.5	27.0	26.1	20.8	28.7
2004	31.0	19.4	35.5	31.8	19.2	36.3
2005	19.5	9.3	22.8	20.8	9.6	24.0
2006	25.1	6.1	29.3	25.3	12.4	28.3
2007	20.1	19.4	20.2	20.4	20.1	20.4
2008	23.7	25.1	23.4	24.6	27.0	24.1
2009	8.6	5.8	9.2	8.8	5.9	9.4
2010	31.4	23.5	33.1	31.7	23.6	33.4
2011	28.7	39.2	26.8	29.2	40.0	27.2

注：1.工业总产值增长速度按可比口径计算。2.本表统计范围1998年以前为街乡及以上工业；1998年到2008年为全部国有及规模以上工业；2008年以后为规模以上工业，2008到2010年规模以上为年主营业务收入500万元以上；2011年规模以上为年主营业务收入2000万元以上(下同)。

Note: a) Increase rate of gross output value of industry are calculated at constant prices.b) Data before 1998 adopt coverage of industry of subdistrict, country and above. Data from 1998 until 2008 adopt coverage of all state-owned and above designated size industry. Data from 2008 adopt coverage of industry above designated size, which refers to enterprises with annual business revenue over 5 million yuan from 2008 to 2010 and over 20 million yuan in 2011. (Same as following next).

13-2 规模以上工业企业工业总产值
Gross Output Value of Industry above Designated Size

单位：亿元 (100 million yuan)

项 目	Item	2010	2011	2011 比2010年 增长(%) Increase Rate in 2011 over 2010 (%)
全市总计	**Total**	**16751.82**	**20862.74**	**29.2**
#国有及国有控股企业	State-owned and State-holding Enterprises	6712.45	8340.76	25.7
按登记注册类型分	**Grouped by Status of Registration**			
内资企业	Domestic-funded Enterprises	9703.34	12264.96	32.1
国 有	State-owned Enterprises	2093.38	2484.07	32.9
集 体	Collective-owned Enterprises	125.74	107.82	24.7
股份合作	Cooperative Enterprises	90.12	93.65	4.5
私营企业	Private Enterprises	2458.44	2933.38	36.5
股份有限公司	Share-holding Corporations Ltd.	1784.68	2332.08	29.0
有限责任公司	Limited Liability Corporations	3106.49	4215.61	31.2
#国有独资公司	Sole State-funded Corporations	999.48	613.41	-38.6
联营企业	Joint Ownership Enterprises	8.66	10.27	5.3
#国有联营	State Joint Ownership Enterprises	2.27	2.96	30.1
集体联营	Collective Joint Ownership Enterprises	2.58	2.47	-4.3
其 他	Others	35.83	88.07	18.9
港、澳、台商投资企业	Enterprises with Investment from Hong Kong, Macao and Taiwan	1455.47	2041.83	38.1
外商投资企业	Foreign Funded Enterprises	5593.01	6555.95	21.9
按经济类型分	**Grouped by Ownership**			
国有经济	State-owned	3095.13	3100.44	31.3
集体经济	Collective-owned	218.44	203.94	-6.6
私有经济	Private and Individual	2458.44	2933.38	36.5
港澳台商投资经济	Hong Kong, Macao and Taiwan Funded	1455.47	2041.83	38.1
外商投资经济	Foreign Funded	5593.01	6555.95	21.9
其 他	Others	3931.33	6027.20	30.9

注:因滨海新区行政建制调整，市管工业和乡镇管工业口径范围有调整，速度按可比口径计算，表13-3同。

Note: Because the administrative divisions of Binhai New Area changed, the coverage of municipality, town and country industry adjusted accordingly. The increase rates are calculated at constant prices.Same as table 13-3.

13-2 续表 1 Continued

单位：亿元 (100 million yuan)

项　目	Item	2010	2011	2011比2010年增长(%) Increase Rate in 2011 over 2010 (%)
按隶属关系分	**Grouped by Administrative Relationship**			
中央工业	Central Industry	2708.61	3659.73	32.1
地方工业	Local Industry	14043.21	17203.01	28.6
# 市管工业	Municipality Industry	5239.11	10318.61	26.7
# 工业系统	Industry System	4746.29	5969.67	26.7
区县管工业	District & County Industry	1861.31	1347.60	-27.6
街管工业	Subdistrict Industry	84.44	29.50	-65.1
乡镇管工业	Town and Country Industry	6272.51	5806.00	-7.4
按轻重工业分	**Grouped by Light & Heavy Industry**			
轻工业	Light Industry	2731.22	3630.87	40.0
重工业	Heavy Industry	14020.60	17231.87	27.2
按企业规模分	**Grouped by Size of Enterprises**			
大　型	Large-sized	7197.54	12088.98	22.2
中　型	Medium-sized	5316.08	4194.85	21.6
小　型	Small-sized	4238.20	4398.35	52.7
微　型	Mini-sized		180.56	
按行业分	**Grouped by Sector**			
煤炭开采和洗选业	Mining and Washing of Coal	642.56	927.78	44.3
石油和天然气开采业	Extraction of Petroleum and Natural Gas	1431.32	1814.17	28.3
黑色金属矿采选业	Mining and Processing of Ferrous Metal Ores	47.53	75.49	160.6
非金属矿采选业	Mining and Processing of Nonmetal Ores	11.75	11.93	1.5
农副食品加工业	Processing of Food from Agricultural Products	381.90	515.93	20.5
食品制造业	Manufacture of Food	333.13	678.38	123.3
饮料制造业	Manufacture of Beverage	107.42	152.04	31.8
烟草制品业	Manufacture of Tobacco	26.43	32.35	22.4
纺织业	Manufacture of Textile	82.00	85.76	14.7
纺织服装鞋帽制造业	Manufacture of Textile Wearing Apparel, Footwear, and Caps	184.14	231.06	42.5
皮革毛皮羽毛(绒)及其制品业	Manufacture of Leather, Fur, Feather and Related Products	21.95	24.78	16.4
木材加工及木、竹、藤、棕、草制品业	Processing of Timber, Manufacture of Wood, Bamboo, Rattan, Palm, and Straw Products	16.78	17.18	33.3

13-2 续表 2 Continued

单位：亿元 (100 million yuan)

项 目	Item	2010	2011	2011比2010年增长(%) Increase Rate in 2011 over 2010 (%)
家具制造业	Manufacture of Furniture	50.46	54.51	16.7
造纸及纸制品业	Manufacture of Paper and Paper Products	128.11	146.76	31.4
印刷业和记录媒介的复制	Printing, Reproduction of Recording Media	38.45	40.02	20.3
文教体育用品制造业	Manufacture of Articles for Culture, Education and Sport Activity	49.05	51.05	15.8
石油加工炼焦及核燃料加工业	Processing of Petroleum, Coking, Processing of Nuclear Fuel	943.67	1257.77	40.7
化学原料及化学制品制造业	Manufacture of Raw Chemical Materials and Chemical Products	909.06	1154.91	33.2
医药制造业	Manufacture of Medicines	293.48	330.19	14.1
化学纤维制造业	Manufacture of Chemical Fibers	6.64	9.33	46.0
橡胶制品业	Manufacture of Rubber	129.29	127.22	-1.6
塑料制品业	Manufacture of Plastics	271.65	269.51	-0.8
非金属矿物制品业	Manufacture of Non-metallic Mineral Products	258.64	287.68	19.0
黑色金属冶炼及压延加工业	Smelting and Pressing of Ferrous Metals	2740.86	3542.55	29.9
有色金属冶炼及压延加工业	Smelting and Pressing of Non-Ferrous Metals	454.09	618.06	39.1
金属制品业	Manufacture of Metal Products	679.05	830.58	29.9
通用设备制造业	Manufacture of General Purpose Machinery	728.83	857.05	21.4
专用设备制造业	Manufacture of Special Purpose Machinery	504.02	605.65	26.7
交通运输设备制造业	Manufacture of Transport Equipment	1924.43	2131.42	11.6
电气机械及器材制造业	Manufacture of Electrical Machinery and Equipment	663.85	813.96	16.8
通信设备计算机及其他电子设备制造业	Manufacture of Communication Equipment, Computers and Other Electronic Equipment	1721.31	2045.06	36.1
仪器仪表及文化办公用机械制造业	Manufacture of Measuring Instruments and Machinery for Cultural Activity and Office Work	150.75	131.06	-4.9
工艺品及其他制造业	Manufacture of Artwork and Other Manufacturing	73.51	94.15	38.8
废弃资源和废旧材料回收加工业	Recycling and Disposal of Waste	75.64	129.60	55.9
电力热力的生产和供应业	Production and Supply of Electric Power and Heat Power	594.94	665.67	11.6
燃气生产和供应业	Production and Supply of Gas	48.60	70.35	36.9
水的生产和供应业	Production and Supply of Water	26.51	31.81	29.3

13-3 地方规模以上工业企业工业总产值
Gross Output Value of Local Industry above Designated Size

单位：亿元 (100 million yuan)

项　目	Item	2010	2011	2011 比2010年增长(%) Increase Rate in 2011 over 2010 (%)
全市总计	**Total**	**14043.21**	**17203.00**	**28.6**
按登记注册类型分	**Grouped by Status of Registration**			
内资企业	Domestic-funded Enterprises	7005.74	8607.89	32.0
国　有	State-owned Enterprises	1051.27	1161.38	25.5
集　体	Collective-owned Enterprises	125.74	106.93	-15.0
股份合作	Cooperative Enterprises	90.12	93.65	4.5
私营企业	Private Enterprises	2455.37	2933.38	36.5
股份有限公司	Share-holding Corporations Ltd.	439.18	584.74	30.1
有限责任公司	Limited Liability Corporations	2799.57	3629.46	32.5
#国有独资公司	Sole State-funded Corporations	934.60	185.72	-80.1
联营企业	Joint Ownership Enterprises	8.66	10.27	5.3
#国有联营	State Joint Ownership Enterprises	2.27	2.96	30.1
集体联营	Collective Joint Ownership Enterprises	2.58	2.47	-4.3
其　他	Others	35.83	88.07	18.9
港、澳、台商投资企业	Enterprises with Investment from Hong Kong, Macao and Taiwan	1454.91	2039.43	38.1
外商投资企业	Foreign Funded Enterprises	5582.56	6555.69	21.9
按经济类型分	**Grouped by Ownership**			
国有经济	State-owned	1988.15	1350.05	-32.1
集体经济	Collective-owned	218.44	203.05	-7.0
私有经济	Private and Individual	2455.37	2933.38	36.5
港澳台商投资经济	Hong Kong, Macao and Taiwan Funded	1454.91	2039.43	38.1
外商投资经济	Foreign Funded	5582.56	6555.69	21.9
其　他	Others	2343.78	4121.40	33.8

13-3 续表 1 Continued

单位：亿元 (100 million yuan)

项 目	Item	2010	2011	2011 比 2010 年增长 (%) Increase Rate in 2011 over 2010 (%)
按隶属关系分	**Grouped by Administrative Relationship**			
# 市管工业	Subdistrict Industry	5239.11	10318.61	26.7
# 工业系统	Industry System	4746.29	5969.67	26.7
区县管工业	District & County Industry	1861.31	1347.60	-27.6
街管工业	Subdistrict Industry	84.44	29.50	-65.1
乡镇管工业	Town and Country Industry	6272.51	5806.00	-7.4
按轻重工业分	**Grouped by Light & Heavy Industry**			
轻工业	Light Industry	2683.56	3563.99	40.3
重工业	Heavy Industry	11359.65	13639.02	26.0
按企业规模分	**Grouped by Size of Enterprises**			
大 型	Large-sized	4928.07	8719.96	17.5
中 型	Medium-sized	4956.90	3958.52	22.5
小 型	Small-sized	4158.24	4344.44	51.6
微 型	Mini-sized		180.10	
按行业分	**Grouped by Sector**			
煤炭开采和洗选业	Mining and Washing of Coal	642.60	927.78	44.3
石油和天然气开采业	Extraction of Petroleum and Natural Gas	169.88	72.36	-57.4
黑色金属矿采选业	Mining and Processing of Ferrous Metal Ores	47.53	75.49	160.6
非金属矿采选业	Mining and Processing of Nonmetal Ores	11.63	11.81	1.5
农副食品加工业	Processing of Food from Agricultural Products	373.18	515.45	20.5
食品制造业	Manufacture of Food	333.01	676.76	123.3
饮料制造业	Manufacture of Beverage	107.42	152.04	31.8
纺织业	Manufacture of Textile	80.09	83.46	14.6
纺织服装鞋帽制造业	Manufacture of Textile Wearing Apparel, Footwear and Caps	184.14	231.06	42.5
皮革毛皮羽毛(绒)及其制品业	Manufacture of Leather, Fur, Feather and Related Products	21.95	24.78	16.4
木材加工及木、竹、藤、棕、草制品业	Processing of Timber, Manufacture of Wood, Bamboo, Rattan, Palm and Straw Products	16.78	17.18	33.3

13-3 续表 2 Continued

单位：亿元 (100 million yuan)

项　　目	Item	2010	2011	2011比2010年增长(%) Increase Rate in 2011 over 2010 (%)
家具制造业	Manufacture of Furniture	50.46	54.51	16.7
造纸及纸制品业	Manufacture of Paper and Paper Products	125.71	146.76	31.9
印刷业和记录媒介的复制	Printing, Reproduction of Recording Media	36.98	39.71	20.3
文教体育用品制造业	Manufacture of Articles for Culture, Education and Sport Activity	49.05	51.05	15.8
石油加工炼焦及核燃料加工业	Processing of Petroleum, Coking, Processing of Nuclear Fuel	132.52	150.29	13.5
化学原料及化学制品制造业	Manufacture of Raw Chemical Materials and Chemical Products	890.03	1130.88	33.5
医药制造业	Manufacture of Medicines	289.08	325.29	14.1
化学纤维制造业	Manufacture of Chemical Fibers	6.64	9.33	46.0
橡胶制品业	Manufacture of Rubber	129.29	127.22	-1.6
塑料制品业	Manufacture of Plastics	271.65	269.51	-0.8
非金属矿物制品业	Manufacture of Non-metallic Mineral Products	253.52	281.84	19.2
黑色金属冶炼及压延加工业	Smelting and Pressing of Ferrous Metals	2722.35	3542.55	29.9
有色金属冶炼及压延加工业	Smelting and Pressing of Non-Ferrous Metals	454.09	618.06	39.1
金属制品业	Manufacture of Metal Products	677.03	830.07	29.9
通用设备制造业	Manufacture of General Purpose Machinery	728.47	857.05	21.4
专用设备制造业	Manufacture of Special Purpose Machinery	456.34	467.83	29.7
交通运输设备制造业	Manufacture of Transport Equipment	1879.71	2080.67	11.3
电气机械及器材制造业	Manufacture of Electrical Machinery and Equipment	659.42	778.95	16.8
通信设备计算机及其他电子设备制造业	Manufacture of Communication Equipment, Computers and Other Electronic Equipment	1720.34	2043.61	32.0
仪器仪表及文化办公用机械制造业	Manufacture of Measuring Instruments and Machinery for Cultural Activity and Office Work	149.23	129.08	-4.8
工艺品及其他制造业	Manufacture of Artwork and Other Manufacturing	73.20	93.83	38.8
废弃资源和废旧材料回收加工业	Recycling and Disposal of Waste	75.64	129.60	55.9
电力热力的生产和供应业	Production and Supply of Electric Power and Heat Power	149.16	155.02	15.3
燃气生产和供应业	Production and Supply of Gas	48.60	70.35	36.9
水的生产和供应业	Production and Supply of Water	26.51	31.81	29.3

13-4 主要工业产品生产能力
Production Capacity of Major Industrial Products

产品名称	Product	单 位	Unit	生产能力 Production Capacity
2010年	Year of 2010			
天然原油	Crude Petroleum Oil	万 吨	10 000 tons	2975.76
原油加工量	Crude Oil Processed	万 吨	10 000 tons	1750.00
发电量	Electricity	万千瓦	10 000 kw	1019.64
生 铁	Pig Iron	万 吨	10 000 tons	2562.66
粗 钢	Crude Steel	万 吨	10 000 tons	2990.52
钢 材	Rolled Steel	万 吨	10 000 tons	6372.73
水 泥	Cement	万 吨	10 000 tons	1046.42
农用化肥	Chemical Fertilizer	万 吨	10 000 tons	0.05
焦 炭	Coke	万 吨	10 000 tons	455.00
化学纤维	Chemical Fiber	万 吨	10 000 tons	12.02
平板玻璃	Plate Glass	万重量箱	10 000 weight cases	640.00
卷 烟	Cigarettes	亿 支	100 million pieces	296.53
金属切削机床	Metal-cutting Machines	台	unit	2617.00
汽 车	Motor Vehicles	万 辆	10 000 units	75.50
#轿 车	Cars	万 辆	10 000 units	74.50
彩色电视机	Color Television Sets	万 台	10 000 units	216.00
家用电冰箱	Household Refrigerators	万 台	10 000 units	85.00
房间空气调节器	Air Conditioners	万 台	10 000 units	600.00
移动电话机	Mobile Phones	万 部	10 000 units	11800.00
微型电子计算机	Micro-computers	万 部	10 000 units	2.00
2011年	Year of 2011			
天然原油	Crude Petroleum Oil	万 吨	10 000 tons	3378.60
原油加工量	Crude Oil Processed	万 吨	10 000 tons	1824.00
发电量	Electricity	万千瓦	10 000 kw	1088.40
生 铁	Pig Iron	万 吨	10 000 tons	2680.00
粗 钢	Crude Steel	万 吨	10 000 tons	3240.00
钢 材	Rolled Steel	万 吨	10 000 tons	6601.39
水 泥	Cement	万 吨	10 000 tons	830.34
农用化肥	Chemical Fertilizer	万 吨	10 000 tons	9.14
焦 炭	Coke	万 吨	10 000 tons	421.50
化学纤维	Chemical Fiber	万 吨	10 000 tons	11.85
平板玻璃	Plate Glass	万重量箱	10 000 weight cases	840.00
卷 烟	Cigarettes	亿 支	100 million pieces	347.00
金属切削机床	Metal-cutting Machines	台	unit	1798.00
汽 车	Motor Vehicles	万 辆	10 000 units	81.75
#轿 车	Cars	万 辆	10 000 units	80.00
彩色电视机	Color Television Sets	万 台	10 000 units	200.00
家用电冰箱	Household Refrigerators	万 台	10 000 units	80.00
房间空气调节器	Air Conditioners	万 台	10 000 units	600.00
移动电话机	Mobile Phones	万 部	10 000 units	12771.41
微型电子计算机	Micro-computers	万 部	10 000 units	2.00

13-5 主要工业产品产量(1996—2011年)
Output of Major Industrial Products, 1996-2011

年 份 Year	布 (万米) Cloth (10 000 m)	纱 (万吨) Yarn (10 000 tons)	机制纸及纸板 (万吨) Machine-made Paper and Paperboards (10 000 tons)	合成洗涤剂 (万吨) Synthetic Detergent (10 000 tons)	饮料酒 (万千升) Alcoholic Beverage (10 000 kiloliters)	家用电冰箱 (万台) Household Refrigerators (10 000 units)	电视机 (万台) Television Sets (10 000 units)	#彩 色 电视机 Color Television Sets
1996	39662	10.51	45.89	12.07	10.72	0.29	157.34	117.80
1997	49845	13.61	40.56	10.28	13.73	0.69	84.36	59.16
1998	33326	8.37	33.64	9.65	15.25	2.29	82.94	47.87
1999	27308	8.45	25.50	8.75	14.21	9.93	84.67	50.34
2000	29217	8.80	25.18	7.19	15.75	8.42	94.27	72.28
2001	25861	8.13	20.63	5.68	20.71	3.85	66.24	51.42
2002	27082	9.18	27.98	5.41	20.64	19.14	87.06	76.35
2003	25114	7.47	17.76	5.09	24.72	29.17	121.09	112.41
2004	30805	7.51	36.03	5.04	23.65	28.25	110.99	109.42
2005	25850	7.32	18.89	1.40	20.81	19.30	66.01	64.90
2006	28346	7.62	26.71	0.74	29.80	9.34	98.51	98.11
2007	27782	7.28	33.90	0.58	35.27	50.03	153.75	153.75
2008	28934	4.95	41.38	0.83	31.62	59.38	203.58	203.58
2009	25819	4.32	33.06	0.67	41.02	53.87	140.50	140.50
2010	26352	3.81	91.82	0.58	43.57	62.84	212.67	212.67
2011	27792	3.08	125.86	0.62	41.82	49.37	186.61	186.61

13-5 续表 Continued

年 份 Year	天然原油 (万吨) Crude Petroleum Oil (10 000 tons)	发电量 (亿千瓦小时) Electricity (100 million kwh)	粗 钢 (万吨) Crude Steel (10 000 tons)	水 泥 (万吨) Cement (10 000 tons)	硫 酸 (万吨) Sulfuric Acid (10 000 tons)	烧 碱 (万吨) Caustic Soda (10 000 tons)	农用化肥 (万吨) Chemical Fertilizer (10 000 tons)	化学农药原 药 (万吨) Raw Chemical Pesticide (10 000 tons)
1996	646.60	146.04	200.99	207.88	8.11	50.75	11.31	2.95
1997	645.90	166.53	236.79	209.00	11.33	44.15	10.91	3.27
1998	691.28	172.51	255.27	250.00	10.36	39.90	10.26	3.38
1999	686.72	182.56	317.69	240.51	11.47	47.04	26.82	3.68
2000	763.99	211.49	356.76	267.81	11.17	49.28	17.04	2.79
2001	970.29	217.43	395.30	338.99	11.27	49.39	14.91	0.71
2002	1215.94	268.83	482.58	377.75	12.15	63.65	16.03	3.30
2003	1316.30	319.95	565.95	449.31	10.96	79.89	16.40	2.10
2004	1446.21	339.76	788.48	520.52	9.99	81.14	15.96	0.44
2005	1782.89	365.70	955.28	519.15	11.95	80.45	16.94	1.26
2006	1943.09	359.24	1285.34	607.33	13.76	88.86	16.33	1.23
2007	1924.28	393.13	1602.13	611.44	26.90	134.49	21.62	1.60
2008	1993.86	382.12	1686.40	549.72	19.70	146.47	16.16	1.18
2009	2296.96	415.77	2124.20	690.87	29.16	109.32	15.19	0.67
2010	3332.73	589.08	2162.11	809.71	32.34	123.30	1.49	0.80
2011	3187.78	619.08	2295.75	765.53	39.60	129.63	6.35	0.38

13-6 主要工业产品产量(2011年)
Output of Major Industrial Products, 2011

产品名称	Product	单 位	Unit	2011	2011比2010年增长(%) Increase Rate in 2011 over 2010 (%)
天然原油	Crude Petroleum Oil	万 吨	10 000 tons	3187.78	-4.4
原油加工量	Crude Oil Processed	万 吨	10 000 tons	1725.70	21.0
发电量	Electricity	亿千瓦小时	100 million kwh	619.08	11.1
天然气	Natural Gas	亿立方米	100 million cu.m	18.43	7.2
原 盐	Salt	万 吨	10 000 tons	184.02	-11.4
精制食用植物油	Edible Vegetable Oil	万 吨	10 000 tons	288.38	4.8
饮料酒	Alcoholic Beverage	万千升	10 000 kiloliter	41.82	-2.0
#啤 酒	Beer	万千升	10 000 kiloliter	33.20	3.8
方便面	Staple Food	万 吨	10 000 tons	29.35	-5.1
软饮料	Soft Drinking	万 吨	10 000 tons	468.08	12.0
卷 烟	Cigarettes	亿 支	100 million pieces	226.00	2.5
家 具	Furniture	万 件	10 000 pieces	628.24	13.7
化学纤维	Chemical Fiber	万 吨	10 000 tons	12.77	
纱	Yarn	万 吨	10 000 tons	3.08	-0.6
布	Cloth	万 米	10 000 m	27791.96	9.1
毛 线	Knitting Wool	万 吨	10 000 tons	0.14	8.9
呢 绒	Woolen Piece Goods	万 米	10 000 m	318.40	-26.7
服 装	Garments	万 件	10 000 pieces	14129.97	2.7
人造板	Artificial Board	万立方米	10 000 cu.m	3.47	0.3
机制纸及纸板	Machine-made Paper & Paperboards	万 吨	10 000 tons	125.86	32.9
硫 酸	Sulfuric Acid	万 吨	10 000 tons	29.60	-8.5
纯 碱	Soda Ash	万 吨	10 000 tons	26.19	-44.1
烧 碱	Caustic Soda	万 吨	10 000 tons	129.63	6.8
农用化肥	Chemical Fertilizer	万 吨	10 000 tons	6.35	
化学农药原药	Chemical Pesticide	吨	ton	0.38	29.8
乙 烯	Ethene	万 吨	10 000 tons	134.26	22.9
涂 料	Paint	吨	ton	44.04	89.1
轮胎外胎	Tires	万 条	10 000 units	3618.89	0.6

注:工业产品产量增长速度按可比口径计算。
Note: Increase Rate of industrial products is calculated at constant coverage.

13-6 续表 Continued

产品名称	Product	单 位	Unit	2011	2011比2010增长(%) Increase Rate in 2011 over 2010(%)
农用塑料薄膜	Plastic Film for Farm Use	吨	ton	32661.65	16.8
合成洗涤剂	Synthetic Detergents	万 吨	10 000 tons	0.62	16.4
化学药品原药	Chemical Medicines	吨	ton	0.76	-6.3
中成药	Traditional Chinese Medicines	吨	ton	0.38	-1.8
水 泥	Cement	万 吨	10 000 tons	765.53	16.5
平板玻璃	Plate Glass	万重量箱	10 000 weight cases	755.64	7.3
生 铁	Pig Iron	万 吨	10 000 tons	2096.98	11.7
粗 钢	Crude Steel	万 吨	10 000 tons	2295.75	8.9
钢 材	Rolled Steel	万 吨	10 000 tons	5163.77	15.9
# 无缝钢管	Seamless Steel Pipe	万 吨	10 000 tons	338.51	3.0
黄 金	Gold	千 克	kg	81.00	17.4
焦 炭	Coke	万 吨	10 000 tons	92.83	-2.7
发动机	Internal Combustion Engines	万千瓦	10 000 kw	3616.22	8.0
金属切削机床	Metal-cutting Machine	台	unit	1375.00	23.8
汽 车	Motor Vehicles	万 辆	10 000 units	77.44	4.9
# 轿 车	Cars	万 辆	10 000 units	65.25	2.7
摩托车	Motorcycles	万 辆	10 000 units	30.15	-11.8
自行车	Bicycles	万 辆	10 000 units	2233.26	0.1
家用电冰箱	Household Refrigerators	万 台	10 000 units	49.37	-20.5
房间空气调节器	Air Conditioners	万 台	10 000 units	322.25	-20.5
微波炉	Microwave Ovens	万 台	10 000 units	915.56	9.8
移动电话机	Mobile Telephones	万 部	10 000 units	9061.68	7.9
锂离子电池	Lithium-ion Battery	万 只	10 000 units	45699.12	29.3
微型计算机	Micro-computers	万 部	10 000 units	0.57	-44.0
半导体集成电路	Semiconductor Integrated Circuits	亿 块	100 million pieces	8.86	-1.3
电子元件	Electronic Components	亿 只	100 million pieces	5320.34	14.7
彩色电视机	Color Television Sets	万 台	10 000 units	186.61	
显示器	Display	万 台	10 000 units	677.73	
吸尘器	Vacuum Cleaners	万 台	10 000 units	208.19	-22.1
照相机	Cameras	万 台	10 000 units	844.86	-31.2

13-7 各区县工业企业主要效益指标（2011年）
Main Indicators on Economic Benefit of Industrial Enterprises by District and County, 2011

		总资产贡献率(%) Ratio of Total Assets to Industrial Output Value(%)	资产负债率(%) Ratio of Debts to Assets(%)	流动资产周转率(次) Number of Times of Turnover of Working Capitals(time)	成本费用利润率(%) Ratio of Pre-tax Profits to Industrial Cost (%)	产品销售率(%) Proportion of Products Sold(%)
全市总计	**Total**	**18.0**	**62.5**	**2.2**	**10.2**	**99.3**
和平区	Heping District	2.7	55.8	1.0	6.5	100.2
河东区	Hedong District	3.6	53.6	1.4	2.7	100.5
河西区	Hexi District	10.3	81.3	1.5	5.5	96.3
南开区	Nankai District	14.2	41.8	1.6	8.4	93.9
河北区	Hebei District	4.9	56.7	3.3	2.3	100.0
红桥区	Hongqiao District	15.7	36.6	2.0	9.5	97.5
东丽区	Dongli District	9.4	68.3	1.8	3.3	100.7
西青区	Xiqing District	18.2	52.7	2.6	7.9	99.1
津南区	Jinnan District	23.0	59.6	2.5	15.3	95.7
北辰区	Beichen District	17.2	56.6	1.8	10.2	99.1
武清区	Wuqing District	17.1	53.5	1.9	13.3	97.5
宝坻区	Baodi District	24.5	56.5	4.7	5.8	97.3
滨海新区	Binhai New Area	25.7	61.6	2.5	14.6	99.5
宁河县	Ninghe County	15.0	73.0	2.3	9.6	98.5
静海县	Jinghai County	17.6	74.4	2.4	8.7	101.4
蓟　县	Jixian County	15.7	55.3	3.2	7.3	98.8

13-8 规模以上工业企业主要经济指标(1996—2011年)
Main Economic Indicators of Industrial Enterprises above Designated Size, 1996-2011

单位: 亿元 (100 million yuan)

年 份 Year	从业人员年平均人数(万人) Annual Average Employment Personnel (10 000 persons)	固定资产合 计 Total Fixed Assets	流动资产合 计 Total Working Capitals	主 营业务收入 Revenue from Principal Business	利税总额 Total Profits and Taxes
全 市 Total					
1996	165.56	1079.69	1118.55	1498.67	139.73
1997	158.52	1340.47	1315.05	1668.15	139.96
1998	142.99	1596.71	1444.03	1943.89	148.69
1999	128.75	1719.14	1585.97	2182.17	175.66
2000	120.19	1808.84	1787.41	2656.98	274.27
2001	122.15	1916.13	1832.18	2983.26	326.55
2002	120.95	1935.51	1931.09	3437.46	325.07
2003	115.28	1953.25	2175.95	4202.02	401.35
2004	122.85	2275.69	2783.13	5861.43	608.91
2005	122.21	2476.97	3254.23	7125.93	815.63
2006	116.33	2807.39	3646.97	8794.35	1003.39
2007	118.62	3205.59	4263.61	10180.91	1097.50
2008	133.12	3939.05	5179.23	12914.20	1143.80
2009	135.74	4969.79	6339.47	13243.49	1445.36
2010	148.91	5732.66	7471.09	17319.62	2412.55
2011	150.85	6232.49	9444.93	21103.50	2970.12
# 国有经济 State-owned					
1996	83.05	720.50	545.79	594.08	37.06
1997	78.99	865.91	602.74	625.22	39.26
1998	69.34	1130.86	615.95	587.69	29.63
1999	56.84	1021.01	652.22	594.55	26.88
2000	48.12	928.80	665.45	667.84	18.70
2001	42.99	841.84	605.22	649.26	17.08
2002	36.42	784.44	607.63	629.86	22.63
2003	30.71	779.60	610.92	817.42	52.83
2004	23.52	682.00	604.64	738.40	40.14
2005	20.61	703.92	623.51	841.32	50.27
2006	18.20	763.41	697.03	1133.61	78.97
2007	18.71	925.60	808.14	1470.25	113.70
2008	18.25	1034.09	905.25	1905.27	0.98
2009	23.10	1555.16	1679.53	2700.85	182.80
2010	21.54	1206.42	869.78	3484.69	285.77
2011	19.57	1757.12	1718.21	3317.65	256.49

注: 从业人员年平均人数1998年以前为职工平均人数。
Note: Annual average employment personnel refer to average staff and workers before 1998.

13-9 规模以上工业企业主要经济指标(2011年)
Main Economic Indicators of Industrial Enterprises above Designated Size, 2011

项　目	Item	企业单位数(个) Number of Enterprises (unit)	从业人员年平均人数(人) Annual Average Employment Personnel (person)
全市总计	**Total**	**5013**	**1508523**
#国有及国有控股企业	State-owned and State-holding Enterprises	554	409808
按轻重工业分	**Grouped by Light & Heavy Industry**		
轻工业	Light Industry	1551	480226
重工业	Heavy Industry	3462	1028297
按企业规模分	**Grouped by Size of Enterprises**		
大　型	Large-sized	193	663872
中　型	Medium-sized	783	432100
小　型	Small-sized	3744	398324
微　型	Mini-sized	293	14227
按登记注册类型分	**Grouped by Status of Registration**		
内资企业	Domestic-funded Enterprises	3365	848895
国　有	State-owned Enterprises	162	102321
集　体	Collective-owned Enterprises	111	17993
股份合作	Cooperative Enterprises	53	8262
私营企业	Private Enterprises	2056	295596
股份有限公司	Share-holding Corporations Ltd.	118	95086
有限责任公司	Limited Liability Corporations	757	316769
#国有独资公司	Sole State-funded Corporations	37	92972
联营企业	Joint Ownership Enterprises	12	1789
#国有联营	State Joint Ownership Enterprises	2	388
集体联营	Collective Joint Ownership Enterprises	4	766
其　他	Others	96	11079
港、澳、台商投资企业	Enterprises with Investment from Hong Kong, Macao and Taiwan	321	177671
外商投资企业	Foreign Funded Enterprises	1327	481957
按隶属关系分	**Grouped by Administrative Relationship**		
中央工业	Central Industry	76	144664
地方工业	Local Industry	4937	1363859
#市管工业	Municipality Industry	1238	615398
#工业系统	Industry System	514	318915
区县管工业	District & County Industry	523	117962
街管工业	Subdistrict Industry	39	5055
乡镇管工业	Town and Country Industry	3188	637304

单位：万元 (10 000 yuan)

资产总计 Total Assets	流动资产合　计 Total Working Capitals	固定资产合　计 Total Fixed Assets	主　营业务收入 Revenue from Principal Business	利税总额 Total Profits and Taxes	# 利润总额 Total Pre-tax Profits
173889875	**94449290**	**62324889**	**211034957**	**29701154**	**19337171**
85736419	37042798	39883185	86486228	14197316	8591621
30710902	18178987	8794314	36581045	4146837	2694127
143178973	76270303	53530576	174453912	25554317	16643043
99918195	49487252	40834776	120725727	20558900	13224214
38083938	22105159	11772663	42990558	5243229	3640086
33409405	21360796	8973458	44933996	3716316	2417250
2478337	1496083	743993	2384676	182710	55621
111981292	54158166	45373575	125435404	19506910	13092368
28293888	12165567	12996108	27431294	2259588	305764
584063	457043	86652	1052032	126394	101252
555490	386723	116466	923153	141003	96320
16106706	10276130	3947636	29266153	3724083	2961081
21256494	5233336	13702737	23163323	9249569	7509635
44520186	25233961	14324330	42646916	3922822	2054737
11108972	4992074	4564951	5715414	304125	32856
77113	47797	19424	108656	5336	2034
35524	24469	10139	29744	1198	65
6280	4977	1299	23117	1862	909
587353	357609	180222	843878	78115	61544
21357411	15411906	3743042	20141204	3085468	1821498
40551171	24879218	13208273	65458349	7108776	4423305
31663379	8644560	21253529	35544281	10086299	7053506
142226496	85804730	41071360	175490676	19614855	12283665
95847600	57324800	27618638	107513811	10542956	5298954
51749591	28882732	16544008	63426042	5109473	2305462
11015773	5875841	3958950	13197129	1901311	1447379
362488	279385	59336	260001	23671	13731
37895480	24041342	10278792	57421948	7273223	5606469

13-10 地方规模以上工业企业主要经济指标（2011年）
Main Economic Indicators of Local Industrial Enterprises above Designated Size, 2011

项　目	Item	企业单位数（个）Number of Enterprises (unit)	从业人员年平均人数(人) Annual Average Employment Personnel (person)
全市总计	**Total**	**4937**	**1363859**
按轻重工业分	**Grouped by Light & Heavy Industry**		
轻工业	Light Industry	1540	470070
重工业	Heavy Industry	3397	893789
按企业规模分	**Grouped by Size of Enterprises**		
大　型	Large-sized	178	544760
中　型	Medium-sized	759	415998
小　型	Small-sized	3716	394217
微　型	Mini-sized	284	8884
按登记注册类型分	**Grouped by Status of Registration**		
内资企业	Domestic-funded Enterprises	3292	704599
国　有	State-owned Enterprises	126	64741
集　体	Collective-owned Enterprises	110	17856
股份合作	Cooperative Enterprises	53	8262
私营企业	Private Enterprises	2056	295596
股份有限公司	Share-holding Corporations Ltd.	111	63936
有限责任公司	Limited Liability Corporations	728	241340
#国有独资公司	Sole State-funded Corporations	29	29833
联营企业	Joint Ownership Enterprises	12	1789
#国有联营	State Joint Ownership Enterprises	2	388
集体联营	Collective Joint Ownership Enterprises	4	766
其　他	Others	96	11079
港、澳、台商投资企业	Enterprises with Investment from Hong Kong, Macao and Taiwan	319	177350
外商投资企业	Foreign Funded Enterprises	1326	481910
按隶属关系分	**Grouped by Administrative Relationship**		
#市管工业	Municipality Industry	1238	615398
#工业系统	Industry System	514	318915
区县管工业	District & County Industry	523	117962
街管工业	Subdistrict Industry	39	5055
乡镇管工业	Town and Country Industry	3188	637304

单位：万元 (10 000 yuan)

资产总计 Total Assets	流动资产合计 Total Working Capitals	固定资产合计 Total Fixed Assets	主营业务收入 Revenue from Principal Business	利税总额 Total Profits and Taxes	# 利润总额 Total Pre-tax Profits
142226496	**85804730**	**41071360**	**175490676**	**19614855**	**12283665**
29658695	17654133	8365583	35851964	3919514	2651298
112567801	68150597	32705777	139638711	15695341	9632367
72888756	42403865	22350674	88188512	10773242	6139946
34721539	21160615	9575012	40607463	4999861	3700201
32436635	20976078	8450619	44349428	3670618	2397823
2179566	1264172	695055	2345272	171135	45695
80346593	45532210	24127919	89916003	9424098	6042046
17036916	8844023	5777003	14153268	947572	218395
576288	450248	85704	1047341	124851	100458
555490	386723	116466	923153	141003	96320
16106706	10276130	3947636	29266153	3724083	2961081
8173395	3761276	2632197	6174602	794725	574969
37233332	21408404	11369268	37398954	3608413	2027244
6386088	2054447	3199297	1942218	70290	24196
77113	47797	19424	108656	5336	2034
35524	24469	10139	29744	1198	65
6280	4977	1299	23117	1862	909
587353	357609	180222	843878	78115	61544
21331023	15394721	3735822	20119047	3082105	1818363
40548880	24877799	13207619	65455626	7108653	4423256
95847600	57324800	27618638	107513811	10542956	5298954
51749591	28882732	16544008	63426042	5109473	2305462
11015773	5875841	3958950	13197129	1901311	1447379
362488	279385	59336	260001	23671	13731
37895480	24041342	10278792	57421948	7273223	5606469

13-11 分行业规模以上工业企业主要经济指标（2011年）
Main Economic Indicators of Industrial Enterprises above Designated Size by Sector, 2011

行业	Sector	企业单位数（个）Number of Enterprises (unit)	从业人员年平均人数(人) Annual Average Employment Personnel (person)
总计	**Total**	**5013**	**1508523**
#煤炭开采和洗选业	Mining and Washing of Coal	3	16045
石油和天然气开采业	Extraction of Petroleum and Natural Gas	11	69509
黑色金属矿采选业	Mining and Processing of Ferrous Metal Ores	4	3104
非金属矿采选业	Mining and Processing of Nonmetal Ores	7	8472
农副食品加工业	Processing of Food from Agricultural Products	131	21039
食品制造业	Manufacture of Food	100	61488
饮料制造业	Manufacture of Beverage	37	17644
纺织业	Manufacture of Textile	69	22267
纺织服装鞋帽制造业	Manufacture of Textile Wearing Apparel, Footwear and Caps	160	92647
皮革毛皮羽毛(绒)及其制品业	Manufacture of Leather, Fur, Feather and Related Products	32	8766
木材加工及木、竹、藤、棕、草制品业	Processing of Timber, Manufacture of Wood, Bamboo, Rattan, Palm and Straw Products	27	3804
家具制造业	Manufacture of Furniture	65	16906
造纸及纸制品业	Manufacture of Paper and Paper Products	133	21309
印刷业和记录媒介的复制	Printing, Reproduction of Recording Media	53	10510
文教体育用品制造业	Manufacture of Articles for Culture, Education and Sport Activity	41	13749
石油加工炼焦及核燃料加工业	Processing of Petroleum, Coking, Processing of Nuclear Fuel	35	16886
化学原料及化学制品制造业	Manufacture of Raw Chemical Materials and Chemical Products	381	63595
医药制造业	Manufacture of Medicines	96	38949
化学纤维制造业	Manufacture of Chemical Fibers	8	826
橡胶制品业	Manufacture of Rubber	61	23318
塑料制品业	Manufacture of Plastics	241	45081
非金属矿物制品业	Manufacture of Non-metallic Mineral Products	223	33379
黑色金属冶炼及压延加工业	Smelting and Pressing of Ferrous Metals	325	118355
有色金属冶炼及压延加工业	Smelting and Pressing of Non-Ferrous Metals	100	12732
金属制品业	Manufacture of Metal Products	517	92465
通用设备制造业	Manufacture of General Purpose Machinery	413	95755
专用设备制造业	Manufacture of Special Purpose Machinery	326	74110
交通运输设备制造业	Manufacture of Transport Equipment	413	173113
电气机械及器材制造业	Manufacture of Electrical Machinery and Equipment	330	75598
通信设备计算机及其他电子设备制造业	Manufacture of Communication Equipment, Computers and Other Electronic Equipment	312	169269
仪器仪表及文化办公用机械制造业	Manufacture of Measuring Instruments and Machinery for Cultural Activity and Office Work	71	21175
工艺品及其他制造业	Manufacture of Artwork and Other Manufacturing	117	17671
废弃资源和废旧材料回收加工业	Recycling and Disposal of Waste	68	7572
电力热力的生产和供应业	Production and Supply of Electric Power and Heat Power	64	30425
燃气生产和供应业	Production and Supply of Gas	16	5699
水的生产和供应业	Production and Supply of Water	22	4416

单位：万元 (10 000 yuan)

工 业 总产值 Gross Output Value of Industry	资产总计 Total Assets	流动资产合 计 Total Working Capitals	固定资产合 计 Total Fixed Assets	主 营 业务收入 Revenue from Principal Business	利税总额 Total Profits and Taxes	# 利润总额 Total Pre-tax Profits
208627443	**173889875**	**94449290**	**62324889**	**211034957**	**29701154**	**19337171**
9277780	9206320	8091834	613388	9137494	2205871	983048
18141746	15797704	3283198	11587387	17364427	8358844	7158485
754877	1123474	451983	277117	725004	354637	319934
119270	817297	465331	121077	116584	18880	9700
5159327	3426779	2679715	525751	5219103	179121	114986
6783844	3501132	1858793	1167523	6918420	1249921	917077
1520356	1317610	530701	530138	1538231	134705	36114
857556	1098330	485381	538981	865631	60934	42285
2310606	2460196	2284668	139741	2246348	224689	158017
247776	175436	129376	25855	238188	20526	11428
171823	111783	76756	22321	169321	13204	9574
545109	451698	291904	122539	545792	52785	40556
1467612	1770807	842223	805922	1412830	140100	96782
400172	479141	234937	154291	402863	34018	19372
510516	300307	199312	85890	506125	32567	23455
12577747	4804448	2704374	1587500	12643995	1422662	33846
11549096	11270483	4736438	5715182	11479695	914903	687938
3301870	5541678	2989863	1211113	3689253	785203	502593
93254	51551	30715	19133	87730	10812	7261
1272171	1180131	543991	565018	1266869	84294	48545
2695065	2045028	1192992	733456	2726995	210199	145962
2876816	3079381	1817433	1044727	2859078	308472	188511
35425486	29455514	17176117	9118527	37639484	3271734	1963511
6180565	2069813	1552017	319799	6200812	535444	263355
8305830	5968246	3853249	1512012	8994122	738930	529212
8570454	9285800	5060666	2274299	8935766	1337897	1043243
6056548	6648745	4588733	1396183	5772394	665252	439929
21314221	15430017	9491236	4438500	20971296	3119547	1759424
8139616	7442788	5113194	1725278	7975755	873407	601506
20450597	9732731	6912668	2361527	20245561	1381758	931516
1310553	954960	690425	168431	1421710	105240	81419
941471	460524	304463	126776	939085	64808	27854
1296013	699961	600661	44005	1831236	163759	56501
6656665	11723602	2235149	8918961	6594493	349416	28187
703507	1698840	410371	956126	704397	52607	34034
318060	2053563	457265	1213065	326234	33539	9680

13-12 大中型工业企业主要经济指标（2011年）
Main Economic Indicators of Large and Medium-sized Industrial Enterprises, 2011

项　目	Item	企业单位数(个) Number of Enterprises (unit)	从业人员年平均人数(人) Annual Average Employment Personnel (person)
全市总计	**Total**	**976**	**1095972**
按轻重工业分	**Grouped by Light & Heavy Industry**		
轻工业	Light Industry	352	345449
重工业	Heavy Industry	624	750523
按登记注册类型分	**Grouped by Status of Registration**		
内资企业	Domestic-funded Enterprises	527	576824
国　有	State-owned Enterprises	60	83578
集　体	Collective-owned Enterprises	14	8812
股份合作	Cooperative Enterprises	9	3844
私营企业	Private Enterprises	202	133275
股份有限公司	Share-holding Corporations Ltd.	50	85264
有限责任公司	Limited Liability Corporations	181	257440
#国有独资公司	Sole State-funded Corporations	23	91420
联营企业	Joint Ownership Enterprises	3	948
#国有联营	State Joint Ownership Enterprises		
集体联营	Collective Joint Ownership Enterprises	2	658
其　他	Others	8	3663
港、澳、台商投资企业	Enterprises with Investment from Hong Kong, Macao and Taiwan	97	151572
外商投资企业	Foreign Funded Enterprises	352	367576
按隶属关系分	**Grouped by Administrative Relationship**		
中央工业	Central Industry	39	135214
地方工业	Local Industry	937	960758
#市管工业	Municipality Industry	357	512997
#工业系统	Industry System	172	276591
区县管工业	District & County Industry	105	76967
街管工业	Subdistrict Industry	4	1545
乡镇管工业	Town and Country Industry	478	376209

单位：万元 (10 000 yuan)

资产总计 Total Assets	流动资产合 计 Total Working Capitals	固定资产合 计 Total Fixed Assets	主 营 业务收入 Revenue from Principal Business	利税总额 Total Profits and Taxes	# 利润总额 Total Pre-tax Profits
138002133	**71592410**	**52607438**	**163716286**	**25802129**	**16864300**
21932645	13002871	6145725	26715496	3319117	2164714
116069488	58589540	46461714	137000790	22483012	14699586
89979363	39916040	40027451	93741239	16998497	11529628
25868226	10818317	12283476	25185382	2138568	227963
251399	187764	34231	509002	86789	80741
225430	142235	51032	564873	119217	82634
7448616	4305361	2056244	13095992	2479260	2107792
20099277	4549699	13461815	22165476	9010497	7318139
35926031	19812691	12096727	32012749	3142707	1696305
10709692	4761531	4439360	5426399	297673	32712
12247	6680	5087	21569	1476	584
2326	1355	971	12073	572	227
148138	93294	38840	186196	19985	15470
17874460	13434394	2537738	17238619	2861354	1673308
30148310	18241976	10042250	52736428	5942278	3661365
30391837	8027930	20681752	34920310	10029026	7024153
107610295	63564480	31925687	128795976	15773103	9840147
80328483	47585869	23590174	89397415	9340969	4690397
45402283	24913830	14990044	54069827	4600851	2128795
6607565	3629044	2246313	8968820	1406974	1080426
178671	164801	13211	80049	19108	12709
22331047	13417438	6543375	32829781	5101545	4126784

13-13 分行业大中型工业企业主要经济指标（2011年）
Main Economic Indicators of Large and Medium-sized Industrial Enterprises by Sector, 2011

行　业	Sector	企业单位数(个) Number of Enterprises (unit)	从业人员年平均人数(人) Annual Average Employment Personnel (person)
总　计	**Total**	**976**	**1095972**
#煤炭开采和洗选业	Mining and Washing of Coal	3	16045
石油和天然气开采业	Extraction of Petroleum and Natural Gas	8	69128
黑色金属矿采选业	Mining and Processing of Ferrous Metal Ores	2	2891
非金属矿采选业	Mining and Processing of Nonmetal Ores	3	8004
农副食品加工业	Processing of Food from Agricultural Products	18	10121
食品制造业	Manufacture of Food	31	53716
饮料制造业	Manufacture of Beverage	13	14613
纺织业	Manufacture of Textile	14	16155
纺织服装鞋帽制造业	Manufacture of Textile Wearing Apparel, Footwear and Caps	64	76869
皮革毛皮羽毛(绒)及其制品业	Manufacture of Leather, Fur, Feather and Related Products	8	6170
木材加工及木、竹、藤、棕、草制品业	Processing of Timber, Manufacture of Wood, Bamboo, Rattan, Palm and Straw Products	3	1297
家具制造业	Manufacture of Furniture	10	10908
造纸及纸制品业	Manufacture of Paper and Paper Products	16	7880
印刷业和记录媒介的复制	Printing, Reproduction of Recording Media	10	5520
文教体育用品制造业	Manufacture of Articles for Culture, Education and Sport Activity	11	9220
石油加工炼焦及核燃料加工业	Processing of Petroleum, Coking, Processing of Nuclear Fuel	6	14923
化学原料及化学制品制造业	Manufacture of Raw Chemical Materials and Chemical Products	37	36851
医药制造业	Manufacture of Medicines	37	31821
化学纤维制造业	Manufacture of Chemical Fibers		
橡胶制品业	Manufacture of Rubber	19	18554
塑料制品业	Manufacture of Plastics	35	24417
非金属矿物制品业	Manufacture of Non-metallic Mineral Products	26	14507
黑色金属冶炼及压延加工业	Smelting and Pressing of Ferrous Metals	65	97685
有色金属冶炼及压延加工业	Smelting and Pressing of Non-Ferrous Metals	12	6368
金属制品业	Manufacture of Metal Products	71	49938
通用设备制造业	Manufacture of General Purpose Machinery	68	61125
专用设备制造业	Manufacture of Special Purpose Machinery	42	44963
交通运输设备制造业	Manufacture of Transport Equipment	115	138652
电气机械及器材制造业	Manufacture of Electrical Machinery and Equipment	52	48492
通信设备计算机及其他电子设备制造业	Manufacture of Communication Equipment, Computers and Other Electronic Equipment	114	138772
仪器仪表及文化办公用机械制造业	Manufacture of Measuring Instruments and Machinery for Cultural Activity and Office Work	11	14725
工艺品及其他制造业	Manufacture of Artwork and Other Manufacturing	15	7575
废弃资源和废旧材料回收加工业	Recycling and Disposal of Waste	3	3172
电力热力的生产和供应业	Production and Supply of Electric Power and Heat Power	26	26502
燃气生产和供应业	Production and Supply of Gas	3	4742
水的生产和供应业	Production and Supply of Water	4	2776

单位：万元 (10 000 yuan)

资产总计 Total Assets	流动资产合计 Total Working Capitals	固定资产合计 Total Fixed Assets	主营业务收入 Revenue from Principal Business	利税总额 Total Profits and Taxes	# 利润总额 Total Pre-tax Profits
138002133	**71592410**	**52607438**	**163716285**	**25802129**	**16864300**
9206320	8091834	613388	9137494	2205871	983048
15422589	3007456	11505716	17277833	8336564	7139550
1119631	448961	276296	699561	350786	318196
768024	432382	114180	105984	16469	7956
2244988	1841285	306704	2818239	120505	71088
3019485	1562481	1022376	6349539	1180931	871625
1149178	441166	459996	1355854	126638	38743
882999	370350	454717	600607	44512	33643
2178923	2084878	75153	1786539	185287	135430
119084	91983	12319	143029	16002	9276
24761	16301	6825	38538	3151	2731
277627	172121	77381	259631	18649	11392
576563	295889	235725	561689	71397	48885
285218	140346	84657	225188	21724	12594
208271	138263	60289	361658	23975	18741
4261358	2300919	1479452	11446146	1157461	-160898
7597431	2563624	4499954	7097412	529883	411835
3961504	2126054	848132	2848873	590421	372810
997754	425636	519436	1045240	62162	34921
947056	520350	364161	1139855	91757	66402
1284981	681282	491386	847382	100629	67414
26564651	14977443	8590667	30966233	3054488	1797344
708519	482242	121820	1463574	201019	125494
3162268	2018682	825900	4987048	444374	317192
7146756	3577652	1841097	6530084	1061862	861215
3896284	2610227	858394	3271058	354905	220284
13313065	8129192	3841525	18159323	2825019	1545119
4758170	3262406	1192760	5413049	674720	490064
8487261	6093335	2070434	18800620	1286160	873202
513104	350457	100212	951291	50045	43959
165940	83525	69712	303507	13051	5901
74978	71920	2210	149421	46318	45268
9599471	1514965	7770897	5696376	301165	11761
1441180	283622	874029	403530	22684	13528
1382681	302019	782185	152243	21075	6251

13-14 分行业国有大中型工业企业主要经济指标（2011年）
Main Economic Indicators of Large and Medium-sized State-owned Industrial Enterprises by Sector, 2011

行　业	Sector	企业单位数(个) Number of Enterprises (unit)	从业人员年平均人数(人) Annual Average Employment Personnel (person)
总　计	**Total**	**200**	**360796**
#石油和天然气开采业	Extraction of Petroleum and Natural Gas	8	69128
非金属矿采选业	Mining and Processing of Nonmetal Ores	3	8004
农副食品加工业	Processing of Food from Agricultural Products	4	2053
食品制造业	Manufacture of Food	5	2452
饮料制造业	Manufacture of Beverage	4	1753
纺织业	Manufacture of Textile	3	7841
印刷业和记录媒介的复制	Printing, Reproduction of Recording Media	2	1411
石油加工、炼焦及核燃料加工业	Processing of Petroleum, Coking, Processing of Nuclear Fuel	5	13630
化学原料及化学制品制造业	Manufacture of Raw Chemical Materials and Chemical Products	11	17814
医药制造业	Manufacture of Medicines	15	12823
塑料制品业	Manufacture of Plastics	5	2025
非金属矿物制品业	Manufacture of Non-metallic Mineral Products	4	2546
黑色金属冶炼及压延加工业	Smelting and Pressing of Ferrous Metals	20	62731
有色金属冶炼及压延加工业	Smelting and Pressing of Non-Ferrous Metals	2	944
金属制品业	Manufacture of Metal Products	11	6192
通用设备制造业	Manufacture of General Purpose Machinery	14	10926
专用设备制造业	Manufacture of Special Purpose Machinery	11	23616
交通运输设备制造业	Manufacture of Transport Equipment	15	56352
电气机械及器材制造业	Manufacture of Electrical Machinery and Equipment	7	10219
通信设备、计算机及其他电子设备	Manufacture of Communication Equipment, Computers and Other Electronic Equipment	14	10946
电力、热力的生产和供应业	Production and Supply of Electric Power and Heat Power	25	25960
燃气生产和供应业	Production and Supply of Gas	3	4742
水的生产和供应业	Production and Supply of Water	4	2776

单位：万元 (10 000 yuan)

工 业 总产值 Gross Output Value of Industry	资产总计 Total Assets	流动资产 合 计 Total Working Capitals	固定资产 合 计 Total Fixed Assets	主 营 业务收入 Revenue from Principal Business	利税总额 Total Profits and Taxes	# 利润总额 Total Pre-tax Profits
75359701	**77475452**	**32196426**	**37425374**	**76600725**	**13624067**	**8369369**
18104799	15422589	3007456	11505716	17277833	8336564	7139550
109449	768024	432382	114180	105984	16469	7956
740715	687084	626633	55872	724350	12980	11100
72245	77551	25647	45708	77107	1643	-947
77100	91961	50972	15644	91522	22454	5100
266296	706432	270364	382969	310908	9298	5053
20687	102362	37166	24845	19192	-668	-2297
11263398	4207327	2269457	1458823	11350164	1146779	-167058
2604631	3887183	1143823	2478584	2601496	55845	19223
745710	1849329	974043	381707	1180952	210556	145897
147116	166841	58491	81470	170350	2053	-32
216871	292143	167222	101775	202609	20119	14004
19226281	21808168	11601748	7450618	20528599	1216495	145349
38899	17172	12876	4078	39162	5643	4220
578797	1022875	640699	316665	849271	60533	24110
872746	1534642	817556	482237	1140455	44255	19415
2053435	2281953	1571238	515138	1925116	145074	68639
10279375	7836260	4973440	1951492	9998030	1667299	795891
503697	1013898	595429	319259	505443	25495	18050
709762	1123555	734020	258341	769869	87795	75463
5680737	9356499	1429548	7628808	5632222	293715	4311
401480	1441180	283622	874029	403530	22684	13528
140642	1382681	302019	782185	152243	21075	6251

13-15 规模以上小微型工业企业主要经济指标（2011年）
Main Economic Indicators of Small and Mini-sized Industrial Enterprises above Designated Size, 2011

项　目	Item	企业单位数(个) Number of Enterprises (unit)	从业人员年平均人数(人) Annual Average Employment Personnel (person)
全市总计	**Total**	**4037**	**412551**
按轻重工业分	**Grouped by Light & Heavy Industry**		
轻工业	Light Industry	1199	134777
重工业	Heavy Industry	2838	277774
按登记注册类型分	**Grouped by Status of Registration**		
内资企业	Domestic-funded Enterprises	2838	272071
国　有	State-owned Enterprises	102	18743
集　体	Collective-owned Enterprises	97	9181
股份合作	Cooperative Enterprises	44	4418
私营企业	Private Enterprises	1854	162321
股份有限公司	Share-holding Corporations Ltd.	68	9822
有限责任公司	Limited Liability Corporations	576	59329
#国有独资公司	Sole State-funded Corporations	14	1552
联营企业	Joint Ownership Enterprises	9	841
#国有联营	State Joint Ownership Enterprises	2	388
集体联营	Collective Joint Ownership Enterprises	2	108
其　他	Others	88	7416
港、澳、台商投资企业	Enterprises with Investment from Hong Kong, Macao and Taiwan	224	26099
外商投资企业	Foreign Funded Enterprises	975	114381
按隶属关系分	**Grouped by Administrative Relationship**		
中央工业	Central Industry	37	9450
地方工业	Local Industry	4000	403101
#市管工业	Municipality Industry	881	102401
#工业系统	Industry System	342	42324
区县管工业	District & County Industry	418	40995
街管工业	Subdistrict Industry	35	3510
乡镇管工业	Town and Country Industry	2710	261095

单位：万元 (10 000 yuan)

资产总计 Total Assets	流动资产合 计 Total Working Capitals	固定资产合 计 Total Fixed Assets	主 营 业务收入 Revenue from Principal Business	利税总额 Total Profits and Taxes	# 利润总额 Total Pre-tax Profits
35887742	**22856879**	**9717451**	**47318672**	**3899025**	**2472871**
8778257	5176116	2648589	9865550	827721	529413
27109485	17680763	7068862	37453122	3071305	1943457
22001929	14242126	5346124	31694165	2508413	1562740
2425662	1347250	712633	2245911	121021	77801
332664	269278	52421	543031	39604	20511
330060	244489	65435	358280	21787	13686
8658090	5970769	1891392	16170161	1244824	853289
1157217	683638	240923	997847	239073	191496
8594155	5421270	2227603	10634167	780114	358433
399280	230543	125591	289015	6452	144
64867	41118	14337	87086	3860	1450
35524	24469	10139	29744	1198	65
3954	3621	329	11044	1290	682
439215	264316	141381	657681	58130	46075
3482952	1977512	1205304	2902585	224114	148190
10402862	6637242	3166023	12721922	1166499	761940
1271542	616630	571777	623972	57273	29353
34616201	22240250	9145674	46694700	3841753	2443517
15519118	9738931	4028464	18116396	1201987	608558
6347308	3968903	1553964	9356215	508623	176667
4408209	2246797	1712637	4228309	494338	366953
183818	114584	46126	179952	4563	1022
15564433	10623903	3735417	24592167	2171678	1479684

13-16 分行业规模以上小微型工业企业主要经济指标（2011年）

Main Economic Indicators of Small and Mini-sized Industrial Enterprises above Designated Size by Sector, 2011

行　业	Sector	企业单位数(个) Number of Enterprises (unit)	从业人员年平均人数(人) Annual Average Employment Personnel (person)
总　计	**Total**	**4037**	**412551**
煤炭开采和洗选业	Mining and Washing of Coal		
石油和天然气开采业	Extraction of Petroleum and Natural Gas	3	381
黑色金属矿采选业	Mining and Processing of Ferrous Metal Ores	2	213
非金属矿采选业	Mining and Processing of Nonmetal Ores	4	468
农副食品加工业	Processing of Food from Agricultural Products	113	10918
食品制造业	Manufacture of Food	69	7772
饮料制造业	Manufacture of Beverage	24	3031
烟草制品业	Manufacture of Tobacco		
纺织业	Manufacture of Textile	55	6112
纺织服装鞋帽制造业	Manufacture of Textile Wearing Apparel, Footwear and Caps	96	15778
皮革毛皮羽毛(绒)及其制品业	Manufacture of Leather, Fur, Feather and Related Products	24	2596
木材加工及木、竹、藤、棕、草制品业	Processing of Timber, Manufacture of Wood, Bamboo, Rattan, Palm and Straw Products	24	2507
家具制造业	Manufacture of Furniture	55	5998
造纸及纸制品业	Manufacture of Paper and Paper Products	117	13429
印刷业和记录媒介的复制	Printing, Reproduction of Recording Media	43	4990
文教体育用品制造业	Manufacture of Articles for Culture, Education and Sport Activity	30	4529
石油加工炼焦及核燃料加工业	Processing of Petroleum, Coking, Processing of Nuclear Fuel	29	1963
化学原料及化学制品制造业	Manufacture of Raw Chemical Materials and Chemical Products	344	26744
医药制造业	Manufacture of Medicines	59	7128
化学纤维制造业	Manufacture of Chemical Fibers	8	826
橡胶制品业	Manufacture of Rubber	42	4764
塑料制品业	Manufacture of Plastics	206	20664
非金属矿物制品业	Manufacture of Non-metallic Mineral Products	197	18872
黑色金属冶炼及压延加工业	Smelting and Pressing of Ferrous Metals	260	20670
有色金属冶炼及压延加工业	Smelting and Pressing of Non-Ferrous Metals	88	6364
金属制品业	Manufacture of Metal Products	446	42527
通用设备制造业	Manufacture of General Purpose Machinery	345	34630
专用设备制造业	Manufacture of Special Purpose Machinery	284	29147
交通运输设备制造业	Manufacture of Transport Equipment	298	34461
电气机械及器材制造业	Manufacture of Electrical Machinery and Equipment	278	27106
通信设备计算机及其他电子设备制造业	Manufacture of Communication Equipment, Computers and Other Electronic Equipment	198	30497
仪器仪表及文化办公用机械制造业	Manufacture of Measuring Instruments and Machinery for Cultural Activity and Office Work	60	6450
工艺品及其他制造业	Manufacture of Artwork and Other Manufacturing	102	10096
废弃资源和废旧材料回收加工业	Recycling and Disposal of Waste	65	4400
电力热力的生产和供应业	Production and Supply of Electric Power and Heat Power	38	3923
燃气生产和供应业	Production and Supply of Gas	13	957
水的生产和供应业	Production and Supply of Water	18	1640

单位：万元 (10 000 yuan)

资产总计 Total Assets	流动资产合计 Total Working Capitals	固定资产合计 Total Fixed Assets	主营业务收入 Revenue from Principal Business	利税总额 Total Profits and Taxes	# 利润总额 Total Pre-tax Profits
35887742	**22856879**	**9717451**	**47318672**	**3899025**	**2472871**
375115	275742	81671	86594	22280	18935
3843	3022	821	25444	3851	1738
49273	32949	6897	10600	2411	1744
1181791	838430	219047	2400864	58616	43898
481647	296312	145147	568881	68989	45452
168432	89535	70142	182377	8068	-2629
215331	115030	84264	265023	16422	8642
281273	199790	64588	459809	39402	22587
56352	37393	13536	95159	4524	2152
87022	60454	15496	130783	10053	6843
174071	119782	45157	286161	34136	29163
1194244	546334	570197	851141	68703	47896
193923	94592	69634	177674	12295	6777
92037	61049	25601	144467	8592	4713
543090	403455	108047	1197849	265202	194744
3673052	2172814	1215228	4382284	385020	276103
1580174	863810	362981	840380	194782	129783
51551	30715	19133	87730	10812	7261
182377	118356	45582	221629	22132	13624
1097972	672643	369295	1587140	118443	79560
1794400	1136152	553341	2011696	207842	121097
2890862	2198673	527860	6673251	217246	166167
1361294	1069774	197979	4737238	334426	137861
2805978	1834567	686113	4007074	294555	212020
2139043	1483014	433203	2405682	276035	182028
2752461	1978505	537789	2501336	310346	219644
2116952	1362045	596975	2811974	294528	214306
2684618	1850788	532518	2562706	198687	111442
1245470	819333	291092	1444941	95598	58314
441856	339968	68219	470419	55195	37460
294584	220938	57064	635577	51757	21953
624983	528740	41795	1681815	117442	11233
2124131	720185	1148065	898117	48251	16425
257660	126749	82097	300867	29923	20506
670883	155246	430881	173992	12464	3429

13-17 高新技术产业主要经济指标(2011年)
Main Economic Indicators of High & New Technology Industry, 2011

项目	Item	企业单位数(个) Number of Enterprises (unit)	从业人员年平均人数(人) Annual Average Employment Personnel (person)
全市总计	**Total**	**1416**	**533340**
按企业规模分	**Grouped by Size of Enterprises**		
大型	Large-sized	84	257073
中型	Medium-sized	256	151776
小型	Small-sized	985	111495
微型	Mini-sized	91	12996
按登记注册类型分	**Grouped by Status of Registration**		
内资企业	Domestic-funded Enterprises	746	232721
国有	State-owned Enterprises	47	35268
集体	Collective-owned Enterprises	22	2262
股份合作	Cooperative Enterprises	17	2245
私营企业	Private Enterprises	369	40541
股份有限公司	Share-holding Corporations Ltd.	48	35098
有限责任公司	Limited Liability Corporations	223	114906
#国有独资公司	Sole State-funded Corporations	11	49447
联营企业	Joint Ownership Enterprises	4	245
其他	Others	16	2156
港、澳、台商投资企业	Enterprises with Investment from Hong Kong, Macao and Taiwan	86	33352
外商投资企业	Foreign Funded Enterprises	584	267267
按技术领域分	**Grouped by Technical Field**		
电子信息	Electronics and Information	499	201502
航空航天	Aviation and Spaceflight	12	20928
光机电一体化	Photoelectric Mechanical Electron Incorporated	589	213612
生物技术和医药	Biology Technology and Pharmaceutical	123	50219
新材料	New Materials	133	19627
新能源和节能材料	New Energy and Energy Saving Materials	36	25112
环境保护	Environmental Protection	24	2340

单位：亿元 (100 million yuan)

工 业 总产值 Gross Output Value of Industry	资产总计 Total Assets	流动资产合 计 Total Working Capitals	固定资产合 计 Total Fixed Assets	主 营 业务收入 Revenue from Principal Business	利税总额 Total Profits and Taxes	# 利润总额 Total Pre-tax Profits
6171.70	**5005.95**	**3051.73**	**1431.89**	**6129.12**	**687.73**	**460.43**
3511.31	2474.92	1525.39	721.65	3491.88	363.68	253.81
1561.18	1400.04	816.56	428.43	1532.53	211.42	132.49
1068.37	1086.02	684.25	272.62	1074.92	111.79	73.91
30.83	44.97	25.53	9.18	29.80	0.84	0.22
1972.71	2391.38	1412.51	607.43	1952.44	298.01	201.40
166.24	421.78	284.50	70.47	167.80	15.69	7.88
10.72	10.08	9.04	0.99	10.21	1.09	0.68
21.53	17.26	11.05	5.51	21.10	1.97	1.62
316.24	247.13	150.65	61.52	317.34	50.02	40.94
216.09	447.57	233.34	109.24	259.50	46.81	35.61
1223.40	1235.54	716.26	355.97	1158.83	180.49	113.38
371.56	403.31	255.80	94.26	320.46	31.58	10.17
2.62	1.21	1.08	0.12	2.88	0.13	0.07
15.86	10.81	6.58	3.61	14.77	1.81	1.23
322.72	268.92	176.95	65.81	316.22	25.99	18.89
3876.27	2345.64	1462.27	758.66	3860.47	363.73	240.14
2402.57	1312.17	922.43	308.49	2378.65	198.67	141.30
236.49	413.81	251.92	104.77	235.69	33.40	19.52
1954.80	1710.57	1105.93	437.13	1883.24	219.54	136.33
591.56	625.92	340.55	148.33	625.64	153.89	112.41
724.73	622.02	260.26	321.03	730.26	60.49	35.31
231.90	275.88	148.83	92.86	245.22	20.14	14.86
29.63	45.57	21.81	19.27	30.43	1.60	0.70

13-18 优势产业主要经济指标（2011年）
Main Economic Indicators of Competitive Industry, 2011

项　目	Item	企业单位数(个) Number of Enterprises (unit)	从业人员年平均人数(人) Annual Average Employment Personnel (person)
全市总计	**Total**	**4674**	**1406803**
按企业规模分	**Grouped by Size of Enterprises**		
大　型	Large-sized	182	621197
中　型	Medium-sized	726	399474
小　型	Small-sized	3494	372307
微　型	Mini-sized	272	13825
按登记注册类型分	**Grouped by Status of Registration**		
内资企业	Domestic-funded Enterprises	3099	776640
国　有	State-owned Enterprises	117	79632
集　体	Collective-owned Enterprises	107	17557
股份合作	Cooperative Enterprises	51	7607
私营企业	Private Enterprises	1943	282199
股份有限公司	Share-holding Corporations Ltd.	113	93394
有限责任公司	Limited Liability Corporations	670	284321
#国有独资公司	Sole State-funded Corporations	27	79240
联营企业	Joint Ownership Enterprises	10	1564
#集体联营	Collective Joint Ownership Enterprises	3	679
其　他	Others	88	10366
港、澳、台商投资企业	Enterprises with Investment from Hong Kong, Macao and Taiwan	287	155338
外商投资企业	Foreign Funded Enterprises	1288	474825
按行业分	**Grouped by Sector**		
航空航天产业	Aerospace Industry	9	19039
石油化工产业	Petrochemical Industry	408	160175
装备制造业	Equipment Manufacturing Industry	2018	529572
电子信息产业	Electronic Information Industry	568	218231
生物医药产业	Biomedical Industry	118	49361
新能源新材料	New Energy and New Materials	211	44538
轻纺工业	Light and Textile Industry	1342	385887

单位：亿元 (100 million yuan)

工 业 总产值 Gross Output Value of Industry	资产总计 Total Assets	流动资产合 计 Total Working Capitals	固定资产合 计 Total Fixed Assets	主 营 业务收入 Revenue from Principal Business	利税总额 Total Profits and Taxes	# 利润总额 Total Pre-tax Profits
18808.34	**14483.00**	**8064.60**	**4953.97**	**19073.77**	**2640.15**	**1778.45**
10756.90	8125.11	3951.90	3382.86	10749.04	1789.48	1199.29
3808.59	3209.80	2040.28	789.59	3931.64	491.39	348.75
4073.33	2927.12	1931.24	722.26	4166.01	341.68	225.30
169.52	220.97	141.18	59.26	227.08	17.60	5.11
11142.39	9307.64	4827.02	3416.63	11431.82	1820.03	1254.22
1978.26	1958.54	1062.33	621.88	2245.58	197.43	27.59
102.71	55.82	43.65	8.14	100.32	12.14	9.80
91.74	52.61	35.98	11.42	90.65	13.82	9.46
2835.91	1441.35	952.54	345.77	2825.72	341.65	272.30
2314.18	2105.41	512.24	1363.48	2298.17	923.86	750.50
3731.52	3635.33	2184.71	1048.65	3786.22	323.62	178.87
560.28	794.48	406.33	315.21	517.32	27.36	2.66
6.52	5.36	2.69	1.75	7.30	0.35	0.07
1.46	0.42	0.32	0.10	1.49	0.08	0.04
81.55	53.21	32.88	15.52	77.86	7.15	5.63
1165.80	1206.94	783.49	265.66	1151.38	115.47	84.40
6500.15	3968.42	2454.08	1271.70	6490.57	704.65	439.83
227.14	408.93	250.09	103.23	226.43	30.56	16.80
3901.85	2918.00	982.53	1732.05	3819.11	1046.27	766.13
8274.38	6416.18	3924.90	1777.89	8552.93	936.36	586.31
2460.76	1401.30	981.53	334.18	2444.77	180.02	124.29
586.76	620.80	334.29	149.16	621.11	153.29	112.04
885.30	804.62	398.62	304.69	918.76	76.56	48.92
2472.15	1913.17	1192.63	552.79	2490.66	216.59	123.96

13-19 规模以上工业企业主要经济效益指标（1996—2011年）
Main Indicators on Economic Benefit of Industrial Enterprises above Designated Size, 1996-2011

年 份 Year	产品销售率(%) Proportion of Products Sold (%)	资金利税率(%) Ratio of Profits and Taxes to Total Assets (%)	总资产贡献率(%) Ratio of Total Assets to Industrial Output Value (%)	成本费用利润率(%) Ratio of Pre-tax Profits to Industrial Cost (%)	工 业 增加值率(%) Ratio of Value Added to Gross Industrial Output Value (%)	全员劳动生产率(元/人) Overall Labour Productivity (yuan/person)
全 市 合 计 Total						
1996	91.6	7.2	8.3	5.0	21.3	20993
1997	96.4	6.0	7.1	3.7	20.4	23073
1998	97.9	5.6	6.6	2.9	20.1	29055
1999	98.6	6.0	6.5	3.6	20.7	35730
2000	98.4	9.0	8.9	6.5	24.2	52425
2001	96.7	9.5	9.3	6.6	24.8	59605
2002	99.1	9.0	8.7	5.8	25.4	69728
2003	98.9	10.6	9.9	6.0	26.5	93235
2004	99.0	12.8	12.8	7.5	26.1	124367
2005	100.6	15.6	14.5	8.5	27.1	150260
2006	99.2	17.5	15.9	8.7	28.7	210084
2007	99.7	16.6	15.0	8.1	29.3	248912
2008	98.4	12.5	12.1	6.3	29.0	297019
2009	98.2	12.8	12.1	6.8		
2010	98.9	18.3	17.3	9.8		
2011	99.3	18.9	18.0	10.2		
# 国有经济 State-owned						
1996	98.2	3.3	5.0	0.3	27.3	18365
1997	95.8	3.2	4.7		25.0	19587
1998	99.2	2.2	4.1		25.8	21340
1999	101.0	1.9	3.2		28.4	26743
2000	100.0	1.3	1.3		28.0	32545
2001	99.0	1.3	2.4		23.2	29470
2002	100.5	1.7	2.4		22.5	32058
2003	100.2	4.1	4.2	1.6	28.9	56402
2004	101.0	3.5	3.3	0.4	28.0	85329
2005	102.0	4.3	3.7	1.5	22.3	80057
2006	99.9	6.6	7.1	2.6	28.7	152738
2007	99.5	8.2	6.9	3.4	34.1	255122
2008	97.2	5.9	5.4	1.5	34.9	357688
2009	100.0	5.7	5.6	0.1		
2010	99.2	8.1	8.2	1.5		
2011	98.1	7.4	7.5	1.1		

13-20 规模以上工业企业主要经济效益指标（2011年）
Main Indicators on Economic Benefit of Industrial Enterprises above Designated Size, 2011

项 目	Item	总资产贡献率(%) Ratio of Total Assets to Industrial Output Value (%)	资 产 负债率 (%) Ratio of Debts to Assets (%)	流动资产周转率(次) Number of Times of Turnover of Working Capitals(time)
全 市 总 计	**Total**	**18.0**	**62.5**	**2.2**
# 国有及国有控股企业	State-owned and State-holding Enterprises	17.6	64.2	2.3
按轻重工业分	**Grouped by Light & Heavy Industry**			
轻工业	Light Industry	14.2	57.5	2.0
重工业	Heavy Industry	18.8	63.5	2.3
按企业规模分	**Grouped by Size of Enterprises**			
大 型	Large-sized	21.4	64.4	2.4
中 型	Medium-sized	15.0	61.0	1.9
小 型	Small-sized	12.1	57.7	2.1
微 型	Mini-sized	7.9	73.1	1.6
按登记注册类型分	**Grouped by Status of Registration**			
内资企业	Domestic-funded Enterprises	18.5	63.9	2.3
国 有	State-owned Enterprises	9.2	71.4	2.3
集 体	Collective-owned Enterprises	22.3	52.0	2.3
股份合作	Cooperative Enterprises	27.0	67.1	2.4
私营企业	Private Enterprises	24.2	61.1	2.8
股份有限公司	Share-holding Corporations Ltd.	44.1	47.3	4.4
有限责任公司	Limited Liability Corporations	9.9	68.2	1.7
# 国有独资公司	Sole State-funded Corporations	3.3	53.3	1.1
联营企业	Joint Ownership Enterprises	7.3	92.9	2.3
# 国有联营	State Joint Ownership Enterprises	3.8	123.3	1.2
集体联营	Collective Joint Ownership Enterprises	30.2	59.5	4.6
其 他	Others	14.1	60.3	2.4
港、澳、台商投资企业	Enterprises with Investment from Hong Kong, Macao and Taiwan	15.0	71.5	1.3
外商投资企业	Foreign Funded Enterprises	18.2	53.8	2.6

13-20 续表 Continued

项　目	Item	成本费用利润率(%) Ratio of Pre-tax Profits to Industrial Cost (%)	产品销售率(%) Proportion of Products Sold (%)	流动比率(%) Current Ratio (%)	速动比率(%) Quick Ratio (%)
全 市 总 计	**Total**	**10.2**	**99.3**	**103.0**	**75.6**
#国有及国有控股企业	State-owned and State-holding Enterprises	11.5	99.0	86.8	78.0
按轻重工业分	**Grouped by Light & Heavy Industry**				
轻工业	Light Industry	8.0	99.5	114.5	71.7
重工业	Heavy Industry	10.7	99.2	100.6	76.4
按企业规模分	**Grouped by Size of Enterprises**				
大　型	Large-sized	12.7	99.8	92.9	77.0
中　型	Medium-sized	9.2	97.6	112.5	75.1
小　型	Small-sized	5.6	99.5	122.9	70.6
微　型	Mini-sized	2.4	99.1	109.9	88.5
按登记注册类型分	**Grouped by Status of Registration**				
内资企业	Domestic-funded Enterprises	11.9	98.9	93.5	77.3
国　有	State-owned Enterprises	1.2	99.5	76.2	77.8
集　体	Collective-owned Enterprises	10.5	99.0	159.1	70.1
股份合作	Cooperative Enterprises	11.6	99.0	111.3	70.4
私营企业	Private Enterprises	11.1	99.4	114.7	76.1
股份有限公司	Share-holding Corporations Ltd.	51.7	99.2	80.9	81.9
有限责任公司	Limited Liability Corporations	5.0	98.1	98.9	76.5
#国有独资公司	Sole State-funded Corporations	0.6	92.2	113.2	78.4
联营企业	Joint Ownership Enterprises	1.9	104.3	67.6	82.1
#国有联营	State Joint Ownership Enterprises	0.2	99.7	57.0	90.2
集体联营	Collective Joint Ownership Enterprises	4.1	102.4	133.9	83.8
其　他	Others	7.8	98.2	109.8	68.5
港、澳、台商投资企业	Enterprises with Investment from Hong Kong, Macao and Taiwan	10.0	97.7	106.8	78.8
外商投资企业	Foreign Funded Enterprises	7.3	100.4	128.9	68.0

13-21 分行业规模以上工业企业主要经济效益指标（2011年）
Main Indicators on Economic Benefit of Industrial Enterprises above Designated Size by Sector, 2011

行　业	Sector	总资产贡献率(%) Ratio of Total Assets to Industrial Output Value (%)	资　产负债率(%) Ratio of Debts to Assets (%)	流动资产周转率(次) Number of Times of Turnover of Working Capitals(time)
总　计	**Total**	**18.0**	**62.5**	**2.2**
煤炭开采和洗选业	Mining and Washing of Coal	24.5	93.7	1.1
石油和天然气开采业	Extraction of Petroleum and Natural Gas	53.3	45.1	5.3
黑色金属矿采选业	Mining and Processing of Ferrous Metal Ores	32.9	63.7	1.6
非金属矿采选业	Mining and Processing of Nonmetal Ores	2.5	27.7	0.3
农副食品加工业	Processing of Food from Agricultural Products	6.5	77.9	1.9
食品制造业	Manufacture of Food	36.0	53.0	3.7
饮料制造业	Manufacture of Beverage	10.8	67.1	2.9
烟草制品业	Manufacture of Tobacco	75.0	100.0	4.0
纺织业	Manufacture of Textile	6.6	60.9	1.8
纺织服装鞋帽制造业	Manufacture of Textile Wearing Apparel, Footwear and Caps	9.4	76.5	1.0
皮革毛皮羽毛(绒)及其制品业	Manufacture of Leather, Fur, Feather and Related Products	13.0	63.5	1.8
木材加工及木、竹、藤、棕、草制品业	Processing of Timber, Manufacture of Wood, Bamboo, Rattan, Palm and Straw Products	12.4	57.8	2.2
家具制造业	Manufacture of Furniture	12.9	60.0	1.9
造纸及纸制品业	Manufacture of Paper and Paper Products	9.0	68.5	1.7
印刷业和记录媒介的复制	Printing, Reproduction of Recording Media	7.7	59.7	1.7
文教体育用品制造业	Manufacture of Articles for Culture, Education and Sport Activity	11.8	42.3	2.5
石油加工炼焦及核燃料加工业	Processing of Petroleum, Coking, Processing of Nuclear Fuel	30.6	58.9	4.7
化学原料及化学制品制造业	Manufacture of Raw Chemical Materials and Chemical Products	9.6	62.2	2.4
医药制造业	Manufacture of Medicines	14.9	37.0	1.2
化学纤维制造业	Manufacture of Chemical Fibers	22.0	55.2	2.9
橡胶制品业	Manufacture of Rubber	8.5	60.2	2.3
塑料制品业	Manufacture of Plastics	11.3	54.2	2.3
非金属矿物制品业	Manufacture of Non-metallic Mineral Products	10.9	59.8	1.6
黑色金属冶炼及压延加工业	Smelting and Pressing of Ferrous Metals	12.7	79.2	2.2
有色金属冶炼及压延加工业	Smelting and Pressing of Non-Ferrous Metals	28.1	68.1	4.0
金属制品业	Manufacture of Metal Products	13.3	62.5	2.3
通用设备制造业	Manufacture of General Purpose Machinery	15.0	48.0	1.8
专用设备制造业	Manufacture of Special Purpose Machinery	10.5	52.9	1.3
交通运输设备制造业	Manufacture of Transport Equipment	20.5	57.8	2.2
电气机械及器材制造业	Manufacture of Electrical Machinery and Equipment	12.6	59.0	1.6
通信设备计算机及其他电子设备制造业	Manufacture of Communication Equipment, Computers and Other Electronic Equipment	14.7	56.3	2.9
仪器仪表及文化办公用机械制造业	Manufacture of Measuring Instruments and Machinery for Cultural Activity and Office Work	11.5	50.9	2.1
工艺品及其他制造业	Manufacture of Artwork and Other Manufacturing	14.5	54.6	3.1
废弃资源和废旧材料回收加工业	Recycling and Disposal of Waste	24.6	79.0	3.0
电力热力的生产和供应业	Production and Supply of Electric Power and Heat Power	4.5	62.6	3.0
燃气生产和供应业	Production and Supply of Gas	3.6	56.9	1.7
水的生产和供应业	Production and Supply of Water	2.1	60.7	0.7

13-21 续表 Continued

行　业	Sector	成本费用利润率(%) Ratio of Pre-tax Profits to Industrial Cost(%)	产　品销售率(%) Proportion of Products Sold (%)	流动比率(%) Current Ratio (%)	速动比率(%) Quick Ratio (%)
总　计	**Total**	**10.2**	**99.3**	**103.0**	**78.6**
煤炭开采和洗选业	Mining and Washing of Coal	12.0	100.0	93.8	78.3
石油和天然气开采业	Extraction of Petroleum and Natural Gas	76.3	98.0	80.5	73.6
黑色金属矿采选业	Mining and Processing of Ferrous Metal Ores	62.9	93.9	94.7	77.8
非金属矿采选业	Mining and Processing of Nonmetal Ores	7.7	99.7	330.2	304.4
农副食品加工业	Processing of Food from Agricultural Products	2.3	96.5	105.2	78.2
食品制造业	Manufacture of Food	15.9	108.8	102.3	84.6
饮料制造业	Manufacture of Beverage	2.4	97.7	64.4	41.2
烟草制品业	Manufacture of Tobacco	7.7	99.7	31.9	21.2
纺织业	Manufacture of Textile	5.1	92.9	94.0	53.2
纺织服装鞋帽制造业	Manufacture of Textile Wearing Apparel, Footwear and Caps	8.2	98.2	122.3	89.9
皮革毛皮羽毛(绒)及其制品业	Manufacture of Leather, Fur, Feather and Related Products	5.0	98.3	116.3	70.1
木材加工及木、竹、藤、棕、草制品业	Processing of Timber, Manufacture of Wood, Bamboo, Rattan, Palm and Straw Products	5.9	100.4	119.1	81.6
家具制造业	Manufacture of Furniture	7.9	101.4	117.7	83.8
造纸及纸制品业	Manufacture of Paper and Paper Products	7.3	97.3	96.4	80.3
印刷业和记录媒介的复制	Printing, Reproduction of Recording Media	5.0	98.8	95.2	77.9
文教体育用品制造业	Manufacture of Articles for Culture, Education and Sport Activity	4.9	99.8	159.0	101.8
石油加工炼焦及核燃料加工业	Processing of Petroleum, Coking, Processing of Nuclear Fuel	0.3	99.6	101.2	47.3
化学原料及化学制品制造业	Manufacture of Raw Chemical Materials and Chemical Products	6.3	98.8	100.6	78.1
医药制造业	Manufacture of Medicines	15.1	97.1	180.0	137.6
化学纤维制造业	Manufacture of Chemical Fibers	9.0	98.1	120.5	77.7
橡胶制品业	Manufacture of Rubber	4.0	101.7	96.5	63.8
塑料制品业	Manufacture of Plastics	5.6	98.4	121.8	90.8
非金属矿物制品业	Manufacture of Non-metallic Mineral Products	7.0	98.6	108.2	87.4
黑色金属冶炼及压延加工业	Smelting and Pressing of Ferrous Metals	5.7	99.5	82.6	62.2
有色金属冶炼及压延加工业	Smelting and Pressing of Non-Ferrous Metals	4.4	100.7	114.4	87.2
金属制品业	Manufacture of Metal Products	6.2	100.8	109.7	81.7
通用设备制造业	Manufacture of General Purpose Machinery	13.1	100.6	125.8	90.4
专用设备制造业	Manufacture of Special Purpose Machinery	8.1	96.4	145.5	99.3
交通运输设备制造业	Manufacture of Transport Equipment	9.3	99.5	121.4	95.0
电气机械及器材制造业	Manufacture of Electrical Machinery and Equipment	7.9	98.4	121.5	91.2
通信设备计算机及其他电子设备制造业	Manufacture of Communication Equipment, Computers and Other Electronic Equipment	4.8	97.7	137.8	103.4
仪器仪表及文化办公用机械制造业	Manufacture of Measuring Instruments and Machinery for Cultural Activity and Office Work	6.0	100.7	152.3	102.9
工艺品及其他制造业	Manufacture of Artwork and Other Manufacturing	3.0	97.5	129.5	89.7
废弃资源和废旧材料回收加工业	Recycling and Disposal of Waste	3.2	97.8	108.8	95.2
电力热力的生产和供应业	Production and Supply of Electric Power and Heat Power	0.4	99.8	53.4	48.6
燃气生产和供应业	Production and Supply of Gas	5.0	97.9	77.6	74.8
水的生产和供应业	Production and Supply of Water	2.6	99.3	64.2	63.7

13-22 大中型工业企业主要经济指标及占全市比重
Main Economic Indicators of Large & Medium-sized Industrial Enterprises and as Percentage of Municipal Industry

单位：亿元 (100 million yuan)

指 标	Item	大中型 Large & Medium-sized		# 国有大中型 State-owned	
		绝对数 Statistics	占全市比重 (%) As Percentage of Municipal Industry (%)	绝对数 Statistics	占全市比重 (%) As Percentage of Municipal Industry (%)
2010年	Year of 2010				
企业单位数(个)	Number of Enterprises (unit)	796	10.0	59	0.7
从业人员年平均人数(万人)	Annual Average Employment Personnel (10 000 persons)	92.35	62.0	6.74	4.5
工业总产值	Gross Output Value of Industry	12513.62	74.7	1941.00	11.6
资产总计	Total Assets	10745.40	73.7	2059.26	14.1
# 流动资产合计	Total Working Capitals	5039.36	67.5	730.25	9.8
固定资产合计	Total Fixed Assets	4691.12	81.8	1113.19	19.4
主营业务收入	Revenue from Principal Business	12894.13	74.4	2313.11	13.4
主营业务成本	Cost of Principal Business	10863.36	73.5	2158.19	14.6
主营业务税金及附加	Tax and Extra Charges of Principal Business	193.17	91.0	67.96	32.0
利税总额	Total Profits and Taxes	2045.40	84.8	213.52	8.9
总资产贡献率(%)	Ratio of Total Assets to Industrial Output Value (%)	19.77		11.81	
产销率(%)	Proportion of Products Sold (%)	98.81		100.30	
亏损企业个数(个)	Number of Loss-suffering Enterprises (unit)	112	7.9	15	1.1
亏损企业亏损额	Total Loss of Loss-suffering Enterprises	40.80	54.2	8.50	11.2
2011年	Year of 2011				
企业单位数(个)	Number of Enterprises (unit)	976	19.5	200	4.0
从业人员年平均人数(万人)	Annual Average Employment Personnel (10 000 persons)	109.60	72.7	36.08	23.9
工业总产值	Gross Output Value of Industry	16283.84	78.1	7535.97	36.1
资产总计	Total Assets	13800.21	79.4	7747.55	44.6
# 流动资产合计	Total Working Capitals	7159.24	75.8	3219.64	34.1
固定资产合计	Total Fixed Assets	5260.74	84.4	3742.54	60.0
主营业务收入	Revenue from Principal Business	16371.63	77.6	7660.07	36.3
主营业务成本	Cost of Principal Business	13533.82	76.2	6202.48	34.9
主营业务税金及附加	Tax and Extra Charges of Principal Business	259.33	93.2	204.92	73.7
利税总额	Total Profits and Taxes	2580.21	86.9	1362.41	45.9
总资产贡献率(%)	Ratio of Total Assets to Industrial Output Value (%)	19.60		18.60	
产销率(%)	Proportion of Products Sold (%)	99.20		98.90	
亏损企业个数(个)	Number of Loss-suffering Enterprises (unit)	172	21.5	54	6.7
亏损企业亏损额	Total Loss of Loss-suffering Enterprises	79.50	71.1	52.10	46.6

13-23 国有及国有控股大中型工业企业主要经济指标及占全市比重

Main Economic Indicators of Large & Medium-sized State-owned and State-holding Industrial Enterprises as Percentage of Municipal Industry

单位：亿元 (100 million yuan)

指　标	Item	绝对数 Statistics	占全市比重(%) As Percentage of Municipal Industry (%)
2010年	Year of 2010		
企业单位数(个)	Number of Enterprises (unit)	187	2.4
从业人员年平均人数(万人)	Annual Average Employment Personnel (10 000 persons)	32.82	22.0
工业总产值	Gross Output Value of Industry	6152.78	36.7
资产总计	Total Assets	6669.02	45.7
#流动资产合计	Total Working Capitals	2569.23	34.4
固定资产合计	Total Fixed Assets	3434.97	59.9
主营业务收入	Revenue from Principal Business	6538.51	37.8
主营业务成本	Cost of Principal Business	5483.08	37.1
主营业务税金及附加	Tax and Extra Charges of Principal Business	183.56	86.4
利税总额	Total Profits and Taxes	1217.21	50.5
总资产贡献率(%)	Ratio of Total Assets to Industrial Output Value (%)	17.30	
产销率(%)	Proportion of Products Sold (%)	98.90	
亏损企业个数(个)	Number of Loss-suffering Enterprises (unit)	41	2.9
亏损企业亏损额	Total Loss of Loss-suffering Enterprises	27.09	36.0
2011年	Year of 2011		
企业单位数(个)	Number of Enterprises (unit)	200	4.0
从业人员年平均人数(万人)	Annual Average Employment Personnel (10 000 persons)	36.08	23.9
工业总产值	Gross Output Value of Industry	7535.18	36.1
资产总计	Total Assets	7747.55	44.6
#流动资产合计	Total Working Capitals	3219.64	34.1
固定资产合计	Total Fixed Assets	3742.54	60.0
主营业务收入	Revenue from Principal Business	7660.07	36.3
主营业务成本	Cost of Principal Business	6202.48	34.9
主营业务税金及附加	Tax and Extra Charges of Principal Business	204.92	73.7
利税总额	Total Profits and Taxes	1362.41	45.9
总资产贡献率(%)	Ratio of Total Assets to Industrial Output Value (%)	16.60	
产销率(%)	Proportion of Products Sold (%)	98.90	
亏损企业个数(个)	Number of Loss-suffering Enterprises (unit)	54	6.7
亏损企业亏损额	Total Loss of Loss-suffering Enterprises	52.14	46.6

主要统计指标解释

工　业

指从事自然资源的开采，对采掘品和农产品进行加工和再加工的物质生产部门。具体包括：(1) 对自然资源的开采，如采矿、晒盐等（但不包括禽兽捕猎和水产捕捞）；(2) 对农副产品的加工、再加工，如粮油加工、食品加工、缫丝、纺织、制革等；(3) 对采掘品的加工、再加工，如炼铁、炼钢、化工生产、石油加工、机器制造、木材加工等，以及电力、自来水、煤气的生产和供应等；(4) 对工业品的修理、翻新，如机器设备的修理、交通运输工具（包括小卧车）的修理等。

1984 年以前农村的村及村以下办工业归属农业，1984 年以后划归工业。工业统计调查单位为独立核算法人工业企业。

独立核算法人工业企业指从事工业生产经营活动的单位。独立核算法人工业企业应同时具备以下条件：(1) 依法成立，有自己的名称、组织机构和场所，能够承担民事责任；(2) 独立拥有和使用资产，承担负债，有权与其他单位签订合同；(3) 独立核算盈亏，并能够编制资产负债表。

轻工业

指主要提供生活消费品和制作手工工具的工业。按其所使用的原料不同，可分为两大类：(1) 以农产品为原料的轻工业，是指直接或间接以农产品为基本原料的轻工业。主要包括食品制造、饮料制造、烟草加工、纺织、缝纫、皮革和毛皮制作、造纸以及印刷等工业；(2) 以非农产品为原料的轻工业，是指以工业品为原料的轻工业。主要包括文教体育用品、化学药品制造、合成纤维制造、日用化学制品、日用玻璃制品、日用金属制品、手工工具制造、医疗器械制造、文化和办公用机械制造等工业。

重工业

指为国民经济各部门提供物质技术基础的主要生产资料的工业。按其生产性质和产品用途，可以分为下列三类：(1) 采掘（伐）工业，是指对自然资源的开采，包括石油开采、煤炭开采、金属矿开采、非金属矿开采等工业；(2) 原材料工业，指向国民经济各部门提供基本材料、动力和燃料的工业。包括金属冶炼及加工、炼焦及焦炭、化学、化工原料、水泥、人造板以及电力、石油和煤炭加工等工业；(3) 加工工业，是指对工业原材料进行再加工制造的工业。包括装备国民经济各部门的机械设备制造工业、金属结构、水泥制品等工业，以及为农业提供的生产资料如化肥、农药等工业。根据上述划分原则，修理业中以重工业产品为修理作业对象的划为重工业，反之划为轻工业。

规模以上工业法人企业

指年主营业务收入 2000 万元及以上的工业法人企业。

大、中、小、微型企业

根据 2011 年国家统计局制定的《统计上大中小微型企业划分办法》，以从业人员和营业收入两项指标为依据，将工业企业划分为大、中、小、微型。划分标准如下：

指标名称	计量单位	大型	中型	小型	微型
从业人员 (X)	人	X ≥ 1000	300 ≤ X < 1000	20 ≤ X < 300	X < 20
营业收入 (Y)	万元	Y ≥ 40000	2000 ≤ Y < 40000	300 ≤ Y < 2000	Y < 300

工业总产值

是指以货币形式表现的，工业企业在一定时期内生产的工业最终产品和提供工业性劳务活动的总价值量。它反映一定时间内工业生产的总规模和总水平。

资产总计

指企业过去的交易或者事项形成的，由企业拥有或者控制的、预期会给企业带来经济利益的资源。资产一般按流动性分为流动资产和非流动资产。

流动资产合计

资产满足以下条件之一应归为流动资产：（1）预计在一个正常营业周期中变现、出售或耗用，主要包括存货、应收账款等；（2）主要为交易目的而持有；（3）预计在资产负债表日起一年内（含一年）变现；（4）自资产负债日起一年内，交换其他资产或清偿负债的能力不受限制的现金或现金等价物。包括货币资金、应收票据、应收账款、存货等项目。

主要统计指标解释

固定资产

指企业为生产商品、提供劳务、出租或经营管理而持有的，使用寿命超过一个会计年度的有形资产。包括使用期限超过一年的房屋、建筑物、机器、机械、运输工具以及其他与生产、经营有关的设备、器具、工具等。

主营业务收入

指企业确认的销售商品、提供劳务等主营业务的收入。

主营业务成本

指企业经营主要业务所发生的成本总额。

主营业务税金及附加

指企业经营主要业务应负担的营业税、消费税、城市维护建设税、教育费附加等。

利润总额

指企业在一定会计期间的经营成果，是生产经营过程中各种收入扣除各种耗费后的盈余，反映企业在报告期内实现的亏盈总额。执行2006年《企业会计准则》的企业，利润总额为营业利润加上营业外收入，减去营业外支出后的金额；未执行 2006 年《企业会计准则》的企业，利润总额为营业利润加上投资收益、补贴收入、营业外收入，再减去营业外支出后的金额。

利税总额

指利润总额、主营业务税金及附加和本期应交增值税之和。

产品销售率

反映工业产品已实现销售的程度，是分析工业产销衔接情况，研究工业产品满足社会需求的指标。计算公式为：

$$产品销售率(\%)=\frac{工业销售产值}{工业总产值(现价)}\times100\%$$

总资产贡献率

反映企业全部资产的获利能力，是企业经营业绩和管理水平的集中体现，是评价和考核企业盈利能力的核心指标。计算公式为：

$$总资产贡献率(\%)=\frac{利润总额+税金总额+利息支出}{平均资金总额}\times100\%$$

公式中：税金总额为主营业务税金及附加与应交增值税之和；平均资产总额为期初期末资产之和的算术平均值。

资产负债率

该指标既反映企业经营风险的大小，也反映企业利用债权人提供的资金从事经营活动的能力。计算公式为：

$$资产负债率(\%)=\frac{负债总额}{资产总额}\times100\%$$

流动资产周转次数

指一定时期内流动资产完成的周转次数，反映投入工业企业流动资金的周转速度。计算公式为：

$$流动资产周转次数=\frac{主营业务收入}{全部流动资产平均余额}$$

公式中：全部流动资产平均余额为期初和期末的流动资产之和的算术平均值。

成本费用利润率

反映企业投入的生产成本及费用的经济效益，同时也反映企业降低成本所取得的经济效益。计算公式为：

$$成本费用利润(\%)=\frac{利润总额}{成本费用总额}\times100\%$$

公式中：成本费用总额为产品销售成本、销售费用、管理费用、财务费用之和。

Explanatory Notes on Main Statistical Indicators

Industry

refers to the material production sector which is engaged in extraction of natural resources and processing and reprocessing of minerals and agricultural products, including: (1) extraction of natural resources, such as mining, salt production (but not including hunting and fishing); (2) processing and reprocessing of farm and sideline produces, such as rice husking, flour milling, wine making, oil pressing, silk reeling, spinning and weaving, and leather making; (3) manufacture of industrial products, such as steel making, iron smelting, chemicals manufacturing, petroleum processing, machine building, timber processing; water and gas production and electricity generation and supply; (4) repairing of industrial products such as repairing of machinery and means of transport (including cars).

Prior to 1984, the rural industry run by villages and cooperative organizations under village was classified into agriculture. Since 1984, it has been grouped into industry. Units of industrial statistics survey corporate industrial enterprises with independent accounting system.

Corporate industrial enterprises with independent accounting system refer to enterprises engaging in industrial production activities, which meet the following requirements: they are established legally, having their own names, organizations, location, able to take civil liability; they possess and use their assets independently, assume liabilities, and are entitled to sign contracts with other units; they are financially Independent and compile their own balance sheets.

Light Industry

refers to the industry that produces consumer goods and hand tools. It consists of two categories, depending on the materials used: (1) Industries using farm products as raw materials. These are branches of light industry which directly or indirectly use farm products as basic raw materials, including the manufacture of food and beverages, tobacco processing, textile, clothing, fur and leather manufacturing, paper making, printing, etc. (2) Industries using non farm products as raw materials. These are branches of light industry which use manufactured goods as raw materials, including the manufacture of cultural, educational articles and sports goods, chemicals, synthetic fiber, chemical products for daily use, glass products for daily use, metal products for daily use, hand tools, medical apparatus and instruments, and the manufacture of cultural and clerical machinery.

Heavy Industry

refers to the industry which produces capital goods, and provides various sectors of the national economy with necessary material and technical basis. It consists of the following three branches according to the purpose of production or the use of products: (1) Mining, quarrying and logging industry refers to the industry that extracts natural resources, including extraction of petroleum, coal, metal and non-metal ores. (2) Raw materials industry refers to the industry that provides various sectors of the national economy with raw materials, fuels and power. It includes smelting and processing of metals, coking and coke chemistry, chemical materials and building materials such as cement, plywood, and power, petroleum refining and coal dressing. (3) Manufacturing industry refers to the industry that processes raw materials. It includes machine building industry which equips sectors of the national economy, industries of metal structure and cement products, industries producing means of agricultural production, such as chemical fertilizers and pesticides. According to the above principle of classification, the repairing trades which are engaged primarily in repairing products of heavy industry are classified into heavy industry while these engaged in repairing products of light industry are classified into light industry.

Industrial Enterprises above Designated Size

refer to industrial enterprises as legal person with annual business revenue of over 20 million yuan.

Large, Medium, Small, Mini-sized Enterprises

Industrial enterprises are classified into large, medium, small, mini-sized enterprises according to employment personnel and sales revenue in accordance with the regulation of Classification of Large, Medium, Small, Mini-sized Enterprises on Statistics in 2011. The standard of classification as following:

Indicator	Unit	Large-sized	Medium-sized	Small-sized	Mini-sized
Employment Personnel(X)	person	$X \geq 1000$	$300 \leq X<1000$	$20 \leq X<300$	$X<20$
Sales Revenue(Y)	10000 yuan	$Y \geq 40000$	$2000 \leq Y<40000$	$300 \leq Y<2000$	$Y<300$

Gross Output Value of Industry

refers to total volume of final industrial products produced and industrial services provided during a given period. It reflects the total achievements and overall scale of industrial production during a given period.

Explanatory Notes on Main Statistical Indicators

Total Assets

refer to all resources formed by transaction or other activities, which are owned or controlled by enterprises and expected to bring economic benefits to the enterprises. Classified by the degree of liquidity, total assets include working capitals and immovable assets.

Total Working Capitals

the assets should be classified into working capital if meeting one of the following conditions: (1) expected to be liquidated, sold or consumed in one normal operating cycle, mainly including inventory, account receivable, etc.; (2) owned for transaction purpose; (3) expected to be liquidated in one year (including one year) since balance sheet date; (4) cash or cash equivalent without limited ability of exchanging other assets or paying debts in one year from balance sheet date, including monetary funds, note receivable, accounts receivable, inventory and other items.

Fixed Assets

refer to the physical assets owned over one accounting year for the purpose of production, providing services, rent or business management, including the use of more than one year of housing, buildings, machines, machinery, transport equipment and other production and business-related equipment, apparatus, tools, etc.

Revenue from Principal Business

refers to revenues accepted by enterprises from the sales of products, labour services provided and etc. in the principal business.

Cost of Principal Business

refers to total costs for enterprises to operate the principal business.

Tax and Extra Charges of Principal Business

refer to the tax and charges including the business tax, consumption tax, city maintenance and construction tax, resources tax, land increasing value tax and extra charges for education and etc. in the operation of principal business.

Total Pre-tax Profits

refer to the business results of enterprises in certain accounting period, that is the profits gained from the revenues after deducting the costs, which means the final achievements in the reference period. To the enterprises implemented the Regulation of Accounting Standards for Business Enterprises in 2006, total pre-tax profits equals to business profit add non-operating revenue and minus non-operating expenditures. To the enterprises not implemented, total pre-tax profits equals to business profit add investment income, subsidies, non-operating revenue and minus non-operating expenditures.

Total Profits and Taxes

refers to the sum of the total profits, tax and extra charges of principal business and the value added tax payable of industrial enterprises.

Proportion of Products Sold

reflects the actual sale of industrial products, analyzing the production-selling and supply-demand relations. It is calculated as:

$$\text{Proportion of Products Sold (\%)} = \frac{\text{Value of Industrial Sales}}{\text{Gross Industrial Output Value (Current Prices)}} \times 100\%$$

Ratio of Total Assets to Industrial Output Value

reflects the profit-making capability of all assets of the enterprise and is a key indicator manifesting the performance and management and evaluating the profit-making potential of the enterprise. It is calculated as follows:

$$\text{Ratio of Total Assets to Industrial Output Value (\%)} = \frac{\text{Total Pre-tax Profits} + \text{Total Taxes} + \text{Interest Payment}}{\text{Average Assets}} \times 100\%$$

In the above formula, total taxes is the sum of tax and extra charges of principal business and value-added tax payable; and average assets is the arithmetic mean of the sum of beginning assets and ending assets.

Ratio of Debts to Assets

reflects both the operation risk and the capability of the enterprise in making use of the capital from the creditors. It is calculated as follows:

$$\text{Ratio of Debts to Assets (\%)} = \frac{\text{Total Debts}}{\text{Total Assets}} \times 100\%$$

Number of Times of Turnover of Working Capitals

refers to the number of times of turnover of working capital in a given period of time, which reflects the speed of the turnover of working capital of industrial enterprises, and is calculated as follows:

$$\text{Turnover of Working Capital} = \frac{\text{Revenue from Principal Business}}{\text{Average Balance of Total Working Capital}}$$

In the above formula, average balance of total working capital refers to the arithmetic mean of the sum of circulating funds at the beginning and at the end of the reference period.

Ratio of Pre-tax Profits to Total Industrial Costs

refers to the ratio of profits realized in a given period to the total costs in the same period, which reflects the economic efficiency of input cost and is calculated as follows:

$$\text{Ratio of Profits to Total Industrial Cost (\%)} = \frac{\text{Total Pre-tax Profits}}{\text{Total Costs}} \times 100\%$$

Total costs in the above formula is the sum of cost of products sold, marketing cost, management cost and financial cost.

14 建筑业 Construction

14-1 建筑企业基本情况（1996—2011年）
Basic Statistics on Construction Enterprises, 1996-2011

年 份 Year	企业个数 (个) Number of Enterprises (unit)	从业人员平均人数 (万人) Annual Average Employment Personnel (10 000 persons)	建筑业总产值 (亿元) Gross Output Value of Construction (100 million yuan)	房屋建筑施工面积 (万平方米) Floor Space of Building under Construction (10 000 sq. m)	房屋建筑竣工面积 (万平方米) Floor Space of Building Completed (10 000 sq. m)	#住 宅 Residential Buildings
1996	461	29.06	173.57	1579.53	567.98	285.82
1997	477	29.26	191.00	1752.13	727.61	398.82
1998	500	29.34	211.12	2059.23	868.00	527.98
1999	491	28.71	222.74	2087.01	901.88	637.85
2000	456	27.44	238.10	2253.99	1056.40	658.85
2001	420	25.96	288.68	2140.04	924.92	562.40
2002	925	34.56	406.16	2817.84	1332.10	726.87
2003	900	35.55	520.84	3395.94	1465.75	797.72
2004	1155	38.27	655.20	3547.76	1644.90	758.00
2005	1108	39.10	754.37	3940.56	1484.38	728.58
2006	1103	38.57	983.93	4555.08	1735.58	815.52
2007	1113	45.34	1221.94	5447.39	2101.38	1020.12
2008	1362	49.62	1453.79	5947.56	1643.66	687.62
2009	1371	59.31	1911.48	6572.69	2240.10	1010.85
2010	1448	65.47	2424.49	7564.29	2419.16	1168.62
2011	1494	65.38	2986.45	10058.78	2637.65	1352.95

14-2 建筑企业主要经济效益指标和工程质量（1996—2011年）
Main Indicators of Economic Benefit and Engineering Quality of Construction Enterprises, 1996-2011

年 份 Year	全员劳动生产率 (元/人) Overall Labour Productivity (yuan/person)	平均每一从业人员竣工面积(平方米) Floor Space of Building Completed per Employment Personnel (sq. m)	产值利润率 (%) Ratio of Pre-tax Profit to Gross Output Value (%)	产值利税率 (%) Ratio of Profits and Taxes to Gross Output Value (%)	按面积计算竣工率(%) Percentage of Building Completed in Terms of Floor Space (%)
1996	59724	19.5	1.0	3.6	36.0
1997	65274	24.9	1.1	3.7	41.5
1998	71958	29.6	1.4	3.9	42.2
1999	77583	31.4	1.0	3.6	43.2
2000	86771	38.5	1.1	4.0	46.9
2001	111194	35.6	1.3	4.2	43.2
2002	117536	38.5	1.8	4.7	47.3
2003	146499	41.2	1.9	4.8	43.2
2004	171190	43.0	1.9	4.9	46.4
2005	192931	38.0	2.3	5.3	37.7
2006	255108	45.0	2.6	5.8	38.1
2007	269502	46.3	3.1	6.3	38.6
2008	292999	33.1	3.3	6.5	27.6
2009	322264	37.8	2.8	6.0	34.1
2010	370312	36.9	2.7	6.0	32.0
2011	456788	40.3	2.7	5.8	26.2

14-3 建筑企业基本情况（按登记注册类型和经济类型分）
Basic Statistics on Construction Enterprises (Grouped by Status of Registration and Ownership)

项目 Item	企业个数（个）Number of Enterprises (unit)		从业人员平均人数（万人）Average Employment Personnel (10 000 persons)		从业人员劳动报酬（万元）Remuneration of Employment Personnel (10 000 yuan)		建筑业总产值（万元）Gross Output Value of Construction (10 000 yuan)	
	2010	2011	2010	2011	2010	2011	2010	2011
总计 Total	**1448**	**1494**	**65.47**	**65.38**	**1196877**	**1579476**	**24244933**	**29864545**
按登记注册类型分 Grouped by Status of Registration								
内资企业 Domestic-funded Enterprises	1415	1460	64.91	65.09	1186706	1572382	24064454	29728282
国有 State-owned Enterprises	109	105	12.40	11.79	306324	318045	6028904	5638153
集体 Collective-owned Enterprises	63	64	4.41	6.71	48274	90289	1014453	1663520
股份合作 Cooperative Enterprises	14	17	0.49	0.18	8107	4026	117828	88693
私营企业 Private Enterprises	757	767	9.85	9.89	166557	205692	2506360	3079980
股份有限公司 Share-holding Corporations Ltd.	45	42	3.05	2.13	69897	147482	1211337	1340805
有限责任公司 Limited Liability Corporations	394	399	34.33	32.01	579792	781803	13092485	17124738
#国有独资 Sole State-funded Corporations	12	13	3.50	4.25	68717	46537	1659643	1734664
联营企业 Joint Ownership Enterprises	7	5	0.18	0.15	3623	4615	28228	33651
#集体联营 Collective Joint Ownership Enterprises	2	2	0.15	0.14	3098	4436	22809	31439
其他 Others	26	61	0.21	2.23	4132	20430	64859	758742
港、澳、台商投资企业 Enterprises with Investment from Hong Kong, Macao and Taiwan	18	18	0.40	0.09	5209	1332	103704	48654
外商投资企业 Foreign Funded Enterprises	15	16	0.15	0.20	4962	5762	76775	87609
按经济类型分 Grouped by Ownership								
国有经济 State-owned	123	119	15.92	16.04	375432	364594	7692711	7372987
集体经济 Collective-owned	79	83	5.05	7.03	59480	98751	1155090	1783652
私有经济 Private and Individual	757	767	9.85	9.89	166557	205692	2506360	3079980
港澳台商投资经济 Hong Kong, Macao and Taiwan Funded	18	18	0.40	0.09	5209	1332	103704	48654
外商投资经济 Foreign Funded	15	16	0.15	0.20	4962	5762	76775	87609
其他 Others	456	491	34.10	32.13	585237	903345	12710293	17491663

14-3 续表 Continued

项目 Item	竣工产值（万元） Gross Output Value Completed (10 000 yuan)		房屋建筑施工面积（万平方米） Floor Space of Building under Construction (10 000 sq. m)		房屋建筑竣工面积（万平方米） Floor Space of Building Completed (10 000 sq. m)		#住宅 Residential Buildings	
	2010	2011	2010	2011	2010	2011	2010	2011
总计 Total	**12141280**	**14015133**	**7564.29**	**10058.78**	**2419.16**	**2637.65**	**1168.62**	**1352.95**
按登记注册类型分 Grouped by Status of Registration								
内资企业 Domestic-funded Enterprises	12075267	13947100	7494.01	10024.81	2388.76	2636.18	1168.62	1351.48
国有 State-owned Enterprises	2789162	1737067	1949.35	2504.10	328.95	332.60	253.29	208.69
集体 Collective-owned Enterprises	538387	891656	492.11	725.05	191.47	275.10	64.86	164.92
股份合作 Cooperative Enterprises	81606	77921	4.75	0.47	4.75	0.47	3.00	
私营企业 Private Enterprises	1476492	1749857	810.24	956.54	428.28	473.53	212.38	290.47
股份有限公司 Share-holding Corporations Ltd.	464045	602942	276.82	350.49	72.83	100.19	51.88	64.11
有限责任公司 Limited Liability Corporations	6676962	8456830	3951.98	5340.30	1355.00	1390.98	580.92	598.13
#国有独资公司 Sole State-funded Corporations	486528	767288	218.96	764.58	81.94	136.50	23.49	92.08
联营企业 Joint Ownership Enterprises	20694	30942	5.58	7.89	5.18	7.89	0.78	1.52
#集体联营 Collective Joint Ownership Enterprises	19663	29932	5.58	7.89	5.18	7.89	0.78	1.52
其他 Others	27920	399885	3.20	139.96	2.30	55.42	1.50	23.64
港、澳、台商投资企业 Enterprises with Investment from Hong Kong, Macao and Taiwan	38003	17987	35.04		23.54			
外商投资企业 Foreign Funded Enterprises	28010	50046	35.23	33.98	6.86	1.47		1.47
按经济类型分 Grouped by Ownership								
国有经济 State-owned	3275743	2504525	2168.31	3268.68	410.89	469.10	276.78	300.77
集体经济 Collective-owned	639656	999509	502.44	733.41	201.40	283.46	68.64	166.44
私有经济 Private and Individual	1476492	1749857	810.24	956.54	428.28	473.53	212.38	290.47
港澳台商投资经济 Hong Kong, Macao and Taiwan Funded	38003	17987	35.04		23.54			
外商投资经济 Foreign Funded	28010	50046	35.23	33.98	6.86	1.47		1.47
其他 Others	6683376	8693209	4013.03	5066.17	1348.19	1410.09	610.82	593.80

14-4 建筑企业基本情况(按行业和资质等级分)
Basic Statistics on Construction Enterprises (Grouped by Sector and Qualification Grade)

项 目 Item	企业个数(个) Number of Enterprises (unit)		从业人员平均人数(万人) Average Employment Personnel (10 000 persons)		从业人员劳动报酬(万元) Remuneration of Employment Personnel (10 000 yuan)		建筑业总产值(万元) Gross Output Value of Construction (10 000 yuan)	
	2010	2011	2010	2011	2010	2011	2010	2011
按行业类别分								
Grouped by Sector								
房屋工程建筑业								
Building Engineering	204	223	25.86	28.41	388451	382256	7963054	10293905
土木工程建筑业								
Civil Engineering	241	251	24.89	24.09	462898	769139	11902681	14719610
建筑安装业								
Building Installation	501	513	9.32	7.96	237635	271354	2582528	3042658
建筑装饰业								
Building Decoration	247	259	2.18	1.86	29651	29894	506916	656659
其他建筑业								
Others	255	248	3.22	3.06	78242	126833	1289754	1151713
按资质等级分								
Grouped by Qualification Grade								
施工总承包								
General Contractor	347	392	52.81	55.98	931989	1221565	20468706	26095762
特 级								
Super Grade	6	7	10.83	11.52	139870	248286	5429994	8047832
一 级								
First Grade	94	104	27.32	31.83	528457	654892	11025822	13266056
二 级								
Second Grade	118	125	10.78	8.94	204394	241577	3196301	3652282
三 级								
Third Grade	129	156	3.89	3.69	59268	76810	816589	1129592
专业承包								
Specialized Contractor	1101	1102	12.66	9.40	264888	357911	3776227	3768783
一 级								
First Grade	90	95	3.00	2.33	75337	147885	1414662	1450177
二 级								
Second Grade	259	247	3.56	2.65	71175	52980	1040655	943863
三 级								
Third Grade	706	715	5.69	3.93	109631	144004	1235525	1293315
不分等级								
Ungraded	46	45	0.40	0.49	8745	13042	85385	81428

14-4 续表 Continued

项 目 Item	竣工产值 (万元) Gross Output Value Completed (10 000 yuan)		房屋建筑施工面积 (万平方米) Floor Space of Building under Construction (10 000 sq. m)		房屋建筑竣工面积 (万平方米) Floor Space of Building Completed (10 000 sq. m)		#住 宅 Residential Buildings	
	2010	2011	2010	2011	2010	2011	2010	2011
按行业类别分								
Grouped by Sector								
房屋工程建筑业								
Building Engineering	4003182	4948779	6253.28	7401.12	1952.61	2033.48	1020.02	1097.41
土木工程建筑业								
Civil Engineering	5574398	6217817	1037.68	2187.51	332.83	422.58	92.72	149.09
建筑安装业								
Building Installation	1633446	1858820	196.44	290.49	69.01	100.10	18.19	56.78
建筑装饰业								
Building Decoration	341381	456225		42.13		2.22		0.70
其他建筑业								
Others	588873	533492	76.89	137.53	64.71	79.27	37.69	48.97
按资质等级分								
Grouped by Qualification Grade								
施工总承包								
General Contractor	10061486	11756852	7359.36	9840.61	2278.24	2504.56	1132.52	1274.83
特 级								
Super Grade	2237934	2822387	1462.32	2076.14	234.76	237.42	60.99	25.93
一 级								
First Grade	5651722	6542289	4388.40	6269.98	1302.67	1565.26	655.59	867.24
二 级								
Second Grade	1570522	1505441	1222.94	1211.82	547.15	474.52	320.65	286.99
三 级								
Third Grade	601308	886735	285.70	282.67	193.66	227.36	95.30	94.67
专业承包								
Specialized Contractor	2079794	2258281	204.93	218.17	140.92	133.09	36.10	78.12
一 级								
First Grade	710290	928793	104.82	36.98	60.26	2.97		1.47
二 级								
Second Grade	522047	474174	61.21	78.71	46.93	38.26	14.94	0.37
三 级								
Third Grade	793920	823153	38.35	95.06	33.18	84.44	20.96	74.08
不分等级								
Ungraded	53537	32161	0.55	7.42	0.55	7.42	0.20	2.20

14-5 建筑企业主要财务指标（2011年）
Main Financial Indicators of Construction Enterprises, 2011

单位：万元 (10 000 yuan)

指　　标	Item	全市总计 Total	# 国有经济 State-owned	# 地　方 Local
资本金	**Capital**			
资本金合计	Total Capital	4918935	856361	414495
年末资产负债	**Assets and Liabilities at Year-end**			
流动资产合计	Total Working Capital	23656462	5908615	2553677
固定资产合计	Total Fixed Assets	4006171	755717	281145
固定资产原价	Original Value of Fixed Assets	5124431	1143424	417868
累计折旧	Accumulative Depreciation	1965522	436392	169856
资产总计	Total Assets	30891030	7221853	3052301
损益及分配	**Profit, Loss and Distribution**			
工程结算收入	Revenue of Project Settle Accounts	31801466	8051079	2394168
工程结算成本	Costs of Project Settle Accounts	28766865	7338402	2141323
工程结算税金及附加	Taxes & Extra Charges of Project Settle Accounts	908985	233544	66905
其他业务收入	Other Revenue from Business	376911	106242	55894
其他业务利润	Other Profits from Business	62530	11173	4255
管理费用	Management Expenses	1133576	300491	123930
# 税　金	Taxes	28766	5942	2810
利润总额	Total Pre-tax Profits	794157	123243	28271
应交所得税	Income Taxes Payable	227804	29079	6303
利税总额	Total Profits and Taxes	1731908	362729	97986
工资、福利费	**Wage and Welfare Expenses**			
应付职工薪酬	Total Remuneration Payable	1579476	364593	116288

注：本表按原经济类型分组，下同。
Note: Data are grouped by original ownership in this table. Same as following next.

14-5 续表 Continued

单位：万元 (10 000 yuan)

指标	Item	#集体经济 Collective-owned	#私有经济 Private	#港澳台投资经济 Hong Kong, Macao and Taiwan Funded	#外商投资经济 Foreign Funded
资本金	**Capital**				
资本金合计	Total Capital	173468	969976	27908	31433
年末资产负债	**Assets and Liabilities at Year-end**				
流动资产合计	Total Working Capital	1380906	2673457	113743	104887
固定资产合计	Total Fixed Assets	68606	525171	4434	9030
固定资产原价	Original Value of Fixed Assets	102059	607838	11987	15142
累计折旧	Accumulative Depreciation	42142	199765	7801	6152
资产总计	Total Assets	1531730	3537819	124259	152330
损益及分配	**Profit, Loss and Distribution**				
工程结算收入	Revenue of Project Settle Accounts	1723061	3229213	56855	98852
工程结算成本	Costs of Project Settle Accounts	1512001	2868290	52469	80961
工程结算税金及附加	Taxes & Extra Charges of Project Settle Accounts	59727	90391	1767	2015
其他业务收入	Other Revenue from Business	7632	28213	110	2576
其他业务利润	Other Profits from Business	5651	14202	47	508
管理费用	Management Expenses	61650	142352	2968	7984
#税　金	Taxes	1556	6764	132	168
利润总额	Total Pre-tax Profits	73979	81135	47	3476
应交所得税	Income Taxes Payable	25818	29765	189	1563
利税总额	Total Profits and Taxes	135262	178290	1946	5659
工资、福利费	**Wage and Welfare Expenses**				
应付职工薪酬	Total Remuneration Payable	98751	205692	1332	5762

14-6 建筑企业年末自有机械设备总功率和净值（1996—2011年）
Total Capacity and Net Value of Machinery and Equipment Owned by Construction Enterprises (Year-end), 1996-2011

年 份 Year	年末自有机械设备总功率(万千瓦) Total Capacity of Machinery and Equipment Owned (Year-end) (10 000 kw)	# 国有经济 State-owned	# 地 方 Local	年末自有机械设备净值(万元) Net Value of Machinery and Equipment Owned (Year-end) (10 000 yuan)	# 国有经济 State-owned	# 地 方 Local
1996	137.98	109.22	40.47	384677	178790	47006
1997	151.18	119.22	43.87	207571	173245	54521
1998	173.03	111.19	39.28	206033	163854	49153
1999	185.54	146.77	38.00	214052	174687	67470
2000	157.27	102.26	36.14	217748	122519	45433
2001	168.83	87.31	32.16	231546	126407	51157
2002	221.56	85.37	33.03	529838	166556	83098
2003	227.81	86.32	34.65	582022	208634	79305
2004	258.80	96.86	42.66	622763	223307	63141
2005	246.33	93.87	29.07	694990	230140	53538
2006	297.62	97.08	50.98	782820	195335	52195
2007	293.46	114.79	78.94	854785	192498	55747
2008	316.85	79.20	28.60	1103985	307514	88287
2009	440.64	75.92	26.93	1722188	306172	50707
2010	418.90	92.99	33.97	1980473	287408	50869
2011	391.62	90.99	22.90	1864808	346449	46465

14-7 建筑企业技术装备率和动力装备率（1996—2011年）
Value and Power of Machines per Labourer of Construction Enterprises, 1996-2011

年 份 Year	全部职工技术装备率(元/人) Value of Machines per Labour (yuan/person)	# 国有经济 State-owned	# 地 方 Local	全部职工动力装备率(千瓦/人) Power of Machines per Labour (kw/person)	# 国有经济 State-owned	# 地 方 Local
1996	13237	7677	3647	4.75	4.69	3.14
1997	7094	7680	4300	5.17	5.28	3.46
1998	7022	7908	4134	5.90	5.37	3.30
1999	8774	11542	10233	7.61	9.70	5.76
2000	10714	9483	9008	7.74	7.92	7.17
2001	12881	14697	11768	9.39	10.15	7.40
2002	19423	18366	16571	8.12	9.41	6.59
2003	24203	27824	24187	9.47	11.51	10.57
2004	27354	33064	25506	11.37	14.34	17.23
2005	26064	26376	16793	9.24	10.76	9.12
2006	25420	21640	22518	9.66	10.75	22.00
2007	24470	18726	18829	8.40	11.17	26.66
2008	30390	28355	30203	8.72	7.30	9.78
2009	41336	29156	13936	10.58	7.23	7.40
2010	41373	19162	10569	8.75	6.20	7.06
2011	57483	57417	22795	12.07	15.08	11.23

14-8 建筑企业机械设备情况及经济效益指标
Machinery & Equipment and Economic Benefit Indicators of Construction Enterprises

指标 Item	全市 Total	# 国有经济 State-owned	# 地方 Local
2010年 Year of 2010			
建筑业机械设备情况			
Machinery and Equipment of Construction Enterprises			
自有机械设备总台数(台) Number of Machinery and Equipment Owned (set)	128525	23068	8324
自有机械设备总功率(万千瓦) Power of Machinery and Equipment Owned (10 000 kw)	418.90	92.99	33.97
自有机械设备净值(万元) Net Value of Machinery and Equipment Owned (10 000 yuan)	1980473	287408	50869
技术装备率(元/人) Value of Machines per Labour (yuan/person)	41373	19162	10569
动力装备率(千瓦/人) Power of Machines per Labour (kw/person)	8.75	6.20	7.06
建筑业经济效益指标			
Economic Benefit Indicators of Construction Enterprises			
全员劳动生产率(元/人) Overall Labour Productivity (yuan/person)	370312	483204	396840
房屋竣工率(%) Percentage of Buildings Completed (%)	32.0	18.9	50.4
平均每一从业人员竣工面积(平方米/人) Floor Space of Buildings Completed per Employment Personnel (sq. m/person)	36.9	25.8	16.5
每百元产值实现利税(元) Ratio of Profits and Taxes to per 100 yuan Output Value (yuan)	6.0	4.9	4.5
百元产值占用流动资产(元) Ratio of Working Capital to per 100 yuan Output Value (yuan)	75.6	63.5	81.4
全员资金占有率(元/人) Total Capital Share (yuan/person)	333629	342751	350463
2011年 Year of 2011			
建筑业机械设备情况			
Machinery and Equipment of Construction Enterprises			
自有机械设备总台数(台) Number of Machinery and Equipment Owned (set)	118402	24982	7594
自有机械设备总功率(万千瓦) Power of Machinery and Equipment Owned (10 000 kw)	391.62	90.99	22.90
自有机械设备净值(万元) Net Value of Machinery and Equipment Owned (10 000 yuan)	1864808	346449	46465
技术装备率(元/人) Value of Machines per Labour (yuan/person)	57483	57417	22795
动力装备率(千瓦/人) Power of Machines per Labour (kw/person)	12.07	15.08	11.23
建筑业经济效益指标			
Economic Benefit Indicators of Construction Enterprises			
全员劳动生产率(元/人) Overall Labour Productivity (yuan/person)	456788	459605	547617
房屋竣工率(%) Percentage of Buildings Completed (%)	26.2	14.4	11.2
平均每一从业人员竣工面积(平方米/人) Floor Space of Buildings Completed per Employment Personnel (sq. m/person)	40.3	29.2	5.8
每百元产值实现利税(元) Ratio of Profits and Taxes to per 100 yuan Output Value (yuan)	5.8	4.9	4.5
百元产值占用流动资产(元) Ratio of Working Capital to per 100 yuan Output Value (yuan)	79.2	80.1	116.2
全员资金占有率(元/人) Total Capital Share (yuan/person)	423109	415430	706216

14-9 建筑业企业房屋建筑完成情况 Building Construction of Construction Enterprises

单位：万平方米 (10 000 sq. m)

指　标	Item	2010	2011
房屋建筑施工面积	Floor Space of Buildings under Construction	7564.29	10058.78
#本年新开工面积	New Floor Space of Buildings in Current Year	3606.71	4785.27
#实行投标承包面积	Contracted Bidding Floor Space	6557.62	9165.12
房屋建筑竣工面积	Floor Space of Buildings Completed	2419.16	2637.65
厂房、仓库	Factory Buildings and Warehouses	677.64	528.15
住　宅	Residential Buildings	1168.62	1352.95
办公用房	Office Buildings	125.67	109.00
批发和零售用房	Wholesale and Retail Trade Buildings	38.50	76.04
住宿和餐饮用房	Hotels and Restaurants	23.99	15.20
居民服务业用房	Residential Service Buildings	18.56	30.42
教育用房	Educational Buildings	87.26	92.23
文化、体育和娱乐用房	Cultural, Sports and Entertainment Buildings	56.95	20.27
卫生医疗用房	Health Care and Medical Buildings	28.58	15.33
科研用房	Scientific and Research Buildings	15.05	10.69
其他用房	Other Buildings	178.34	387.37

14-10 劳务分包建筑企业生产经营情况 Main Indicators of Subcontracted Construction Enterprises

单位：万元 (10 000 yuan)

指　标	Item	2010	2011
建筑业总产值	Gross Output Value of Construction	496017	824296
#装饰装修产值	Gross Output Value of Decoration	93158	80780
企业个数(个)	Number of Enterprises (unit)	323	368
年末从业人员(人)	Number of Employment Personnel (person)	91776	123141
#工程技术人员	Engineering	4635	4231
企业总收入	Total Revenue	495787	825391
#工程结算收入	Revenue of Project Settle Accounts	493518	823299
税　金	Taxes	18063	32059
利润总额	Total Pre-tax Profits	5791	14830
从业人员劳动报酬	Remuneration of Employment Personnel	199717	370882

主要统计指标解释

建筑业总产值

是以货币表现的建筑业企业在一定时期内生产的建筑业产品和提供的服务的总和。建筑业总产值包括:

1. 建筑工程产值：指列入建筑工程预算内的各种工程价值；

2. 安装工程产值：指设备安装工程价值，不包括被安装设备本身的价值；

3. 其他产值：建筑业总产值中除建筑工程、安装工程以外的产值。包括房屋构筑物修理产值、非标准设备制造产值、总包企业向分包企业收取的管理费以及不能明确划分的施工活动所完成的产值。

劳务分包企业建筑业总产值指劳务分包企业与总承包企业或专业承包企业签订劳务分包合同后，从事建筑安装工程取得的所有劳务收入。

房屋施工面积

指在报告期内施工的全部房屋建筑面积，包括本期新开工的房屋面积、上期跨入本期继续施工的房屋面积、上期停缓建在本期恢复施工的房屋面积、本期竣工的房屋面积及本期施工后又停缓建的房屋面积。

房屋建筑竣工面积

指在报告期内房屋建筑按照设计要求已全部完工，达到了住人和使用条件，经验收鉴定合格或达到竣工验收标准，可正式移交使用的各栋房屋建筑面积的总和。

年末自有施工机械设备总台数

指年末本企业（或单位）所有的直接用于工程施工的各种机械设备的台数。但不包括附属辅助生产机械设备、运输机械设备、生产试验机械设备的台数。

年末自有施工机械设备总功率

指年末本企业（或单位）自有的直接用于工程施工的各种机械设备年末总功率，按设定能力或查定能力计算。包括施工机械本身的动力和为该机械服务的单独动力设备，如电动机等。但不包括附属辅助生产机械设备、运输机械设备、生产试验机械设备的功率。计量单位用千瓦，动力换算可按 1 马力 = 0.735 千瓦折合成千瓦数。电焊机、变压器、锅炉不计算动力。

Explanatory Notes on Main Statistical Indicators

Gross Output Value of Construction

refers to total of construction products and services, expressed in money terms, produced or rendered by construction and installation enterprises during a given period of time. It includes:

1. Output value of construction projects, which is the value of projects covered by the project budgets;

2. Output value of installation projects, which is the value of the installation of equipment, excluding the value of the equipment to be installed;

3. Output value of others, which is the output value of construction industry excluding that of construction projects and installation projects. It includes: output value of repair of buildings and structures; output value of non-standard equipment manufacturing; overhead expenses received by contracted enterprises to the sub-contracted enterprises and the completed output value of construction activities that have no clear definition.

Output value of sub-contracted construction enterprises refers to the total labour income of installation projects earned by sub-contracted enterprises after signed sub-contracted labour contracts with general of specialized contractors.

Floor Space of Buildings Under Construction

refers to floor space of buildings under construction during the reference period, including newly started buildings, buildings started earlier and continued during the reference period, and buildings suspended earlier but restarted during the reference period, buildings completed during the reference period, and buildings under construction and then suspended during the reference period.

Floor Space of Buildings Completed

refers to the total floor space of buildings that are completed in the reference period in accordance with the requirements of the design, up to the standard for putting them into use, have been checked and accepted by concerned departments as qualified ones or reached the completed qualification standard, and can be transferred to use formally.

Total Number of Construction Machinery and Equipment Owned by the End of Year

refers to the number of machines and equipment used in construction directly, which are owned by the enterprises (units) by the end of the year, excluding machinery and equipment for auxiliary production, transportation and production testing.

Total Power of Construction Machinery and Equipment Owned by the End of Year

refers to the total power of machinery and equipment used in construction directly, which are owned by the enterprises (units) by the end of the year. The power of the machinery is calculated on basis of the designed or verified capacity, covering the power of the machinery/equipment and the separate power equipment serving the machinery/equipment (such as electric motors), but excluding that of machinery and equipment for auxiliary production, transportation and production testing. The unit used for the calculation of power is kilowatt, with horsepower converted to kilowatt by 1 horsepower = 0.735 kilowatt. Welders, transformers and boilers are not calculated.

运输和邮电 Transportation, Post and Telecommunication Services

15

15-1 社会客、货运输量和周转量（1996—2011年）
Passenger & Freight Traffic and Turnover Volume of Passenger & Freight Traffic, 1996-2011

年 份 Year	客运量 (万人) Passenger Traffic (10 000 persons)	#铁 路 Railways	#公 路 Highways	#水 运 Waterways	旅客周转量 (百万人公里) Turnover Volume of Passenger Traffic (million passenger-km)	#铁 路 Railways	#公 路 Highways	#水 运 Waterways
1996	3125	1580	1496	5	7599	4917	1772	43
1997	3136	1449	1640	5	7921	5050	2017	41
1998	3207	1511	1651	4	7950	5280	1914	33
1999	3259	1546	1671	3	8277	5780	1782	25
2000	3474	1594	1820	2	8845	6022	1864	26
2001	3302	1456	1780	6	9197	5996	2205	34
2002	3457	1498	1870	5	9255	5782	2272	33
2003	3507	1281	2109	2	9274	5526	2158	23
2004	4103	1491	2457	2.5	11713	7112	2404	30
2005	4679	1550	2961	3.2	14210	9070	2646	36
2006	5670	1632	3807	3.5	16341	9651	3564	38
2007	7104	1573	5253	3.1	18380	10228	4470	37
2008	8753	1907	6579	2.4	19612	10426	5671	29
2009	25299	2384	22566	1.2	29766	12482	13122	19
2010	24873	2654	21822	1.0	32312	14066	13196	18
2011	25331	2801	22053	1.0	34214	14838	13391	17

年 份 Year	货运量 (万吨) Freight Traffic (10 000 tons)	#铁 路 Railways	#公 路 Highways	#水 运 Waterways	货物周转量 (亿吨公里) Turnover Volume of Freight Traffic (100 million ton-km)	#铁 路 Railways	#公 路 Highways	#水 运 Waterways
1996	24133	2668	19491	1489	1052	224	41	784
1997	25090	2548	20515	1390	1031	219	44	765
1998	24505	2467	18584	2867	3710	198	60	3449
1999	27052	2380	20049	3884	4759	200	60	4497
2000	26400	3079	18764	4165	4674	275	63	4334
2001	28608	3727	19382	5037	5166	230	65	4870
2002	31016	4519	19554	6452	6484	228	66	6188
2003	35252	5662	20072	8944	8169	259	68	7840
2004	37934	6108	19560	11613	11473	286	72	11112
2005	40263	7241	19850	12375	12461	353	74	12031
2006	42863	8409	20290	13313	12184	353	76	11751
2007	51338	11288	23500	15671	15221	355	88	14774
2008	55065	12161	27000	15096	14479	343	103	14029
2009	43554	11284	19800	11656	10102	297	206	9595
2010	41611	7597	20855	11911	9859	298	231	9324
2011	44651	7286	23426	12711	10121	296	267	9553

注：因交通部方法制度变化，2009年公路和水运数据与2008年以前数据不可比。
Note: Data of highways and waterways in 2009 are changed according to the statistics measure of Ministry of Transport, which can't be compared with data of 2008 and before.

15-2 社会客、货运输量和周转量（2008—2011年）
Passenger & Freight Traffic and Turnover Volume of Passenger & Freight Traffic, 2008-2011

指　标	Item	2008	2009	2010	2011
客 运 量(万人)	**Passenger Traffic (10 000 persons)**	**8753**	**25299**	**24873**	**25331**
铁　路	Railways	1907	2384	2654	2801
公　路	Highways	6579	22566	21822	22053
水　运	Waterways	2.4	1.2	1.0	1.0
民　航	Civil Aviation	264	334	396	475
旅客周转量(百万人公里)	**Turnover Volume of Passenger Traffic (million passenger-km)**	**19612**	**29766**	**32312**	**34214**
铁　路	Railways	10426	12482	14066	14838
公　路	Highways	5671	13122	13196	13391
水　运	Waterways	29	19	18	17
民　航	Civil Aviation	3486	4142	5031	5967
货 运 量(万吨)	**Freight Traffic (10 000 tons)**	**55065**	**43554**	**41611**	**44651**
铁　路	Railways	12161	11284	7597	7286
公　路	Highways	27000	19800	20855	23426
水　运	Waterways	15096	11656	11911	12711
民　航	Civil Aviation	3	4	4	5
管道输油气量	Traffic of Petroleum & Gas Pipelines	805	810	1243	1224
货物周转量(亿吨公里)	**Turnover Volume of Freight Traffic (100 million ton-km)**	**14479**	**10102**	**9859**	**10121**
铁　路	Railways	343	297	298	296
公　路	Highways	103	206	231	267
水　运	Waterways	14029	9595	9324	9553
民　航	Civil Aviation	0.4	0.5	0.6	0.6
管道输油气量	Traffic of Petroleum & Gas Pipelines	4.0	3.8	4.9	5.3

15-3 运输线路长度（2008—2011年）
Length of Transport Routes, 2008-2011

单位：公里 (km)

指　标	Item	2008	2009	2010	2011
公路通车里程	Length of Highways with Transport Service	12059	14315	14832	15163
# 等级公路	Expressway and Class I to IV Highway	11225	13431	13851	14059
# 高速公路	Expressway	835	884	982	1103
内河航道里程	Length of Navigable Inland Waterways	412	412	412	412
民航航线里程	Length of Civil Aviation Routes	35494	40341	68488	69722
输油气管道里程	Length of Petroleum & Gas Pipelines	730	608	542	538

注：内河航道里程为内河清淤里程。民用航空航线里程为国航天津分公司在天津滨海国际机场起降飞机的里程。
Note: Length of navigable inland waterways refers to length of inland waterways with slit cleaned up. Length of civil aviation refers to the length of Air China Tianjin Company flights at Tianjin Binhai International Airport.

15-4 港口客、货吞吐量(1996—2011年)
Volume of Passenger & Freight Handled in Ports, 1996-2011

年份 Year	港口旅客吞吐量 (万人次) Volume of Passenger Handled in Ports (10 000 person-times)	港口货物吞吐量 (万吨) Volume of Freight Handled in Ports (10 000 tons)	出港 Out-port	比重(%) Proportion (%)	进港 In-port	比重(%) Proportion (%)	集装箱吞吐量 (万国际标准箱) Handled Containers (10 000 TEU)
1996	58.7	6188	4839	78.2	1349	21.8	82
1997	52.7	6789	5198	76.6	1591	23.4	94
1998	45.3	6818	5124	75.2	1694	24.8	102
1999	48.7	7298	5280	72.4	2018	27.6	130
2000	40.2	9582	6936	72.4	2646	27.6	171
2001	37.1	11369	8086	71.1	3283	28.9	201
2002	33.0	12906	8802	68.2	4104	31.8	241
2003	22.7	16182	10912	67.4	5270	32.6	302
2004	32.5	20619	13217	64.1	7402	35.9	382
2005	31.6	24069	14700	61.1	9369	38.9	480
2006	34.0	25760	15285	59.3	10475	40.7	595
2007	34.0	30946	19073	61.6	11873	38.4	710
2008	8.7	35593	20462	57.5	15131	42.5	850
2009	15.9	38111	16591	43.5	21520	56.5	870
2010	23.4	41325	20048	48.5	21277	51.5	1008
2011	24.9	45338	22665	50.0	22673	50.0	1159

注：货物吞吐量为包括货主码头的全港数据。
Note: Volume of freight handled in ports refers to the figure of ports, including those of docks.

15-5 港口设施(2009—2011年)
Ports Facilities, 2009-2011

指标	Item	2009	2010	2011
码头长度(米)	Length of Quay Line (m)	28004	31915	32714
港口泊位(个)	Number of Berths (unit)	134	151	154
天津港(集团)有限公司	Tianjin Port Group Corporation Ltd.	88	93	95
货主码头	Docks	46	58	59
#万吨级泊位	Class of 10 000-ton Level	81	96	99
#天津港(集团)有限公司	Tianjin Port Group Corporation Ltd.	75	81	83
铁路专用线长度(米)	Length of Railways (m)	119919	120509	116439
仓库总面积(平方米)	Area of Store Houses (sq. m)	309227	333545	333545
堆场总面积(平方米)	Area of Goods Pile (sq. m)	8617228	9213530	9160798
集装箱堆场堆存能力(TEU)	Capacity of Piling Containers (TEU)	490514	602319	595218
装卸机械台数(台)	Number of Loading & Unloading Machines (unit)	2642	2726	2767

注：本表除港口泊位含货主码头数据外，其余设施均为天津港(集团)有限公司数据。
Note: Number of berths include docks, and other ports facilities refer to those owned by Tianjin Port Group Corporation Ltd.

15-6 港口分货类吞吐量
Volume of Freight Handled in Ports by Category

单位：万吨 (10 000 tons)

指　标 Item	合 计 Total		出港量 Out-port		进港量 In-port	
	2010	2011	2010	2011	2010	2011
港口货物吞吐量 Volume of Freight Handled in Ports	**41325**	**45338**	**20048**	**22665**	**21277**	**22673**
国 外 Abroad	20709	22162	6293	6628	14416	15534
国 内 Domestic	20616	23176	13754	16037	6862	7139
分品种货物吞吐量 Volume of Freight Handled by Category						
煤炭及制品 Coal and Related Products	8259	10393	7981	10214	278	179
石油、天然气及制品 Petroleum, Natural Gas and Related Products	6151	5934	3236	3141	2915	2793
金属矿石 Metal Ores	7921	8730	29	27	7892	8703
钢 铁 Steel and Iron	2811	2535	2494	2224	317	311
矿建材料 Mineral Building Materials	3632	3875	142	180	3490	3695
水 泥 Cement	13	34	4	11	9	23
木 材 Timber	137	244	7	7	130	237
非金属矿石 Nonmetal Ores	274	236	195	158	79	78
化学肥料及农药 Chemical Fertilizers and Pesticides	27	19	11	10	16	9
盐 Salt	14	4	9	3	5	1
粮 食 Grain	608	475	46	37	562	438
机械、电器、设备 Machine, Electric Machinery, Equipment	3199	3725	1810	2176	1389	1549
化工原料及制品 Chemical Materials and Related Products	1436	1566	883	930	553	636
有色金属 Nonferrous Metals	285	466	117	132	168	334
轻工、医药产品 Light Industry, Medical and Pharmaceutical Products	3547	3706	1943	2090	1604	1616
农林牧渔产品 Agricultural Products	603	726	273	348	330	378
其 他 Others	2407	2667	867	976	1540	1691
集装箱吞吐量(万国际标准箱) Handled Containers (10 000 TEU)	**1008**	**1159**	**512**	**586**	**496**	**573**

15-7 公路及民航运输主要技术经济指标（2009—2011年）
Main Technical and Economic Indicators of Highway and Civil Aviation Transport, 2009-2011

指　　标	Item	2009	2010	2011
公　路	Highway			
载货汽车里程利用率(%)	Utilization Rate of Length of Trucks in Operation (%)	56.0	62.5	59.0
载客汽车里程利用率(%)	Utilization Rate of Length of Passenger Vehicles in Operation (%)	88.4	95.0	96.0
载货汽车每百吨公里耗汽油(升)	Gasoline Consumption of Trucks (L/100 ton-km)	5.3	7.6	8.5
载客汽车每百吨公里耗汽油(升)	Gasoline Consumption of Passenger Vehicles (L/100 ton-km)	8.1	7.8	8.0
载货汽车每百吨公里耗柴油(升)	Diesel Oil Consumption of Trucks (L/100 ton-km)	4.7	5.9	6.5
载客汽车每百吨公里耗柴油(升)	Diesel Oil Consumption of Passenger Vehicles (L/100 ton-km)	7.8	6.5	6.1
载货汽车实载率(%)	Utilization Rate of Capacity of Freight Trucks (%)	53.9	57.0	60.0
载客汽车实载率(%)	Utilization Rate of Capacity of Passenger Vehicles (%)	74.6	75.0	80.0
民　航	Civil Aviation			
飞行小时(小时)	Flying Time (hour)	71650	80102	86129
平均每可用机飞行时间(小时)	Flying Time per Available Aircraft (hour)	3456	3311	3243
正班飞行距离(万公里)	Distance under Normal Conditions (10 000 km)	15667.4	4596.5	5007.3
平均每可用机日生产飞行时间(小时)	Average Daily Flying Time per Available Aircraft (hour)	9.4	9.0	8.8
正班平均载运率(%)	Average Utilization Rate of Capacity under Normal Conditions (%)	72.6	73.4	76.5

注：1. 本表民航数据为国航天津分公司数据。2. 2009年汽车每百吨公里耗油计算方法有调整，与2008年以前数据不可比。
Note: a) In this table, data of civil aviation are provided by Air China Tianjin Company. b) Data of gasoline consumption of vehicles are adjusted in 2009, which can't be compared with data of 2008 and before.

15-8 民用航空机场主要指标（2009—2011年）
Main Indicators of Civil Aviation Airport, 2009-2011

指　　标	Item	2009	2010	2011
旅客吞吐量(万人)	**Passenger Traffic (10 000 persons)**	**578.0**	**727.7**	**755.4**
国内旅客	Domestic Passenger Traffic	524.2	654.9	680.4
国际旅客	International Passenger Traffic	42.9	55.3	53.9
港、澳、台地区旅客	Hong Kong, Macao & Taiwan Passenger Traffic	10.9	17.5	21.1
货(邮)吞吐量(万吨)	**Freight Traffic (10 000 tons)**	**16.8**	**20.2**	**18.3**
国内货邮	Domestic Routes	5.6	6.8	7.3
国际货邮	International Routes	11.0	12.6	10.2
港、澳、台地区货邮	Hong Kong, Macao & Taiwan Regional Routes	0.2	0.8	0.8
起、降架次(万架次)	**Times of Ascend and Descend (10 000 sorties)**	**7.5**	**8.5**	**8.5**

15-9 民用车辆拥有量(2011年)
Number of Civil Motor Vehicles Owned, 2011

单位：辆 (set)

指　　标	Item	合　计 Total	#个　人 Private-owned	#当年新注册 Registered in Current Year
总　　计	**Total**	**2101069**	**1727597**	**332123**
民用汽车	Civil Motor Vehicles	1910200	1556956	326916
1. 载客汽车	Passenger Vehicles	1678525	1409789	297220
#轿　车	Cars	1229818	1067986	225395
大　型	Large-sized	22290	1135	2781
中　型	Medium-sized	27255	11877	1191
小　型	Small-sized	1520816	1295271	289983
微　型	Minisize	108164	101506	3265
2. 载货汽车	Trucks	213353	140888	27912
#普通载货	Ordinary Trucks	126887	96556	15492
重　型	Heavy Trucks	42839	15108	7414
中　型	Medium-sized Trucks	18394	9260	1097
轻　型	Light Trucks	151383	115846	19379
微　型	Minisize Trucks	737	674	22
3. 其他汽车	Other Civil Motor Vehicles	18322	6279	1784
摩托车	Motorcycles	131766	129039	1496
拖拉机	Tractor	35443	35443	
挂　车	Trailer	21354	5480	3437
其他类型车	Other Vehicles	2306	679	274

15-10 邮电业基本情况(1996—2011年)
Basic Statistics on Post and Telecommunication Services, 1996-2011

年　份 Year	邮电业务总量 (万元) Business Value of Post and Telecommunication Services (10 000 yuan)	邮电局所数 (处) Number of Post and Telecommunication Offices (unit)	局用电话交换机容量 (门) Capacity of Office Telephone Exchanges (line)	电话机 (含移动、小灵通) (万部) Telephone (Include Mobile and Handphone) (10 000 sets)	平均每百人拥有电话机数(含移动)(部/百人) Telephone per 100 persons (Include Mobile) (set/100 persons)
1996	256978	314	1694092	174.65	19.4
1997	342848	328	1945020	207.82	23.1
1998	474067	399	2447630	259.58	28.7
1999	567242	470	2761633	329.30	36.2
2000	753669	563	3182465	431.28	46.6
2001	702206	543	3645600	511.57	56.0
2002	903296	597	3865700	601.45	65.4
2003	1157060	619	4024500	761.91	82.3
2004	1467836	700	4237700	835.01	89.5
2005	1763477	827	6288300	939.82	90.1
2006	2277902	818	6190300	1147.17	106.7
2007	3006714	842	6232700	1238.25	111.1
2008	3517682	1089	5704300	1320.91	112.3
2009	3866682	823	4242600	1377.75	112.2
2010	4351563	833	4253200	1456.39	112.1
2011	1807796	865	2997600	1568.47	115.8

15-11 邮电通信业务基本情况（2009—2011年） Basic Statistics on Post and Telecommunication Services, 2009-2011

指 标 Item	单 位 Unit	2009	2010	2011	2011比2010年增长(%) Increase Rate in 2011 over 2010 (%)
通信业务量 Business Value of Communication Services					
邮电业务总量 Business Value of Post and Telecommunication Services	万元 10 000 yuan	3866682	4351562	1807796	13.2
函件 Letters	万件 10 000 pcs	11246	10552	17053	61.6
特快专递 Pieces of Express Mail Services	万件 10 000 pcs	1289	3909	5803	48.5
订销报刊期发数 Number of Newspapers and Magazines Subscribed	万份 10 000 pcs	303	268	308	14.9
集邮业务 Philately	万枚 10 000 pcs	5740	5339	2257	-57.7
长途电话通话量 Long Distance Calls	万次 10 000 times	133758	119000	130200	9.4
国内长途电话 Domestic	万次 10 000 times	131330	117000	127700	9.2
国际电话及港澳台电话 International and Hong Kong, Macao & Taiwan	万次 10 000 times	2428	2000	2500	25.0
短信业务发送量 Number of Messages Send Out	万条 10 000 pcs	1174625	1260500	1330500	5.6
移动电话年末用户 Number of Mobile Telephone Subscribers at Year-end	万户 10 000 subscribers	992.52	1089.56	1234.66	13.3
固定电话年末用户 Number of Fixed Telephone Subscribers at Year-end	万户 10 000 subscribers	385.23	366.83	333.81	-9.0
住宅电话年末用户 Number of Residential Telephone Subscribers at Year-end	万户 10 000 subscribers	287.05	246.53	218.92	-11.2
公用电话 Number of Public Telephone Sets	万部 10 000 sets	25.92	19.91	20.73	4.1
数字数据用户 Digital and Data Users	户 subscriber	3518			
国际互联网络用户 Number of Subscriber of Internet Services	万户 10 000 subscribers	533.39	622.20	819.28	31.7
邮政及通信网络 Post & Communication Facilities					
邮电局所数 Number of Post & Telecommunications Offices	处 unit	823	833	865	3.9
#邮政局所数 Number of Post Offices	处 unit	479	468	386	-17.5
信筒信箱 Number of Post Boxes	处 unit	1422	2093	2561	22.4
邮路总长度 Length of Postal Routes	公里 km	83919	16601	19021	14.6
#汽车邮路长度 Length of Postal Routes by Highway	公里 km	11845	10644	12826	20.5
铁路邮路长度 Length of Postal Routes by Railway	公里 km	5957	5957	6195	4.0
邮政汽车 Automobile for Post Business	辆 unit	1797	1139	1189	4.4
农村投递线路长度 Rural Delivery Routes	公里 km	16919	16872	17576	4.2

资料来源：天津市邮政公司、各类电信公司。
Sources: Tianjin Post Office, different kinds of Telecom Companies.

注：国际互联网络用户包括互联网拨号上网用户、专线用户和宽带用户。2008年以前不包括专线用户和宽带用户。
Note: Subscriber of internet services includes subscriber of dial-up, ADSL and broadband, but excludes subscriber of ADSL but broadband before 2008.

15-12 电信主要通信能力（2008—2011年）
Main Communication Capacity of Telecommunication Services, 2008-2011

指　标　Item	2008	2009	2010	2011
长途电话业务电路(2M) Number of Long-distance Telephones (2M)	9257	10332		
数据通信网长途电路(2M) Digital Long-distance Communication (2M)	227871	461870		
长途电话交换机容量(2M) Capacity of Long-distance Telephone Exchanges (2M)	137826	137246	137000	137000
局用电话交换机容量(万门) Capacity of Office Telephone Exchanges (10 000 lines)	570.43	424.26	345.29	299.76
移动电话交换机容量(万户) Capacity of Mobile Telephone Exchanges (10 000 subscribers)	1560	1840	1790	2045
长途光缆线路长度(公里) Length of Long-distance Optical Cable Lines (km)	3045	3110	3106	3106

15-13 邮政电信服务水平（2008—2011年）
Level of Post and Telecommunication Services, 2008-2011

指　标　Item	2008	2009	2010	2011
平均每一邮电局所服务面积(平方公里) Average Area Served by Every Post & Telecommunications Office (sq. km)	10.8	14.3	14.1	13.5
# 平均每一邮政局所服务面积 Average Area Served by Every Post Office	24.6	24.6	25.1	30.5
平均每一邮电局所服务人口(万人) Average People Served by Every Post & Telecommunications Office (10 000 persons)	1.08	1.49	1.55	1.57
# 平均每一邮政局所服务人口 Average People Served by Every Post Office	2.5	2.5	2.7	3.5
平均每人每年发函件数(件) Annual Average Number of Letters Mailed per Capita (piece)	8.41	9.36	8.12	12.60
平均每百人每年订销报刊期发数(件) Annual Average Number of Newspaper and Magazine Subscribed and Bought per 100 Persons (piece)	31.5	25.2	20.6	22.7
平均每百人拥有电话机(含移动)(部) Telephone Owned per 100 Persons (include mobile telephone) (set)	112.3	112.2	112.1	115.8
平均每百人拥有移动电话(部) Mobile Telephone Owned per 100 Persons (set)	69.5	80.8	83.9	91.1
平均每千人拥有公用电话(部) Public Telephone Owned per 1 000 Persons (set)	23.1	21.1	15.4	15.3

15-14 邮政、电信局（所、厅）数（2008—2011年）
Number of Post and Telecommunication Offices by Region, 2008-2011

单位：处 (unit)

地　区	Region	2008	2009	2010	2011
全　市	**Total**	**1089**	**823**	**833**	**865**
#邮政局	Post Offices	479	479	468	386
市辖区	**Districts under City Administration**	**854**	**693**	**700**	**571**
#市内六区	Six Urban Districts	367	326	329	318
和平区	Heping District	53	47	49	40
河东区	Hedong District	69	63	63	54
河西区	Hexi District	69	63	62	55
南开区	Nankai District	69	64	61	68
河北区	Hebei District	63	55	55	55
红桥区	Hongqiao District	44	34	39	46
东丽区	Dongli District	45	35	35	38
西青区	Xiqing District	41	35	37	41
津南区	Jinnan District	30	28	27	34
北辰区	Beichen District	32	31	31	34
武清区	Wuqing District	95	47	49	58
宝坻区	Baodi District	71	43	46	48
滨海新区	Binhai New Area			146	150
塘　沽	Tanggu	78	71	71	84
汉　沽	Han'gu	34	28	26	22
大　港	Dagang	61	49	49	44
市辖县	**Counties under City Administration**	**233**	**125**	**133**	**139**
宁河县	Ninghe County	79	38	40	43
静海县	Jinghai County	90	43	44	46
蓟　县	Jixian County	64	44	49	50

主要统计指标解释

货(客)运量

指在一定时期内,各种运输工具实际运送的货物(旅客)数量。该指标是反映运输业为国民经济和人民生活服务的数量指标，也是制定和检查运输生产计划、研究运输发展规模和速度的重要指标。货运按吨计算，客运按人计算。货物不论运输距离长短、货物类别，均按实际重量统计。旅客不论行程远近或票价多少，均按一人一次客运量统计；半价票、小孩票也按一人统计。

货物(旅客)周转量

指在一定时期内，由各种运输工具运送的货物(旅客)数量与其相应运输距离的乘积之总和。该指标可以反映运输业生产的总成果，也是编制和检查运输生产计划，计算运输效率、劳动生产率以及核算运输单位成本的主要基础资料。计算货物周转量通常按发出站与到达站之间的最短距离，也就是计费距离计算。计算公式为：

货物(旅客)周转量=∑〔货物(旅客)运输量×运输距离〕

港口货物吞吐量(又称港口吞吐量)

指经由水路运进、出港区范围，并经过装卸的货物数量。按货物流向分为进港吞吐量和出港吞吐量；按货物的贸易性质分为内贸和外贸吞吐量；按货物的类别分，可根据现行的交通行业标准《运输货物分类和代码》分类。

集装箱吞吐量

凡经过水运进、出港区范围，并经过装卸的集装箱箱数和重量(含集装箱自重)，通常是按进港和出港分别统计。TEU 是“折合 20 英尺标准箱”的英文缩写。它是指各种尺寸的国际标准集装箱的自然箱数，按各自的换算比例，折算为 20 英尺标准箱数。其换算比例为：40 英尺箱 1∶2；35 英尺箱 1∶1.75；20 英尺箱 1∶1；10 英尺箱 1∶0.5。

邮电业务总量

指以价值量形式表现的邮电通信企业为社会提供各类邮电通信服务的总数量。邮电业务量按专业分类包括函件、包件、汇票、报刊发行、邮政快件、特快专递、邮政储蓄、集邮、公众电报、用户电报、传真、长途电话、出租电路、无线寻呼、移动电话、分组交换数据通信、出租代维等。计算方法为各类产品乘以相应的平均单价(不变价)之和，再加上出租电路和设备、代用户维护电话交换机和线路等的服务收入。该指标综合反映了一定时期邮电业务发展的总成果，是研究邮电业务量构成和发展趋势的重要指标。计算公式为：

邮电业务总量=∑(各类邮电业务量×不变单价)+出租代维及其他业务收入=邮政业务总量+电信业务总量

民用汽车拥有量

指报告期末，在公安交通管理部门按照《机动车注册登记工作规范》，已注册登记领有民用车辆牌照的全部汽车数量。汽车拥有量统计的主要分类：根据汽车结构分为载客汽车、载货汽车及其他汽车；根据汽车所有者不同分为个人(私人)汽车、单位汽车；根据汽车的使用性质分为营运汽车、非营运汽车和特种汽车；根据汽车大小规格不同载客汽车分为大型、中型、小型和微型，载货汽车分为重型、中型、轻型和微型。

局用电话交换机容量

指安装在本地电信运营商内用于接续本地固定电话的电话交换机容量，有倍增设备按倍增后的数量计数。包括现用和备用的人工或自动交换机的全部容量。

移动电话交换机容量

指移动电话交换机根据一定话务模型和交换机处理能力计算出来的最大同时服务用户的数量。

Explanatory Notes on Main Statistical Indicators

Freight (Passenger) Traffic

refers to the volume of freight (passenger) transported with various means within a specific period of time. This indicator reflects the service of the transport industry towards the national economy and people's living conditions, as well as an important indicator used in formulating and monitoring transport production plans and research into the scale and pace of transport development. Freight transport is calculated in tons and passenger traffic is calculated in terms of number of persons. Freight transport is calculated in terms of the actual weight of the goods and takes no account of the type of freight and distance of travel. Passenger traffic is calculated by the principle that one person can be counted only once in one trip and takes no account of the travelling distance and ticket price. The passengers who travel with a half price ticket or a child's ticket is also calculated as one person.

Turnover Volume of Freight (Passenger) Traffic

refers to the sum of the product of the volume of transported cargo (passengers) multiplied by the transport distance. It is an important indicator to reflect the achievement of the transportation industry. This is an important indicator to show the total results of the transport industry; to prepare and examine the transport plan; and to serve as the main basic data for calculating the efficiency, labour productivity and unit cost of transport. Normally, the shortest distance between the departure station and the destination station (i.e., the payable distance) is the basis in calculating the freight ton-kilometers. The formula is as followed:

Turnover Volume of Freight (Passenger) Traffic = ∑ (Freight (Passenger) Traffic × Distance of Transportation)

Freight Handled in Ports

refers to the volume of cargo passing in and out the harbor area and having been loaded and unloaded. The volume of freight handled may be classified as in-port & out-port. It can also be classified as national trade and international trade by the attribute of trade or be classified by the classification of cargo according to the standard of traffic in use *The Classification and Code of Transported Cargo.*

Container Handled in Ports

refers to number and weight of containers which are loaded or unloaded within port area via water carriage. It is often calculated by entering and leaving port, respectively. TEU was the abbreviation of twenty foot equivalent unit, which refers to converted number of all kinds of containers. The conversion method is based on respective conversion ratio and the number of all kinds of container is converted to the standard number of 20-foot equivalent unit. The conversion ratio is 40-foot container 1:2, 35-foot container 1:1.75, 20-foot container 1:1, 10-foot container 1:0.5.

Business Value of Post and Telecommunication Services

refers to the total amount of post and telecommunication services, expressed in value terms, provided by the post and telecommunications departments for the society. Post and telecommunication services can be classified as letters, parcels, remittance, issue of newspapers and magazines, fast mail service, express mail service, savings deposits, stamps for collection, public and individual telegraph service, facsimiles, long-distance telephone service, leasing of telephone lines, urban paging service, mobile telephone service, data transfer and transmission, etc. The accounting approach is to multiply the service products of all types with their average unit price (constant price) to get sum of business value, plus income from other services such as leasing of telephone lines and equipment, maintenance of telephone switchboards and lines on behalf of customers. This indicator reflects the overall results of post and telecommunications service during a given period, and is important to study the composition of business service and the development of post and telecommunications service. The formula is as followed:

Business Value of Post and Telecommunication Services = ∑ (Transaction of Post and Telecommunication Services × Constant Price) + Income from leasing, Maintenance and Other Services = Business Volume of Post + Business Volume of Telecommunication

Civil Motor Vehicles Owned

refers to the total number of vehicles that are registered and received vehicles license tags according to the Work Standard for Motor Vehicles Registration formulated by transport management office under department of public security at the end of reference period. They are divided into following categories according to the structure of motor vehicles: passenger vehicles, trucks and others; and private vehicles and vehicles for units use according to ownerships; working vehicles, non-working vehicles and special motor vehicles according to kind of usage; large passenger vehicles, medium passenger vehicles, small passenger vehicles and mini passenger vehicle, heavy trucks, light-heavy trucks, light trucks and mini trucks according to sizes of vehicles.

Explanatory Notes on Main Statistical Indicators

Capacity of Office Telephone Exchanges

refers to the capacity of telephone exchanges installed in the local offices of telecommunication service providers for communication between fixed telephones. It is includes the capacity of both manual and automatic exchanges in use and for stand-by purpose and calculated according to the multiplied capacity if equipped with multiplier equipment.

Capacity of Mobile Telephone Exchanges

refers to the capacity of the maximum services provided to subscribers at one time basing on a certain model and transacting capacity of the mobile telephone exchanges.

批发和零售业与住宿和餐饮业
Wholesale and Retail Trade, Accommodation and Catering Services

16

16-1 社会消费品零售额(1996—2011年) Total Retail Sales of Consumer Goods, 1996-2011

单位：亿元 (100 million yuan)

年份 Year	总计 Total	按行业分 Grouped by Sector: #批发零售贸易业 Wholesale and Retail Trade	按销售地区分 Grouped by Region: 城镇 Urban Areas	#城区 Districts of City	乡村 Rural Areas	增长速度(%)(比上年) Increase Rate (%) (Over Preceding Year)
1996	470.04	267.14	391.36	30.08	48.60	25.1
1997	535.02	295.26	449.59	37.36	48.07	13.8
1998	587.12	326.07	476.68	42.99	67.45	10.2
1999	657.28	350.59	499.24	52.08	105.96	12.0
2000	736.63	379.19	564.52	58.64	113.47	12.1
2001	832.70	441.79	651.23	62.38	119.09	13.0
2002	941.36	514.67	739.43	71.11	130.82	13.1
2003	922.27	727.10	859.19	35.26	27.82	10.9
2004	1044.78	825.64	975.47	39.05	30.25	14.1
2005	1190.06	1007.34	1112.95	42.19	34.92	13.9
2006	1356.79	1143.04	1275.38	44.27	37.13	14.0
2007	1603.74	1350.56	1505.20	53.59	44.95	18.2
2008	2078.70	1756.72	1955.84	69.63	53.23	24.5
2009	2430.83	2049.84	2280.08	86.75	64.00	16.9
2010	2902.55	2564.09	2749.59	2407.03	152.96	19.4
2011	3395.06	2963.85	3227.09	2837.24	167.97	18.7

注：1. 2003年以后社会消费品零售总额中不包括"制造业"、"农业生产者"的零售额。2. 2010年前按销售地区分组中，城镇栏为市，城区栏为县，乡村栏为县以下。3. 增长速度为可比口径。

Note: a) After 2003, total retail sales of consumer goods exclude those of manufacturing and agricultural producers. b) In data grouped by region before 2010, urban areas refer to city, districts of city refer to county, and rural areas refer to under county level. c) Increase rates are calculated at constant coverage.

16-2 限额以上批发和零售业商品购、销、存总额(1998—2011年) Total Purchases, Sales and Inventory of Wholesale and Retail Trade above Designated Size, 1998-2011

单位：亿元 (100 million yuan)

年份 Year	购进总额 Total Purchases	#进口 Imports	销售总额 Total Sales	#批发 Wholesale	年末库存总额 Inventory (year-end)
1998	633.69	32.78	695.37	575.34	102.24
1999	660.10	26.24	724.06	600.29	95.24
2000	1011.30	35.75	1059.03	906.70	100.32
2001	1343.64	49.89	1408.13	1167.82	137.96
2002	1356.68	57.27	1438.33	1215.56	105.87
2003	1858.19	92.81	1915.05	1678.86	107.93
2004	3578.89	238.89	3636.22	3199.33	221.68
2005	4192.39	197.44	4316.01	3897.80	204.52
2006	4912.09	267.56	5109.00	4640.25	245.87
2007	6639.77	298.80	6061.70	5518.56	323.18
2008	9183.67	442.79	10216.70	9262.70	453.39
2009	8940.76	343.15	9718.19	8651.55	575.76
2010	12346.01	514.07	13642.49	12392.62	624.38
2011	17760.51	920.11	18618.70	17065.38	888.38

16-3 限额以上批发和零售业商品购进总额
Total Purchases of Wholesale and Retail Trade above Designated Size

单位：万元 (10 000 yuan)

项　目　Item	商品购进总额 Total Goods Purchases		#进　口 Imports	
	2010	2011	2010	2011
总　计 Total	**123460144**	**177605065**	**5140685**	**9201149**
#国有及国有控股企业 State-owned and State-holding Enterprises	75090753	100975874	3249236	2535408
按登记注册类型分 Grouped by Registered Status				
内资企业 Domestic-funded Enterprises	116578798	163632432	4201035	4552472
国　有 State-owned Enterprises	56815386	76817994	2852712	1701305
集　体 Collective-owned Enterprises	738756	874894	1316	42814
股份合作 Cooperative Enterprises	494831	709525	1383	
私营企业 Private Enterprises	27191532	39662733	832683	1475748
股份有限公司 Share-holding Corporations Ltd.	2637847	3455491	54415	115055
有限责任公司 Limited Liability Corporations	28220031	39369203	441867	1133132
#国有独资公司 Sole State-funded Corporations	3126937	2767195	12330	3402
联营企业 Joint Ownership Enterprises	186849	238227	1694	
#国有联营 State Joint Ownership Enterprises	31293	38730		
集体联营 Collective Joint Ownership Enterprises	1188			
其　他 Others	293566	2504367	14965	84418
港澳台商投资企业 Enterprises with Investment from Hong Kong, Macao and Taiwan	3741353	6024024	478239	638503
外商投资企业 Foreign Funded Enterprises	3139993	7948609	461412	4010175
按经济类型分 Grouped by Ownership				
国有经济 State-owned	59973616	79623919	2865042	1704707
集体经济 Collective-owned	1234775	1584418	2699	42814
股份制经济 Share-holding	27730941	40057499	483952	1244785
私有经济 Private and Individual	27191532	39662733	832683	1475748
"三资"经济 Hong Kong, Macao, Taiwan and Foreign Funded	6881346	13972632	939650	4648678
其　他 Others	447934	2703864	16659	84418

16-3续表 Continued

单位：万元 (10 000 yuan)

项　目　Item	商品购进总额 Total Goods Purchases		#进　口 Imports	
	2010	2011	2010	2011
按国民经济行业分 Grouped by Sector				
批发业 Wholesale Trade	**110625305**	**162427669**	**4743824**	**8940598**
农畜产品批发 Farm & Livestock Products	443236	559567	32907	66016
食品、饮料及烟草制品批发 Food, Beverage and Tobacco	4352836	5524108	75201	284239
纺织、服装及日用品批发 Textile, Garments and Daily Articles	1858711	3192518	155458	161854
文化、体育用品及器材批发 Cultural and Sports Goods & Equipment	329164	367618	1576	2462
医药及医疗器械批发 Medicine and Medical Appliances	2044890	2437876	70057	18902
矿产品、建材及化工产品批发 Mineral Products, Building Material and Chemical Products	91157753	126919143	3405417	3455441
机械设备、五金交电及电子产品批发 Machinery Equipment, Hardware, Transport, Electric and Electronic Product	7376981	13619306	755126	4549420
贸易经济与代理 Trade Broker and Agent	503268	710781	57070	88434
其他批发 Others	2558467	9096752	191013	313831
零售业 Retail Trade	**12834839**	**15177396**	**396861**	**260551**
综合零售 Comprehensive Retail	2336547	2992476		
食品、饮料及烟草制品专门零售 Special Retail of Food, Beverage and Tobacco	146717	139794	981	
纺织、服装及日用品专门零售 Special Retail of Textile, Garments and Daily Articles	837687	213087		2638
文化、体育用品及器材专门零售 Special Retail of Cultural and Sports Goods & Equipment	130789	177448	2355	2010
医药及医疗器械专门零售 Special Retail of Medicine and Medical Appliances	255304	365774		
汽车、摩托车、燃料及零配件专门零售 Special Retail of Automobile, Autobike, Parts, Fittings and Fuel	8069324	9616803	383205	231082
家用电器及电子产品专门零售 Special Retail of Household Appliances and Electronic Products	664224	1015507	4337	4036
五金、家具及室内装修材料专门零售 Special Retail of Hardware, Furniture and Decoration Materials for Indoors	130727	144533		
无店铺及其他零售 Non-shop and Other Retail	263521	511974	5984	20786

16-4 限额以上批发和零售业商品销售和库存总额
Total Sales and Inventory of Wholesale and Retail Trade above Designated Size

单位：万元 (10 000 yuan)

项目 Item	商品销售总额 Total Sales		#批发 Wholesale		年末库存总额 Inventory (year-end)	
	2010	2011	2010	2011	2010	2011
总计 Total	**136424934**	**186187042**	**123926168**	**170653770**	**6243751**	**8883796**
#国有及国有控股企业 State-owned and State-holding Enterprises	77836797	104411560	73946491	99318901	2947085	3742273
按登记注册类型分 Grouped by Registered Status						
内资企业 Domestic-funded Enterprises	125464183	171179469	114717150	158234768	5481970	7020883
国有 State-owned Enterprises	58820857	79347210	56243561	75765662	1934187	2331393
集体 Collective-owned Enterprises	812401	910938	631843	731586	88164	25493
股份合作 Cooperative Enterprises	666733	893906	229717	296994	17549	63717
私营企业 Private Enterprises	30923700	41609654	28065979	38563728	1742656	2160259
股份有限公司 Share-holding Corporations Ltd.	2832162	3717384	2375452	3403344	86156	90988
有限责任公司 Limited Liability Corporations	30887378	41758386	26778909	37094837	1588754	2213522
#国有独资公司 Sole State-funded Corporations	3161247	2847220	3138143	2827544	289241	273347
联营企业 Joint Ownership Enterprises	198377	248136	173893	182712	8531	7387
#国有联营 State Joint Ownership Enterprises	41109	39181	38918	25520	2376	456
集体联营 Collective Joint Ownership Enterprises	1856		595		179	
其他 Others	322575	2693857	217796	2195906	15973	128125
港澳台商投资企业 Enterprises with Investment from Hong Kong, Macao and Taiwan	4004330	6279220	3238081	5196416	433930	678619
外商投资企业 Foreign Funded Enterprises	6956421	8728353	5970937	7222586	327851	1184294
按经济类型分 Grouped by Ownership						
国有经济 State-owned	62023213	82233610	59420622	78618727	2225805	2605196
集体经济 Collective-owned	1480990	1804844	862156	1028580	105892	89211
股份制经济 Share-holding	30558293	42628550	26016218	37670636	1385669	2031163
私有经济 Private and Individual	30923700	41609654	28065979	38563728	1742656	2160259
“三资”经济 Hong Kong, Macao, Taiwan and Foreign Funded	10960751	15007573	9209019	12419002	761781	1862913
其他 Others	477987	2902812	352174	2353098	21948	135055

16-4续表 Continued

单位：万元 (10 000 yuan)

项 目 Item	商品销售总额 Total Sales		# 批 发 Wholesale		年末库存总额 Inventory (year-end)	
	2010	2011	2010	2011	2010	2011
按国民经济行业分 Grouped by Sector						
批发业 Wholesale Trade	**121506833**	**169670615**	**120754640**	**167186626**	**5209322**	**7718345**
农畜产品批发 Farm & Livestock Products	449262	576906	445961	567204	248199	267048
食品、饮料及烟草制品批发 Food, Beverage and Tobacco	4861246	6045226	4790724	5879847	289438	411127
纺织、服装及日用品批发 Textile, Garments and Daily Articles	2165206	4148289	2145045	4062963	107969	198241
文化、体育用品及器材批发 Cultural and Sports Goods & Equipment	384367	491958	378086	469206	50537	76508
医药及医疗器械批发 Medicine and Medical Appliances	2236057	2658013	2224431	2646099	168565	162488
矿产品、建材及化工产品批发 Mineral Products, Building Material and Chemical Products	96399696	130731739	96122376	129993704	3437117	4398693
机械设备、五金交电及电子产品批发 Machinery Equipment, Hardware, Transport, Electric and Electronic Products	11428913	14587344	11104193	13295401	736327	1813900
贸易经济与代理 Trade Broker and Agent	645106	872897	640296	780912	23905	59861
其他批发 Others	2936979	9558245	2903527	9491291	147266	330480
零售业 Retail Trade	**14918101**	**16516427**	**3171529**	**3467144**	**1034429**	**1165451**
综合零售 Comprehensive Retail	2924384	3503517	95675	95237	206601	283224
食品、饮料及烟草制品专门零售 Special Retail of Food, Beverage and Tobacco	175339	187156	54550	27932	14308	15987
纺织、服装及日用品专门零售 Special Retail of Textile, Garments and Daily Articles	1301772	277616	275742	65307	65980	77680
文化、体育用品及器材专门零售 Special Retail of Cultural and Sports Goods & Equipment	141335	184982	3164	5869	40994	65579
医药及医疗器械专门零售 Special Retail of Medicine and Medical Appliances	294606	388287	157655	224961	32126	28674
汽车、摩托车、燃料及零配件专门零售 Special Retail of Automobile, Autobike, Parts, Fittings and Fuel	8672580	10106908	2434849	2638755	534362	561172
家用电器及电子产品专门零售 Special Retail of Household Appliances and Electronic Products	919407	1029043	31390	71771	86424	70893
五金、家具及室内装修材料专门零售 Special Retail of Hardware, Furniture and Decoration Materials for Indoors	162271	186618	22748	33737	10929	13433
无店铺及其他零售 Non-shop and Other Retail	326406	652301	95757	303576	42707	48810

16-5 限额以上国有及国有控股批发和零售业主要指标（2011年）
Main Indicators of State-owned & State-holding Wholesale and Retail Trade above Designated Size, 2011

单位：万元 (10 000 yuan)

项目 Item	机构（个）Organization (unit)	商品购进总额 Total Purchases	商品销售总额 Total Sales
总计 Total	**461**	**100975874**	**104411560**
批发业 Wholesale Trade	**334**	**94409408**	**97334671**
农畜产品批发 Farm & Livestock Products	15	300193	290504
食品、饮料及烟草制品批发 Food, Beverage and Tobacco	22	1539486	1802072
纺织、服装及日用品批发 Textile, Garments and Daily Articles	21	1132254	1405120
文化、体育用品及器材批发 Cultural and Sports Goods & Equipment	7	93169	97544
医药及医疗器械批发 Medicine and Medical Appliances	26	1751634	1893780
矿产品、建材及化工产品批发 Mineral Products, Building Material and Chemical Products	165	85341713	87382195
机械设备、五金交电及电子产品批发 Machinery Equipment, Hardware, Transport, Electric and Electronic Products	51	3146461	3215770
贸易经济与代理 Trade Broker and Agent	7	141787	252172
其他批发 Others	20	962711	995513
零售业 Retail Trade	**127**	**6566466**	**7076889**
综合零售 Comprehensive Retail	12	507816	614201
食品、饮料及烟草制品专门零售 Special Retail of Food, Beverage and Tobacco	10	47693	72180
纺织、服装及日用品专门零售 Special Retail of Textile, Garments and Daily Articles	4	8176	15284
文化、体育用品及器材专门零售 Special Retail of Cultural and Sports Goods & Equipment	30	86503	85319
医药及医疗器械专门零售 Special Retail of Medicine and Medical Appliances	6	24374	19516
汽车、摩托车、燃料及零配件专门零售 Special Retail of Automobile, Autobike, Parts, Fittings and Fuel	54	5835718	6213268
家用电器及电子产品专门零售 Special Retail of Household Appliances and Electronic Products	3	29784	29764
五金、家具及室内装修材料专门零售 Special Retail of Hardware, Furniture and Decoration Materials for Indoors	3	8906	9244
无店铺及其他零售 Non-shop and Other Retail	5	17497	18114

16-6 限额以上住宿业基本情况（2011年）
Basic Statistics on Accommodation Services above Designated Size, 2011

项　目	Item	门店总数（个）Number of Stores (unit)	从业人员（人）Employment Personnel (person)	餐饮营业面积（平方米）Operation Area of Catering Services (sq. m)	床位数（个）Number of Beds (unit)
总　计	**Total**	**226**	**25654**	**377362**	**65735**
#国有及国有控股企业	State-owned and State-holding Enterprises	76	10212	128294	31716
按登记注册类型分	**Grouped by Status of Registration**				
内资企业	Domestic-funded Enterprises	205	23148	349681	48987
国　有	State-owned Enterprises	56	6322	108277	13838
集　体	Collective-owned Enterprises	13	968	15713	4640
有限责任公司	Limited Liability Corporations	56	8172	123125	16270
私营企业	Private Enterprises	57	4026	86422	9875
#私营独资	Private-funded Enterprises	5	428	21700	853
私营有限责任公司	Private Limited Liability Corporations	48	2875	63522	7886
私营股份有限公司	Private Share-holding Corporations Ltd.	3	458		833
其　他	Others	23	3660	16144	4364
港澳台商投资企业	Enterprises with Funds from Hong Kong, Macao and Taiwan	6	548	3210	1350
#合资经营	Joint-venture Enterprises	3	470	3033	769
外商投资企业	Foreign Funded Enterprises	15	1958	24471	15398
中外合资经营	Joint-venture Enterprises	6	1188	5589	13820
中外合作经营	Cooperative Enterprises	4	281		793
外商独资企业	Enterprises with Sole Investment	5	489	18882	785
按行业分	**Grouped by Sector**				
旅游饭店	Tourism Restaurant	107	14585	227015	39764
一般旅馆	Hotel	93	7703	99257	17456
其他住宿服务	Other Accommodation Services	26	3366	51090	8515

16-6续表 Continued

单位：万元 (10 000 yuan)

项　目	Item	资产总计 Total Assets	负债合计 Total Liabilities	营业收入 Business Revenue	主营业务成本 Cost of Principal Business
总　计	**Total**	**1079468**	**829493**	**380429**	**135769**
#国有及国有控股企业	State-owned and State-holding Enterprises	587152	450911	155040	60132
按登记注册类型分	**Grouped by Status of Registration**				
内资企业	Domestic-funded Enterprises	913775	686515	327422	115153
国　有	State-owned Enterprises	40870	24998	14860	8473
集　体	Collective-owned Enterprises	30723	26300	4465	2852
有限责任公司	Limited Liability Corporations	450958	296371	144008	47952
私营企业	Private Enterprises	197287	165164	66913	21082
#私营独资	Private-funded Enterprises	3306	1353	4957	2849
私营有限责任公司	Private Limited Liability Corporations	178496	155336	55729	15867
私营股份有限公司	Private Share-holding Corporations Ltd.	14797	4909	3464	1893
其　他	Others	193936	173682	97177	34793
港澳台商投资企业	Enterprises with Funds from Hong Kong, Macao and Taiwan	81465	65463	6953	3092
#合资经营	Joint-venture Enterprises	71936	62885	3902	2291
外商投资企业	Foreign Funded Enterprises	84228	77516	46054	17523
中外合资经营	Joint-venture Enterprises	58340	57197	27800	9262
中外合作经营	Cooperative Enterprises	22589	12494	9677	3596
外商独资企业	Enterprises with Sole Investment	3300	7825	8577	4665
按行业分	**Grouped by Sector**				
旅游饭店	Tourism Restaurant	814455	646530	254804	97182
一般旅馆	Hotel	179063	110217	84806	22283
其他住宿服务	Other Accommodation Services	85950	72746	40819	16304

16-7 天津市四星级以上饭店一览表（2011年） List of Four, Five-star Level Hotels, 2011

宾馆名称 Name of Hotel	客房数(间) Number of Guest Rooms (unit)	床位数(个) Number of Beds (unit)	地 址 Address
五星级(13个)			
Five-star Level (thirteen units)			
喜来登大酒店			天津市河西区紫金山路
Sheraton Hotel	300	380	Zijinshan Road, Hexi Dist., Tianjin
泰达国际酒店暨会馆			天津经济技术开发区第二大街8号
TEDA International Hotel	340	457	No.8 Second Avenue, TEDA, Tianjin
天津泰达国际会馆			天津市南开区复康路7号增2号
Tianjin TEDA International Club	114	220	No.7-2 Fukang Road, Nankai Dist., Tianjin
天津天保国际酒店			天津港保税区京门大道368号
Tianjin Tianbao International Hotel	396	515	No.368 Jingmen Avenue, TPFTZ
天津金皇大酒店			天津市河西区南京路18号
Tianjin Golden Crown Hotel	293	410	No.18 Nanjing Road, Hexi Dist., Tianjin
天津万丽泰达酒店及会议中心			天津经济技术开发区第二大街29号
Renaissance Tianjin TEDA Hotel & Convention Centre	543	735	No.29 Second Avenue, TEDA, Tianjin
天津瑞湾酒店			天津市滨海新区塘沽新港一号路2527号
Tianjin Ruiwan Hotel	306	100	No.2527 Xin'gang Yihao Road, Binhai New Area, Tianjin
天津滨海假日酒店			天津经济技术开发区第一大街86号
Tianjin Binhai Holiday Inn	240	325	No.86 First Avenue, TEDA, Tianjin
天津赛象酒店			天津华苑产业园区梅苑路8号
Tianjin Saixiang Hotel	370	502	No.8 Meiyuan Road, Huayuan Industry Park, Tianjin
天津君隆威斯汀酒店			天津市和平区南京路101号
The Westin Tianjin	275	339	No.101 Nanjing Road, Heping District, Tianjin
京津新城凯悦酒店			天津市宝坻区周良庄珠江大道2号
Hyatt Regency Jingjin City	650	974	No.2 Zhouliangzhuang Village, Zhujiang Street, Baodi Dist., Tianjin
滨海圣光皇冠假日酒店			天津市空港经济区中心大道55号
Crowne Plaza Binhai Tianjin	388	523	No.55 Center Street, Airport Economic Area, Tianjin
亿豪山水郡国际度假酒店			天津市蓟县渔阳镇东大屯
Tianjin Eagle Lang Int'l Hotel	105	184	Dongdatun Village, Yuyang Town, Jixian County, Tianjin
四星级(36个)			
Four-star Level (thirty-six units)			
凯悦酒店			天津市和平区解放北路219号
Hyatt Regency Tianjin	353	720	No.219 Jiefangbei Road, Heping Dist., Tianjin
水晶宫饭店			天津市河西区友谊路28号
The Crystal Palace Hotel	287	421	No.28 Youyi Road, Hexi Dist., Tianjin
利顺德大饭店			天津市和平区台儿庄路33号
Astor Hotel	152	295	No.33 Tai'erzhuang Road, Heping Dist., Tianjin
津利华大酒店			天津市河西区友谊路32号
Geneva Hotel	260	359	No.32 Youyi Road, Hexi Dist., Tianjin
天宇大酒店			天津市和平区电台道19号
Tianyu Hotel	134	252	No.19 Diantai Road, Heping Dist., Tianjin
天津万笑饭店			天津市河北区中山路290号
Tianjin Vansho Hotel	249	342	No.290 Zhongshan Road, Hebei Dist., Tianjin
美都大酒店			天津市河西区围堤道117号
Meidu Hotel	158	250	No.117 Weidi Road, Hexi Dist., Tianjin
泰达中心酒店			天津经济技术开发区第三大街16号
TEDA Central Hotel	223	311	No.16 Third Avenue, TEDA, Tianjin
君悦酒店			天津市和平区贵州路16号
Junyue Hotel	184	234	No.16 Guizhou Road, Heping Dist., Tianjin
天鹅湖温泉度假村			天津市武清开发区福源道20号
Swan Lake Spring Vacation Village	750	1372	No.20 Fuyuan Road, Wuqing Development Area, Tianjin

16-7续表 Continued

宾馆名称 Name of Hotel	客房数(间) Number of Guest Rooms (unit)	床位数(个) Number of Beds (unit)	地 址 Address
天津利顺德大厦 Tianjin Astor Plaza	85	125	天津市和平区台儿庄路32号 No.32 Tai'erzhuang Road, Heping Dist., Tianjin
舒泊花园大酒店 Super Garden Hotel	101	162	天津市和平区荣业大街2号 No.2 Rongye Avenue, Heping Dist., Tianjin
胜利宾馆 Victory Hotel	310	471	天津市滨海新区津塘公路11号 No.11 Jintang Highway, Binhai New Area, Tianjin
凯德大酒店 Kind Hotel	195	345	天津市河北区自由道15号 No.15 Ziyou Road, Hebei Dist., Tianjin
天津世纪酒店 Tianjin Century Hotel	140	176	天津市河西区黑牛城道179号 No.179 Heiniucheng Road, Hexi Dist., Tianjin
天津惠中酒店 Tianjin Elegance Hotel	151	192	天津经济技术开发区第三大街芳林泰达园A座 Building A, TEDA Fanglin Garden, Third Avenue, TEDA, Tianjin
渔阳宾馆 Yuyang Hotel	360	674	天津市蓟县城内迎宾路12号 No.12 Yingbin Road, Jixian County, Tianjin
水上会宾园饭店 Huibinyuan Hotel	154	255	天津市南开区水上公园路46号 No.46 Water Park Road, Nankai Dist., Tianjin
天津美华酒店 Tianjin Mayfair Hotel	198	299	天津经济技术开发区黄海路10号 No.10 Huanghai Road, TEDA, Tianjin
天津君汇度假大酒店 Tianjin Junhui Holiday Hotel	142	214	天津市滨海新区学府路88号 No.88 Xuefu Road, Binhai New Area, Tianjin
天津市政协俱乐部 Tianjin PPCC Club	95	143	天津市河西区解放南路273号 No.273 Jiefangnan Road, Hexi Dist., Tianjin
天津君豪酒店 Tianjin King Hall Hotel	216	257	天津市河西区环湖中路22号 No.22 Huanhuzhong Road, Hexi Dist., Tianjin
天津巨川国际商务酒店 Tianjin Juchuan Holiday Hotel	228	404	天津市滨海新区津塘公路1155号 No.1155 Jintang Road, Binhai New Area, Tianjin
天津财富豪为酒店 Tianjin Hopeway Business Hotel	215	350	天津市河东区津塘路79号 No.79 Jintang Road, Hedong Dist., Tianjin
天津戴斯碧海湾酒店 Tianjin Days Hotel	136	179	天津市滨海新区广州道688号 No.688 Guangzhou Road, Binhai New Area, Tianjin
天津鑫茂天财酒店 Tianjin Xinmao Tiancai Convenient Hotel	197	395	天津华苑产业园区榕苑路1号 No.1 Rongyuan Road, Huayuan Industry Park, Tianjin
晋滨国际大酒店 Jinbin International Hotel	240	376	天津市和平区鞍山道135号 No.135 Anshan Road, Heping Dist., Tianjin
天津海景花园酒店 Tianjin Sea View Garden Hotel	142	211	天津市河西区黑牛城道19号 No.19 Heiniucheng Road, Hexi Dist., Tianjin
天津瑞湾南苑酒店 Tianjin Ruiwan Nanyuan Hotel	130	176	天津市津南区双桥河镇 Shuangqiaohe Town, Jinnan Dist., Tianjin
天津市团泊湖温泉酒店 Tianjin Tuanbo Lake Hot Spring Resorts & Spa	258	380	天津市静海县团泊新城东区 East District, Tuanbo New Town, Jinghai County, Tianjin
天津滨海建国大酒店 Binhai Jianguo Hotel Tianjin	264	361	天津经济技术开发区第二大街1号 No.1 Second Avenue, TEDA, Tianjin
天津瑞景大酒店 Rich View Hotel Tianjin	190	247	天津市北辰区辰昌路1260号 No.1260 Chenchang Road, Beichen Dist., Tianjin
天津依兰国际酒店 Tian Jin Yilan International Hotel	261	404	天津市开发区盛达街39号 No.39 Shengda Street, TEDA, Tianjin
天津汇高花园酒店 Tianjin Huigao Garden Hotel	189	300	天津市南开区白堤路236号增1号 No.236-1 Baidi Road, Nankai Dist., Tianjin
天津宁河宾馆 Tianjin Ninghe Hotel	151	259	天津市宁河县芦台镇光明路44号 No.44 Guangming Road, Lutai Town, Ninghe County, Tianjin
天津泰豪酒店 Century Tehao Hotel Tianjin	218	303	天津市河东区卫国道136号 No.136 Weiguo Road, Hedong Dist., Tianjin

16-8 限额以上餐饮业基本情况（2011年）
Basic Statistics on Catering Services Enterprises above Designated Size, 2011

项　目	Item	门店总数（个）Number of Stores (unit)	从业人员（人）Employment Personnel (person)	营业面积（平方米）Operation Area (sq. m)	餐位数（位）Number of Seats (unit)
总　计	**Total**	**577**	**64082**	**1227998**	**252239**
#国有及国有控股企业	State-owned and State-holding Enterprises	24	2304	96487	11877
按登记注册类型分	**Grouped by Status of Registration**				
内资企业	Domestic-funded Enterprises	532	33382	1009517	193542
国　有	State-owned Enterprises	13	1109	35192	5290
集　体	Collective-owned Enterprises	10	450	15185	3143
股份合作	Cooperative Enterprises	2	545	3720	640
有限责任公司	Limited Liability Corporations	80	9943	300211	53517
国有独资公司	Sole State-funded Corporations	2	156	7300	629
其他有限责任公司	Other Limited Liability Corporations	78	9787	292911	52888
股份有限公司	Share-holding Corporations Ltd.	3	632	12553	1834
私营企业	Private Enterprises	203	12140	408046	75972
私营独资	Private-funded Enterprises	38	1679	56795	9949
私营合伙	Private Joint-venture Enterprises	5	152	6006	1659
私营有限责任公司	Private Limited Liability Corporations	158	10288	345045	64164
私营股份有限公司	Private Share-holding Corporations Ltd.	2	21	200	200
其　他	Others	221	8563	234610	53146
港澳台商投资企业	Enterprises with Funds from Hong Kong, Macao and Taiwan	16	802	18031	5239
合资经营	Joint-venture Enterprises	4	160	961	221
独资经营企业	Enterprises with Sole Investment	12	642	17070	5018
外商投资企业	Foreign Funded Enterprises	29	29898	200450	53458
#中外合资经营	Joint-venture Enterprises	6	375	7209	1241
外商独资企业	Enterprises with Sole Foreign Investment	22	29480	192441	51890
按行业分	**Grouped by Sector**				
正餐服务业	Dinner Services	526	32496	988783	181143
快餐服务业	Snack Services	24	29524	167612	51720
饮料及冷饮服务业	Beverage and Cold Drink	5	135	3804	868
其他餐饮服务业	Others	22	1927	67799	18508

16-8续表 Continued

单位：万元 (10 000 yuan)

项　目	Item	资产总计 Total Assets	负债合计 Total Liabilities	营业收入 Business Revenue	主营业务成本 Cost of Principal Business
总　计	**Total**	**796301**	**555119**	**923512**	**460545**
# 国有及国有控股企业	State-owned and State-holding Enterprises	64147	52036	43128	27015
按登记注册类型分	**Grouped by Status of Registration**				
内资企业	Domestic-funded Enterprises	616121	453557	483704	262440
国　有	State-owned Enterprises	32634	24429	18188	10151
集　体	Collective-owned Enterprises	9142	5629	6270	3586
股份合作	Cooperative Enterprises	7905	1780	8320	1721
有限责任公司	Limited Liability Corporations	202907	156118	171154	83147
国有独资公司	Sole State-funded Corporations	3172	3187	900	478
其他有限责任公司	Other Limited Liability Corporations	199734	152931	170253	82669
股份有限公司	Share-holding Corporations Ltd.	56863	44010	11751	3629
私营企业	Private Enterprises	254586	184538	221749	130647
私营独资	Private-funded Enterprises	16957	11083	34685	24546
私营合伙	Private Joint-venture Enterprises	567	221	1660	1111
私营有限责任公司	Private Limited Liability Corporations	236543	172532	185193	104789
私营股份有限公司	Private Share-holding Corporations Ltd.	519	703	211	200
其　他	Others	52085	37054	46274	29559
港澳台商投资企业	Enterprises with Funds from Hong Kong, Macao and Taiwan	12105	8389	19839	9351
合资经营	Joint-venture Enterprises	1779	1490	3059	1468
独资经营企业	Enterprises with Sole Investment	10326	6899	16780	7882
外商投资企业	Foreign Funded Enterprises	168075	93173	419969	188755
# 中外合资经营	Joint-venture Enterprises	3313	4491	4798	2297
外商独资企业	Enterprises with Sole Foreign Investment	164462	88381	413886	185993
按行业分	**Grouped by Sector**				
正餐服务业	Dinner Services	554798	412531	466762	246779
快餐服务业	Snack Services	203786	121363	416504	192793
饮料及冷饮服务业	Beverage and Cold Drink	358	547	1932	710
其他餐饮服务业	Others	37359	20678	38314	20262

16-9 按登记注册类型分限额以上批发和零售企业财务状况（2011年）
Main Financial Indicators of Enterprises above Designated Size of Wholesale and Retail Trade by Status of Registration, 2011

项 目	Item	主营业务收入 Revenue from Principal Business	主营业务成本 Cost of Principal Business	主营业务税金及附加 Taxes and Other Charge on Principal Business
总 计	**Total**	**162342511**	**154982628**	**1034315**
批发企业	**Wholesale Trade**	**148277361**	**142254393**	**983229**
#国有及国有控股企业	State-owned and State-holding Enterprises	85808611	83762520	101756
内资企业	Domestic-funded Enterprises	136448407	132286019	217951
国 有	State-owned Enterprises	64761807	63313031	74878
集 体	Collective-owned Enterprises	643604	626453	913
股份合作	Cooperative Enterprises	327751	312887	327
联营企业	Joint Ownership Enterprises	240162	234125	130
有限责任公司	Limited Liability Corporations	30858110	29460485	97725
股份有限公司	Share-holding Corporations Ltd.	3298482	3192549	7582
私营企业	Private Enterprises	34481229	33374328	35243
其 他	Others	13666216	11740533	766433
港澳台商投资企业	Enterprises with Investment from Hong Kong, Macao and Taiwan	4750349	4473603	9443
外商投资企业	Foreign Funded Enterprises	7078605	5494770	755836
零售企业	**Retail Trade**	**14065150**	**12728235**	**51085**
#国有及国有控股企业	State-owned and State-holding Enterprises	5966409	5538127	11327
内资企业	Domestic-funded Enterprises	12218526	11153098	42739
国 有	State-owned Enterprises	4649479	4347959	6628
集 体	Collective-owned Enterprises	164528	129781	306
股份合作	Cooperative Enterprises	350416	285071	3077
联营企业	Joint Ownership Enterprises	57669	53783	84
有限责任公司	Limited Liability Corporations	3781618	3422050	13857
股份有限公司	Share-holding Corporations Ltd.	304210	271918	2504
私营企业	Private Enterprises	2664752	2413894	16108
港澳台商投资企业	Enterprises with Investment from Hong Kong Macao and Taiwan	871958	761397	5504
外商投资企业	Foreign Funded Enterprises	974666	813740	2842

单位：万元 (10 000 yuan)

利润总额 Total Pre-tax Profits	资产总计 Total Assets	# 流动资产 Working Capitals	负债合计 Total Liabilities	所有者权益合计 Total Owners' Equities
2182344	**56533238**	**46485909**	**42507447**	**14025791**
1947356	**49872739**	**41965123**	**37745247**	**12127492**
1000851	22086990	17639062	16606301	5480690
1545818	44097655	37098619	33897569	10200085
841230	11578160	9800957	9294691	2283469
6624	278518	228638	222770	55748
877	137886	124130	118743	19143
549	68638	58547	60639	7999
541166	15956836	12808844	11704258	4252579
23330	1177213	761697	746581	430632
127139	14080622	12568939	11127600	2953021
406441	6594867	5613371	4469966	2124901
122847	2201834	1950776	1548171	653663
278692	3573251	2915728	2299506	1273745
234988	**6660499**	**4520786**	**4762201**	**1898299**
92430	2020782	985555	1193963	826819
215247	5742164	3872966	4123332	1618832
68685	1188557	468509	611214	577343
1735	31433	25386	19388	12045
20167	275444	109619	184829	90615
1583	21646	14836	9580	12066
70168	2347883	1884201	1901565	446318
	333016	131077	232977	100039
52770	1454070	1164634	1092718	361352
10783	354787	239797	270003	84783
8958	563548	408023	368865	194683

16-10 按国民经济行业分限额以上批发和零售业财务状况（2011年）
Main Financial Indicators of Enterprises above Designated Size of Wholesale and Retail Trade by Sector, 2011

项　　目	Item	主营业务收入 Revenue from Principal Business	主营业务成本 Cost of Principal Business
总　　计	**Total**	**162342511**	**154982628**
批发企业	**Wholesale Trade**	**148277361**	**142254393**
农畜产品批发业	Wholesale of Farm & Livestock Product	511794	500816
食品、饮料及烟草制品批发业	Wholesale of Food, Beverage and Tobacco	5729864	5173926
纺织、服装及日用品批发业	Wholesale of Textiles, Garments and Daily Articles	3763620	3153268
文化、体育用品及器材批发业	Wholesale of Culture, Sports Appliances and Equipment	438080	390066
医药及医疗器材批发业	Wholesale of Medicines and Medical Appliances	2347588	2173139
矿产品、建材及化工产品批发业	Wholesale of Mineral Products, Building Material and Chemical Products	115912616	113596474
机械设备、五金交电及电子产品批发业	Wholesale of Machinery, Hardware, Transport, Electric and Electronic Equipment	13088057	11290499
贸易经济与代理	Trade Broker and Agency	782152	691553
其他批发业	Other Wholesales	5703589	5284651
零售企业	**Retail Trade**	**14065150**	**12728235**
综合零售业	Comprehensive Retail	3037536	2582004
食品、饮料及烟草制品专门零售业	Special Retail of Food, Beverage and Tobacco	155852	112039
纺织、服装及日用品专门零售业	Special Retail of Textiles, Garments and Daily Articles	249933	177475
文化、体育用品及器材专门零售业	Special Retail of Culture, Sports Appliances and Equipment	164355	131075
医药及医疗器材专门零售业	Special Retail of Medicine and Medical Appliances	331870	299136
汽车、摩托车、燃料及零配件零售业	Special Retail of Automobile, Autobike, Parts Fittings and Fuel	8566359	8036640
家用电器及电子产品专门零售业	Special Retail of Household Electric Appliances and Electronic Products	919146	839541
五金、家具及室内装修材料专门零售业	Special Retail of Hardware, Furniture and Decoration Materials for Indoors	149346	120695
无店铺及其他零售业	Non-shop and Other Retails	490754	429631

单位：万元（10 000 yuan）

主营业务税金及附加 Taxes and Other Charge on Principal Business	利润总额 Total Pre-tax Profits	资产总计 Total Assets	#流动资产 Working Capitals	负债合计 Total Liabilities	所有者权益合计 Total Owners' Equities
1034315	**2182344**	**56533238**	**46485909**	**42507447**	**14025791**
983229	**1947356**	**49872739**	**41965123**	**37745247**	**12127492**
188		470344	424350	307015	163329
74422	265354	2267758	1985121	1490967	776791
2824	315220	2728101	2580009	2142939	585162
903	2666	291848	204365	223183	68664
4209	51811	1146174	1031263	884337	261838
66600	827914	32186386	26594231	24551738	7634649
814547	390778	7253402	6391109	5829218	1424184
2007		491769	421447	311816	179954
17531	112632	3036957	2333229	2004036	1032922
51085	**234988**	**6660499**	**4520786**	**4762201**	**1898299**
20869	54022	2387054	1510097	1966435	420619
1079	14790	108453	59082	48723	59730
1211	6829	262924	222024	137733	125191
1674	3642	168065	129856	110879	57186
684	9178	327897	293479	273840	54057
11176	123180	2708611	1740067	1735650	972961
2227	11988	399853	350152	302976	96877
1217		107738	78334	103336	4402
10949	11372	189904	137697	82629	107275

16-11 连锁零售企业基本情况(2011年) Basic Conditions of Chain Retail Enterprises, 2011

项目 Item	门店总数(个) Number of Stores (unit)	营业面积(平方米) Operation Area (sq. m)	从业人数(人) Employment Personnel (person)	商品销售额(万元) Total Sales of Commodities (10 000 yuan)	#零售额 Retail Sales
总计 Total	**1661**	**1879816**	**34198**	**5415976**	**3925710**
按登记注册类型分 By Status of Registration					
内资企业 Domestic Funded Enterprises	1394	1347382	21765	4564495	3101282
国有 State-owned Enterprises	465	740692	5823	3382491	1941462
私营有限责任公司 Private Limited Liability Corporations	215	62896	3687	121336	120325
其他有限责任公司 Other Limited Liability Corporations	625	531194	11393	1019702	998528
其他 Others	89	12600	862	40967	40967
港、澳、台商投资企业 Enterprises with Funds from Hong Kong, Macao and Taiwan	201	385268	9217	491501	464449
合资经营企业 Joint-venture Enterprises	179	88060	3095	171156	170870
独资经营企业 Enterprises with Sole Investment	22	297208	6122	320345	293579
外商投资企业 Foreign Funded Enterprises	66	147166	3216	359979	359979
#中外合资经营企业 Joint-venture Enterprises	60	90000	2234	286361	286361
外资企业 Enterprises with Sole Foreign Investment	2	15066	516	33722	33722

16-11续表 Continued

项　目 Item	门店总数 (个) Number of Stores (unit)	营业面积 (平方米) Operation Area (sq. m)	从业人数 (人) Employment Personnel (person)	商品销售额 (万元) Total Sales of Commodities (10 000 yuan)	#零售额 Retail Sales
按业态分					
By Business Categories					
便利店					
Convenience Store	78	10453	1065	17169	17169
超　市					
Supermarket	655	133953	5927	266699	265689
大型超市					
Hypermarket	36	474479	9728	534358	498029
专业店					
Specialty Store	284	338495	5865	747105	746032
加油站					
Gas Station	424	818000	7342	3658738	2217743
专卖店					
Exclusive Store	149	49516	2595	101865	91007
家居建材商店					
Building Material Store	13	46100	734	65753	65753
其　他					
Others	22	8820	942	24288	24288
按行业分					
By Sector					
综合零售					
Comprehensive Retail	778	619605	16796	818978	781597
食品、饮料及烟草制品专门零售					
Special Retail of Food, Beverage and Tobacco	123	29940	2837	98721	88190
纺织、服装及日用品专门零售					
Special Retail of Textiles, Garments and Daily Articles	56	28820	761	27985	27665
医药及医疗器材专门零售					
Special Retail of Medicine and Medical Appliances	192	41235	1825	54160	54160
汽车、摩托车、燃料及零配件专门零售					
Special Retail of Automobile, Autobike, Parts, Fittings and Fuel	424	818000	7342	3658738	2217743
家用电器及电子产品专门零售					
Special Retail of Household Electric Appliances and Electronic Products	75	296116	3903	691641	690601
五金、家具及室内装修材料专门零售					
Special Retail of Hardware, Furniture and Decoration Materials for Indoors	13	46100	734	65753	65753

16-12 限额以上连锁餐饮企业基本情况(2011年) Basic Conditions of Chain Catering Enterprises above Designated Size, 2011

项目 Item	门店总数(个) Number of Stores (unit)	营业面积(平方米) Operation Area (sq. m)	从业人数(人) Employment Personnel (person)	餐位数(个) Number of Dining-seats (unit)	营业额(万元) Business Revenue (10 000 yuan)
总计 Total	**331**	**152181**	**31070**	**47263**	**399172**
按登记注册类型分 Grouped by Registered Status					
内资企业 Domestic-funded Enterprises	69	17656	940	3716	19790
其他有限责任公司 Limited Liability Corporations	54	12509	588	1905	14653
私营企业 Private Enterprises	15	5147	352	1811	5137
私营独资 Private-funded Enterprises	2	2100	95	600	1206
私营有限责任公司 Private Limited Liability Corporations	11	2667	199	931	3000
私营股份有限公司 Private Share-holding Corporations Ltd.	2	380	58	280	931
港、澳、台商投资企业 Enterprises with Funds from Hong Kong, Macao and Taiwan	7	2365	132	1051	4133
独资经营企业 Enterprises with Sole Investment	7	2365	132	1051	4133
外商投资企业 Foreign Funded Enterprises	255	132160	29998	42496	375249
外资企业 Enterprises with Sole Foreign Investment	255	132160	29998	42496	375249
按业态分 By Business Categories					
正餐 Dinner	2	2100	95	600	1206
快餐 Snack	301	144606	30608	45963	392316
其他餐饮 Others	28	5475	367	700	5650

16-13 亿元以上商品交易市场基本情况（2011年）
Basic Statistics on Commodity Exchange Markets with Transaction Value over 100 Million Yuan, 2011

市　场	Market	市场数量（个）Number of Markets (unit)	摊位数（个）Number of Booths (unit)
总　计	Total	77	51119
综合市场	Comprehensive Markets	21	18374
生产资料综合市场	Comprehensive Market of Capital Goods	1	427
工业消费品综合市场	Comprehensive Market of Industrial Consumables	4	7293
农产品综合市场	Comprehensive Market of Agricultural Products	7	4494
其他综合市场	Other Comprehensive Markets	9	6160
专业市场	Special Markets	56	32745
生产资料市场	Market of Capital Goods	21	4624
煤炭市场	Coal Market	4	856
建材市场	Building Materials Market	1	400
化工材料及制品市场	Chemical Materials and Products Market	3	434
金属材料市场	Metal Materials Market	13	2934
农产品市场	Agricultural Products Market	13	14160
粮油市场	Foodstuff and Oil Market	2	801
肉禽蛋市场	Meat, Poultry and Egg Market		
水产品市场	Aquatic Product Market	3	954
蔬菜市场	Vegetable Market	5	10856
棉麻土畜、烟叶市场	Cotton, Linen, Local and Livestock Product, and Tobacco Leaf Market	1	650
其他农产品市场	Other Agricultural Product Market	2	899
食品、饮料及烟酒市场	Food, Beverage and Tobacco Market	3	2362
食品饮料市场	Food and Beverage Market	1	212
其他食品、饮料及烟酒市场	Other Food, Beverage and Tobacco Market	2	2150
纺织、服装、鞋帽市场	Textile, Garments, Shoes and Caps Market	5	3889
服装市场	Garments Market	4	3424
鞋帽市场	Shoes and Caps Market	1	465
家具、五金及装饰材料市场	Furniture, Hardware and Decoration Materials Market	10	5190
#家具市场	Furniture Market		
装饰材料市场	Decoration Materials Market	4	1419
五金材料市场	Hardware Market	2	875
其他装修市场	Other Fitment Market	3	2726
汽车、摩托车及零配件市场	Automobile, Autobike, Parts and Fittings Market	3	1720
汽车市场	Automobile Market	3	1720
花、鸟、鱼、虫市场	Flowers, Birds, Fish and Insects Market	1	800

16-13续表 Continued

市　　场	Market	营业面积(万平方米) Operation Area (10 000 sq. m)	成交额(亿元) Transaction Value (100 million yuan)	#批　发 Whole-sale
总　　计	**Total**	**523.13**	**2565.79**	**2460.60**
综合市场	**Comprehensive Markets**	**102.09**	**196.33**	**150.26**
生产资料综合市场	Comprehensive Market of Capital Goods	6.50	3.80	
工业消费品综合市场	Comprehensive Market of Industrial Consumables	17.20	46.54	38.91
农产品综合市场	Comprehensive Market of Agricultural Products	25.12	67.80	50.40
其他综合市场	Other Comprehensive Markets	53.27	78.19	60.95
专业市场	**Special Markets**	**421.04**	**2369.46**	**2310.33**
生产资料市场	Market of Capital Goods	152.00	1436.15	1436.15
煤炭市场	Coal Market	0.23	338.88	338.88
建材市场	Building Materials Market	45.00	14.46	14.46
化工材料及制品市场	Chemical Materials and Products Market	1.01	209.53	209.53
金属材料市场	Metal Materials Market	105.76	873.28	873.28
农产品市场	Agricultural Products Market	84.80	411.99	411.99
粮油市场	Foodstuff and Oil Market	6.11	28.73	28.73
肉禽蛋市场	Meat, Poultry and Egg Market			
水产品市场	Aquatic Product Market	25.40	156.74	156.74
蔬菜市场	Vegetable Market	38.60	52.62	52.62
棉麻土畜、烟叶市场	Cotton, Linen, Local and Livestock Product, and Tobacco Leaf Market	0.10	63.71	63.71
其他农产品市场	Other Agricultural Product Market	14.60	110.18	110.18
食品、饮料及烟酒市场	Food, Beverage and Tobacco Market	27.33	58.55	56.97
食品饮料市场	Food and Beverage Market	0.05	7.28	7.28
其他食品、饮料及烟酒市场	Other Food, Beverage and Tobacco Market	27.28	51.27	49.69
纺织、服装、鞋帽市场	Textile, Garments, Shoes and Caps Market	15.44	51.81	49.61
服装市场	Garments Market	11.54	43.74	41.54
鞋帽市场	Shoes and Caps Market	3.90	8.07	8.07
家具、五金及装饰材料市场	Furniture, Hardware, and Decoration Materials Market	101.93	149.22	137.41
#家具市场	Furniture Market			
装饰材料市场	Decoration Materials Market	10.97	16.69	6.78
五金材料市场	Hardware Market	36.10	23.50	23.50
其他装修市场	Other Fitment Market	53.46	105.93	104.03
汽车、摩托车及零配件市场	Automobile, Autobike, Parts and Fittings Market	35.55	260.11	218.20
汽车市场	Automobile Market	35.55	260.11	218.20
花、鸟、鱼、虫市场	Flowers, Birds, Fish and Insects Market	4.00	1.64	

16-14 实际利用内资额（2007—2011年）
Domestic Capital Actually Used, 2007-2011

单位：亿元 (100 million yuan)

地　区	Region	2007	2008	2009	2010	2011
全市总计	**Total**	**612.05**	**920.13**	**1242.87**	**1633.82**	**2085.87**
中心城区	**Central Districts**	**235.19**	**275.25**	**355.94**	**438.85**	**502.91**
和平区	Heping District	54.11	34.53	48.90	76.19	102.83
河东区	Hedong District	21.79	36.93	51.22	65.58	78.31
河西区	Hexi District	33.53	61.99	77.77	93.34	102.37
南开区	Nankai District	46.81	60.90	75.56	75.60	76.06
河北区	Hebei District	45.58	60.20	74.92	93.93	103.21
红桥区	Hongqiao District	33.36	20.69	27.57	34.20	40.13
滨海新区	**Binhai New Area**	**135.82**	**211.42**	**273.18**	**352.20**	**459.38**
塘　沽	Tanggu	32.56	56.69	71.36	89.43	
汉　沽	Han'gu	7.00	10.03	14.00	18.26	
大　港	Dagang	36.60	47.03	58.78	73.52	
天津经济技术开发区	TEDA	17.35	37.04	48.47	60.79	
天津港保税区	TPFTZ	25.61	36.53	47.52	60.22	
滨海高新区	BHHIP	16.70	24.10	32.00	40.00	
东疆保税港区	Dongjiang Free Trade Port Zone			1.05	2.17	
中新天津生态城	Sino-Singapore Tianjin Eco-city				7.81	
其他区县	**Other Districts and Counties**	**241.05**	**433.46**	**613.75**	**842.78**	**1123.58**
东丽区	Dongli District	47.29	72.88	94.11	121.05	180.39
西青区	Xiqing District	21.96	28.70	76.35	95.69	135.25
津南区	Jinnan District	37.75	100.14	126.84	159.47	185.58
北辰区	Beichen District	13.68	29.00	38.80	76.52	114.24
武清区	Wuqing District	38.84	73.84	92.84	116.59	141.19
宝坻区	Baodi District	48.01	70.27	88.25	111.17	141.28
宁河县	Ninghe County	7.90	11.80	14.73	25.98	51.96
静海县	Jinghai County	12.40	16.20	33.00	42.28	50.08
蓟　县	Jixian County	13.20	30.61	48.85	94.03	123.61

注：滨海新区数据不含东丽区无瑕街、津南区葛沽镇数据。
Note: Data of Binhai New Area exclude figures of Wuxia Street, Dongli District and Gegu Town, Jinnan District.

16-15 外省市在津投资情况
Domestic Capital from Other Provinces and Municipalities

地　　区	Region	项目数(个) Number of Contracts (unit)		实际利用内资额 (万元) Total Capital Actually Used (10 000 yuan)	
		2010	2011	2010	2011
总　　计	**Total**	**2607**	**4305**	**16338206**	**20858721**
北京市	Beijing	425	563	5972518	6400682
河北省	Hebei	521	965	1030548	1699361
山西省	Shanxi	59	117	171646	325838
内蒙古自治区	Inner Mongolia	61	71	96661	144026
辽宁省	Liaoning	70	131	419156	883803
吉林省	Jilin	82	106	81850	168147
黑龙江省	Heilongjiang	120	175	291688	193175
上海市	Shanghai	96	136	1276445	1985202
江苏省	Jiangsu	95	162	421564	783735
浙江省	Zhejiang	165	227	953667	1503861
安徽省	Anhui	44	84	46435	48775
福建省	Fujian	217	491	656388	1429898
江西省	Jiangxi	39	51	22428	43275
山东省	Shandong	130	277	484920	548079
河南省	Henan	112	179	416377	334207
湖北省	Hubei	47	83	54260	87910
湖南省	Hunan	19	60	8348	161669
广东省	Guangdong	154	175	3116625	3060004
广西壮族自治区	Guangxi	5	18	21443	93598
海南省	Hainan	16	23	144909	492280
重庆市	Chongqing	15	24	115013	17488
四川省	Sichuan	30	65	49993	182906
贵州省	Guizhou	8	11	58247	11272
云南省	Yunnan	9	17	315706	58452
陕西省	Shaanxi	30	43	44998	43218
甘肃省	Gansu	16	22	11500	89273
青海省	Qinghai	4	9	14350	2300
宁夏回族自治区	Ningxia	7	9	8930	26130
新疆维吾尔自治区	Xinjiang	11	10	31592	40127
西藏自治区	Xizang		1	1	30

主要统计指标解释

社会消费品零售总额

指企业（单位、个体户）通过交易直接售给个人、社会集团非生产、非经营用的实物商品金额，以及提供餐饮服务所取得的收入金额。个人包括城乡居民和入境人员。社会集团包括机关、社会团体、部队、学校、企业事业单位、居委会或村民委员会。

商品购进总额

指从本企业（单位）以外的单位和个人购进（包括从国外直接进口）作为转卖或加工后转卖的商品总额（含增值税）。它反映批发和零售贸易业从国内、国外市场上购进商品的总价。商品购进总额包括：（1）从工农业生产者、批发和零售业企业、住宿和餐饮业企业、出版社或报社的出版发行部门和其他服务业企业购进的商品；（2）从机关团体、事业单位购进的商品；（3）从海关、市场管理部门购进的缉私和没收的商品；（4）从居民收购的废旧商品等。不包括（1）企业为本单位自身经营用，不是作为转卖而购进的商品；（2）未通过买卖行为而收入的商品；（3）经本单位介绍，由买卖双方直接结算，本单位只收取手续费的业务；（4）销售退回和买方拒付货款的商品；（5）商品溢余。

商品销售总额

指对本企业（单位）以外的单位和个人出售的商品总额（包括售给本单位消费用的商品，含增值税）。它反映在国内市场上销售商品以及出口商品的总量。商品销售总额包括：(1) 售给城乡居民和社会集团消费用的商品；(2) 售给工业、农业、建筑业、运输邮电业、批发零售贸易业、餐饮业、服务业等国民经济各行业用于生产、经营用的商品；(3) 对国（境）外直接出口的商品。不包括：（1）未通过买卖行为付出的商品；（2）经本单位介绍，由买卖双方直接结算，本单位只收取手续费的业务；（3）购货退回的商品；（4）商品损耗和损失；（5）出售本单位自用的废旧物资。

年末库存总额

对于批发和零售业法人企业和个体经营户，是指期末取得所有权的全部商品金额（含增值税）；对于批发和零售业产业活动单位，是指期末实际在库且归属法人具有所有权的全部商品金额（含增值税）。它反映批发零售贸易企业（单位）的商品库存情况和对市场商品供应的保证程度。期末库存包括：(1) 存放在批发零售贸易业经营单位（如门市部、批发站、经营处）仓库、货场、货柜和货架中的商品；(2) 挑选、整理、包装中的商品；(3) 已记入购进而尚未运到本单位的商品，即发货单或银行承兑凭证已到而货未到的部分；(4) 寄放他处的商品，如因购货方拒绝承付而暂时存放在购货方的商品和已办完加工成品收回手续而未提回的商品；(5) 委托其他单位代销（未作销售或调出）尚未售出的商品；(6) 代其他单位购进尚未交付的商品。不包括：（1）所有权不属于本单位的商品；（2）委托外单位加工的商品（包括本单位所属加工厂和其他生产单位加工生产尚未收回成品的商品）；（3）外贸企业代理其他单位从国外进口，尚未付给订货单位的商品；（4）代国家储备部门保管的商品。

营业收入

指企业（单位）经营主要业务和其他业务所确认的收入。营业收入包括主营业务收入和其他业务收入。主营业务收入是指企业确认的销售商品、提供劳务等主营业务的收入。其他业务收入是指各类企业主营业务以外其他业务或不独立核算的附营业务所发生的收入。

主营业务成本

指企业经营主要业务所发生的成本总额。

住宿和餐饮业营业额

指住宿和餐饮业法人企业（单位）在经营活动中因提供服务或销售商品等取得的收入。包括：客房收入、餐费收入、商品销售额（含增值税）和其他收入。客房收入指住宿和餐饮业法人企业（单位）在经营活动中因提供住宿服务取得的收入。餐费收入指住宿和餐饮业法人企业、（单位）因为顾客提供就餐服务取得的收入，包括经烹饪、调制加工后出售的各种食品，如主食、炒菜、凉拌菜等的收入。商品销售额指住宿和餐饮业法人企业（单位）伴随服务而出售商品所取得的收入（含增值税）。其他收入指营业收入中除客房收入、餐费收入、商品销售额以外的其他收入，包括娱乐、健身和商务服务等。

主要统计指标解释

限额以上批发和零售业、住宿和餐饮业企业划分标准

批发业是指年主营业务收入 2000 万元及以上；零售业是指年主营业务收入 500 万元及以上；住宿业和餐饮业是指年主营业务收入 200 万元及以上。

Explanatory Notes on Main Statistical Indicators

Total Retail Sales of Consumer Goods

refers to the sum of retail sales of commodities sold by enterprise (units and individuals) to individuals and social groups for non-production and non-business use, and the income from catering services provided. Among of which, individuals refer to residents of urban and rural households and entering persons; social groups refer to government agencies, social organization, military, schools, institution, enterprises, neighbourhood committees and village committees.

Total Purchases of Commodities

refer to the total value of purchases of commodities by the enterprises (establishments) from other establishments or individuals (including direct import from abroad) for the purpose of re-selling, either with or without further processing of the commodities purchased. This indicator is used to show the total value of purchases of commodities by wholesale and retail establishments from domestic and overseas markets. The total purchases include: (1) commodities purchased from agricultural and industrial producers, wholesale and retail enterprises, accommodation and catering enterprises, distribution departments of the publishers and other service enterprises; (2) commodities purchased from government agencies and institutions; (3) anti-smuggling and confiscated goods purchased from the customs authorities or market management agencies; (4) second-hand goods and wastes purchased from residents. Excluded are (1) commodities purchased by enterprises (establishments) for use in their own business operation, not for re-selling; (2) commodities obtained without buying or selling procedures; (3) commission income from brokerage in transactions whose settlement is directly handled by buyers and sellers; (4) commodities rejected and refused to pay; (5) goods overflow.

Total Sales of Commodities

refer to value of commodities sold by the establishments to other establishments and individuals (including sales for the self-consumption and its value-added taxes). This indicator is used to show the total value of sales of commodities at domestic markets and export. The total sales include: (1) commodities sold to urban and rural residents and social groups for their consumption; (2) commodities sold to establishments in all the industries, such as industry, agriculture, construction, transportation, post and telecommunications, wholesale and retail trades, catering trade, services, etc., for their production and operation; (3) commodities for direct export to other countries. Excluded are (1) commodities transferred without buying or selling procedures; (2) commission income from brokerage in transactions whose settlement is directly handled by buyers and sellers; (3) rejected commodities in the purchase; (4) loss in commodities; (5) selling of waste packaging materials used by the establishments (units) themselves.

Year-end Inventory

refers to total commodities (including value-added tax) possessed by wholesale and retail enterprises, private and individuals, and total commodities (including value-added tax) at storage and possessed by their institutional units for the wholesale and retail units with industrial undertakings. It reflects the commodity stock level of various wholesale and retail enterprises (units) and the potential for market supply. It includes: (1) commodities located in storage, garages, counters, and shelves of operating units (such as sale stores, wholesale centers, and operating offices) of wholesale and retail enterprises; (2) commodities in the process of selecting, sorting, and packing; (3) commodities not arrived but recorded as purchase in the account, i.e. commodities not arrived but payment receipts for the commodities from the sellers or the banks arrived; (4) commodities deposited in other places rather than places mentioned above, for instance: commodities in the hold of purchasers temporarily due to the refusal of payment and commodities not taken back after going through the formalities, (5) commodities entrusted to other units to sell but not sold yet; (6) commodities purchased for other units but not delivered yet. Commodities not included as: (1) stock not owned by the enterprises (units); (2) commodities entrusted to other units to process (including entrusted to subsidiary processing plants and other units and not taken back yet); (3) commodities imported from foreign countries agented by foreign trade enterprises and not delivered to the order units; (4) commodities managed on behalf of the state material reserves units.

Business Revenue

refers to revenue of enterprises through operating of main business and other business. It includes income of principal business and other business income. Income of principal business refers to income of main business activities, such as selling commodities or providing services. Other business income refers to income of other business or attached business not including main business.

Explanatory Notes on Main Statistical Indicators

Cost of Principal Business

refers to real costs from the operating of main business.

Business Revenue of Accommodation and Catering Services

refers to revenue received from providing services or selling commodities by corporate enterprises and establishments engaged in hotels and catering services, including income from hotels, from catering services, from selling of commodities (including value-added tax) and from other services. Income from hotels refers to income of corporate enterprises and establishments engaged in hotels and catering services by providing lodging services. Income from catering services refers to income of corporate enterprises and establishments engaged in hotels and catering services by providing catering services, including selling of cooked or prepared foods such as staple food, cooked dishes or cold dishes. Income from selling of commodities refers to income of corporate enterprises and establishments engaged in hotels and catering services by selling commodities (including value-added tax) that accompany the services they provide. Income from other activities refers to income received other than income from hotels, catering services or selling of commodities, such as income from providing recreation, fitness or business services.

Classified Standard of Wholesale, Retail Trade, Accommodation and Catering Enterprises above Designated Size

Wholesale enterprises refer to enterprises with revenue from principal business over 20 million yuan. Retail enterprises refer to enterprises with revenue from principal business over 5 million yuan. Accommodation and catering enterprises refer to enterprises with revenue from principal business over 2 million yuan.

17 金融业 Financial Intermediation

17-1 各类金融机构
Financial Institutions

单位：个 (unit)

项　目	Item	2010	2011
总　计	**Total**	**3343**	**3442**
银行类	**Banking Institutions**	**2247**	**2287**
中央银行	Central Banks	2	2
政策性银行	Policy Banks	12	13
商业银行	Commercial Banks	2211	2250
国有独资商业银行	State-owned Sole Commercial Banks	1177	1189
股份制商业银行	Share-holding Commercial Banks	204	201
天津市商业银行	Commercial Banks of Tianjin	189	192
其他城商行	Other City's Commercial Banks	49	69
中德住房储蓄银行	Sino-German Bausparkasse	3	3
农村合作金融机构	Rural Cooperative Financial Institutions	589	596
外资银行	Foreign Funded Banks	22	22
非银行类	**Non-banking Institutions**	**1096**	**1155**
保险公司	Insurance Companies	531	577
信托投资公司	Trust Investment Companies	2	2
证券经营公司	Securities Business Companies	98	102
财务公司	Financial Companies	4	3
金融租赁公司	Financial Leasing Companies	3	3
典当公司	Mortgage Companies	58	58
产业基金公司	Industry Fund Management Companies	2	2
邮政储蓄银行	Postal Savings Bank	394	404
金融资产管理公司	Financial Assets Supervision Corporations	4	4

资料来源：天津市银监局、证监局、保监局、典当协会等。
Source: Tianjin Banking Regulatory Bureau, Tianjin Securities Regulatory Bureau, Tianjin Insurance Regulatory Bureau, Tianjin Mortgage Association, etc.

17-2 中资金融机构人民币存贷款余额(1981—2011年)
RMB Deposit and Loan Balance of Chinese Financial Institutions, 1981-2011

单位：亿元 (100 million yuan)

年 份 Year	存款合计 Total Deposits	#单位存款 Corporate Deposite	#财政性存款 Treasury Deposits	#储蓄存款 Saving Deposits	#农业存款 Agricultural Deposits	#其他存款 Other Deposits	贷款合计 Total Loans	#中长期贷款 Medium-term & Long-term Loans
1981	53.25	25.08	10.23	9.70	4.70	3.54	107.73	5.64
1982	68.05	32.97	11.73	12.50	6.18	4.67	112.61	8.70
1983	75.83	35.62	11.58	16.67	7.85	4.11	125.38	10.70
1984	95.52	45.76	10.98	22.19	6.87	9.72	138.99	14.21
1985	114.25	58.48	13.82	29.38	4.52	8.05	191.04	19.63
1986	129.14	63.22	11.32	40.52	5.61	8.48	224.49	26.59
1987	156.48	70.41	12.65	54.95	6.77	11.70	260.12	32.35
1988	176.44	72.77	14.35	62.72	9.45	17.16	296.18	35.47
1989	203.44	70.24	16.20	89.71	8.51	18.79	341.60	37.55
1990	263.21	86.66	19.15	126.92	9.42	21.07	415.91	50.00
1991	336.56	106.84	24.73	163.18	13.15	28.67	487.43	73.88
1992	467.81	157.39	23.50	202.66	18.51	65.75	624.82	105.67
1993	586.12	193.71	23.78	269.70	21.75	77.19	768.57	143.93
1994	800.56	301.12	24.26	394.50	18.26	62.43	927.05	210.87
1995	1079.97	385.21	37.59	549.97	22.87	84.33	1113.95	262.01
1996	1399.06	527.68	28.54	724.91	25.82	98.64	1357.38	305.50
1997	1634.95	638.88	26.22	863.36	28.76	77.73	1502.91	298.81
1998	1860.84	655.38	12.53	1020.14	34.28	138.50	1629.12	302.69
1999	2060.02	736.03	45.78	1130.19	37.94	110.08	1825.26	405.04
2000	2281.55	871.31	53.97	1172.40	44.10	139.76	1863.60	431.27
2001	2562.55	946.89	63.82	1284.95	56.32	210.56	2159.86	637.76
2002	3018.26	1115.35	102.30	1486.38	73.86	240.37	2519.04	846.93
2003	4033.51	1542.75	136.89	1825.32	164.72	363.83	3426.02	1468.35
2004	4729.61	1823.00	182.03	2116.73	157.14	450.71	3821.38	1789.78
2005	5684.40	2185.23	234.75	2462.41	163.66	638.35	4417.45	2203.93
2006	6531.94	2661.96	250.26	2811.02	189.50	619.20	5106.94	2756.82
2007	7856.65	3344.20	387.05	3078.72	237.47	809.21	6131.63	3473.96
2008	9490.11	3617.14	401.85	3956.86	288.59	1225.67	7277.46	4235.22
2009	13390.21	5879.48	664.82	4860.12	425.77	1560.02	10513.44	6950.44
2010	15912.21	6695.81	1072.78	5525.28	558.47	2059.86	12864.75	8856.51
2011	16910.52	9919.16	305.20	6072.66		480.12	14897.72	9458.86

注：1.中长期贷款1994年以前为固定资产贷款，1998年起中长期贷款中含中期流动资金贷款。2.“单位存款”2011年以前为“企业存款”，统计口径有所调整。3.农业存款1996年以前为农村存款，2011年取消该分类。4.其他存款含临时性存款、委托存款。5.表17-3同。

Note: a) Medium-term & long-term loans refers to fixed assets loans before 1994, and includes medium-term circulating capital loans from 1998. b) Deposits of enterprises are changed to corporate deposits from 2011, and the coverage is changed accordingly. c) Agricultural deposits refers to rural deposits before 1996.The section is canceled in 2011. d) Others deposits include temporary deposits and entrusted deposits. e) Same as table 17-3.

17-3 中资银行机构人民币存贷款余额(1981—2011年)
RMB Deposit and Loan Balance of Chinese Banking Institutions, 1981-2011

单位：亿元 (100 million yuan)

年份 Year	存款合计 Total Deposits	#单位存款 Corporate Deposite	#财政性存款 Treasury Deposits	#储蓄存款 Saving Deposits	#农业存款 Agricultural Deposits	#其他存款 Other Deposits	贷款合计 Total Loans	#中长期贷款 Medium-term & Long-term Loans
1981	51.93	25.08	10.23	8.39	4.70	3.54	107.73	5.64
1982	66.12	32.97	11.73	10.57	6.18	4.67	112.61	8.70
1983	72.70	35.62	11.58	13.54	7.85	4.11	125.38	10.70
1984	91.38	45.76	10.98	18.06	6.87	9.72	138.99	14.21
1985	111.14	58.48	13.82	23.77	7.03	8.05	181.00	19.63
1986	122.55	63.31	11.08	32.48	9.58	6.10	217.77	26.59
1987	143.36	69.84	12.38	43.81	10.61	6.71	247.39	32.35
1988	157.55	70.71	14.82	49.83	12.83	9.35	277.08	35.47
1989	180.08	68.11	16.20	72.30	11.80	11.68	320.59	37.55
1990	236.31	83.78	19.15	101.88	18.58	12.92	387.72	50.00
1991	297.65	103.33	24.73	130.31	22.86	16.43	449.95	73.88
1992	376.19	141.99	23.50	160.47	24.27	25.96	539.53	105.67
1993	461.52	158.42	23.77	215.28	28.74	35.29	655.99	143.93
1994	596.96	250.75	24.26	317.46	2.31	2.18	788.51	203.97
1995	812.45	321.99	37.59	445.14	2.89	4.83	898.43	257.00
1996	1071.75	443.35	28.54	593.35	2.59	3.93	1147.90	303.03
1997	1415.43	630.45	26.22	741.43	2.70	14.62	1334.79	297.02
1998	1605.63	648.00	12.53	880.82	2.78	61.50	1427.53	301.56
1999	1801.79	728.74	45.69	975.06	2.89	49.41	1606.22	404.36
2000	2000.58	861.62	53.88	1011.47	2.54	71.07	1635.99	430.05
2001	2255.95	934.36	63.67	1117.34	3.76	136.83	1918.86	634.26
2002	2672.47	1090.57	102.16	1308.25	3.69	167.80	2233.48	841.14
2003	3482.63	1466.20	136.63	1593.74	4.33	281.73	2973.90	1460.80
2004	4096.92	1763.90	175.18	1815.25	7.60	334.99	3301.60	1782.72
2005	5006.21	2118.82	234.58	2117.56	5.06	530.19	3887.17	2198.34
2006	6022.91	2624.63	249.77	2528.18	88.08	532.25	4776.70	2744.97
2007	7094.80	3280.46	386.15	2492.63	126.89	808.67	5783.67	3462.90
2008	8836.65	3534.82	369.84	3735.31	257.53	939.15	6854.00	4197.48
2009	12999.61	5809.04	664.11	4621.53	367.87	1440.07	9830.72	6912.26
2010	15774.35	6606.59	1072.78	5525.28	558.47	2011.21	11968.88	8818.14
2011	16744.28	9752.93	305.20	6072.66		404.59	447.80	455.64

17-4 中外资金融机构存贷款余额(2006—2011年)
Deposit and Loan Balance of Chinese & Foreign Financial Institutions, 2006-2011

单位：亿元 (100 million yuan)

项　目 Item	2006	2007	2008	2009	2010	2011
存款余额(折人民币)						
Deposit Balance (as RMB)	**6839.20**	**8242.07**	**9954.16**	**13887.11**	**16499.25**	**17586.91**
中资金融机构						
Chinese Financial Institutions	6762.39	8116.19	9726.64	13637.31	16179.94	17218.32
人民币						
RMB	6531.94	7856.65	9490.11	13390.21	15912.21	16910.52
外　汇(亿美元)						
Foreign Exchange (USD 100 million)	29.51	35.54	34.62	36.19	40.43	48.85
外资金融机构						
Foreign-funded Financial Institutions	76.81	125.88	227.52	249.80	319.31	368.59
外　汇(亿美元)						
Foreign Exchange (USD 100 million)	5.67	7.15	16.28	13.39	13.41	12.95
人民币						
RMB	32.52	73.67	116.25	158.35	230.49	286.99
贷款余额(折人民币)						
Loan Balance (as RMB)	**5415.72**	**6543.83**	**7689.12**	**11152.19**	**13774.11**	**15924.71**
中资金融机构						
Chinese Financial Institutions	5243.71	6345.25	7501.98	10937.95	13422.51	15470.16
人民币						
RMB	5106.94	6131.63	7277.46	10513.44	12864.75	14897.72
外　汇(亿美元)						
Foreign Exchange (USD 100 million)	17.52	29.25	32.84	62.17	84.22	90.85
外资金融机构						
Foreign-funded Financial Institutions	172.02	198.57	187.15	214.24	351.60	454.55
外　汇(亿美元)						
Foreign Exchange (USD 100 million)	12.32	12.20	11.89	12.06	15.82	17.47
人民币						
RMB	75.82	109.44	105.83	131.88	246.81	344.45

17-5 中外资金融机构本外币信贷资金平衡表
RMB & Foreign Currency Credit Funds Balance Sheet of Chinese & Foreign Financial Institutions

单位：亿元 (100 million yuan)

项　目	Item	2010	2011	2011 比2010年 增长(%) Increase Rate in 2011 over 2010 (%)
资金来源合计	**All Sources**	**17875.16**	**19395.19**	**8.0**
各项存款余额总计	Total Deposits Balance	16492.54	17586.91	6.7
单位存款	Corporate Deposits	10097.31	10458.46	2.5
#活期存款	Demand Deposits	5022.91	5020.08	-0.1
定期存款	Time Deposits	1309.81	1551.32	18.4
个人存款	Personal Deposits	5645.13	6333.47	12.2
#储蓄存款	Saving Deposits	5603.81	6194.71	10.5
财政性存款	Treasury Deposits	282.41	305.20	8.1
临时性存款	Temporary Deposits	20.64	32.25	56.2
委托存款	Entrusted Deposits	112.20	50.71	-54.8
其他存款	Other Deposits	334.85	406.83	21.5
所有者权益	Owner's Equity	644.69	878.77	36.3
其　他	Others	737.93	929.51	26.0
资金运用合计	**All Uses**	**17875.16**	**19395.19**	**8.0**
各项贷款余额总计	Total Loan Balance	13761.75	15924.71	15.7
境内贷款	Domestic Loans	13652.57	15863.81	16.2
短期贷款	Short-term Loans	3197.35	4177.34	30.7
中长期贷款	Medium-term and Long-term Loans	9173.59	9906.46	7.9
融资租赁	Financing Lease	828.45	1256.47	51.7
票据融资	Bill Financing	450.24	518.47	15.2
各项垫款	Money Advanced	2.94	5.07	72.4
境外贷款	Overseas Loans	109.18	60.90	-41.6
有价证券	Securities & Investment	571.31	609.17	6.6
股权及其他投资	Stocks and Other Investments	16.63	104.29	530.0
其　他	Others	3525.48	2757.02	-21.8

注：表中增长速度按可比口径计算。表17-6、17-7同。
Note: The increase rates are calculated at constant coverage. Same as following table 17-6, 17-7.

17-6 中资金融机构人民币各项存贷款余额
RMB Deposit and Loan Balance of Chinese Financial Institutions

单位：亿元 (100 million yuan)

项　目	Item	2010	2011	2011 比2010年 增长(%) Increase Rate in 2011 over 2010 (%)
各项存款总计	**Total Deposits**	**15912.21**	**16910.52**	**6.3**
单位存款	Corporate Deposits	9635.83	9919.16	1.8
个人存款	Personal Deposits	5528.74	·6206.03	12.3
#储蓄存款	Saving Deposits	5525.28	6072.66	10.6
财政性存款	Treasury Deposits	183.26	305.20	8.1
临时性存款	Temporary Deposits	16.22	25.77	58.9
委托存款	Entrusted Deposits	118.63	49.76	-53.9
其他存款	Other Deposits	429.53	404.59	22.3
各项贷款总计	**Total Loans**	**12864.75**	**14897.72**	**15.9**
境内贷款	Domestic Loans	12864.73	14892.24	15.9
短期贷款	Short-term Loans	2774.81	3736.97	34.7
个人贷款及透支	Personal Loans and Overdraft	126.07	171.46	36.0
#个人消费贷款	Personal Consumption Loans	20.74	30.32	46.2
单位贷款及透支	Corporate Loans and Overdraft	2377.00	3150.39	32.5
#经营贷款	Business Loans	2311.15	3055.22	32.2
固定资产贷款	Investment in Fixed Assets Loans	65.17	93.15	42.9
普通并购贷款	Merge Loans	0.85	1.94	130.0
银团贷款	Syndicated Loans	23.36	22.92	-1.9
贸易融资	Trade Financing	247.53	390.26	57.7
中长期贷款	Medium-term & Long-term Loans	8856.51	9458.86	6.8
个人贷款	Personal Loans	1296.25	1508.59	16.4
#个人消费贷款	Personal Consumption Loans	1196.64	1375.70	15.0
单位贷款	Corporate Loans	6763.85	6893.33	1.9
#经营贷款	Business Loans	1577.70	1180.43	-25.2
固定资产贷款	Investment in Fixed Assets Loans	5186.14	5712.91	10.2
普通并购贷款	Merge Loans	18.46	32.84	77.9
银团贷款	Syndicated Loans	775.95	1024.09	32.0
贸易融资	Trade Financing	2.00		
融资租赁	Financing Lease	798.53	1221.88	53.0
票据融资	Bill Financing	420.13	469.99	11.9
各项垫款	Money Advanced	2.38	4.54	90.8
境外贷款	Overseas Loans	0.02	5.48	13.5

17-7 中资银行机构人民币各项存贷款余额
RMB Saving Deposits and Loans Balance of Chinese Banking Institutions

单位：亿元 (100 million yuan)

项　目	Item	2010	2011	2011比2010年增长(%) Increase Rate in 2011 over 2010 (%)
各项存款总计	**Total Deposits**	**15774.35**	**16744.28**	**6.6**
单位存款	Corporate Deposits	9508.56	9752.93	2.6
财政性存款	Treasury Deposits	282.41	305.20	8.1
个人存款	Personal Deposits	5528.74	6206.03	12.3
#储蓄存款	Saving Deposits	5490.95	6072.66	10.6
临时性存款	Temporary Deposits	16.22	25.77	58.9
委托存款	Entrusted Deposits	108.07	49.76	-54.0
其他存款	Other Deposits	330.36	404.59	22.3
各项贷款总计	**Total Loans**	**12402.47**	**14447.80**	**16.5**
境内贷款	Domestic Loans	12397.63	14442.31	16.5
短期贷款	Short-term Loans	2766.08	3726.61	34.7
个人贷款及透支	Personal Loans and Overdraft	124.55	171.46	37.7
#个人消费贷款	Personal Consumption Loans	20.65	30.32	46.8
单位贷款及透支	Units Loans and Overdraft	2369.97	3140.21	32.5
#经营贷款	Business Loans	2302.12	3045.04	32.3
固定资产贷款	Investment in Fixed Assets Loans	67.17	93.15	38.7
普通并购贷款	Merge Loans	0.85	1.94	128.3
银团贷款	Syndicated Loans	23.36	22.92	-1.9
贸易融资	Trade Financing	247.34	390.07	57.7
中长期贷款	Medium-term & Long-term Loans	8846.85	9455.64	6.9
个人贷款	Personal Loans	1293.07	1508.59	16.7
#个人消费贷款	Personal Consumption Loans	1184.76	1375.70	16.1
单位贷款	Units Loans	6758.40	6891.14	2.0
#经营贷款	Business Loans	1503.69	1179.37	-21.6
固定资产贷款	Investment in Fixed Assets Loans	5254.70	5711.77	8.7
普通并购贷款	Merge Loans	18.46	32.84	78.0
银团贷款	Syndicated Loans	774.93	1023.07	32.0
贸易融资	Trade Financing	2.00		
融资租赁	Financing Lease	375.19	798.53	112.8
票据融资	Bill Financing	407.14	457.00	12.3
各项垫款	Money Advanced	2.38	4.54	90.7
境外贷款	Overseas Loans	4.83	5.48	13.4

17-8 金融机构法定存款利率表（2008—2011年）
Official Interest Rates on Deposits of Financial Institutions, 2008-2011

单位：年利率% (% p. a.)

项　目 Item	2008年9月16日 Sept. 16, 2008	2008年10月9日 Oct. 9, 2008	2008年10月30日 Oct. 30, 2008	2008年11月27日 Nov. 27, 2008	2008年12月23日 Dec. 23, 2008
人民币存款					
RMB Deposits					
活　期					
Demand Deposits	**0.72**	**0.72**	**0.72**	**0.36**	**0.36**
定　期					
Time Deposits					
整存整取					
Lump-sum Time Deposits & Withdrawal					
三个月					
3 Months	3.33	3.15	2.88	1.98	1.71
半　年					
6 Months	3.78	3.51	3.24	2.25	1.98
一　年					
1 Year	4.14	3.87	3.60	2.52	2.25
二　年					
2 Years	4.68	4.41	4.14	3.06	2.79
三　年					
3 Years	5.40	5.13	4.77	3.60	3.33
五　年					
5 Years	5.85	5.58	5.13	3.87	3.60
存本取息、零存整取、整存零取					
Flexible Time Deposits or Withdrawal					
一　年					
1 Year	3.33	3.15	2.88	1.98	1.71
三　年					
3 Years	3.78	3.51	3.24	2.25	1.98
五　年					
5 Years	4.14	3.87	3.60	2.52	2.25

17-8 续表 Continued

单位：年利率% (% p. a.)

项 目 Item	2010年10月20日 Oct. 20, 2010	2010年12月26日 Dec. 26, 2010	2011年2月9日 Feb. 9, 2011	2011年4月6日 Apri. 6, 2011	2011年7月7日 July 7, 2011
人民币存款 RMB Deposits					
活 期 Demand Deposits	**0.36**	**0.36**	**0.40**	**0.50**	**0.50**
定 期 Time Deposits					
整存整取 Lump-sum Time Deposits & Withdrawal					
三个月 3 Months	1.91	2.25	2.60	2.85	3.10
半 年 6 Months	2.20	2.50	2.80	3.05	3.30
一 年 1 Year	2.50	2.75	3.00	3.25	3.50
二 年 2 Years	3.25	3.55	3.90	4.15	4.40
三 年 3 Years	3.85	4.15	4.50	4.75	5.00
五 年 5 Years	4.20	4.55	5.00	5.25	5.50
存本取息、零存整取、整存零取 Flexible Time Deposits or Withdrawal					
一 年 1 Year	1.91	2.25	2.60	2.85	3.10
三 年 3 Years	2.20	2.50	2.80	3.05	3.30
五 年 5 Years	2.50	2.75	3.00	3.25	3.50
定活两便 Time or Demand Optional Deposits		按一年以内定期整存整取同档次利率打六折执行 60% as the Same Grade Interest Rates of Lump-Sum Deposits & Withdrawal in One Year	按一年以内定期整存整取同档次利率打六折执行 60% as the Same Grade Interest Rates of Lump-Sum Deposits & Withdrawal in One Year	按一年以内定期整存整取同档次利率打六折执行 60% as the Same Grade Interest Rates of Lump-Sum Deposits & Withdrawal in One Year	按一年以内定期整存整取同档次利率打六折执行 60% as the Same Grade Interest Rates of Lump-Sum Deposits & Withdrawal in One Year
协定存款 Agreement Deposits		**1.17**	**1.21**	**1.31**	**1.31**
通知存款 Call Deposits					
一 天 1 Day		0.81	0.85	0.95	0.95
七 天 7 Days		1.35	1.39	1.49	1.49

17-9 金融机构法定贷款利率表（2008—2011年）
Official Interest Rates on Loans of Financial Institutions, 2008-2011

单位：年利率% (% p. a.)

项　　目	2008年9月16日 Sept. 16, 2008	2008年10月9日 Oct. 9, 2008	2008年10月30日 Oct. 30, 2008	2008年11月27日 Nov. 27, 2008	2008年12月23日 Dec. 23, 2008
短期贷款					
Short-term Loans					
一般流动资金					
General Circulating Funds					
半年以内					
Less than 6 Months	6.21	6.12	6.03	5.04	4.86
一年(六个月至一年)					
1 Year (6 months to 1 year)	7.20	6.93	6.66	5.58	5.31
长期贷款					
Long-term Loans					
基本建设贷款					
Loans to Capital Construction					
一年以上至三年					
1-3 Years	7.29	7.02	6.75	5.67	5.40
三年以上至五年					
3-5 Years	7.56	7.29	7.02	5.94	5.76
五年以上至十年					
5-10 Years	7.74	7.47	7.20	6.12	5.94
住房贷款					
Housing Loans					
个人住房公积金贷款					
Accumulation Fund Loans					
五年以内					
Less than 5 Years	4.59	4.32	4.05	3.51	3.33
五年以上					
More than 5 Years	5.13	4.86	4.59	4.05	3.87

17-9 续表 Continued

单位：年利率% (% p. a.)

项　　目	2010年10月20日 Oct. 20, 2010	2010年12月26日 Dec. 26, 2010	2011年2月9日 Feb. 9, 2011	2011年4月6日 Apri. 6, 2011	2011年7月7日 July 7, 2011
短期贷款					
Short-term Loans					
一般流动资金					
General Circulating Funds					
半年以内					
Less than 6 Months	5.10	5.35	5.60	5.85	6.10
一年(六个月至一年)					
1 Year (6 months to 1 year)	5.56	5.81	6.06	6.31	6.56
长期贷款					
Long-term Loans					
基本建设贷款					
Loans to Capital Construction					
一年以上至三年					
1-3 Years	5.60	5.85	6.10	6.40	6.65
三年以上至五年					
3-5 Years	5.96	6.22	6.45	6.65	6.90
五年以上至十年					
5-10 Years	6.14	6.40	6.60	6.80	7.05
住房贷款					
Housing Loans					
个人住房公积金贷款					
Accumulation Fund Loans					
五年以内					
Less than 5 Years	3.50	3.75	4.00	4.20	4.45
五年以上					
More than 5 Years	4.05	4.30	4.50	4.70	4.90

17-10 个人贷款总额（2008—2011年）
Total Amount of Personal Loans, 2008-2011

单位：亿元 (100 million yuan)

指　标	Item	2008	2009	2010	2011
个人贷款总额	**Total Amount of Personal Loans**	**994.22**	**1386.82**	**1895.53**	**2204.35**
# 个人消费贷款	Personal Consumption Loans	622.18	912.03	1246.23	1454.43
# 个人住房贷款	Housing Mortgage Loans	565.17	832.69	1116.00	1297.91
汽车消费贷款	Car Consumption Loans	10.41	10.36	10.28	8.96
公积金贷款	Accumulation Fund Loans	289.37	389.73	473.63	524.24
个人住房贷款	**Percentage of Housing Mortgage Loans**				
占个人消费贷款额比重（%）	**in Personal Consumption Loans (%)**	**90.8**	**91.3**	**89.6**	**85.7**

17-11 国内上市公司首发股票情况（1993—2011年）
Number of IPO of Domestic Listed Companies, 1993-2011

单位：个 (unit)

年 份 Year	全市总计 Total	发行地 Place of IPO		股票类别 Share Category			
		上交所 Shanghai Stock Exchange	深交所 Shenzhen Stock Exchange	仅发A股公司 A Share Only	仅发B股公司 B Share Only	发A、B股公司 A&B Share	创业板 GEM
1993	2	1	1	2			
1994	1	1		1			
1995	1	1		1			
1996	5	3	2	3		2	
1997	4	2	2	4			
1998	1	1		1			
1999	2		2	2			
2000	2	1	1	2			
2001	5	5		5			
2002	2	2		2			
2003	1	1		1			
2004							
2005							
2006							
2007	4	2	2	4			
2008							
2009	1		1	1			1
2010	6		6	6			2
2011	1		1	1			1

17-12 天津股份制企业国内首次发行股票一览表（1993—2011年） Domestic List of IPO of Tianjin Enterprises 1993-2011

名　称	Name	发行年份	股票面值（元） Par Value of Stocks (yuan)	发行价（元） Issued Price (yuan)	总股本（万股） General Capitalization (10 000 shares)	发行量（万股） Issued Volume (10 000 shares)	筹资额（万元） Capital Raised (10 000 yuan)
广宇发展	Guangyu Development	1993	1.00	3.68	51271.76	3340	11957
ST磁卡	ST Global Magnetic Card	1993	1.00	3.10	61127.10	2610	
津劝业	Tianjin Quanyechang	1994	1.00	1.50	41626.82	4050	
创业环保	Capital Environmental Protection	1995	1.00	2.50	142722.84	6898	16000
国恒铁路	Guoheng Railway	1996	1.00	1.00	124480.99	1400	
泰达股份	TEDA	1996	1.00	2.80	147557.39	2631	
天津港	Tianjin Port	1996	1.00	1.40	167476.91	9978	13800
SST天海	SST Tianhai	1996	1.00	1.50	49264.88	4756	
ST天海B	ST Tianhai B	1996	1.00	0.26	49264.88	9000	
滨海能源	Binhai Energy	1997	1.00	2.20	22214.75	5000	10932
鑫茂科技	Xinmao Tech	1997	1.00	5.04	22499.83	3000	14400
中储股份	China National Materials Storage & Transportation	1997	1.00	4.10	84010.28	1900	7433
海泰发展	Hitech Development	1997	1.00	5.18	64611.58	3000	15036
中体产业	China Sport Industry	1998	1.00	5.80	80355.75	4500	25075
津滨发展	Jinbin Development	1999	1.00	4.65	161727.22	7000	31413
一汽夏利	Faw Xiali	1999	1.00	6.00	159517.40	21800	128143
天保基建	Tianbao Construction	2000	1.00	4.60	46155.81	7000	31088
天津松江	Tianjin Songjiang	2000	1.00	5.30	59298.12	4500	22590
天房发展	Tianfang Development	2001	1.00	5.00	110570.00	12100	53763
中新药业	Zhongxin Pharmaceuticals	2001	1.00	10.00	36965.44	4000	38410
鼎盛天工	Dingsheng Tianjin Industry	2001	1.00	6.00	27595.72	3500	20000
百利电气	Benefo Electric	2001	1.00	6.60	31680.00	3000	18620
天药股份	Tianyao Share	2001	1.00	11.25	54289.00	4500	49215
天士力	Tasly	2002	1.00	14.70	48800.00	5000	71126
海油工程	Offshore Oil Engineering	2002	1.00	9.60	324120.00	8000	75038
中金黄金	Zhongjin Gold	2003	1.00	4.05	79060.60	10000	38829
中环股份	Zhonghuan Share	2007	1.00	5.81	48282.96	10000	55660
天津普林	Tianjin Printronics	2007	1.00	8.28	24584.98	5000	39071
中海油服	China Offshore Oil Service	2007	1.00	13.48	449532.00	50000	659876
中国远洋	China Ocean Shipping	2007	1.00	8.48	1021627.44	178387	1488115
红日药业	Chase Sun Pharmaceuticals	2009	1.00	60.00	5034.20	1259	72076
赛象科技	Saixiang Technology	2010	1.00	31.00	12000.00	3000	93000
力生制药	Lisheng Pharmaceuticals	2010	1.00	45.00	18245.50	4600	207000
九安医疗	Andon Health	2010	1.00	19.38	12400.00	3100	60100
经纬电材	Jingwei Electric Wire	2010	1.00	21.00	11310.00	2200	46200
瑞普生物	Ringpu Bio-technology	2010	1.00	60.00	14829.60	1860	111600
天汽模	TQM Automobile Part	2010	1.00	17.50	20576.00	5200	91000
长荣股份	Masterwork Machinery Co.,Ltd.	2011	1.00	40.00	10000.00	2500	100000

注：总股本为截至2011年12月31日的数据。
Note: Data of general capitalization are figures until Dec. 31, 2011.

17-13 保险机构 Insurance Institutions

单位：个 (unit)

项　目	Item	2010	2011
合　计	**Total**	**613**	**668**
保险公司机构	**Insurance Companies**	**531**	**577**
总公司	Parent Companies	4	4
#中外合资、外资公司	Joint-venture and Sole Foreign Investment Companies	3	2
分公司	Divisions	42	46
支公司	Sub-divisions	168	177
营销服务部	Operation & Service Offices	317	350
专业保险中介机构	**Professional Insurance Intermediary Institutions**	**81**	**91**
保险代理公司	Insurance Agent Companies	50	57
保险公估公司	Insurance Assessment Companies	9	10
保险经纪公司	Insurance Broker Companies	22	24
外资保险公司代表处	**Agencies of Foreign-founded Insurance Companies**	**1**	

注：本表中支公司包含中心支公司和营业部。
Note: In this table, sub-divisions insurance companies include sub-divisions insurance center companies and sales departments.

17-14 保险业务主要指标（1996—2011年） Main Indicators of Insurance Business, 1996-2011

年　份 Year	保险金额 (亿元) Amount Insured (100 million yuan)	保　费 (万元) Premium (10 000 yuan)	#人身险 Personal Insurance	#财产险 Property Insurance	赔款及给付 (万元) Claim and Payment (10 000 yuan)	#人身险 Personal Insurance	#财产险 Property Insurance
1996	2488.21	171768	63373	74399	62613	10186	33257
1997	3306.04	243377	125327	112401	83528	18334	61900
1998	3949.15	271654	161097	110557	70075	14206	55869
1999	4848.10	291382	175804	115578	69163	14703	54460
2000	3696.19	314663	191786	122877	71950	7714	64236
2001	5176.91	417049	276050	140999	119062	56364	62698
2002	5632.35	649698	505966	143732	114818	46513	68305
2003	6497.87	753098	597450	155648	173608	72493	101115
2004	9852.79	809874	622284	187590	174178	77905	96273
2005	12141.02	906391	688629	217762	174637	67284	107353
2006	16690.02	1051842	785664	266178	218608	92220	126388
2007	20068.17	1509092	1154858	354234	413417	242197	171221
2008	26065.40	1756212	1338017	418195	510252	300335	209917
2009	29295.34	1512873	1054914	457959	599226	304282	294944
2010	30410.48	2140074	1488739	651335	541885	222606	319278
2011	46937.30	2117433	1366397	751036	661749	306605	355144

注：2011年保险业全面执行财政部《企业会计准则2号解释》，各项指标口径按照准则要求相应调整。表17-15同。
Note: Because the insurance industry executed *Accounting Standards Interpretation No. 2* issued by Ministry of Finance in 2011, the coverages of indicators in this table have changed accordingly. Same as table 17-15.

17-15 保险业务情况
Basic Statistics on Insurance Business

单位：亿元 (100 million yuan)

项　目	Item	2010	2011
保险金额	**Amount Insured**	**30410.48**	**46937.30**
财产保险	Property Insurance	20966.73	34869.38
人身保险	Personal Insurance	9443.75	12067.92
保　费	**Premium**	**214.00**	**211.74**
财产保险	Property Insurance	65.13	75.10
#机动车辆保险	Motor Vehicle Insurance	47.55	57.40
人寿保险	Life Insurance	133.91	118.62
人身意外伤害保险	Unforeseen Human Injury Insurance	3.38	5.18
健康保险	Health Insurance	11.59	12.84
赔款及给付额	**Claim and Payment**	**54.19**	**66.17**
财产保险	Property Insurance	31.93	35.51
#机动车辆保险	Motor Vehicle Insurance	21.10	27.63
人寿保险	Life Insurance	17.66	22.13
人身意外伤害保险	Unforeseen Human Injury Insurance	0.68	0.99
健康保险	Health Insurance	3.92	7.54
保险密度(元)	**Insurance Density (yuan)**	**1682.45**	**1563.17**
财产保险	Property Insurance	512.06	554.44
人身保险	Personal Insurance	1170.39	1008.72
保险深度(%)	**Insurance Depth (%)**	**2.4**	**1.9**
财产保险	Property Insurance	0.7	0.7
人身保险	Personal Insurance	1.6	1.2
赔付率(%)	**Claim and Payment Rate (%)**	**25.3**	**31.3**
财产保险	Property Insurance	49.0	47.3
人身保险	Personal Insurance	15.0	22.4

注：人身保险金额为期末有效保险金额。
Note: Amount insured of personal insurance is the efficiency amount insured at the end of term.

17-16 外资（合资）保险公司在津总公司、分公司一览（2011年）
Head Offices and Branches of Foreign Investment (Joint Venture) Insurance Companies in Tianjin, 2011

名　称 Name	负责人 Director	办公地址 Address
爱和谊日生同和财产保险（中国）有限公司 Aioi Nissay Dowa Insurance (China) Company Limited	上形荣良 Kamigata Hideyoshi	天津市和平区大沽北路2号天津环球金融中心津塔写字楼6101室 Room 6101, Tianjin Tower, Tianjin Global Financial Center, No.2 Dagu North Road, Heping District, Tianjin`
恒安标准人寿保险有限公司 Heng An Standard Life Insurance Company Limited	刘振宇 Liu Zhenyu	天津市和平区南京路189号津汇广场2座17-19层 Floor 17-19, Building 2, Exchange Office Tower of Tianjin, No.189 Nanjing Road, Heping District, Tianjin
三星财产保险（中国）有限公司天津分公司 Samsung Property & Casualty Insurance Company (China), Ltd., Tianjin Branch	朴璟植 Park Kyong Shik	天津市河西区增进道28号鑫银大厦20层2004、2005 Room 2004 2005, Floor 20, Xinyin Building, No.28 Zengjin Road, Hexi District, Tianjin
信诚人寿保险有限公司天津分公司 Citic-Prudential Life Insurance Company Limited, Tianjin Branch	贾宏伟 Jia Hongwei	天津市河西区南京路20号金皇大厦39层 Floor 39, Jinhuang Building, No.20 Nanjing Road, Hexi District, Tianjin
恒安标准人寿保险有限公司天津分公司 Heng An Standard Life Insurance Company Limited, Tianjin Branch	贾素进 Jia Sujin	天津市南开区卫津南路与霞光道交口西南侧花园别墅42号宁泰广场7层01单元及4层03单元 Unit 1, Floor 7 & Unit 3, Floor 4, Ningtai Plaza, Building 42, Southwest of Crossing of Weijin South Street and Xiaguang Road, Nankai District, Tianjin
海康人寿保险有限公司天津分公司 AEGON-CNOOC Life Insurance Co., Ltd., Tianjin Branch	曾岳 Zeng Yue	天津市河西区解放南路256号泰达大厦29层A+B座 Building A&B, Floor 29, TEDA Building, No. 256 Jiefang South Road, Hexi District, Tianjin
中航三星人寿保险有限公司天津分公司 Samsung Air China Life Ins. Co., Ltd., Tianjin Branch	林春耀 Lin Chunyao	天津市南开区南京路358号今晚大厦8层、9层907室 Room 907, Floor 9 & Floor 8, Jinwan Mansion, No.358 Nanjing Road, Nankai District, Tianjin
金盛人寿保险有限公司天津分公司 AXA-Minmetals Assurance Co., Ltd., Tianjin Branch	高建华 Gao Jianhua	天津市河西区围堤道53号丽晶国际大厦21楼01、02、07单元 Unit 01&02&07, Floor 21, Lijing International Building, Weidi Road, Hexi District, Tianjin
中宏人寿保险有限公司天津分公司 Manulife-Sinochem Life Insurance Company Limited, Tianjin Branch	刘建章 Liu Jianzhang	天津市和平区南京路99号君隆广场B2座10层 Floor 10, Building B2, Junlong Plaza, No.99 Nanjing Road, Heping District, Tianjin
国泰人寿保险有限责任公司天津分公司 Cathay Life Insurance Co., Ltd., Tianjin Branch	李佳翰 Li Jiahan	天津市和平区南京路85号君隆广场B1座11层楼 Floor 11, Building B1, Junlong Plaza, No.85 Nanjing Road, Heping District, Tianjin
中荷人寿保险有限公司天津分公司 ING-BOB Life Insurance Co., Ltd., Tianjin Branch	曲道全 Qu Daoquan	天津市和平区南京路219号天津环贸商务中心写字楼1601-1602室 Room 1601&1602, Tianjin Center, No.219 Nanjing Road, Heping District, Tianjin

17-17 外资（合资）银行在津分行、代表处一览（2011年）
Branches or Offices of Foreign Investment (Joint Venture) Banks in Tianjin, 2011

名 称 Name	负责人 Director	办公地址 Address
渣打银行(中国)有限公司天津分行 Standard Chartered Bank (China) Limited Tianjin Branch	石新宇 Edward	和平区南京路189号津汇广场1号楼36层、29层2906室、2908室、1层0105B Rm. 0105B, 2906, 2908 & Floor 36, Building 1, Exchange Office Tower of Tianjin
法国巴黎银行（中国)有限公司天津分行 BNP Paribas (China) Limited Tianjin Branch	宋宝成 Victor Song	和平区189号津汇广场写字楼2座11层1102室 Rm. 1102, Floor 11, Building 2, Exchange Office Tower of Tianjin
汇丰银行(中国)有限公司天津分行 HSBC Bank (China) Company Limited Tianjin Branch	辛 明 Xin Ming	河北区远洋广场1号102号、201号、202号 Rm. 102, 201, 202, Ocean Shipping Plaza of Tianjin
东方汇理银行（中国）有限公司天津分行 CALYON (China) Limited Tianjin Branch	许 燕 Jennifer Xu	和平区南京路75号国际大厦710室 Rm. 710, International Building of Tianjin
法国兴业银行（中国）有限公司天津分行 Societe Generale （China） Limited Tianjin Branch	刘洪涛 Harry Liu	和平区南京路75号国际大厦1层112室、5层508室、9层901室 Rm. 112, 508, 901, International Building of Tianjin
华侨银行(中国)有限公司天津分行 OCBC Bank (China) Limited Tianjin Branch	孙富杰 Sun FuJie	和平区南京路189号津汇广场2座2808 Rm. 2808, Building 2, Exchange Office Tower of Tianjin
摩根大通银行(中国)有限公司天津分行 JPMorgan Chase (China) Bank Tianjin Branch	魏玉琨 Wei Yukun	和平区南京路75号国际大厦1401室 Rm. 1401, International Building of Tianjin
韩国外换银行股份有限公司天津分行 Korea Exchange Bank Tianjin Branch	李彦基 Lee Eon Kee	和平区南京路92号增1号华侨大厦5层 Floor 5, No.92-1 Nanjing Road, Tianjin
新韩银行(中国)有限公司天津分行 Shinhan Bank (China) Limited Tianjin Branch	宋永徽 Song Young Huy	和平区南京路75号国际大厦108室、911室 Rm. 108&911, International Building of Tianjin
三井住友银行(中国)有限公司天津分行 Sumitomo Mitsui Banking Corporation (China) Limited Tianjin Branch	汤泽秀俊 YUZAWA HIDETOSHI	天津津汇广场2座12层、1303室 Floor 12 and Rm. 1303, Building 2, Exchange Office Tower of Tianjin
三菱东京日联银行(中国)有限公司天津分行 Bank of Tokyo-Mitsubishi UFJ (China) Ltd., Tianjin Branch	宇佐美孝 Takashi Usami	天津国际大厦2110 Rm. 2110, International Building of Tianjin
企业银行(中国)有限公司天津分行 Industrial Bank of Korea (China) Limited. Tianjin Branch	李根燮 Lee Keun SuP	天津市和平区南京路219号天津环贸商务中心首层东侧05号、西塔1201室、1202室、1206室 Rm.05 of East, Floor 1 and Rm. 1201, 1202 & 1206 of West, Tianjin Center, No.219 Nanjing Road, Heping District, Tianjin
瑞穗实业银行(中国)有限公司天津分行 Mizuho Corporate Bank (China) Ltd., Tianjin Branch	铃木完 Kan Suzuki	天津滨海金融街(东区)写字楼E2座ABC楼5层 Floor 5, Building E2-ABC, Financial Street, Binhai New Area Dist., Tianjin
花旗银行(中国)有限公司天津分行 Citibank (China) Co., Ltd., Tianjin Branch	杨静 Yang Jing	天津市南京路189号津汇广场写字楼1座102、1801A、1801B、1802、1803、1809、1810、1906-1909单元 Rm. 102, 1801A, 1801B, 1802, 1803, 1809, 1810, 1906-1909, Building 1, Exchange Office Tower of Tianjin

17-17 续表 Continued

名 称 Name	行长、首席代表 Director	办公地址 Address
中德住房储蓄银行 Sino-German Bausparkasse	黄 皓 Huang Hao	天津市南京路19号增1号 No.19-1 Nanjing Road, Hexi District, Tianjin
星展银行(中国)有限公司天津分行 DBS Bank (China) Limited Tianjin Branch	黄朝滨 Huang Chao Bin	天津津汇广场2座8层以及1层01-03A单元 Floor 8&01-03A of Floor 1, Building 2, Exchange Office Tower of Tianjin
东亚银行(中国)有限公司天津分行 The Bank of East Asia (China) Limited, Tianjin Branch	张稚阳 Zhang Zhi Yang	天津市友谊北路47号 No.47 Youyibei Road, Tianjin
恒生银行(中国)有限公司天津分行 Hang Seng Bank (China) Limited Tianjin Branch	宋伟光 Sung Waik Wong	和平区南京路189号津汇广场首层01-11单元及津汇广场写字楼2座第16层1601室 01-11 of Floor 1 & Floor 16, Building 2, Exchange Office Tower of Tianjin
荷兰苏格兰皇家银行有限公司天津代表处 The Royal Bank of Scotland N.V. Tianjin Representative Office	杨国虹 Yang Guo Hong	天津国际大厦718室 Rm. 718, International Building of Tianjin
印度国家银行天津代表处 State Bank of India Tianjin Representative Office	戴文娟 Susan Dai	天津滨海金融街E4-C-215室 E4-C-215, Financial Street, Binhai New Area Dist., Tianjin
友利银行(中国)有限公司天津分行 Woori Bank (China) Limited Tianjin Branch	李在洙 LEE JAE SOO	天津市南开区宾水西道与凌宾路交口西南侧奥城商业广场一号楼9、10、12、13、14号商铺 Rm. 9&10&12&13&14 of Floor 1, Building 1, Aocheng Commercial Square, Tianjin
华一银行天津分行 First Sino Bank, Tianjin Branch	黄永财 Huang Yung Tsai	天津市卫津路16号 No.16 Weijin Road, Tianjin
德国商业银行股份有限公司天津分行 Commerzbank A. G., Tianjin Branch	Martin Miller	天津津汇广场2座3401 Rm.3401, Building 2, Exchange Office Tower of Tianjin
大华银行(中国)有限公司天津分行 United Overseas Bank (China) Limited, Tianjin Branch	黄志平 Huang Zhi Ping	天津市河北路236号和238号 No.236 & 238 Hebei Road, Tianjin
德意志银行(中国)有限公司天津分行 Deutsche Bank (China) Limited, Tianjin B.R.	熊伟 Xiong Wei	天津津汇广场2座26层 Floor 26, Building 2, Exchange Office Tower of Tianjin
企业银行(中国)有限公司 Industrial Bank of Korea (China) Limited	吴忠焕 OH,CHOONG HWAN	天津津汇广场2座30、31层 Floor 30 & 31, Building 2, Exchange Office Tower of Tianjin
外换银行（中国）有限公司 Korea Exchange Bank(China) Co.,Ltd	郑尚铉 Zheng Shangxuan	天津市南京路92号增1号 No.92-1 Nanjing Road, Tianjin
外换银行（中国）有限公司天津分行 Korea Exchange Bank(China) Co.,Ltd Tianjin Branch	李昌淳 LEE CHANG SOON	天津市南京路92号增1号 No.92-1 Nanjing Road, Tianjin
台湾工业银行股份有限公司天津代表处 Industrial Bank of Taiwan Co., Ltd., Tianjin Representative Office	张水旺 Walter Chang	和平区大沽北路2号环球金融中心4510单元 Rm. 4510, Tianjin World Financial Center, No.2 Dagubei Road, Heping District, Tianjin

主要统计指标解释

信贷资金

指金融机构以信用方式积聚和分配的货币资金。金融机构信贷资金的来源有各项存款、金融债券、对国际金融机构负债、流通中现金、其他项目等；信贷资金的运用有各项贷款、有价证券及投资、金银占款、外汇占款、财政借款及在国际金融机构中的资产等。

存　款

指企业、机关、团体或居民根据资金必须收回的原则，把货币资金存入金融机构保管并取得一定利息的一种信用活动形式。根据存款对象的不同可划分为企业存款、财政性存款、城乡储蓄存款、农村存款、信托及其他存款等，它是银行信贷资金的主要来源。

贷　款

指金融机构根据资金必须归还的原则，按一定利率，为企业、个人等提供资金的一种信用活动形式。我国银行贷款分为工业贷款、农业贷款、商业贷款、建筑业贷款、私营和个体贷款、乡镇企业贷款、中长期贷款、信托及其他贷款等。

保险公司

指在中国境内的、经过保险监督管理部门批准设立，并依法登记注册的各类商业保险公司。

保险金额

指保险人承担赔偿或者给付保险金责任的最高限额。

保　费

指投保人为取得保险人在约定范围内所承担赔偿责任而支付给保险人的费用。

赔　款

指保险人根据保险合同的规定，向被保险人支付的赔偿保险责任损失的金额。

给　付

包括死伤医疗给付和满期给付。死伤医疗给付是指保险人根据人寿保险及长期健康保险合同的规定，因被保险人在保险期内发生保险责任范围内的保险事故支付给被保险人（或受益人）的金额。满期给付是指被保险人生存期满，保险人按人寿保险合同规定支付给被保险人的满期保险金额。

保险密度

为按常住人口计算的人均保费收入。

保险深度

指保费收入相当于生产总值的比例。

Explanatory Notes on Main Statistical Indicators

Credit Funds

refer to the monetary funds accumulated and distributed in the means of credit by the financial institutions. The sources of credit funds include various deposits, financial bonds, liabilities to international financial institutions, currency in circulation and other items. The uses of credit funds include loans, securities and investment, position for bullion and silver purchase, position for foreign exchange purchase, advances to treasury, and assets with international financial institutions.

Deposits

are a form of credit by which enterprises, institutions, organizations or households can put money into banks and other credit institutions for safekeeping and interest earning under the principle of free withdrawal. According to different depositors, deposits are divided into enterprise deposits, treasury deposits, urban and rural savings deposits, rural deposits, entrust and other deposits. Deposits are major sources of credit funds of banks.

Loans

are a form of credit by which banks and other credit institutions provide funds at certain interest rate to enterprises and individuals in the light of the principle of unconditional repayment. Loans from Chinese banks include industry loans, agriculture loans, commerce loans, construction loans, loans to private and individuals, township enterprises loans, medium & long term loans, entrust and other loans.

Insurance Companies

refer to commercial insurance companies of various forms registered by law and established in China with the approval of insurance regulatory agencies.

Amount Insured

refers to the maximum that the insurant will get for the claim of the case insured.

Premium

is the fee paid by the insurant to the insurer to obtain the obligation of compensation from the insurance within the agreed terms.

Claim

is the compensation paid by the insurer to insurant in accordance with the insurance contract.

Payment

includes payment for death, injury or medical treatment and mature payment. Payment for death, injury or medical treatment refers to the money paid to insurant (or the beneficiary) in accordance with the life or health insurance contract when the insurant encounters accidents within the insured period covered in the contract. Mature payment refers to the mature payment to the insurant in accordance with the life insurance contract at the end of the insured period.

Insurance Density

refers to per capita premiums which is based on permanent resident population.

Insurance Depth

refers to the proportion of premiums to gross domestic product.

教育和科技 18
Education, Science and Technology

18-1 各级各类学校基本情况（1996—2011年）
Basic Statistics by Level and Type of School, 1996-2011

单位：人 (person)

年 份 Year	学校数(所) Number of Schools (unit) 高等学校 Institutions of Higher Education	中等学校 Secondary Schools	小 学 Primary Schools	毕业生数 Graduates 高等学校 Institutions of Higher Education	中等学校 Secondary Schools	小 学 Primary Schools	招生数 New Students Enrollment 高等学校 Institutions of Higher Education	中等学校 Secondary Schools	小 学 Primary Schools
1996	20	1098	3185	18429	156924	145705	22664	227918	144438
1997	20	1108	3030	19535	191798	133616	22016	230692	133012
1998	20	1091	2841	18342	219593	166618	23678	273472	115988
1999	21	1041	2642	19292	216950	156584	31670	254033	104452
2000	21	1006	2323	19022	220099	155253	45468	251777	100453
2001	33	1012	1307	19103	233427	147639	56066	249761	95492
2002	37	978	1208	27295	234711	133301	69453	244181	92955
2003	37	897	1136	40221	244398	132022	86115	259174	84963
2004	40	848	1099	51666	252596	114771	96182	250591	81603
2005	42	803	1062	69211	243305	106447	103616	234837	78373
2006	45	746	1023	81983	247421	106075	107920	230246	82102
2007	45	718	1003	92288	235801	105340	109474	219249	86424
2008	45	707	993	101728	235031	88171	118458	196703	89027
2009	55	690	983	101369	234663	91481	125183	193610	81303
2010	55	659	956	105354	218032	87178	133059	190535	82550
2011	55	625	874	108723	198593	84602	133103	183281	100097

年 份 Year	在校学生数 Students Enrollment 高等学校 Institutions of Higher Education	中等学校 Secondary Schools	小 学 Primary Schools	教职工数 Teachers, Staff and Workers 高等学校 Institutions of Higher Education	中等学校 Secondary Schools	小 学 Primary Schools	# 专任教师数 Full-time Teachers 高等学校 Institutions of Higher Education	中等学校 Secondary Schools	小 学 Primary Schools
1996	71354	662873	879772	26203	76640	62207	9811	48771	51202
1997	73630	692918	877554	20775	77045	62054	9589	51309	51048
1998	78651	735764	826732	20349	77569	60500	9496	51643	49420
1999	90450	761741	773064	21001	79345	59002	9647	53012	48293
2000	117690	712762	717146	25952	80321	56948	10137	53844	46697
2001	153998	785891	665495	29953	77277	55311	12552	52732	45651
2002	196892	792772	627242	32019	76590	54237	14175	53386	44922
2003	245213	801680	585446	33371	75531	52603	15553	53706	43829
2004	286145	775673	554844	36400	73720	50989	18973	52270	42122
2005	331553	755915	533003	39434	72009	49629	21670	51835	41076
2006	357382	714146	516823	42229	70815	47916	24464	51920	39951
2007	371136	713839	514284	42391	69409	46304	25166	51930	38725
2008	386437	677772	520997	43447	69563	45850	26169	52806	38474
2009	405968	631117	507385	44611	67897	44999	27118	51466	37942
2010	429224	594309	505895	45194	65808	43990	28094	50149	37317
2011	449702	574944	518531	45894	66300	41825	28919	49942	37457

注：自2009年起高等院校数含独立学院。
Note: Data of Institutions of higher education include independent institutes since 2009.

18-2 各级各类学校数、学生数和教职工数
Schools, Students and Teachers by Level and Type of School

单位：人 (person)

学校类别	Item	学校数(所) Number of Schools (unit) 2010	2011	毕业生数 Graduates 2010	2011	招生数 New Students Enrollment 2010	2011
合　计	**Total**	**1670**	**1554**	**410564**	**391918**	**406144**	**416481**
高等学校	Institutions of Higher Education	55	55	105354	108723	133059	133103
中等专业学校	Specialized Secondary Schools	43	40	32906	24702	24948	22163
技工学校	Secondary Technical Schools	39	33	14095	13977	9823	9160
职业中学	Vocational Secondary Schools	31	27	11616	9224	9812	8700
普通中学	Regular Secondary Schools	546	525	159415	150690	145952	143258
高　中	Senior Secondary Schools	214	209	65951	60204	62061	60705
初　中	Junior Secondary Schools	332	316	93464	90486	83891	82553
小　学	Primary Schools	956	874	87178	84602	82550	100097

学校类别	Item	在校学生数 Students Enrollment 2010	2011	教职工数 Teachers, Staff and Workers 2010	2011	# 专任教师数 Full-time Teachers 2010	2011
合　计	**Total**	**1529428**	**1543177**	**154992**	**154019**	**115560**	**116318**
高等学校	Institutions of Higher Education	429224	449702	45194	45894	28094	28919
中等专业学校	Specialized Secondary Schools	74802	72204	7252	7036	4832	4755
技工学校	Secondary Technical Schools	30054	28357	3409	3352	2092	1999
职业中学	Vocational Secondary Schools	30892	26968	3369	2849	2507	2168
普通中学	Regular Secondary Schools	458561	447415	51778	53063	40718	41020
高　中	Senior Secondary Schools	185153	185461			14819	15160
初　中	Junior Secondary Schools	273408	261954			25899	25860
小　学	Primary Schools	505895	518531	43990	41825	37317	37457

18-3 平均每万人口拥有学生数（2008—2011年）
Number of Student Enrollment per 10 000 Persons, 2008-2011

单位：人 (person)

项　　目	Item	2008	2009	2010	2011
合　　计	Total	**1384**	**1285**	**1210**	**1162**
高等学校	Institutions of Higher Education	337	338	340	339
中等学校	Secondary Schools	592	525	470	432
中等专业学校	Specialized Secondary Schools	78	67	59	54
技工学校	Secondary Technical Schools	38	33	24	21
职业中学	Vocational Secondary Schools	41	30	24	20
普通中学	Regular Secondary Schools	435	395	363	337
高　中	Senior Secondary Schools	170	156	147	140
初　中	Junior Secondary Schools	265	239	216	197
小　学	Primary Schools	455	422	400	391

18-4 平均每一教师负担学生数（2008—2011年）
Student-teacher Ratio, 2008-2011

单位：人 (person)

项　　目	Item	2008	2009	2010	2011
合　　计	Total	**14**	**13**	**13**	**13**
高等学校	Institutions of Higher Education	15	15	15	16
中等学校	Secondary Schools	13	10	12	12
中等专业学校	Specialized Secondary Schools	20	17	15	15
技工学校	Secondary Technical Schools	12	17	14	14
职业中学	Vocational Secondary Schools	15	12	12	12
普通中学	Regular Secondary Schools	12	11	11	11
高　中	Senior Secondary Schools	13	13	12	12
初　中	Junior Secondary Schools	12	11	11	10
小　学	Primary Schools	14	13	14	14

18-5 各级学校学生升入学率（2008—2011年）
Percentage of Graduate Students and Enrollment in All Schools by Level, 2008-2011

单位：% (%)

指　　标 / Item	2008	2009	2010	2011
初中毕业生升学率 Percentage of Graduates in Junior Secondary Schools Entering Senior Secondary Schools	100.00	104.99	110.26	105.60
初中学生净入学率 Net Percentage of Graduates in Primary Schools Entering Junior Secondary Schools	97.78	99.47	99.43	99.88
学龄儿童毛入学率 Percentage of School-age Children Enrolled	108.52	107.24	122.95	122.88

18-6 研究生及指导教师人数（2008—2011年）
Number of Postgraduate Student and Instructors, 2008-2011

单位：人 (person)

指 标	Item	2008	2009	2010	2011
总 计	**Total**				
在校生数	Students Enrollment	33753	37650	41022	46052
毕业生数	Graduates	9563	10968	11447	10645
招生人数	New Students Enrollment	12665	14919	15213	16085
指导教师	Instructors	5624	5977	6147	6507
攻读博士学位	**Postgraduate for Doctor Degree**				
在校生数	Students Enrollment	7303	7319	7523	7547
毕业生数	Graduates	1482	1793	1679	1773
招生人数	New Students Enrollment	1920	1914	1981	1992
攻读硕士学位	**Postgraduate for Master Degree**				
在校生数	Students Enrollment	26450	30331	33499	38505
毕业生数	Graduates	8081	9175	9768	8872
招生人数	New Students Enrollment	10745	13005	13232	14093

18-7 分学科研究生在校人数（2009—2011年）
Number of Enrolled Postgraduate Students by Subject, 2009-2011

单位：人 (person)

学 科	Item	博士生 Postgraduate for Doctor Degree			硕士生 Postgraduate for Master Degree		
		2009	2010	2011	2009	2010	2011
总 计	**Total**	**7319**	**7523**	**7547**	**30331**	**33499**	**38505**
按学科分	**By Subject**						
哲 学	Philosophy	167	157	133	154	154	159
经济学	Economics	766	777	651	2078	2068	2366
法 学	Law	376	373	358	1156	1202	1562
教育学	Education	59	63	72	1111	1067	1638
文 学	Literature	305	324	299	2745	3020	3528
历史学	History	278	307	306	310	385	415
理 学	Science	963	981	1076	3197	2942	3032
工 学	Engineering	2875	3071	3253	9994	10042	14994
医 学	Medicine	24	25	582	74	67	5383
农 学	Agriculture	452	511	30	3618	3921	102
军事学	Strategics				12	16	16
管理学	Management	985	891	787	2794	2952	5310
按学位分	**By Degree**						
学术学位	Academic Degree	7250	7480	7444	27243	27836	29460
专业学位	Professional Degree	69	43	103	3088	5663	9045

注：2010年以前分学科人数为学术学位项下人数。
Note: Before 2010, the number grouped by subject are number under academic degree.

18-8 各类高等学校基本情况
Basic Statistics on Institutions of Higher Education

单位：人 (person)

项 目	Item	学校数(所) Number of Schools (unit)		毕业生数 Graduates		招生数 New Students Enrollment	
		2010	2011	2010	2011	2010	2011
总 计	**Total**	**56**	**55**	**105354**	**108723**	**133059**	**133103**
# 综合大学	Comprehensive Universities	16	16	30822	32643	36702	36444
理工院校	Science and Engineering	15	15	38993	40462	51464	50267
农林院校	Agriculture and Forestry	1	1	2653	2845	3354	3692
医药院校	Medicine	5	5	6750	6212	7744	7794
师范院校	Teacher Training	2	2	7957	8155	9890	10632
语文院校	Linguistics and Literary	3	3	4185	3632	4783	4385
政法院校	Political Science and Law	1	1	1072	826	701	573
财经院校	Economics and Finance	5	5	9364	10284	13706	14272
体育院校	Physical Education	2	2	1272	1328	1890	2177
艺术院校	Art	5	5	2034	2000	2825	2832

项 目	Item	在校学生数 Students Enrollment		教职工数 Teachers, Staff and Workers		# 专任教师数 Full-time Teachers	
		2010	2011	2010	2011	2010	2011
总 计	**Total**	**429224**	**449702**	**45194**	**45894**	**28094**	**28919**
# 综合大学	Comprehensive Universities	112686	115728	12178	12038	7497	7500
理工院校	Science and Engineering	162014	169863	16589	16826	10365	10846
农林院校	Agriculture and Forestry	10658	11505	988	1015	588	615
医药院校	Medicine	26251	27711	3752	3841	2335	2475
师范院校	Teacher Training	38406	40266	3685	3681	2358	2245
语文院校	Linguistics and Literary	16194	16677	1501	1556	1063	1092
政法院校	Political Science and Law	2594	2338	4015	353	2443	170
财经院校	Economics and Finance	45014	49029	350	4260	174	2648
体育院校	Physical Education	6023	6807	682	872	452	501
艺术院校	Art	8732	9439	1454	1452	819	827

18-9 高等学校分科学生数
Number of Students Enrollment in Institutions of Higher Education by Subject

单位：人 (person)

学科	Item	毕业生数 Graduates 2010	毕业生数 Graduates 2011	招生数 New Students Enrollment 2010	招生数 New Students Enrollment 2011	在校学生数 Students Enrollment 2010	在校学生数 Students Enrollment 2011
本科	**Undergraduate**	**55698**	**57143**	**76379**	**80092**	**273616**	**293535**
#师范	Teacher Training	3019	4764	3544	6173	16419	24916
哲学	Philosophy	47	51	57	58	207	208
经济学	Economics	4374	4538	5250	5364	19592	20688
法学	Law	1905	1763	2173	2267	7693	8125
教育学	Education	2013	2063	2679	2996	11030	11868
文学	Literature	10377	11201	14081	14794	51317	54284
历史学	History	161	149	200	212	729	794
理学	Science	4534	4770	6562	6942	23131	25217
工学	Engineering	18213	18826	26302	27673	93110	100136
农学	Agriculture	598	650	927	1059	2862	3250
医学	Medicine	3212	2596	3548	3557	14611	15590
管理学	Management	10264	10536	14600	15170	49334	53375
专科	**Junior College**	**49656**	**51580**	**56680**	**53011**	**155608**	**156167**
#师范	Teacher Training	27	437	48	615	82	1322
农林牧渔	Farming, Forestry, Animal Husbandry and Fishery	209	301	284	304	813	816
交通运输	Transportation	3806	5064	5475	6292	15144	16725
生化与药品	Biochemical and Pharmaceutical	2972	3028	3137	2980	8689	8630
资源开发与测绘	Resource Development, Surveying and Mapping	1103	1485	1415	1219	4043	3784
材料与能源	Material and Energy	176	203	630	747	1212	1718
土建	Civil Engineering	3706	4390	4978	5360	13605	14436
水利	Water Conservancy	61	97	68	54	257	212
制造	Manufactrue	10840	9958	10399	8668	28436	27255
电子信息	Electronic Information	5785	6354	6386	5357	17481	16688
环保、气象与安全	Environmental Protection, Meteorology and Security	507	544	390	423	1246	1101
轻纺食品	Light Industry, Textile and Food	593	721	720	654	2002	1922
财经	Economics and Finance	11124	10576	12636	11380	34089	34205
医药卫生	Medicine and Health	1907	1981	2399	2615	6695	7307
旅游大类	Tourism	902	1093	1521	1461	4144	4428
公共事业	Public Service	432	711	647	529	2034	1716
文化教育	Culture and Education	2500	2492	2297	1980	6408	5858
艺术设计传媒	Art, Design and Media	1719	1761	2477	2329	6513	6726
公安	Public Security	649	485	229	238	1361	1140
法律	Law	665	336	592	421	1436	1500

18-10 高等学校分科专任教师数（按职称分）
Number of Full-time Teachers in Institutions of Higher Education (By Professional Title)

单位：人 (person)

学科	Item	合计 Total		正高级 Senior Title		副高级 Asst. Senior Title	
		2010	2011	2010	2011	2010	2011
总计	**Total**	**28094**	**28919**	**3990**	**4275**	**9190**	**9446**
哲学	Philosophy	617	639	92	97	225	234
经济学	Economics	1857	2003	277	288	619	680
法学	Law	886	904	93	98	293	318
教育学	Education	1757	1858	146	139	542	510
文学	Literature	5634	5837	614	636	1533	1577
历史学	History	302	310	88	94	105	107
理学	Science	3391	3507	632	682	1216	1279
工学	Engineering	9422	9494	1234	1289	3239	3292
农学	Agriculture	290	294	65	70	101	109
医学	Medicine	1807	1908	457	570	597	594
管理学	Management	2131	2165	292	312	720	746

学科	Item	中级 Middle Title		初级 Junior Title		无职称 No Title	
		2010	2011	2010	2011	2010	2011
总计	**Total**	**10126**	**10704**	**3957**	**3518**	**831**	**976**
哲学	Philosophy	217	224	69	66	14	18
经济学	Economics	607	676	282	273	72	86
法学	Law	335	335	143	126	22	27
教育学	Education	652	722	354	405	63	82
文学	Literature	2210	2388	1104	958	173	278
历史学	History	84	88	21	13	4	8
理学	Science	1173	1181	302	284	68	81
工学	Engineering	3410	3631	1259	1011	280	271
农学	Agriculture	114	108	7	6	3	1
医学	Medicine	595	575	113	124	45	45
管理学	Management	729	776	303	252	87	79

18-11 中等职业教育基本情况
Basic Statistics on Secondary Vocational Education

单位：人 (person)

学 科	Item	毕业生数 Graduates		招生数 New Students Enrollment	
		2010	2011	2010	2011
总 计	**Total**	**51481**	**40355**	**38731**	**35046**
农林牧渔类	Agriculture and Forestry	2131	2998	2728	1738
资源环境类	Resources and Environment	57	70	71	75
能源与新能源类	Energy	437	216	55	31
土木水利类	Civil and Hydraulic Engineering	1959	1591	1348	1093
加工制造类	Processing and Manufacturing	15741	10267	8459	8176
石油化工类	Petroleum and Chemicals	891	277	154	131
轻纺食品类	Light Industry, Textile and Food	1069	105	130	131
交通运输类	Communication and Transportation	2901	2283	3225	3004
信息技术类	Information Technology	12273	9494	9806	8574
医药卫生类	Medicine and Health	1770	1499	1856	1628
休闲保健类	Relaxation and Health Care		12	186	108
财经商贸类	Finance, Economics, Trade and Tourism	8918	8249	6195	6051
旅游服务类	Tourism Service	1330	900	1345	1167
文化艺术类	Culture and Arts	1108	1210	1278	1095
体育与健身类	Sports and Fitness	227	292	327	218
教育类	Teacher Training	523	649	1477	1677
司法服务类	Judicial Service	16	87	5	100
公共管理与服务类	Public Affairs	39	156	14	49
其 他	Others	91		72	

学 科	Item	在校学生数 Students Enrollment		专业课教师数 Special Course Teachers	
		2010	2011	2010	2011
总 计	**Total**	**116107**	**108094**	**4000**	**3682**
农林牧渔类	Agriculture and Forestry	5961	4091	105	84
资源环境类	Resources and Environment	215	218	41	19
能源与新能源类	Energy	369	233	11	6
土木水利类	Civil and Hydraulic Engineering	4369	4157	124	110
加工制造类	Processing and Manufacturing	29480	24229	772	766
石油化工类	Petroleum and Chemicals	933	514	37	24
轻纺食品类	Light Industry, Textile and Food	450	412	15	18
交通运输类	Communication and Transportation	6811	8079	151	192
信息技术类	Information Technology	29893	29647	881	733
医药卫生类	Medicine and Health	5190	5242	332	300
休闲保健类	Relaxation and Health Care	222	297	6	37
财经商贸类	Finance, Economics, Trade and Tourism	20489	18611	562	507
旅游服务类	Tourism Service	3234	3377	131	116
文化艺术类	Culture and Arts	4132	3641	206	192
体育与健身类	Sports and Fitness	835	757	127	94
教育类	Teacher Training	3128	4175	156	153
司法服务类	Judicial Service	101	218	3	4
公共管理与服务类	Public Affairs	140	196	17	24
其 他	Others	155		323	303

注：此表中等职业学校包括普通中专、职业高中、成人中专，不包括技工学校。
Note: Secondary vocational schools in this table refer to regular specialized secondary schools, vocational senior secondary schools and specialized secondary schools for adults, excluding secondary technical schools.

18-12 普通中学基本情况（2011年）
Basic Statistics on Regular Secondary Schools, 2011

单位：人 (person)

项 目	Item	学校数(所) Number of Schools (unit)	毕业生数 Graduates	招生数 New Students Enrollment	在校学生数 Students Enrollment	专任教师数 Full-time Teachers
总 计	**Total**	**525**	**150690**	**143258**	**447415**	**42536**
按城乡分组	**By Urban and Rural**					
城 区	City	281	87404	85774	265207	25600
镇 区	County	153	46663	43162	135206	11981
乡 村	Rural	91	16623	14322	47002	4955
按部门分组	**By Department**					
教育部门	Education Department	479	136347	129846	404540	40150
其他部门	Other Departments	5	1714	1772	4963	788
地方企业	Local Enterprises	2	529	445	1514	154
民 办	Private Units	39	12100	11195	36398	1444
按学校性质分组	**By School Type**					
完全中学	Whole Secondary Schools	125	57226	56802	172378	16257
高级中学	Senior Secondary Schools	79	28824	29060	89176	6596
初级中学	Junior Secondary Schools	280	59354	51067	166852	16505
九年一贯制学校	Whole Primary and Junior Secondary Schools	36	3017	3690	10998	2411
十二年一贯制学校	Whole Primary and Secondary Schools	5	2269	2639	8011	767
其他学校附设中学班	Appendent Secondary Schools of Other Institutions		100	197	415	45

注：一贯制学校专任教师含小学教师数。
Note: Full-time teachers in whole primary and secondary schools include teachers of primary schools.

18-13 幼儿园基本情况（2008—2011年）
Basic Statistics on Kindergartens, 2008-2011

指 标	Item	2008	2009	2010	2011
幼儿园所数(所)	Number of Kindergartens (unit)	1614	1621	1607	1455
在园(班)儿童数(人)	Children Enrollment (person)	192864	206447	217866	226073
三岁及以上儿童	Children aged 3 and over	182396	196032	207686	219435
三岁以下儿童	Children aged 3 below	10468	10415	10180	6638
教职工数(人)	Teachers, Staff and Workers (person)	15000	15654	16586	17374
# 专任教师	Full-time Teachers	9519	10069	10838	10519

18-14 普通中小学分布情况（2011年）
Distribution of Regular Secondary Schools and Primary Schools, 2011

地　区	Region	学校数(所) Number of Schools (unit)		在校学生数(人) Students Enrollment (person)		专任教师(人) Full-time Teachers (person)	
		普通中学 Regular Secondary Schools	小　学 Primary Schools	普通中学 Regular Secondary Schools	小　学 Primary Schools	普通中学 Regular Secondary Schools	小　学 Primary Schools
总　计	**Total**	**525**	**874**	**447415**	**518531**	**41020**	**37457**
市辖区	**Districts under City Administration**	**380**	**592**	**341425**	**400959**	**31673**	**29868**
和平区	Heping District	22	27	24475	23398	2246	1906
河东区	Hedong District	19	22	19359	20337	2022	1802
河西区	Hexi District	26	42	26562	30003	2367	1954
南开区	Nankai District	27	36	25365	27156	2723	2144
河北区	Hebei District	23	24	21629	20095	1925	1595
红桥区	Hongqiao District	22	28	13387	12944	1618	1665
东丽区	Dongli District	20	40	15276	23294	1323	1832
西青区	Xiqing District	13	32	15397	25337	1272	1821
津南区	Jinnan District	16	39	18176	26246	1239	1693
北辰区	Beichen District	20	38	14595	27998	1239	1594
武清区	Wuqing District	49	105	46203	59608	3994	3726
宝坻区	Baodi District	40	69	39613	32138	3839	2538
滨海新区	Binhai New Area	81	87	59874	70948	5712	5427
天津铁厂	Tianjin Iron Works	2	3	1514	1457	154	171
市辖县	**Counties under City Administration**	**145**	**282**	**105990**	**117572**	**9347**	**7589**
宁河县	Ninghe County	30	59	20036	23509	2246	1804
静海县	Jinghai County	51	99	37107	52348	2730	2817
蓟　县	Jixian County	64	124	48847	41715	4371	2968

注：1.专任教师数中不包括民办教师数。2.滨海新区数据不含东丽区无瑕街、津南区葛沽镇数据。
Note: a) Number of full-time teachers excludes citizen-managed teachers. b) Data of Binhai New Area exclude figures of Wuxia Street, Dongli District and Gegu Town, Jinnan District.

18-15 普通中学、小学及幼儿园校舍情况（2011年）

Statistics on Schoolhouses in Regular Secondary Schools, Primary Schools and Kindergartens, 2011

地区	Region	占地面积(万平方米) Areas (10 000 sq. m)	校舍建筑面积(万平方米) Floor Space of Schoolhouses (10 000 sq. m)			学生人均建筑面积(平方米) Average Floor Space of Students (sq. m)		
			普通中学 Regular Secondary Schools	小学 Primary Schools	幼儿园 Kindergartens	普通中学 Regular Secondary Schools	小学 Primary Schools	幼儿园 Kindergartens
总计	**Total**	**2999.11**	**632.12**	**371.22**	**108.17**	**14.13**	**7.16**	**4.78**
市辖区	**Districts under City Administration**	**2171.29**	**512.28**	**287.57**	**94.32**	**15.00**	**7.17**	**5.79**
和平区	Heping District	55.96	32.49	15.39	4.81	13.27	6.58	8.80
河东区	Hedong District	82.06	24.50	14.55	6.39	12.65	7.15	7.43
河西区	Hexi District	99.79	44.93	18.50	8.39	16.91	6.17	6.54
南开区	Nankai District	108.84	46.68	19.81	8.47	18.40	7.30	7.82
河北区	Hebei District	85.51	32.89	12.32	5.20	15.21	6.13	6.03
红桥区	Hongqiao District	64.79	17.21	9.65	3.18	12.86	7.45	5.47
东丽区	Dongli District	138.28	35.57	13.47	2.90	23.29	5.78	4.86
西青区	Xiqing District	115.94	18.52	19.51	5.34	12.03	7.70	4.76
津南区	Jinnan District	137.57	29.62	21.73	6.57	16.30	8.28	4.52
北辰区	Beichen District	142.97	31.77	20.77	7.48	21.77	7.42	4.63
武清区	Wuqing District	377.58	54.20	44.90	10.48	11.73	7.53	4.05
宝坻区	Baodi District	289.91	44.64	27.11	7.07	11.27	8.44	5.99
滨海新区	Binhai New Area	464.47	97.39	48.96	17.35	16.27	6.90	7.13
天津铁厂	Tianjin Iron Works	7.62	1.87	0.88	0.69	12.33	6.06	9.29
市辖县	**Counties under City Administration**	**827.82**	**119.84**	**83.65**	**13.85**	**11.31**	**7.11**	**2.19**
宁河县	Ninghe County	150.51	21.66	17.33	3.19	10.81	7.37	3.28
静海县	Jinghai County	329.89	38.82	32.03	7.66	10.46	6.12	2.69
蓟县	Jixian County	347.42	59.37	34.29	3.00	12.15	8.22	1.20

注：占地面积包括中等师范学校、幼儿园教师进修学校、特殊教育学校及其他。

Note: Areas of schools include middle teacher training, kindergarten teacher training, special education and other schools.

18-16 其他教育基本情况(2008—2011年)
Basic Statistics on Other Education, 2008-2011

单位：所、人 (unit, person)

指 标	Item	2008	2009	2010	2011
成人教育	**Adult Education**				
成人高等学校	Adult Higher Education Schools				
学校数	Number of Schools	14	15	15	14
在校学生数	Students Enrollment	85372	77533	71659	66590
成人中等学校	Secondary Schools for Adults				
学校数	Number of Schools	23	27	25	22
在校学生数	Students Enrollment	10610	13669	10614	8922
特殊教育	**Specific Education**				
视力听力残疾	Blind and Deaf-Mute Schools				
学校数	Number of Schools	4	3	3	3
在校学生数	Students Enrollment	699	327	535	497
初 中	Junior Secondary Schools	184	112	173	162
小 学	Primary Schools	515	215	362	335
教职工人数	Teachers, Staff and Workers	169	197	171	259
#专任教师数	Full-time Teachers	123	144	116	184
智力残疾	Schools for Low Intelligent Student				
学校数	Number of Schools	13	13	13	14
在校学生数	Students Enrollment	1676	874	1821	1975
#初 中	Junior Secondary Schools	380	336	327	415
小 学	Primary Schools	1296	515	1438	1496
教职工人数	Teachers, Staff and Workers	435	306	436	354
#专任教师数	Full-time Teachers	329	223	334	270
工读学校	Reformatory Schools				
学校数	Number of Schools	3	3	3	3
教职工人数	Teachers, Staff and Workers	114	131	129	121
#专任教师数	Full-time Teachers	44	58	31	45

18-17 网络教育学生情况 Statistics on Network Education Students

单位：人 (person)

学　科	Item	毕业生数 Graduates		招生数 New Students Enrollment		在校学生数 Students Enrollment	
		2010	2011	2010	2011	2010	2011
本　科	**Undergraduate**	**1976**	**4557**	**7237**	**11067**	**16637**	**23015**
#女　生	Female	1154	2264	3836	6179	7702	12172
经济学	Economics	150	123	384	644	956	1249
法　学	Law	115	501	780	1579	1657	3335
文　学	Literature	0	327	150	162	264	383
工　学	Engineering	271	475	390	772	750	1151
管理学	Management	1440	3131	5533	7910	13010	16897
专　科	**Junior College**	**1996**	**5889**	**10812**	**14794**	**17590**	**26384**
#女　生	Female	969	3023	4740	7276	10395	13495
土建大类	Civil Engineering				199		200
电子信息大类	Electronic Information		318		1920		3374
财经大类	Economics and Finance		3896		9593		16576
旅游大类	Tourism		737		493		1166
公共事业大类	Public Service		679		2221		4268
文化教育大类	Culture and Education				11		11
法律大类	Law		259		357		789

注：2011年专科生执行新的学科分类。
Note: Junior college adopts new type of subject from 2011.

18-18 外国留学生情况 Statistics on Foreign Students

单位：人 (person)

项　目	Item	毕(结)业生数 Graduates (Complete)		招生数 New Students Enrollment		在校学生数 Students Enrollment	
		2010	2011	2010	2011	2010	2011
总　计	**Total**	**2746**	**3241**	**2723**	**2707**	**5541**	**5417**
按层次分	**By Degree**						
博　士	Doctor	21	23	21	35	88	93
硕　士	Master	78	114	210	213	469	579
本　科	Undergraduate	528	458	606	716	2877	2829
专　科	Junior College	8	2	9	4	12	9
培　训	Training	2111	2644	1877	1739	2095	1907
按经费来源分	**By Fund Provided**						
自　费	Self-supporting	1877	2147	2021	2171	4428	4271
中国政府资助	Chinese Government Sustentation	676	952	442	320	765	861
本国政府资助	Native Government Sustentation	4	14	18	3	73	35
学校间交换	Inter-school Communion	162	128	171	213	195	250
国际组织资助	International Organization Sustentation	27		71		80	

18-19 专业技术人员(2009—2011年)
Special Technical Personnel, 2009-2011

单位：人 (person)

项 目 Item	全 市 Total 2009	2010	2011	平均每万人口有科技人员 Scientific and Technological Personnel per 10 000 Persons (2011)	平均每万名城镇单位从业人员有科技人员 Scientific and Technological Personnel per 10 000 Employment Personnel in Urban Units (2011)
合 计 Total	**417702**	**419373**	**418752**	**316**	**1767**
自然科学专业技术人员 Natural Science	**213953**	**218431**	**222619**	**168**	**940**
#工程技术人员 Engineering	112902	116860	118838	90	502
农业技术人员 Agriculture	3150	3246	3046	2	13
科学研究人员 Scientific Research	4216	4290	4592	3	19
卫生技术人员 Health Care	59433	59227	60174	45	254
教学人员 Teaching	34252	34808	35969	27	152
社会科学专业技术人员 Social Science	**203749**	**200942**	**196133**	**148**	**828**
#科学研究人员 Scientific Research	755	822	804	1	3
教学人员 Teaching	94006	93080	92145	69	389
经济人员 Economics	41205	40774	39623	30	167
财会人员 Accountant	31857	31274	29969	23	126
统计人员 Statistician	2661	2484	2211	2	9
翻译人员 Translator	571	623	614		3
图书、档案、资料人员 Librarian and Archivist	4940	4868	4746	4	20
编辑、记者、播音员 Editor, Reporter and Broadcaster	2638	2625	2659	2	11
体育教练人员 Coach	551	528	547		2
工艺美术人员 Arts and Craft	249	261	261		1
文艺人员 Literature and Art	2162	2103	2083	2	9

注：专业技术人员统计范围为公有制企事业单位。
Note: The coverage of special technical personnel refers to public-owned units.

18-20 专业技术人员构成(2011年) Composition of Special Technical Personnel, 2011

单位：人 (person)

项目 Item	按性别分 By Sex	按受教育程度分 By Education Status		按职称分 By Title	
	#女专业技术人员数 Female	#受过高等专业教育人数 Having Higher Special Education Background	#受过中等专业教育人数 Having Special Secondary School Background	#高级职称人数 Senior Professional Certification	#中级职称人数 Medium Professional Certification
合计 Total	**209037**	**343703**	**55531**	**69273**	**154168**
自然科学专业技术人员 Natural Science	**98878**	**185969**	**29919**	**39544**	**72732**
#工程技术人员 Engineering	33058	99170	14757	18307	32467
农业技术人员 Agriculture	1145	2187	740	522	906
科学研究人员 Scientific Research	2095	4563	21	1684	1843
卫生技术人员 Health Care	41877	45871	12834	6842	20450
教学人员 Teaching	20703	34178	1567	12189	17066
社会科学专业技术人员 Social Science	**110159**	**157734**	**25612**	**29729**	**81436**
#科学研究人员 Scientific Research	384	790	8	184	361
教学人员 Teaching	61081	83536	7422	19516	53891
经济人员 Economics	15038	25736	7969	1486	7115
财会人员 Accountant	18844	20702	6578	1062	5991
统计人员 Statistician	1556	1517	415	211	639
翻译人员 Translator	365	602	12	132	175
图书、档案、资料人员 Librarian and Archivist	3281	4105	389	826	1984
编辑、记者、播音员 Editor, Reporter and Broadcaster	1270	2543	49	981	935
体育教练人员 Coach	138	503	31	198	187
工艺美术人员 Arts and Craft	93	203	35	48	55
文艺人员 Literature and Art	807	1063	779	799	774

18-21 自然科学专业技术人员构成（2011年）（按国民经济行业分）
Composition of Special Technical Personnel of Natural Science, 2011 (Grouped by Sector)

单位：人 (person)

行 业 Sector	合 计 Total	#工程技术人员 Engineering	#卫生技术人员 Health Care	#教学人员 Teaching
总 计 **Total**	**222619**	**118838**	**60174**	**35969**
农、林、牧、渔业 Farming, Forestry, Animal Husbandry and Fishery	3937	1285	33	7
采矿业 Minerals Mining	7073	6980	34	26
制造业 Manufacturing	32173	30469	1565	107
电力、燃气及水的生产和供应业 Production and Supply of Electricity, Gas and Water	6562	6451	77	34
建筑业 Construction	23698	23417	250	27
交通运输、仓储及邮政业 Transportation, Storage and Post Services	5971	5901	59	6
信息传输、计算机服务和软件业 Information Transmitting, Computer Services & Software	2614	2608	2	3
批发和零售业 Wholesale and Retail Trade	3894	2484	1402	1
住宿和餐饮业 Accommodation and Catering Services	87	81	6	
金融业 Finance Intermediation	1415	1403	5	
房地产业 Real Estate	2547	2527	12	
租赁和商务服务业 Leasing and Business Services	629	617	6	
科学研究、技术服务和地质勘察业 Scientific Research, Technical Services and Geological Prospecting	21609	19683	403	43
水利、环境和公共设施管理业 Management for Water Conservancy, Environment and Public Facilities	6597	6465	32	
居民服务和其他服务业 Resident Services and Other Social Services	738	717	8	2
教 育 Education	43833	5173	565	35403
卫生、社会保障和社会福利业 Health Care, Social Security and Social Welfare	57434	1188	55545	254
文化、体育和娱乐业 Culture, Sports and Recreational Services	648	590	29	13
公共管理和社会组织 Public Management and Social Organizations	1160	799	141	43

18-22 社会科学专业技术人员构成（2011年）（按国民经济行业分）
Composition of Special Technical Personnel of Social Science, 2011 (Grouped by Sector)

单位：人 (person)

行业 Sector	合计 Total	#教学人员 Teaching	#经济人员 Economics	#财会人员 Accountant	#图书、档案、资料人员 Librarian and Archivist
总计 Total	**196133**	**92145**	**39623**	**29969**	**4746**
农、林、牧、渔业 Farming, Forestry, Animal Husbandry and Fishery	1092	41	307	440	10
采矿业 Minerals Mining	4582	599	1386	972	159
制造业 Manufacturing	14835	941	5658	3669	240
电力、燃气及水的生产和供应业 Production and Supply of Electricity, Gas and Water	2903	50	863	883	70
建筑业 Construction	6068	119	1643	2382	102
交通运输、仓储及邮政业 Transportation, Storage and Post Services	8814	60	5871	1250	54
信息传输、计算机服务和软件业 Information Transmitting, Computer Services & Software	761	5	300	161	19
批发和零售业 Wholesale and Retail Trade	5555	26	2862	1663	53
住宿和餐饮业 Accommodation and Catering Services	344	2	109	148	1
金融业 Finance Intermediation	26859	19	15808	9784	60
房地产业 Real Estate	2886	17	1575	785	47
租赁和商务服务业 Leasing and Business Services	1402	11	507	366	23
科学研究、技术服务和地质勘察业 Scientific Research, Technical Services and Geological Prospecting	2894	89	635	1009	210
水利、环境和公共设施管理业 Management for Water Conservancy, Environment and Public Facilities	2199	3	300	823	77
居民服务和其他服务业 Resident Services and Other Social Services	1145	104	376	324	19
教育 Education	98771	89705	218	2036	1400
卫生、社会保障和社会福利业 Health Care, Social Security and Social Welfare	5880	165	774	2462	296
文化、体育和娱乐业 Culture, Sports and Recreational Services	7862	64	111	485	1851
公共管理和社会组织 Public Management and Social Organizations	1281	125	320	327	55

18-23 独立科学研究和技术开发机构情况 Basic Statistics on Independent Institutions of Scientific Research and Technological Development

指　标 Indicator	自然科学研究与技术开发机构 Institutions of Natural Scientific Research and Technological Development		社会、人文科研与开发机构 Institutions of Social Science and Humanities of Research and Development		科学技术情报和文献机构 Institutions of Scientific and Technological Information and Documents	
	2010	2011	2010	2011	2010	2011
机构数(个) Number of Institutions (unit)	**125**	**126**	**3**	**3**	**11**	**11**
科技活动人员(人) Number of Persons Engaged in Scientific and Technological Activities (person)	**12235**	**12183**	**313**	**315**	**681**	**713**
高级职称 Senior Professional Certification	3693	3439	142	142	218	251
中级职称 Medium Professional Certification	3591	3532	106	116	197	216
初级职称 Junior Professional Certification	2769	2783	4	11	45	145
其　他 Others	2182	2429	61	46	221	101
经费支出总额(万元) Total Expenditures of Operating Expense (10 000 yuan)	**409173**	**513079**	**6052**	**6168**	**22871**	**29068**

18-24 独立自然科学研究机构课题开展和投入(按课题类型分) Projects and Input of Independent Institutions of Natural Science Research (Grouped by Type of Projects)

项　目 Item	课题数(项) Number of Projects (item)		投入人力(人年) Labour Force Input (person-year)		投入经费(万元) Funds Input (10 000 yuan)	
	2010	2011	2010	2011	2010	2011
合　计 Total	**3149**	**3198**	**10582**	**11980**	**229058**	**271444**
基础研究 Basic Research	171	148	349	400	4657	4288
应用研究 Application Research	514	482	1277	1264	26766	25651
试验发展 Experimental Development	1338	1620	5849	8033	134210	188023
R&D成果应用 R&D Achievements Used	437	350	952	920	29973	25825
科技服务 Services of Science and Technology	689	598	2154	1362	33451	27657

18-25 专利申请受理数和授权数
Patent Applications Examined and Granted

单位：件 (item)

项 目	Item	申请受理数 Patent Applications Examined		申请授权数 Patent Applications Granted		年末有效专利数 Year-end Patent in Force	
		2010	2011	2010	2011	2010	2011
合 计	**Total**	**25142**	**36258**	**10998**	**13982**	**29672**	**40016**
按种类分	**Grouped by Type**						
发 明	Inventions	7656	10007	1933	2528	6516	8439
实用新型	Utility Models	10234	16998	6749	8961	17341	24421
外观设计	Designs	7252	9253	2316	2493	5815	7156
按对象分	**Grouped by Applicator**						
职 务	Official	17887	25797	8983	12083	23360	33149
# 工矿企业	Industrial and Mineral Enterprises	13950	20471	7189	9816	18941	27239
大专院校	Universities and Colleges	2772	3759	1244	1564	2856	3882
科研单位	Scientific Research Institutions	1035	1323	468	571	1331	1725
机关团体	Government Agencies and Organizations	130	244	82	132	232	303
非职务	Non-Official	7255	10461	2015	1899	6312	6867

18-26 科学技术成果（2009—2011年）
Achievements in Science and Technology, 2009-2011

单位：项 (item)

项 目	Item	2009	2010	2011
市级科学技术成果登记数	**Number of City Level Major Achievements in Science and Technology**	**2020**	**2010**	**2020**
国际领先	Leading Level in the World	94	119	59
国际先进	Advanced World Standard	451	406	331
国内领先	Leading Level in China	1038	985	845
国内先进	Advanced National Standard	352	314	328
其 他	Others	85	186	457
获天津市科学技术奖	**Number of Tianjin Scientific and Technological Prizes Awarded**	**210**	**214**	**239**
# 自然科学奖	Natural Science Award	6	8	6
技术发明奖	Technological Invention Award	12	7	6
科技进步奖	Prize for Progress in Science and Technology	190	198	225
获国家科学技术奖	**Number of National Scientific and Technological Prizes Awarded**	**11**	**13**	**16**
# 自然科学奖	Natural Science Award		1	1
技术发明奖	Technological Invention Award		2	1
科技进步奖	Prize for Progress in Science and Technology	11	10	14

18-27 天津市获国家科学技术奖科技成果一览(2011年)
List of National Scientific and Technological Prizes Awarded in Tianjin, 2011

获奖项目和等级 Project and Grade Awarded
自然科学二等奖(1项)
National Second Prize of Natural Science (one item)
几类无机材料的氢、锂、镁储存与电池性能研究
Research on Lithium, Magnesium and Hydrogen Storage of Several Kinds of Inorganic Materials and Battery Performance
技术发明二等奖(1项)
National Second Prize for Technological Invention (one item)
柔性在线自动量方法、技术及应用
Method, Technology and Application of Flexible On-line Automatic Measurement
科技进步二等奖(14项)
National Second Prize for Progress in Science and Technology (fourteen items)
复杂约束下高效能电机智能化综合设计关键技术及其应用
Key Technology and Application of High-Performance Motor Intelligent and Integrated Design under Complex Constraints
张弦结构体系分析设计理论及施工关键技术
Theory of Analysis and Design and Key Construction Technology of Beam String Structural System
重大水利水电工程施工实时控制关键技术及其工程应用
Key Technology and Engineering Application of Large Water Conservancy and Hydropower Engineering Construction Control
木薯非粮燃料乙醇成套技术及工程应用
Technology and Engineering Application of Non-Grain Fuel Ethanol Production of Cassava
渤海活动断裂带油气差异富集与优质亿吨油田群重大发现
Great Discovery of Differential Concentration of Oil and Gas in Bohai Active Fractured Zone and High Quality Million Tons of Oil Field Group
芪参益气滴丸对心肌梗死二级预防的临床试验
Clinical Trials of Secondary Prevention Effects of Qishen Yiqi Drop Pills on Myocardial Infarction
烟大铁路轮渡系统集成技术及应用
Integration Technology and Application of Railway Ferry System from Yantai to Dalian
工业产品中危害因子高通量表征与特征识别关键技术与应用
High-Throughput Characterization of Hazard Factor of Industrial Products and Feature Recognition Technology and Application
棉冷轧堆染色关键技术的研究与产业化
Research and Industrialization of Key Technology of Cotton Cold Pad-Batch Dyeing
大型精对苯二甲酸装置节能降耗的优化运行技术
Technology of Energy Saving Optimization of Large PTA Device
提高海工混凝土结构耐久性寿命成套技术及推广应用
Complete Technology and Application of Durability Life Increasing of Marine Concrete Structure
道地药材形成机理研究及应用
Research on Mechanism of Famous Region Drug and Its Application
代谢综合征的中医认识及整体治疗
Traditional Chinese Medicine Understanding of Metabolic Syndrome and Overall Treatment
从毒瘀虚论治系统性红斑狼疮的增效减毒方案构建与应用
Project Construction and Application of Enhancing Efficacy and Reducing Toxicity on the Treatment of Systemic Lupus Erythematosus from the Theory of Toxic, Stasis and Deficiency

18-28 高等学校科研课题开展与投入（2011年）（理、工、农、医类）
Projects of Development and Input of Scientific Research in Universities and Colleges, 2011 (Science, Engineering, Agriculture and Medicine)

项　目	Item	课题数(项) Number of Projects (item)	投入人力(人年) Labour Force Input (person-year)	# 科学家和工程师 Scientists and Engineers	投入经费(万元) Funds Input (10 000 yuan)
总　计	**Total**	**9543**	**6905**	**5940**	**263920.4**
按课题活动类型分	**Grouped by Type of Projects**				
基础研究	Basic Research	3317	2820	2419	79933.8
应用研究	Application Research	4702	3178	2713	118336.5
试验发展	Experimental Development	803	555	482	27547.1
R&D成果应用	R&D Achievement Used	364	186	168	12324.0
科技服务	Service of Science and Technology	357	166	160	25779.0
按(课题)项目类别分	**Grouped by Project**				
国家“973计划”项目	State "973 Program" Project	142	169	144	13511.7
国家科技攻关项目	State S&T Strategical Project	79	88	75	4901.0
国家“863计划”项目	State "863 Program" Project	96	90	82	6269.3
科技部重大专项	Major Project from Ministry of Science and Technology	73	65	58	4668.3
国家自然科学基金项目	State Natural Scientific Fund Project	1844	1787	1551	29155.1
主管部门科技项目	S&T Project from Administrative Department	1027	755	647	23651.4
国家部委其他科技项目	S&T Project from Ministry	404	423	343	20874.4
省、市、自治区科技项目	S&T Project from Province, Municipality, Autonomous Region	1556	1314	1116	30721.5
企事业单位委托科技项目	S&T Project from Enterprise, Institution	3521	1714	1525	127995.3
国际合作项目	International Cooperate Project	28	26	23	1401.0
自选项目	Self-choosing Project	764	467	372	751.0
其他项目	Other Project	9	7	4	20.4

18-29 高等学校科技专著和论文(2008—2011年)(理、工、农、医类) S&T Works and Papers in Universities and Colleges, 2008-2011 (Science, Engineering, Agriculture and Medicine)

项　目	Item	单　位	Unit	2008	2009	2010	2011
科技专著	**Scientific and Technological Works**	**部**	**copy**	**67**	**79**	**83**	**62**
		万字	**10 000 words**	**1502**	**1208**	**1821**	**1769**
#自然科学	Natural Science	部	copy	6	14	9	18
		万字	10 000 words	291	44	176	200
工程科学	Engineering	部	copy	19	21	31	18
		万字	10 000 words	525	619	631	929
医学科学	Medicine	部	copy	37	43	43	26
		万字	10 000 words	665	537	1014	639
农业科学	Agriculture	部	copy	5	1		
		万字	10 000 words	21	8		
科学论文	**Scientific Papers**	**篇**	**piece**	**15969**	**14700**	**16055**	**16913**
#国外发表	Published Abroad	篇	piece	5066	5612	5897	6210

18-30 特种设备监督监察情况 Supervision of Special Equipment

项　目	Item	单　位	Unit	2010	2011
在用的特种设备	**Special Equipment in Use**				
锅　炉	Boiler	台	set	12736	11252
压力容器	Pressure Vessel	台、套	set, series	50235	47285
压力管道	Pressure Conduit	单　元	unit	7470	7498
电　梯	Elevator	台	set	31758	37900
起重机械	Hoisting Machinery	台	set	37302	36529
厂内机动车辆	Automobiles Used in Factories	辆	set	8097	14071
客运索道	Cableway Transport	条	strip	10	10
大型游乐设施	Large Entertainment Facilities	台、套	set, series	462	449
监督监察情况	**Supervision Condition**				
监督监察特种设备	Supervision of Special Equipment	台、套	set, series	55093	48159
发现隐患	Hidden Danger Found	项	unit	5155	5712
下达安全监察指令书	Safety Supervision Order Issued	份	unit	2135	2810
取得设计、制造、安装、改造、维修许可证	**Design, Manufacture, Installation, Rebuild and Maintenance Licence Acquired**	**个**	**unit**	**794**	**725**

资料来源：天津市质量技术监督局，表18-31同。
Source: Tianjin Municipal Quality & Technology Supervision Bureau. Same as table 18-31.

18-31 技术质量监督检验情况(2009—2011年)
Check and Administration on Quality & Technique, 2009-2011

类　别	Sort	2009	2010	2011
计量仪器检定(台、件)	**Measuring Implements Tested (set, piece)**			
总　计	**Total**	**691335**	**1483162**	**2231208**
长　度	Length	67093	75762	54606
温　度	Temperature	69258	25244	78391
力　学	Mechanics	327644	387460	436112
#衡　器	Weighing Apparatus	72605	26680	27022
电　学	Electrology	179203	782173	1576900
光　学	Optics	1685	1132	1052
声　学	Acoustics	1351	1451	1844
化　学	Chemistry	6584	10401	10722
电离辐射	Ionization Radiation	867	952	1153
无线电	Radio	764	1331	1107
时间频率	Time Frequency	2651	2811	5096
其　他	Others	34235	194445	64225
商品质量专项监督检验	**Special Check and Administration of Commodities**			
检查商业企业数(个)	Number of Commercial Enterprises Checked (unit)	1964		
检查商品批次(批次)	Checked-times of Commodities (batch-times)	2200		
合格批次(批次)	Number of Checked-times Qualified (batch-times)	1883		
批次合格率(%)	Rate of Batch-times Qualified (%)	85.59		
产品质量定期监督检验	**Fixed-period Check and Administration of Products**			
检查企业(个)	Number of Enterprises Checked (unit)	2769	896	2302
检查批次(批次)	Checked-times of Products (batch-times)	3169	934	2595
合格批次(批次)	Number of Checked-times Qualified (batch-times)	2906	892	2534
批次合格率(%)	Rate of Batch-times Qualified (%)	91.7	95.5	97.7
食品及相关产品质量监督抽查	**Food and Related Products Quality Supervision**			
监督抽查企业数(个)	Number of Enterprises Checked (unit)		1393	1739
食品及相关产品抽查批次(批次)	Checked-times of Food and Related Products (batch-times)		3729	3243
合格批次(批次)	Number of Checked-times Qualified (batch-times)		3449	3143
批次合格率(%)	Rate of Batch-times Qualified (%)		92.5	96.9

18-32 科学技术协会和所属学会科技活动(2011年)
Scientific and Technological Activities of Science and Technology Associations and Affiliated Institutions, 2011

项目	Item	合计 Total	市及区、县科协 Science Association of City, District and County	市级学会 Institution of City Level
机构与人员	**Institutions and Personnel**			
机构(个)	Institutions (unit)	178	27	151
人员(人)	Personnel (person)	141301	200	141101
学术交流情况	**Academic Activities of Exchange**			
学术会议(次)	Academic Meetings (time)	805	94	711
国内	Domestic	763	85	678
国际	International	42	9	33
参加人数(人次)	Number of Participants (person-time)	118114	26864	91250
国内	Domestic	110161	26264	83897
国际	International	7953	600	7353
交流论文(篇)	Number of Papers Presented (piece)	23058	1575	21483
国内	Domestic	21306	1553	19753
国际	International	1752	22	1730
科技交流(个)	Exchange of Science and Technology (unit)	89	14	75
接待	Received	59	12	47
外派	Sent Abroad	30	2	28
交流人数(人次)	Number of Exchange Persons (person-time)	1838	61	1777
接待	Received	1740	55	1685
外派	Sent Abroad	98	6	92
科学普及	**Activities for Popular Science**			
科普讲座(次)	Lectures of Popular Science (time)	10196	9309	887
参加人数(万人次)	Number of Participants (10 000 person-times)	173	140	33
科普展览(次)	Exhibitions of Popular Science (time)	2242	1951	291
参加人数(万人次)	Number of Participants (10 000 person-times)	166	136	30
科技培训	**Science and Technological Training**			
培训班数[个(期)]	Number of Training Classes (unit <period>)	502	141	361
培训人数(人次)	Number of Persons in Training Classes (person-time)	105506	42790	62716
科技咨询服务(项)	**Service of Consultative Activities (item)**			
无偿咨询项目	Gratis Consultative Projects	107	25	82
完成技术合同数	Number of Consultative Contracts Completed	1007	417	590
青少年科技活动	**Scientific and Technology Activities of Teenagers**			
科技夏(冬)令营(次)	Scientific and Technological Summer (Winter) Camp (time)	60	53	7
参加人数(人次)	Number of Participants (person-time)	8221	7883	338
青少年科技竞赛(次)	Number of Teenagers' Science and Technology Competition (time)	150	136	14
科技出版物	**Science and Technology Publication**			
出版科技期刊(种)	Science and Technology Magazine (kind)	42	4	38
年发行总数(万册)	Volume of Issue (10 000 volumes)	94.5	4.5	90.0
年发表学术论文(篇)	Number of Papers Presented (piece)	8659		8659

18-33 科技及研发活动基本情况(2011年)
Basic Statistics on Science and Technology and R&D Activities, 2011

项　目	Item	合　计 Total	#企 业 Enterprise	#规模以上工业 Industrial Enterprise above Designated Size
单位数(个)	Number of Units (unit)	5524	5244	5009
#有R&D活动单位	With R&D Activities	1362	1208	1037
科技活动人员(人)	Persons Engaged in Scientific and Technological Activities (person)	173635	124249	103693
#大学本科及以上学历	Bachelor's Degree or above	75585	38045	28832
R&D人员(人)	R&D Personnel (person)	111586	79875	69736
#全时人员	Full-time	66869	50098	44635
R&D人员折合全时当量(人年)	R&D Personnel as Full-time Equivalent (person-year)	74293	54654	47828
#基础研究	Basic Research	5342	88	15
应用研究	Application Research	10654	1771	1373
试验发展	Experimental Development	58303	52798	46442
R&D经费支出(亿元)	**R&D Expenditures (100 million yuan)**	**297.76**	**234.25**	**210.78**
#政府资金	Government Funds	47.60	6.78	5.75
企业资金	Enterprise Funds	231.47	217.20	197.33
境外资金	Offshore Funds	5.98	5.77	5.66
其他资金	Other Funds	12.71	4.49	2.04
#基础研究	Basic Research	13.00	0.12	0.07
应用研究	Application Research	37.30	10.50	9.08
试验发展	Experimental Development	247.46	223.63	201.63
研究机构数(个)	Research Institutions (unit)	1039	726	645
研究机构R&D人员(人)	R&D Personnel in Research Institutions (person)	46971	33052	30087
#博士毕业	Doctor Graduate	3654	335	193
硕士毕业	Master Graduate	7350	3624	2924
研究机构R&D经费支出(亿元)	R&D Expenditure in Research Institutions (100 million yuan)	99.63	68.05	55.77

18-34 规模以上工业企业科技活动基本情况（2011年）
S&T Activities in Industrial Enterprises above Designated Size, 2011

项　目　Item	合计 Total	#国有经济 State-owned	#"三资"经济 Hong Kong, Macao, Taiwan and Foreign Funded	#其他经济 Others
有R&D活动企业数(个) Number of Enterprises with R&D Activities (unit)	1037	79	244	714
从事R&D活动人员(人) Employees Engaged in R&D Activities (person)	69736	12063	17323	40350
#参加项目人员 Engaged in Projects	60029	10600	14986	34443
管理和服务人员 Engaged in Management and Service	9707	1463	2337	5907
R&D经费支出(亿元) R&D Expenditures (100 million yuan)	**210.78**	**37.64**	**56.51**	**116.63**
#基础研究支出 Cost of Basic Research	0.07			0.07
应用研究支出 Cost of Application Research	9.08	1.76	1.46	5.86
试验发展支出 Cost of Experimental Development	201.63	35.87	55.05	110.71
#政府资金 Government Funds	5.75	0.59	2.36	2.80
企业资金 Enterprise Funds	197.33	36.36	48.54	112.43
境外资金 Offshore Funds	5.66		4.80	0.86
其他资金 Other Funds	2.04	0.68	0.81	0.55
全部R&D项目（课题）数(项) Number of R&D Projects (item)	10515	1720	2291	6504
项目经费内部支出（亿元） Internal Project Expenditures (100 million yuan)	162.92	25.85	43.22	93.85
企业办科技机构数(个) Scientific and Technological Institutions Set by Enterprise (unit)	645	74	154	417
科技机构人员数(人) Persons in Scientific and Technological Institutions (person)	35286	5647	8197	21442
科技机构经费支出(亿元) Expenditures of Scientific and Technological Institutions (100 million yuan)	76.50	7.70	24.55	44.25
科技机构科研用仪器设备原价(亿元) Original Cost of Scientific Research Equipment in Scientific and Technological Institutions (100 million yuan)	88.67	12.04	27.58	49.05
新产品产值(亿元) Output Value of New Products (100 million yuan)	3796.51	393.54	2011.67	1391.3
新产品销售收入(亿元) Sales Revenue of New Products (100 million yuan)	3831.14	416.69	2037.89	1376.56
#出口销售收入 Sales Revenue of Exports	749.03	33.78	592.15	123.10
专利申请数(件) Number of Patent Applications (item)	11889	1105	1939	8845
#发明专利 Number of Inventions	4410	331	734	3345
技术改造经费支出(亿元) Expenditures of Technology Innovation (100 million yuan)	85.18	20.77	12.52	51.89
技术引进经费支出(亿元) Expenditures of Technology Introduction (100 million yuan)	15.11	4.59	5.31	5.21

18-35 按行业分规模以上工业企业科学研究与试验发展（R&D）活动情况（2011年）
R&D Activities in Industrial Enterprises above Designated Size by Sector, 2011

项　目	Item	有R&D活动企业数(个) Enterprises with R&D Activities (unit)	R&D人员折合全时当量(人年) R&D Personnel as Full-time Equivalent
总　计	**Total**	**1037**	**47828**
石油和天然气开采业	Extraction of Petroleum and Natural Gas	7	2003
非金属矿采选业	Mining and Processing of Nonmetal Ores	3	751
农副食品加工业	Processing of Food from Agricultural Products	22	403
食品制造业	Manufacture of Food	22	381
饮料制造业	Manufacture of Beverage	9	334
纺织业	Manufacture of Textile	14	914
纺织服装、鞋、帽制造业	Manufacture of Textile Wearing Apparel, Footwear and Caps	28	422
皮革、毛皮、羽毛(绒)及其制品业	Manufacture of Leather, Fur, Feather and Related Products	2	18
家具制造业	Manufacture of Furniture	24	190
造纸及纸制品业	Manufacture of Paper and Paper Products	15	478
印刷业和记录媒介的复制	Printing, Reproduction of Recording Media	7	133
文教体育用品制造业	Manufacture of Articles for Culture, Education and Sport Activity	6	104
石油加工、炼焦及核燃料加工业	Processing of Petroleum, Coking, Processing of Nuclear Fuel	11	508
化学原料及化学制品制造业	Manufacture of Raw Chemical Materials and Chemical Products	113	4010
医药制造业	Manufacture of Medicines	58	3877
橡胶制品业	Manufacture of Rubber	15	452
塑料制品业	Manufacture of Plastics	33	1207
非金属矿物制品业	Manufacture of Non-metallic Mineral Products	38	540
黑色金属冶炼及压延加工业	Smelting and Pressing of Ferrous Metals	27	4474
有色金属冶炼及压延加工业	Smelting and Pressing of Non-Ferrous Metals	17	233
金属制品业	Manufacture of Metal Products	79	2155
通用设备制造业	Manufacture of General Purpose Machinery	111	3949
专用设备制造业	Manufacture of Special Purpose Machinery	98	4053
交通运输设备制造业	Manufacture of Transport Equipment	75	5925
电气机械及器材制造业	Manufacture of Electrical Machinery and Equipment	86	3494
通信设备计算机及其他电子设备制造业	Manufacture of Communication Equipment, Computers and Other Electronic Equipment	63	5413
仪器仪表及文化办公用机械制造业	Manufacture of Measuring Instruments and Machinery for Cultural Activity and Office Work	34	1143
工艺品及其他制造业	Manufacture of Artwork and Other Manufacturing	6	47
废弃资源和废旧材料回收加工业	Recycling and Disposal of Waste	1	1
电力、热力的生产和供应业	Production and Supply of Electric Power and Heat Power	7	152
燃气生产和供应业	Production and Supply of Gas	1	14
水的生产和供应业	Production and Supply of Water	5	50

18-35 续表 Continued

项　　目	Item	R&D经费支出总额(亿元) R&D Expenditures (100 million yuan)	R&D项目数(项) R&D Projects (item)
总　　计	**Total**	**210.78**	**10515**
石油和天然气开采业	Extraction of Petroleum and Natural Gas	9.15	327
非金属矿采选业	Mining and Processing of Nonmetal Ores	0.95	95
农副食品加工业	Processing of Food from Agricultural Products	2.76	141
食品制造业	Manufacture of Food	1.89	126
饮料制造业	Manufacture of Beverage	0.98	115
纺织业	Manufacture of Textile	2.13	326
纺织服装、鞋、帽制造业	Manufacture of Textile Wearing Apparel, Footwear and Caps	0.64	97
皮革、毛皮、羽毛(绒)及其制品业	Manufacture of Leather, Fur, Feather and Related Products	0.08	2
家具制造业	Manufacture of Furniture	0.27	138
造纸及纸制品业	Manufacture of Paper and Paper Products	2.45	24
印刷业和记录媒介的复制	Printing, Reproduction of Recording Media	0.33	29
文教体育用品制造业	Manufacture of Articles for Culture, Education and Sport Activity	0.45	12
石油加工、炼焦及核燃料加工业	Processing of Petroleum, Coking, Processing of Nuclear Fuel	4.75	111
化学原料及化学制品制造业	Manufacture of Raw Chemical Materials and Chemical Products	18.63	1117
医药制造业	Manufacture of Medicines	9.86	963
橡胶制品业	Manufacture of Rubber	1.54	265
塑料制品业	Manufacture of Plastics	3.41	174
非金属矿物制品业	Manufacture of Non-metallic Mineral Products	4.28	217
黑色金属冶炼及压延加工业	Smelting and Pressing of Ferrous Metals	50.15	389
有色金属冶炼及压延加工业	Smelting and Pressing of Non-Ferrous Metals	1.31	100
金属制品业	Manufacture of Metal Products	11.89	435
通用设备制造业	Manufacture of General Purpose Machinery	15.43	974
专用设备制造业	Manufacture of Special Purpose Machinery	13.29	1097
交通运输设备制造业	Manufacture of Transport Equipment	15.10	669
电气机械及器材制造业	Manufacture of Electrical Machinery and Equipment	15.52	1150
通信设备计算机及其他电子设备制造业	Manufacture of Communication Equipment, Computers and Other Electronic Equipment	18.95	1040
仪器仪表及文化办公用机械制造业	Manufacture of Measuring Instruments and Machinery for Cultural Activity and Office Work	3.59	309
工艺品及其他制造业	Manufacture of Artwork and Other Manufacturing	0.14	20
废弃资源和废旧材料回收加工业	Recycling and Disposal of Waste	0.04	1
电力、热力的生产和供应业	Production and Supply of Electric Power and Heat Power	0.74	38
燃气生产和供应业	Production and Supply of Gas	0.02	3
水的生产和供应业	Production and Supply of Water	0.05	11

18-36 按行业分规模以上工业企业科技机构和专利情况（2011年）
Research Institutions and Patents of Industrial Enterprises above Designated Size by Sector, 2011

项　目	Item	科　技 机构数(个) S&T Research Institutions (unit)	科技机构 经费支出(亿元) Expenditure in S&T Research Institutions (100 million yuan)
总　计	Total	645	76.50
石油和天然气开采业	Extraction of Petroleum and Natural Gas	5	4.25
非金属矿采选业	Mining and Processing of Nonmetal Ores	2	0.35
农副食品加工业	Processing of Food from Agricultural Products	16	3.15
食品制造业	Manufacture of Food	25	0.33
饮料制造业	Manufacture of Beverage	5	0.72
纺织业	Manufacture of Textile	11	0.70
纺织服装、鞋、帽制造业	Manufacture of Textile Wearing Apparel, Footwear and Caps	8	0.24
皮革、毛皮、羽毛(绒)及其制品业	Manufacture of Leather, Fur, Feather and Related Products	1	
家具制造业	Manufacture of Furniture	3	0.04
造纸及纸制品业	Manufacture of Paper and Paper Products	9	0.40
印刷业和记录媒介的复制	Printing, Reproduction of Recording Media	8	0.30
文教体育用品制造业	Manufacture of Articles for Culture, Education and Sport Activity	8	0.07
石油加工、炼焦及核燃料加工业	Processing of Petroleum, Coking, Processing of Nuclear Fuel	5	0.94
化学原料及化学制品制造业	Manufacture of Raw Chemical Materials and Chemical Products	81	12.39
医药制造业	Manufacture of Medicines	54	4.54
橡胶制品业	Manufacture of Rubber	14	1.78
塑料制品业	Manufacture of Plastics	18	0.77
非金属矿物制品业	Manufacture of Non-metallic Mineral Products	25	0.46
黑色金属冶炼及压延加工业	Smelting and Pressing of Ferrous Metals	25	10.95
有色金属冶炼及压延加工业	Smelting and Pressing of Non-Ferrous Metals	8	0.31
金属制品业	Manufacture of Metal Products	34	2.97
通用设备制造业	Manufacture of General Purpose Machinery	67	5.70
专用设备制造业	Manufacture of Special Purpose Machinery	52	3.36
交通运输设备制造业	Manufacture of Transport Equipment	49	5.00
电气机械及器材制造业	Manufacture of Electrical Machinery and Equipment	51	8.27
通信设备计算机及其他电子设备制造业	Manufacture of Communication Equipment, Computers and Other Electronic Equipment	40	7.00
仪器仪表及文化办公用机械制造业	Manufacture of Measuring Instruments and Machinery for Cultural Activity and Office Work	16	1.44
工艺品及其他制造业	Manufacture of Artwork and Other Manufacturing	3	0.05
电力、热力的生产和供应业	Production and Supply of Electric Power and Heat Power	1	0.03
水的生产和供应业	Production and Supply of Water	1	

18-36 续表 Continued

单位：件 (piece)

项　　目	Item	专利申请数 Patent Applications	#发明专利数 Invention Patents
总　　计	Total	11889	4410
石油和天然气开采业	Extraction of Petroleum and Natural Gas	149	46
非金属矿采选业	Mining and Processing of Nonmetal Ores	26	10
农副食品加工业	Processing of Food from Agricultural Products	96	58
食品制造业	Manufacture of Food	220	159
饮料制造业	Manufacture of Beverage	181	55
纺织业	Manufacture of Textile	264	55
纺织服装、鞋、帽制造业	Manufacture of Textile Wearing Apparel, Footwear and Caps	53	17
皮革、毛皮、羽毛(绒)及其制品业	Manufacture of Leather, Fur, Feather and Related Products	2	
木材加工及木、竹、藤、棕、草制品业		5	2
家具制造业	Manufacture of Furniture	62	8
造纸及纸制品业	Manufacture of Paper and Paper Products	159	34
印刷业和记录媒介的复制	Printing, Reproduction of Recording Media	17	5
文教体育用品制造业	Manufacture of Articles for Culture, Education and Sport Activity	116	55
石油加工、炼焦及核燃料加工业	Processing of Petroleum, Coking, Processing of Nuclear Fuel	49	34
化学原料及化学制品制造业	Manufacture of Raw Chemical Materials and Chemical Products	674	367
医药制造业	Manufacture of Medicines	1454	1086
橡胶制品业	Manufacture of Rubber	189	139
塑料制品业	Manufacture of Plastics	198	55
非金属矿物制品业	Manufacture of Non-metallic Mineral Products	210	80
黑色金属冶炼及压延加工业	Smelting and Pressing of Ferrous Metals	134	70
有色金属冶炼及压延加工业	Smelting and Pressing of Non-Ferrous Metals	108	79
金属制品业	Manufacture of Metal Products	907	172
通用设备制造业	Manufacture of General Purpose Machinery	1254	276
专用设备制造业	Manufacture of Special Purpose Machinery	1173	336
交通运输设备制造业	Manufacture of Transport Equipment	651	144
电气机械及器材制造业	Manufacture of Electrical Machinery and Equipment	1878	509
通信设备计算机及其他电子设备制造业	Manufacture of Communication Equipment, Computers and Other Electronic Equipment	959	389
仪器仪表及文化办公用机械制造业	Manufacture of Measuring Instruments and Machinery for Cultural Activity and Office Work	453	97
工艺品及其他制造业	Manufacture of Artwork and Other Manufacturing	18	2
电力、热力的生产和供应业	Production and Supply of Electric Power and Heat Power	210	68
燃气生产和供应业	Production and Supply of Gas	11	
水的生产和供应业	Production and Supply of Water	9	3

18-37 技术市场基本情况(2011年)
Basic Statistics on Technology Market, 2011

项　目	Item	签订合同数(项) Number of Contracts Signed (item)	合同金额(亿元) Value of Contracts Signed (100 million yuan)	#技术交易额 Transaction Value of Technology
合　计	Total	**11726**	**171.59**	**113.99**
按技术合同类别分	**Grouped by the Type of Technical Contract**			
技术开发合同	Technology Development Contracts	6172	102.61	53.46
技术转让合同	Technology Transfer Contracts	372	8.81	7.96
技术咨询合同	Technology Consultation Contracts	1297	10.09	9.55
技术服务合同	Technology Services Contracts	3885	50.08	43.02
按合同卖方类别分	**Grouped by the Type of Sellers**			
机关法人	Agencies as Legal Persons	1	0.32	0.05
事业法人	Institutions as Legal Persons	4791	27.16	21.91
社团法人	Social Organizations as Legal Persons	360	0.27	0.27
企业法人	Enterprises as Legal Persons	6570	143.62	91.54
自然人	Persons	4	0.22	0.22
其他组织	Other Organizations			
按合同买方类别分	**Grouped by the Type of Buyers**			
机关法人	Agencies as Legal Persons	1359	83.20	37.50
事业法人	Institutions as Legal Persons	1931	7.83	7.08
社团法人	Social Organizations as Legal Persons	40	0.05	0.05
企业法人	Enterprises as Legal Persons	8267	78.62	68.51
自然人	Persons	54	0.27	0.26
其他组织	Other Organizations	75	1.62	0.60
按社会经济目标分	**Grouped by the Social and Economic Activities**			
农业、林业与渔业的发展	Development of Farming, Forestry & Fishery	250	9.75	4.44
促进工业的发展	Promoting the Development of Industry	1805	49.63	31.41
能源的生产和合理利用	Energy Production & Rational Use	514	12.69	5.04
基础设施的发展	Development of Infrastructure Facilities	1444	14.64	11.20
环境治理与保护	Environmental Improvement & Protection	683	5.62	3.90
卫生(不包括污染)	Health (Excluded Pollutions)	448	5.13	3.84
社会发展和社会服务	Social Development & Social Service	2436	30.89	18.12
地球和大气层的探索与利用	Exploration and Utilization of Earth and Atmosphere	15	0.07	0.07
知识的发展	Development of Knowledge	256	3.34	1.40
民用空间	Civilian Space	1028	4.59	4.20
国　防	National Defense	224	6.06	3.86
其　他	Others	2623	29.18	26.51
按技术流向分	**Grouped by the Buyer's Region**			
天　津	Tianjin	6434	107.10	56.52
外省市	Other Provinces and Cities	4933	57.43	51.79
技术出口	Technology Export	359	7.07	5.69

主要统计指标解释

初中学生净入学率

指初级中学（普通初中和职业初中）在校学龄学生总数占初中学龄人口数的比重。

学龄儿童毛入学率

指调查范围内已入小学学习的在校生数与全部小学学龄儿童人口数之比（包括弱智儿童，不包括盲聋哑儿童）的比重。计算公式为：

$$学龄儿童毛入学率=\frac{小学在校生数}{小学学龄人口数}\times 100\%$$

网络教育

指经教育部批准的现代远程教育试点学校设立的网络教育，基于互联网招收普通和成人本科、专科学生实施高等学历教育。

专　利

是专利权的简称，是对发明人的发明创造经审查合格后，由专利局依据专利法授予发明人和设计人对该项发明创造享有的专有权。包括发明、实用新型和外观设计。反映拥有自主知识产权的科技和设计成果情况。

研究与试验发展（R&D）

指在科学技术领域，为增加知识总量以及运用这些知识去创造新的应用进行的系统的创造性的活动，包括基础研究、应用研究、试验发展三类活动。在工业企业开展的科学研究与试验发展（R&D）活动中，较为普遍的和大量的活动属于试验发展活动。

R&D 人员

指参与研究与试验发展项目研究、管理和辅助工作的人员，包括项目（课题）组人员，企业科技行政管理人员和直接为项目（课题）活动提供服务的辅助人员。反映投入从事拥有自主知识产权的研究开发活动的人力规模。

R&D 人员全时当量

指全时人员数加非全时人员按工作量折算为全时人员数的总和。例如：有两个全时人员和三个非全时人员（工作时间分别为 20%、30% 和 70%），则全时当量为 2+0.2+0.3+0.7=3.2 人年。为国际上比较科技人力投入而制定的可比指标。

技术市场

从狭义看，是指在一定时间、地点进行技术转让和技术商品交易的场所。目前统计反映的是企业购买技术开发、技术转让、技术咨询、技术服务项目的合同数和成交额。

Explanatory Notes on Main Statistical Indicators

Percentage of Graduates in Primary Schools Entering Junior Secondary Schools

refers to the proportion of school-age students in junior secondary schools to the total number of junior school-age students.

Percentage of School-age Children Enrolled

refers to the proportion of children enrolled at primary schools to the total number of primary school-age children (including retarded children, but excluding blind, deaf and mute children). The formula is:

$$\text{Percentage of School-age Children Enrolled} = \frac{\text{Total Primary School-age Children at School}}{\text{Total Primary School-age Children}} \times 100\%$$

Network Education

refers to the net education implemented by modern distance education selected institute approved by the Ministry of Education, who recruit the regular and adult undergraduate students and junior college students base on Internet to give high level education.

Patent

is an abbreviation for the patent right and refers to the exclusive right of ownership of the inventors or designers for the creation or inventions, given from the patent offices after due process of assessment and approval in accordance with the Patent Law. Patents are granted for inventions, utility models and designs. This indicator reflects the achievements of S&T and design with independent intellectual property.

Research and Experimental Development (R&D)

refers to systematic and creative endeavor aimed at expanding the overall volume of knowledge and applying the knowledge to invent new uses. It includes basic studies, application research and experimental development. For industrial enterprises, their R&D mainly belongs to experimental development activities.

R&D Personnel

refer to persons engaged in research, management and supporting activities of R&D, including persons in the project teams, persons engaged in the management of S&T activities of enterprises and supporting staff providing direct service to the research projects. This indicator reflects the size of personnel engaged in R&D activities with independent intellectual property.

R&D Personnel as Full-time Equivalent

refers to the sum of the full-time persons and the full-time equivalent of part-time persons converted by workload. For instance, if there are 2 full-time persons and 3 part-time workers (20%, 30% and 70% of working hours respectively on R&D activities), the full-time equivalent are 2+0.2+0.3+0.7=3.2 person-years. This is an internationally comparable indicator of S&T manpower input.

Technology Market

can be regarded narrowly as technical-dealings place where technique transfer is made or technology-related good traded at certain time. As shown in statistical datum presently, turnovers are resulting either from purchase or from transfer of techniques, together with numbers related to the inquiry or services involved in technologies.

卫生和社会服务 Public Health and Social Services 19

19-1 卫生事业基本情况(1996—2011年)
Statistics on Public Health, 1996-2011

年份 Year	卫生事业机构(个) Number of Health Care Institutions (unit)	# 医院、卫生院 Hospitals and Health Care Centers	卫生机构床位数(张) Beds (unit)	# 医院、卫生院 Hospitals and Health Care Centers	卫生技术人员数(人) Medical Technical Personnel (person)	# 执业(助理)医师 Licensed (Assistant) Doctors	# 注册护士 Registered Nurses
1996	4171	476	39612	38284	71014	32975	23156
1997	3571	483	40758	39467	70431	32475	23045
1998	3190	482	40471	39134	68070	31482	22209
1999	2969	487	39779	38579	65901	30273	21977
2000	2983	488	40039	38842	65145	30031	21667
2001	2665	495	41637	40394	63475	29215	21298
2002	2636	486	40090	38837	56705	23888	19257
2003	2671	485	40194	38074	55629	22780	19173
2004	2577	474	40994	38876	60722	25299	19602
2005	2489	461	41556	39491	61284	25088	19624
2006	2384	401	43643	38893	62258	25358	20030
2007	2352	411	44335	39708	63900	26228	21339
2008	2784	428	46124	41212	65115	25865	21967
2009	2617	437	46353	41921	67560	27261	23081
2010	2687	438	48828	44080	70040	28478	24193
2011	4431	461	49423	44661	73321	29833	25815

注：2011年以前卫生机构不含村卫生室。表19-2、19-3同。
Note: Number of health care institutions before 2011 excludes village health room. Same as table 19-2, 19-3.

19-2 卫生事业机构数(2008—2011年)
Number of Health Care Institutions, 2008-2011

单位：个 (unit)

名称	Item	2008	2009	2010	2011
总计	**Total**	**2784**	**2617**	**2687**	**4431**
医院、卫生院	Hospitals and Health Care Centers	428	437	438	461
疗养院	Sanatoriums	3	3	3	3
社区卫生服务中心(站)	Community Health Care Centers	776	764	877	537
门诊部	Outpatient Departments	214	222	258	262
村卫生室	Village Health Rooms	1653	1616	1870	2157
诊所、卫生所、医务室	Clinics	1221	1046	964	863
妇幼保健院	Maternity and Children Care Centers	23	23	23	23
专科疾病防治院	Specialized Prevention Stations	16	16	16	17
疾病预防控制中心	Disease Prevention and Control Centers	24	24	24	24
卫生监督所	Health Supervision Offices	16	17	17	19
医学科学研究机构	Research Institutes of Medical Science	8	8	8	8
高等医学教育机构	High Education Institutions of Medicine	3	3	16	16
其他卫生事业机构	Other Health Care Institutions	52	54	43	41
平均每个医院负担人口(人)	Average Burden Population of Each Hospital (person)	27477	28104	28847	28784

19-3 卫生事业基本情况(2011年)
Statistics on Public Health, 2011

项目	Item	卫生机构(个) Health Care Institutions (unit)	卫生机构床位(张) Number of Institution Beds (unit)	卫生技术人员(人) Medical Technical Personnel (person)	#执业(助理)医师 Licensed (Assistant) Doctors
总计	**Total**	**4431**	**49423**	**73321**	**29833**
按隶属关系分	**Grouped by Administrative Relationship**				
市属	City	3269	45296	66725	26649
县属	County	1162	4127	6596	3184
按经济类型分	**Grouped by Ownership**				
国有经济	State-owned	1299	42865	61436	23274
集体经济	Collective-owned	910	2062	3055	1805
联营经济	Joint Ownership	514		176	143
私营经济	Private	849	3477	6878	3561
其他	Others	859	1019	1776	1050
按设置主办单位分	**Grouped by Management**				
政府办	Run by Government	1263	38576	56738	21490
社会办	Run by Community	2218	8007	10396	5121
其他	Others	950	2840	6187	3222

项目	Item	注册护士 Registered Nurses	药师(士) Pharmacists	技师(士) Technicians	其他人员 Others
总计	**Total**	**25815**	**4699**	**4293**	**8681**
按隶属关系分	**Grouped by Administrative Relationship**				
市属	City	24091	4355	3969	7661
县属	County	1724	344	324	1020
按经济类型分	**Grouped by Ownership**				
国有经济	State-owned	23187	3812	3687	7476
集体经济	Collective-owned	414	218	126	492
联营经济	Joint Ownership	12	12	6	3
私营经济	Private	1747	567	409	594
其他	Others	455	90	65	116
按设置主办单位分	**Grouped by Management**				
政府办	Run by Government	21207	3561	3384	7096
社会办	Run by Community	2997	646	543	1089
其他	Others	1611	492	366	496

19-4 卫生技术人员数（2011年）
Number of Medical Technical Personnel, 2011

单位：人 (person)

项目	Item	总计 Total	#执业(助理)医师 Licensed (Assistant) Doctors	#注册护士 Registered Nurses	#药师(士) Pharmacists	#技师(士) Technicians
总计	**Total**	**73321**	**29833**	**25815**	**4699**	**4293**
医院	Hospitals	53543	19960	21487	3388	2984
#综合医院	Comprehensive Hospitals	32668	12371	13191	1887	1840
中医医院	Hospitals Specialized in Traditional Chinese Medicine	6635	2840	2166	570	292
专科医院	Special Hospitals	12467	4051	5536	704	717
#口腔医院	Stomatology Hospitals	866	427	280	18	16
眼科医院	Eye Hospitals	412	170	157	23	19
耳鼻喉科医院	E. N. T. Hospitals	74	28	32	4	3
肿瘤医院	Tumour Hospitals	1585	485	799	85	58
心血管病医院	Cardiovascular Disease Hospitals	426	109	239	13	30
胸科医院	Chest Hospitals	915	284	451	52	36
血液病医院	Blood Disease Hospitals	644	175	338	32	88
妇产科医院	Gynecology Hospitals	1359	450	649	83	79
儿童医院	Children Hospitals	1193	367	527	87	80
精神病医院	Mental Disease Hospitals	1705	411	737	82	71
传染病医院	Infectious Disease Hospitals	491	164	189	37	35
皮肤病医院	Skin Disease Hospitals	22	13	4	2	2
骨科医院	Orthopedics Hospitals	1137	362	458	75	88
疗养院	Sanatoriums	189	40	92	10	5
社区卫生服务中心	Community Health Care Centers	5177	2093	1499	592	330
卫生院	Health Care Centers	4443	2562	797	302	220
门诊部	Outpatient Departments	2104	1205	448	190	135
诊所、卫生所、医务室	Clinics	1874	1328	353	49	31
急救中心(站)	First-aid Centers	308	245	50	1	
采供血机构	Blood Collection and Supplying Institutions	246	35	91		56
妇幼保健院	Maternity and Children Care Centers	1170	463	465	55	90
专科疾病防治院	Specialized Prevention Centers	530	179	233	48	51
疾病预防控制中心(防疫站)	Disease Prevention and Control Centers (Epidemic Prevention Stations)	1229	691	74	10	271
卫生监督所	Sanitation Supervision Institutions	806				
其他卫生机构	Other Health Care Institutions	1702	1032	226	54	120

19-5 卫生机构床位数（2008—2011年）
Number of Beds in Health Care Institutions, 2008-2011

单位：张 (unit)

名　　称	Item	2008	2009	2010	2011
总　　计	**Total**	**46124**	**46353**	**48828**	**49423**
医　院	Hospitals	38248	38596	40387	40787
疗养院	Sanatoriums	475	401	401	401
社区卫生服务中心	Community Health Care Centers	3168	2895	3124	2851
卫生院	Health Care Centers	2964	3325	3693	3874
门诊部	Outpatient Departments	200	106	153	434
妇幼保健院	Maternity and Children Care Centers	819	702	742	666
专科疾病防治院	Specialized Prevention Centers	250	328	328	410
平均每千人口有医院床位	Hospital Beds per 1000 Population	3.34	3.21	3.20	3.07

19-6 医疗机构诊疗和病床使用情况（2008—2011年）
Diagnosis, Treatment and Used Beds of Medical Institutions, 2008-2011

名　　称	Item	2008	2009	2010	2011
诊疗情况(万人次)	**Diagnosis and Treatment (10 000 person-times)**				
诊疗人次数	Patients Treated	5190	5691	6715	8907
#门、急诊人次数	Out-patients and Emergency	4984	5486	6524	8312
入院人数	In-patients	96	103	109	118
平均每月门诊诊疗人数	Number of Out-patients per Month	433	474	560	742
平均每月入院诊疗人数	Number of In-patients per Month	8	9	9	10
病床使用情况	**Sickbeds Used**				
住院病人治愈率(%)	Recovering Rate of In-patients (%)	49	47	44	42
病床周转次数(次)	Turnover of Beds (time)	21	23	23	25
病床使用率(%)	Utilization Rate (%)	72	76	78	82
病床工作日(日)	Working Days of Beds (day)	261	278	285	298
出院者平均住院日数(日)	Average Hospitalization Period (day)	12	11	12	11

19-7 医院、卫生院运营情况
Operation of Hospitals, Health Care Centers

指　　标	Item	医　院 Hospitals		卫生院 Health Care Centers	
		2010	2011	2010	2011
机构数(个)	Number of Institutions (unit)	277	296	161	165
总诊疗人次数(万人次)	Patients Treated (10 000 person-times)	4447.3	3081.4	512.7	538.1
#门、急诊人次数	Out-patients and Emergency	4428.5	5184.8	488.6	512.2
观察室收容人数(人)	Observation Room (person)	1455889	1144001	34178	24154
健康检查人数(人)	Health Check (person)	1536029	1417639	160605	316712
入院人数(人)	In-patients (person)	959715	1037054	116948	99159
出院人数(人)	Leaving Hospital (person)	958567	1040010	117093	113374
住院病人手术(万人次)	In-patients Surgery Trips (10 000 person-times)	32.7	36.1		
住院病人治愈率(%)	Rate of Fully Recovery of In-patients(%)	39.1	36.2	83.5	84.2
住院病人好转率(%)	Rate of Turning Better of In-patients (%)	56.4	59.7	15.7	15.3

19-8 社区卫生服务中心（站）基本情况
Basic Statistics on Community Health Care Centers

项　　目	Item	单　位	Unit	2010	2011
机构数	Number of Institutions	个	unit	877	537
总诊疗人次数	Patients Treated	万人次	10 000 person-times	1226	1530
#门、急诊人次数	Out-patients and Emergency	万人次	10 000 person-times	1093.4	1176.3
观察室收容人数	Observation Room	人	person	393574	408451
健康检查人数	Health Check	人	person	385503	304083
入院人数	In-patients	人	person	13929	11219
出院人数	Leaving Hospital	人	person	13875	11859
住院病人治愈率	Rate of Fully Recovery of In-patients	%	%	54.3	38.7
住院病人好转率	Rate of Turning Better of In-patients	%	%	43.8	59.6

19-9 村卫生室基本情况（2008—2011年）
Basic Statistics on Village Health Room, 2008-2011

项　　目	Item	2008	2009	2010	2011
机构总数(个)	Number of Institutions (unit)	1653	1616	1870	2157
执业（助理）医师(人)	Licensed (Assistant) Doctors (person)	332	171	414	474
乡村医生和卫生员(人)	Rural Doctors & Hygienists (person)	3921	3949	4287	4759
乡村医生	Rural Doctors	3820	3882	4238	4673
卫生员	Hygienists	101	67	49	86
诊疗人次数(万人次)	Number of Patients Treated (10 000 person-times)	815.2	78.8	79.3	877.4

19-10 妇女儿童卫生保健状况（2008—2011年）
Basic Statistics on Maternity and Children Care, 2008-2011

指　标	Item	2008	2009	2010	2011
妇幼保健经费(万元)	Expenses for Maternity and Children Care (10 000 yuan)	28897	23220	22559	28970
计划生育事业费(万元)	Operating Expenses for Children Planning (10 000 yuan)	25026	32840	38506	57195
0-4岁户籍人口(万人)	Registered Population Aged 0-4 (10 000 persons)	37.5	39.0	40.5	42.5
#女　性	Female	17.6	18.4	19.1	20.1
0-17岁户籍人口	Registered Population Aged 0-17	140.8	140.6	139.7	140.3
#女　性	Female	66.7	66.5	66.1	66.4
育龄妇女户籍人口(15-49岁)	Women of Child-bearing Age of Registered Population (Age 15-49)	260.3	260.1	258.2	258.4
婴儿死亡率(‰)	Death Rate of Infants (‰)	5.2	5.1	5.6	5.1
5岁以下儿童死亡率(‰)	Death Rate of Children at Age 5 and below (‰)	6.0	6.2	6.8	6.2
孕产妇死亡率(1/10万)	Death Rate of Pregnant and Lying-in Women (1/100 000)	7.3	9.6	9.6	6.8
卡介苗接种率(%)	BCG Vaccination Rate (%)	99.9	100.0	99.9	99.9
脊灰疫苗接种率(%)	Poliovirus Vaccination Rate (%)	99.7	99.1	99.7	99.7
白百破三联制剂接种率(%)	Pertussis, Diphtheria & Tetanus Vaccination Rate (%)	99.4	100.0	99.7	99.7
麻疹疫苗接种率(%)	Measles Virus Vaccination Rate (%)	98.9	100.0	99.7	99.7
乙肝疫苗接种率(%)	Hepatitis B Vaccination Rate (%)	99.8	99.9	99.8	99.8
5岁以下儿童中、重度营养不良患病率(%)	Incidence Disease Rate from Medium and Serious Malnutrition of Children at Age 5 and below (%)	0.10	0.22	0.18	0.21
7岁以下儿童保健管理率(%)	Management Rate of Children Health Care System at Age 7 and below (%)	91.1	91.1	98.2	93.0

19-11 全市居民前十位疾病死亡专率及死因构成
Death Rate of Top 10 Diseases and Proportion

序位及死因	Position and Cause of Death	死亡专率(1/100 000) Mortality (1/100 000)		占全部死亡人数的% Proportion (%)	
		2010	2011	2010	2011
1. 心脏病	Heart Disease	208.54	201.23	30.00	30.50
2. 脑血管病	Cerebrovascular Disease	168.98	152.22	24.31	23.07
3. 恶性肿瘤	Malignant Tumour	158.98	151.65	22.87	22.98
4. 呼吸系统疾病	Respiratory Disease	60.99	62.02	8.77	9.40
5. 损伤和中毒外部原因	Trauma and Toxicosis	32.29	30.44	4.64	4.61
6. 内分泌、营养和代谢的其他疾病	Internal System, Nutrition, Metabolism and Immunity Disease	19.60	18.23	2.82	2.76
7. 消化系统疾病	Digestive Disease	12.03	11.94	1.73	1.81
8. 神经系统疾病	Neuropathy	7.34	6.98	1.06	1.06
9. 泌尿生殖系统病	Urinary Disease	5.87	6.04	0.84	0.91
10.先天畸形、变性和染色体异常	Congenital Malformation, Denaturalization and Chromosome Abnormality	2.90	2.46	0.42	0.37

19-12 卫生总费用及构成（1996—2011年）
Total Expenditure on Health and Composition, 1996-2011

年份 Year	卫生总费用 (亿元) Total Expenditure on Health (100 million yuan)	人均卫生费用 (元) Per Capita Expenditure on Health (yuan)	卫生总费用占地区生产总值比重(%) Total Expenditure on Health as Percentage of GDP (%)	卫生总费用筹资构成(%) Composition by Source (%)		
				政府卫生支出 Government Health Appropriation	社会卫生支出 Social Health Expenditure	居民个人现金卫生支出 Individual Cash Expenditure on Health
1996	39.71	418.85	3.5	18.5	54.1	27.4
1997	46.40	487.04	3.7	20.4	51.2	28.4
1998	46.65	487.61	3.4	18.9	45.4	35.7
1999	53.27	555.21	3.5	17.2	42.8	40.0
2000	66.75	666.74	3.9	15.1	41.5	43.4
2001	71.21	709.25	3.7	16.6	38.0	45.4
2002	96.97	962.83	4.5	17.0	36.0	47.0
2003	117.60	1162.84	4.6	19.1	39.3	41.5
2004	129.94	1269.38	4.2	18.8	37.1	44.1
2005	152.24	1459.63	4.1	16.9	36.7	46.3
2006	171.73	1597.45	3.9	19.1	36.2	44.8
2007	225.88	2025.80	4.5	19.7	37.4	43.0
2008	264.13	2246.02	4.2	20.3	37.3	42.4
2009	315.45	2568.46	4.2	20.6	41.0	38.3
2010	355.65	2737.28	3.9	23.3	41.0	35.7
2011	411.10	3034.87	3.7	25.4	37.8	36.8

19-13 主要年份卫生总费用机构流向构成
Composition of Total Expenditure on Health by Flow

单位：% (%)

指标	Indicators	2000	2005	2010	2011
费用总额	**Total Expenditure**	**100**	**100**	**100**	**100**
医院	Hospitals	67.7	64.3	70.8	71.9
城市医院	City Hospitals	54.2	52.5	56.9	57.2
县医院	County Hospitals	4.3	4.2	5.2	5.3
社区卫生服务中心	Community Health Care Centers		5.1	6.5	6.7
卫生院	Health Care Centers	4.1	2.3	1.9	2.4
其他医院	Other Hospitals	5.1	0.2	0.3	0.3
门诊机构	Ambulatory Health Facilities	6.2	4.8	5.0	4.9
药品零售机构	Retail Sales of Medical Goods	17.0	20.8	10.7	8.6
公共卫生机构	Public Health Facilities	4.9	4.7	6.5	6.6
卫生行政管理	Health Administration	0.2	0.2	1.1	1.2
其他卫生	Others	4.0	5.2	6.0	6.8

19-14 各区县卫生情况(2011年)
Basic Statistics on Public Health Care Institution by District and County, 2011

区　县 Region	卫生机构数(个) Health Care Institutions (unit)	# 医院、卫生院 Hospitals and Health Care Centers	# 社区卫生服务中心 Community Health Care Centers	卫生机构床位数(张) Beds (unit)	# 医院、卫生院 Hospitals and Health Care Centers
和平区 Heping District	123	22	5	5790	5600
河东区 Hedong District	207	39	12	3232	2084
河西区 Hexi District	236	37	9	7652	7300
南开区 Nankai District	198	33	13	5637	4901
河北区 Hebei District	198	31	10	3708	3420
红桥区 Hongqiao District	115	16	10	2828	2323
东丽区 Dongli District	133	6	7	1200	1095
西青区 Xiqing District	197	25		1619	1619
津南区 Jinnan District	251	24		1594	1589
北辰区 Beichen District	173	6	13	1318	1114
武清区 Wuqing District	535	41		2747	2608
宝坻区 Baodi District	335	41		1772	1642
滨海新区 Binhai New Area	568	59	16	6199	5506
宁河县 Ninghe County	177	22		1091	1091
静海县 Jinghai County	405	28		1390	1169
蓟　县 Jixian County	580	31		1646	1600

注：滨海新区数据不含东丽区无瑕街、津南区葛沽镇数据。
Note: Data of Binhai New Area exclude figures of Wuxia Street, Dongli District and Gegu Town, Jinnan District.

19-15 社会福利企、事业单位情况
Statistics on Social Welfare Institutions and Enterprises

部门	Department	机构(个) Institutions or Enterprises (unit)		职工人数(人) Staff and Workers (person)	
		2010	2011	2010	2011
收养性事业单位	Adoptive Social Welfare Institutions	293	316	5755	5977
#优抚事业单位	Preferential Treatment Institutions	9	9	384	457
福利企业单位	Social Welfare Enterprises	336	318	22894	23273
烈士纪念建筑物管理单位	Martyr Memorial Building Management Units	11	10	158	155
救助管理单位	Collecting and Repatriation Units	11	11	214	211
殡仪服务单位	Funeral and Interment Units	29	28	1011	845
福利彩票发行单位	Welfare Lottery Issuing Units	22	25	107	113
城镇社区服务中心	Urban Community Service Institutions	215	149	2438	3041

19-16 收养性社会福利事业单位基本情况(2011年)
Basic Statistics on Social Adoptive Welfare Institutions, 2011

指标	Item	单位数(个) Institutions (unit)	职工人数(人) Staff and Workers (person)	床位数(张) Number of Beds (unit)	年末在院收养人员(人) Adopted Personnel at Year-end (person)	#女性 Female
总计	**Total**	**307**	**5600**	**32156**	**20421**	**9871**
社会福利机构	Social Welfare Homes	4	304	1618	1340	489
儿童福利机构	Welfare Homes for Children	2	125	828	741	270
社会福利医院	Social Welfare Hospitals	2	378	750	630	206
城镇老年福利机构	Urban Senile Welfare Homes	193	4246	25343	15700	8585
农村老年福利机构	Rural Senile Welfare Homes	106	547	3617	2010	321

19-17 社会救济情况（2008—2011年）
Basic Statistics on Social Relief, 2008-2011

指　标 Item	2008	2009	2010	2011
社会救济总人数(人)				
Total Persons Receiving Relief Funds (person)	**221927**	**282986**	**310003**	**290448**
城乡居民最低生活保障人数				
Rural and Urban Residents Receiving Lowest Cost-of-living	208562	252132	284048	277154
城镇居民最低生活保障人数				
Urban Residents Receiving Lowest Cost-of-living	156305	179441	197908	179533
# 老年人				
Senile	15877	20546	22101	19411
登记失业人员				
Registered Unemployed	39620	46923	54358	50387
未登记失业人员				
Unregistered Unemployed	28369	34923	39068	36692
在校生				
Students Enrollment	31714	35038	38539	31608
农村居民最低生活保障人数				
Rural Residents Receiving Lowest Cost-of-living	52257	72691	86140	97621
农村五保供养人数				
Number of Persons Receiving Livelihood Guaranteed in Five Aspects in Rural Areas	12941	30494	13605	13294
其他救济				
Others	424	360	12350	
临时救济人次数(人次)				
Total Persons Receiving Temporary Almsgiving (person-time)	**24022**	**30494**	**33513**	**70270**
城市临时救济人次数				
Urban Persons Receiving Temporary Almsgiving	15941	25378	29828	59004
农村临时救济人次数				
Rural Persons Receiving Temporary Almsgiving	8081	5116	3685	11266
社会救济费(万元)				
Relief Funds (10 000 yuan)	**74395**	**94352**	**112685**	**101373**
# 农村低保费				
Rural Relief Funds	6314	10992	13587	20453
城镇低保费				
Urban Relief Funds	57763	73975	93061	73929
五保供养支出				
Expenses of Livelihood Guaranteed in Five Aspects	4290	5564	6037	6992
自然灾害救济费(万元)				
Relief for Natural Disasters (10 000 yuan)	**740**	**706**	**605**	

19-18 优抚事业单位情况（2008—2011年）
Situation of Preferential Treatment Institutions, 2008-2011

指　标	Item	2008	2009	2010	2011
优抚对象(人)	**Entitled Groups (person)**	**31171**	**31901**	**30241**	**43113**
#烈　属	Members of Martyr's Family	676	666	605	496
因公牺牲病故军人家属	Families of Soldiers Sacrificed or Died of Illness in Work	445	430	448	123
革命伤残人员	Revolutionary Disabled	7088	7163	7221	7323
在乡复员军人	Demobilized Soldiers in Hometown	5797	4778	4483	4090
在乡退伍军人	Veterans in Hometown	5957	7702	8719	9350
参战参试退役人员	Ex-servicemen Attended in War or Nuclear Test	6288	6842	7347	7645
优抚安置费(万元)	**Settlement Allowance (10 000 yuan)**	**61260**	**72706**	**97052**	**95955**
抚恤事业费	Comport Operating Expenses	27549	34082	38994	42015
安置事业费	Settlement Operating Expenses	33711	38624	58058	53940

注：2011年优抚对象增加病故军人家属和60岁以上农村籍退伍军人。
Note: Entitled groups in 2011 include families of soldiers died of illness and veterans over 60 years old registered as rural residents.

19-19 各区县社会服务情况（2011年）
Basic Statistics on Social Services by District and County, 2011

区　县	Region	社区服务中心机构(个) Community Service Institutions (unit)	城镇社区服务设施数(个) Number of Urban Community Service Facilities (unit)	便民利民服务网点(个) Service Points for Citizens (unit)	养老院床位数(张) Number of Beds in Old People's Home (unit)	城乡居民最低生活保障人数(人) Persons Receiving Lowest Cost-of-living (person)
全市总计	**Total**	**149**	**746**	**13021**	**28960**	**277154**
和平区	Heping District	7	41	742	1041	6017
河东区	Hedong District	12	92	1325	4229	37803
河西区	Hexi District	14		813	2937	14064
南开区	Nankai District	2	158		3427	21756
河北区	Hebei District	11	5	3015	3511	30259
红桥区	Hongqiao District	10	110	933	1326	25151
东丽区	Dongli District	1	41	300	2249	9275
西青区	Xiqing District	12	12	107	1075	6230
津南区	Jinnan District	14	2	82	1736	9053
北辰区	Beichen District	6	113	99	2229	15433
武清区	Wuqing District	2		4102	1081	11062
宝坻区	Baodi District	3	19	54	495	17495
滨海新区	Binhai New Area	8	113	1179	1768	24586
宁河县	Ninghe County	46	5	39	220	14246
静海县	Jinghai County				467	13973
蓟　县	Jixian County	1	35	231	1169	20751

19-20 老年事业基本情况（2008—2011年）
Basic Statistics on Senile Citizen Undertakings, 2008-2011

指　　标	Item	2008	2009	2010	2011
老年法律援助中心(个)	Senile Legal Aid Center (unit)	180	111	109	123
涉老案件数(件)	Senile Case (case)	5819	6658	5762	5823
维权协调组织数(个)	Safeguard and Mediation Organization (unit)	1878	1894	2200	2292
老年活动站、中心、室(个)	Senile Activity Station, Center, Room (unit)	2385	2578	2753	2865
老年人参与活动人数(万人)	Senile Activity Participant (10 000 persons)	45.4	48.2	57.5	58.5
老年医院(个)	Hospital for Senior (unit)	31	31	33	33
老年医院病床数(张)	Senile Sick Beds in Hospital (bed)	1666	1666	1766	1766
老年人协会个数(个)	Senile Union (unit)	3980	3975	3992	3887
老年基金会个数(个)	Senile Fund (unit)	3	3	2	2
老年事业投入经费(万元)	Expenditures for Senile Undertakings (10 000 yuan)	1033	1024	912	929
老年学校个数(个)	Senile School (unit)	387	400	425	461
老年学校在校人数(万人)	Students Enrollment in Senile School (10 000 persons)	16.31	17.98	19.34	21.20
享受高龄补贴的老年人数(人)	Citizen with Senile Subsidy (person)	16264	17567	23706	23453

资料来源：天津市民政局。
Source: Tianjin Municipal Civil Affairs Bureau.

19-21 医疗救助情况（2008—2011年）
Situation of Medical Aid, 2008-2011

指　　标	Item	2008	2009	2010	2011
医疗救助总人数(人)	**Total Number of Persons Received Medical Aid (person)**	**101683**	**98853**	**110466**	**86909**
城市(镇)医疗救助	Urban Medical Aid	38239	41957	79038	
医疗救助人数	Persons Received Medical Aid	32523	40709	120105	
资助参保医疗人数	Persons Participating in Medical Insurance with Aid	5716	1248	66933	
农村医疗救助	Rural Medical Aid	63444	56896	31428	
医疗救助人数	Persons Received Medical Aid	21315	14901	12466	
资助参保医疗人数	Persons Participating in Medical Insurance with Aid	42129	41995	18962	
医疗救助支出(万元)	**Expenditure of Medical Aid (10 000 yuan)**	**4078.4**	**6478.9**	**6208.3**	**8832.5**
城　镇	Urban	3112.8	4736.4	4447.8	4211.4
农　村	Rural	965.6	1742.5	1760.5	4621.1

注：因医疗救助总人数统计渠道发生变化，2011年数据为医疗救助人次数。
Note: Because the statistics channel of total number of persons received medicals aid changed, the data of 2011 are number of person-times of medical aid.

主要统计指标解释

社区卫生服务中心

指为本社区居民提供预防、医疗、保健、康复、健康教育、计划生育技术服务等的基层卫生机构。

卫生技术人员

指卫生事业机构支付工资的全部固定职工和合同制职工中现任职务为卫生技术工作的人员。包括中医师、西医师、中西医结合高级医师、护师、中药师、西药师、检验师、其他技师、中医士、西医士、护士、助产士、中药剂士、西药剂士、检验士、其他技士、其他中医、护理员、中药剂员、西药剂员、检验员和其他初级卫生技术人员。不包括从事管理工作的卫生技术人员。

执业（助理）医师

指具有《医师执业证》及其"级别"为"执业（助理）医师"且实际从事医疗、预防保健工作的人员，不包括实际从事管理工作的执业（助理）医师。执业（助理）医师类别分为临床、中医、口腔和公共卫生。

卫生总费用

是反映一个国家或地区在一定时期内（通常为1年）用于医疗卫生保健服务所消耗的资金总量。用筹资来源法测算，分为政府卫生支出、社会卫生支出、个人现金卫生支出三部分。

政府卫生支出

指各级政府用于医疗卫生服务、医疗保障补助、卫生和医疗保险行政管理事务、人口与计划生育事务支出等各项事业的经费。

社会卫生支出

指政府支出外的社会各界对卫生事业的资金投入。包括社会医疗保障支出、商业健康保险费、社会办医支出、社会捐赠援助、行政事业性收费收入等。

个人现金卫生支出

指城乡居民在接受各类医疗卫生服务时的现金支付，包括享受多种医疗保险制度的居民就医时自付的费用。

卫生总费用占地区生产总值比重

指某年卫生总费用与同期地区生产总值（GDP）之比。是用来反映一定时期政府对卫生事业的资金投入力度，以及政府和全社会对居民健康的重视程度。

计划生育事业费

包括九个部分，即计划生育手术减免经费、避孕药具经费、基层计划生育专职干部经费、独生子女保健费、宣传经费、服务站经费、流动人口计划生育管理费、干部培训费、其他计划生育事业费。

婴儿死亡率

指一年内未满周岁死亡的婴儿数与当年活产数之比。计算公式为：

$$婴儿死亡率=\frac{一年内未满周岁的婴儿死亡数}{当年活产数}\times 1000‰$$

孕产妇死亡率

指年内孕产妇死亡人数与活产数之比。孕产妇死亡一般指从妊娠开始至产后42天内死亡者，包括外科原因、计划生育手术、宫外孕、葡萄胎死亡者，但不包括意外原因死亡者。

卡介苗、脊灰疫苗、百白破三联制剂、麻疹、乙肝疫苗接种率

指按照儿童免疫程度进行合格接种的人数占全部应接种人数的百分比。应接种人数包括禁忌症人数和外地寄居3个月及以上的适龄人数，不包括外出3个月及以上的适龄人数。计算公式为：

$$单项疫苗接种率=\frac{合格接种该疫苗人数}{应接种人数}\times 100\%$$

分子：按"合格接种判断"标准，判定当年实际完成合格接种的儿童数。

分母：按免疫程序规定当年应在12月龄内完成该项疫苗接种的儿童数。

城镇居民最低生活保障人数

指在报告期末家庭平均收入在当地规定的最低生活保障线以下的城镇居民数。包括"三无"对象，失

主要统计指标解释

业人员和在职、下岗、退休人员等。

农村居民最低生活保障人数

指报告期末在建立农村最低生活保障制度的地区，得到当地政府或集体给予最低生活保障的农业人口家庭人数。

城镇社区服务设施数

指报告期末城镇（街道办事处、居委会）设立的以非营利为目的，为本社区居民服务，特别是为老年人、残疾人、儿童服务的社区服务中心、活动站、服务站、养老院、老年公寓（托老所），残疾人工疗站、残疾儿童日托所、家务服务站、婚姻介绍所等福利性设施以及职工社会保险管理服务的机构数。几种不同类型的社区服务单位，共用一个场所的，只能统计为一个社区服务设施。成为社区服务设施的条件：（1）是独立核算单位；（2）有固定的从业人员；（3）有一定的服务项目；（4）有一定的服务场所。

Explanatory Notes on Main Statistical Indicators

Community Health Care Centers (Stations)

refer to the primary units that provide the health care for community residents, such as disease prevention and control, medical treatment, health care, rehabilitation, health education, family planning technical services.

Medical Technical Personnel

refer to all medical staff and workers employed by medical institutions, including doctors of Chinese and Western medicine, senior doctors who integrate traditional Chinese therapeutics with Western therapeutics in practice, senior nurses, pharmacists of Chinese and Western medicine, laboratory specialists, other specialists, paramedics of Chinese and Western medicine, nurses, midwives, druggists in Chinese and Western medicine, laboratory technicians, other technicians, other practitioners of Chinese medicine, nursing attendants, pharmacological workers of Chinese and Western medicine, laboratory workers, and other primary medical personnel, excluding management personnel.

Licensed (Assistant) Doctors

refer to the medical workers who have obtained the licenses of qualified doctors (assistant doctors) and are employed in medical treatment, disease prevention or healthcare institutions, excluding the licensed doctors (assistant doctors) engaged in management job. The classification of licensed doctors (assistant doctors) is clinician, Chinese medicine, dentist and public health.

Total Expenditure on Health

reflects the total expenditure on medical and health care services of a country at certain period (usually in a year), estimated using funding source method. It includes government expenditure, social expenditure and individual cash expenditure.

Government Health Appropriation

refers to the expenditure of the governments at all levels on medical and health care services, health administration and health insurance management and undertakings of family planning.

Social Health Expenditure

refers to all inputs of society except the government in public health including the expenditures on social medical security, and commercial health insurance, private expenditure on operation of medical and health care, social donation and contribution, operating income of administration, etc.

Individual Cash Expenditure on Health

refers to expenditure in cash on various health services by rural and urban residents, including self payments of residents within the system of multi-medical insurance.

Total Expenditure on Health as Percentage of GDP

refers to the ratio of total expenditure on public health in a year to GDP, which indicates the capital inputs of the government in the public health in certain period of time, and the attention of the government and society paid on the health of residents.

Operating Expenses for Children Planning

include nine components: namely, expenses for relief or free family planning operation, expenses for birth control medicine & tools, expenses for family planning employee, health care expenses for only son and daughter, expenses for publicity, expenses for service station, expenses for family planning management of fluid population, expenses for personnel training, other operation expenses for family planning.

Death Rate of Infants

refers to the ratio of the number of dead infant below 1 year to the number of living in one year. The following formula is used:

$$\text{The Death Rate of Infant} = \frac{\text{Number of Dead Infant below 1 Year}}{\text{Number of Living}} \times 1000‰$$

Death Rate of Pregnant and Lying-in Women

refers to the ratio of the number of dead pregnant women to the living number. The death of pregnant woman usually refers from gestation to die after give birth to child in 42 days, including surgery reason, family planning operation, pregnancy outside the womb, grape embryo dead women, excluding die due to accident trouble.

Explanatory Notes on Main Statistical Indicators

Bcg Vaccine, Poliovirus, Pertussis, Diphtheria &Tetanus, Measles and Hepatitis B Vaccine Inoculation Rate

refers to the ratio of the number of children inoculating vaccine to the children on the age to inoculate vaccine. The children on the age to inoculate vaccine include the children avoiding inoculating vaccine and living in some other places for 3 and more than 3 months, but exclude the children on age going out for 3 months. The following formula is used:

$$\text{Vaccine Inoculation Rate} = \frac{\text{the Number of Children Inoculating Vaccine}}{\text{the Children on the Age to Inoculate Vaccine}} \times 100\%$$

The molecule: the actual number of children inoculating vaccine according to the standard of vaccine inoculation.

The denominator: the number of children according to the process of immunity should inoculate the vaccine in 12 months.

Urban Residents Receiving Lowest Cost-of-living

refers to the number of those whose average family income is below a minimum local standard by the end of the reporting period, including both the employed and unemployed, laid off and retired, and those jobless people without stable residence or valid IDs.

Rural Residents Receiving Lowest Cost-of-living

refers to the number of those receiving the minimum living allowances from the local government or community in the rural areas where this allowances system is in place as of the end of the reporting period.

Number of Urban Community Service Facilities

refers to the number non-profit welfare facilities set up by urban communities (community offices and residents' committees) to serve the community residents, including, among others, community-based centers that serve senior citizens, the handicapped or children, recreational centers, service centers, nursing homes, apartments for the elderly (nursery for the aged), work and treatment stations for the handicapped, day-care centers for handicapped children, domestic help agencies and dating services, as well as social insurance management agencies for the employees. Different types of community service providers that share the same premise are regarded as one community service facility. The requirements for a social service facility of communities include: (1) independent accounting; (2) fixed employees; (3) provision of services; (4) provision of service premises.

文化和体育 Culture and Sports 20

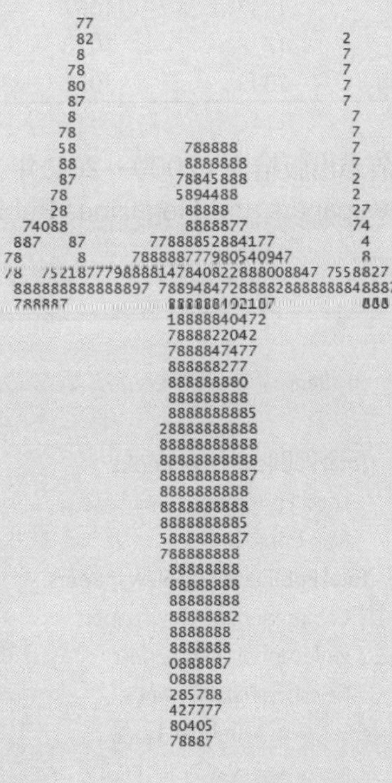

20-1 文化事业机构和人员情况（2004—2011年）
Basic Statistics on Cultural Institutions and Personnel, 2004-2011

单位：个、人 (unit, person)

年 份 Year	艺术事业 Art	电影事业 Movie	公 共 图书馆 Public Library	档案机构 Archives Institution	群众文化活动事业 Mass Culture	文 物 保护单位 Agency of Historic Relics Preservation	博物馆 Museums
机构数 Institutions							
2004	70	239	32	481	19	8	17
2005	61	190	32	410	19	8	18
2006	61	190	32	329	19	8	19
2007	61	187	32	341	19	8	18
2008	46	181	32	386	19	8	18
2009	43	172	31	399	19	8	18
2010	44	243	31	385	19	8	18
2011	73	286	31	333	19	8	19
人员数 Personnel							
2004	2937	1959	1082	1144	706	117	658
2005	2663	1118	1057	913	710	133	679
2006	2686	842	1086	784	707	132	724
2007	2509	767	1074	553	679	130	728
2008	2276	767	1098	1154	681	137	711
2009	2287	1257	1087	1175	682	123	699
2010	2262	1738	1077	1180	656	119	719
2011	3547	2095	1051	911	643	108	698

20-2 图书报纸杂志出版情况（2009—2011年）
Books, Newspapers and Magazines Publication, 2009-2011

项 目	Item	种 类(种) Number of Publications (kind)			总印数(万册) Total Copies (10 000 volumes)		
		2009	2010	2011	2009	2010	2011
图书出版总计	**Total Publication of Books**	**4310**	**4747**	**4461**	**4253**	**3774**	**3942**
本 版	Local Publications	4125	4550	4236	3239	2810	2855
租 型	Rent Copies	185	197	225	1014	964	1087
报纸出版总计	**Total Publication of Newspapers**	**43**	**43**	**43**	**95821**	**94210**	**92516**
综合报	Comprehensive Newspapers	27	27	27	85637	85731	80852
专业报	Professional Newspapers	16	16	16	10184	8479	11664
省、直辖市级报纸合计	Newspapers at Provincial or Municipal Level	27	27	27	95671	94065	92359
区(市)级报纸合计	Newspapers at District (City) Level	16	16	16	150	145	157
杂志出版总计	**Total Publication of Magazines**	**247**	**243**	**243**	**3342**	**3713**	**3768**
综 合	Comprehensive	3	2	3	4	13	12
哲学、社会科学	Philosophy and Social Sciences	44	43	45	818	896	955
自然科学、技术	Natural Sciences and Technology	143	140	140	856	798	816
文化、教育	Culture and Education	37	38	38	730	1112	1259
文学、艺术	Literature and Art	14	14	17	696	631	726
少年儿童读物	Juvenile and Children's Book	6	6		238	263	
画 刊	Pictorial						

20-3 图书出版分类情况（2009—2011年）
Publication of Books by Category, 2009-2011

类别 Item	种类(种) Number of Publication (kind)			总印数(万册) Total Copies (10 000 volumes)		
	2009	2010	2011	2009	2010	2011
总计 Total	**4310**	**4747**	**4461**	**4253**	**3774**	**3942**
马列主义、毛泽东思想 Marxism-Leninism, Mao Zedong Thought	5	5	3	3	2	3
哲学 Philosophy	145	137	114	69	70	64
社会科学总论 General Social Sciences	97	80	47	54	34	17
政治、法律 Politics and Law	121	109	88	40	39	34
军事 Military Affairs	7	4	4	4	2	2
经济 Economics	330	314	307	116	109	138
文化、科学、教育、体育 Culture, Science, Education and Sports	1154	1024	1105	2644	1251	2086
语言、文字 Languages	300	328	243	123	123	106
文学 Literature	631	578	659	462	529	730
艺术 Art	494	658	693	334	533	394
历史、地理 History and Geography	163	301	167	69	644	83
自然科学总论 General Natural Sciences	11	7	4	3	2	3
数理科学、化学 Mathematics and Chemistry	66	76	82	27	29	29
天文学、地球科学 Astronomy and Geology	13	14	17	5	10	5
生物科学 Biology	9	21	19	3	8	5
医药、卫生 Medicine and Health Care	297	471	476	63	92	73
农业科学 Agricultural Science	33	108	40	11	33	13
工业技术 Industrial Technology	370	432	341	182	164	138
交通运输 Transportation	6	14	13	1	3	3
航空、航天 Aviation and Spaceflight			2			1
环境科学 Environmental Science	6	21	11	1	13	2
综合性图书 Comprehensive Books	42	31	24	12	42	7
其他 Others	10	14	2	27	42	6

20-4 录像和录音制品出版情况（2009—2011年）
Publication of Video Products, 2009-2011

项目	Item	种数(种) Number of Category (kind)			数量(万盒、万张) Volume (10 000 cassettes, pieces)		
		2009	2010	2011	2009	2010	2011
数码激光视盘	VCD	23	12	1	11	4	2
高密度激光视盘	DVD	163	137	32	30	27	7
录音带	Audio-tapes	19	6	11	117	5	4
激光唱盘	CD	120	70	49	59	18	29

20-5 广播和电视节目制作情况（2011年）
Production of Broadcasting and Television, 2011

单位：小时 (hour)

项　目 Item	全年制作节目时间 Annual Production of Programs	新　闻 资讯类 News	专题服务类 Special Topic Service	综艺益智类 Variety Show and Wise Improvement	广播/影视剧类 Broadcasting, Film and Teleplay	广告类 Advertisement	其他类 Others
广播电台 Broadcasting Stations	**75572**	**12819**	**15060**	**26332**	**193**	**17764**	**3404**
电视台 Television Stations	**22026**	**4410**	**10069**	**5459**	**209**	**1562**	**317**
#天津电视台 Tianjin	11367	2037	7877	1281	141	31	
武清区 Wuqing District	823	164	315	228		96	20
宝坻区 Baodi District	513	95	190	38		190	
滨海新区 Binhai New Area	3275	918	296	1125		882	54
塘　沽 Tanggu	1990	748	176	352		714	
汉　沽 Han'gu	378	73	17	288			
大　港 Dagang	907	97	103	485		168	54
宁河县 Ninghe County	648	355	214			79	
静海县 Jinghai County	1577	135	84	1334		24	
蓟　县 Jixian County	2120	365	760	600		152	243

20-6 广播和电视节目播出情况（2011年）
Programs of Broadcasting and Television, 2011

单位：小时 (hour)

项　目 Item	全年播出节目时间 Annual Broadcasting of Programs	新　闻 资讯类 News	专题服务类 Special Topic Service	综艺益智类 Variety Show and Wise Improvement	广播/影视剧类 Broadcasting, Film and Teleplay	广告类 Advertisement	其他类 Others
广播电台 Broadcasting Stations	**138052**	**21053**	**25864**	**47812**	**1984**	**21861**	**19478**
电视台 Television Stations	**182509**	**20732**	**50114**	**10690**	**71372**	**19963**	**9638**
#天津电视台 Tianjin	91498	7099	40241	3153	25523	15482	
武清区 Wuqing District	6902	289	1460	1020	2799	903	431
宝坻区 Baodi District	3830	274	415	270	2300	190	381
滨海新区 Binhai New Area	38220	3032	5024	2038	19527	2650	5949
塘　沽 Tanggu	25991	2389	4880	1265	12784	1832	2841
汉　沽 Han'gu	7300	405	18	288	3277	360	2952
大　港 Dagang	4929	238	126	485	3466	458	156
宁河县 Ninghe County	1316	418	214		605		79
静海县 Jinghai County	6174	623	90	1583	3829	49	
蓟　县 Jixian County	5405	365	760	600	3285	152	243

20-7 广播电台和电视台情况（2008—2011年）
Statistics on Broadcasting and Television Stations, 2008-2011

单位：套、时：分、% (set, hour : minute, %)

项　目	Item	2008	2009	2010	2011
广播电台	**Broadcasting Stations**				
节目套数	Number of Programs	22	21	22	22
平均每日播音时间	Broadcasting Hours per Day	385:35	349:06	365:16	378:13
广播覆盖率	Listener Rating	100	100	100	100
电视台	**Television Stations**				
节目套数	Number of Programs	34	31	33	36
平均每周播出时间	Program Hours per Week	3062:50	2875:19	2918:00	3509:47
电视覆盖率	Viewer Rating	99.83	100	100	100

注：从2008年起，广播电台各项数据为全市口径，电视台节目包含付费频道。
Note: Since 2008, the data of broadcasting stations are statistics of the whole city, and programs of television stations include paid channels.

20-8 有线电视基本情况（2008—2011年）
Basic Statistics on Cable Television, 2008-2011

指　标　Item	2008	2009	2010	2011
有线电视总用户数(万户) Subscribers (10 000 households)	222	246	262	291
有线电视入户率(%) Popularity Rate (%)	66.71	75.07	77.98	84.81
有线广播电视传输网络干线总长(公里) Lines Total (kilometer)	3962	6148	6500	6638

20-9 电影放映单位基本情况（2008—2011年）
Basic Statistics on Film Projecting Units, 2008-2011

单位：个 (unit)

指　标	Item	2008	2009	2010	2011
电影放映单位	Film Projecting Units	181	172	243	248
电影院	Cinema	9	12	22	27
影剧院	Theater	12	10	10	10
开放礼堂俱乐部	Opening Auditorium	6	10	18	18
电影放映队	Projecting Team	139	139	192	192
对内俱乐部	Internal Club	15	1	1	1
拥有坐席数	Seats	28035	32513	38569	62925
放映场次(场次)	Projecting Performances (time)	17500	12548	254543	358419
观众人次(万人次)	Audience (10 000 person-times)	25	27	928	1600

注：2010 年起电影放映场次和观众人次为全行业口径。
Note: Projecting performances and audience adopt the coverage of whole industry from 2010.

20-10 艺术事业基本情况(2008—2011年) Basic Statistics on Art, 2008-2011

指　标	Item	2008	2009	2010	2011
艺术表演团体	Art Performance Troupes				
机构数(个)	Institutions (unit)	15	15	16	16
话剧团、儿童剧团	Drama and Children Troupes	2	2	2	2
歌舞剧团	Song and Dance Troupes	1	1	1	1
文工团、文宣队	Cultural and Performance Troupes	1	1	1	1
戏曲剧团	Local Opera Troupes	7	7	8	8
# 京　剧	Local Beijing Opera Troupes	2	2	2	2
曲剧团、杂技团、木偶团	Recitation and Ballad Troupes, Acrobatic and Circus Troupes, Puppet Show Troupes	3	3	3	3
乐团、合唱团	Philharmonic Troupes and Chorus	1	1	1	1
工作人员数(人)	Employment (person)	1860	1901	1893	1900
演出场次(场)	Number of Performances (time)	2383	2774	3411	3430
# 到农村演出	Shows in Rural Areas	499	602	460	650
观众人次(万人次)	Number of Spectators (10 000 person-times)	156	213	242	238
艺术表演场所	Art Performance Places				
机构数(个)	Institutions (unit)	29	39	37	57
剧场、音乐厅	Theaters and Concert Halls	28	28	27	29
书场、曲艺厅	Storytelling Places, Folk Art Forms	1	3	3	5
综合性、其他场所	Comprehensive Places and Others		8	6	22
音乐厅	Concert Hall			1	1
坐席数(个)	Seats (unit)	16130	30171	24641	44610
工作人员数(人)	Employment (person)	409	1044	503	1647
演出场次(场)	Number of Performances (time)	22853	19785	20400	17090
观众人次(万人次)	Number of Spectators (10 000 person-times)	168	222	234	145

20-11 档案事业基本情况（2008—2011年）
Basic Statistics on Archives, 2008-2011

单位：个、人 (unit, person)

项目	Item	2008	2009	2010	2011
机构数	**Number of Institutions**	**386**	**399**	**385**	**333**
档案馆(含档案局)	Archives	55	55	52	51
机关事业单位档案室	Archives in Government and Institutions	149	148	135	133
大型工业企业档案馆	Archives in Large Industrial Enterprises	182	196	198	149
专职工作人员	**Full-time Personnel**	**1154**	**1175**	**1180**	**911**
档案馆(含档案局)	Archives	694	682	680	589
机关事业单位档案室	Archives in Government and Institutions	166	158	159	126
大型工业企业档案馆	Archives in Large Industrial Enterprises	294	335	341	196
兼职工作人员	**Part-time Personnel**	**1399**	**1504**	**1638**	**1255**
机关事业单位档案室	Archives in Government and Institutions	556	785	819	829
大型工业企业档案馆	Archives in Large Industrial Enterprises	843	719	819	426

20-12 档案馆档案资料馆藏与开发利用情况（2008—2011年）
Collection, Development and Utilization of Materials in Archives, 2008-2011

项目	Item	2008	2009	2010	2011
馆藏档案	**Collection of Archives**				
全　宗(个)	Full-records (unit)	2973	2999	3099	3139
案　卷(万卷)	Files (10 000 volumes)	541	578	603	621
录音、录像、影片(万盘)	Sounds and Movies Files (10 000 cassettes)	1.13	1.34	1.48	1.48
照　片(万张)	Photo Files (10 000 sheets)	36.81	39.65	41.82	39.55
底　图(万张)	Traced Drawings (10 000 pictures)		21.00	21.73	18.85
缩微胶片（卷片）(万幅)	Microfilms (Reel) (10 000 pictures)		747.93	617.27	617.27
开放档案（万卷）	**Open Archives (10 000 sheets)**	107.87	112.34	116.60	123.36
利用档案资料	**Utilization of Archives**				
利用人次(万人次)	Users (10 000 person-times)	6	8	8	9
利用档案(万卷次)	Access to Files (10 000 volume-times)	15.51	21.80	29.60	22.27
编研档案资料	**Materials and Archives Edited**				
公开出版(种)	Public Publication (kind)	11	11	10	19
(万字)	(10 000 words)	451	414	318	426
内部参考(种)	Internal Reference (kind)	59	64	41	52
(万字)	(10 000 words)	405	490	300	507

20-13 机关事业单位档案资料保存与开发利用情况（2008—2011年）
Keeping, Development and Utilization of Government and Institution Archives and Materials, 2008-2011

项　目	Item	2008	2009	2010	2011
保存档案	Keeping Archives				
全　宗(个)	Full-records (unit)	194	196	175	200
案　卷(万卷)	Files (10 000 volumes)	100	99	160	173
底　图(万张)	Traced Drawings (10 000 pictures)	71.00	0.84	0.57	0.58
缩微胶片(万张)	Microfilms (10 000 pictures)	10	10	10	10
机读目录	Machine Readable Catalog				
案卷级(万条)	Level of Archives (10 000 records)	57	54	72	85
文件级(万条)	Level of Files (10 000 records)	846	859	1011	1271
利用档案	Utilization of Archives				
利用人次(万人次)	Users (10 000 person-times)	3	3	4	5
利用数量（万卷（件）次）	Access to Files (10 000 volumes)	6	11	10	12
编研档案资料	Materials and Archives Edited				
公开出版(种)	Public Publication (kind)	10	7	1	4
(万字)	(10 000 words)	292	237	100	249
内部参考(种)	Internal Reference (kind)	175	145	80	43
(万字)	(10 000 words)	1815	575	1013	903

20-14 大型工业企业档案资料保存与开发利用情况（2008—2011年）
Keeping, Development and Utilization of Archives Materials in Large-sized Industrial Enterprises, 2008-2011

项　目	Item	2008	2009	2010	2011
保存档案	Keeping Archives				
全　宗(个)	Full-records (unit)	345	381	358	281
案　卷(万卷)	Files (10 000 volumes)	106	120	125	93
底　图(万张)	Traced Drawings (10 000 pictures)	63	38	128	96
机读目录	Machine Readable Catalog				
案卷级（万条）	Level of Archives (10 000 records)	19	20	25	18
文件级（万条）	Level of Files (10 000 records)	61	39	58	51
利用档案	Utilization of Archives				
利用人次(万人次)	Users (10 000 person-times)	3	3	3	2
利用数量（万卷（件）次）	Access to Files (10 000 volumes)	9	46	21	6
编研档案资料	Materials and Archives Edited				
公开出版(种)	Public Publication (kind)	62	6	35	31
(万字)	(10 000 words)	4	23	143	120
内部参考(种)	Internal Reference (kind)	154	237	236	134
(万字)	(10 000 words)	290	460	465	289

20-15 公共图书馆情况（2008—2011年）
Basic Statistics on Public Libraries, 2008-2011

项　目	Item	单　位	Unit	2008	2009	2010	2011
公共图书馆	Public Libraries	个	unit	32	31	31	31
工作人员	Employment	人	person	1098	1087	1077	1051
藏　书	Collections	万　册	10 000 volumes	1107	1192	1258	1354
书刊文献外借人次	Person-times of Lent-out	万人次	10 000 person-times	221	252	254	274
书刊文献外借册次	Book-times of Lent-out	万册次	10 000 volume-times	429	637	572	601
建筑面积	Floor Space of Buildings	平方米	sq. m	139307	127610	133406	164430
阅览室坐席	Seating Capacity of Reading Room	次	unit	9826	9486	9072	9969

20-16 博物馆和文物保护单位基本情况（2008—2011年）
Basic Statistics on Museums and Cultural Relic Protection Units, 2008-2011

项　目	Item	单　位	Unit	2008	2009	2010	2011
博物馆	**Museums**						
单位数	Units	个	unit	18	18	18	19
工作人员数	Employment	人	person	711	699	719	698
文物藏品	Collection	万　件	10 000 pieces	58	58	58	69
举办陈列展览	Displays and Exhibitions	次	time	107	133	127	137
参观人次	Visitors	万人次	10 000 person-times	341	377	401	406
文物保护单位	**Cultural Relic Protection Units**						
单位数	Units	个	unit	8	8	8	8
工作人员数	Employment	人	person	137	123	119	108
藏　品	Collection	件	piece	2642	2698	2733	2757

20-17 群众文化事业基本情况（2008—2011年）
Basic Statistics on Mass Art, 2008-2011

项　目	Item	单　位	Unit	2008	2009	2010	2011
单位数	**Units**	个	unit	**19**	**19**	**19**	**19**
群众艺术馆	Mass Art Centers	个	unit	1	1	1	1
文化馆	Cultural Centers	个	unit	18	18	18	18
工作人员数	**Employment**	人	person	**681**	**682**	**656**	**643**
文化活动情况	**Cultural Activities**						
举办展览	Exhibitions	次	time	229	141	142	170
组织文艺活动次数	Art Performances	次	time	879	1076	1020	1589
举办训练班	Training Courses						
班　次	Classes	次	time	642	631	991	1211
结业人数	Persons Completed Course	人	person	64537	62530	73896	78000

20-18 体委系统体育工作者（2008—2011年）
Physical Personnel in Sports Commissions System, 2008-2011

单位：人 (person)

指　标	Item	2008	2009	2010	2011
体育工作者人数	Physical Personnel	3870	3200	3362	3454
专职教练员	Full-time Coaches	464	523	508	487
国家级教练员	National Coaches	18	27	24	26
每十万人口中有体育工作者	Number of Physical Personnel per 100 000 Persons	33	31	32	35

20-19 等级裁判员和运动员人数（2009—2011年）
Number of Athletes and Referees in Grades, 2009-2011

单位：人 (person)

指　标	Item	裁判员 Referees			运动员 Athletes		
		2009	2010	2011	2009	2010	2011
总人数	**Total**	**439**	**210**	**226**	**1131**	**660**	**729**
一　级	First Grade	252	118	98	112	292	473
二　级	Second Grade	187	102	128	1019	368	256
#女　性	**Female**	**124**	**68**	**109**	**474**	**395**	**469**
一　级	First Grade	73	44	38	51	171	322
二　级	Second Grade	51	24	71	423	224	147

20-20 国际国内体育比赛获奖牌情况（2011年）
Statistics on Medals Won in International & National Competitions, 2011

单位：块 (piece)

项　目	Item	合　计 Total	金　牌 Gold Medal	银　牌 Silver Medal	铜　牌 Bronze Medal
总　计	**Total**	**77**	**36**	**18**	**23**
国际比赛	**International Competitions**	**33**	**22**	**5**	**6**
世界比赛	World Competitions	20	12	4	4
亚洲比赛	Asian Competitions	13	10	1	2
田　径	Track	2	1		1
跳　水	Diving	4	3	1	
举　重	Weight Lifting	3	3		
柔　道	Judo	1			1
排　球	Volleyball	3	3		
国内比赛（全国）	**Domestic Competitions (National)**	**44**	**14**	**13**	**17**

主要统计指标解释

电视人口覆盖率

指用普通的电视接收机，室外天线在离地面 4 米高处能在晚上正常收看电视节目的人数与全市总人口数之比。

广播人口覆盖率

指用普通的收音机在中午能正常收听广播节目的人数与全市总人口数之比。

文化事业机构

指从事专业文化工作和为专业文化工作服务的单独核算、独立建制的单位，不包括文化主管部门直属单位举办的其他行业和各部门的业余文化组织。

艺术表演团体

指从事戏曲、音乐、舞蹈、杂技等专业艺术表演，有独立账户、实行单独核算的团体。

电影放映单位

指具有放映机器设备，固定或不固定的放映场所与专职或兼职的放映技术人员，经文化部门登记批准，经常为一定的观众对象映出电影的机构。包括经批准对外开放进行营业并与电影发行放映管理机构分账的专用放映单位或军委系统租片在内。

等级运动员人数

指经考核正式批准授予等级运动员称号的人数。分为国际级运动健将，运动健将，一、二、三级运动员和少年级运动员。

等级裁判员人数

指经考核正式批准授予等级裁判员称号的人数。分为国际裁判、国家级裁判、一级裁判、二级裁判、三级裁判。

Explanatory Notes on Main Statistical Indicators

Viewer Rate

refers to the ratio of the number of watching TV to the total population using normal television sets with outdoor antenna four meters apart from ground in the evening.

Listener Rate

refers to the ratio of the number of listening radio to the total population using normal radiogram at noon.

Cultural Institutions

refer to units which have their own organizational system and independent accounting system and specialize in or serve cultural development. They exclude other establishments run by these cultural institutions and amateur cultural groups established by various departments.

Art Performance Troupe

refers to the troupe which is engaged in drama, opera, music, dance, acrobatics or other art performance, opens independent accounts with banks and has self-supporting accounting system.

Film Projecting Units

refer to these units with film projection equipment, full or part-time projectionists, permanent or non-permanent places, approved by related administrative departments to show films regularly for certain groups of audience, including those film projection units which have been approved to give commercial shows and run business with independent accounting system as well as those film-renting units of the military system.

Number of Athletes in Grades

refers to the number of athletes who have been given titles through examination. The titles of athletes include international masters of sports, masters of sports, first-grade, second-grade and third-grade sportsmen and young athletes.

Number of Referees in Grades

refers to the number of referees who have been given titles after examination. They are classified as international referees, national referees and referees of the first, second and third grades.

21 公共管理及其他
Public Management and Others

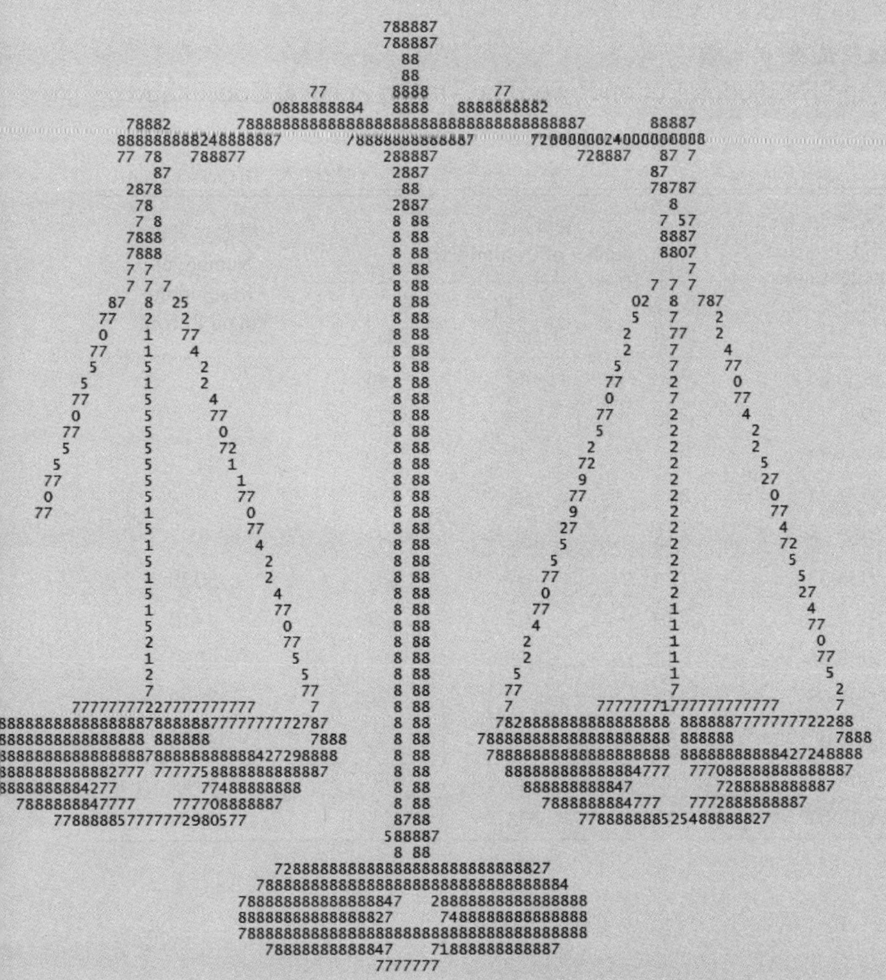

21-1 天津市历届人代会代表人数性别构成及议案、批评建议数
Number and Sex Composition of Delegacy, Proposal and Suggestion by Tianjin Municipal People's Congress

单位：人、件 (person, unit)

届别	Session	起止年月 The Time of Inauguration and Concluding	代表人数 Number of Delegate			议案立案数 Number of Cases Registered of Proposal	建议批评和意见数 Given Criticism and Advice
			总计 Total	女性 Female	男性 Male		
第一届	First Congress	1954.08-1956.12	519	109	410	1614	
第二届	Second Congress	1956.12-1958.06	568	122	446	1201	
第三届	Third Congress	1958.06-1961.02	535	110	425		
第四届	Fourth Congress	1961.02-1963.12	845	208	637	133	
第五届	Fifth Congress	1963.12-1965.12	675	169	506	104	
第六届	Sixth Congress	1965.12-1966.05	698	171	527	27	
第七届	Seventh Congress						
第八届	Eighth Congress	1977.11-1980.06	959	224	735		
第九届	Ninth Congress	1980.06-1983.04	960	175	785	1958	
第十届	Tenth Congress	1983.04-1988.05	800	179	621	26	5337
第十一届	Eleventh Congress	1988.06-1993.05	719	134	585	65	3762
第十二届	Twelfth Congress	1993.05-1998.05	719	130	589	34	1924
第十三届	Thirteenth Congress	1998.05-2003.01	710	141	569	80	3597
第十四届	Fourteenth Congress	2003.01-2008.01	710	150	560	83	3147
第十五届	Fifteenth Congress	2008.01-2013.01	709	156	553	41	2456

注：1. 资料来源：天津市人民代表大会常务委员会。2. 天津市第一届至第九届人民代表大会期间代表所提出的议案、建议统称为"提案"。
Note: a) Source: Tianjin Municipal People's Congress (MPC) Standing Committee. b) The Registered Cases and Advice Proposed from Tianjin First Congress until Ninth Congress are calculated to Proposals as total.

21-2 天津市历届政协委员会委员人数及提案立案数
Number of Delegacy, Proposal and Resolution Put on Record by Tianjin Political Consultative Conference

单位：人、件 (person, unit)

届别	Session	起止年月 The Time of Inauguration and Concluding	委员人数 Number of Commissary			提案立案数 Number of Resolution Put on Record
			总计 Total	女性 Female	男性 Male	
第一届	First Congress	1955.03-1960.03	188	42	146	
第二届	Second Congress	1960.03-1963.12	498	76	422	
第三届	Third Congress	1963.12-1965.11	432	73	359	
第四届	Fourth Congress	1965.11-1977.11	457	81	376	
第五届	Fifth Congress	1977.11-1980.06	615	132	483	
第六届	Sixth Congress	1980.06-1983.03	723	142	581	5028
第七届	Seventh Congress	1983.03-1988.04	739	162	577	4410
第八届	Eighth Congress	1988.04-1993.05	743	177	566	4869
第九届	Ninth Congress	1993.05-1998.05	757	179	578	3800
第十届	Tenth Congress	1998.05-2003.01	780	185	595	4563
第十一届	Eleventh Congress	2003.01-2008.01	780	200	580	5181
第十二届	Twelfth Congress	2008.01-2013.01	783	208	575	3255

资料来源：中国人民政治协商会议天津市委员会。
Source: Tianjin Municipal Committee of CPPCC.

21-3 基层工会组织情况(2008—2011年)
Statistics on Grassroots Unions, 2008-2011

项　目	Item	2008	2009	2010	2011
机 构 数(个)	**Institutions (unit)**	**26999**	**28352**	**37553**	**69721**
# 国有企业	State-owned Enterprises	2121	2068	1678	3842
集体企业	Collective-owned Enterprises	1352	1283	677	1291
私营企业	Private Enterprises	10313	10852	26554	28356
港澳台商投资企业	Enterprises with Investment from Hong Kong, Macao and Taiwan	511	540	584	346
外商投资企业	Foreign Funded Enterprises	2638	2383	2186	2303
事　业	Institutions	4684	3364	4190	5209
机　关	Government Agencies	1308	1226	1684	1604
工会会员人数(万人)	**Number of Union Members (10 000 persons)**	**367.75**	**383.25**	**269.07**	**368.50**
# 国有企业	State-owned Enterprises	83.83	81.69	72.19	90.77
集体企业	Collective-owned Enterprises	18.83	19.52	6.43	20.40
私营企业	Private Enterprises	82.59	80.90	94.38	97.90
港澳台商投资企业	Enterprises with Investment from Hong Kong, Macao and Taiwan	5.80	7.37	7.81	3.95
外商投资企业	Foreign Funded Enterprises	46.81	42.69	38.22	29.74
事　业	Institutions	61.65	53.49	35.72	42.23
机　关	Government Agencies	12.70	17.04	14.31	12.68

注：2010年以后数据为全国总工会普查数据，其中“机构数”为“基层工会涵盖单位数”，“机构数”、“工会会员人数”中“企业”指正常生产经营企业。
Note: Data of 2010 are from ACFTU census. “Institutions” refers to number of units contained in grass-root unions, number of enterprises in “Institutions” and “Number of Union Members” refer to enterprises in operation.

21-4 妇联组织情况(2008—2011年)
Statistics on Women's Federation Organizations, 2008-2011

项　目	Item	2008	2009	2010	2011
妇联组织机构(个)	**Woman Organizations (unit)**	**259**	**257**	**255**	**255**
区妇联	District Woman Organizations	15	15	13	13
县妇联	County Woman Organizations	3	3	3	3
乡妇联	Township Woman Organizations	136	136	136	136
街妇联	Street Woman Organizations	105	103	103	103
妇联干部总数(人)	**Cadres in Woman Organizations (person)**	**446**	**474**	**472**	**477**
市妇联	Municipal Woman Organizations	61	61	59	61
区妇联	District Woman Organizations	127	120	119	121
县妇联	County Woman Organizations	17	22	24	19
乡镇、街道妇联	Township and Street Woman Organizations	241	271	270	276

21-5 人民调解工作基本情况
Basic Statistics on People's Mediation

项　　目	Item	2010	2011
人民调解委员会（个）	People's Mediation Committees (unit)	5710	5732
人民调解员（人）	People's Mediator (person)	43567	35861
调解纠纷（件）	Disputes (case)	50840	76446
#成功数	Success	48591	73807
#婚姻家庭纠纷	Marriage and Family	12687	16353
邻里纠纷	Neighbour	13824	20584
合同纠纷	Contract	1401	2493
劳动纠纷	Labour	1674	2323
征地拆迁纠纷	Land Requisition and Demolition	2825	3883
房屋宅基地纠纷	House Site	2581	4558
防止民间纠纷转化为刑事案件数（件）	Prevent Criminal Case from Civil Dispute (unit)	302	244
防止民间纠纷转化为刑事案件人数（人）	Prevent Criminal Case from Civil Dispute (person)	772	998
防止民间纠纷引起自杀案件件数（件）	Prevent Suicide of Civil Dispute (unit)	108	11
防止民间纠纷引起自杀案件人数（人）	Prevent Suicide of Civil Dispute (person)	170	21

21-6 律师工作基本情况（2008—2011年）
Basic Statistics on Lawyers, 2008-2011

项　　目 Item	单　位 Unit	2008	2009	2010	2011
律师事务所 Law Offices	所 unit	275	307	350	395
执业律师 Certified Lawyers	人 person	2363	2687	3134	3644
#专职律师 Full-time Lawyers	人 person	2126	2376	2807	3307
兼职律师 Part-time Lawyers	人 person	169	190	204	214
担任常年法律顾问 As Permanent Legal Advisers	家 unit	4067	4183	4555	4403
民商事务 Civil and Economic Cases	件 case	14838	20310	20533	20008
刑事辩护 Criminal Defense Cases	件 case	4268	3376	3326	3307
行政诉讼代理 Agent of Administrative Actions	件 case	360	355	651	256
非诉讼事务 Off-court Cases	件 case	4785	5686	6377	6461
解答法律咨询 Legal Advisory Services	人次 person-time	24411	23574	25205	22537
代写法律文书 Legal Document Written on Behalf of Clients	件 case	3843	4108	5945	3732

21-7 公证工作基本情况（2009—2011年）
Basic Statistics on Notarization, 2009-2011

单位：件 (case)

项　目	Item	2009	2010	2011
公证机构(个)	**Notary Offices (unit)**	**21**	**21**	**21**
公证员(人)	**Notarial Personnel (person)**	**279**	**285**	**280**
办理公证(件)	**Notarized Documents (case)**	**154623**	**149228**	**145723**
国内公证总计	**Total Domestic Affairs**	**82544**	**82242**	**77071**
民事公证	**Civil Legal Relations Notarized**	**48146**	**52321**	**51110**
#收　养	Children Adoptions	91	211	33
解除收养	Adoption Renouncements		4	1
继承权	Rights of Inheritance	10778	10534	11673
遗　嘱	Testaments	1409	1530	1913
亲属关系	Kinship Confirmations	1275	2468	2709
房屋买卖	Purchases and Sales of House	393	273	125
房屋租赁	House Leases	11	9	19
委托书	Certificates of Entrustment	11600	12476	11310
赠予书	Presentation Documents	2626	2457	2804
声明书	Declarations	4839	5202	4698
经济公证	**Business Notarized**	**34398**	**29921**	**25961**
#购　销	Purchases and Sales of Contracts	83	4256	54
联　营	Joint Ownership Contracts	35		33
贷　款	Loans Contracts	5467	5573	3532
招标投标	Biddings	1187	1441	1243
劳务合同	Labour Contracts	13		
建筑工程承包	Construction Project Contracts	694	1507	664
农林牧副渔业承包	Farming, Forestry, Animal Husbandry, Sideline and Fishery Contracts	1	119	85
财产租赁	Property Leases	54	833	13
法人资格	Legal Person Identifications	24	408	43
法人委托书	Legal Person Certificates of Entrustment	1459	924	1149
涉外公证总计	**Total Concerned Foreign Affairs**	**71065**	**66037**	**67593**
#出　生	Births	10046	9140	8535
学　历	Schooling	8074	7313	7228
经　历	Personal Histories	429	378	356
生存、居住	Survival and Residence	183	43	16
死　亡	Deaths	149	136	162
亲属关系	Kinships	5710	6307	6467
婚姻状况	Marriages	2124	1649	1637
继承权	Rights of Inheritance	83	2	1
委托书	Trust Deeds	331	397	367
声明书	Declarations	663	1123	1394
受、未受刑事处分	Criminal Records & Uncriminal Records	7674	6992	7354
文本相符	Confirmation of Copies and Photo-offset Copies to Originals	4796	4459	4381
涉港澳台公证小计	**Total Concerned Hong Kong, Macao and Taiwan Affairs**	**1014**	**949**	**1059**

21-8 检察机关立案侦查经济案件情况（2011年）
Economic Cases under Investigation by Procuratorial Organs, 2011

项　目 Item	侦查经济案件 Economic Cases Investigated	#贪　污 Corruption	#挪用公款 Misappropriate of Public Funds	#贿赂案 Bribery	#受　贿 Accepting Bribe
立　案(件)					
Cases Registered (case)	**260**	**162**	**31**	**67**	**39**
#5万元至10万元					
50－100 thousand yuan	101	76	4	21	18
10万元至50万元					
100－500 thousand yuan	94	43	16	35	16
50万元至100万元					
500－1 000 thousand yuan	15	4	7	4	1
100万元以上					
Over 1 000 thousand yuan	8	6	2		
犯罪嫌疑人(人)					
Criminal in Cases Registered (person)	**378**	**252**	**36**	**90**	**49**
机关工作人员					
Civil Servant	30	18	4	8	8
国有公司企业工作人员					
Personnel of State-owned Enterprises	195	129	20	46	27
国有事业单位工作人员					
Personnel of State-owned Institutions	27	18	1	8	8
委派到非国有单位从事公务人员					
Functionary Appointed to Non-state Units	1	1			
人民团体从事公务人员					
Functionary Appointed to Mass Organizations					
其他依法从事公务人员					
Other Personnel in the Line of Duty	61	52	7	2	2
其　他					
Others	64	34	4	26	4
结　案					
Cases Settled					
件　数(件)					
Number of Cases (case)	259	152	41	63	40
人　数(人)					
Number of Persons (person)	371	242	46	80	45
#移送起诉					
Handover to Suit					
件　数(件)					
Number of Cases (case)	233	140	35	58	36
人　数(人)					
Number of Persons (person)	343	229	40	74	40
撤销案件					
Cases Withdrawn					
件　数(件)					
Number of Cases (case)	16	11	5		
人　数(人)					
Number of Persons (person)	17	12	5		
侦结认定金额(万元)					
Value Approved by Procuratorial Organs in Cases Settled (10 000 yuan)	**9487.93**	**3859.80**	**2994.98**	**2122.15**	**1692.84**
挽回经济损失(万元)					
Retrieve Pecuniary Losses (10 000 yuan)	**3760.22**	**1078.36**	**897.36**	**1285.50**	**1079.66**

21-9 法院民事案件收案和结案情况（2011年）
Civil Cases Accepted & Settled by Courts, 2011

单位：件 (case)

项　目	Item	收　案 Cases Accepted	结　案 Cases Settled	#调　解 Mediation	#判　决 Judgement
合同纠纷案件	**Contracts Disputes**	**63495**	**63392**	**16649**	**22986**
#买卖合同纠纷	Buying and Selling Contracts	9024	9051	2721	3183
房地产合同纠纷	Real Estate Contracts	3793	3611	1121	1598
借款合同纠纷	Debts Contracts	14115	14115	4129	7162
建设工程合同纠纷	Construction Project Contracts	1347	1404	432	490
劳动争议案件	Labour Disputes	4645	4599	1028	2127
运输合同纠纷	Transportation Contracts	318	331	85	142
婚姻家庭案件	**Marriages and Family Affairs**	**16985**	**16912**	**6290**	**5569**
#离　婚	Divorce	13213	13150	4695	4445
抚　育	Foster	1126	1102	427	423
赡　养	Support	607	602	189	190
继承纠纷案件	**Inheritance Disputes**	**1254**	**1249**	**453**	**480**
继　承	Inheritance	816	814	309	308
遗　嘱	Testament	206	196	73	76
继承权	Inheritance Right	6	6	2	2
抚　养	Bring-up	7	8	3	1
其　他	Others	172	179	63	73

21-10 法院行政案件收案和结案情况（2011年）
Administrative Cases Accepted and Settled by Courts, 2011

单位：件 (case)

项　目	Item	收　案 Cases Accepted	结　案 Cases Settled	#维　持 Affirmation of Original Judgement	#撤　消 Cancel Settled	#撤　诉 Withdrawn	未　结 Cases Unsettled
合　计	**Total**	**765**	**928**	**257**	**68**	**200**	**74**
公　安	Public Security	84	85	43	1	17	10
资　源	Resources	60	60	10	1	9	3
城　建	City Construction	254	420	120	42	76	24
工　商	Industry and Commerce	19	18	1	1	2	5
技术监督	Technical Supervision	1	1				
计划生育	Birth Control	1	1			1	
卫　生	Health Care	12	12			10	
药　品	Medicine	2	2			1	
环　保	Environment Protection	9	7			4	2
交　通	Transportation	27	26	3		12	3
税　务	Tax	1	2	1			2
财　政	Finance	1	1				
劳动和社会保险	Labour & Social Security	156	157	74	16	29	9
司法行政	Judicature	1	2	1			
民　政	Civil Affairs	5	5		1	2	
教　育	Education	5	4		1		1
乡政府	Township Government	28	28	1	2	2	
其　他	Others	99	97	3	3	35	15

21-11 劳动争议处理情况(2008—2011年) The Disposal of Labour Disputes, 2008-2011

单位：件 (case)

项　目 Item	2008	2009	2010	2011
上期未结案数 Number of Cases Left Over from Last Period	**717**	**2044**	**3071**	**3114**
案件受理情况 Cases Accepted				
当期案件受理数 Number of Cases	16912	19133	15139	14450
#集体劳动争议数 Number of Collective Labour Disputes	189	85	99	64
#劳动者申诉案件数 Number of Cases Appealed by Labourers	16232	18489	14349	14320
按争议原因分 By Cause of Disputes				
变更劳动合同 Change the Labour Contract	154	78	61	80
解除劳动合同 Relieve the Labour Contract	1331	1146	768	1464
终止劳动合同 End the Labour Contract	304	346	114	558
其　他 Others	15123	17563	14196	12348
劳动者当事人数(人) Number of Persons Involved (person)	23614	23835	17003	16044
#集体争议劳动者当事人数 Number of Persons Involved in Collective Disputes	6708	4787	1963	1580
案件处理情况 Cases Settled				
结案数 Number of Cases Settled	13813	18106	15096	14655
按处理方式分 By Manners of Settlement				
仲裁调解 Mediation	4643	7213	7405	7537
仲裁裁决 Arbitration Lawsuit	5770	6859	4639	5373
其他方式 Others	3400	4034	3052	1745
按处理结果分 By Results of Settlement				
用人单位胜诉 Won by Units	3150	3522	2218	2311
劳动者胜诉 Won by Labours	6698	7245	5722	5199
双方部分胜诉 Partly by Both Parties	3965	7339	7156	6359
其　他 Others				786
本期未结案数 Number of Cases Unsettled	**3099**	**3071**	**3114**	**2909**

资料来源：天津市人力资源和社会保障局。
Source: Tianjin Municipal Human Resources & Social Security Bureau.

21-12 社会保障事业发展情况（2008—2011年）
Basic Statistics on Social Security, 2008-2011

指　标　Item	计量单位 Unit	2008	2009	2010	2011
基本医疗保险参保情况　Basic Medical Insurance					
参加城镇职工基本医疗保险人数	万　人				
Urban Staff and Workers Participated in Basic Medical Insurance	10 000 persons	399.13	444.06	469.98	474.52
参加城乡居民医疗保险人数	万　人				
Urban and Rural Residents Participated in Medical Insurance	10 000 persons			486.00	498.27
基本医疗保险基金收入	亿　元				
Revenue of Basic Medical Insurance Programme	100 million yuan	79.70	98.30	120.84	135.17
基本医疗保险基金支出	亿　元				
Expenditure of Basic Medical Insurance Programme	100 million yuan	67.28	98.99	108.36	118.51
基本医疗保险基金累计结余	亿　元				
Balance of Basic Medical Insurance Programme	100 million yuan	49.70	38.98	51.47	68.13
失业保险参保情况　Unemployment Insurance					
参加失业保险职工人数	万　人				
Staff and Workers Participated in Unemployment Insurance	10 000 persons	232.50	239.22	246.09	258.75
领取失业保险金人数	万　人				
Personnel Drawing Unemployment Insurance Programme	10 000 persons	3.21	3.10	3.52	2.78
#本年新增	万　人				
Newly Increased in Current Year	10 000 persons	2.89	2.68	3.09	2.25
失业保险基金收入	亿　元				
Revenue of Unemployment Insurance Programme	100 million yuan	15.18	17.05	21.08	25.74
失业保险基金支出	亿　元				
Expenditure of Unemployment Insurance Programme	100 million yuan	4.59	14.93	13.93	14.56
失业保险基金累计结余	亿　元				
Balance of Unemployment Insurance Programme	100 million yuan	33.68	35.93	48.67	59.85
基本养老保险参保情况　Basic Pension Insurance					
参加城镇职工基本养老保险人数	万　人				
Urban Staff and Workers Participated in Basic Pension Insurance	10 000 persons	376.53	401.53	431.45	458.70
参加城乡居民养老保险人数	万　人				
Urban and Rural Residents Participated in Pension Insurance	10 000 persons			92.30	98.00
基本养老保险实际缴费人数	万　人				
Personnel Paying for Basic Pension Insurance	10 000 persons	235.06	242.22	251.36	278.10
基本养老保险基金收入	亿　元				
Revenue of Basic Pension Insurance Programme	100 million yuan	239.23	250.32	279.04	335.82
基本养老保险基金支出	亿　元				
Expenditure of Basic Pension Insurance Programme	100 million yuan	195.58	230.35	272.03	315.07
基本养老保险基金累计结余	亿　元				
Balance of Basic Pension Insurance Programme	100 million yuan	176.02	195.99	203.01	223.75
社会保障标准　Social Security Standard					
职工最低工资标准	元/月				
Minimum Standard of Wages of Staff and Workers	yuan per month	820	820	920	1160
城镇居民生活保障最低标准	元/月				
Minimum Standard of Urban Living Security	yuan per month	400	430	450	480

资料来源：天津市人力资源和社会保障局、天津市民政局。
Source: Tainjin Municipal Human Resources & Social Security Bureau, Tianjin Municipal Civil Affairs Bureau.

21-13 残疾人事业基本情况
Basic Statistics on Persons with Disabilities

项　目	Item	单　位	Unit	2010	2011
康　复	**Rehabilitation**				
白内障复明手术	Sight-restoring Cataract Surgeries	例	case	3918	6038
# 贫困白内障患者免费手术	Free Surgeries for Poor Cataract Patients	例	case	913	1307
低视力者配用助视器	Vision-aids Provided for Persons of Low-vision	人	person	122	513
聋儿语训年收训数	Children with Hearing Disability Trained for Hearing and Speech	人	person	82	46
精神病人数	Patients with Psychiatric Diseases	人	person	54706	61794
# 监护率	Guardianship Rate	%	%	96.65	95.34
显好率	Significant Improvement Rate	%	%	76.83	76.75
社会参与率	Social Involvement Rate	%	%	66.25	66.61
肢体残疾康复训练人数	Rehabilitation of Persons with Physical Disability	人	person	976	1081
# 肢体残疾儿童机构康复训练	Children Rehabilitated at Institutions	人	person	152	60
智力残疾儿童康复训练数	Rehabilitation of Children with Intellectual Disability	人	person	116	222
教　育	**Education**				
在校学生数	Students Enrollment				
特教普通高中	Special Education in Regular Senior Secondary Schools	人	person	164	206
中等职业教育	Middle Vocational Educational Institutions	人	person	21	21
高等院校录取残疾人数	Handicapped Students Matriculated by Institutions of Higher Education	人	person	49	10
就　业	**Employment**				
当年安排城镇残疾人就业	Employment of Urban Disabled Persons in Current Year	人	person	2636	3070
# 集中安排就业	Employed at Welfare Enterprises	人	person	308	626
按比例安排就业	Employed by Quota Scheme	人	person	1981	2107
农村残疾人就业人数	Employment of Rural Disabled Persons	人	person	65011	66840
社会保障	**Social Security**				
城镇残疾职工参加社会保险人数	Urban Disabled Workers Participated in Social Insurance	人	person	30688	36053
残疾居民参加医疗保险人数	Disabled Residents Participated in Medical Insurance	人	person	49825	123699
城镇个体就业参加社会保险人数	Urban Individual Employment Participated in Social Insurance	人	person	145	373
享受城乡最低生活保障残疾人数	Disabled Persons Enjoying Subsidies for the Lowest Cost-of-living	人	person	48662	50880
扶　贫	**Poverty Alleviation**				
扶持贫困残疾人	Poverty Alleviation for Disabled Persons	人　次	person-time	22482	9028
实用技术培训人次	Training of Practical Technique	人　次	person-time	1703	3171
残疾人扶贫基地	Bases of Poverty Alleviation for Disabled Persons	个	unit	112	144
维　权	**Rights Protection**				
残疾人法律援助(服务)中心	Legal Aid (Service) Center for Disabled Persons	个	unit	19	17
残疾人法律援助(服务)中心办理的案件	Cases Transacted by Legal Aid (Service) Center for Disabled Persons	件	unit	473	517
组织建设	**Organization Construction**				
持证残疾人总数	Sum of Disabled Persons with Certificates of Disability	万　人	10 000 persons	19	21
各级残联实有人数	Staff and Workers of Disabled Persons' Federations	人	person	773	837

资料来源：天津市残疾人联合会。
Source: Tianjin Disabled Persons' Federation.

21-14 红十字会基本情况(2009—2011年)
Basic Statistics on Red Cross Society, 2009-2011

指　标	Indicators	2009	2010	2011
组织机构(个)	**Institutions of Red Cross Society (unit)**			
基层组织机构	Basic Institutions of Red Cross Society	1965	2187	2561
冠名医疗机构	Institutions Titled with Red Cross Society	8	8	4
会员情况	**Statistics on Red Cross Member**			
团体会员单位(个)	Team Member (unit)	1566	1653	1575
会员人数(万人)	Number of Member (10 000 persons)	53.9	56.9	60.0
#青少年会员	# Adolescent Member	41.7	41.7	41.7
志愿服务工作	**Voluntary Work**			
志愿者人数(万人)	Volunteers (10 000 persons)		16.6	19.9
志愿服务队(个)	Voluntary Team of Red Cross Society (unit)		355	395
参加各种宣传活动人次数(万人次)	**Person-time Attended Publicizing Activity (10 000 person-times)**			
参加艾滋病预防宣传救助活动	AIDS Prevention Activities	9.8	22.6	23.5
参加普及宣传无偿献血活动	Publicizing Volunteer Blood Donation Activities	33.0	33.9	18.8
参加卫生救护培训人次数(人次)	**Person-time Attended Sanitation Rescue Training (person-time)**			
参加救护普及培训	Rescue Popularization Training	445000	545100	498004
参加救护员培训	Ambulanceman Training	47810	61210	45193
参加救护师资培训	Rescue Teachers Training	139	329	336
造血干细胞捐献工作(人)	**Contributing Stem Cell (person)**			
入库志愿者人数	Quantity of Subscribers Entered Program in Current Year	4538	7183	6087
供患配型相合人数	Quantity of Matching of Contributing and Transplanting in Current Year	613	463	392
实现捐献人数	Quantity of Transplanting in Current Year	14	25	36
人体器官捐献(人)	**Donation of Human Organ (person)**			
报名登记志愿者人数	Quantity of Registered Subscribers		226	213
实现捐献者人数	Quantity of Contributing Human Organ		5	11
接受器官人数	Quantity of Human Organ Transplanted		12	23
遗体捐献工作(人)	**Contributing Reliquiae (person)**			
捐献遗体登记	Quantity of Contributing Reliquiae	82	62	123
实现生前遗愿人数	Quantity of Realizing Last Wish	9	11	19
社会赈济和社区救助工作	**Working on Social Relieving**			
募捐款数(万元)	Donation (10 000 yuan)	2288	9014	3614
救灾款数(万元)	Disaster Relief (10 000 yuan)		6465	160
救助款数(万元)	Salvation Relief (10 000 yuan)		1853	3454
社区公益服务站点(个)	Community Public Service Station (unit)	1100	1123	1137

21-15 受理消费者投诉情况(2011年)
Basic Statistics on Accepted Cases of Consumer Institution, 2011

项 目	Item	总 计 Total	质 量 Quality	售后服务 After-sale Service	价 格 Price	计 量 Measure
受理投诉件数总计(件)	**Total Number of Accepted Cases (item)**	**2376**	**1279**	**312**	**40**	**12**
家用电子电器类	Household Electric Appliance	469	299	74	4	
服装鞋帽类	Garments, Shoes and Hats	268	204	17	3	
食品类	Food	191	145	4	5	4
烟、酒饮料类	Tobacco, Liquor and Drink	35	18	1	1	
房屋及建材类	House and Decoration Materials	179	106	19	1	1
日用商品类	Daily Use Household Articles	279	177	36	3	1
首饰及文体用品类	Jewelry, Cultural and Sports Articles	25	17	3		
医药及医疗用品类	Medicine and Medical Treatment Articles	22	11	2	1	
交通工具类	Transportations	203	92	63	1	
农用生产资料类	Agricultural Production Materials	34	23	1		
生活、社会服务类	Living and Social Services	224	77	34	7	1
房屋装修及物业服务类	House Decoration and Property Management	56	29	7	1	
旅游服务	Tourism Services	10	1		1	
文化、娱乐、体育服务	Cultural, Recreational and Sports Services	36	2		1	
邮政业服务	Post Services	20	2	3		
电信服务	Telecommunication Services	45	6	5	2	
互联网服务	Internet Services	30	9	11		
保险服务	Insurance Services	4		1		
卫生保健服务	Health Care Services	5	3			
教育培训服务	Educational Services	11	1		2	
公共设施服务	Public Facility Services	37	8	8	3	
销售服务	Sales Services	43	2	7	2	
其他商品和服务	Other Commodities and Services	150	47	16	2	5
解决件数总计(件)	**Total Cases Solved (item)**	**2331**				
为消费者挽回损失(万元)	**Expense Exempted for Consumers (10 000 yuan)**	**868.05**				

注：本资料为天津市消费者协会系统的统计数据，不含各监测站的统计资料。
Note: Data of this table are provided by Tianjin Municipal Consumer Institution, excluding those data calculated by each monitor station.

21-15 续表 Continued

项　目	Item	营销合同 Business Contract	广　告 Advertise-ment	假　冒 Counterfeit	其　他 Others
受理投诉件数总计(件)	**Total Number of Accepted Cases (item)**	**349**	**40**	**23**	**321**
家用电子电器类	Household Electric Appliance	33	3	1	55
服装鞋帽类	Garments, Shoes and Hats	6	3	2	33
食品类	Food	5	8	2	18
烟、酒饮料类	Tobacco, Liquor and Drink	6		5	4
房屋及建材类	House and Decoration Materials	34	1	2	15
日用商品类	Daily Use Household Articles	29	2	2	29
首饰及文体用品类	Jewelry, Cultural and Sports Articles	1			4
医药及医疗用品类	Medicine and Medical Treatment Articles	1	4	1	2
交通工具类	Transportations	28	2	1	16
农用生产资料类	Agricultural Production Materials			6	4
生活、社会服务类	Living and Social Services	61	3		41
房屋装修及物业服务类	House Decoration and Property Management	16			3
旅游服务	Tourism Services	7			1
文化、娱乐、体育服务	Cultural, Recreational and Sports Services	32			1
邮政业服务	Post Services	6			9
电信服务	Telecommunication Services	18			14
互联网服务	Internet Services	7	1		2
保险服务	Insurance Services	2			1
卫生保健服务	Health Care Services	1			1
教育培训服务	Educational Services	7			1
公共设施服务	Public Facility Services	12	1		5
销售服务	Sales Services	15	11		6
其他商品和服务	Other Commodities and Services	22	1	1	56
解决件数总计(件)	**Total Cases Solved (item)**				
为消费者挽回损失(万元)	**Expense Exempted for Consumers (10 000 yuan)**				

主要统计指标解释

律 师

指依法取得律师执业证书,担任法律顾问、民事(刑事、行政)案件代理人、刑事案件辩护人，办理非诉讼业务，解答法律询问，代写法律事务文书等，为社会提供法律服务的人员。

公证人员

指在公证处工作的人员总称，包括公证处主任、副主任、公证员、公证员助理(助理公证员)和其他从事辅助性工作的人员。

办理公证文书

指公证处根据当事人申请，依照事实和法律，按照法定程序制作的，具有法律效力的司法证明文书。根据公证书用途和使用地，公证书分为国内公证书、国内经济公证书、涉外民事公证书、涉外经济公证书四类。

调解人员

指在人民调解委员会担负调解民间纠纷工作的人员，包括调解委员会的委员和调解小组的调解员。

调解民间纠纷

指调解委员会按照法律规定，根据自愿原则，用说服教育的方法调解民间发生的有关民事权利和义务争执的件数，包括调解成功数和调解未成功数。

受理劳动争议案件数

指劳动争议仲裁委员会根据国家有关规定，对劳动争议当事人的申请予以审查，符合受理条件而正式立案、准备处理的劳动争议案件数。

基本养老保险

1.(参保)职工人数：指报告期末按照国家法律、法规和有关政策规定参加基本养老保险并在社保经办机构已建立缴费记录档案的职工人数，包括中断缴费但未终止养老保险关系的职工人数，不包括只登记未建立缴费记录档案的人数。

2.(参保)离退休人员人数：指报告期末参加基本养老保险的离休、退休和退职人员的人数。

3. 基本养老保险基金收入：指根据国家有关规定，由纳入基本养老保险范围的缴费单位和个人按国家规定的缴费基数和缴费比例缴纳的养老保险基金，以及通过其他方式取得的形成基金来源的收入。包括单位和职工个人缴纳的基本养老保险费、基本养老保险基金利息收入、上级补助收入、下级上解收入、转移收入、财政补贴和其他收入。

4. 基本养老保险基金支出：指按照国家政策规定的开支范围和开支标准从养老保险基金中支付给参加基本养老保险的个人的养老金、丧葬抚恤补助，以及由于保险关系转移、上下级之间调剂资金等原因而发生的支出。包括离休金、退休金、退职金、各种补贴、医疗费、死亡丧葬补助费、抚恤救济费、社会保险经办机构管理费、补助下级支出、上解上级支出、转移支出、其他支出等。

5. 基本养老保险基金累计结余：指截止报告期末基本养老保险基金收支相抵后的累计余额。

基本医疗保险

1. 参保人数：指报告期末按国家有关规定参加基本医疗保险的人数。包括参加保险的职工人数和退休人员人数。

2. 基金收入：指根据国家有关规定，由纳入基本医疗保险范围的缴费单位和个人，按国家规定的缴费基数和缴费比例缴纳的基金，以及通过其他方式取得的形成基金来源的款项，包括：单位缴纳的社会统筹基金收入、个人缴纳的个人账户基金收入、财政补贴收入、利息收入、其他收入。

3. 基金支出：指按照国家政策规定的开支范围和开支标准从社会统筹基金中支付给参加基本医疗保险的职工和退休人员的医疗保险待遇支出，和从个人账户基金中支付给参加基本医疗保险的职工和退休人员的医疗费用支出，以及其他支出。包括：住院医疗费用支出、门急诊医疗费用支出、个人账户基金支出、其他支出。

4. 基金累计结余：指截止报告期末基本医疗保险的社会统筹和个人账户基金累计结余金额。包括银行存款、财政专户、债券投资和其他。

主要统计指标解释

失业保险

1. 参保人数：指报告期末按照国家法律、法规和有关政策规定参加了失业保险的城镇企业事业单位的职工及地方政府规定参加失业保险的其他人员的人数。

2. 失业保险基金收入：指按照规定从企业、事业及其他单位筹集的失业保险费及其他并入失业保险基金收入的总额。包括单位和个人缴纳的失业保险费、失业保险基金利息收入、上级补助收入、下级上解收入、转移收入、财政补贴和其他收入。

3. 失业保险基金支出：指报告期内为保障失业人员和下岗职工基本生活、促进其再就业等支出的基金总额。包括失业救济金、医疗费、死亡丧葬补助费、抚恤救济费、转业训练费支出、失业保险经办机构管理费、补助下级支出、上解上级支出、转移支出和其他支出。

4. 基金累计结余：指截止报告期末失业保险基金收支相抵后的累计余额。

Explanatory Notes on Main Statistical Indicators

Lawyers

are certified legal workers according to law, and who are employed by legal counseling firms to act as legal advisers, agents in criminal or civil lawsuits, or defenders in criminal lawsuits, or to handle non-litigious legal affairs, to advise on matters of law or to write legal papers for others, and provide service to the public.

Notarial Personnel

refers to people working for notary offices including: directors, deputy director, notaries, assistant notaries, and other people providing assistance.

Notarized Documents

refer to the judicatory notary documents drawn up by the request of the party and are in accordance with facts and laws and following certain legal proceedings. According to usage and locality, the notary documents are divided into following 4 types: domestic notary documents, domestic economic notary documents, foreign-related civil notary documents and foreign-related economic notary documents.

Mediators

refer to workers on people mediation committees responsible for mediating in civil disputes and cases of slight infraction of the law. They include members of the mediation committees and mediators of mediation groups.

Mediation of Civil Disputes

refers to number of cases made by mediation committees in mediating in civil disputes concerning civil rights and duties through persuasion and education in accordance with the provisions of law on a voluntary basis, so as to solve disputes by helping the parties involved come to an agreement and understanding, including those unsuccessful ones.

Number of Labour Dispute Cases Accepted

refers to the number of cases of labour dispute submitted that, after being reviewed by the labour dispute arbitration committees in line with the relevant national regulations, are accepted and registered for treatment.

Basic Pension Insurance

1. Number of staff and workers covered refer to staff and workers participating in the basic pension insurance programme according to national laws, regulations and related policies at the end of the reference period, who have already had payment records in social security management agencies, including those who have interrupt payment without terminating the insurance programme. Those who have registered in the programme but with no payment records are not included.

2. Number of retirees participating in the basic pension insurance programme refer to the number of retirees participating in basic pension insurance programmes by the end of the reference period.

3. Revenue of the basic pension insurance programme refers to payments made by employers and individuals participating in the pension insurance programme in accordance with the basis and proportion stipulated in State regulations, and income from other sources that become source of pension insurance fund, including the premium paid by employers and staff and workers, interest income, subsidies from higher level agencies, income as transfer from subordinate agencies, transferred income, government financial subsidies and other income.

4. Expenditure of basic pension insurance programme refers to payment made on pensions and funeral subsidies to those retired and resigned people covered in pension insurance programmes according to related national policies on scope and standard of expenditure. Also included are expenditure which arises due to shift of the insurance relationship or adjustment of funds among agencies. More specifically, included are pensions for resigned people, pensions for retired people, pension for people quitting jobs, various subsidies, medical fees, funeral subsidies, compensation payments, management fees for social security agencies, expenses on subsidies to lower subordinates, expenses as transfer to agencies at higher level, transferred expenditure and other expenditure.

5. Balance of basic pension insurance programme refers to the balance of basic pension insurance funds at the end of the reference period after deducting expenses from revenue.

Basic Medical Care Insurance

1. Number of people participating in the insurance programme refers to people participating in the basic medical care insurance programme according to related regulations as at the end of reference period, including number of staff and workers and retirees participating in this insurance programme.

Explanatory Notes on Main Statistical Indicators

2. Revenue of the insurance programme refers to payments made by employers and individuals participating in the medical care insurance programme in accordance with the basis and proportion stipulated in State regulations, and income from other sources that become source of medical insurance fund, including income of social comprehensive funds paid by employers, income from individual accounts, government financial subsidies, interest income and other income.

3. Expenditure of the insurance programme refers to payment made from social comprehensive funds to those retired and resigned people covered in basic medical care insurance within the scope and standards of expenditure according to related national policies, and medical care payment made from individual accounts to staff and workers and retirees, and other expenses, including medical expenses of hospital inpatients, medical expenses for outpatients and emergency patients, payment from individual accounts and other expenditure.

4. Balance of the basic medical care insurance programme refer to the balance of medical care insurance of social comprehensive funds and individual accounts at the end of the reference period, including bank savings, special fiscal accounts, investment in bonds and others.

Unemployment Insurance

1. Number of people covered refers to staff and workers in urban enterprises or institutions who have participated in unemployment insurance programme in line relevant policies and regulations, and other people who have participated according to local government regulations, by the end of reference period.

2. Revenue of unemployment insurance refer to payments made by employers and individuals participating in unemployment insurance programme in accordance with relevant regulations and other income contributed to this programme, including unemployment insurance premium made by employers and individuals, interest income, subsidies from higher level agencies, income as transfer from subordinate agencies, transferred income, government financial subsidies and other income.

3. Expenses of unemployment insurance refer to total expenses during the reference period to guarantee the basic livelihood of unemployed people and laid-off staff and workers and to encourage their re-employment. Included are unemployment relief, medical fees, funeral subsidies, compensation pension, training expenses, management fees for unemployment insurance agencies, subsidies to lower level agencies, expenses as transfer to higher level agencies, transferred expenditure and other expenditure.

4. Balance of unemployment insurance refer to the balance of unemployment revenue deducting unemployment expenses at the end of the reference period.

区县基本情况 22
Basic Statistics on Districts and Counties

22-1 各区县主要经济指标（2011年）
Basic Statistics on Districts and Counties, 2011

单位：亿元 (100 million yuan)

区　县	Region	区　县 生产总值 Gross Domestic Product of District and County	2011 比2010年 增长(%) Increase Rate in 2011 over 2010 (%)	规模以上 工业总产值 Gross Output Value of Industrial Enterprises above Designated Size	2011 比2010年 增长(%) Increase Rate in 2011 over 2010 (%)
和平区	Heping District	577.47	13.2	49.39	51.0
河东区	Hedong District	254.06	8.0	106.99	-12.2
河西区	Hexi District	585.13	9.2	518.55	18.8
南开区	Nankai District	480.01	13.1	173.08	26.1
河北区	Hebei District	291.98	14.0	363.38	1.5
红桥区	Hongqiao District	128.68	12.7	28.96	8.4
东丽区	Dongli District	602.81	10.4	2153.33	21.8
西青区	Xiqing District	595.50	12.4	2725.46	11.0
津南区	Jinnan District	379.97	18.5	689.73	13.1
北辰区	Beichen District	562.99	10.5	1410.26	15.4
武清区	Wuqing District	455.51	19.8	1046.03	37.7
宝坻区	Baodi District	323.33	13.8	393.89	29.6
滨海新区	Binhai New Area	6206.87	23.8	12828.95	27.1
宁河县	Ninghe County	224.95	16.0	444.63	30.8
静海县	Jinghai County	343.66	19.0	1250.37	43.1
蓟　县	Jixian County	250.11	14.2	137.59	19.7

注：1. 区县生产总值增速按可比价格计算。2. 滨海新区为注册口径，其他均为在地口径。
Note: a) Increase rate of gross domestic product of district and county is calculated at constant prices. b) Data of Binhai New Area adopt coverage of register units, and other data are coverage of location.

22-1 续表 1 Continued

单位：亿元 (100 million yuan)

区　县	Region	区县级财政一般预算收入 General Budgetary Government Revenue at District Level	2011比2010年增长(%) Increase Rate in 2011 over 2010 (%)	区县级财政一般预算支出 General Budgetary Government Expenditure at District Level	2011比2010年增长(%) Increase Rate in 2011 over 2010 (%)
和平区	Heping District	38.10	26.7	38.84	29.3
河东区	Hedong District	26.26	24.7	30.10	24.3
河西区	Hexi District	37.34	21.8	31.65	23.2
南开区	Nankai District	32.00	18.5	32.31	18.8
河北区	Hebei District	24.14	30.0	30.66	21.3
红桥区	Hongqiao District	12.05	20.4	20.74	21.2
东丽区	Dongli District	52.08	29.6	49.77	23.7
西青区	Xiqing District	54.51	44.8	51.56	20.8
津南区	Jinnan District	48.08	32.9	42.05	-7.8
北辰区	Beichen District	34.95	30.9	34.73	23.6
武清区	Wuqing District	45.25	37.8	59.48	27.2
宝坻区	Baodi District	25.44	51.1	41.73	42.1
滨海新区	Binhai New Area	407.77	47.2	429.99	42.6
宁河县	Ninghe County	12.70	58.4	23.17	44.5
静海县	Jinghai County	23.98	60.2	37.80	53.1
蓟　县	Jixian County	15.46	41.8	28.79	37.5

22-1 续表 2 Continued

单位：亿元 (100 million yuan)

区　县	Region	全社会固定资产投资 Investment in Fixed Assets	2011 比2010年增长(%) Increase Rate in 2011 over 2010 (%)	社会消费品零售总额 Retail Sales of Consumer Goods	2011 比2010年增长(%) Increase Rate in 2011 over 2010 (%)
和平区	Heping District	127.08	15.8	311.75	13.9
河东区	Hedong District	95.32	16.9	272.41	15.0
河西区	Hexi District	84.33	-20.8	337.24	11.9
南开区	Nankai District	95.35	18.3	490.07	18.8
河北区	Hebei District	95.45	6.8	154.60	15.4
红桥区	Hongqiao District	90.19	18.3	124.02	10.1
东丽区	Dongli District	396.32	41.6	132.07	6.7
西青区	Xiqing District	436.09	40.1	134.03	13.2
津南区	Jinnan District	382.77	22.5	128.05	13.2
北辰区	Beichen District	404.91	39.5	141.35	9.8
武清区	Wuqing District	389.16	45.7	118.95	11.5
宝坻区	Baodi District	301.40	46.7	111.68	8.6
滨海新区	Binhai New Area	3702.12	32.0	887.53	24.3
宁河县	Ninghe County	276.51	46.2	61.29	10.4
静海县	Jinghai County	292.72	46.1	62.97	12.7
蓟　县	Jixian County	330.75	49.0	100.63	18.5

22-1 续表 3 Continued

区　县	Region	外贸出口总额(亿美元) Total Value of Exports in Foreign Trade (USD 100 million)	2011比2010年增长(%) Increase Rate in 2011 over 2010 (%)	实际直接利用外资(万美元) Actual Direct Utilization of Foreign Capital (USD 10 000)	2011比2010年增长(%) Increase Rate in 2011 over 2010 (%)
和平区	Heping District	16.79	29.1	48434	11.7
河东区	Hedong District	3.54	27.4	9227	22.2
河西区	Hexi District	15.13	22.7	25044	5.8
南开区	Nankai District	7.18	17.8	9702	21.1
河北区	Hebei District	2.62	15.3	16018	17.5
红桥区	Hongqiao District	0.26	24.3	938	3919.1
东丽区	Dongli District	22.46	20.0	55028	15.6
西青区	Xiqing District	21.90	12.7	72481	21.0
津南区	Jinnan District	11.40	13.1	39009	21.6
北辰区	Beichen District	28.08	8.7	71392	21.0
武清区	Wuqing District	22.71	19.5	48176	20.1
宝坻区	Baodi District	4.73	17.7	16003	25.0
滨海新区	Binhai New Area	276.76	18.9	850200	20.8
宁河县	Ninghe County	1.35	42.8	18090	20.5
静海县	Jinghai County	9.44	42.3	15827	57.0
蓟　县	Jixian County	0.65	15.9	10005	27.2

22-2 和平区基本情况
Basic Statistics on Heping District

指　标	Item	2010	2011
常住人口(万人)	Permanent Population (10 000 persons)	27.39	30.31
户籍户数(万户)	Registered Households (10 000 households)	13.41	13.51
户籍人口(万人)	Registered Population (10 000 persons)	39.93	40.22
男	Male	19.22	19.35
女	Female	20.71	20.87
人口出生率(‰)	Birth Rate of Population (‰)	2.70	2.82
人口自然增长率(‰)	Natural Growth Rate of Population (‰)	-2.57	-1.14
城镇单位从业人员(万人)	Employment Personnel in Urban Units (10 000 persons)	14.33	19.76
# 在岗职工	On-post Staff and Workers	12.71	18.57
新增就业人员(人)	Newly Increased Employment Personnel (person)	38718	40774
城镇单位从业人员平均工资(元)	Average Remuneration of Employment Personnel in Urban Units (yuan)	54997	57428
区县生产总值(亿元)	Gross Domestic Product (100 million yuan)	504.49	577.47
第二产业	Secondary Industry	73.32	71.90
# 工　业	Industry	56.15	58.03
第三产业	Tertiary Industry	431.16	505.57
区县生产总值增速(%)	Increase Rate of Gross Domestic Product (%)	11.8	13.2
* 区县增加值(亿元)	Value Added of District (100 million yuan)	191.80	232.06
* 区县增加值增速(%)	Increase Rate of Value Added of District (%)	15.7	16.3
区级财政一般预算收入(万元)	General Budgetary Government Revenue at District Level (10 000 yuan)	300658	380953
区级财政一般预算支出(万元)	General Budgetary Government Expenditure at District Level (10 000 yuan)	300447	388391
# 教育经费支出	Operating Expenses for Education	93146	126016
规模以上工业企业	Industrial Enterprises above Designated Size		
单位数(个)	Number of Units (unit)	22	8
从业人员(人)	Employment Personnel (person)	6437	6037
资产总值(亿元)	Total Assets (100 million yuan)	196.84	238.64
主营业务收入(亿元)	Revenue From Principal Business (100 million yuan)	39.21	50.70
利税总额(亿元)	Total Profits and Taxes (100 million yuan)	2.73	5.41
# 利润总额(亿元)	Total Pre-tax Profits (100 million yuan)	1.33	3.30
工业总产值(亿元)	Gross Output Value of Industry (100 million yuan)	32.70	49.39

注：1. "*"为区(县)属数，其余为全区(县)数据。2.2011年城镇单位从业人员中含劳务派遣人员。3. 区县在地口径生产总值称为区县生产总值，考核口径生产总值称为区县增加值。4.2011年卫生机构含村卫生室。5. 表23-2至23-16同。

Note: a) The data with "*" of this table refer to the data of units under the leadership of this district (county), others refer to that of the whole district (county). b)Employment personnel in urban units in 2011 include labour dispatch. c) GDP of districts and countries adopt the coverage of location, and value added of districts and countries adopt the coverage of examination. d) Health care institutions in 2011 include village health rooms. e) Same as following table 23-2 to 23-16.

22-2 续表 Continued

指　　标	Item	2010	2011
固定资产投资（亿元）	Investment in Fixed Assets (100 million yuan)	124.69	127.08
社会消费品零售总额（亿元）	Retail Sales of Consumer Goods (100 million yuan)	336.85	311.75
外贸出口（亿美元）	Total Value of Exports in Foreign Trade (USD 100 million)	13.36	16.79
民营企业注册资本（亿元）	Private and Individual Enterprises Registered Capital (100 million yuan)	230.89	276.93
实际直接利用外资（亿美元）	Actual Direct Utilization of Foreign Capital (USD 100 million)	4.34	4.84
实际利用内资（亿元）	Domestic Investment Actually Used (100 million yuan)	76.19	102.83
星级饭店（个）	Star-level Hotels (unit)	12	13
小学校数（所）	Number of Primary Schools (unit)	27	27
小学在校学生数（人）	Students Enrollment of Primary Schools (person)	23416	23398
普通中学校数（所）	Number of Regular Secondary Schools (unit)	26	22
普通中学在校学生数（人）	Students Enrollment of Regular Secondary Schools (person)	25061	24475
幼儿园数（所）	Number of Kindergartens (unit)	23	22
养老院床位数（张）	Number of Beds in Old People's Home (unit)	921	1041
卫生机构数（个）	Health Care Institutions (unit)	122	123
# 医院、卫生院	Hospitals and Health Care Centers	23	22
卫生机构床位数（张）	Beds in Health Care Institutions (unit)	5739	5790
# 医院、卫生院	Hospitals and Health Care Centers	5549	5600
每千人医疗卫生机构床位数（张）	Beds of Health Care Institutions per 1 000 persons (unit)	14.37	14.40
每千人执业（助理）医师数（人）	Number of Licensed (Assistant) Doctors per 1 000 persons (person)	8.39	8.04
每千人注册护士数（人）	Number of Registered Nurses per 1 000 persons (person)	8.47	8.81
空气、水、噪声环境质量指数	Atmospheric, Water and Acoustic Environment Quality Rate	95.55	96.23

22-3 河东区基本情况
Basic Statistics on Hedong District

指　标	Item	2010	2011
常住人口（万人）	Permanent Population (10 000 persons)	86.12	88.98
户籍户数（万户）	Registered Households (10 000 households)	26.97	27.30
户籍人口（万人）	Registered Population (10 000 persons)	71.18	71.80
男	Male	35.93	36.25
女	Female	35.25	35.55
人口出生率 (‰)	Birth Rate of Population (‰)	5.96	6.43
人口自然增长率 (‰)	Natural Growth Rate of Population (‰)	1.05	2.54
城镇单位从业人员（万人）	Employment Personnel in Urban Units (10 000 persons)	10.58	12.92
# 在岗职工	On-post Staff and Workers	9.66	12.04
新增就业人员（人）	Newly Increased Employment Personnel (person)	38717	40783
城镇单位从业人员平均工资（元）	Average Remuneration of Employment Personnel in Urban Units (yuan)	49894	49233
区县生产总值（亿元）	Gross Domestic Product (100 million yuan)	232.11	254.06
第二产业	Secondary Industry	43.30	38.24
# 工　业	Industry	26.22	22.04
第三产业	Tertiary Industry	188.81	215.82
区县生产总值增速 (%)	Increase Rate of Gross Domestic Product (%)	12.0	8.0
* 区县增加值（亿元）	Value Added of District (100 million yuan)	132.10	146.51
* 区县增加值增速 (%)	Increase Rate of Value Added of District (%)	16.9	13.9
区级财政一般预算收入（万元）	General Budgetary Government Revenue at District Level (10 000 yuan)	210589	262618
区级财政一般预算支出（万元）	General Budgetary Government Expenditure at District Level (10 000 yuan)	242094	301014
# 教育经费支出	Operating Expenses for Education	77756	87535
规模以上工业企业	Industrial Enterprises above Designated Size		
单位数（个）	Number of Units (unit)	91	40
从业人员（人）	Employment Personnel (person)	17300	12644
资产总值（亿元）	Total Assets (100 million yuan)	273.61	243.78
主营业务收入（亿元）	Revenue From Principal Business (100 million yuan)	186.24	124.72
利税总额（亿元）	Total Profits and Taxes (100 million yuan)	9.97	6.93
# 利润总额（亿元）	Total Pre-tax Profits (100 million yuan)	3.76	3.43
工业总产值（亿元）	Gross Output Value of Industry (100 million yuan)	121.86	106.99

22-3 续表 Continued

指　　标	Item	2010	2011
固定资产投资（亿元）	Investment in Fixed Assets (100 million yuan)	91.63	95.32
社会消费品零售总额（亿元）	Retail Sales of Consumer Goods (100 million yuan)	232.83	272.41
外贸出口（亿美元）	Total Value of Exports in Foreign Trade (USD 100 million)	2.43	3.54
民营企业注册资本（亿元）	Private and Individual Enterprises Registered Capital (100 million yuan)	133.00	203.20
实际直接利用外资（亿美元）	Actual Direct Utilization of Foreign Capital (USD 100 million)	0.76	0.92
实际利用内资（亿元）	Domestic Investment Actually Used (100 million yuan)	65.58	78.31
星级饭店（个）	Star-level Hotels (unit)	13	14
小学校数（所）	Number of Primary Schools (unit)	22	22
小学在校学生数（人）	Students Enrollment of Primary Schools (person)	19887	20337
普通中学校数（所）	Number of Regular Secondary Schools (unit)	20	19
普通中学在校学生数（人）	Students Enrollment of Regular Secondary Schools (person)	20473	19359
幼儿园数（所）	Number of Kindergartens (unit)	35	35
养老院床位数（张）	Number of Beds in Old People's Home (unit)	3681	4229
卫生机构数（个）	Health Care Institutions (unit)	213	207
#医院、卫生院	Hospitals and Health Care Centers	40	39
卫生机构床位数（张）	Beds in Health Care Institutions (unit)	2872	3232
#医院、卫生院	Hospitals and Health Care Centers	2084	2084
每千人医疗卫生机构床位数（张）	Beds of Health Care Institutions per 1 000 persons (unit)	4.04	4.50
每千人执业（助理）医师数（人）	Number of Licensed (Assistant) Doctors per 1 000 persons (person)	2.34	2.71
每千人注册护士数（人）	Number of Registered Nurses per 1 000 persons (person)	1.86	2.25
空气、水、噪声环境质量指数	Atmospheric, Water and Acoustic Environment Quality Rate	96.18	93.23

22-4 河西区基本情况
Basic Statistics on Hexi District

指　标	Item	2010	2011
常住人口(万人)	Permanent Population (10 000 persons)	87.10	90.10
户籍户数(万户)	Registered Households (10 000 households)	27.73	28.10
户籍人口(万人)	Registered Population (10 000 persons)	79.05	80.30
男	Male	38.98	39.56
女	Female	40.07	40.74
人口出生率(‰)	Birth Rate of Population (‰)	5.90	5.83
人口自然增长率(‰)	Natural Growth Rate of Population (‰)	0.71	2.04
城镇单位从业人员(万人)	Employment Personnel in Urban Units (10 000 persons)	16.65	20.70
# 在岗职工	On-post Staff and Workers	14.05	18.26
新增就业人员(人)	Newly Increased Employment Personnel (person)	42801	41819
城镇单位从业人员平均工资(元)	Average Remuneration of Employment Personnel in Urban Units (yuan)	57567	67276
区县生产总值(亿元)	Gross Domestic Product (100 million yuan)	515.05	585.13
第二产业	Secondary Industry	99.48	116.44
# 工　业	Industry	88.29	105.18
第三产业	Tertiary Industry	415.58	468.69
区县生产总值增速(%)	Increase Rate of Gross Domestic Product (%)	14.2	9.2
* 区县增加值(亿元)	Value Added of District (100 million yuan)	251.20	286.11
* 区县增加值增速(%)	Increase Rate of Value Added of District (%)	16.9	10.2
区级财政一般预算收入(万元)	General Budgetary Government Revenue at District Level (10 000 yuan)	306476	373387
区级财政一般预算支出(万元)	General Budgetary Government Expenditure at District Level (10 000 yuan)	256994	316490
# 教育经费支出	Operating Expenses for Education	83122	103291
规模以上工业企业	Industrial Enterprises above Designated Size		
单位数(个)	Number of Units (unit)	126	68
从业人员(人)	Employment Personnel (person)	33374	32640
资产总值(亿元)	Total Assets (100 million yuan)	632.04	675.52
主营业务收入(亿元)	Revenue From Principal Business (100 million yuan)	644.25	665.96
利税总额(亿元)	Total Profits and Taxes (100 million yuan)	52.60	59.77
# 利润总额(亿元)	Total Pre-tax Profits (100 million yuan)	23.46	28.70
工业总产值(亿元)	Gross Output Value of Industry (100 million yuan)	436.40	518.55

22-4 续表 Continued

指　标	Item	2010	2011
固定资产投资（亿元）	Investment in Fixed Assets (100 million yuan)	118.33	84.33
社会消费品零售总额（亿元）	Retail Sales of Consumer Goods (100 million yuan)	294.67	337.24
外贸出口（亿美元）	Total Value of Exports in Foreign Trade (USD 100 million)	12.34	15.13
民营企业注册资本（亿元）	Private and Individual Enterprises Registered Capital (100 million yuan)	162.14	198.01
实际直接利用外资（亿美元）	Actual Direct Utilization of Foreign Capital (USD 100 million)	2.37	2.50
实际利用内资（亿元）	Domestic Investment Actually Used (100 million yuan)	93.34	102.37
星级饭店（个）	Star-level Hotels (unit)	20	19
小学校数（所）	Number of Primary Schools (unit)	42	42
小学在校学生数（人）	Students Enrollment of Primary Schools (person)	29153	30003
普通中学校数（所）	Number of Regular Secondary Schools (unit)	28	26
普通中学在校学生数（人）	Students Enrollment of Regular Secondary Schools (person)	27264	26562
幼儿园数（所）	Number of Kindergartens (unit)	36	37
养老院床位数（张）	Number of Beds in Old People's Home (unit)	2513	2937
卫生机构数（个）	Health Care Institutions (unit)	226	236
# 医院、卫生院	Hospitals and Health Care Centers	33	37
卫生机构床位数（张）	Beds in Health Care Institutions (unit)	7440	7652
# 医院、卫生院	Hospitals and Health Care Centers	7129	7300
每千人医疗卫生机构床位数（张）	Beds of Health Care Institutions per 1 000 persons (unit)	9.41	9.53
每千人执业（助理）医师数（人）	Number of Licensed (Assistant) Doctors per 1 000 persons (person)	4.28	4.21
每千人注册护士数（人）	Number of Registered Nurses per 1 000 persons (person)	4.82	4.94
空气、水、噪声环境质量指数	Atmospheric, Water and Acoustic Environment Quality Rate	95.53	96.28

22-5 南开区基本情况
Basic Statistics on Nankai District

指　标	Item	2010	2011
常住人口(万人)	Permanent Population (10 000 persons)	101.88	105.54
户籍户数(万户)	Registered Households (10 000 households)	29.85	30.36
户籍人口(万人)	Registered Population (10 000 persons)	85.34	86.66
男	Male	43.00	43.63
女	Female	42.34	43.03
人口出生率(‰)	Birth Rate of Population (‰)	5.78	6.29
人口自然增长率(‰)	Natural Growth Rate of Population (‰)	-0.80	0.10
城镇单位从业人员(万人)	Employment Personnel in Urban Units (10 000 persons)	17.78	21.18
#在岗职工	On-post Staff and Workers	14.61	19.42
新增就业人员(人)	Newly Increased Employment Personnel (person)	38718	40783
城镇单位从业人员平均工资(元)	Average Remuneration of Employment Personnel in Urban Units (yuan)	51495	44185
区县生产总值(亿元)	Gross Domestic Product (100 million yuan)	350.05	480.01
第二产业	Secondary Industry	53.76	68.29
#工　业	Industry	39.69	54.69
第三产业	Tertiary Industry	296.29	411.72
区县生产总值增速(%)	Increase Rate of Gross Domestic Product (%)	10.1	13.1
*区县增加值(亿元)	Value Added of District (100 million yuan)	167.77	208.42
*区县增加值增速(%)	Increase Rate of Value Added of District (%)	13.7	15.1
区级财政一般预算收入(万元)	General Budgetary Government Revenue at District Level (10 000 yuan)	270037	320012
区级财政一般预算支出(万元)	General Budgetary Government Expenditure at District Level (10 000 yuan)	271973	323077
#教育经费支出	Operating Expenses for Education	83414	100629
规模以上工业企业	Industrial Enterprises above Designated Size		
单位数(个)	Number of Units (unit)	222	93
从业人员(人)	Employment Personnel (person)	32166	31114
资产总值(亿元)	Total Assets (100 million yuan)	198.93	192.59
主营业务收入(亿元)	Revenue From Principal Business (100 million yuan)	177.05	216.56
利税总额(亿元)	Total Profits and Taxes (100 million yuan)	20.25	26.55
#利润总额(亿元)	Total Pre-tax Profits (100 million yuan)	14.16	17.04
工业总产值(亿元)	Gross Output Value of Industry (100 million yuan)	137.23	173.08

22-5 续表 Continued

指　　标	Item	2010	2011
固定资产投资（亿元）	Investment in Fixed Assets (100 million yuan)	90.55	95.35
社会消费品零售总额（亿元）	Retail Sales of Consumer Goods (100 million yuan)	330.36	490.07
外贸出口（亿美元）	Total Value of Exports in Foreign Trade (USD 100 million)	6.10	7.18
民营企业注册资本（亿元）	Private and Individual Enterprises Registered Capital (100 million yuan)	232.72	275.35
实际直接利用外资（亿美元）	Actual Direct Utilization of Foreign Capital (USD 100 million)	0.80	0.97
实际利用内资（亿元）	Domestic Investment Actually Used (100 million yuan)	75.60	76.06
星级饭店（个）	Star-level Hotels (unit)	14	9
小学校数（所）	Number of Primary Schools (unit)	37	36
小学在校学生数（人）	Students Enrollment of Primary Schools (person)	26064	27156
普通中学校数（所）	Number of Regular Secondary Schools (unit)	26	27
普通中学在校学生数（人）	Students Enrollment of Regular Secondary Schools (person)	25436	25365
幼儿园数（所）	Number of Kindergartens (unit)	46	41
养老院床位数（张）	Number of Beds in Old People's Home (unit)	3082	3427
卫生机构数（个）	Health Care Institutions (unit)	220	198
# 医院、卫生院	Hospitals and Health Care Centers	32	33
卫生机构床位数（张）	Beds in Health Care Institutions (unit)	6014	5637
# 医院、卫生院	Hospitals and Health Care Centers	5160	4901
每千人医疗卫生机构床位数（张）	Beds of Health Care Institutions per 1 000 persons (unit)	7.05	6.50
每千人执业（助理）医师数（人）	Number of Licensed (Assistant) Doctors per 1 000 persons (person)	3.62	3.48
每千人注册护士数（人）	Number of Registered Nurses per 1 000 persons (person)	3.54	3.30
空气、水、噪声环境质量指数	Atmospheric, Water and Acoustic Environment Quality Rate	96.23	96.93

22-6 河北区基本情况
Basic Statistics on Hebei District

指　标	Item	2010	2011
常住人口(万人)	Permanent Population (10 000 persons)	78.86	80.53
户籍户数(万户)	Registered Households (10 000 households)	23.84	24.00
户籍人口(万人)	Registered Population (10 000 persons)	63.13	63.18
男	Male	31.82	31.85
女	Female	31.31	31.33
人口出生率(‰)	Birth Rate of Population (‰)	5.93	6.89
人口自然增长率(‰)	Natural Growth Rate of Population (‰)	-2.59	1.54
城镇单位从业人员(万人)	Employment Personnel in Urban Units (10 000 persons)	9.23	10.43
#在岗职工	On-post Staff and Workers	7.80	9.78
新增就业人员(人)	Newly Increased Employment Personnel (person)	38719	40784
城镇单位从业人员	Average Remuneration of Employment		
平均工资(元)	Personnel in Urban Units (yuan)	55905	66020
区县生产总值(亿元)	Gross Domestic Product (100 million yuan)	345.18	291.98
第二产业	Secondary Industry	100.85	95.20
#工　业	Industry	92.50	86.10
第三产业	Tertiary Industry	244.33	196.78
区县生产总值增速(%)	Increase Rate of Gross Domestic Product (%)	12.5	14.0
*区县增加值(亿元)	Value Added of District (100 million yuan)	128.32	141.20
*区县增加值增速(%)	Increase Rate of Value Added of District (%)	18.0	16.5
区级财政一般预算收入(万元)	General Budgetary Government Revenue at District Level (10 000 yuan)	185677	241399
区级财政一般预算支出(万元)	General Budgetary Government Expenditure at District Level (10 000 yuan)	252786	306642
#教育经费支出	Operating Expenses for Education	84946	82148
规模以上工业企业	Industrial Enterprises above Designated Size		
单位数(个)	Number of Units (unit)	110	46
从业人员(人)	Employment Personnel (person)	22952	20476
资产总值(亿元)	Total Assets (100 million yuan)	588.20	600.53
主营业务收入(亿元)	Revenue From Principal Business (100 million yuan)	368.84	379.56
利税总额(亿元)	Total Profits and Taxes (100 million yuan)	27.06	23.50
#利润总额(亿元)	Total Pre-tax Profits (100 million yuan)	11.69	8.44
工业总产值(亿元)	Gross Output Value of Industry (100 million yuan)	358.16	363.38

22-6 续表 Continued

指　标	Item	2010	2011
固定资产投资（亿元）	Investment in Fixed Assets (100 million yuan)	100.45	95.45
社会消费品零售总额（亿元）	Retail Sales of Consumer Goods (100 million yuan)	144.28	154.60
外贸出口（亿美元）	Total Value of Exports in Foreign Trade (USD 100 million)	2.27	2.62
民营企业注册资本（亿元）	Private and Individual Enterprises Registered Capital (100 million yuan)	88.40	141.29
实际直接利用外资（亿美元）	Actual Direct Utilization of Foreign Capital (USD 100 million)	1.36	1.60
实际利用内资（亿元）	Domestic Investment Actually Used (100 million yuan)	93.93	103.21
星级饭店（个）	Star-level Hotels (unit)	4	5
小学校数（所）	Number of Primary Schools (unit)	26	24
小学在校学生数（人）	Students Enrollment of Primary Schools (person)	19968	20095
普通中学校数（所）	Number of Regular Secondary Schools (unit)	27	23
普通中学在校学生数（人）	Students Enrollment of Regular Secondary Schools (person)	22083	21629
幼儿园数（所）	Number of Kindergartens (unit)	30	29
养老院床位数（张）	Number of Beds in Old People's Home (unit)	2436	3511
卫生机构数（个）	Health Care Institutions (unit)	202	198
# 医院、卫生院	Hospitals and Health Care Centers	27	31
卫生机构床位数（张）	Beds in Health Care Institutions (unit)	3820	3708
# 医院、卫生院	Hospitals and Health Care Centers	3395	3420
每千人医疗卫生机构床位数（张）	Beds of Health Care Institutions per 1 000 persons (unit)	6.05	5.87
每千人执业（助理）医师数（人）	Number of Licensed (Assistant) Doctors per 1 000 persons (person)	3.20	3.31
每千人注册护士数（人）	Number of Registered Nurses per 1 000 persons (person)	3.13	3.28
空气、水、噪声环境质量指数	Atmospheric, Water and Acoustic Environment Quality Rate	96.23	96.85

22-7 红桥区基本情况 Basic Statistics on Hongqiao District

指　标	Item	2010	2011
常住人口(万人)	Permanent Population (10 000 persons)	53.23	54.69
户籍户数(万户)	Registered Households (10 000 households)	20.84	20.90
户籍人口(万人)	Registered Population (10 000 persons)	54.24	53.84
男	Male	27.37	27.13
女	Female	26.87	26.71
人口出生率(‰)	Birth Rate of Population (‰)	5.85	6.46
人口自然增长率(‰)	Natural Growth Rate of Population (‰)	-2.38	1.77
城镇单位从业人员(万人)	Employment Personnel in Urban Units (10 000 persons)	3.75	3.46
#在岗职工	On-post Staff and Workers	3.22	3.08
新增就业人员(人)	Newly Increased Employment Personnel (person)	32101	34500
城镇单位从业人员	Average Remuneration of Employment		
平均工资(元)	Personnel in Urban Units (yuan)	48279	56777
区县生产总值(亿元)	Gross Domestic Product (100 million yuan)	114.68	128.68
第二产业	Secondary Industry	11.23	19.28
#工　业	Industry	6.87	7.90
第三产业	Tertiary Industry	103.44	109.40
区县生产总值增速(%)	Increase Rate of Gross Domestic Product (%)	11.8	12.7
*区县增加值(亿元)	Value Added of District (100 million yuan)	93.92	107.05
*区县增加值增速(%)	Increase Rate of Value Added of District (%)	15.5	14.5
区级财政一般预算收入(万元)	General Budgetary Government Revenue at District Level (10 000 yuan)	100041	120475
区级财政一般预算支出(万元)	General Budgetary Government Expenditure at District Level (10 000 yuan)	171198	207435
#教育经费支出	Operating Expenses for Education	71004	73592
规模以上工业企业	Industrial Enterprises above Designated Size		
单位数(个)	Number of Units (unit)	48	19
从业人员(人)	Employment Personnel (person)	5421	5136
资产总值(亿元)	Total Assets (100 million yuan)	30.20	28.97
主营业务收入(亿元)	Revenue From Principal Business (100 million yuan)	30.80	31.11
利税总额(亿元)	Total Profits and Taxes (100 million yuan)	4.36	4.38
#利润总额(亿元)	Total Pre-tax Profits (100 million yuan)	2.58	2.65
工业总产值(亿元)	Gross Output Value of Industry (100 million yuan)	26.72	28.96

22-7 续表 Continued

指　标	Item	2010	2011
固定资产投资（亿元）	Investment in Fixed Assets (100 million yuan)	86.92	90.19
社会消费品零售总额（亿元）	Retail Sales of Consumer Goods (100 million yuan)	112.68	124.02
外贸出口（亿美元）	Total Value of Exports in Foreign Trade (USD 100 million)	0.30	0.26
民营企业注册资本（亿元）	Private and Individual Enterprises Registered Capital (100 million yuan)	43.97	56.47
实际直接利用外资（亿美元）	Actual Direct Utilization of Foreign Capital (USD 100 million)		0.09
实际利用内资（亿元）	Domestic Investment Actually Used (100 million yuan)	34.20	40.13
星级饭店（个）	Star-level Hotels (unit)	1	1
小学校数（所）	Number of Primary Schools (unit)	28	28
小学在校学生数（人）	Students Enrollment of Primary Schools (person)	12885	12944
普通中学校数（所）	Number of Regular Secondary Schools (unit)	22	22
普通中学在校学生数（人）	Students Enrollment of Regular Secondary Schools (person)	14091	13387
幼儿园数（所）	Number of Kindergartens (unit)	17	17
养老院床位数（张）	Number of Beds in Old People's Home (unit)	1366	1326
卫生机构数（个）	Health Care Institutions (unit)	128	115
# 医院、卫生院	Hospitals and Health Care Centers	15	16
卫生机构床位数（张）	Beds in Health Care Institutions (unit)	2708	2828
# 医院、卫生院	Hospitals and Health Care Centers	2203	2323
每千人医疗卫生机构床位数（张）	Beds of Health Care Institutions per 1 000 persons (unit)	4.99	5.25
每千人执业（助理）医师数（人）	Number of Licensed (Assistant) Doctors per 1 000 persons (person)	3.10	3.26
每千人注册护士数（人）	Number of Registered Nurses per 1 000 persons (person)	2.81	2.94
空气、水、噪声环境质量指数	Atmospheric, Water and Acoustic Environment Quality Rate	96.10	96.85

22-8 东丽区基本情况
Basic Statistics on Dongli District

指　标	Item	2010	2011
常住人口（万人）	Permanent Population (10 000 persons)	57.08	63.54
户籍户数（万户）	Registered Households (10 000 households)	13.42	13.57
#农业户	Agricultural Households	7.97	7.97
户籍人口（万人）	Registered Population (10 000 persons)	35.10	35.73
1.农业人口	Agricultural Population	20.25	20.26
非农业人口	Non-agricultural Population	14.85	15.47
2.男	Male	17.70	18.05
女	Female	17.40	17.68
人口出生率(‰)	Birth Rate of Population (‰)	6.50	7.56
人口自然增长率(‰)	Natural Growth Rate of Population (‰)	2.50	4.36
城镇单位从业人员（万人）	Employment Personnel in Urban Units (10 000 persons)	14.34	20.12
#在岗职工	On-post Staff and Workers	13.31	19.44
新增就业人员（人）	Newly Increased Employment Personnel (person)	17745	18820
城镇单位从业人员平均工资（元）	Average Remuneration of Employment Personnel in Urban Units (yuan)	52159	52427
乡村从业人员（万人）	Rural Employment Personnel (10 000 persons)	8.82	12.65
#农林牧渔业	Farming, Forestry, Animal Husbandry and Fishery	0.97	1.41
区县生产总值（亿元）	Gross Domestic Product (100 million yuan)	540.14	602.81
第一产业	Primary Industry	3.63	3.80
第二产业	Secondary Industry	355.37	375.76
#工　业	Industry	332.27	349.00
第三产业	Tertiary Industry	181.14	223.24
区县生产总值增速(%)	Increase Rate of Gross Domestic Product (%)	13.7	10.4
*区县增加值（亿元）	Value Added of District (100 million yuan)	339.62	453.96
*区县增加值增速(%)	Increase Rate of Value Added of District (%)	25.4	24.7
区级财政一般预算收入（万元）	General Budgetary Government Revenue at District Level (10 000 yuan)	401922	520784
区级财政一般预算支出（万元）	General Budgetary Government Expenditure at District Level (10 000 yuan)	402198	497690
#教育经费支出	Operating Expenses for Education	75518	92416
年末实有耕地面积（公顷）	Cultivated Land (year-end) (hectare)	9893	9777
农林牧渔业总产值（万元）	Gross Output Value of Farming, Forestry, Animal Husbandry and Fishery (10 000 yuan)	79453	83852
农林牧渔业总产值增速(%)	Increase Rate of Gross Output Value of Farming, Forestry, Animal Husbandry and Fishery (%)	-6.0	2.8
粮食产量（万吨）	Total Yield of Grain (10 000 tons)	1.76	1.77
肉类总产量（吨）	Output of Meat (ton)	6953	6265
水产品产量（吨）	Output of Aquatic Products (ton)	11078	10795
蔬菜总产量（万吨）	Total Yield of Vegetables (10 000 tons)	14.57	12.49
农村居民人均年可支配收入（元）	Per Capita Annual Disposable Income of Rural Households (yuan)		14243

22-8 续表 Continued

指　标	Item	2010	2011
农村居民人均生活消费支出(元)	Per Capita Annual Expenditure for Consumption of Rural Households (yuan)	8469	8756
#食品支出	Expenditure for Food	3258	3377
农村人均住房面积(平方米)	Per Capita Living Floor Space of Rural Residents (sq. m)	35.60	36.40
规模以上工业企业	Industrial Enterprises above Designated Size		
单位数(个)	Number of Units (unit)	806	460
从业人员(人)	Employment Personnel (person)	147468	147325
资产总值(亿元)	Total Assets (100 million yuan)	2121.95	2615.45
主营业务收入(亿元)	Revenue From Principal Business (100 million yuan)	2021.84	2445.36
利税总额(亿元)	Total Profits and Taxes (100 million yuan)	190.94	213.35
#利润总额	Total Pre-tax Profits	59.53	78.20
工业总产值(亿元)	Gross Output Value (100 million yuan)	1768.53	2153.33
固定资产投资(亿元)	Investment in Fixed Assets (100 million yuan)	336.97	396.32
社会消费品零售总额(亿元)	Retail Sales of Consumer Goods (100 million yuan)	134.12	132.07
外贸出口(亿美元)	Total Value of Exports in Foreign Trade (USD 100 million)	21.51	22.46
民营企业注册资本(亿元)	Private and Individual Enterprises Registered Capital (100 million yuan)	278.02	389.84
实际直接利用外资(亿美元)	Actual Direct Utilization of Foreign Capital (USD 100 million)	4.76	5.50
实际利用内资(亿元)	Domestic Investment Actually Used (100 million yuan)	121.05	180.39
星级饭店(个)	Star-level Hotels (unit)	4	3
小学校数(所)	Number of Primary Schools (unit)	40	40
小学在校学生数(人)	Students Enrollment of Primary Schools (person)	23245	23294
普通中学校数(所)	Number of Regular Secondary Schools (unit)	20	20
普通中学在校学生数(人)	Students Enrollment of Regular Secondary Schools (person)	15167	15276
幼儿园数(所)	Number of Kindergartens (unit)	65	43
养老院床位数(张)	Number of Beds in Old People's Home (unit)	850	2249
卫生机构数(个)	Health Care Institutions (unit)	86	133
#医院、卫生院	Hospitals and Health Care Centers	6	6
卫生机构床位数(张)	Beds in Health Care Institutions (unit)	1316	1200
#医院、卫生院	Hospitals and Health Care Centers	1175	1095
每千人医疗卫生机构床位数(张)	Beds of Health Care Institutions per 1 000 persons (unit)	3.75	3.41
每千人执业(助理)医师数(人)	Number of Licensed (Assistant) Doctors per 1 000 persons (person)	1.78	1.98
每千人注册护士数(人)	Number of Registered Nurses per 1 000 persons (person)	1.23	1.48
空气、水、噪声环境质量指数	Atmospheric, Water and Acoustic Environment Quality Rate	94.25	71.78
林木覆盖率(%)	Coverage Rate of Trees (%)	12.90	13.20

22-9 西青区基本情况
Basic Statistics on Xiqing District

指　标	Item	2010	2011
常住人口(万人)	Permanent Population (10 000 persons)	68.47	74.13
户籍户数(万户)	Registered Households (10 000 households)	12.82	13.06
# 农业户	Agricultural Households	9.05	9.13
户籍人口(万人)	Registered Population (10 000 persons)	36.00	36.60
1. 农业人口	Agricultural Population	23.73	23.92
非农业人口	Non-agricultural Population	12.26	12.68
2. 男	Male	17.54	17.84
女	Female	18.46	18.76
人口出生率(‰)	Birth Rate of Population (‰)	8.46	
人口自然增长率(‰)	Natural Growth Rate of Population (‰)		
城镇单位从业人员(万人)	Employment Personnel in Urban Units (10 000 persons)	17.16	28.92
# 在岗职工	On-post Staff and Workers	15.42	28.11
新增就业人员(人)	Newly Increased Employment Personnel (person)	17655	18821
城镇单位从业人员平均工资(元)	Average Remuneration of Employment Personnel in Urban Units (yuan)	43531	52700
乡村从业人员(万人)	Rural Employment Personnel (10 000 persons)	13.12	12.50
# 农林牧渔业	Farming, Forestry, Animal Husbandry and Fishery	2.71	2.50
区县生产总值(亿元)	Gross Domestic Product (100 million yuan)	526.35	595.50
第一产业	Primary Industry	9.80	10.02
第二产业	Secondary Industry	369.84	379.64
# 工　业	Industry	348.58	346.66
第三产业	Tertiary Industry	146.70	205.84
区县生产总值增速(%)	Increase Rate of Gross Domestic Product (%)	11.4	12.4
* 区县增加值(亿元)	Value Added of District (100 million yuan)	393.80	500.68
* 区县增加值增速(%)	Increase Rate of Value Added of District (%)	23.5	24.1
区级财政一般预算收入(万元)	General Budgetary Government Revenue at District Level (10 000 yuan)	376566	545087
区级财政一般预算支出(万元)	General Budgetary Government Expenditure at District Level (10 000 yuan)	426752	515633
# 教育经费支出	Operating Expenses for Education	71694	92628
年末实有耕地面积(公顷)	Cultivated Land (year-end) (hectare)	14190	14000
农林牧渔业总产值(万元)	Gross Output Value of Farming, Forestry, Animal Husbandry and Fishery (10 000 yuan)	207110	215496
农林牧渔业总产值增速(%)	Increase Rate of Gross Output Value of Farming, Forestry, Animal Husbandry and Fishery (%)	6.2	4.0
粮食产量(万吨)	Total Yield of Grain (10 000 tons)	4.07	3.42
肉类总产量(吨)	Output of Meat (ton)	26076	23053
水产品产量(吨)	Output of Aquatic Products (ton)	45157	48751
蔬菜总产量(万吨)	Total Yield of Vegetables (10 000 tons)	55.00	56.80
农村居民人均年可支配收入(元)	Per Capita Annual Disposable Income of Rural Households (yuan)		14266

22-9 续表 Continued

指　　标	Item	2010	2011
农村居民人均生活消费支出(元)	Per Capita Annual Expenditure for Consumption of Rural Households (yuan)	6796	9665
# 食品支出	Expenditure for Food	2413	3588
农村人均住房面积(平方米)	Per Capita Living Floor Space of Rural Residents (sq. m)	33.10	30.50
规模以上工业企业	Industrial Enterprises above Designated Size		
单位数(个)	Number of Units (unit)	1448	777
从业人员(人)	Employment Personnel (person)	268603	269375
资产总值(亿元)	Total Assets (100 million yuan)	1583.68	1685.68
主营业务收入(亿元)	Revenue From Principal Business (100 million yuan)	2502.77	2763.53
利税总额(亿元)	Total Profits and Taxes (100 million yuan)	260.60	293.32
# 利润总额	Total Pre-tax Profits	167.98	204.88
工业总产值(亿元)	Gross Output Value (100 million yuan)	2455.35	2725.46
固定资产投资(亿元)	Investment in Fixed Assets (100 million yuan)	353.76	436.09
社会消费品零售总额(亿元)	Retail Sales of Consumer Goods (100 million yuan)	114.58	134.03
外贸出口(亿美元)	Total Value of Exports in Foreign Trade (USD 100 million)	19.45	21.90
民营企业注册资本(亿元)	Private and Individual Enterprises Registered Capital (100 million yuan)	221.97	325.25
实际直接利用外资(亿美元)	Actual Direct Utilization of Foreign Capital (USD 100 million)	5.99	7.25
实际利用内资(亿元)	Domestic Investment Actually Used (100 million yuan)	95.69	135.25
星级饭店(个)	Star-level Hotels (unit)	3	3
小学校数(所)	Number of Primary Schools (unit)	32	32
小学在校学生数(人)	Students Enrollment of Primary Schools (person)	24426	25337
普通中学校数(所)	Number of Regular Secondary Schools (unit)	13	13
普通中学在校学生数(人)	Students Enrollment of Regular Secondary Schools (person)	13099	15397
幼儿园数(所)	Number of Kindergartens (unit)	68	60
养老院床位数(张)	Number of Beds in Old People's Home (unit)	605	1075
卫生机构数(个)	Health Care Institutions (unit)	79	197
# 医院、卫生院	Hospitals and Health Care Centers	25	25
卫生机构床位数(张)	Beds in Health Care Institutions (unit)	1599	1619
# 医院、卫生院	Hospitals and Health Care Centers	1599	1619
每千人医疗卫生机构床位数(张)	Beds of Health Care Institutions per 1 000 persons (unit)	4.44	4.42
每千人执业(助理)医师数(人)	Number of Licensed (Assistant) Doctors per 1 000 persons (person)	1.69	1.71
每千人注册护士数(人)	Number of Registered Nurses per 1 000 persons (person)	0.97	0.97
空气、水、噪声环境质量指数	Atmospheric, Water and Acoustic Environment Quality Rate	88.88	96.65
林木覆盖率(%)	Coverage Rate of Trees (%)	17.90	18.30

22-10 津南区基本情况 Basic Statistics on Jinnan District

指　标	Item	2010	2011
常住人口(万人)	Permanent Population (10 000 persons)	59.40	62.98
户籍户数(万户)	Registered Households (10 000 households)	14.66	14.82
#农业户	Agricultural Households	10.33	10.43
户籍人口(万人)	Registered Population (10 000 persons)	41.29	42.06
1. 农业人口	Agricultural Population	28.90	29.14
非农业人口	Non-agricultural Population	12.39	12.92
2. 男	Male	20.54	20.95
女	Female	20.75	21.11
人口出生率(‰)	Birth Rate of Population (‰)	9.30	11.79
人口自然增长率(‰)	Natural Growth Rate of Population (‰)	4.89	5.75
城镇单位从业人员(万人)	Employment Personnel in Urban Units (10 000 persons)	4.49	10.00
#在岗职工	On-post Staff and Workers	4.19	9.48
新增就业人员(人)	Newly Increased Employment Personnel (person)	17745	18815
城镇单位从业人员平均工资(元)	Average Remuneration of Employment Personnel in Urban Units (yuan)	49256	40996
乡村从业人员(万人)	Rural Employment Personnel (10 000 persons)	14.84	14.90
#农林牧渔业	Farming, Forestry, Animal Husbandry and Fishery	2.28	1.88
区县生产总值(亿元)	Gross Domestic Product (100 million yuan)	290.69	379.97
第一产业	Primary Industry	4.25	4.68
第二产业	Secondary Industry	177.72	234.06
#工　业	Industry	155.19	203.00
第三产业	Tertiary Industry	108.72	141.23
区县生产总值增速(%)	Increase Rate of Gross Domestic Product (%)	17.2	18.5
*区县增加值(亿元)	Value Added of District (100 million yuan)	284.86	360.07
*区县增加值增速(%)	Increase Rate of Value Added of District (%)	20.2	21.0
区级财政一般预算收入(万元)	General Budgetary Government Revenue at District Level (10 000 yuan)	361840	480805
区级财政一般预算支出(万元)	General Budgetary Government Expenditure at District Level (10 000 yuan)	455988	420494
#教育经费支出	Operating Expenses for Education	83840	86277
年末实有耕地面积(公顷)	Cultivated Land (year-end) (hectare)	13740	13740
农林牧渔业总产值(万元)	Gross Output Value of Farming, Forestry, Animal Husbandry and Fishery (10 000 yuan)	100276	112154
农林牧渔业总产值增速(%)	Increase Rate of Gross Output Value of Farming, Forestry, Animal Husbandry and Fishery (%)	7.5	6.3
粮食产量(万吨)	Total Yield of Grain (10 000 tons)	2.24	1.65
肉类总产量(吨)	Output of Meat (ton)	23955	20556
水产品产量(吨)	Output of Aquatic Products (ton)	19198	20482
蔬菜总产量(万吨)	Total Yield of Vegetables (10 000 tons)	7.39	7.74
农村居民人均年可支配收入(元)	Per Capita Annual Disposable Income of Rural Households (yuan)	12594	13460

22-10 续表 Continued

指　　标	Item	2010	2011
农村居民人均生活消费支出(元)	Per Capita Annual Expenditure for Consumption of Rural Households (yuan)	8047	6523
# 食品支出	Expenditure for Food	3018	2862
农村人均住房面积(平方米)	Per Capita Living Floor Space of Rural Residents (sq. m)	25.50	31.10
规模以上工业企业	Industrial Enterprises above Designated Size		
单位数(个)	Number of Units (unit)	905	453
从业人员(人)	Employment Personnel (person)	90938	75445
资产总值(亿元)	Total Assets (100 million yuan)	451.65	466.69
主营业务收入(亿元)	Revenue From Principal Business (100 million yuan)	590.91	655.60
利税总额(亿元)	Total Profits and Taxes (100 million yuan)	83.53	104.65
# 利润总额	Total Pre-tax Profits	64.02	87.59
工业总产值(亿元)	Gross Output Value (100 million yuan)	609.91	689.73
固定资产投资(亿元)	Investment in Fixed Assets (100 million yuan)	380.12	382.77
社会消费品零售总额(亿元)	Retail Sales of Consumer Goods (100 million yuan)	111.07	128.05
外贸出口(亿美元)	Total Value of Exports in Foreign Trade (USD 100 million)	10.09	11.40
民营企业注册资本(亿元)	Private and Individual Enterprises Registered Capital (100 million yuan)	505.54	577.81
实际直接利用外资(亿美元)	Actual Direct Utilization of Foreign Capital (USD 100 million)	3.21	3.90
实际利用内资(亿元)	Domestic Investment Actually Used (100 million yuan)	159.47	185.58
星级饭店(个)	Star-level Hotels (unit)	3	3
小学校数(所)	Number of Primary Schools (unit)	39	39
小学在校学生数(人)	Students Enrollment of Primary Schools (person)	26091	26246
普通中学校数(所)	Number of Regular Secondary Schools (unit)	16	16
普通中学在校学生数(人)	Students Enrollment of Regular Secondary Schools (person)	18774	18176
幼儿园数(所)	Number of Kindergartens (unit)	158	167
养老院床位数(张)	Number of Beds in Old People's Home (unit)	1656	1736
卫生机构数(个)	Health Care Institutions (unit)	85	251
# 医院、卫生院	Hospitals and Health Care Centers	20	24
卫生机构床位数(张)	Beds in Health Care Institutions (unit)	1537	1594
# 医院、卫生院	Hospitals and Health Care Centers	1509	1589
每千人医疗卫生机构床位数(张)	Beds of Health Care Institutions per 1 000 persons (unit)	3.72	3.82
每千人执业(助理)医师数(人)	Number of Licensed (Assistant) Doctors per 1 000 persons (person)	2.19	3.10
每千人注册护士数(人)	Number of Registered Nurses per 1 000 persons (person)	1.55	2.05
空气、水、噪声环境质量指数	Atmospheric, Water and Acoustic Environment Quality Rate	92.93	92.53
林木覆盖率(%)	Coverage Rate of Trees (%)	15.60	16.10

22-11 北辰区基本情况
Basic Statistics on Beichen District

指　标	Item	2010	2011
常住人口(万人)	Permanent Population (10 000 persons)	66.91	70.43
户籍户数(万户)	Registered Households (10 000 households)	13.83	14.08
#农业户	Agricultural Households	7.57	7.64
户籍人口(万人)	Registered Population (10 000 persons)	36.50	37.37
1. 农业人口	Agricultural Population	19.72	19.86
非农业人口	Non-agricultural Population	16.79	17.51
2. 男	Male	18.22	18.62
女	Female	18.28	18.75
人口出生率(‰)	Birth Rate of Population (‰)	6.55	6.40
人口自然增长率(‰)	Natural Growth Rate of Population (‰)	1.89	2.13
城镇单位从业人员(万人)	Employment Personnel in Urban Units (10 000 persons)	7.90	13.34
#在岗职工	On-post Staff and Workers	7.42	12.72
新增就业人员(人)	Newly Increased Employment Personnel (person)	16585	17768
城镇单位从业人员平均工资(元)	Average Remuneration of Employment Personnel in Urban Units (yuan)	43725	49371
乡村从业人员(万人)	Rural Employment Personnel (10 000 persons)	13.30	13.35
#农林牧渔业	Farming, Forestry, Animal Husbandry and Fishery	2.40	2.42
区县生产总值(亿元)	Gross Domestic Product (100 million yuan)	464.13	562.99
第一产业	Primary Industry	8.56	9.31
第二产业	Secondary Industry	335.35	363.07
#工　业	Industry	315.46	338.19
第三产业	Tertiary Industry	120.22	190.60
区县生产总值增速(%)	Increase Rate of Gross Domestic Product (%)	8.9	10.5
*区县增加值(亿元)	Value Added of District (100 million yuan)	377.93	490.08
*区县增加值增速(%)	Increase Rate of Value Added of District (%)	20.3	20.9
区级财政一般预算收入(万元)	General Budgetary Government Revenue at District Level (10 000 yuan)	266911	349519
区级财政一般预算支出(万元)	General Budgetary Government Expenditure at District Level (10 000 yuan)	280974	347336
#教育经费支出	Operating Expenses for Education	60228	83930
年末实有耕地面积(公顷)	Cultivated Land (year-end) (hectare)	18431	18431
农林牧渔业总产值(万元)	Gross Output Value of Farming, Forestry, Animal Husbandry and Fishery (10 000 yuan)	175311	191732
农林牧渔业总产值增速(%)	Increase Rate of Gross Output Value of Farming, Forestry, Animal Husbandry and Fishery (%)	-1.6	2.6
粮食产量(万吨)	Total Yield of Grain (10 000 tons)	5.07	5.15
肉类总产量(吨)	Output of Meat (ton)	27663	25587
水产品产量(吨)	Output of Aquatic Products (ton)	12134	10639
蔬菜总产量(万吨)	Total Yield of Vegetables (10 000 tons)	26.95	25.68
农村居民人均年可支配收入(元)	Per Capita Annual Disposable Income of Rural Households (yuan)	12930	13539

22-11 续表 Continued

指　标	Item	2010	2011
农村居民人均生活消费支出(元)	Per Capita Annual Expenditure for Consumption of Rural Households (yuan)	7334	7427
#食品支出	Expenditure for Food	2776	3161
农村人均住房面积(平方米)	Per Capita Living Floor Space of Rural Residents (sq. m)	37.20	37.40
规模以上工业企业	Industrial Enterprises above Designated Size		
单位数(个)	Number of Units (unit)	1071	660
从业人员(人)	Employment Personnel (person)	136205	119841
资产总值(亿元)	Total Assets (100 million yuan)	1095.94	1255.80
主营业务收入(亿元)	Revenue From Principal Business (100 million yuan)	1213.18	1449.81
利税总额(亿元)	Total Profits and Taxes (100 million yuan)	163.06	204.55
#利润总额	Total Pre-tax Profits	121.84	137.75
工业总产值(亿元)	Gross Output Value (100 million yuan)	1222.05	1410.26
固定资产投资(亿元)	Investment in Fixed Assets (100 million yuan)	308.10	404.91
社会消费品零售总额(亿元)	Retail Sales of Consumer Goods (100 million yuan)	132.41	141.35
外贸出口(亿美元)	Total Value of Exports in Foreign Trade (USD 100 million)	25.88	28.08
民营企业注册资本(亿元)	Private and Individual Enterprises Registered Capital (100 million yuan)	299.40	455.37
实际直接利用外资(亿美元)	Actual Direct Utilization of Foreign Capital (USD 100 million)	5.90	7.14
实际利用内资(亿元)	Domestic Investment Actually Used (100 million yuan)	76.52	114.24
星级饭店(个)	Star-level Hotels (unit)	3	3
小学校数(所)	Number of Primary Schools (unit)	39	38
小学在校学生数(人)	Students Enrollment of Primary Schools (person)	27698	27998
普通中学校数(所)	Number of Regular Secondary Schools (unit)	21	20
普通中学在校学生数(人)	Students Enrollment of Regular Secondary Schools (person)	14955	14595
幼儿园数(所)	Number of Kindergartens (unit)	144	125
养老院床位数(张)	Number of Beds in Old People's Home (unit)	1279	2229
卫生机构数(个)	Health Care Institutions (unit)	86	173
#医院、卫生院	Hospitals and Health Care Centers	6	6
卫生机构床位数(张)	Beds in Health Care Institutions (unit)	1226	1318
#医院、卫生院	Hospitals and Health Care Centers	1114	1114
每千人医疗卫生机构床位数(张)	Beds of Health Care Institutions per 1 000 persons (unit)	3.36	3.53
每千人执业(助理)医师数(人)	Number of Licensed (Assistant) Doctors per 1 000 persons (person)	2.62	2.69
每千人注册护士数(人)	Number of Registered Nurses per 1 000 persons (person)	1.76	1.85
空气、水、噪声环境质量指数	Atmospheric, Water and Acoustic Environment Quality Rate	94.63	89.78
林木覆盖率(%)	Coverage Rate of Trees (%)	19.90	20.20

22-12 武清区基本情况
Basic Statistics on Wuqing District

指标	Item	2010	2011
常住人口（万人）	Permanent Population (10 000 persons)	94.99	100.51
户籍户数（万户）	Registered Households (10 000 households)	27.06	27.21
#农业户	Agricultural Households	21.41	21.54
户籍人口（万人）	Registered Population (10 000 persons)	84.70	85.55
1.农业人口	Agricultural Population	68.97	69.27
非农业人口	Non-agricultural Population	15.73	16.28
2.男	Male	42.25	42.63
女	Female	42.45	42.92
人口出生率(‰)	Birth Rate of Population (‰)	8.60	8.40
人口自然增长率(‰)	Natural Growth Rate of Population (‰)	-2.50	3.80
城镇单位从业人员（万人）	Employment Personnel in Urban Units (10 000 persons)	6.22	18.90
#在岗职工	On-post Staff and Workers	6.09	18.70
新增就业人员（人）	Newly Increased Employment Personnel (person)	19896	20390
城镇单位从业人员平均工资（元）	Average Remuneration of Employment Personnel in Urban Units (yuan)	43726	52122
乡村从业人员（万人）	Rural Employment Personnel (10 000 persons)	38.61	38.69
#农林牧渔业	Farming, Forestry, Animal Husbandry and Fishery	18.10	17.64
区县生产总值（亿元）	Gross Domestic Product (100 million yuan)	341.17	455.51
第一产业	Primary Industry	29.07	31.41
第二产业	Secondary Industry	188.50	266.50
#工业	Industry	170.90	240.79
第三产业	Tertiary Industry	123.60	157.60
区县生产总值增速(%)	Increase Rate of Gross Domestic Product (%)	21.1	19.8
*区县增加值（亿元）	Value Added of District (100 million yuan)	326.87	428.21
*区县增加值增速(%)	Increase Rate of Value Added of District (%)	20.2	25.2
区级财政一般预算收入（万元）	General Budgetary Government Revenue at District Level (10 000 yuan)	328368	452545
区级财政一般预算支出（万元）	General Budgetary Government Expenditure at District Level (10 000 yuan)	467714	594779
#教育经费支出	Operating Expenses for Education	130912	180494
年末实有耕地面积（公顷）	Cultivated Land (year-end) (hectare)	88046	86746
农林牧渔业总产值（万元）	Gross Output Value of Farming, Forestry, Animal Husbandry and Fishery (10 000 yuan)	637147	691408
农林牧渔业总产值增速(%)	Increase Rate of Gross Output Value of Farming, Forestry, Animal Husbandry and Fishery (%)	4.5	4.2
粮食产量（万吨）	Total Yield of Grain (10 000 tons)	65.01	66.13
肉类总产量（吨）	Output of Meat (ton)	58080	53359
水产品产量（吨）	Output of Aquatic Products (ton)	50699	54619
蔬菜总产量（万吨）	Total Yield of Vegetables (10 000 tons)	131.49	144.55
农村居民人均年可支配收入（元）	Per Capita Annual Disposable Income of Rural Households (yuan)	9973	11658

22-12 续表 Continued

指　标	Item	2010	2011
农村居民人均生活消费支出(元)	Per Capita Annual Expenditure for Consumption of Rural Households (yuan)	4690	5055
#食品支出	Expenditure for Food	2004	2300
农村人均住房面积(平方米)	Per Capita Living Floor Space of Rural Residents (sq. m)	28.50	31.24
规模以上工业企业	Industrial Enterprises above Designated Size		
单位数(个)	Number of Units (unit)	537	404
从业人员(人)	Employment Personnel (person)	131568	146819
资产总值(亿元)	Total Assets (100 million yuan)	556.84	878.92
主营业务收入(亿元)	Revenue From Principal Business (100 million yuan)	746.33	1014.06
利税总额(亿元)	Total Profits and Taxes (100 million yuan)	140.87	145.69
#利润总额	Total Pre-tax Profits	125.78	114.71
工业总产值(亿元)	Gross Output Value (100 million yuan)	759.57	1046.03
固定资产投资(亿元)	Investment in Fixed Assets (100 million yuan)	301.33	389.16
社会消费品零售总额(亿元)	Retail Sales of Consumer Goods (100 million yuan)	157.30	118.95
外贸出口(亿美元)	Total Value of Exports in Foreign Trade (USD 100 million)	19.03	22.71
民营企业注册资本(亿元)	Private and Individual Enterprises Registered Capital (100 million yuan)	588.38	813.67
实际直接利用外资(亿美元)	Actual Direct Utilization of Foreign Capital (USD 100 million)	4.01	4.82
实际利用内资(亿元)	Domestic Investment Actually Used (100 million yuan)	116.59	141.19
星级饭店(个)	Star-level Hotels (unit)	3	3
小学校数(所)	Number of Primary Schools (unit)	121	105
小学在校学生数(人)	Students Enrollment of Primary Schools (person)	58538	59608
普通中学校数(所)	Number of Regular Secondary Schools (unit)	48	49
普通中学在校学生数(人)	Students Enrollment of Regular Secondary Schools (person)	45156	46203
幼儿园数(所)	Number of Kindergartens (unit)	195	185
养老院床位数(张)	Number of Beds in Old People's Home (unit)	1081	1081
卫生机构数(个)	Health Care Institutions (unit)	117	535
#医院、卫生院	Hospitals and Health Care Centers	40	41
卫生机构床位数(张)	Beds in Health Care Institutions (unit)	2777	2747
#医院、卫生院	Hospitals and Health Care Centers	2638	2608
每千人医疗卫生机构床位数(张)	Beds of Health Care Institutions per 1 000 persons (unit)	3.28	3.21
每千人执业(助理)医师数(人)	Number of Licensed (Assistant) Doctors per 1 000 persons (person)	2.36	2.59
每千人注册护士数(人)	Number of Registered Nurses per 1 000 persons (person)	1.23	1.40
空气、水、噪声环境质量指数	Atmospheric, Water and Acoustic Environment Quality Rate	96.70	96.65
林木覆盖率(%)	Coverage Rate of Trees (%)	23.30	23.50

22-13 宝坻区基本情况
Basic Statistics on Baodi District

指　标	Item	2010	2011
常住人口（万人）	Permanent Population (10 000 persons)	79.93	83.12
户籍户数（万户）	Registered Households (10 000 households)	21.63	21.74
#农业户	Agricultural Households	16.44	16.54
户籍人口（万人）	Registered Population (10 000 persons)	67.19	67.59
1.农业人口	Agricultural Population	54.14	54.09
非农业人口	Non-agricultural Population	13.06	13.50
2.男	Male	33.85	34.05
女	Female	33.34	33.54
人口出生率(‰)	Birth Rate of Population (‰)	10.08	9.95
人口自然增长率(‰)	Natural Growth Rate of Population (‰)	1.95	3.30
城镇单位从业人员（万人）	Employment Personnel in Urban Units (10 000 persons)	2.89	7.32
#在岗职工	On-post Staff and Workers	2.70	6.93
新增就业人员（人）	Newly Increased Employment Personnel (person)	14445	15160
城镇单位从业人员平均工资（元）	Average Remuneration of Employment Personnel in Urban Units (yuan)	53725	42295
乡村从业人员（万人）	Rural Employment Personnel (10 000 persons)	27.49	28.16
#农林牧渔业	Farming, Forestry, Animal Husbandry and Fishery	13.50	14.02
区县生产总值（亿元）	Gross Domestic Product (100 million yuan)	241.82	323.33
第一产业	Primary Industry	21.09	24.04
第二产业	Secondary Industry	120.39	161.49
#工　业	Industry	106.69	143.68
第三产业	Tertiary Industry	100.34	137.80
区县生产总值增速(%)	Increase Rate of Gross Domestic Product (%)	25.2	13.8
*区县增加值（亿元）	Value Added of District (100 million yuan)	235.69	295.31
*区县增加值增速(%)	Increase Rate of Value Added of District (%)	22.2	21.6
区级财政一般预算收入（万元）	General Budgetary Government Revenue at District Level (10 000 yuan)	168366	254444
区级财政一般预算支出（万元）	General Budgetary Government Expenditure at District Level (10 000 yuan)	293619	417262
#教育经费支出	Operating Expenses for Education	98226	133260
年末实有耕地面积（公顷）	Cultivated Land (year-end) (hectare)	76133	76114
农林牧渔业总产值（万元）	Gross Output Value of Farming, Forestry, Animal Husbandry and Fishery (10 000 yuan)	503196	570005
农林牧渔业总产值增速(%)	Increase Rate of Gross Output Value of Farming, Forestry, Animal Husbandry and Fishery (%)	8.2	13.3
粮食产量（万吨）	Total Yield of Grain (10 000 tons)	63.25	63.94
肉类总产量（吨）	Output of Meat (ton)	78089	81421
水产品产量（吨）	Output of Aquatic Products (ton)	38040	40637
蔬菜总产量（万吨）	Total Yield of Vegetables (10 000 tons)	53.66	55.16
农村居民人均年可支配收入（元）	Per Capita Annual Disposable Income of Rural Households (yuan)	9404	10923

22-13 续表 Continued

指　标	Item	2010	2011
农村居民人均生活消费支出(元)	Per Capita Annual Expenditure for Consumption of Rural Households (yuan)	4615	5677
#食品支出	Expenditure for Food	1972	1840
农村人均住房面积(平方米)	Per Capita Living Floor Space of Rural Residents (sq. m)	25.60	25.90
规模以上工业企业	Industrial Enterprises above Designated Size		
单位数(个)	Number of Units (unit)	437	341
从业人员(人)	Employment Personnel (person)	78635	74037
资产总值(亿元)	Total Assets (100 million yuan)	134.71	139.84
主营业务收入(亿元)	Revenue From Principal Business (100 million yuan)	298.02	374.89
利税总额(亿元)	Total Profits and Taxes (100 million yuan)	24.21	32.07
#利润总额	Total Pre-tax Profits	16.02	20.43
工业总产值(亿元)	Gross Output Value (100 million yuan)	303.83	393.89
固定资产投资(亿元)	Investment in Fixed Assets (100 million yuan)	233.09	301.40
社会消费品零售总额(亿元)	Retail Sales of Consumer Goods (100 million yuan)	100.76	111.68
外贸出口(亿美元)	Total Value of Exports in Foreign Trade (USD 100 million)	4.02	4.73
民营企业注册资本(亿元)	Private and Individual Enterprises Registered Capital (100 million yuan)	92.15	207.10
实际直接利用外资(亿美元)	Actual Direct Utilization of Foreign Capital (USD 100 million)	1.28	1.60
实际利用内资(亿元)	Domestic Investment Actually Used (100 million yuan)	111.17	141.28
星级饭店(个)	Star-level Hotels (unit)	2	3
小学校数(所)	Number of Primary Schools (unit)	126	69
小学在校学生数(人)	Students Enrollment of Primary Schools (person)	29648	32138
普通中学校数(所)	Number of Regular Secondary Schools (unit)	48	40
普通中学在校学生数(人)	Students Enrollment of Regular Secondary Schools (person)	44532	39613
幼儿园数(所)	Number of Kindergartens (unit)	135	103
养老院床位数(张)	Number of Beds in Old People's Home (unit)	340	495
卫生机构数(个)	Health Care Institutions (unit)	260	335
#医院、卫生院	Hospitals and Health Care Centers	39	41
卫生机构床位数(张)	Beds in Health Care Institutions (unit)	1741	1772
#医院、卫生院	Hospitals and Health Care Centers	1573	1642
每千人医疗卫生机构床位数(张)	Beds of Health Care Institutions per 1 000 persons (unit)	2.59	2.62
每千人执业(助理)医师数(人)	Number of Licensed (Assistant) Doctors per 1 000 persons (person)	1.39	1.46
每千人注册护士数(人)	Number of Registered Nurses per 1 000 persons (person)	0.92	1.06
空气、水、噪声环境质量指数	Atmospheric, Water and Acoustic Environment Quality Rate	95.30	96.98
林木覆盖率(%)	Coverage Rate of Trees (%)	22.40	22.60

22-14 滨海新区基本情况
Basic Statistics on Binhai New Area

指　标	Item	2010	2011
常住人口(万人)	Permanent Population (10 000 persons)	248.25	253.66
人口出生率(‰)	Birth Rate of Population (‰)	6.53	7.46
人口自然增长率(‰)	Natural Growth Rate of Population (‰)	2.45	3.69
城镇单位从业人员(万人)	Employment Personnel in Urban Units (10 000 persons)	77.19	116.15
#在岗职工	On-post Staff and Workers	69.71	94.32
新增就业人员(人)	Newly Increased Employment Personnel (person)	92500	95137
城镇单位从业人员平均工资(元)	Average Remuneration of Employment Personnel in Urban Units (yuan)	54562	56010
乡村从业人员(万人)	Rural Employment Personnel (10 000 persons)	11.84	12.04
#农林牧渔业	Farming, Forestry, Animal Husbandry and Fishery	3.51	3.61
区县生产总值(亿元)	Gross Domestic Product (100 million yuan)	5030.11	6206.87
第一产业	Primary Industry	8.17	8.82
第二产业	Secondary Industry	3432.81	4273.89
#工　业	Industry	3215.39	4036.40
第三产业	Tertiary Industry	1589.12	1924.15
区县生产总值增速(%)	Increase Rate of Gross Domestic Product (%)	25.1	23.8
区级财政一般预算收入(万元)	General Budgetary Government Revenue at District Level (10 000 yuan)	2943668	4167477
区级财政一般预算支出(万元)	General Budgetary Government Expenditure at District Level (10 000 yuan)	3202828	4374729
#教育经费支出	Operating Expenses for Education	322260	461759
年末实有耕地面积(公顷)	Cultivated Land (year-end) (hectare)	20539	20383
农林牧渔业总产值(万元)	Gross Output Value of Farming, Forestry, Animal Husbandry and Fishery (10 000 yuan)	204052	225082
农林牧渔业总产值增速(%)	Increase Rate of Gross Output Value of Farming, Forestry, Animal Husbandry and Fishery (%)	3.2	5.1
粮食产量(万吨)	Total Yield of Grain (10 000 tons)	7.72	7.87
肉类总产量(吨)	Output of Meat (ton)	21320	23250
水产品产量(吨)	Output of Aquatic Products (ton)	48677	51733
蔬菜总产量(万吨)	Total Yield of Vegetables (10 000 tons)	8.22	8.43
农村居民人均年可支配收入(元)	Per Capita Annual Disposable Income of Rural Households (yuan)		12151

注：本表区级财政一般预算收支含东丽区无瑕街、津南区葛沽镇数据。
Note: Data of general budgetary government revenue and expenditure at district level include figures of Wuxia Street, Dongli District and Gegu Town, Jinnan District.

22-14 续表 Continued

指　　标	Item	2010	2011
农村居民人均生活消费支出(元)	Per Capita Annual Expenditure for Consumption of Rural Households (yuan)		5741
#食品支出	Expenditure for Food		2279
农村人均住房面积(平方米)	Per Capita Living Floor Space of Rural Residents (sq. m)		29.48
规模以上工业企业	Industrial Enterprises above Designated Size		
单位数(个)	Number of Units (unit)	2262	1426
从业人员(人)	Employment Personnel (person)	448944	689127
资产总值(亿元)	Total Assets (100 million yuan)	8641.21	10595.49
主营业务收入(亿元)	Revenue From Principal Business (100 million yuan)	10384.78	13012.73
利税总额(亿元)	Total Profits and Taxes (100 million yuan)	1649.48	2343.64
#利润总额	Total Pre-tax Profits	1054.29	1334.64
工业总产值(亿元)	Gross Output Value (100 million yuan)	10091.69	12828.95
固定资产投资(亿元)	Investment in Fixed Assets (100 million yuan)	3352.71	3702.12
社会消费品零售总额(亿元)	Retail Sales of Consumer Goods (100 million yuan)	743.58	887.53
外贸出口(亿美元)	Total Value of Exports in Foreign Trade (USD 100 million)	232.60	276.76
民营企业注册资本(亿元)	Private and Individual Enterprises Registered Capital (100 million yuan)	2905.52	5944.43
实际直接利用外资(亿美元)	Actual Direct Utilization of Foreign Capital (USD 100 million)	70.42	85.02
实际利用内资(亿元)	Domestic Investment Actually Used (100 million yuan)	352.20	459.38
星级饭店(个)	Star-level Hotels (unit)	36	36
小学校数(所)	Number of Primary Schools (unit)	89	87
小学在校学生数(人)	Students Enrollment of Primary Schools (person)	69479	70948
普通中学校数(所)	Number of Regular Secondary Schools (unit)	83	81
普通中学在校学生数(人)	Students Enrollment of Regular Secondary Schools (person)	60484	59874
幼儿园数(所)	Number of Kindergartens (unit)	126	109
养老院床位数(张)	Number of Beds in Old People's Home (unit)	1691	1768
卫生机构数(个)	Health Care Institutions (unit)	467	568
#医院、卫生院	Hospitals and Health Care Centers	51	59
卫生机构床位数(张)	Beds in Health Care Institutions (unit)	6032	6199
#医院、卫生院	Hospitals and Health Care Centers	5211	5506
每千人医疗卫生机构床位数(张)	Beds of Health Care Institutions per 1 000 persons (unit)	5.49	5.47
每千人执业(助理)医师数(人)	Number of Licensed (Assistant) Doctors per 1 000 persons (person)	3.77	3.89
每千人注册护士数(人)	Number of Registered Nurses per 1 000 persons (person)	3.59	3.64
空气、水、噪声环境质量指数	Atmospheric, Water and Acoustic Environment Quality Rate		88.53
林木覆盖率(%)	Coverage Rate of Trees (%)	8.60	8.90

22-15 宁河县基本情况
Basic Statistics on Ninghe County

指　标	Item	2010	2011
常住人口（万人）	Permanent Population (10 000 persons)	41.66	43.10
户籍户数（万户）	Registered Households (10 000 households)	12.79	13.14
#农业户	Agricultural Households	8.43	8.64
户籍人口（万人）	Registered Population (10 000 persons)	38.32	38.74
1.农业人口	Agricultural Population	28.17	28.37
非农业人口	Non-agricultural Population	10.15	10.37
2.男	Male	19.47	19.67
女	Female	18.85	19.07
人口出生率（‰）	Birth Rate of Population (‰)	9.82	9.28
人口自然增长率（‰）	Natural Growth Rate of Population (‰)	3.25	4.26
城镇单位从业人员（万人）	Employment Personnel in Urban Units (10 000 persons)	2.12	5.57
#在岗职工	On-post Staff and Workers	2.05	4.87
新增就业人员（人）	Newly Increased Employment Personnel (person)	7490	7839
城镇单位从业人员平均工资（元）	Average Remuneration of Employment Personnel in Urban Units (yuan)	40845	41451
乡村从业人员（万人）	Rural Employment Personnel (10 000 persons)	11.89	11.99
#农林牧渔业	Farming, Forestry, Animal Husbandry and Fishery	6.48	6.50
区县生产总值（亿元）	Gross Domestic Product (100 million yuan)	169.28	224.95
第一产业	Primary Industry	21.09	23.49
第二产业	Secondary Industry	94.64	111.57
#工　业	Industry	83.81	100.91
第三产业	Tertiary Industry	53.55	89.89
区县生产总值增速(%)	Increase Rate of Gross Domestic Product (%)	13.4	16.0
*区县增加值（亿元）	Value Added of District (100 million yuan)	163.01	223.86
*区县增加值增速(%)	Increase Rate of Value Added of District (%)	21.8	21.5
县级一般预算收入（万元）	General Budgetary Government Revenue at District Level (10 000 yuan)	80190	126996
县级一般预算支出（万元）	General Budgetary Government Expenditure at District Level (10 000 yuan)	160272	231668
#教育经费支出	Operating Expenses for Education	47069	57849
年末实有耕地面积（公顷）	Cultivated Land (year-end) (hectare)	38666	38666
农林牧渔业总产值（万元）	Gross Output Value of Farming, Forestry, Animal Husbandry and Fishery (10 000 yuan)	431035	481694
农林牧渔业总产值增速(%)	Increase Rate of Gross Output Value of Farming, Forestry, Animal Husbandry and Fishery (%)	9.0	11.8
粮食产量（万吨）	Total Yield of Grain (10 000 tons)	15.63	14.03
肉类总产量（吨）	Output of Meat (ton)	90134	96714
水产品产量（吨）	Output of Aquatic Products (ton)	44200	47487
蔬菜总产量（万吨）	Total Yield of Vegetables (10 000 tons)	47.53	42.48
农村居民人均年可支配收入（元）	Per Capita Annual Disposable Income of Rural Households (yuan)		11553

22-15 续表 Continued

指　标	Item	2010	2011
农村居民人均生活消费支出（元）	Per Capita Annual Expenditure for Consumption of Rural Households (yuan)	4452	5927
#食品支出	Expenditure for Food	1952	1818
农村人均住房面积（平方米）	Per Capita Living Floor Space of Rural Residents (sq. m)	24.90	25.30
规模以上工业企业	Industrial Enterprises above Designated Size		
单位数（个）	Number of Units (unit)	217	204
从业人员（人）	Employment Personnel (person)	39840	49769
资产总值（亿元）	Total Assets (100 million yuan)	241.24	364.11
主营业务收入（亿元）	Revenue From Principal Business (100 million yuan)	341.04	432.75
利税总额（亿元）	Total Profits and Taxes (100 million yuan)	36.32	50.48
#利润总额	Total Pre-tax Profits	32.44	38.16
工业总产值（亿元）	Gross Output Value (100 million yuan)	340.02	444.63
固定资产投资（亿元）	Investment in Fixed Assets (100 million yuan)	220.86	276.51
社会消费品零售总额（亿元）	Retail Sales of Consumer Goods (100 million yuan)	56.40	61.29
外贸出口（亿美元）	Total Value of Exports in Foreign Trade (USD 100 million)	0.94	1.35
民营企业注册资本（亿元）	Private and Individual Enterprises Registered Capital (100 million yuan)	82.67	116.51
实际直接利用外资（亿美元）	Actual Direct Utilization of Foreign Capital (USD 100 million)	1.50	1.81
实际利用内资（亿元）	Domestic Investment Actually Used (100 million yuan)	25.98	51.96
星级饭店（个）	Star-level Hotels (unit)	1	1
小学校数（所）	Number of Primary Schools (unit)	59	59
小学在校学生数（人）	Students Enrollment of Primary Schools (person)	22865	23509
普通中学校数（所）	Number of Regular Secondary Schools (unit)	30	30
普通中学在校学生数（人）	Students Enrollment of Regular Secondary Schools (person)	20921	20036
幼儿园数（所）	Number of Kindergartens (unit)	63	63
养老院床位数（张）	Number of Beds in Old People's Home (unit)	112	220
卫生机构数（个）	Health Care Institutions (unit)	44	177
#医院、卫生院	Hospitals and Health Care Centers	22	22
卫生机构床位数（张）	Beds in Health Care Institutions (unit)	1011	1091
#医院、卫生院	Hospitals and Health Care Centers	1011	1091
每千人医疗卫生机构床位数（张）	Beds of Health Care Institutions per 1 000 persons (unit)	2.64	2.82
每千人执业（助理）医师数（人）	Number of Licensed (Assistant) Doctors per 1 000 persons (person)	1.56	1.68
每千人注册护士数（人）	Number of Registered Nurses per 1 000 persons (person)	1.08	1.12
空气、水、噪声环境质量指数	Atmospheric, Water and Acoustic Environment Quality Rate	71.30	94.75
林木覆盖率(%)	Coverage Rate of Trees (%)	17.30	17.50

22-16 静海县基本情况
Basic Statistics on Jinghai County

指 标	Item	2010	2011
常住人口(万人)	Permanent Population (10 000 persons)	64.75	67.43
户籍户数(万户)	Registered Households (10 000 households)	19.66	19.99
#农业户	Agricultural Households	14.71	14.90
户籍人口(万人)	Registered Population (10 000 persons)	56.16	57.13
1. 农业人口	Agricultural Population	45.09	45.66
非农业人口	Non-agricultural Population	11.07	11.47
2. 男	Male	28.60	29.08
女	Female	27.56	28.05
人口出生率(‰)	Birth Rate of Population (‰)	11.06	12.07
人口自然增长率(‰)	Natural Growth Rate of Population (‰)	2.26	8.21
城镇单位从业人员(万人)	Employment Personnel in Urban Units (10 000 persons)	2.92	5.86
#在岗职工	On-post Staff and Workers	2.81	5.70
新增就业人员(人)	Newly Increased Employment Personnel (person)	7490	7840
城镇单位从业人员人均劳动报酬(元)	Average Remuneration of Employment Personnel in Urban Units (yuan)	50846	47004
乡村从业人员(万人)	Rural Employment Personnel (10 000 persons)	20.17	20.32
#农林牧渔业	Farming, Forestry, Animal Husbandry and Fishery	8.61	8.64
区县生产总值(亿元)	Gross Domestic Product (100 million yuan)	278.26	343.66
第一产业	Primary Industry	14.82	16.88
第二产业	Secondary Industry	195.52	231.03
#工 业	Industry	183.49	215.13
第三产业	Tertiary Industry	67.92	95.75
区县生产总值增速(%)	Increase Rate of Gross Domestic Product (%)	11.4	19.0
*区县增加值(亿元)	Value Added of District (100 million yuan)	229.85	315.64
*区县增加值增速(%)	Increase Rate of Value Added of District (%)	21.0	21.3
县级一般预算收入(万元)	General Budgetary Government Revenue at District Level (10 000 yuan)	149669	239759
县级一般预算财政支出(万元)	General Budgetary Government Expenditure at District Level (10 000 yuan)	246842	377976
#教育经费支出	Operating Expenses for Education	70025	77871
年末实有耕地面积(公顷)	Cultivated Land (year-end) (hectare)	64615	64551
农林牧渔业总产值(万元)	Gross Output Value of Farming, Forestry, Animal Husbandry and Fishery (10 000 yuan)	319442	368998
农林牧渔业总产值增速(%)	Increase Rate of Gross Output Value of Farming, Forestry, Animal Husbandry and Fishery (%)	7.1	8.9
粮食产量(万吨)	Total Yield of Grain (10 000 tons)	32.02	29.28
肉类总产量(吨)	Output of Meat (ton)	59167	65727
水产品产量(吨)	Output of Aquatic Products (ton)	22166	23469
蔬菜总产量(万吨)	Total Yield of Vegetables (10 000 tons)	32.35	34.73
农村居民人均年可支配收入(元)	Per Capita Annual Disposable Income of Rural Households (yuan)	10431	11288

22-16 续表 Continued

指　　标	Item	2010	2011
农村居民人均生活消费支出(元)	Per Capita Annual Expenditure for Consumption of Rural Households (yuan)	5556	6434
# 食品支出	Expenditure for Food	1940	2189
农村人均住房面积(平方米)	Per Capita Living Floor Space of Rural Residents (sq. m)	28.80	30.00
规模以上工业企业	Industrial Enterprises above Designated Size		
单位数(个)	Number of Units (unit)	519	479
从业人员(人)	Employment Personnel (person)	68259	75983
资产总值(亿元)	Total Assets (100 million yuan)	495.50	715.02
主营业务收入(亿元)	Revenue From Principal Business (100 million yuan)	925.57	1264.64
利税总额(亿元)	Total Profits and Taxes (100 million yuan)	48.66	119.35
# 利润总额	Total Pre-tax Profits	40.69	101.44
工业总产值(亿元)	Gross Output Value (100 million yuan)	874.01	1250.37
固定资产投资(亿元)	Investment in Fixed Assets (100 million yuan)	230.35	292.72
社会消费品零售总额(亿元)	Retail Sales of Consumer Goods (100 million yuan)	55.44	62.97
外贸出口(亿美元)	Total Value of Exports in Foreign Trade (USD 100 million)	6.63	9.44
民营企业注册资本(亿元)	Private and Individual Enterprises Registered Capital (100 million yuan)	356.62	459.25
实际直接利用外资(亿美元)	Actual Direct Utilization of Foreign Capital (USD 100 million)	1.01	1.58
实际利用内资(亿元)	Domestic Investment Actually Used (100 million yuan)	42.28	50.08
星级饭店(个)	Star-level Hotels (unit)	3	3
小学校数(所)	Number of Primary Schools (unit)	98	99
小学在校学生数(人)	Students Enrollment of Primary Schools (person)	50143	52348
普通中学校数(所)	Number of Regular Secondary Schools (unit)	51	51
普通中学在校学生数(人)	Students Enrollment of Regular Secondary Schools (person)	36912	37107
幼儿园数(所)	Number of Kindergartens (unit)	315	308
养老院床位数(张)	Number of Beds in Old People's Home (unit)	462	467
卫生机构数(个)	Health Care Institutions (unit)	80	405
# 医院、卫生院	Hospitals and Health Care Centers	28	28
卫生机构床位数(张)	Beds in Health Care Institutions (unit)	1330	1390
# 医院、卫生院	Hospitals and Health Care Centers	1109	1169
每千人医疗卫生机构床位数(张)	Beds of Health Care Institutions per 1 000 persons (unit)	2.37	2.43
每千人执业(助理)医师数(人)	Number of Licensed (Assistant) Doctors per 1 000 persons (person)	1.58	1.89
每千人注册护士数(人)	Number of Registered Nurses per 1 000 persons (person)	0.78	0.88
空气、水、噪声环境质量指数	Atmospheric, Water and Acoustic Environment Quality Rate	97.60	96.98
林木覆盖率(%)	Coverage Rate of Trees (%)	27.90	28.50

22-17 蓟县基本情况
Basic Statistics on Jixian County

指　　标	Item	2010	2011
常住人口（万人）	Permanent Population (10 000 persons)	83.27	85.53
户籍户数（万户）	Registered Households (10 000 households)	26.00	26.28
#农业户	Agricultural Households	19.71	19.95
户籍人口（万人）	Registered Population (10 000 persons)	83.35	84.27
1. 农业人口	Agricultural Population	68.71	69.22
非农业人口	Non-agricultural Population	14.64	15.05
2. 男	Male	42.47	42.93
女	Female	40.88	41.34
人口出生率 (‰)	Birth Rate of Population (‰)	8.64	10.40
人口自然增长率 (‰)	Natural Growth Rate of Population (‰)	1.44	3.80
城镇单位从业人员（万人）	Employment Personnel in Urban Units (10 000 persons)	4.26	6.02
#在岗职工	On-post Staff and Workers	3.84	5.29
新增就业人员（人）	Newly Increased Employment Personnel (person)	10700	10975
城镇单位从业人员人均劳动报酬(元)	Average Remuneration of Employment Personnel in Urban Units (yuan)	47435	46791
乡村从业人员（万人）	Rural Employment Personnel (10 000 persons)	33.47	33.77
#农林牧渔业	Farming, Forestry, Animal Husbandry and Fishery	15.17	14.55
区县生产总值（亿元）	Gross Domestic Product (100 million yuan)	215.47	250.11
第一产业	Primary Industry	21.26	23.72
第二产业	Secondary Industry	57.98	79.36
#工　业	Industry	43.09	53.36
第三产业	Tertiary Industry	136.23	147.02
区县生产总值增速 (%)	Increase Rate of Gross Domestic Product (%)	20.2	14.2
*区县增加值（亿元）	Value Added of District (100 million yuan)	206.27	246.10
*区县增加值增速 (%)	Increase Rate of Value Added of District (%)	22.4	21.0
县级一般预算收入（万元）	General Budgetary Government Revenue at District Level (10 000 yuan)	109008	154552
县级一般预算财政支出（万元）	General Budgetary Government Expenditure at District Level (10 000 yuan)	209336	287935
#教育经费支出	Operating Expenses for Education	97057	102399
年末实有耕地面积（公顷）	Cultivated Land (year-end) (hectare)	53939	53939
农林牧渔业总产值（万元）	Gross Output Value of Farming, Forestry, Animal Husbandry and Fishery (10 000 yuan)	440566	496879
农林牧渔业总产值增速 (%)	Increase Rate of Gross Output Value of Farming, Forestry, Animal Husbandry and Fishery (%)	2.1	5.8
粮食产量（万吨）	Total Yield of Grain (10 000 tons)	48.70	50.65
肉类总产量（吨）	Output of Meat (ton)	80289	82628
水产品产量（吨）	Output of Aquatic Products (ton)	26547	28160
蔬菜总产量（万吨）	Total Yield of Vegetables (10 000 tons)	42.16	43.25
农村居民人均年可支配收入（元）	Per Capita Annual Disposable Income of Rural Households (yuan)		11002

22-17 续表 Continued

指　标	Item	2010	2011
农村居民人均生活消费支出(元)	Per Capita Annual Expenditure for Consumption of Rural Households (yuan)	4489	8243
# 食品支出	Expenditure for Food	1639	2745
农村人均住房面积(平方米)	Per Capita Living Floor Space of Rural Residents (sq. m)	28	29
规模以上工业企业	Industrial Enterprises above Designated Size		
单位数(个)	Number of Units (unit)	172	140
从业人员(人)	Employment Personnel (person)	27113	25215
资产总值(亿元)	Total Assets (100 million yuan)	102.75	105.16
主营业务收入(亿元)	Revenue From Principal Business (100 million yuan)	106.45	128.36
利税总额(亿元)	Total Profits and Taxes (100 million yuan)	13.52	14.82
# 利润总额	Total Pre-tax Profits	7.67	8.67
工业总产值(亿元)	Gross Output Value (100 million yuan)	114.99	137.59
固定资产投资(亿元)	Investment in Fixed Assets (100 million yuan)	240.61	330.75
社会消费品零售总额(亿元)	Retail Sales of Consumer Goods (100 million yuan)	73.11	100.63
外贸出口(亿美元)	Total Value of Exports in Foreign Trade (USD 100 million)	0.56	0.65
民营企业注册资本(亿元)	Private and Individual Enterprises Registered Capital (100 million yuan)	58.07	92.33
实际直接利用外资(亿美元)	Actual Direct Utilization of Foreign Capital (USD 100 million)	0.79	1.00
实际利用内资(亿元)	Domestic Investment Actually Used (100 million yuan)	94.03	123.61
星级饭店(个)	Star-level Hotels (unit)	6	6
小学校数(所)	Number of Primary Schools (unit)	128	124
小学在校学生数(人)	Students Enrollment of Primary Schools (person)	40990	41715
普通中学校数(所)	Number of Regular Secondary Schools (unit)	65	64
普通中学在校学生数(人)	Students Enrollment of Regular Secondary Schools (person)	52563	48847
幼儿园数(所)	Number of Kindergartens (unit)	152	153
养老院床位数(张)	Number of Beds in Old People's Home (unit)	1186	1169
卫生机构数(个)	Health Care Institutions (unit)	272	580
# 医院、卫生院	Hospitals and Health Care Centers	31	31
卫生机构床位数(张)	Beds in Health Care Institutions (unit)	1666	1646
# 医院、卫生院	Hospitals and Health Care Centers	1621	1600
每千人医疗卫生机构床位数(张)	Beds of Health Care Institutions per 1 000 persons (unit)	2.00	1.95
每千人执业(助理)医师数(人)	Number of Licensed (Assistant) Doctors per 1 000 persons (person)	1.71	1.72
每千人注册护士数(人)	Number of Registered Nurses per 1 000 persons (person)	0.77	0.93
空气、水、噪声环境质量指数	Atmospheric, Water and Acoustic Environment Quality Rate	94.23	96.65
林木覆盖率(%)	Coverage Rate of Trees (%)	43.90	44.20

企业采风

Brief Introduction of Enterprises

中国统计出版社最新图书简目

（仅供参考，以最后出书为准）

统计资料

中国统计年鉴-2012
中国统计摘要-2012
国际统计年鉴-2012
2012中国发展报告
中国第三产业统计年鉴-2012
中国区域经济统计年鉴-2012
中国劳动统计年鉴-2012
中国社会统计年鉴-2012
中国城市统计年鉴-2009
中国建筑业统计年鉴-2012
中国人口和就业统计年鉴-2012
中国工业经济统计年鉴-2012
中国商品交易市场统计年鉴-2012
中国房地产统计年鉴-2012
中国能源统计年鉴-2012
中国民政统计年鉴-2012
中国贸易外经统计年鉴-2012
2012中国地区经济监测报告
中国科技统计年鉴-2012
中国农村统计年鉴-2012
中国农产品价格调查年鉴-2012
中国高技术产业统计年鉴-2012
中国教育经费统计年鉴-2010
中国农村贫困监测报告-2012
全国农产品成本收益资料汇编-2012
中国科学技术协会统计年鉴-2012
工业企业科技活动资料-2012
大中型批发零售和住宿餐饮企业统计年鉴-2012
中国城市（镇）生活与价格年鉴-2012
中国县（市）社会经济统计年鉴-2012
中国农村住户调查年鉴-2012（中、英文）
中国农村全面建设小康监测报告-2012
第二次全国R&D资源清查资料汇编-综合卷
第二次全国R&D资源清查资料汇编-工业企业卷
中国零售和餐饮连锁企业统计年鉴-2012
中国民族统计年鉴2011、2012
2010年中国第六次人口普查公报

2012年省级综合统计年鉴系列

北京 天津 河北 山西 内蒙古 辽宁 吉林 黑龙江 上海 江苏 浙江 安徽 福建 江西 山东
河南 湖北 湖南 广东 广西 海南 重庆 四川 贵州 云南 西藏 陕西 甘肃 青海 宁夏
新疆 新疆生产建设兵团

2012年市（县）级综合统计年鉴系列

天津滨海新区 石家庄 唐山 邯郸 太原 大同 长治 阳泉 晋城 朔州 晋中
运城 忻州 临汾 呼和浩特 包头 沈阳 大连 长春 吉林市 四平 哈尔滨 黑龙江垦区
上海浦东新区 苏州 无锡 常州 徐州 南通 盐城 镇江 江阴 丹阳
杭州 宁波 绍兴 台州 温州 金华 嘉兴 衢州 福州 福州经济技术开发区
厦门经济特区 南昌 上饶 济南 青岛 潍坊 郑州 洛阳 三门峡 南阳 武汉 宜昌
十堰 荆州 咸宁 长沙 广州 东莞 惠州 深圳 桂林 南宁 柳州 来宾 河池 海口 成都 绵阳
贵阳 昆明 庆阳 西安 兰州 银川 乌鲁木齐

2010年人口普查资料系列

中国2010年人口普查资料
北京 天津 河北 山西 内蒙古 辽宁 吉林 黑龙江 上海 江苏
浙江 安徽 福建 江西 山东 河南 湖北 湖南 广东 广西 海南 重庆 四川 贵州 云南
西藏 陕西 甘肃 青海 宁夏 新疆 新疆生产建设兵团
河南省各市2010年人口普查资料丛书
中国分县2010年人口普查资料
中国分乡镇、街道2010年人口普查资料
中国分民族2010年人口普查资料

“十一五”规划教材

非参数统计 医学统计学
概率论与数理统计 统计学
现代金融投资统计分析
多元统计分析 经济计量学教程
应用时间序列分析
统计指数理论及应用
统计数据处理概论
质量管理统计方法 社会统计学
多元统计分析实验
企业经营管理统计
市场调查与预测
统计学原理（非统计专业使用）
统计学：从数据到结论
国民经济核算教程(国民经济统计学)
概率论与数理统计(经济、管理类专业使用）

重点图书

挑大学选专业2012—高考志愿填报指南
挑大学选专业2012—考研择校指南

欲购以上图书请与中国统计出版社发行部联系
电话：(010) 63376907，63376908 同椑行书店电话：68783171，68783172
通信地址：北京市西城区三里河月坛南街57号 邮政编码：100826
网址：http://csp.stats.gov.cn

(京)新登字041号

图书在版编目(CIP)数据

天津统计年鉴. 2012 : 汉英对照 / 天津市统计局，国家统计局天津调查总队编.
— 北京 : 中国统计出版社，2012.9
ISBN 978-7-5037-6676-3
Ⅰ. ①天…
Ⅱ. ①天… ②国…
Ⅲ. ①统计资料—天津市—2012—年鉴—汉、英
Ⅳ. ①C832.21-54

中国版本图书馆CIP数据核字(2012)第204896号

天津统计年鉴—2012

作　　者 / 天津市统计局　国家统计局天津调查总队
责任编辑 / 佘竞雄　熊　威
责任校对 / 李　萍　戴　华
装帧设计 / 天津市河图广告传播有限公司
出版发行 / 中国统计出版社
通信地址 / 北京市西城区月坛南街57号　邮政编码 100826
办公地址 / 北京市丰台区西三环南路甲6号　邮政编码 100073
电　　话 / （010）63376907
网　　址 / http://csp.stats.gov.cn
印　　刷 / 天津市方正汇智彩色印刷技术有限公司
经　　销 / 新华书店
开　　本 / 890 × 1240 毫米　1/16
字　　数 / 1120 千字
印　　张 / 37
印　　数 / 1- 5000册
版　　别 / 2012 年 8 月第 1 版
版　　次 / 2012 年 8 月第 1 次印刷
书　　号 / ISBN 978-7-5037-6676-3/C・2741
定　　价 / 420.00 元 （含光盘）

本书附同版本CD-ROM一张，光盘内容以书面文字为准。
中国统计版图书，如有印装错误，本社发行部负责调换。

主要产品目录

产品名称		产品性能	施工特点	用途
蒸压加气制品	蒸压砂加气制品（砌块、板材）	保温、防火、隔声、抗震、规格多样、尺寸精确、施工便捷、经济、质轻、绿色环保	干法施工，薄层砌筑	外墙、隔墙、屋面
	蒸压粉煤灰加气制品（砌块、板材）			
蒸压加气制品专用胶粘剂		保水性、和易性良好，干缩率低，粘结性能好，运输方便，绿色环保	干法施工，薄层抹灰	专用于蒸压砂加气制品的砌筑粘结材料
粉刷石膏		保水性好，抗裂性佳，粘结性强，质轻、防火、绿色环保	干法施工，薄层抹灰	与蒸压砂加气制品相匹配的墙体内檐抹灰材料
建筑石膏		质轻、节能、快凝、环保、安全、调湿		广泛应用在纸面石膏板、粉刷石膏、石膏砌块、石膏墙板及天花板、装饰吸声板等装饰部件中
抗裂砂浆		抗裂性能好，良好的保水性、和易性、粘结性、抗渗性，绿色环保	干法施工，薄层抹灰	与蒸压砂加气制品相匹配的抹灰专用砂浆
干混砂浆		具有良好的保水性、和易性、粘结性、抗渗性以及抗裂、抗应变能力，塑性收缩率低	预拌干混，易于施工	与各类砖、砌块相匹配的墙体砌筑、抹灰砂浆
彩色饰面砂浆		不裂不脱落、色泽自然、色彩多样、耐久、节能、环保、安全	施工便捷	代替涂料和瓷砖，用于建筑墙体内、外墙表面及顶棚装饰
无机保温砂浆		节能利废、保温、环保、经济、防火、防冻、耐老化、稳定性高	施工便捷，与建筑同寿命	用于建筑物墙体保温
外部装饰装修部品	高档节能门窗	保温、气密、水密、抗风压、隔声性能良好，绿色环保、美观耐用	施工方便	建筑外墙
	呼吸式幕墙	节能效果优越，是节能幕墙的发展趋势	单元式施工，方便快捷	建筑外檐
内部装饰装修部品	整体橱柜及收纳系统	绿色环保，随意组合，工厂化生产，保证质量	现场组装，方便快捷	厨房、室内使用

标准化、系列化住宅部品

节能窗　实木门

呼吸式单元幕墙　整体橱柜

整体厨房

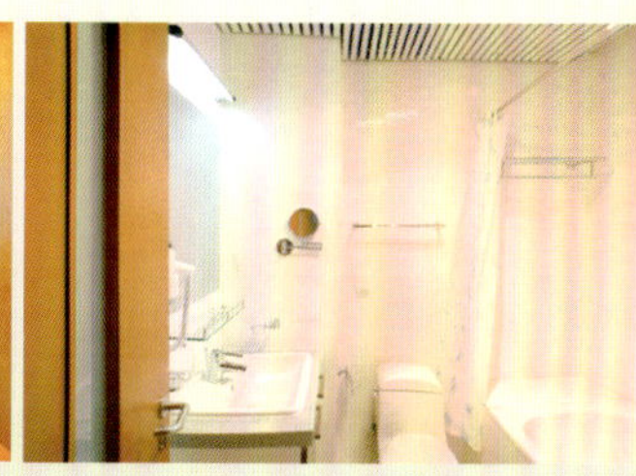
整休卫浴

系列化特种干粉砂浆生产线

新型节能墙体材料蒸压砂加气制品生产线

蒸压砂加气及系列配套产品

蒸压砂加气制品生产线整理设备

住宅部品生产车间

CHINA MOBILE

MAKE LIFE MORE CONVENIENT

无线城市
让我们的生活更便捷

中国移动通信集团天津有限公司（简称“中国移动天津公司”）是中国移动有限公司的全资子公司。中国移动目前拥有全球第一的移动通信网络和客户规模，基站总数超过 90 万个，客户总数接近 6.5 亿户。2011 年列《财富》杂志世界 500 强 87 位，连续四年进入《金融时报》全球最强势品牌排名，品牌价值位列全球电信品牌前列，成为全球最具创新力企业 50 强。

中国移动天津公司于 2000 年改制重组，并同时在香港和美国上市，成功进入国际资本市场。经过多年的探索和努力，中国移动天津公司已拥有雄厚的移动通信建设和维护技术力量，网络质量行业领先。

中国移动天津公司主要经营移动话音、数据、IP 电话和多媒体业务，拥有“全球通”、“神州行”、“动感地带”等著名客户品牌，致力于打造优质便捷的服务。

中国移动天津公司建成了一个覆盖范围广、通信质量高、业务品种丰富、服务水平一流的移动通信网络，以“做世界一流企业，实现从优秀到卓越的新跨越”战略为指引，努力实现企业经营与社会责任的高度统一，致力于实现企业在经济、社会与环境方面的和谐发展。

沃·3G
精彩在沃
午后漫步，喷泉唤起异国旅行的欲望……转过街角，已经订好机票！
跟上想法的速度，就不会止于空想
极速互联随我行
沃·3G
极速网络
宽广漫游
丰富终端
劲炫应用
www.10010.com
10010
China unicom中国联通

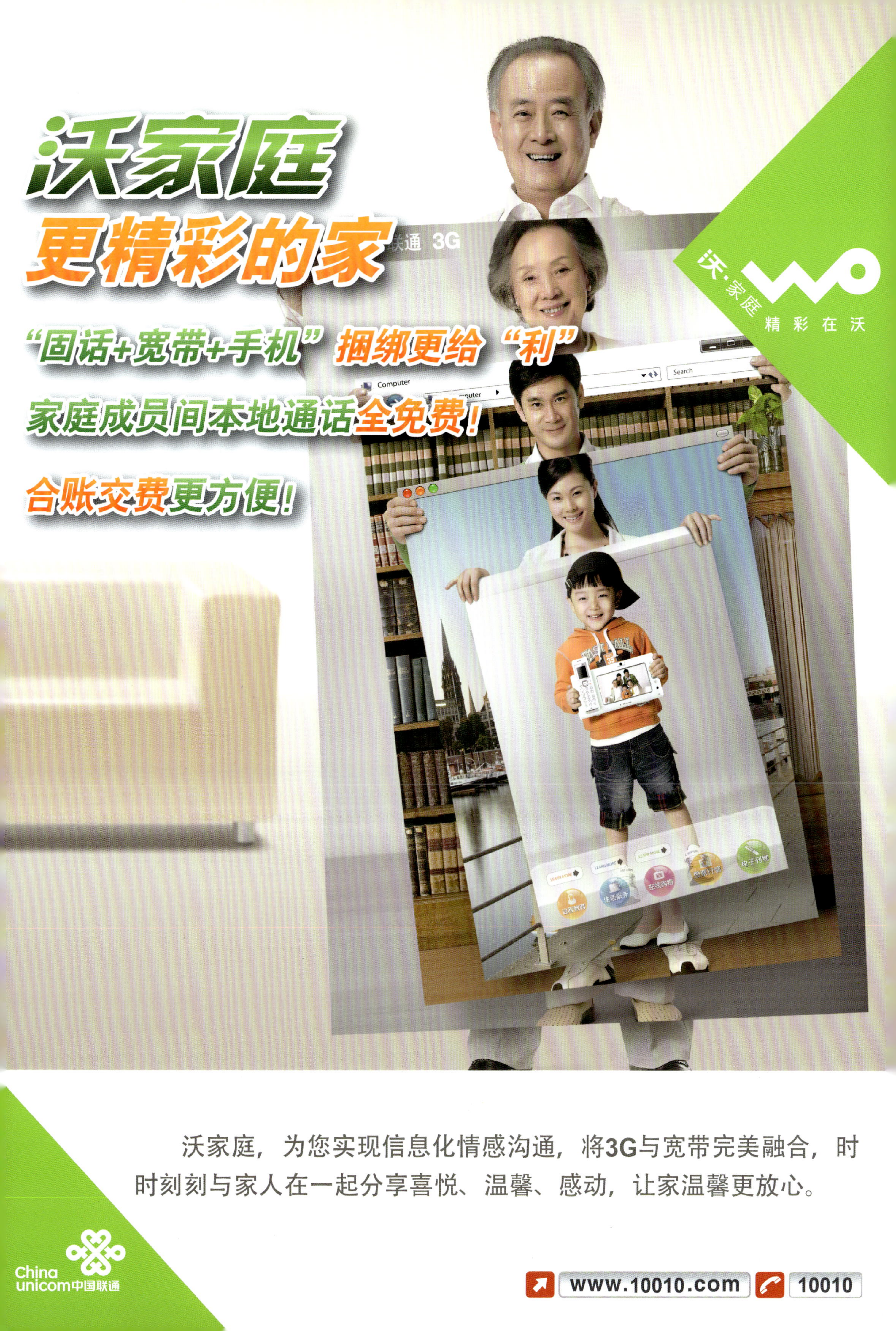
沃家庭
更精彩的家
联通 3G
沃·家庭
精彩在沃
"固话+宽带+手机"捆绑更给"利"
家庭成员间本地通话全免费！
合账交费更方便！
Computer
Search
沃家庭，为您实现信息化情感沟通，将3G与宽带完美融合，时时刻刻与家人在一起分享喜悦、温馨、感动，让家温馨更放心。
China unicom中国联通
www.10010.com
10010

天津荣程联合钢铁集团有限公司
ROCKCHECK STEEL GROUP CO., LTD.

董事长 张祥青

总经理 张荣华

天津荣程联合钢铁集团有限公司(以下简称荣程集团)，是以钢铁为主业，涉足国际贸易、矿业投拓、能源管理以及融合科技、教育、健康等多领域发展的大型企业。集团总部座落在天津滨海新区，具备年产铁、钢、材各500万吨的生产能力，资产总值128亿元，2011全国企业500强第191位，中国制造业500强第96位，连续多年列天津市百强私营企业第1位。

荣程集团以建设绿色荣程、创新荣程、科技荣程、和谐荣程为目标，大力开展节能减排和环境保护工作，实现了资源的综合回收利用。集团秉承"自强不息、奋斗不止、永不言败"的企业精神，坚持"责任、敬业、进取、感恩、诚信"的核心价值观，积极投身社会公益事业，以钢铁般的意志，为社会和客户持续创造价值。多年来，荣程集团的健康快速成长，为当地社会经济的又好又快发展做出了巨大贡献。

ROCKCHECK STEEL GROUP CO., LTD. (hereinafter referred to be as ROCKCHECK STEEL) is a large private enterprise. Besides taking steel as the main core business, it manages many items, such as international trade, mining development and resources comprehensive utilization, combined with technology, education and health development. The headquarters is located in Tianjin Economic-Technological Development Area. And the annual iron, steel and sinter production reach 5 million tons respectively. With the total assets value of 12.8 billion yuan, ROCKCHECK STEEL ranked 191st in national top 500 enterprises in 2011, 96th in China top 500 manufacturing, and 1st in Tianjin top 100 private enterprises for many times.

To build Green ROCKCHECK, Innovative ROCKCHECK, Scientific ROCKCHECK and Harmonious ROCKCHECK, the group carried out energy saving, emission reduction and environmental protection vigorously and realized the comprehensive recycling of resources. Adhering to the enterprise spirit of "unremitting self-improvement, endless struggling, never give up" and the core value of "responsible, dedicated, initiative, grateful, credible", the group played an active role in public welfare undertakings, and created value for the society and customers continually with an iron will. Over the years, ROCKCHECK's healthy and rapid growth has made tremendous contributions to the local social and economic development.

集团总部地址：天津经济技术开发区盛达街9号泰达金融广场7–8层
Headquarter Add: F7–8, TEDA Financial Plaza, No.9 Shengda Street, TEDA, Tianjin
邮政编码 Postal Code: 300457
免费电话 Free Tel: +86 4006398999
电话 Tel: +86 22 66286980
传真 Fax: +86 22 66286980
http://www.rockcheck.com

中国邮政
CHINA POST

广泛开展战略合作 积极拓展服务领域

天津邮政融入地方经济社会发展，发挥自身优势，提升服务水平，为政府分忧、为百姓解难，认真履行普遍服务义务和“通政、通民、通商”职能，广泛开展战略合作，不断拓展服务领域，打造功能完备、贴近百姓、方便快捷的邮政公共服务平台。

天津邮政给力政府绿色照明节能工程，发挥邮政网点多、贴近百姓的优势，在邮政网点代售政府补贴节能灯。今年截至目前销售节能灯58万只，占全市销售总量的29%。

天津邮政依托邮政电子商务信息平台，充分利用邮政网点、网站、11185客服中心等渠道资源，向客户提供具有邮政特色的票务咨询、订送服务。

邮政报刊亭增加了手机充电、代收话费和有线电视费功能，报刊亭成为名副其实的便民亭。

津邮集藏礼品专卖店自今年成为天津市指定旅游纪念品商店。以丰富的商品、放心的品质、一流的服务为百姓提供放心的礼品消费服务。

天津邮政建成全市首家国奥运动员产品特许专卖店，将国家奥林匹克体育中心运动员专供产品引入天津，让高品质的营养保健品走近普通市民。

全市50家邮政烟酒连锁店以优惠的价格、贴心的服务，向市民销售真烟真酒，并推出“假一赔十”的承诺。

天津农垦集团总公司
Tianjin State Farms Agribusiness Group Company

天津农垦集团总公司党委书记兼董事长白智生

天津农垦集团总公司是经天津市委、市政府批准，由天津市农工商总公司改制组建，注册资本13亿元。天津农垦集团总公司资产总值151亿元，有土地11万亩，直属单位31个，生产经营单位100家，2011年完成工农业总产值28亿元，实现利润总额5亿元。集团发展的主导板块为奶液（奶牛育种、饲养及海河牌奶制品生产）、葡萄酒业（王朝、天宫、夏宫葡萄酒）、精品农业（地热养殖、草坪）、房地产业（津垦房地产开发）、商贸服务业（出租车服务业、加油服务业、写字楼服务业）。集团总公司全体员工齐心协力，继续发扬农垦人的开拓进取精神，努力实现二十一世纪宏伟发展目标。热忱欢迎国内外各界朋友与天津农垦携手合作，共筑辉煌。

Tianjin State Farms Agribusiness Group Company was restructured from Tianjin Agriculture, Industry and Commerce Co. after approval from the Tianjin Committee of the CPC and the Tianjin Municipal Government, with registered capital of RMB 1.3 billion yuan. With total assets of RMB 15.1 billion yuan, covering a land of 110000 mus, the company has 31 units with direct control as well as 100 manufacturing and operating units. In 2011, it realized total industrial and agricultural output of 2.8 billion yuan, profit before income tax of RMB 500 million yuan. Its main sources of growth include dairy (cow breeding and feeding, Haihe milk manufacturing), winery (Dynasty, Tiangong and Xiagong Winery), refined agriculture (terrestrial heat breading and lawn), real estate development (Jinken Real Estate Development) and commerce & service (taxi, fuelling, office building). The whole employee will make concerted effort to carry forward the aggressive and pioneering spirit of the company, work hard to realize the great growing target in 21st century. We warmly welcome friends from all fields at home and abroad to hand in with Tianjin State Farms Agribusiness Group Company to build prosperity.

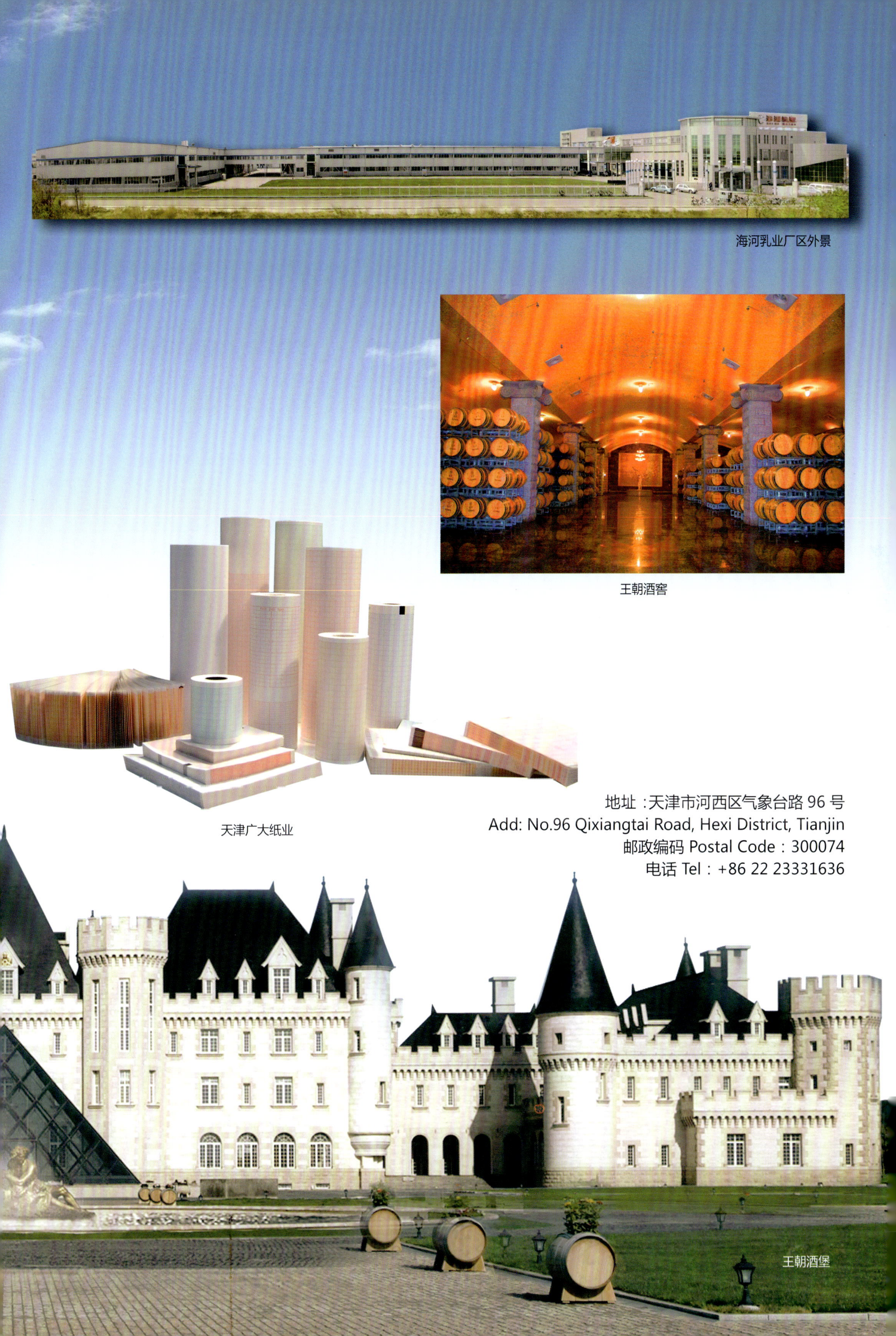

海河乳业厂区外景

王朝酒窖

天津广大纸业

地址 :天津市河西区气象台路 96 号
Add: No.96 Qixiangtai Road, Hexi District, Tianjin
邮政编码 Postal Code：300074
电话 Tel：+86 22 23331636

王朝酒堡

天津城投集团

Tianjin Infrastructure Investment Group

2011 年是实施“十二五”规划的开局之年，也是我市城市建设与交通事业大发展的一年。在市委、市政府的领导下，在城建两委的直接指挥下，天津城投集团坚持以科学发展为统领，以推进重大项目建设和提升管理能效为重点，积极应对国家货币政策紧缩，拆迁政策调整，融资平台清理的严峻挑战，务实创新、攻坚破难，在投融资和项目建设管理等方面取得了新的成绩，实现了“十二五”的良好开局。

一、固定资产投资再创历史新高

天津城投集团 2011 年共完成固定资产投资 361 亿元，同比增长 15%，累计融资到位 634 亿元，实现主营业务收入 89.53 亿元，利润 19.13 亿元。基本完成了市建交委下达的各项指标。各主要经济指标实现了集团成立以来连续 7 年的高速持续增长。

轨道交通建设方面：地铁 2、3 号线铺轨完成 90%，车站装修、设备安装接近尾声；5、6 号线前期工作获得重大进展，房屋征收工作全线铺开。天津站枢纽换乘中心、控制中心及周边配套工程，文化中心地下枢纽主体结构基本建成；西站枢纽配套工程实现了与京沪高速铁路的同步运营。京沪高铁联络线红旗北路地道、津山铁路九经路地道建成使用。

城市路桥建设方面：塘承高速一期、津宁高速实现通车，唐津拓宽工程全面启动，开工建设塘承二期、京秦高速天津段；中心城区快速路工程进入收尾完善阶段；道路配套项目完成 30 余项，机场专用线投入使用。

环境水务建设方面：文化中心景观绿化附属建筑及中心湖工程基本完工；侯台、南淀城市公园前期工作正在推进。张贵庄污水处理厂及中水一期工程部分具备通水调试条件，纪庄子污水处理厂迁建工程实现开工。

城市综合开发方面：开工建设海河天钢柳林地区基础设施工程。海河教育园（一期）基础设施工程全面竣工。子牙循环经济产业园 16 条道路具备通行条件。尖山八大里地区旧城区改建一期工程初步启动；解放南路地区起步区文体中心项目完成勘察招标和土方回填工程。

二、融资渠道建设取得新突破

2011 年，天津城投集团主动适应信贷政策从紧、投融资平台治理等外部环境变化，将融资工作方向从“重融资规模”调整为“重风险防范、重渠道建设”，在保障资金链安全稳定的同时，进一步做实了集团二级融资主体，在拓宽融资渠道方面进行了多种融资工具的实际操作：

一是公募市场债券融资进一步推进。再次发行 30 亿元短期融资券，完成了发行 100 亿元企业债券的方案制定；二是完成建行 85 亿中长期贷款重组、调增了贷款规模，实现了危陋房片区改造与住房保障项目的整体授信；三是子公司独立融资成效显著，海河公司、高速集团公司、地铁集团公司、创业环保四家子公司申请发行总规模为 184 亿元的中期票据工作有序推进。

三、资产管理与经营呈现新局面

通过理念创新和管理推动，天津城投集团准经营性和经营性业务，在 2011 年呈现了四个方面的良好发展势头：

运营业务平稳增长。全年高速公路运营实现收入近 27 亿元，同比增长 9.9%；地铁 1 号线全年运送乘客 4800 余万人次，实现收入超过 1.2 亿元，同比增长 18.1%；水务运营实现收入 12 亿元，同比增长 5.8%。

物业经营发展迅速。2011 年集团物业经营规模已达 44 万平米，年实现收入 2.4 亿元，同比增长 67%。意风区商业文化氛围更加成熟，安吉里精品购物街实现开街；银河国际购物中心完成招商任务的 75%。

酒店业务规模初显。海河教育园文华酒店、地铁假日智选酒店实现开业，海河“易兆云精品酒店”、“英迪格酒店”，天津站枢纽的木棉花酒店也将陆续具备开业条件。

多种经营齐头并进。各子公司依托主业，加大经营性资源的经营力度，取得了显著成果。技术转让、苗木销售、广告资源、海河摩天轮、停车场楼等各项经营业务都取得了良好成效。

“十二五”期间，天津城投集团将在天津市委、市政府的领导下，以为实现天津城市定位的发展大局服务为目标，以加快构建现代化城市综合交通体系为己任，在创新中发展、在发展中转型、在转型中提升，为天津经济社会发展再做新贡献。

即将开业的德风区精品酒店

海河教育园

综合交通枢纽 地铁3号线华苑车辆段 海河夜色

The year of 2011 is the first year of "12th Five-Year Plan", which is also a year with quick development of construction and transportation of our city. Under the leadership of Municipal Party Committee and Government, with the direct command of two construction committees, Tianjin Infrastructure Investment Group adhered to the guidance of scientific development, took promoting the construction of major projects and improving management efficiency as the focus, and actively responded to the challenges like national monetary tightening, relocation policy adjustment and financing platform cleaning. With pragmatic innovation and difficult breaking, the group made new achievements in the investment, financing and project construction management, which made a good start of the "12th Five-Year Plan" period.

1. Investment in fixed assets achieved new highs

In 2011, the group completed a total investment in fixed assets of 36.1 billion yuan, increasing 15%, cumulative actual financing of 63.4 billion yuan, the main business income of 8953 million yuan and profit of 1913 million yuan, basically completing the targets issued by Tianjin Construction and Communications Commission. The main economic indicators have achieved 7 consecutive years of rapid growth since the founding of the group.

Track traffic construction: track of Metro line 2 and line 3 has completed 90% and the station decoration, equipment installation are near the end. Preliminary works of Metro line 5 and line 6 have achieved significant progress with housing levy working quick developed. The construction of main body structure of TianJin Railway Station hub center, control center and the surrounding supporting engineering, underground hub of cultural center have finished. West station hub supporting engineering realized the synchronous operation of Beijing-Shanghai high speed railway. Hongqi North Street Tunnel, the contact line of Beijing-Shanghai high-speed railway, and Jiujing Road Tunnel of Jinshan railway were put into use.

Civil construction of road and bridge: Tangcheng highway (phrase I) and Jinning highway opened. Tangjin widening project, Tangcheng highway (phrase 2) and Jingqin highway Tianjin segment started construction. Expressway of center districts entered the finishing stage. More than 30 supporting road projects completed and the airport line was put into use.

Environment and water construction: the projects of cultural center landscape buildings and central lake finished. Houtai and Nandian City Park were advancing. Zhangguizhuang Sewage Treatment Plant and water project had water debugging conditions. Jizhuangzi Sewage Treatment Plant started reconstruction.

City comprehensive development: infrastructure engineering in Liulin area of Tianjin Steel started. Project phase one of Haihe Education Park was completed. 16 roads of Ziya Circular Economy Industrial Park finished with traffic conditions. Eight old city reconstruction projects in Jianshan area preliminary started. Project of culture and sports center in Jiefang South Road finished reconnaissance, bidding and backfilling of earthwork.

2. Financing channel construction obtained new breakthrough

In 2011, Tianjin Infrastructure Investment Group actively adapted to the external environment changes, such as tighten credit policy, investment and financing platform management. Changing the financing work direction from "focus on financing scale" to "focus on risk prevention and channel construction", the group increased security and stability of funds chain, further developed the financing body of second board, and broadened the financing channel with a variety of financing tools in the actual operation:

First, the group promoted the public equity markets bond financing, including another issue of 3 billion yuan of short-term financing bonds, and finished the corporate bond plan of 10 billion yuan. Second, completed the restructure of middle and long term loans of 8.5 billion yuan, increased the scale of loans, and realized overall credit of dilapidated building transformation and security housing projects. Third, the subsidiaries made a distinct independent financing effect. The issuance of medium-term notes by Haihe Corporation, Hi-speed Group Company, Metro Group Company and Capital Environmental Protection, total size of 18.4 billion yuan, was advanced in order.

3. Asset management and operation made a new situation

Through the concept innovation and management promoting, in 2011, the operation and operation kinds business of Tianjin Infrastructure Investment Group presented good development in four aspects as follows:

Business grew steadily. Annual income of highway reached 2.7 billion yuan, increasing 9.9% compared to the same period. Annual passengers of Metro Line 1 were more than 48 million person-times, which realized income over 120 million yuan, increasing 18.1%. Annual income of water operating was 1.2 billion yuan, increasing 5.8%.

Property management developed rapidly. In 2011, the group property management reached 440000 square meters with annual income of 240 million yuan, increasing 67%. The commercial cultural atmosphere of Italian Style Town was more mature. Anjili boutique shopping street opened and Galaxy International Shopping Center completed 75% of investment task.

Hotel business developed into scale. Wenhua Hotel in Haihe Education Park and Subway Holiday Inn Express opened. "Yi Zhaoyun Boutique Inn", "Indigo Hotel" at Haihe River and Hotel Kapok at TianJin Railway Station hub would have the opening conditions.

A variety of businesses operated at once. Relying on the main business, the subsidiaries increased management and obtained remarkable achievements. Business of Technology transfer, seeding sales, advertising resources, Haihe ferris wheel, parking floor, etc. all achieved good results.

In the "12th Five-Year Plan" period, under the leadership of Tianjin Municipal Party Committee and Tianjin Municipal Government, Tianjin Infrastructure Investment Group will take the object of servicing Tianjin developing of city positioning to speed up the construction of the modern city comprehensive transportation system, keep innovation, developing, transformation and ascension, and make new contributions to Tianjin economic and social development.

联通西站综合交通枢纽的河北大街立交桥

天津市勘察院

TIANJIN INSTITUTE OF GEOTECHNICAL INVESTIGATION & SURVEYING

天津市勘察院召开三维数字城市建设与成果发布会

天津市勘察院创立于1979年，隶属于天津市规划局，以岩土工程勘察、工程测量、建筑与岩土工程设计和桩基施工、工程测试为主的专业化综合性生产科研单位，是全国大型综合勘察单位之一。

具有工程勘察国家级综合甲级资质、岩土工程国家一级承包资质、桩基测试国家甲级资质、工程测量国家甲级资质、建筑设计国家甲级资质、工程监理国家乙级资质和深基坑支护设计专项资质。2009年顺利通过质量、环境和职业健康安全管理三体系认证。

目前，拥有6大专业，14个专业生产公司，现有职工811人，专业技术人员占52%。其中，国家勘察大师1人，国务院特贴专家2人，高级工程师以上123人，拥有各类注册资质85人。

近年来，先后荣获“全国工程勘察先进单位”、“全国城市勘测先进单位”、建设系统“综合实力百强”单位、“全国勘察设计行业诚信单位”、“全国建设系统企业文化建设先进单位”、“全国建设系统思想政治工作先进单位”等国家级荣誉称号；天津市“重合同，守信誉”单位、天津市“八五”、“九五”、“十五”立功先进单位、“天津市五一劳动奖状”先进单位等市级荣誉称号。

2011年，产值再创历史新高达到11亿元，实现收入8.74亿元，被评为天津市精神文明先进单位。基于激光雷达测量技术的“天津市中心城区三维数字城市建设”获得全国优秀测绘项目金奖第一名；“三维数字城市构建关键技术研究及特大城市信息化应用”课题达到国际领先水平，荣获天津市科技进步一等奖；陈塘庄热点厂三期工程勘察获国家级优秀工程银质奖；武清区新城地形图测绘及数据库建设获得全国优秀测绘项目铜奖；还有20个项目获得市级以上优秀工程奖。在全国核心刊物上发表技术论文8篇。

院党委书记田景堂带领队下基层慰问

天津市勘察院召开第九届职工代表大会职工代表投票

2011年优秀测绘工程奖

铜 奖

项目名称：武清区新城地形图测绘及数据库建设

获奖单位：天津市勘察院

证 书 号：2011-03-03-32

中国测绘学会颁发
二〇一一年十一月

2011年优秀测绘工程奖

金 奖

项目名称：基于激光雷达测量技术的天津市中心城区三维数字城市建设

获奖单位：天津市勘察院

证 书 号：2011-03-01-01

中国测绘学会颁发
二〇一一年十一月

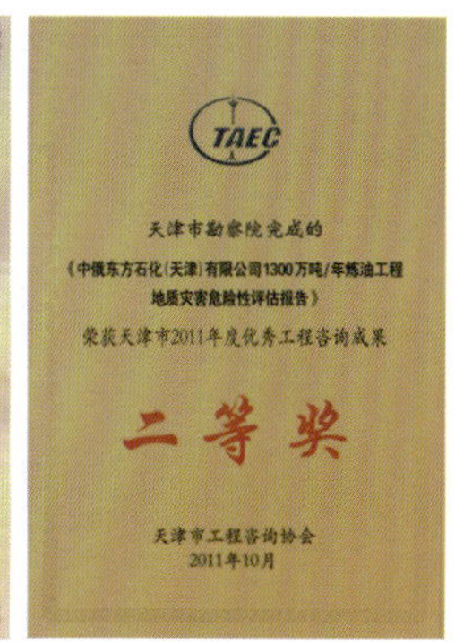

天津市勘察院完成的

《中俄东方石化（天津）有限公司1300万吨/年炼油工程地质灾害危险性评估报告》

荣获天津市2011年度优秀工程咨询成果

二等奖

天津市工程咨询协会
2011年10月

天津市勘察院完成的

《于家堡金融区总体规划综合工程地质勘察报告》

荣获天津市2011年度优秀工程咨询成果

二等奖

天津市工程咨询协会
2011年10月

Tianjin Institute of Geotechnical Investigation & Surveying (TIGIS) was founded in 1979. Affiliated to the Tianjin Planning Bureau, it is one of the large integrated surveying units focusing on investigation on geotechnical engineering, engineering surveying, engineering design of buildings, construction & geotechnical engineering design as well as pile construction and project testing.

TIGIS boasts first class comprehensive qualifications at national level of engineering investigation, geotechnical engineering general contract, pile foundation testing, engineering measurement, construction and design, and national second class for engineering supervision qualifications as well as designated design of deep excavation support qualification. In 2009, it has successfully passes the qualification of quality, environment, and profession health and security management.

Currently, TIGIS has 6 specialties and 14 manufacturers with 811employees, in which 52% are professional and technical personnel, one is national investigation expert, 2 persons are experts with special national allowance, 123 persons are senior engineers and 85 persons has registered qualification.

In recent years, TIGIS was titled as the National Advanced Unit of Engineering Investigation, National Advanced Unit of Urban Investigation, Top 100 Units with Comprehensive Strength in construction industry, National Creditworthy Unit in Engineering Investigation and Geotechnical Industry, State Advanced Unit of Enterprise Culture Development in Construction Industry, and State Advanced Unit of Ideological and Political Work in Construction Industry, Tianjin Unit of Focusing on Contract and Integrity, Tianjin Advanced Unit With Great Achievements in 8th, 9th and 10th Five-Year Plans, and Tianjin May First Labour Day Medal, etc..

In 2011, TIGIS realized output value of RMB 1.1 billion, which is a new high record, and revenue of RMB 874 million. It was awarded as Tianjin City Spiritual Civilization Unit. Meanwhile it also achieved lots of prizes, for example, "Construction of Tianjin 3D Digital Central Districts" based on laser radar survey technology won the National Excellent Mapping Project Gold Prize for the first. "Research on the Key Technology of 3D Digital City Construction and Informatization in Super-Huge Type City" reached international advanced level and won the first prize of Tianjin Science and Technology Advancement Award. Survey of Chentangzhuang thermal power plant project phase three won silver prize of state project investigation and design. Topographic mapping and database construction of Wuqing new city won bronze prize of National Excellent Mapping Project. And more than 20 projects won excellent project prize of municipal level and over. 8 technology papers were issued on the national core journals.

天津市勘察院举办加强党风廉政建设主题党课

欢送邓世军博士赴海南陵水县挂职服务

热烈欢送赴海南省陵水县挂职干部

设 计 改 变 世 界

天津大学建筑设计规划研究总院

Tianjin University Research Institute of Architectural Design & Urban Planning

设计总院核心领导团队——院长 洪再生（左二）、党委书记 于敬海（右二）、副院长 张锡治（左一）、副院长 谌谦（右一）

天津大学建筑设计规划研究总院（AATU）由创建于 1952 年的天津大学建筑设计研究院与天津大学城市规划设计研究院组合而成，是国家重点大学中第一家具有甲级建筑设计、甲级城市规划设计、甲级工程咨询、甲级历史文物建筑规划设计、甲级旅游规划等八项资质的总院设计机构。总院依托天津大学的人才优势、学科优势和技术优势，凭借严谨的工作作风和良好的服务意识，近年来完成的各项建筑设计、城市规划设计，在国内外各类设计竞赛中屡获殊荣，受到项目委托单位的好评。

总院现有一线设计人员 450 余人，其中 45 人为国家一级注册建筑师，35 人为国家一级注册结构师，18 人为国家注册城市规划师，博士 7 人，硕士 122 人。专业配套齐全，人员素质较高，总院在教育和科研建筑、旅游和疗养建筑、办公和商贸建筑以及大型医院建筑，体育建筑设计和城市规划、古建筑修缮保护规划、深基坑支护以及建设项目策划和可行性研究等方面都有不同凡响的建树。

总院以“科研强院、效益大院、国际知名的设计机构”为发展目标，在“天津滨海新区”、“福建海西建设”、“辽宁沿海经济带”和“山东半岛蓝色经济区”等国家发展战略以及在四川震后重建中，凭借天大的实力和天大的胸怀，发挥了重大作用。已完成的“北京光彩大厦（民生银行总部）”、“山东威海甲午海战馆”、“天津美术学院美术馆”、“天津市城市副中心西站地区规划”、“天津市滨海新区响螺湾商务区城市设计”、“天津利顺德大饭店复建项目”、“天津市大学生体育中心”、“中国宝鸡青铜器博物院”、“福建泉州台商投资区总体规划”、“河北曹妃甸国际论坛永久会址”等数十项彪炳于世的重大项目，在国内外影响深远。

总院近年来与多家高端境外设计机构展开了全方位、多层次的国际合作。通过与美国 RSP 设计公司、德国 KSP 建筑设计事务所、日本日建设计株式会社、日本昭和设计株式会社等国际设计公司的强强联合，成功跻身于国际知名设计机构的行列。

“实事求是”作为天津大学的校训，已经深深的融入本院的企业文化与服务理念之中，特色鲜明、风格独具的天津大学建筑设计规划研究总院，将为中国的城市建设精心勾绘更具中国时代精神、更具地方文化特色、更具城市竞争力的发展蓝图。

洪再生 院长 教授
日本工学博士 博士生导师

天津滨海新区响螺湾商务区城市设计

天津西站城市副中心整体城市设计

天津大学新体育馆

曹妃甸国际论坛永久会址

天津大学第26教学楼

天津利顺德大饭店修缮改造

陕西宝鸡青铜器博物院

天津大学生体育中心

重庆妇女文化中心

天津二建建筑工程有限公司

Tianjin No.2 Construction Engineering Co., Ltd.

党委书记、董事长 齐金岱

总经理 穆瑞刚

天津二建建筑工程有限公司始建于1951年，是具有国家房屋建筑工程施工总承包一级、市政公用工程施工总承包一级、机电安装工程施工总承包一级、建筑装修装饰工程专业承包一级、钢结构工程专业承包一级、地基与基础工程专业承包一级等六个一级资质的大型建筑施工企业。公司下设土建施工、基础施工、水电及设备安装、幕墙、装饰、钢结构制作与安装、商品砼及建筑门窗等19个分公司、全资子公司和10个直属项目部。

公司实力雄厚、设备先进，有各类工程技术管理人员1600余人，高中级技术职称500余人，国家一、二级建造师230余人。拥有先进的各类施工生产设备1000余台（辆）。具有独立承担各类大型工业建筑及高层、超高层大型公共、民用建筑的施工能力。公司先后完成了一大批国家重点工业建设项目、民用建设项目和公共建设项目，建成了一大批天津市标志性建筑。年完成产值营业额45亿元以上，竣工面积160-180万平方米。所承建的工程多次荣获建筑工程鲁班奖、国家优质工程奖和全国用户满意工程称号。

公司注重新技术开发和应用，积极推进科技进步，形成了在国内处于领先水平的软土地基深基坑支护、无粘结预应力及模板早拆等多项成套技术体系。公司曾获全国科学大会奖，多次获得部级和市级科技进步奖。

公司注重更新管理理念，不断强化企业管理，建立了可靠的质量保证体系，完善了经营、生产、安全、文明施工管理控制体系，形成了具有二建特色的管理优势。曾受到国务院嘉奖，四次荣获“施工企业管理优秀奖”，两次荣获“全国用户满意企业”称号，连续21年被市政府命名为“重合同、守信誉”单位。

“客户至上、质量第一”是我们的服务宗旨，“筑造精品工程、确保顾客满意”是我们永恒的追求，愿与各界朋友携手，共创美好未来。

天津西站枢纽管控中心

天津津湾广场

天津城建学院现代化教育中心

天津文化中心阳光乐园

于家堡轨道交通枢纽地下深29.5米

天津百货大楼

天津邮电通信网管理中心大厦

天津日报社

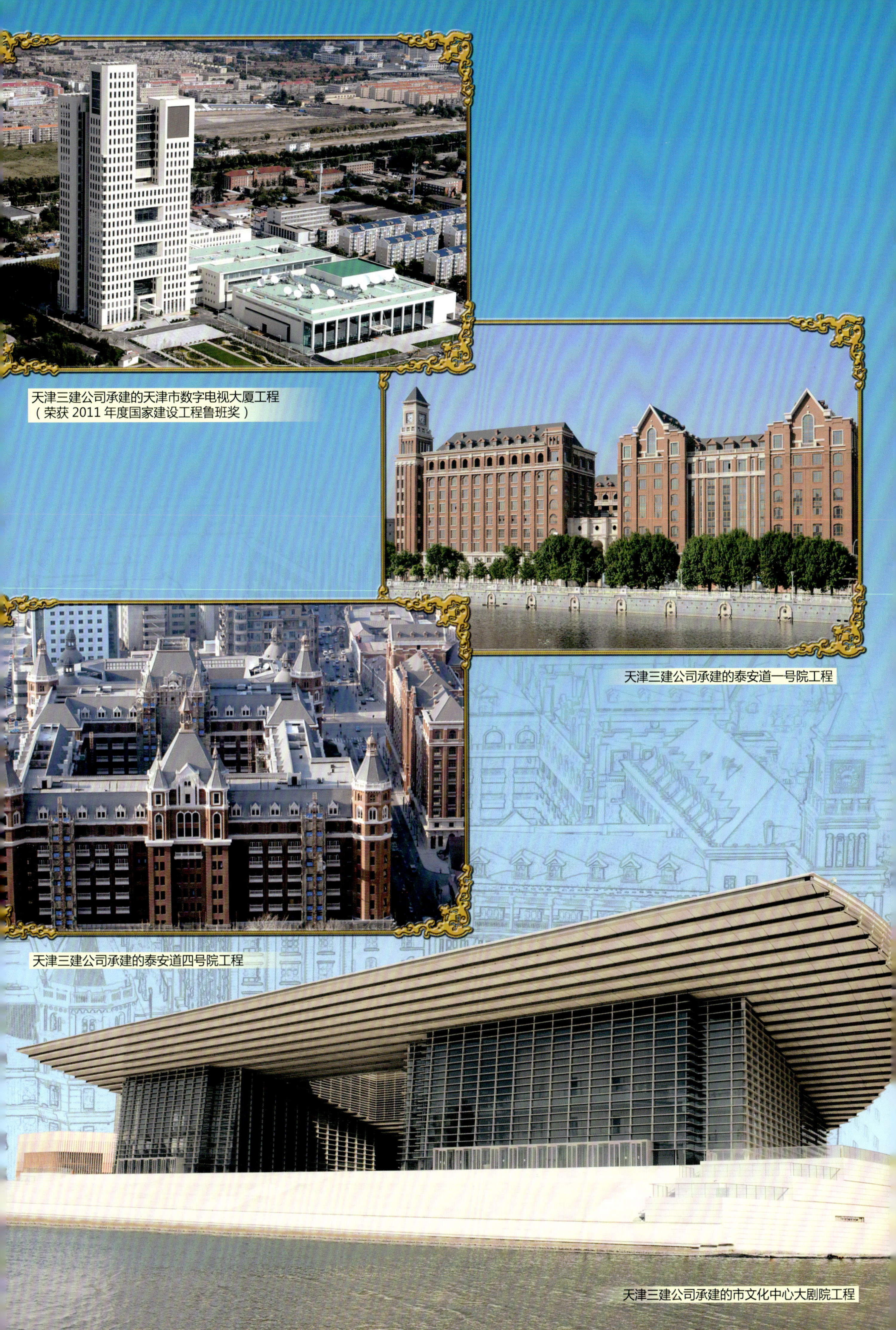

天津三建公司承建的天津市数字电视大厦工程
（荣获 2011 年度国家建设工程鲁班奖）

天津三建公司承建的泰安道一号院工程

天津三建公司承建的泰安道四号院工程

天津三建公司承建的市文化中心大剧院工程

天津鑫茂科技投资集团有限公司

Tianjin Xinmao Science and Technology Investment Group Co., Ltd.

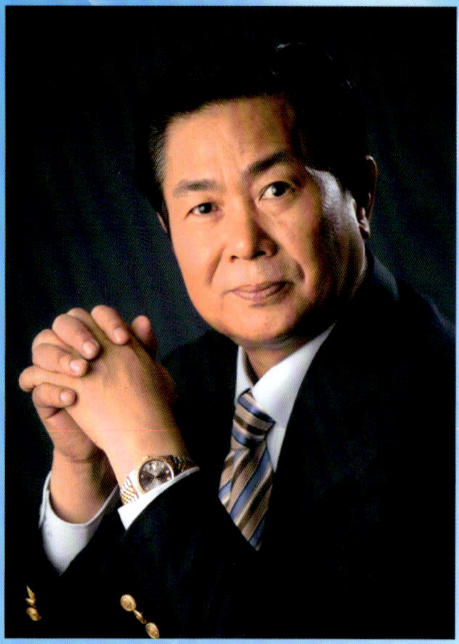

董事局主席 杜克荣

鑫茂企业始建于1992年，历经二十年的创业积累，现拥有投资参、控股企业60余家，注册总资本12.6亿元，总资产近80亿元，拥有在深交所上市的——鑫茂科技（000836），产业涉及工业地产、光通信、风电设备制造、风电场开发、军工、安防、IT、建筑施工、电子等22个行业，现已形成一个母集团、三大产业集团的综合型企业集团，现拥有员工5000多人。

鑫茂自成立以来，始终践行"实现自我，奉献社会"的企业理念，不断地探索民营企业的管理方式和管理体制的改革与创新。2010年颁发了《天津鑫茂集团企业基本法》，明确了"努力打造成为百年'老店'，实现企业与员工共赢"的目标。

鑫茂科技产业园以总占地面积1136亩的8大连锁园区为基础，集二十年开发科技园项目的成功经验、创新理念、经营模式和社会资源，形成全国知名的"鑫茂模式"，积极拓展对外输出事业，已成功输出至河北、沈阳、内蒙、甘肃等地。

鑫茂成功完成了以开发工业地产为基础的原始资本积累后，积极整合集团优势资源，与时俱进，不断创新，逐步实现由工业地产为主业向以高科技产业为主业的产业转型。其中，风电产业已成功进入甘肃、内蒙等地区，以自主创新、自主知识产权研发的精神，大力拓展国内外市场，力求成为业界民营风电产业的品牌企业；服务产业是鑫茂科技园品牌的支撑，其工业物业管理以系统化的服务产业基础在业内颇具影响力；军工产业保持军工资质品质，扩大军民两用产品市场，力求成为研制军民两用产品的名牌企业；鑫茂科技国家级孵化器与鑫茂科技区级汽车产业孵化器成为助推中小型科技企业孵化成长的摇篮。

未来的鑫茂将以资本为纽带，以工业地产为基础，以科技企业为龙头，以服务业为支撑，以人才与企业文化为保障，多业并举协调发展，打造全国最具知名度的综合性高科技产业集团。

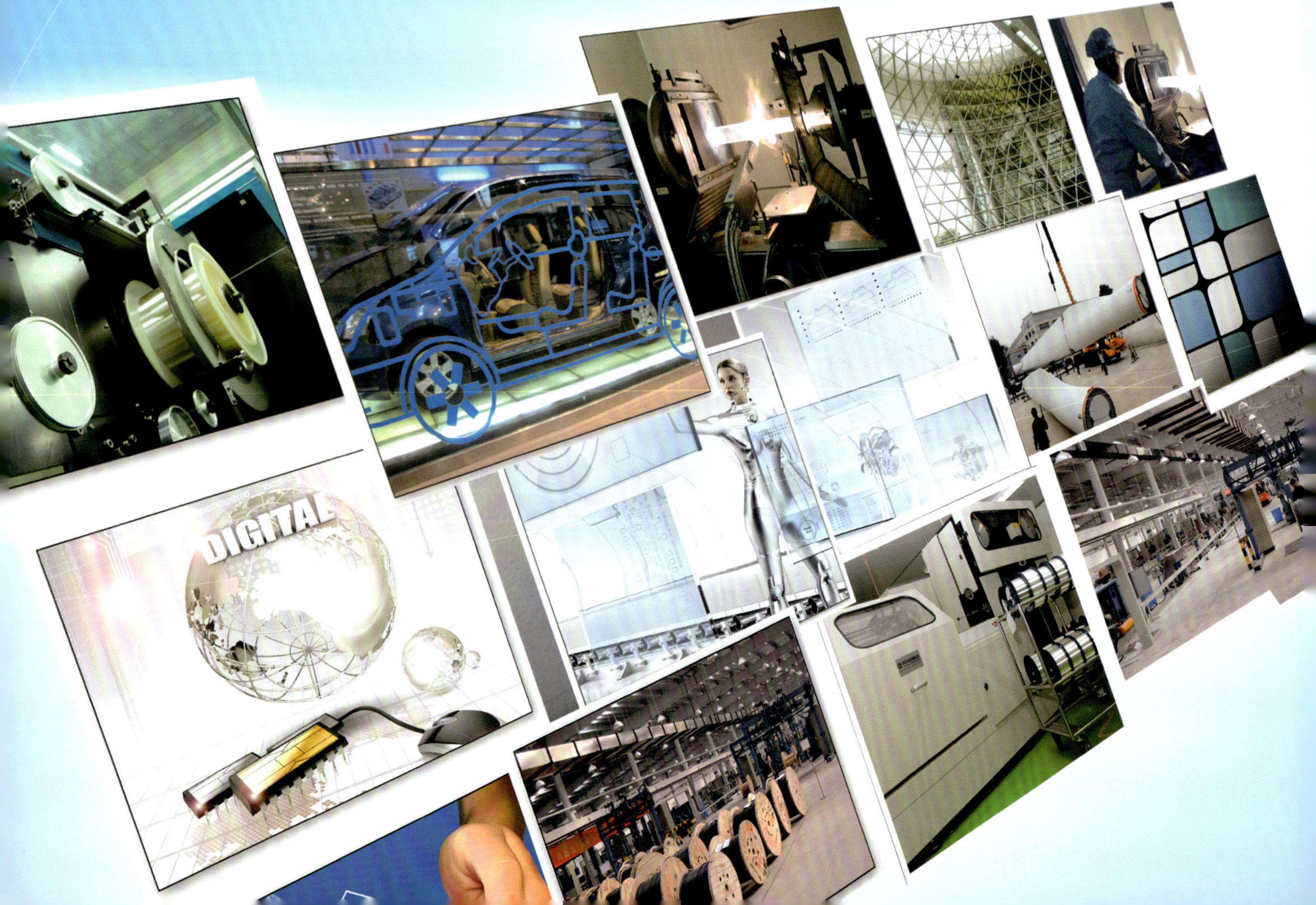

2005 年 4 月 5 日中共中央政治局常委全国政协主席贾庆林到鑫茂集团考察调研
在二楼沙盘前贾主席认真听取杜克荣董事长汇报集团发展情况

Xinmao was founded in 1992. After 20 years effort, the company has invested more than 60 companies. The total registered capital and total assets have reached 1.26 billion yuan and 8 billion yuan respectively. Xinmao Science and Technology (ticker: 000836) has been listed in Shenzhen stock exchange. With business covering 22 different industries such as industrial estate, optical communication, wind power, military industry, IT industry and so on, the company has formed a integrated enterprise group with one parent group and three major industry groups. Nearly 5000 employees are working in Xinmao Investment Group.

Since establishment, Xinmao has continued to explore the reform and innovation of management mode and management system in the private enterprise according to the principle of "Self Realization, Contributing to Society". In 2010, Xinmao promulgated "the basic law of Tianjin Xinmao Group" and made the goal of "to create a hundred-year old enterprise and achieve a win-win situation with employees".

Based on the eight chain science and high-tech industrial parks, which covered a area of 1136 mus, Xinmao got the success experience, innovative ideas, management mode and social resources in the 20 years development, formed the national known "Xinmao mode" and outputted it to Hebei, Shenyang, Inner Mongolia, Gansu and other places successfully.

Xinmao successfully completed the primitive accumulation of capital with industrial estate development as basis, actively integrated group advantage resource, and realized the transition from industrial estate industry to the high-tech industry gradually. Now, the wind power industry has successfully entered Gansu, Inner Mongolia and other regions, and is expanding in domestic and foreign markets with independent innovation and independent intellectual property rights, striving to become the private brand enterprise in wind power industry. Service is the support industry of Xinmao Science and Technology Park. With the basis of service industry system, the industrial property management is quite influential in the industry. Maintaining military quality, the military industry is expanding in the military and civil used product markets and striving to become a famous enterprise in product development for both markets. Xinmao Science & Technology National Incubator and Xinmao Automobile Industry Incubator are promoting small science and technology enterprises to grow up.

Xinmao will take its capital as a ligament, industrial estate as its basis, science and technology enterprise as the leader, service as the support, talent and enterprise culture as security, develop multi-industry simultaneously for coordinating development in future, and build the country's most well-known integrated hi-tech industry group.

企业总部地址：天津市高新技术产业园区华苑产业园榕苑路 16 号
Company Address: No.16 Rongyuan Road, Huayuan Industrial Park, High-Tech Industrial Park, Tianjin, China
企业邮箱 (Mailbox): dukerong8888@163.com　　联系电话 (Tel): 022-83713791

天津市双盈房地产开发有限公司

Tianjin Shuangying Real Estate Development Co.,Ltd.

总经理　刘春海

1 刘春海总经理与工程设计人员共同研究建筑设计方案

2 刘春海在上河城开盘庆典讲话

天津市双盈房地开发有限公司，成立于2001年8月。公司所在地：北辰区经济开发区；注册资本：三仟万元。

公司自成立至今共计纳税近亿元。

在总经理刘春海的带领下，公司凭借“用心做事，诚实做人，诚达天下，共谋发展，将微不足道的事情做的完美无瑕”的开发理念。先后成功开发了建筑面积达100万平方米的双街新家园、双街新城、双街新邨、城际美景等住宅小区，以交通便捷、配套合理、价格适中的诸多亮点，为消费者所认可、为市场所接受。以“人性化的户型设计、三水入户、地板采暖、智能化管理”为特色的超大规模宜居社区，已成为天津市政府重点规划的八大卫星城之一。

2008年公司投资进行老村改造，总建筑面积近60万平米的高层建筑，分为双街新邨、国耀上河城两个社区，计划用3—5年的时间完成，届时一个配套设施完善、环境优美、高楼林立的现代化社区将矗立在天津的北部地区。

公司通过不懈的努力拼搏，用实力打响了品牌。曾荣获：天津房地产形象十佳企业、天津幸福城市企业贡献奖、天津保值增值楼盘、荣获2009年度建设部颁发的“广厦奖”等奖项。

Tianjin Shuangying Real Estate Development Co., Ltd. was set up in August, 2001, located at Beichen Economic Development Area with registered capital of RMB 30 million yuan.

Under the leadership of Mr. Liu Chunhai, its general manager, Shuangying utilized the development concept of Act Carefully, Behave Honestly, Connect with Others with Internality, Develop Jointly, and Make Particular to be Perfect. It has developed many residential communities successfully, with total building area of over 1 million square meters, including Shuangjie Xinjiayuan, Shuangjie Xincheng, Shuangjie Xintun, Chengji Meijing, etc., which are recognized and popular among consumers due to their strengths of convenient transportation, reasonable auxiliary facilities and reasonable prices. The super large residential community featured by the room-type design of people-oriented, three lines of domestic using water, ground heating and intellectual management has become one of the eight satellite towns in the key plan of the Tianjin Municipal Government.

In 2008, the company invested in the transformation of old village with a total construction area of nearly 600000 square meters of high-rise buildings, which is divided into two communities of Shuangjie Xintun and Guoyao Shanghe. It is planed that in 3-5 years, a high-rise modern community with perfect supporting facilities and beautiful environment will stand in the north of Tianjin.

Shuangying builds up its brand by its strength through unswerving effort, and has been titled as the Top 10 Tianjin Real Estate Development Image Enterprises, the Prize of Tianjin Happy City with Enterprise Construction, the Tianjin Building of Preserving or Increasing Value, and awarded as Guangsha Prize by Ministry of Construction in 2009.

双街新家园鸟瞰图

正在建设中的国耀上河城楼盘

双街新家园街心广场

环境优美的双街新家园小区

天津市建筑设计院
TIANIJN ARCHITECTURE DESIGN INSTITUTE

天津市建筑设计院党委书记 刘勇胜

天津市建筑设计院院长 刘 军

企业精神：创新 敬业 诚信 和谐

经营理念：靠品牌占领市场 靠质量赢得客户

天津市建筑设计院（简称建院），隶属天津市规划局，创立于1952年，经过近60年辉煌历程，现已发展成为天津地区最大的综合建筑设计院。2011年全年总产值达到10.48亿元，比去年提高了23%，其中，设计产值收入6.02亿元。多种经营产值4.46亿元，经济产值再创历史新高，经济效益和社会效益方面都取得了新突破。2011年建院获国家和市部级优秀设计奖48项，并分别荣获天津市科技进步一等奖、天津市科技企业创新工程二等奖和国家绿色建筑创新三等奖。2011年10月16日，天津日报以《凝固音符讲述智慧的故事——天津市建筑设计院创新发展调查》为题做了专题报导。

建院具有国家住房和城乡建设部颁发的甲级建筑工程设计、城乡规划编制、风景园林专项工程设计、房屋建筑工程监理、工程招标代理机构、工程造价咨询企业资质；施工图设计文件一类审查机构资质；国家发改委颁发的工程咨询甲级资质；乙级人防工程设计资质；国际建筑工程咨询协会（菲迪克）会员单位。

建院1996年获得ISO9001国际质量体系认证，2010年3月取得2008版IDSO9001标准认证证书。荣获“‘十一五’期间工程勘察设计行业实施信息化建设先进单位奖”、“全国CAD应用工程示范企业”、全国和天津市“守合同、重信用”、荣获“全国五一劳动奖状”单位。

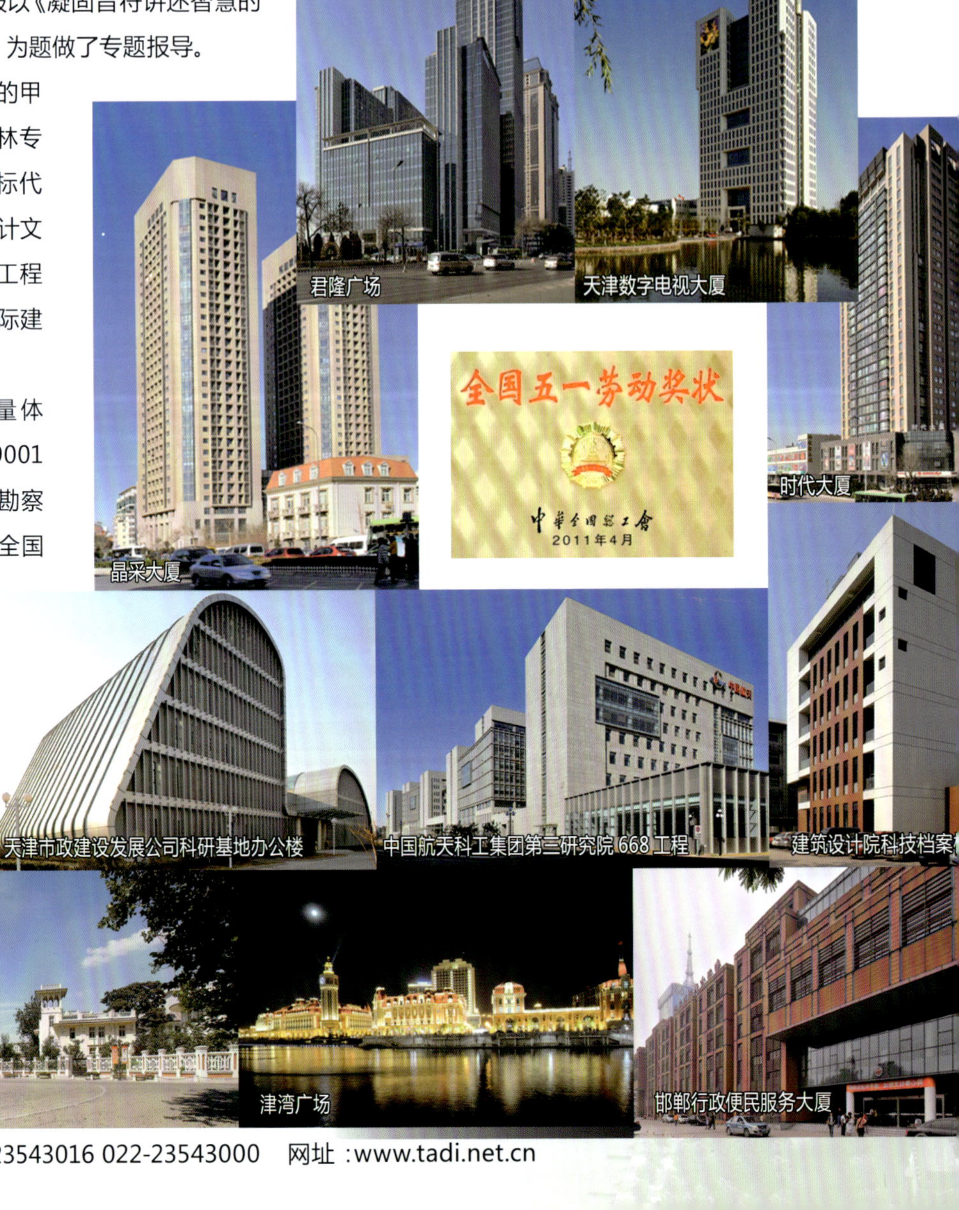

地址：河西区气象台路95号　电话：022-23543016 022-23543000　网址：www.tadi.net.cn

天津城建集团工程总承包公司

TIANJIN URBAN CONSTRUCTION GROUP ENGINEERING GENERAL CONTRACT COMPANY

——多元经营 投资引领 公司全年实现创新发展目标

党委书记 汪济堂

经理 李树槐

天津城建集团工程总承包公司，隶属于天津城建集团，作为集团母体核心企业，是按照现代企业管理制度组建的大型市政、公路施工非法人企业，代表天津城建集团有限公司实现业绩。具有公路工程施工总承包特级资质和市政工程施工总承包一级资质。目前已发展成为具有承建城市基础设施、地铁、高速公路、大型桥梁、隧道等大型工程能力的“知识密集型，管理密集型，科技密集型”特点的管理经营型施工企业。

公司管理模式精干。拥有道路、结构、沥青砼拌合、建筑物顶升、四个实体分公司，三个管理型分公司，员工近800名。公司实行扁平化管理，实体分公司按公司授权以“自主经营、自负盈亏、自我管理、自我完善”的方式，实行经济独立管理，构成“小公司、大市场”的管理模式。

公司专业技术人员门类齐全。大学专科以上学历的人员476人，占在岗员工的63%；具有各类高级职称以上的人员60人；国家一级建造师27人；各类资质专业技术人员和管理人员516人。

公司管理层次职责清晰。建立了劳务用工、经济责任风险承包、工程经营开发、合同管理、质量管理、机械设备租赁、成本核算、财务审计、安全文明施工管理、干部职工绩效考核、内部项目经理职业化等若干管理规定和办法，对公司各项工作运行实行动态管理。

公司施工设备精良。拥有大中型施工设备164台套，先后从日本、美国、瑞士等国家引进购置了一批当今世界一流施工设备，技术装备达到先进水平。

公司具有较强的行业和区域影响力。近几年，公司在国内共修筑高速公路和高等级公路近1200余公里，特大型桥梁、隧道若干座以及城市基础设施建设项目多个，主要有：京津塘高速公路、京沪高速、津汕高速、津宁高速、陕西柞小高速、重庆湘渝高速、内蒙古111国道、杭州之江路地下通道、沪杭高速德胜立交、杭州湾大桥钢桥面铺装、宁波通途路立交、承德滨河新城三号桥，北京通州东关大桥、玉带河大桥、温榆河大桥，天津海河狮子林桥、北安桥、金汤桥、光华桥、解放桥旧桥改造、富民桥、国泰桥、吉兆桥、复康路立交工程、天津机场大道立交工程、天津航空城空港一号桥立交，天津中心城区快速路、塘汉快速、宝武公路、集疏港二期南段公路、国道112线、津港高速等多项重点工程。多次荣获天津市建设工程“海河杯”，建设部“中国市政金杯奖”、“市政公路质量金奖”、“中国建设工程鲁班奖”、“国优工程银质奖等”。2011年，公司又凭借着塘汉快速路跨永定新河特大桥项目再次荣获建筑工程鲁班奖。

2009年，公司荣获市总工会颁发的天津市五一劳动奖状，同年，公司代表集团荣获全国工程建设质量管理优秀企业。2010年，在中国建筑业协会举办的“十一五”全国建筑业科技进步与技术创新先进个人评选中，我公司的卢士鹏总工程师荣誉当选。2011年，公司代表集团被中国施工企业协会评为国优三十年突出贡献单位，并又一次获全国工程建设质量管理优秀企业殊荣。同年公司代表集团荣获天津市建筑业协会颁发的“诚信企业”称号，这是自2006年以来连续第六年获得此项殊荣。

全年获得省市以上质量奖项工程6项，其中天津大道、塘汉快速路工程、集疏港公路二期南段获得金奖海河杯，津港高速三合同获得海河杯，津宁、塘承十合同获得结构海河杯；“天津集疏港公路二期南段工程”、“塘汉快速路工程”、“天津西站候车楼整体平移工程”被评为2009年~2010年度天津市建筑业新技术应用示范工程项目。

当前，总承包公司正紧紧围绕“多元经营，创新发展”这一指导方针，全面贯彻和把握“转换观念，练好内功，确立发展定位，推进管理深化，强化凝聚工程”这五项重点工作。同时，以执行力为内涵的“务实、创新、诚信、共赢”的企业精神，正成为组织全体员工投入奋斗的强大的精神支柱，通过党委引领下的方方面面的活动使员工凝聚到创新发展的重大决策与实践中来，为企业确保实现“经营思路进一步拓宽、市场能力进一步增强、全年目标进一步落实到位，管理机制进一步深化、全员综合素质进一步有效提升”等五个工作提供了强大的动力支持。尤其是在人才的工程上，公司为各类人才搭建了发展的平台，项目经理、项目书记职业化道路的初步探索，为公司创新发展提供了人才保障。

塘汉快速路跨永定新河特大桥

天津大道

宁波通途路立交

Tianjin Urban Construction Group Engineering General Contract Company (UCGE), affiliated to Tianjin Urban Construction Group and as its core enterprise, is a large unincorporated work unit for municipal utilities and road construction set up according to modern enterprise management system. It represents Tianjin Urban Construction Group Co., Ltd. to realize performance. UCGE is equipped with general contract qualification of special grade for high way engineering construction and of first level for municipal utilities construction. Now it has been developed into a knowledge, management and technology intensive management and operational construction enterprise with capacity of undertaking large projects, such as urban infrastructure, metro, speedway, large bridge and tunnels, etc.

Company's management model is highly competitive. It has 4 entity branches covering road, structure, asphalt concrete mixing and building jacking, and 3 managerial subsidiaries with over 800 employees. Moreover, UCGE carries out flat management. Branches authorized by the group, carry out economic independent management in the form of being responsible for their own management decisions, profits and losses, improvement, and thus forming the management model of small company with large market.

UCGE's technical personnel cover complete categories. 476 persons have junior college and above degrees, accounting for 63% of on post staff. 60 persons have various advanced technical job titles. 27 persons are national first-class level architects. 516 persons are professional technicians and management personnel with various qualifications.

UCGE has a management level with clear responsibilities. It has established many regulations to carry dynamic management on various operations, such as labour service, economic responsibility and risk contract, engineering operation and development, contract management, quality management, machinery and equipment leasing, cost accounting, finance and audit, safe and civilized construction management, cadres and employees performance assessment, internal project manager professionalization, etc..

UCGE's construction equipment is highly efficient. The company has 164 sets of large and medium construction equipment. Through introduction of a batch of first level construction equipment from Japan, USA, Switzerland and other countries, the technical equipment has reached world advanced level.

UCGE has strong influence on the industry and region. In recent years, it has built over 1200 kilometers of expressway, high level highways as well as many special large bridges and tunnels. Major construction projects include many key projects such as Jingjintang Expressway, Jinghu Expressway, Jinshan Expressway, Shanxi Zhaxiao Expressway, Chongqing Xiangyu Expressway, Inner Mongolia 111 National Highway, underground channel of Hangzhou Zhijiang Road, Desheng Overpass of Huhang Expressway, road surface paving of Hangzhou Gulf Bridge, Fumin Bridge, Guanghua Bridge, Guotai Bridge of Tianjin as well as old bridge restructuring of Jiefang Bridge, Expressway of Tianjin downtown area, Overpass of Tianjin Airport Avenue, No.1 Overpass of Airport of Tianjin Aviation Town, Tanghan Expressway, south part of Tianjin Jishu Port at second phase, national road line 112 and Jin'gang Expressway, etc.. UCGE was awarded as the Tianjin Construction Project Haihe River Cup, China Municipal Golden Cup, Municipal Highway Quality Golden Prize, China Construction Engineering Luban Prize, Excellent Engineering Silver Prize for many times. In 2011, the company won Engineering Luban Prize by Super Large Bridge crossing Yongding New River of Tanghan Expressway.

In 2009, the company was awarded Tianjin May 1st Labour Medal by Municipal Federation of Trade Unions and the honor of the national management quality construction enterprises as representative of the group. In 2011, the company's chief engineer Lu Shipeng was elected in the "11th five years" period S&T progress and technological innovation advanced individual awarded by China Construction Industry Association. In 2011, the company represented the group to win the national outstanding contribution units of thirty years by China Construction Enterprise Association and was awarded national management quality construction enterprise again. In the same year, as a representative of the group, the company was awarded "credible enterprise" by China Construction Industry Association, which is the sixth time to get this honor consecutively from 2006.

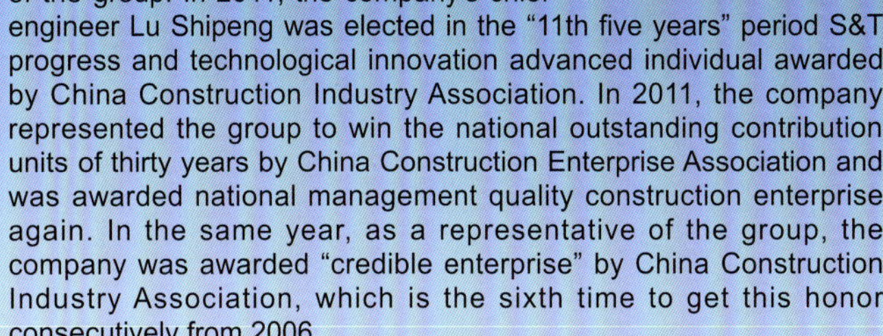

The company won 6 quality awards of province and city level and above. Tianjin Expressway, Tanghan Expressway and south part of Jishugang Road phrase two won gold medal of Haihe River Cup. Jingang Expressway and other two projects won Haihe River Cup. Ten projects such as Jinning and Tangcheng Expressway won the structure prize of Haihe River Cup. Projects of "south part of Jishugang Road phrase two in Tianjin Port", "Tanghan Expressway" and "the Tianjin West Railway Station waiting building monolithic moving" were honored Tianjin municipal construction industry new technology application demonstration projects in the year of 2009-2010.

At present, surrounding the guideline of "multivariate management, innovated development" closely, the company carries out five key works of "transform ideas, increase inherent quality, position accurately, advance management, strengthen cohesion project". At the same time, the enterprise spirit of "pragmatic, innovation, integrity, win-win" has been the spiritual power for staff. Led by the Party, all the activities are focused on the decision-making and practice in innovation development, which providing powerful dynamical support for the realization of business ideas, market capacity, annual target, management mechanism and comprehensive quality. Especially in the talents projects, the company built a development platform for all types of talents, such as the initial exploration of project manager, project secretary, which ensure to provide talents to the company's innovation and development.

富康路立交工程

天津第三市政公路工程有限公司

Tianjin No.3 Municipal Highway Engineering Co.,Ltd.

党委书记　谭建忠

董事长、总经理　贾利亨

天津第三市政公路工程有限公司始建于1973年，具有市政公用工程施工总承包一级、公路工程施工总承包一级资质、桥梁施工专业承包一级、公路路面施工专业承包一级、公路路基施工专业承包一级资质和预拌商品混凝土二级资质。主要承担公路桥涵工程、大型城市立交、道路工程、地下铁路、污水处理厂、泵站、给排水工程和民用建筑安装等，注册资本金1.238亿元。董事长、总经理贾利亨，正高级工程师；党委书记谭建忠，政工师。正式职工1052人，其中专业技术人员431人，正高级工程师4人，高级技术职称55人，中级职称115人。

30多年来，在公路、桥梁、地铁、污水处理厂等施工领域形成了独特的工艺技术、管理经验和综合优势。快速路东风立交、京沈高速宝坻大桥等5项工程获中国建筑工程"鲁班奖"，京津塘高速公路获"新中国成立六十周年百项经典暨精品工程"。地铁1号线、八里台立交桥等9项工程获国家优质工程"银质奖"；大沽桥等8项工程获"市政金杯示范工程奖"。赤峰桥、京沪高速公路子牙河特大桥等24项工程获天津市建设工程"海河杯"奖。

"单桥侧独塔斜拉弯桥结构设计施工技术研究"获得中施企协科技成果一等奖和华夏建设科技二等奖、"无背索独斜塔斜拉桥钢箱梁悬拼施工技术研究"获华夏建设科技三等奖；自锚悬索桥预应力混凝土箱梁裂缝控制施工等2项获国家级工法；敞开式四索面系杆拱桥设计施工技术的研究等4项获天津市科学技术进步奖；倾斜式钢箱拱肋施工等14项获天津市级工法；桥梁钢结构箱梁自浮航运施工工法等5项获中国公路学会部级工法；升降可调砂顶装置等3项发明分别获得国家实用新型、发明专利。

多年来，公司多次荣获政府和主管部门颁发的荣誉奖项。如："天津市质量管理奖"、"天津市先进企业"、"天津市重合同、守信用单位"、"建设部先进单位"、"国家优秀施工企业"等。

1998年通过质量管理体系认证，2003年通过计量检测体系国家级认证，2004年通过环境和职业健康安全管理体系认证。2010年顺利通过环境和职业健康安全管理监督审查，以及质量管理体系换证审核。

五经路地道

湖北武英高速

Tianjin No.3 Municipal Highway Engineering Co., Ltd. was founded in 1973, which has first-class general contracts qualification authentication of municipal utility construction, highway engineering construction, professional contract of bridge construction, professional contract of road pavement construction, professional contract of subgrade construction and second-class general contracts qualification authentication of ready mixed commercial concrete. With 123.8 million RMB registered capital, the operation mainly undertakes highway and bridge projects, large urban overpasses construction, underground railways construction, sewage treatment plants, pump stations, water supplying and sewage works projects, and civil architecture installations, etc.. Jia Liheng, the chairman of the board and the general manager, is a chief senior engineer. Tan Jianzhong, the secretary of Party Committee, is a political engineer. There are currently 1052 employees, among which there are 431 professional technicians, 4 chief senior engineers, 55 people possessing senior technicians, 4 people possessing intermediate professional title.

In the past 30 year, it has formed unique processes and skills, management experience and comprehensive strengths in the field of highway, bridge, metro, effluent treatment plant. There are five projects including construction of Dongfeng Overpass on Expressway and Baodi Bridge on Jingshen Expressway won Luban Prizes on Engineering Construction. Construction of Beijing-Tianjin-Tanggu Expressway is awarded as Hundreds of Classical and Excellent Projects since the founding of the People's Republic of China of 60th Anniversary. Nine projects, such as Metro Line 1 and Balitai Intersection, won Silver Prize of National Excellent Projects. Eight projects like Dagu Bridge enjoyed the China Municipal Golden Prize Model Project. Twenty-four projects including Chifeng Bridge and Ziyahe Bridge on Beijing-Shanghai Expressway is awarded Tianjin Haihe Cup Quality Projects Award.

"Research on design and construction technology of the structure of cable-stayed bridge with single tower of single side" won the First Prize of Scientific and Technological Award of China Association of Construction Enterprise Management and the Second Prize of Scientific Award of Huaxia Construction. "Research on construction technology of steel box girder cantilever joint of single inclined tower cable-stayed bridge without dorsal cable" won the Third Prize of Scientific Award of Huaxia Construction. Two projects, including prestressed self-anchored suspension bridge, concrete box girder and construction of crack control, were awarded national level technical method. Four projects including design and construction technology of open type four plane cable arch bridge won Tianjin Science and Technology Improvement Prize. Fourteen projects including construction of inclined steel box arch rib were awarded Tianjin level technical method. Five projects including self floating shipping construction of bridge steel structure box girder were awarded ministerial level technical method of China Journal of Highway and Transport. Three innovations including adjustable sand top device won national utility models and invention patents.

For years the company has enjoyed prizes granted by government and relative authorities, such as Tianjin Quality

赤峰桥

集疏港二三线立交工程

天津咸阳路污水处理厂

Control Prize, Tianjin Advanced Enterprise, Tianjin Unit of Focusing on Contract and Integrity, Advanced Unit of the Ministry of Construction, National Excellent Construction Enterprise, etc..

The company passed Quality Management System Accreditation in 1998, Measuring and Testing System Authorization on national level in 2003, and Environment and Occupational Health and Safety Management System Authorization in 2004. In2010, it passed the review of Environment and Occupational Health and Safety Management System and Quality Management System again.

地址：天津市河西区紫金山路3号
Add: No.3 Zijinshan Road,Hexi District,Tianjin
邮编 Postal Code：300074
电话 Tel：+86 22 23352313
http://www.tjsz3.cn

大沽桥

天津城建投资有限公司

TIANJIN URBAN CONSTRUCTION INVESTMENT CO.,LTD.

天津城建投资有限公司成立于 2002 年 4 月，注册资本金陆仟伍佰万元人民币，为天津城建集团的控股子公司。主要涉足于市政基础设施、高科技产业、环保产业、建筑业等领域的投资与管理。

天津城建投资有限公司是天津城建集团认真分析市场形势的变化，迎合市政工程建设市场化趋势而打造的投融资平台。自成立以来，天津城建投资有限公司依托集团的施工主业，致力于向主业上游产业发展，以市政基础设施、环保及房地产项目为主要投资方向。目前拥有三家控股子公司——天津市容环保科技发展有限公司、天津天城信工程管理有限公司、天津乾景园林工程有限公司；以及五家参股子公司。运作的项目主要有投资天津程林庄路的基础设施与土地一级开发相结合的项目，与天津市容委签署特许经营合同而投资的天津徐庄大型垃圾中转站项目。现各个项目均在正常运行之中。

Tianjin Urban Construction Investment Co., Ltd. ,which was established in April 2002, registered capital of 65 million yuan, was a held subsidiariy by Tianjin Urban Construction Group. It mainly involved in the investment and management of the municipal administration infrastructure construction, the high-tech industry, the environmental protection industry, the building industry and some other fields.

Tianjin Urban Construction Investment Co., Ltd. is an investment and financing platform which is created by the Tianjin Urban Construction Group after a careful analysis in marketing conditions for meeting the market-oriented trends in the municipal engineering construction.Since its establishment, Tianjin Urban Construction Investment Co., Ltd., which is based on the main construction of the group, is committed to the development of upstream industries with municipal infrastructure, environmental protection and real estate investment as the main direction of the project. Now it is holding three owned subsidiaries – Tianjin Amenities Environmental Protection Technology Development Co., Ltd., Tianjin Tianchengxin Project Management and Advisory Co., Ltd., Tianjin QianJing Garden Engineering Co., Ltd.; and five shared subsidiaries. The projects on operation mainly include the project which invests the infrastructure construction of Tianjin Chenglinzhuang Road and first-level land development, and the project of Tianjin Xuzhuang large-scale trash stopover station which is invested after a franchise contract signed with Tianjin Municipal Commissian of City Administraton. Now each project is in normal running.

Long Ze Xin Yuan
龙泽馨园

天津信托有限责任公司

Tianjin Trust Co., Ltd.

天津信托有限责任公司成立于1980年，是国内最早成立的信托投资机构之一。公司注册资本金人民币15亿元，截止到2011年末公司管理的资产总规模为408.9亿元。

在中国银行业监督管理委员会天津监管局的监督管理下，公司秉承“诚实、信用、谨慎、有效”的经营理念，发挥“受人之托，代人理财”的基本职能，立足金融信托本业，积极开展金融创新，努力拓展信托理财业务。多年来，发展并完善了集合资金信托、单一资金信托、股权投资、权益收购、租赁业务、指定项目信托等业务品种。充分发挥信托优势，围绕重点工程项目、基础设施建设、能源交通运输、城市房地产开发、大型企业产品更新换代、教育和高新技术等产业发展，推出一系列信托产品，将民间资金转变为投资资本，在满足投资者资金保值增值需求的同时，服务城市经济发展。

经过30多年的不断创新与发展，公司与数百家企业机构建立了稳定的业务合作关系，形成了科学的经营管理机制，为投资者提供了高效的理财服务，树立了良好的公司形象。今后，公司将继续严格按照《信托法》、《信托公司管理办法》等相关监管规定开展各项业务，继续秉承“对社会负责，对客户负责，对股东负责、对员工负责”的企业精神，始终如一地为投资者提供专业化的高水平信托理财服务。

Tianjin Trust Co., Ltd. is a financial institution established in 1980 upon approval of the People's Bank of China, is one of the earliest to set up the trust and investment organizations. Company registered capital is 1.5 billion, its own assets and entrusted with the size of assets under management total more than 40.89 billion till the end of 2011.

Under the supervision and management of Tianjin Branch of the China Banking Regulatory Commission, it inherits the operation concept of *Honesty, Integrity, Precise, Effectiveness*, carries out the basic function of *Entrusted by Others, Plan Their Finance*, focuses on financial trust, actively explores financial innovation, tries to develop trust and finance planning business. For years, it has operated on equity investment, equity acquisition, financing and leasing, trust and loaning, etc. in the form of collected fund trust and individual fund trust. It fully exerts trust strengths, launched series trust products centering the industrial development of key projects, infrastructure construction, energy transportation, urban real estate development, large scale enterprise product update, education and hi-tech, etc., thus transforms individual fund into investment fund and serves urban economic development at the same time when satisfying the demand of investors on preserving or increasing value.

Upon over decades continuous innovation and development, it has set up stable relations with hundreds enterprises and organs, formed scientific management system, provided efficient service to investors and financing customers, and set up good company image. In the future, it will follow strictly the *Trust Law*, the *Administration of Trust* and *Investment Corporations Procedures and the Administration of Trust Companies' collected fund Trust Plan Procedures* to develop its business, continuously inherit the enterprise spirit of *Being Responsible for Society, for Customers, for Investors, for Employees*, always provide high level professional service of trust investment and finance planning for investors and financing customers.

地址：天津市河西区围堤道125–127号天信大厦

公司网址：www.tjtrust.com

http://www.tjtrust.com

大新华物流散货船

金鹿航空

示范镇

天津市东达房地产开发有限公司

Tianjin Dongda Real Estate Development Co., Ltd.

董事长 牛世清

天津市东达房地产开发有限公司组建于1992年，主营房地产开发和商品房销售，注册资金2500万元，房地产资质等级为二级企业。公司成立之初，董事长牛世清以独到的眼光洞察了大直沽蕴藏的城市发展优势和潜在的开发价值，承接了艰巨的大直沽危改任务，使大直沽地区旧貌换新颜。

Tianjin Dongda Real Estate Development Co., Ltd. was established in 1992 with the registered capital of 25 million yuan and the second-class of real estate qualification authentication. Since the very beginning of the foundation of the company, the CEO Niu Shiqing has already observed the developing advantage and the potential exploring value of Dazhigu with his special insight and thus the company has undertaken the hard task of reconstruction Dazhigu in order to turn the district around.

天津东达国际广场项目概况

东达国际广场项目是河东区大直沽历史文化商业街建设的重要组成部分，它的动工标志着作为天津市今年重点改造提升的10个商业街之一的大直沽历史文化商业街建设已进入全面推进阶段。

东达国际广场位于河东区大直沽核心区域，毗邻国家3A级旅游景点荐福观音寺和元明清天妃宫遗址博物馆，规划建筑面积9万平方米，建设周期为一年。业态定位为中国北方珠宝艺术集散中心，将引进国际知名品牌，规划将现代文明与传统文化有机融合，建设集商业、文化、旅游、办公、休闲、娱乐为一体的风情街区。

按照市委关于中心城区全面提升的要求，河东区坚持“拆迁稳定抓项目”和“学习落实高标准”的工作思路，大力发展现代服务业，繁荣发展商贸旅游业，深入挖掘大直沽历史文化资源，制定了商贸旅游业发展规划，确立了“一轴一带七区”的发展规划，即：以大直沽中路为轴心，打造直沽历史文化轴；建设海河文化旅游观光带；形成直沽文化旅游区、特色商贸餐饮区、妈祖文化旅游区、体育休闲文化区、现代娱乐体验区、创意文化产业区、高档酒店区。

东达国际广场规划充分体现以人为本和全新业态的设计理念，商业建筑均沿主干道路进行布置，营造具有持续商业氛围的环境，提供购物、餐饮、娱乐、休闲、建设、文化旅游、金融、办公等“一站式”服务。在商业建筑内，设有一条相对封闭的特色商业步行街。项目建成后，将借助良好的区位优势和便捷的交通优势，充分聚集旅游与消费人群，形成人流、物流、资金流日渐匹配与成熟的天津高档商圈，形成以海河为中心，结合妈祖文化、直沽文化、创意文化为一体的津沽旅游商城，成为天津乃至北方地区的一个品牌文化消费区。

地址：天津市河东区大直沽八纬路直沽园
Add: Zhigu Garden, Bawei Road, Hedong District, Tianjin
邮政编码 Postal Code: 300170
电话 Tel: +86 22 24314985

The Brief Introduction of Dongda International Square Program

Dongda International Square Program is an important part of the construction of Dazhigu History and Culture Commercial Street in Hedong District. The starting of the construction is the symbol with the meaning that Dazhigu History & Culture Commercial Street, which is one of 10 important rebuilding commercial streets in Tianjin this year, has moved into overall promoting period.

Dongda International Square locates in the Dazhigu core area in Hedong District, adjacent to Jianfu Kwan-yin Temple and Museum of Mazu Temple of Yuan-Ming-Qing Dynasties which are national AAA class touring spots. The designed construction area is 90 thousand square meters with 1 year constructing period. The outlets position as a grooming center of jewelry in the north of China, international famous brands will be brought into the square, which is designed to combine modern civilization with traditional culture so that a street integrated with commerce, culture, tourism, office work and entertainment all together.

According to the requirement on raising the overall of central area from municipal party committee, Hedong District government adheres to the working smart of *Keep Important, removing Program Stable* and *Study and Apply High Standard* to strongly develop modernized service industry and business tourism industry and deeply explore historic and cultural resource. The local government has already made a plan on the development of business trade and tourism and fixes on the developing plan of *a center and a belt with seven districts*. In other words, it means the development will be centered on Dazhiguzhonglu Road to create a historic and cultural center of Dazhigu; a tourist belt of culture and tourism of Haihe will be built and seven districts will be following to be formed, which are Zhigu culture and tourism district, business trade dining district with special characteristics, Mazu culture and tourism district, sport and entertainment district, modernized entertainment experiencing district, industrial district with creative culture and top-grade hotel district.

The design of Dongda Square gives a full demonstration on the human oriented designing philosophy with fresh outlets. All commercial architectures will be laid out along the main avenue to build the environment with sustainable commercial atmosphere. Moreover, a *One-Stop* service with shopping, dining, entertaining, leisure, constructing, culture tourism, finance and office working will be all provided. Inside the commercial architecture, there will be a comparatively closed commercial walking street. After the completion of the program, a top-grade commercial circle combined tourism with consuming group, in which consumers and products generally match with each other and to be matured, will be gotten together depending on the great district advantage and convenient transportation. Finally, Tianjin-Zhigu tourism shopping mall will be formed which is centered with Haihe and combined with Mazu culture, Zhigu culture and creative culture, and it will become a consuming district of brand and culture in Tianjin and even in the north of China.

东达国际广场

天津市河北区天兴建设开发公司

Tianjin Hebei District Tianxing Construction Development Company

天津市河北区天兴建设开发公司成立于 1992 年 4 月，隶属于河北区人民政府，其前身为河北区平房改造办公室。

天兴公司先后完成了几十个危改片的拆迁改造工作，新建住宅 200 多万平方米，销售商品房 100 多万平方米，销售额逾 20 亿元。

在天津市危房改造工作中，天兴公司在小关地区危改会战中胜利完成了曹家大场片、兴业大街片、鸿基花园片和锦元胡同片的拆迁、还迁任务，共拆迁居民 6742 户，拆迁面积 14 万平方米，新建住宅 50 万平方米，还迁居民 4962 户，创造了公司历史上在最短时间内拆迁、还迁数量最大的记录。新建成的兴联小区、金狮家园、鸿基花园和金波里四个小区，环境优美，配套齐全。2000 年，天兴公司完成了“三小”难点大片中的小王庄培育里拆迁工作，拆迁平房 1.2 万平方米，新建住宅 10 万平方米。2003 年至今，天兴公司先后完成和组织实施了大悲院地区、望海北里、北环线、鸿顺里、小王庄 A 地块等多片重点拆迁任务。2010 年 7 月，敬贤里、兰景园 13 万平方米经济适用房项目竣工入住。

天兴公司拥有雄厚的资金实力和技术力量，具备严格的管理体系和灵活的运营机制，为河北区城市建设作出了卓越的贡献。

Tianjin Hebei District Tianxing Construction Development Company was established in April 1992, which grew out of Heibei District Cottage Reforming Office and now is affiliated to Hebei District Peoples' Government.

Tianxing Company has successfully completed tens of removing and rebuilding programs in dangerous areas. The area of newly built housing by the company reaches over 2 million square meters and that of sales commercial housing is more than 1 million square meters with the selling benefit of 2 billion yuan.

During the rebuilding of dangerous housing program in Tianjin, Tianxing Company has succeeded the completion of removing and moving-back program of Caojia Dachang Area, Xingye Dajie Area, Hongji Garden Area and Jinyuan Lane Area with the total removing residents of 6742 family status covering 140 thousand square meters. The newly built housing of 500 thousand square meters for 4962 moving-back residents creates a record of the biggest moving-back amount in shortest time in the history of the company. Moreover, the new communities such as Xinglian district, Jinshi homestead, Hongji Garden and Jinboli are well equipped with excellent surroundings. In 2000, the company has achieved the removing work of Peiyuli in Xiaowangzhuang among *Three Smalls* difficult large areas, in which the removing cottage is 12 thousand square meters and newly

学习大会

constructed housing of 100 thousand square meters. In addition, since 2003, Tianxing Company has successively organized and accomplished many important removing projects including that in Dabeiyuan Area, Wanghaibeili, North Round line, Hongshunli and A Area in Xiaowangzhuang. In July of 2010, the economic housing of 130 thousand square meters in Jingxianli and Lanjin Garden has finished construction and is open to live.

With strong capital foundation and technique strength, Tianxing Company has strict management structure and flexible operation system, which contributes a lot to the construction of Hebei District.

敬贤里经济适用房

开启酒的王朝　成就你的王朝

全家福

地下酒窖

葡萄种植基地

王朝公司隶属于天津市农垦集团总公司，1980 年合资兴建，合资的外方为世界著名的法国人头马集团。王朝公司是天津市第一家中外合资企业，也是中国制造业第一家中外合资企业。主要生产三大系列（干红干白、白兰地、起泡）葡萄酒，畅销国内外。

王朝葡萄酒先后荣获 14 枚国际金奖，8 枚国家级金奖，在布鲁塞尔国际评酒会上被授予国际最高质量奖。公司具有现代化的管理运营机制，是我国首家获得 ISO 9002 质量管理体系和 ISO 14001 环境管理体系双认证的葡萄酒企业。“DYNASTY 王朝”商标被认定为中国驰名商标。王朝产品被评定为中国名牌产品。王朝公司被认定为国家级企业技术中心。

王朝公司对葡萄酒事业的发展充满信心，努力把“DYNASTY 王朝”品牌培育成国际知名品牌，把王朝公司建设成为现代化、国际化、一流的大型企业集团。

Affiliated to Tianjin State Farms Agribusiness Group Company, Dynasty Winery Ltd. was set up in 1980, joint ventured with the French brandy producer, Remy-Martin. Dynasty Winery is the first Chinese-Foreign enterprise in Tianjin, which is also the first one in the manufacturing industry of China. The company mainly produces three series of wine (red wine, white wine and brandy), which are widely sold in domestic and abroad.

Having successively won 14 international golden prizes and 8 national golden prized, Dynasty Winery was awarded as the most qualified prize by Brussels liquor show. With modernized management operation systems, the company is the first one that won double qualification authentications of ISO 9002 Quality Management System and ISO 14001 Environment Management System in domestic wine industry. The brand "DYNASTY 王朝" was recognized as a well-known trademark in China. The products of Dynasty Winery were recognized as famous products in China. And Dynasty Winery was honored to be national enterprise technology center.

With great confidence and effort, the company will make "DYNASTY 王朝" brand an internationally famous brand and make the company a modernized and internationally large company group.